Kohlhammer
DEUTSCHER
GEMEINDEVERLAG

Schriftenreihe
Verwaltung in Praxis und Wissenschaft (vpw)

Recht der Nachrichtendienste

von

Prof. Dr. Gunter Warg, Mag. rer. publ.
Hochschule des Bundes für öffentliche Verwaltung

Deutscher Gemeindeverlag

1. Auflage 2023

Gesamtherstellung: W. Kohlhammer GmbH, Heßbrühlstr. 69, 70565 Stuttgart
produktsicherheit@kohlhammer.de

Print:
ISBN 978-3-555-02156-0

E-Book-Formate:
pdf: ISBN 978-3-555-02157-7
epub: ISBN 978-3-555-02158-4

Vorwort

Dieses Lehrbuch möchte eine praxisorientierte Darstellung der rechtlichen Grundlagen des Verfassungsschutzes und Bundesnachrichtendienstes liefern. Es richtet sich daher an Studierende der Fachhochschulen und Universitäten, an denen das Recht der Nachrichtendienste als „grundständiges" Fach gelehrt wird. Für dogmatische Feinheiten und Details gibt es ausführliche Handbücher und Kommentare, auf die ich zur Vertiefung gerne verweise.

Der Schwerpunkt in dieser Darstellung liegt – wegen der großen Bedeutung in der Verwaltungspraxis – auf den Aufgaben und wichtigsten Befugnissen der Nachrichtendienste zur Datenerhebung, sowie auf den Vorschriften zur Übermittlung personenbezogener Daten durch und an die Nachrichtendienste.

Für hilfreiches Korrekturlesen danke ich Herrn Dipl.-Krim. Martin Weinrich, M.A.

Ich habe versucht, die Entwicklung in Gesetzgebung, Rechtsprechung und Literatur bis Mai 2023 zu berücksichtigen. Die grundlegenden Entscheidungen des BVerfG zum Bayerischen Verfassungsschutzgesetz vom 26.4.2022 und zur Zusammenarbeit des Verfassungsschutzes mit Strafverfolgungsbehörden von 28.9.2022 sind daher eingearbeitet.

Wenn man ein Lehrbuch für eine ziemlich exotische Rechtsmaterie neu herausbringt, zu der es vergleichsweise wenig (Ausbildungs-)Literatur gibt, bestehen mindestens drei Risiken: man schreibt zu manchen Themen zu wenig (oder gar nichts), zu anderen zu viel oder zu manchen etwas schief. Für alle drei Unwägbarkeiten bitte ich die Leser um Nachsicht und um Verbesserungsvorschläge an: gunter.warg@hsbund.de.

Brühl, im Mai 2023 Gunter Warg

Inhaltsverzeichnis

Abkürzungsverzeichnis

A.A. (a. A.)	andere (abweichende) Auffassung
a. F.	alte Fassung eines Gesetzes, die nicht mehr gültig ist
AöR	Archiv des öffentlichen Rechts
ATD	Antiterrordatei
AZR	Ausländerzentralregister
BAMF	Bundesamt für Migration und Flüchtlinge
Beck OK	Beckscher Online-Kommentar (und jeweiliges Fachgesetz)
Beschl. v.	Beschluss vom (Datum)
BfV	Bundesamt für Verfassungsschutz
BGH	Bundesgerichtshof
BKAmt	Bundeskanzleramt
BMI	Bundesministerium des Innern und für Heimat
BMVg	Bundesministerium der Verteidigung
BND	Bundesnachrichtendienst
BNDG	Gesetz über den Bundesnachrichtendienst
BPolZV	Verordnung über die Zuständigkeit der Bundespolizeibehörden
BSI	Bundesamt für Sicherheit in der Informationstechnik
BT-Drs.	Bundestags-Drucksache
BVerfG	Bundesverfassungsgericht
BVerwG	Bundesverwaltungsgericht
BVerfSchG	Bundesverfassungsschutzgesetz
DÖV	Die öffentliche Verwaltung (Zeitschrift)
DVBl.	Deutsches Verwaltungsblatt
DVP	Deutsche Verwaltungspraxis (Zeitschrift)
EuGRZ	Europäische Grundrechte-Zeitschrift
fdGO	freiheitlich demokratische Grundordnung
GG	Grundgesetz
GSZ	Zeitschrift für das Gesamte Sicherheitsrecht
HdbGR	Handbuch der Grundrechte in Deutschland und Europa
HStR	Handbuch des Staatsrechts der Bundesrepublik Deutschland
i. d. R.	in der Regel
i. S. d.	im Sinne des/der
JA	Juristische Arbeitsblätter
JBÖS	Jahrbuch Öffentliche Sicherheit
Jura	Juristische Ausbildung (Ausbildungszeitschrift)
JuS	Juristische Schulung (Ausbildungszeitschrift)
JZ	Juristenzeitung
KJ	Kritische Justiz (Zeitschrift)
KriPoZ	Kriminalpolitische Zeitschrift
LfV	Landesbehörde für Verfassungsschutz bzw. Landesamt für Verfassungsschutz (sofern als nachgeordnete Behörde organisiert)
LKRZ	Zeitschrift für Landes- und Kommunalrecht Hessen, Rheinland-Pfalz, Saarland (Ende 2015 eingestellt)
LMI	Landesinnenministerium
LT-Drs.	Landtags-Drucksache (Land)
LVerfSchG	Landesverfassungsschutzgesetz(e)

MAD	Militärischer Abschirmdienst (seit 2017 Bundesamt für den Militärischen Abschirmdienst)
MADG	Gesetz über den Militärischen Abschirmdienst
MfS	Ministerium für Staatssicherheit der ehemaligen DDR
MüKo	Münchener Kommentar zum (jeweiliges Fachgesetz)
NADIS WN	Nachrichtendienstliches Informationssystem Wissensnetz (Verbunddatei der Verfassungsschutzbehörden)
ND-Mittel	nachrichtendienstliche(s) Mittel
NJW	Neue Juristische Wochenschrift
NVwZ	Neue Zeitschrift für Verwaltungsrecht
NVwZ-RR	Neue Zeitschrift für Verwaltungsrecht-Rechtsprechungs-Report
NWVBl.	Nordrhein-Westfälische Verwaltungsblätter
NZWehrr	Neue Zeitschrift für Wehrrecht
OK	Organisierte Kriminalität
OVG	Oberverwaltungsgericht
PolG	Polizeigesetz
R.i.S.	Recht auf informationelle Selbstbestimmung
RiStBV	Richtlinien für das Strafverfahren und das Bußgeldverfahren
Rn.	Randnummer
RuP	Recht und Politik (Zeitschrift)
st. Rspr.	ständige Rechtsprechung
TKÜ	Telekommunikationsüberwachung
TTDSG	Telekommunikation-Telemedien-Datenschutz-Gesetz
Urt. v.	Urteil vom (Datum)
VGH	Verwaltungsgerichtshof (entspricht dem OVG)
VP	Vertrauensperson („V-Mann“)
VR	Verwaltungsrundschau
VS	Verschlusssache(n)
VSB	Verfassungsschutzbericht
VSG (Land)	Verfassungsschutzgesetz (Land)
VerfG(H)	Verfassungsgericht(shof)
ZBR	Zeitschrift für Beamtenrecht
ZD	Zeitschrift für Datenschutz
ZG	Zeitschrift für Gesetzgebung
ZRP	Zeitschrift für Rechtspolitik

Verzeichnis der abgekürzt zitierten Literatur

Matthias Bäcker/Erhard Denninger/Kurt Graulich (Hrsg.), Handbuch des Polizeirechts, 7. Aufl. 2021 (zitiert: *Bearb.*, in: Bäcker/Denninger/Graulich)
Maximilian Banzhaf, Die Ämter für Verfassungsschutz als Präventionsbehörden. Rechtsfragen zur Stellung der Verfassungsschutzämter in der deutschen Verfassungsschutzarchitektur, 2021 (zitiert: *Banzhaf*)
Hermann Borgs-Maciejewski/Frank Ebert, Das Recht der Geheimdienste, 1986 (zitiert: *Borgs/Ebert*)
Karl Peter Bruch/Bruno Jost/Eckhart Müller/Heino Vahldieck, Abschlussbericht der Bund-Länder-Kommission Rechtsterrorismus vom 30. April 2013 (zitiert: BLKR)
Jan-Hendrik Dietrich/Sven Eiffler (Hrsg.), Handbuch des Rechts der Nachrichtendienste, 2017 (zitiert: *Bearb.*, in: Dietrich/Eiffler)
Jan-Hendrik Dietrich/Matthias Fahrner/Nikolaos Gazeas/Bernd von Heintschel-Heinegg (Hrsg.), Handbuch Sicherheits- und Staatsschutzrecht, 2022 (zitiert: *Bearb.*, in: Dietrich/Fahrner)
Bernadette Droste, Handbuch des Verfassungsschutzrechts, 2007 (zitiert: *Droste*)
Christian Gröpl, Die Nachrichtendienste im Regelwerk der deutschen Sicherheitsverwaltung, 1994 (zitiert: *Gröpl*)
Josef Isensee/Paul Kirchhof (Hrsg.), Handbuch des Staatsrechts der Bundesrepublik Deutschland, Bände I-XIII (zitiert: *Bearb.*, in: Isensee/Kirchhof, HStR)
Markus Löffelmann/Mark A. Zöller, Nachrichtendienstrecht, 2022 (zitiert: *Löffelmann/Zöller*)
Manfred Möller/Gunter Warg, Allgemeines Polizei- und Ordnungsrecht, 6. Auflage 2011 (zitiert: *Möller/Warg*)
Helmut Roewer, Nachrichtendienstrecht der BR Deutschland, 1987 (zitiert: *Roewer*)
Monika Rose-Stahl, Recht der Nachrichtendienste, 2. Auflage 2006 (zitiert: *Rose-Stahl*)
Wolf-Rüdiger Schenke/Kurt Graulich/Josef Ruthig (Hrsg.), Sicherheitsrecht des Bundes, 2. Auflage 2019 (zitiert: *Bearb.*, in: Schenke/Graulich/Ruthig)
Wolf-Rüdiger Schenke, Polizei- und Ordnungsrecht, 10. Aufl. 2018 (zitiert: *Schenke*)
Patrick Spitzer, Die Nachrichtendienste Deutschlands und die Geheimdienste Russlands – ein Vergleich, 2011 (zitiert: *Spitzer*)
Satish Sule, Spionage: Völkerrechtliche, nationalrechtliche und europarechtliche Bewertung staatlicher Spionagehandlungen unter besonderer Berücksichtigung der Wirtschaftsspionage, 2006 (zitiert: *Sule*)

Recht der Nachrichtendienste

I. Merkmale der Nachrichtendienste in Deutschland[1]

1. Gemeinsamer Auftrag und Abgrenzung zum Geheimdienst

Die BR Deutschland kennt auf Bundesebene drei Nachrichtendienste: Das Bundesamt 1
für Verfassungsschutz (BfV) und den Militärischen Abschirmdienst (MAD) als Inlandsnachrichtendienste sowie den Bundesnachrichtendienst (BND) als Auslandsnachrichtendienst.[2] Mit dem BfV zusammen bilden die 16 Verfassungsschutzbehörden der Länder (LfV) einen Verfassungsschutzverbund mit weitgehend identischem Aufgabenkatalog, in dem alle relevanten Informationen wechselseitig ausgetauscht werden (§ 6 Abs. 1 BVerfSchG).

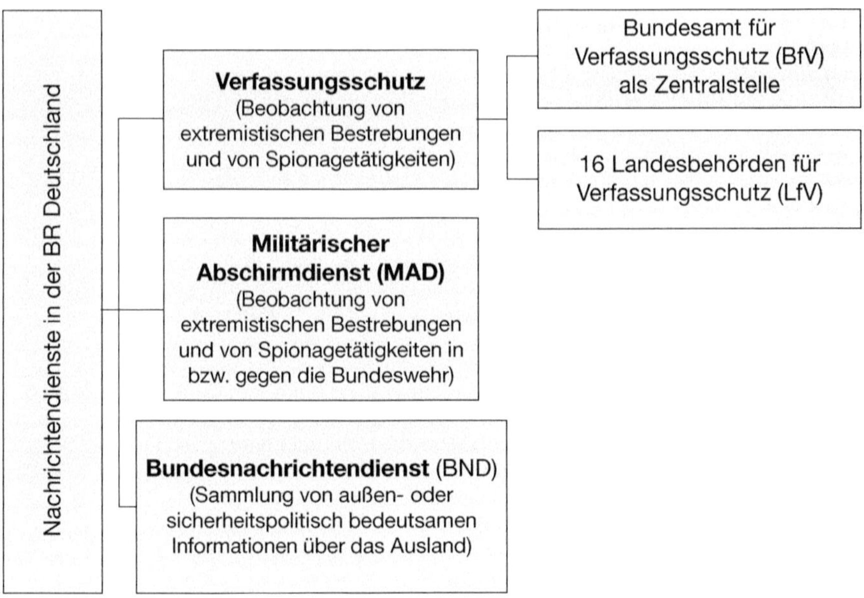

Abb. 1: Nachrichtendienste in der BR Deutschland

Alle genannten Behörden haben als Aufgabe die Beschaffung und Auswertung von In- 2
formationen (s. §§ 3 Abs. 1 BVerfSchG, 1 Abs. 2 BNDG, 1 Abs. 1 MADG). Ihr Beitrag zur öffentlichen Sicherheit beschränkt sich also auf das Bereitstellen von Informationen, mit denen andere Behörden (vor allem solche mit weitergehenden polizeilichen Zwangsbefugnissen) Maßnahmen zur konkreten Gefahrenabwehr bzw. zur Verhinderung und Aufklärung von Straftaten betreiben können. Wegen dieser Beschränkung auf Sammeln und Auswerten und angesichts des Trennungsgebots (Rn. 4 ff.) ist ihnen sowohl das Ausüben polizeilicher Zwangsbefugnisse („imperative Befehls- und Zwangsmaßnahmen", z. B. Hausdurchsuchung, Beschlagnahme, Festnahme) als auch das Betreiben subversiver Aktivitäten (z. B. die heimliche Beeinflussung gesellschaftlicher

1 Die folgenden Ausführungen sind angelehnt an *Warg*, in: Kipker, Cybersecurity, 2. Aufl. 2023, Kap. 18 Rn. 1 ff.

2 Zur ersten Orientierung *Kretschmer*, Jura 2006, 336 (339 ff.).

Gruppen als „agent provocateur", etwa durch Gründung oder gezielte Unterstützung einer extremistischen Partei) verwehrt. So wäre der Einsatz von V-Leuten mit dem Ziel der Steuerung eines extremistischen Personenzusammenschlusses unzulässig (§ 9a Abs. 2 Satz 1 BVerfSchG). Mit dem Rechtsstaatsprinzip wäre es nicht vereinbar, wenn die Nachrichtendienste ihre Beobachtungsobjekte selbst steuern, formen oder gar (z. B. durch Geldzuwendungen) ins Leben rufen könnten.[3]

3 Demgegenüber haben „*Geheimdienste* nicht nur polizeiliche Zwangsbefugnisse, sondern sind oft auch auf die Störung oder Beeinflussung politischer Gegner im In- und Ausland gerichtet. Sie beschränken sich nicht auf das bloße Sammeln und Auswerten von Informationen, sondern versuchen auf gesellschaftliche und politische Abläufe einzuwirken, etwa durch Desinformationskampagnen (dazu Rn. 154 ff.), Sabotage, „Zersetzung" oder gar durch politischen Mord bzw. das Initiieren militärischer Auseinandersetzungen (z. B. durch das Finanzieren von Guerilla-Gruppen).[4] Damit ist auch dem BND im Rahmen der Gegenspionage (Rn. 204) eine manipulative Einflussnahme auf ausländische Akteure untersagt. Die Übermittlung von „Spielmaterial" an ausländische Nachrichtendienste (insbesondere solche, die gegen die Interessen der BR Deutschland arbeiten), um dortige Entscheidungsprozesse im Sinne der außenpolitischen Interessen der BR Deutschland subtil beeinflussen zu können, dürfte aber noch zulässig sein.[5]

2. Trennungsgebot

4 Um die unerwünschten Methoden mancher Geheimdienste insbesondere in Unrechtsregimen von vornherein auszuschließen, ist das sog. **Trennungsgebot** ein prägendes Merkmal der Tätigkeit deutscher Nachrichtendienste.[6] Die deutschen Nachrichtendienste sollen nicht erst auf verdeckte Weise Informationen sammeln und diese Informationen dann auch selbst im Anschluss für polizeiliche Zwangsmaßnahmen nutzen dürfen. Diese Machtzusammenballung wollte man in der Bundesrepublik nicht, was mit der Formel „*Wer (fast) alles weiß, soll nicht alles dürfen, und wer (fast) alles darf, soll nicht alles wissen*"[7] zusammengefasst ist. Das Trennungsgebot war deshalb auch Inhalt des von den Alliierten am 14.4.1949 an westdeutsche Stellen übergebenen sog. **„Alliierten Polizeibriefs"**, der letztlich als Genehmigung der Alliierten angesehen werden kann, dass die zu gründende Bundesrepublik eine „Staatsschutzbehörde gegen umstürzlerische Bestrebungen" einrichten konnte. Der Polizeibrief sah in Ziffer 2 folgende Regelung vor:

> *„The Federal Government will also be permitted to establish an agency to collect and disseminate concerning subversive activities directed against the Federal Government.* ***This agency shall have no police authority.****"*

5 In der Folge wurde das Trennungsgebot zwar nicht im Grundgesetz verankert,[8] wohl aber in sämtlichen Verfassungsschutzgesetzen, dem BNDG sowie dem MADG und wird als ein organisatorisches, befugnisrechtliches und informationelles Trennungsgebot

---

3 Ähnlich *Droste*, S. 270 f.

4 *Dietrich*, in: ders./Eiffler, III, § 3 Rn. 7. Zur Begrifflichkeit *Albert*, in: Korte/Zoller, Informationsgewinnung mit nachrichtendienstlichen Mitteln, 2001, S. 101.

5 *Ader*, in: Dietrich/Fahrner, § 19 Rn. 26.

6 Vgl. *Gusy*, GSZ 2021, 141 ff. Kritisch *Linzbach/Gärditz*, ZG 2020, 314 (333): „verfassungsrechtliches Phantom".

7 *Gusy*, Grundrechte und Verfassungsschutz, 2011, S. 3.

8 Siehe aber zur Verankerung in Art. 83 Abs. 3 Satz 1 Sächs. Landesverfassung den SächsVerfGH, NVwZ 2005, 1310 (1311 f.). Danach existiert nicht nur das Gebot organisatorischer Trennung. Hinzu kommt, dass auch eine Überlappung zwischen den Aufgaben von Polizei und Verfassungsschutz möglichst vermieden werden soll. Letztgenannte Forderung kann man als „funktionelles Trennungsgebot" bezeichnen, dessen Geltung aber von einigen Autoren bestritten wird. *Fremuth* etwa verneint mit guten Gründen ein aus der Verfassung ableitbares funktionelles Trennungsgebot (AöR 139 [2014], 32 [38]), *Unterreitmeier* bestreitet ein informationelles Trennungsgebot (DÖV 2021, 659).

wahrgenommen. Das BVerfG hat sich zu einem möglichen Verfassungsrang des Trennungsgebots nur indirekt geäußert und angedeutet, dass „das Rechtsstaatsprinzip, das Bundesstaatsprinzip und der Schutz der Grundrechte es verbieten [können], bestimmte Behörden miteinander zu verschmelzen oder sie mit Aufgaben zu befassen, die mit ihrer verfassungsrechtlichen Aufgabenstellung nicht vereinbar sind. So werden die Zentralstellen für Zwecke des Verfassungsschutzes oder des Nachrichtendienstes – angesichts deren andersartiger Aufgaben und Befugnisse – nicht mit einer Vollzugspolizeibehörde zusammengelegt werden dürfen (vgl. schon „Polizeibrief" der westalliierten Militärgouverneure vom 14. April 1949). Diese Frage bedarf jedoch hier keiner abschließenden Entscheidung."[9] Das Trennungsgebot ist damit kein normiertes Verfassungsgebot, doch können die Staatsstrukturprinzipien des Art. 20 GG, gestützt von der Abwehrfunktion der Grundrechte einer Kumulation von polizeilichen und nachrichtendienstlichen Eingriffsbefugnissen wegen der damit verbundenen Machtzusammenballung entgegenstehen.[10] Auf dieser Linie liegt auch das ATD-Urteil des BVerfG, das das Prinzip der Trennung zwischen polizeilichen und nachrichtendienstlichen Informationsbeständen aus dem Grundrecht auf informationelle Selbstbestimmung ableitet.[11]

Das **befugnisrechtliche Trennungsgebot** als „Herzstück" des Trennungsgebots besagt, dass Nachrichtendienste keine polizeilichen Zwangsbefugnisse (z. B. Festnahmen, Verkehrskontrollen, Identitätsfeststellungen, Hausdurchsuchungen, Beschlagnahmen) ausüben dürfen (§§ 8 Abs. 3 Satz 1 BVerfSchG, 2 Abs. 3 BNDG, 4 Abs. 2 MADG). Hierdurch soll eine Machtzusammenballung polizeilicher und nachrichtendienstlicher Befugnisse vermieden werden. Informationen dürfen nur auf freiwilliger Basis erhoben werden (siehe § 8 Abs. 4 BVerfSchG).[12] Auch wenn verdeckte (also nachrichtendienstliche) Mittel zur Informationsbeschaffung eingesetzt werden (dazu Rn. 245 ff.) und der Informationsgeber über die Motivation oder die Identität der erhebenden Stelle getäuscht wird, ändert dies nichts daran, dass kein physischer oder psychischer Zwang angewendet werden darf, um an relevante Informationen zu gelangen. Wenn z. B. bei einer Telefonüberwachung festgestellt wird, dass die überwachte Person einen Anschlag plant, muss der Nachrichtendienst diese Information an die Polizei weitergeben, die den Betroffenen dann verhaften kann; der Nachrichtendienst darf diese Zwangsmaßnahme nicht selber vornehmen. Ein weiterer Ausfluss des befugnisrechtlichen Trennungsgebotes ist, dass den deutschen Nachrichtendiensten für eine notfalls erforderliche zwangsweise Durchsetzung von Auskunftsersuchen bei Banken, Telekommunikationsdienstleistern oder Fluggesellschaften nach § 8a BVerfSchG (i. V. m. §§ 2a BNDG, 4a MADG), etwa wenn der Telekommunikationsdienstleister die Verbindungsdaten nicht freiwillig herausgeben möchte, keine Zwangsbefugnisse zur Verfügung stehen.[13] Obgleich es gesetzlich nicht so klar geregelt ist, gilt das Trennungsgebot auch umgekehrt: so dürfen die speziellen nachrichtendienstlichen Ermittlungsmethoden nicht gezielt für polizeiliche Zwecke eingesetzt werden.[14] Es wäre daher unzulässig, wenn die Polizei den Verfassungsschutz um den Einsatz von V-Leuten in einem Beobachtungsobjekt bitten würde, um so gezielt an Informationen über geplante Straftaten zu gelangen, die die Polizei mit ihren eigenen (grundsätzlich offenen) Datenerhebungsmethoden nicht erlangen könnte (so auch die Aussage in § 17 Abs. 1 BVerfSchG).[15] Teil des befugnis- 6

9 BVerfG, NVwZ 1998, 495 (497).

10 *Roth*, in: Schenke/Graulich/Ruthig, § 2 BVerfSchG Rn. 10 m. w. N.

11 BVerfG, NJW 2013, 1499 (1505).

12 Nur §§ 8a, 8d BVerfSchG und § 2 Abs. 1, 1a G10 regeln eine Auskunftsverpflichtung der dort genannten privaten Dienstleister (z. B. Luftfahrtunternehmen, Banken, Telekommunikationsdienstleister).

13 Gesetzesbegründung BT-Drs. 14/7386, S. 39. Näher *Gärditz*, in: Dietrich/Eiffler, VI § 1 Rn. 14 ff.

14 BVerfG, NJW 2011, 2417 (2420) – „Liechtenstein-CD"; *Zöller*, in: Dietrich u. a. (Hrsg.), Nachrichtendienste in vernetzter Sicherheitsarchitektur, 2020, S. 79 (90).

15 *Löffelmann/Zöller*, A. Rn. 60.

rechtlichen Trennungsgebots ist zudem, dass ein Nachrichtendienst eine Polizeibehörde nicht im Wege der Amtshilfe um die Durchführung von polizeilichen Zwangsmaßnahmen bitten darf (§ 8 Abs. 3 BVerfSchG; zur Amtshilfe s. Rn. 475 ff.). Nachrichtendienste sollen also auch nicht „durch die Hintertür" polizeiliche Befugnisse erlangen können,[16] was eine Umgehung des Verbots in § 8 Abs. 3 Satz 1 BVerfSchG bedeuten würde.

7 Um eine Zusammenlegung polizeilicher und nachrichtendienstlicher Informationen bzw. Ermittlungsmethoden auch nicht „auf dem kleinen Dienstweg" zu ermöglichen, dürfen Nachrichtendienste auch nicht mit einer Polizeibehörde zusammengelegt werden, die über die Möglichkeit von Zwangsmaßnahmen verfügen (**organisatorisches Trennungsgebot**, siehe § 2 Abs. 1 Satz 3 BVerfSchG). Daraus folgt logisch auch die personelle Komponente, dass Hoheitsträger in einer Person nicht zugleich polizeiliche und nachrichtendienstliche Befugnisse ausüben dürfen.[17]

8 Schließlich folgt aus dem Grundrecht auf informationelle Selbstbestimmung nach Ansicht des BVerfG auch ein **informationelles Trennungsprinzip**. Die weitreichenden Überwachungsbefugnisse der Nachrichtendienste im Vorfeld von Straftaten und konkreter Gefahren seien nämlich nur dann gerechtfertigt (so das BVerfG), wenn die gewonnenen Informationen nicht ohne Weiteres an andere Behörden mit operativen Anschlussbefugnissen übermittelt werden.[18] Folglich dürfen Daten zwischen den Nachrichtendiensten und Polizeibehörden nur ausnahmsweise ausgetauscht werden.[19] Als Konkretisierung der Vorgaben einer grundsätzlichen Datentrennung zwischen beiden Behördentypen dienen die engen Vorgaben für eine Übermittlung nachrichtendienstlicher Informationen an die Polizeibehörden gemäß §§ 19 f. BVerfSchG sowie §§ 4 Abs. 4, 7, 7a, 8 Abs. 5–6 G10 (letztere betreffen die Weitergabe von Informationen aus G10-Maßnahmen), wobei jedoch die neuere Rspr. des BVerfG die aktuellen gesetzlichen Hürden nicht für ausreichend ansieht (näher Rn. 451 f., 465).[20] Kritisch gesehen wird vor allem die Informationsübermittlung der Nachrichtendienste an die Polizei, da hier die Gefahr besteht, dass letztere mithilfe der übermittelten Informationen, die oft im Vorfeld konkreter Gefahren bzw. Straftaten mit geheimen nachrichtendienstlichen Mitteln erhoben wurden (also zu einem Zeitpunkt, in dem häufig noch kein Handlungsunrecht bzw. kein Normverstoß geschehen ist und die Informationen obendrein mit ND-Mitteln gewonnen wurden, die der Polizei i. d. R. nicht zustehen) erheblich belastende Zwangsmaßnahmen (z. B. Hausdurchsuchungen) durchführt. Dies ist deshalb problematisch, weil die eigene polizeiliche Erkenntnislage ohne Informationshilfe des Nachrichtendienstes derartige Maßnahmen zu diesem frühen Zeitpunkt häufig noch gar nicht erlauben würde. Deshalb differenziert § 19 Abs. 1 BVerfSchG zwischen der Übermittlung von mit nachrichtendienstlichen Mitteln gewonnenen Informationen an Polizeien und Staatsanwaltschaften einerseits (hierfür sind höhere Voraussetzungen zu beachten) und sonstigen Übermittlungsfällen an inländische Behörden andererseits. Zulässig ist die Übermittlung von Erkenntnissen, die mit nachrichtendienstlichen Mitteln gewonnen wurden an Polizei und Staatsanwaltschaft grundsätzlich nur, wenn dies zur Verhinderung oder Aufklärung von *Straftaten von erheblicher Bedeutung* erforderlich ist (§ 19 Abs. 1 Satz 1 BVerfSchG; entsprechend §§ 11 Abs. 1 MADG, 11 Abs. 1 BNDG; näher dazu Rn. 434 ff.).

---

16 Auch die Regelung in § 17 Abs. 2 BVerfSchG stellt keine Durchbrechung des Trennungsgebotes dar, siehe Rn. 387, 397 ff.

17 *Löffelmann/Zöller*, A. Rn. 60.

18 Seit dem ATD-Urteil st. Rspr., zuletzt BVerfG, Beschl. v. 28.9.2022 – 1 BvR 2354/13, Rn. 120.

19 BVerfG, NJW 2013, 1499 (1505) – ATD. Grundlegend ablehnend zum informationellen Trennungsgebot *Unterreitmeier*, DÖV 2021, 659.

20 Näher *Kutzschbach*, in: Dietrich/Eiffler, VI, § 6 Rn. 103.

Problematisch am Trennungsgebot ist allerdings, dass bei terroristischen und anderen unmittelbaren Gefahrenlagen nachrichtendienstliche Aufklärung und polizeiliches Eingreifen zeitlich Hand in Hand gehen. **Gefahr*erforschung* und Gefahr*intervention*** müssen nahtlos ineinandergreifen, um Informationsbrüche und zeitliche Verzögerungen in der Bearbeitung zu vermeiden. Ein organisatorisches und befugnisrechtliches Trennungsgebot kann hier hinderlich sein.[21] Zudem ist das Trennungsgebot international auch in westlichen Demokratien kein Standard. So erfolgt beispielsweise in Schweden (Säkerhetspolisen) oder den USA (FBI) die nachrichtendienstliche Vorfeldaufklärung durch die Kriminalpolizei. 9

3. Funktion der Nachrichtendienste in der Sicherheitsarchitektur und Abgrenzung zur Tätigkeit der Polizei[22]

Trotz Überschneidungen im Aufgabenspektrum haben die Nachrichtendienste andere Aufgaben als die Polizei. Der Verfassungsschutz und erst recht der BND sind bei der Erforschung von Sachverhalten nicht an das Kriterium der „Gefahr" oder „Straftat" gebunden, sondern beobachtet gemäß § 3 Abs. 1 BVerfSchG bereits „*Bestrebungen*" gegen die verfassungsschutzrelevanten Schutzgüter (beim BND existiert insoweit gar keine Eingriffsschwelle, Rn. 199). „Bestrebungen" werden sich häufig im Vorfeld einer polizeirechtlich relevanten Gefahr bzw. von Straftaten abspielen. Aus diesem Grund und wegen der fehlenden Zwangsbefugnisse (Rn. 6) gelten die Verfassungsschutzbehörden nicht als Polizeibehörden im institutionellen Sinne.[23] Nachrichtendienste verfolgen bei ihrer Tätigkeit (anders als Polizeibehörden) nicht primär das Ziel, dass das, was sie erheben, in Gefahrenabwehr- oder Strafverfolgungsmaßnahmen umgesetzt wird. Ihnen geht es um strukturorientierte Aufklärung, nicht in erster Linie um die Abwehr einzelner konkreter Gefahren oder konkreter Straftaten.[24] Nachrichtendienste haben „mannigfaltige Bestrebungen auf ihr Gefahren*potenzial* hin allgemein zu beobachten" [Hervorh. durch Verf.] und sie diese gerade auch unabhängig von konkreten Gefahren in den Blick zu nehmen. Demgegenüber sind die Aufgaben der Polizei geprägt von einer operativen Verantwortung und insbesondere der Befugnis, Maßnahmen erforderlichenfalls auch mit Zwang durchzusetzen.[25] 10

Jedoch bedeutet der *befugnisrechtliche* Verzicht auf polizeiliche Zwangsbefugnisse (Rn. 6) nicht, dass die Nachrichtendienste auf die Funktion von bloßen (mit nachrichtendienstlichen Mitteln aufgeladenen) politischen Beratungsinstituten verkürzt sind. Vielmehr nehmen sie in Bezug auf elementare Bedrohungen der inneren und äußeren Sicherheit des Staates die Funktion eines „analytischen Informationsdienstleisters"[26] für diejenigen Stellen ein, die über entsprechende Befugnisse verfügen, um anschließend gegen die von den Diensten identifizierten Gefahren intervenieren zu können.[27] Das BVerfG ist auch in Bezug auf den BND, der von seiner gesetzlichen Aufgabenbeschreibung in § 1 Abs. 2 BNDG (Rn. 196 ff.) von konkreter Sicherheitsgewährleistung „am weitesten entfernt" ist, der Auffassung, dass es bei der Versorgung der Bundesregierung mit Informationen für ihre außen- und sicherheitspolitische Entscheidungsfindung mittelbar zugleich auch um die Bewahrung demokratischer Selbstbestimmung und den Schutz der verfassungsrechtlichen Ordnung und damit um Verfassungsgüter von hohem Rang 11

---

21 Ausführlich *Fremuth*, AöR 139 (2014), 32 (46 ff., 69).

22 Die folgenden Ausführungen sind angelehnt an *Warg*, in: Dietrich/Eiffler, V § 1 Rn. 7 ff.

23 *Gusy*, Polizeirecht, 10. Aufl. 2019, Rn. 37; *Thiel*, Polizei- und Ordnungsrecht, 4. Aufl. 2020, § 3 Rn. 7.

24 *Poscher/Rusteberg*, in: Dietrich u. a., Reform der Nachrichtendienste zwischen Vergesetzlichung und Internationalisierung, 2019, S. 145 (153).

25 Ausführlich BVerfG, NJW 2013, 1499 (1504, Rn. 115 ff.) – Antiterrordatei.

26 *Cremer*, in: Isensee/Kirchhof, HStR XII, 3. Aufl. 2014, § 278 Rn. 3: „staatliche Dienstleister für Informationen".

27 *Lindner/Unterreitmeier*, DÖV 2019, 165 (168) m. w. N.

gehe.[28] Auch liefern die Nachrichtendienste mit ihren Informationen häufig den entscheidenden Anstoß für mit polizeilichem Zwang verbundenes Gefahrenabwehr- bzw. Strafverfolgungshandeln. Damit sind die Nachrichtendienste *funktional* durchaus an der Abwehr konkreter Gefahren bzw. an der Aufklärung von Straftaten beteiligt. Dass dies von der Verfassung so gewollt ist, wird aus dem Wortlaut des Art. 73 Abs. 1 Nr. 10b, c GG deutlich: hiernach wird der Verfassungsschutz tätig „zum Schutze der freiheitlichen demokratischen Grundordnung, des Bestandes und der Sicherheit des Bundes oder eines Landes" sowie „zum Schutze gegen Bestrebungen im Bundesgebiet, die durch Anwendung von Gewalt oder darauf gerichtete Vorbereitungshandlungen auswärtige Belange der Bundesrepublik Deutschland gefährden". Ein Schutz lässt sich durch Information der politischen Entscheidungsträger allein nicht verwirklichen.[29] Nach § 1 Abs. 1 Nr. 1 G10 darf der Verfassungsschutz „zur Abwehr von drohenden Gefahren für die freiheitliche demokratische Grundordnung oder den Bestand oder die Sicherheit des Bundes oder eines Landes" Beschränkungsmaßnahmen durchführen, was die funktionale Zuordnung der Nachrichtendienste zur Gefahrenabwehr verdeutlicht[30] (s. auch den Katalog der vom BND gezielt beobachteten Straftaten in § 5 G10). Das Grundgesetz selbst gliedert den staatlichen Selbstschutzmechanismus in zwei arbeitsteilig ineinandergreifende Funktionselemente: die nachrichtendienstliche Gefahr*erforschung* und die durch andere Stellen erfolgende Gefahren*intervention*.[31] Es ist daher zu kurz argumentiert, wenn man annimmt, dass Individualrechtsgüter durch die Tätigkeit der Nachrichtendienste nur „als Beiwerk" mittelbar geschützt werden, etwa wenn im Rahmen der Beobachtung einer verfassungsfeindlichen Gruppierung geplante oder begangene Straftaten bekannt und der Polizei- bzw. Strafverfolgungsbehörde mitgeteilt werden.[32]

12 Daher wäre es auch künstlich, die Beobachtung extremistischer Bestrebungen durch den Verfassungsschutz einerseits und die exekutiv intervenierende polizeiliche Gefahrenabwehr andererseits als Gegensätze zu konstruieren; beide Aufgaben ergänzen und überschneiden sich vielmehr, vor allem bei staatsschutzrelevanten Gefahren bzw. bei der vorbeugenden Verbrechensbekämpfung.[33] Nachrichtendienste und Polizei arbeiten *zielgerichtet in arbeitsteiliger Weise* bei der Abwehr von Gefahren für die Schutzgüter des § 3 Abs. 1 BVerfSchG zusammen.[34]

13 Die Vergleichbarkeit der Aufgaben kommt indirekt auch in ähnlichen Eingriffsschwellen bei der Informationserhebung zum Ausdruck. Denn eine Reihe – insbesondere eingriffsintensiver – nachrichtendienstlicher Befugnisse setzen tatsächliche Anhaltspunkte einer bestimmten schweren – polizeirechtlich zu verstehenden – *Gefahr* voraus. § 9 Abs. 2 BVerfSchG etwa verlangt für eine Wohnraumüberwachung eine gegenwärtige Lebensgefahr oder eine gegenwärtige gemeine Gefahr, § 8a Abs. 1 Satz 1 BVerfSchG für die dort geregelten Auskunftsbefugnisse gegenüber privaten Dienstleistern „schwerwiegende Gefahren" für die in § 3 Abs. 1 BVerfSchG genannten Schutzgüter. Umgekehrt darf der Verfassungsschutz seine Auswertungstätigkeit auch bei Verdacht einer bevorstehenden oder begangenen Straftat fortsetzen (d. h. er muss bei polizeilichem Tätigwerden nicht das „Feld räumen"),[35] da in diesen Fällen die tatsächlichen Anhaltspunkte für extremistische

---

28 BVerfG, NJW 2020, 2235 (2250, Rn. 162) – Auslandsaufklärung des BND.

29 *Unterreitmeier*, DÖV 2021, 659 (664).

30 *Unterreitmeier*, GSZ 2018, 1 (4).

31 *Lindner/Unterreitmeier*, DÖV 2019, 165 (168).

32 *Poscher/Rusteberg*, KJ 2014, 57 (62).

33 *Poscher/Rusteberg*, in: Dietrich u. a., Reform der Nachrichtendienste zwischen Vergesetzlichung und Internationalisierung, 2019, S. 145 (148); *Dietrich*, in: ders./Eiffler, III § 3 Rn. 8.

34 *Unterreitmeier*, GSZ 2018, 1 (3 f.): „Nachrichtendienstliche Gefahrerforschung und polizeiliche Intervention sind arbeitsteilig ineinandergreifende Funktionselemente innerhalb des einheitlichen Gefahrenabwehrmechanismus gegen Angriffe auf die Grundlagen des freiheitlichen demokratischen Staates".

35 *Nehm*, NJW 2004, 3289 (3293) m. w. N.; *Roth*, in: Schenke/Graulich/Ruthig, §§ 3, 4 BVerfSchG Rn. 105.

Bestrebungen besonders stark sind. Zudem haben verfassungsschutzrelevante Bestrebungen häufig auch unter dem Gesichtspunkt der Aufklärung von potentiellen Gefahren im Vorfeld der konkreten Gefahr (**Gefahrvorsorge**)[36] polizeirechtliche Relevanz, denn das Polizeirecht löst sich zunehmend von der traditionellen Anknüpfung an die konkrete Gefahr und verlagert seine informationsbezogenen Befugnisse in das Gefahrenvorfeld.[37]

Durch das vermehrte Zugestehen nachrichtendienstlicher Vorfeldbefugnisse an die Polizei wird auch von einer „**Vernachrichtendienstlichung**"[38] der Polizei gesprochen. Hierdurch wird in gewisser Weise das befugnisrechtliche Trennungsgebot aufgeweicht, und zwar von Seiten der Polizei.[39] 14

Deshalb zeichnet sich ab, dass das „Vorfeldmonopol" der Nachrichtendienste angesichts der vermehrt wahrgenommenen Informationsvorsorge der Polizei nicht mehr existiert.[40] In den gewaltorientierten extremistischen Szenen mit ihren häufig sehr schnellen Radikalisierungsverläufen sind die Grenzlinien zwischen Gefahrenverdacht, Gefahrvorsorge und konkreter Gefahrenabwehr ohnehin fließend und werden, z. B. bei Planungen für den gewaltsamen Jihad in kürzester Zeit durchschritten. Diese Gemengelage wird auch daran deutlich, dass die geschriebene Rechtsordnung und damit auch die fdGO zu den Schutzgütern der öffentlichen Sicherheit zählt[41] (vgl. explizit §§ 1 Abs. 1 Satz 2 BWPolG, 1 Abs. 1 Satz 2 Nr. 1 SächsPolG, 11 Abs. 2 Nr. 1 BayPAG), weshalb Polizei und Verfassungsschutz zumindest teilidentische Aufgaben haben.[42] In Bezug auf die Informationserhebung haben sie ohnehin im Wesentlichen die gleichen Befugnisse.[43] Daher ist es durchaus konsequent, auch die Nachrichtendienste als Gefahrenabwehrbehörden anzusehen,[44] auch wenn das BVerfG dies mit Blick auf ihre fehlenden Gefahrenabwehrbefugnisse verneint.[45] 15

Das Rollenverhältnis von Nachrichtendiensten und Polizei kann synoptisch wie folgt dargestellt werden: 16

	Verfassungsschutz und BND	Polizei
Aufgaben	– Beobachtung von extremistischen *„Bestrebungen"* (einschließlich terroristischer Aktivitäten, sofern sie extremistisch motiviert sind und sich ge-	– Abwehr *konkreter Gefahren* (Verhinderung eines drohenden Schadens für ein Schutzgut der öffentlichen Sicherheit und Ordnung)

36 Hierzu *Schenke*, Rn. 10, 71 f.; *Möller/Warg*, Rn. 102a ff.; *Gröpl*, S. 306 f.

37 *Fremuth*, AöR 139 (2014), 32 (38 f.).

38 *Löffelmann/Zöller*, A. Rn. 67; *Fremuth*, AöR 139 (2014), 32 (69).

39 *Augsberg* sieht mit Blick auf das Übermaßverbot eine kritische Grenze der „Vernachrichtendienstlichung" der Polizei erreicht, wenn die Belastung des Grundrechtsträgers, das Gewicht des zu schützenden Rechtsguts und die Wahrscheinlichkeit des Schadenseintritts nicht mehr in einem ausgewogenen Verhältnis zueinanderstehen (in: JBÖS 2018/19, 115 [119]). Je weiter polizeiliche Maßnahmen im Vorfeld eines absehbaren Schadensereignisses (konkrete Gefahr) ansetzen sollen, um so gewichtiger müssen die zu schützenden Rechtsgüter und umso enger und normenklarer die Eingriffsvoraussetzungen formuliert werden. Umgekehrt ist den Nachrichtendiensten eine umfassende Vorfeld-Aufklärungsbefugnis ja gerade nur deshalb verliehen, weil ihnen eben gerade keine „imperativen Befehls- und Zwangsmaßnahmen" zur Verfügung stehen.

40 *Banzhaf*, S. 190.

41 *Möller/Warg*, Rn. 78.

42 Nach *Poscher/Rusteberg* (KJ 2014, 57 [60]) sei eine Unterscheidung von Polizei und Verfassungsschutz zumindest anhand ihrer Vorfeldbefugnisse kaum mehr möglich.

43 *Banzhaf*, S. 224.

44 So BVerwG, NJW 2002, 980 (983) – REP; OVG Bautzen, Urt. v. 12.11.2015 – 3 C 12/13, Rn. 36: LfV als Polizeibehörde i. S. d. § 481 Abs. 1 Satz 1 StPO; *Schenke*, Rn. 438, 444, 445d: „Gefahrenabwehr mittels Informationsverarbeitung". Differenzierend *Banzhaf*, S. 150: Gefahrenprophylaxe. A.A. *Roggan*, KriPoZ 2018, 109 (110, 114), der selbst den Charakter einer Sicherheitsbehörde verneint, mit dem Argument fehlender gesetzlicher Aufgabenbeschreibungen bzw. Befugnisregelungen zur Gefahrenabwehr.

45 BVerfG, NJW 2022, 1583 (1609, Rn. 335).

	gen ein Schutzgut des § 3 Abs. 1 BVerfSchG richten); i. d. R. erfolgt Tätigwerden aber im Vorfeld der konkreten Gefahr bzw. Straftat. Bei Bestrebungen gegen die fdGO liegt allenfalls eine „latente Gefahr"[46] vor, die als eigenständige Kategorie im Polizeirecht nicht anerkannt ist und der Polizei folglich keine Befugnis zum Eingreifen eröffnet – Gewinnen von außen- und sicherheitspolitisch bedeutsamen Erkenntnissen	– *(in jüngerer Zeit vermehrt:)* Gefahrenvorsorge (Prävention) / Gefahrenverhütung / vorbeugende Bekämpfung von Straftaten → ist typische Vorfeldaufgabe, was zu Überschneidungen mit dem klassischen Tätigkeitsfeld der Nachrichtendienste führt
	– Aufklärung von Spionagetätigkeiten, die häufig, aber nicht zwingend den Straftatbestand des § 99 StGB erfüllen (Rn. 157)	– Aufklärung von Straftaten, §§ 161, 163 StPO, 4 BKAG

4. Die Rechtsgrundlagen für die Nachrichtendienste

17 Überblicksmäßig kann man die Rechtsgrundlagen für die deutschen Nachrichtendienste wie folgt zusammenfassen:[47]

Nachrichtendienst	**Gesetzliche Grundlage**	**Verfassungsrechtliche Verankerung**
Bundesamt für Verfassungsschutz (BfV) und Landesämter für Verfassungsschutz (LfV) Aufklärung von Bestrebungen gegen die fdGO und andere hochrangige Staatsschutzgüter Spionageabwehr	BVerfSchG (von 1950) und 16 LVerfSchG	a) Gesetzgebungskompetenz des Bundes: Art. 73 Abs. 1 Nr. 10 b, c GG; für die Länder: Art. 30, 70 Abs. 1 GG;[48] b) Einrichtungskompetenz des Bundes für das BfV: Art. 87 Abs. 1. Satz 2 GG
Bundesamt für den Militärischen Abschirmdienst (MAD) Aufklärung von Bestrebungen gegen die fdGO und andere hochrangige Staatsschutzgüter im Geschäftsbereich des BMVg Abwehr von Spionage gegen die Bundeswehr und andere Dienststellen des Geschäftsbereichs des BMVg	MADG (von 1990)	keine ausdrückliche Erwähnung im GG; a) Gesetzgebungskompetenz des Bundes wird abgeleitet aus Art. 73 Abs. 1 Nr. 1 GG (Verteidigung); b) die Einrichtungskompetenz des Bundes wird abgeleitet aus Art. 65a und 87a Abs. 1 Satz 1 GG
Bundesnachrichtendienst (BND) Auslandsaufklärung	BNDG (von 1990)	keine ausdrückliche Erwähnung im GG; a) Gesetzgebungskompetenz des Bundes wird abgeleitet aus Art. 73 Abs. 1 Nr. 1 GG (auswärtige Angelegenheiten);[49] b) die Einrichtungskompetenz des Bundes wird abgeleitet aus Art. 87 Abs. 3 GG

46 Dazu *Thiel*, Polizei- und Ordnungsrecht, 4. Aufl. 2020, § 8 Rn. 77 f.
47 Übersicht angelehnt an *Rose-Stahl*, S. 19.
48 BVerfG, NJW 2005, 2912 (2914) – Junge Freiheit.
49 BVerfG, NJW 2020, 2235 (2245, Rn. 123 ff.) – Auslandsaufklärung des BND; NJW 2013, 1499 (1502) – ATD.

Speziell für das BfV sind die wichtigsten Rechtsgrundlagen folgende: 18

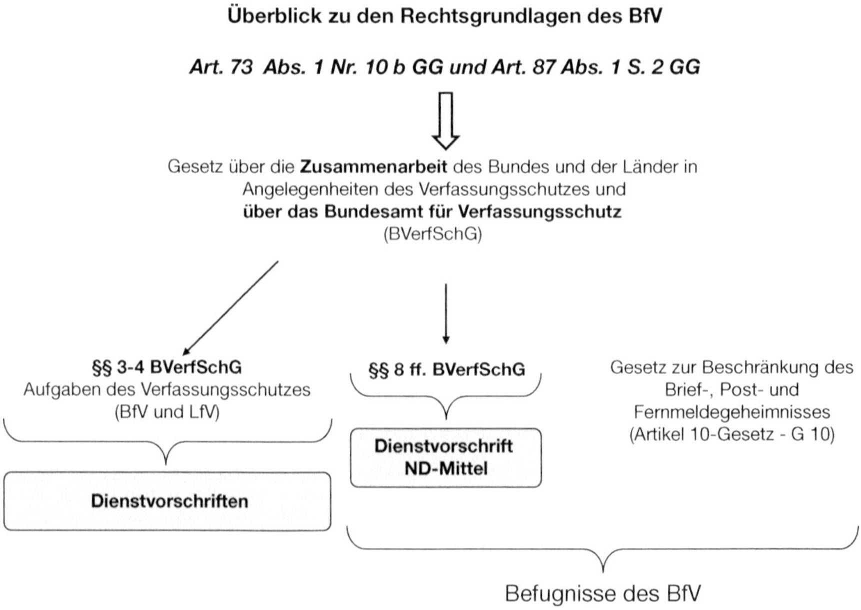

Abb. 2: Überblick zu den Rechtsgrundlagen des BfV

5. Verfassungsschutz als Ausfluss und Verkörperung der „wehrhaften Demokratie"

19 Die Verfassungsschutzbehörden sind – neben weiteren Einrichtungen – Ausdruck der Grundentscheidung der Verfassung für eine **wehrhafte Demokratie** (Synonym: streitbare Demokratie).[50] Bereits 1937 stellte *Karl Loewenstein* das Konzept der „militant democracy"[51] vor, das später von *Karl Mannheim* (jeweils unter den Erfahrungen der NS-Diktatur) in den begrifflichen Zusammenhang einer „streitbaren" Demokratie gebracht wurde. Beide traten dafür ein, dass man Gegnern der Demokratie durch Partei- und Organisationsverbote Rechte beschneiden sollte und wandten sich prinzipiell gegen einen Laissez-faire-Liberalismus, der Toleranz mit Neutralität verwechsele.[52] Die Idee fand später an verschiedenen Stellen Eingang in das Grundgesetz.[53] Prägend für das Verständnis der „wehrhaften Demokratie" war der Beitrag von *Carlo Schmid* in der 2. Sitzung des Parlamentarischen Rates am 8.9.1948:

---

50 Zu diesem Strukturprinzip *Schliesky*, in: Isensee/Kirchhof, HStR XII, 3. Aufl. 2014, § 277 Rn. 1 ff.; *Werthebach/Droste*, in: BoK-GG (Stand: Dezember 1998), Art. 73 Abs. 1 Nr. 10 Rn. 155 ff.; *Thiel*, in: ders., Wehrhafte Demokratie. Beiträge über die Regelungen zum Schutze der freiheitlichen demokratischen Grundordnung, 2003, S. 5 ff. S. auch *Hecker*, in: Dietrich/Eiffler, III, § 2 Rn. 5.

51 Siehe dazu auch *Voßkuhle/Kaiser*, JuS 2019, 1154 ff.

52 Vgl. *Mannheim*, Diagnosis of Our Time: Wartime Essays of a Sociologist, 1943, S. 7. S. auch *Papier/Durner*, AöR 128 (2003), 340 (345 ff.); *Thiel*, Die „wehrhafte Demokratie" als verfassungsrechtliche Grundentscheidung, in: ders., Wehrhafte Demokratie. Beiträge über die Regelungen zum Schutze der freiheitlichen demokratischen Grundordnung, 2003, S. 6 ff. Für *Mannheim* war "militant democracy" aber keine Aufgabe des Staates, sondern der Zivilgesellschaft: An ihr sei es, durch politische Bildung und ein soziales Miteinander eine die Demokratie stabilisierende Werteordnung zu schaffen (*Rigoll*, Streit um die streitbare Demokratie. Ein Rückblick auf die Anfangsjahrzehnte der Bundesrepublik, https://bit.ly/2ZxI0D4).

53 BVerfGE 39, 334 (349) – Extremistenbeschluss: „Grundentscheidung der Verfassung."

„Soll diese Gleichheit und Freiheit völlig uneingeschränkt und absolut sein, soll sie auch denen eingeräumt werden, deren Streben ausschließlich darauf geht, nach der Ergreifung der Macht die Freiheit selbst auszurotten? Also: Soll man sich auch künftig so verhalten, wie man sich zur Zeit der Weimarer Republik z. B. den Nationalsozialisten gegenüber verhalten hat? Ich für meinen Teil bin der Meinung, dass es nicht zum Begriff der Demokratie gehört, dass sie selber die Voraussetzungen für ihre Beseitigung schafft: Demokratie ist nur dort mehr als ein Produkt einer bloßen Zweckmäßigkeitsentscheidung, wo man den Mut hat, an sie als etwas für die Würde des Menschen Notwendiges zu glauben. Wenn man aber diesen Mut hat, dann muss man auch den Mut zur Intoleranz denen gegenüber aufbringen, die die Demokratie gebrauchen wollen, um sie umzubringen“.[54]

20 Verfassungsfeinde sollen also nicht unter Berufung auf Freiheiten, die das Grundgesetz gewährt, die Verfassungsordnung oder den Bestand des Staates gefährden, beeinträchtigen oder zerstören dürfen.[55] In einer wehrhaften Demokratie werden sämtliche Freiheiten garantiert bis auf diejenige, die Freiheit abzuschaffen.[56] Im Grundgesetz hat das Konzept der wehrhaften Demokratie – ohne ausdrücklich als solches erwähnt zu sein – verschiedene Normen geprägt, insbesondere Art. 9 Abs. 2, Art. 18, Art. 20 Abs. 4, Art. 21 Abs. 2 und Art. 79 Abs. 3 GG.[57] Das BVerfG hat zudem festgestellt, dass das Grundgesetz an mehreren Stellen (Art. 45d, 73 Abs. 1 Nr. 10b, 87 Abs. 1 Nr. 2 GG) ausdrücklich auch die Errichtung von Nachrichtendiensten als Ausdruck einer verfassungsrechtlichen Grundentscheidung für eine wehrhafte Demokratie, den Selbstbehauptungswillen des Rechtsstaates und als Bestandteil des Sicherheitssystems der Bundesrepublik Deutschland anerkennt.[58] Dabei kann offen bleiben, ob neben BfV, LfV und MAD auch der BND als behördlicher Baustein der wehrhaften Demokratie anzusehen ist oder – was angesichts seiner auslandsbezogenen Agenda näher liegt – primär als Informationsdienstleister[59] für die Bundesregierung zur Einschätzung außen- und sicherheitspolitischer Gefahrenpotentiale.[60] Sachgerecht ist, insoweit zwischen Verfassungsschutz und BND zu unterscheiden,[61] da mit Blick auf ihren gesetzlichen Zuständigkeitskatalog nur die Verfassungsschutzbehörden zur Abwehr von Gefährdungen für die Funktionsbedingungen des demokratischen Rechtsstaats tätig werden.

21 Die wehrhafte Demokratie ist durch drei Merkmale gekennzeichnet:[62]

- ***Wertgebundenheit*** der Verfassung:
  der demokratische Verfassungsstaat baut auf festen Grundüberzeugungen auf, die nicht zur Disposition politischer Mehrheiten stehen (z. B. die Menschenwürde);
- ***Abwehrbereitschaft*** des Staates:
  der Staat ist willens und in der Lage, sich gegen Angriffe gegen diese grundlegenden Prinzipien seiner Verfassung zu verteidigen, etwa durch Vereinsverbote (Art. 9 Abs. 2 GG), Art. 18 GG (Entscheidung zur Verwirkung von Grundrechten) und Parteiverbote (Art. 21 Abs. 2, 4 GG).
- ***Vorverlagerung*** der Beobachtung in das Vorfeld strafbarer Handlungen:
  Der Verfassungsschutz als „frühestes staatliches Sanktionensystem“ (Frühwarnsystem)[63] wird bereits dann tätig, wenn noch keine konkrete Gefahr bzw. noch keine

54 Zitiert bei *Lange*, in: BfV (Hrsg.), BfV – 50 Jahre im Dienst der inneren Sicherheit, 2000, S. 15 (17).

55 BVerfG, NVwZ 2013, 1468 (1472, Rn. 112).

56 *Morlok/Sokolov*, DÖV 2014, 405 (406).

57 Sondervotum *Simon*, in BVerfG, NJW 1983, 1535 (1541).

58 BVerfG, NVwZ 2017, 1364 (1369, Rn. 110).

59 *Cremer*, in: Isensee/Kirchhof, HStR XII, 3. Aufl. 2014, § 278 Rn. 3: „staatliche Dienstleister für Informationen“.

60 Das BVerfG sieht jedoch auch den BND als Instrument zum Schutz der verfassungsrechtlichen Ordnung, s. BVerfG, NJW 2020, 2235 (2250, Rn. 162). Siehe dazu auch *Warg*, in: Dietrich/Eiffler, V, § 1 Rn. 83.

61 *Unterreitmeier*, DÖV 2021, 659 (664).

62 *Droste*, S. 5 f.; *Rose-Stahl*, S. 21 f.

63 Diese Rolle dem Verfassungsschutz zusprechend: BVerwG, NVwZ 2014, 233 (235); *Droste*, S. 176, 293, 299.

Rechtsgüterverletzung eingetreten ist. Der Aufgabenkatalog der Nachrichtendienste knüpft deshalb nicht an eine konkrete Gefahr bzw. Straftat an, sondern an „Bestrebungen" (Verfassungsschutz) bzw. an die „Gewinnung von Erkenntnissen von außen- und sicherheitspolitischer Bedeutung" (BND; näher Rn. 201 f.).

Aufgabe insbesondere der Verfassungsschutzbehörden ist es, als „vorverlagertes Frühwarnsystem des Staates" Gefahren für die grundlegenden Funktionsbedingungen des demokratischen Rechtsstaats zu erkennen und andere Stellen sowie die Öffentlichkeit darüber zu informieren (s. § 16 BVerfSchG). 22

6. Begriff des „Verfassungsschutzes" und Institutionen, die Verfassungsschutzaufgaben wahrnehmen

Nach der Legaldefinition in Art. 73 Abs. 1 Nr. 10 b GG bedeutet „Verfassungsschutz" der Schutz der freiheitlichen demokratischen Grundordnung (fdGO) sowie des Bestandes und der Sicherheit des Bundes oder eines Landes.[64] Diese Definition wurde 1972 in das GG eingefügt und in die damalige Fassung des § 1 Abs. 1 BVerfSchG übernommen. Jenseits dieser Legaldefinition kann man den Begriff „Verfassungsschutz" aber auch in einem weiteren Sinn verstehen und alle Regeln darunter fassen, mit deren Hilfe der Bestand der Verfassung und insbesondere der fdGO gewährleistet werden soll. In Deutschland nehmen folgende staatlichen Institutionen im weiteren Sinne Verfassungsschutzaufgaben wahr:[65] 23

- Das BVerfG entscheidet über das Verbot verfassungswidriger Parteien oder die Verwirkung von Grundrechten (**verfassungsgerichtlicher Verfassungsschutz**, siehe Art. 21 Abs. 2, 4 und Art. 18 GG).
- Polizei, Staatsanwaltschaften und Strafgerichte verfolgen Straftaten, die sich gegen den Bestand des Staates oder gegen die Verfassung richten, z. B. Delikte nach §§ 86a, 89a, 129a, 130 StGB (**strafrechtlicher Verfassungsschutz**).
- Auch andere Verwaltungsbehörden tragen zum Schutz der Verfassung bei, wenn z. B. die Ausländerbehörde einen extremistischen Ausländer ausweist, die Einbürgerungsbehörde einen Terroristen nicht einbürgert, die Polizei eine extremistisch-gewalttätig verlaufende Demonstration auflöst oder das Innenministerium einen extremistischen Verein verbietet (**sonstiger behördlicher Verfassungsschutz**). An diesen Verfahren wirken BfV und LfV häufig mit, indem sie gerichtsverwertbare Informationen zur Verfügung stellen, die die entsprechenden Vorwürfe belegen.
- Das BfV, die LfV und der MAD verkörpern den **nachrichtendienstlichen Verfassungsschutz** (zur Frage, ob auch der BND als Institution des Verfassungsschutzes gelten kann, s. Rn. 19, 198). Diese Behörden sind vor allem dadurch gekennzeichnet, dass sie Informationen über verfassungsfeindliche Bestrebungen auch mit nachrichtendienstlichen (d. h. „heimlichen") Mitteln beschaffen können. Der Begriff ist also mit der Arbeitsweise der Dienste begründet.

§ 2 Abs. 2 BVerfSchG verpflichtet Bund und Länder, Stellen einzurichten, die die Aufgaben des Verfassungsschutzes wahrnehmen. Für die Zusammenarbeit des Bundes mit den 24

---

64 Nach der Legaldefinition in Art. 73 Abs. 1 Nr. 10 b GG gilt nur die Abwehr von Bestrebungen gegen die fdGO als innerstaatliches Rechtsgut bzw. gegen den Bestand oder die Sicherheit des Staates oder gegen die ungesetzliche Beeinträchtigung der Verfassungsorgane als „Verfassungsschutz". Nicht unter diese Legaldefinition fallen demnach die in § 3 Abs. 1 Nr. 3 und 4 BVerfSchG genannten Bestrebungen, die sich auf die gewaltsame Veränderung der Machtverhältnisse in ausländischen Staaten bzw. gegen das friedliche Zusammenleben der Völker und damit nicht gegen fundamentale *innerstaatliche* Rechtsprinzipien richten. Auch das Grundgesetz geht angesichts der systematischen Einordnung des Art. 73 Abs. 1 Nr. 10 c GG (der dem § 3 Abs. 1 Nr. 3 BVerfSchG entspricht) hinter der o. g. Legaldefinition des Art. 73 Abs. 1 Nr. 10 b GG offenbar davon aus, dass es sich beim „Ausländerextremismus" nicht um Verfassungsschutz im Sinne der Legaldefinition handelt.

65 Siehe zu diesen Institutionen *Rose-Stahl*, S. 23 f., 29. auch *Voßkuhle/Kaiser*, JuS 2019, 1154 ff.

Ländern unterhält der Bund als Zentralstelle ein **Bundesamt für Verfassungsschutz** (BfV). Für die Zusammenarbeit der Länder mit dem Bund und der Länder untereinander unterhält **jedes Land eine Landesbehörde für Verfassungsschutz** (LfV). Nach § 2 Abs. 2 Satz 2 BVerfSchG können allerdings mehrere Länder eine gemeinsame Behörde unterhalten, d. h. auf eine eigene Verfassungsschutzbehörde verzichten (zur Frage, ob das Grundgesetz die Existenz von Landesbehörden für Verfassungsschutz verlangt, s. Rn. 31 f.). Es muss allerdings sichergestellt sein, dass im gesamten Bundesgebiet *eine* Verfassungsschutzbehörde zuständig ist (BfV oder ein LfV). In den meisten Bundesländern sind die Verfassungsschutzämter mittlerweile nicht mehr als eigenständiges Landesamt, sondern als eine Abteilung im jeweiligen Innenministerium bzw. Innensenat organisiert (so z.Zt. in NRW, Berlin, Bremen, Brandenburg, Niedersachsen, Rheinland-Pfalz, Saarland, Schleswig-Holstein, Mecklenburg-Vorpommern, Sachsen-Anhalt und Thüringen), was mit Blick auf kürzere Dienst- und Berichtswege zu den politischen Entscheidungsträgern vorteilhaft ist.

7. Verfassungsschutz durch Aufklärung

25 Extremistische Bestrebungen sollen nicht nur mithilfe nachrichtendienstlicher Beobachtung oder mit Verboten und strafrechtlicher Verfolgung (d. h. mit repressiven Maßnahmen) bekämpft werden, sondern auch mittels **Aufklärung der Öffentlichkeit.**[66] „Verfassungsschutz durch Aufklärung" bedeutet zunächst Kenntnisvermittlung, d. h. Informierung und Sensibilisierung der Gesellschaft über extremistische Phänomene und Spionage sowie deren gesellschaftliches Bedrohungspotential.[67] Durch die Öffentlichkeitsarbeit des Verfassungsschutzes soll es letztlich ermöglicht werden, dass sich jedermann selbst ein Urteil über die Gefahren bilden kann, die dem Rechtsstaat durch verfassungsfeindliche Kräfte drohen. § 16 Abs. 1 BVerfSchG sieht für das BfV – wie auch die LVerfSchG für die LfV[68] – eine ausdrückliche Rechtsgrundlage für die Öffentlichkeitsarbeit vor. Sie ist in Bezug auf extremistische Phänomene nach § 16 Abs. 1 BVerfSchG, der auf die entsprechende Vorgabe des BVerfG zurückgeht,[69] auf *erwiesen extremistische* Bestrebungen und *Verdachtsfälle* (s. zu dieser Unterscheidung Rn. 83 ff.) beschränkt. Über *Prüffälle* ist mangels gesetzlicher Grundlage eine Information der Öffentlichkeit unzulässig und würde im Übrigen auch einen unverhältnismäßigen Grundrechtseingriff bedeuten. Denn für eine öffentliche Berichterstattung müssen mindestens „hinreichend gewichtige tatsächliche Anhaltspunkte" vorliegen, die beim sog. Prüffall gerade noch nicht gegeben sind.[70] Über Verdachtsfälle ist eine Berichterstattung möglich, sofern die Verdachtsmomente hinreichend gewichtig sind und in der Berichterstattung optisch-sprachlich klar unterschieden wird, ob es sich um eine erwiesen extremistische Bestrebung oder eben „nur" um einen Verdachtsfall handelt.[71]

26 § 16 Abs. 1 BVerfSchG beschränkt die Öffentlichkeitsarbeit nicht nur auf die „operativen" Beobachtungsbereiche des § 3 Abs. 1 BVerfSchG, sondern umfasst auch die Sensibi-

---

66 Besonders pointiert § 1 VSG NRW: „Der Verfassungsschutz informiert über die von Bestrebungen und Tätigkeiten im Sinne des § 3 Absatz 1 für die freiheitliche demokratische Grundordnung ausgehenden Gefahren und *stärkt dadurch das gesellschaftliche Bewusstsein*." (Hervorh. d. Verf.).
Diese Formulierung kann in der Weise missverstanden werden, dass der Staat in Gestalt des Verfassungsschutzes befugt wäre, in gesellschaftliche oder Meinungsbildungsprozesse lenkend einzugreifen. Dies ist jedoch unzulässig (Rn. 102).

67 *Rose-Stahl*, S. 25 f.

68 In allen Bundesländern finden sich für die sonstige Öffentlichkeitsarbeit jenseits des Verfassungsschutzberichts ausdrückliche gesetzliche Ermächtigungsgrundlagen (Art. 26 BayVSG, §§ 5 BbgVSG, 12 BaWüVSG, 5 Abs. 1 BlnVSG, 4 BremVSG, 18 HambgVSG, 19 Abs. 2 HessVSG, 5 Abs. 2 VSG M-V, 3 Abs. 3 NdsVSG, 1 Satz 3, 3 Abs. 3 VSG NRW, 7 Abs. 2–3 RhPfVSG, 18 SaarlVSG, 1 Abs. 3 VSG LSA, 15 SächsVSG, 21 Abs. 2 SchlHVSG, 5 ThürVSG).

69 BVerfG, NJW 2005, 2912 (2914) – Junge Freiheit.

70 VG Köln, Beschl. v. 26.2.2019, Rn. 37 ff. – AfD (=GSZ 2019, 83 ff. mit Anm. *Gärditz*).

71 BVerfG, NJW 2005, 2912 (2915).

lisierung der Öffentlichkeit und Unternehmen für Fragen des **Wirtschaftsschutzes**, um die Risiken für die deutsche Wirtschaft durch Wirtschaftsspionage (dazu Rn. 161 f.) zu verringern. Durch die Erwähnung des Wirtschaftsschutzes in § 16 Abs. 1 BVerfSchG (also außerhalb des originären Aufgabenkatalogs des §§ 3, 4 BVerfSchG) ist klargestellt, dass für die Beratungs- und Präventionstätigkeit zugunsten privater Unternehmen keine tatsächlichen Anhaltspunkte vorliegen müssen, dass die vermutete Wirtschaftsspionage von einem fremden staatlichen Nachrichtendienst ausgeht (§§ 3 Abs. 1 Nr. 2 i. V. m. 4 Abs. 1 Satz 5 BVerfSchG und Rn. 138 ff., 149 f.), da dies nur selten zu belegen ist.

8. Der Verfassungsschutzbericht

Für eine besonders wichtige Form der Öffentlichkeitsarbeit, den jährlichen **Verfassungsschutzbericht** (VSB) existiert eine spezielle Rechtsgrundlage (§ 16 Abs. 2 BVerfSchG; näher Rn. 338 f.). Er ist das zentrale Element nachrichtendienstlicher Öffentlichkeitsarbeit[72] und ist für die herausgebende Behörde (BMI) verpflichtend (der BND kann ebenfalls Öffentlichkeitsarbeit betreiben, allerdings muss er dies nicht, s. § 65 Abs. 2 BNDG: Der BND *kann* die Öffentlichkeit über Erkenntnisse informieren, die er im Rahmen seiner Aufgaben nach § 1 Absatz 2 oder bei der Aufarbeitung seiner Historie gewinnt." […]). Allerdings beschränkt der Wortlaut des § 16 Abs. 2 BVerfSchG die Öffentlichkeitsarbeit nicht auf einen einmal jährlich herausgegebenen Jahresbericht; vielmehr spricht das Gesetz davon, dass die Unterrichtung der Öffentlichkeit „mindestens einmal jährlich" zu erfolgen habe. Folglich kann auch in kürzeren Abständen oder zu besonderen Anlässen unterrichtet werden, ebenso sind andere Formen der Unterrichtung der Öffentlichkeit oder ausgewählter Gruppen durchaus zulässig (z. B. von Wirtschaftsunternehmen, die besonders von Sicherheitsrisiken betroffen sind). 27

Sowohl der Verfassungsschutzbericht, als auch die sonstigen Themenbroschüren, in denen vor extremistischen Gruppierungen gewarnt wird, führen zu **Grundrechtseingriffen** bei den betroffenen Gruppen oder Personen, u. a. in Art. 5 GG (Meinungs- bzw. Pressefreiheit, Rn. 324 ff.)[73] und Art. 21 GG (näher Rn. 334 ff.).[74] Denn der VSB informiert nicht nur die Öffentlichkeit, sondern will zugleich die extremistischen Bestrebungen bekämpfen und deren gleichberechtigte Teilhabe am politischen Meinungsdiskurs verhindern. Die Publikationen des Verfassungsschutzes haben eine mit behördlicher Autorität ausgestattete Warnfunktion und damit eine stigmatisierende Wirkung. Deshalb müssen die Ausführungen nicht nur sachlich richtig und in der Darstellung objektiv sein, sondern die Bestrebungen und Tätigkeiten so umfassend erläutern, dass dem Leser eine sachgerechte Information gegeben wird, die ihm als Grundlage für eine weitere Auseinandersetzung mit der genannten Person oder Organisation dienen kann.[75] 28

So stellt die Erwähnung einer Zeitung im Verfassungsschutzbericht wegen Verdachts verfassungsfeindlicher Bestrebungen einen **Eingriff** in die Pressefreiheit dar und bedarf der Rechtfertigung durch ein allgemeines Gesetz im Sinne des Art. 5 Abs. 2 GG (näher Rn. 324 ff.).[76] Das BVerfG lässt keinen Zweifel, dass die Veröffentlichung im VSB eine an die verbreiteten Kommunikationsinhalte anknüpfende, mittelbar belastende negative Sanktion ist, denn „[p]otentielle Leser könnten davon abgehalten werden, die Zeitung zu erwerben oder zu lesen, und es ist nicht unwahrscheinlich, dass etwa Inserenten, Journalisten oder Leserbriefschreiber die Erwähnung im Verfassungsschutzbericht zum 29

---

72 Vgl. OVG Bremen, NVwZ-RR 2018, 571 (572).
73 BVerfG, NJW 2005, 2912 (2913 f.).
74 VG Köln, Beschl. v. 26.2.2019 – 13 L 202/19, Rn. 31: Öffentliche Äußerung des BfV über die Einstufung der AfD als „Prüffall" stellt Eingriff in Art. 21 GG dar.
75 OVG Bremen, NVwZ-RR 2018, 571 (572) – Rote Hilfe.
76 BVerfG, NJW 2022, 3627 (3628, Rn. 7).

Anlass nehmen, sich von der Zeitung abzuwenden oder sie zu boykottieren."[77] Da die Kommunikationsgrundrechte des Art. 5 Abs. 1 GG konstituierend für die Demokratie sind, reicht die bloße Kritik an Verfassungswerten für die Annahme „verfassungsfeindlicher Bestrebungen" nicht aus.[78] Es bedarf vielmehr darüber hinausgehender Aktivitäten zu deren Beseitigung. Auch deshalb müssen die tatsächlichen Anhaltspunkte für den Verdacht verfassungsfeindlicher Bestrebungen **hinreichend gewichtig sein**, wenn ihre Erwähnung im VSB unter Verhältnismäßigkeitsgesichtspunkten gerechtfertigt sein soll. Der Verhältnismäßigkeitsgrundsatz fordert zudem eine deutliche Differenzierung in der optischen Gestaltung des Berichts (etwa in Überschriften und in der Gliederung) zwischen den Organisationen, für die bloß ein Verdacht für verfassungsfeindliche Bestrebungen besteht, und denjenigen, für die solche Bestrebungen bereits sicher erwiesen sind.[79] Ein flüchtiger Leser – und dieser ist als Beurteilungsmaßstab entscheidend – wird eine bloße Differenzierung im Text (anstatt in der äußeren Aufmachung bzw. den Überschriften) wahrscheinlich nicht wahrnehmen können. Auch Medien geben in ihrer Berichterstattung über Verfassungsschutzberichte Nuancen im Text oft nicht wieder. Daher muss bereits durch die optische Aufmachung des Berichts klar zwischen „Verdacht des Extremismus" (Verdachtsfällen) und „erwiesenem Extremismus" (näher Rn. 76, 83 ff.) unterschieden werden.

30 Werden personenbezogene Daten genannt, wird in das **Recht auf informationelle Selbstbestimmung** (Art. 2 Abs. 1 i. V. m. Art. 1 Abs. 1 GG) eingegriffen.[80] Nach § 16 Abs. 3 BVerfSchG ist die **Erwähnung personenbezogener Daten** und die damit verbundene Übermittlung dieser Daten „an die Öffentlichkeit" allerdings unter bestimmten Voraussetzungen zulässig. So dürfen personenbezogene Daten der Öffentlichkeit im Rahmen des VSB u. a. dann bekannt gegeben werden, wenn dies für das Verständnis des Zusammenhanges oder der Darstellung von Organisationen oder unorganisierten Gruppierungen **erforderlich** ist und die Interessen der Allgemeinheit das schutzwürdige Interesse des Betroffenen überwiegen (ebenso § 65 Abs. 2 Satz 2 BNDG für die Öffentlichkeitsarbeit des BND). Diese „Erforderlichkeit" ist nicht nur dann zu bejahen, wenn die Darstellung ohne die Namensnennung aus sich heraus nicht mehr verständlich wäre. Ein solch enges Verständnis des § 16 Abs. 3 BVerfSchG wäre mit Ziel und Zweck der Regelung nicht vereinbar. Vielmehr ist die Veröffentlichung personenbezogener Daten bereits erforderlich, wenn die Einzelangaben dem Verständnis und der Zuordnung von Ereignissen oder Personenzusammenschlüssen *dienlich* sind.[81] Die „Erforderlichkeit" ist also nicht im Sinne von „unerlässlich" für das Verständnis der Darstellung auszulegen. Denn mit der Veröffentlichung im VSB soll eine gut informierte Öffentlich-

---

77 BVerfG, NJW 2005, 2912 (2913 f.) – Junge Freiheit. Zum Eingriff in Art. 21 GG (Parteienfreiheit) durch die Beobachtung und Erwähnung einer Partei im Verfassungsschutzbericht, siehe auch Rn. 325 und *Morlok*, NJW 2001, 2931 (2938); *Shirvani*, AöR 134 (2009), 572 (593); *Möllers*, JZ 2011, 48 (49). Dabei ist nach BVerwG, JZ 2011, 39 (41) das Gewicht des Eingriffs unterschiedlich zu beurteilen, je nachdem, ob eine Partei (nur) beobachtet wird oder ob als Ergebnis einer solchen Beobachtung die Öffentlichkeit über Gefährdungen unterrichtet werden soll, die von der Partei ausgehen. Das BVerwG deutet damit an, dass für die bloße Beobachtung weniger strenge Anforderungen an den Grad des Extremismusverdachts zu stellen sind, als dies für eine Erwähnung im Verfassungsschutzbericht erforderlich ist. Konsequenterweise bedarf es für eine Erwähnung von Verdachtsfällen im Verfassungsschutzbericht einer ausdrücklichen diesbezüglichen Regelung (BVerwG, NVwZ 2014, 233 [234, Rn. 13 ff]. zu „Pro Köln").

78 BVerwG, NJW 2021, 2818 (2820, Rn. 20) m. w. N.

79 Es wird vom BVerfG – gemäß dem Wortlaut des § 4 Abs. 1 S. 5 i. V. m. § 3 Abs. 1 BVerfSchG, der lediglich tatsächliche Anhaltspunkte voraussetzt – nicht verlangt, dass (z. B. aus Verhältnismäßigkeitsgesichtspunkten) die verfassungsfeindlichen Bestrebungen tatsächlich erwiesen sein müssen, um eine Berichterstattung zu rechtfertigen. Das Gericht betont allerdings, dass bei Veröffentlichung eines lediglich auf **einzelne Publikationen** gestützten Verdachts bezüglich eines Presseverlages durch anderweitige Maßnahmen das tatsächliche Vorliegen der Bestrebung *abzuklären* sei (BVerfG, NJW 2005, 2912, Rn. 79).

80 OVG Bremen, NVwZ-RR 2018, 571 (572) – Rote Hilfe.

81 OVG Magdeburg, NVwZ-RR 2011, 64.

keit in den Stand versetzt werden, die geistig-politische Auseinandersetzung mit extremistischen Bestrebungen zu führen, wobei dieser Zweck nur dann erreicht werden kann, wenn der Leser sachbezogene Schilderungen – ggf. mithilfe seiner durch die Medien gewonnenen Zusatzkenntnisse – auch den verantwortlichen Personen zuordnen kann. Eine Namensnennung ist danach insbesondere dann zulässig, wenn über eine Person in öffentlichen Medien unter Namensnennung bereits berichtet worden ist und der VSB die namentliche Bezeichnung lediglich wiederholt, um dem Leser die Zuordnung von verfassungsschutzrelevanten Ereignissen und Personen zu erleichtern. Außerhalb des Rahmens der Öffentlichkeitsarbeit (z. B. wenn ein privater Arbeitgeber eine Auskunft über etwaige extremistische Aktivitäten einer seiner Mitarbeiter haben möchte) dürfen personenbezogene Daten an Stellen außerhalb des öffentlichen Bereichs allerdings nur unter den nochmals gesteigerten Anforderungen des § 19 Abs. 4 BVerfSchG übermittelt werden (näher Rn. 461 f.).[82]

9. Verfassungsrechtliches Gebot eines nachrichtendienstlichen Verfassungsschutzes?

Fraglich ist, ob das Grundgesetz zwingend von der Existenz eines nachrichtendienstlichen Verfassungsschutzes ausgeht, der neben den anderen Institutionen, die Aufgaben des Verfassungsschutzes wahrnehmen (dazu Rn. 23), bestehen muss. Zwar setzen die einfachgesetzlichen Regelungen in §§ 2 Abs. 1 und 2, 3 Abs. 1, 5 und 6 BVerfSchG die Existenz von BfV und LfV als selbstverständlich voraus. Allerdings könnte das BVerfSchG vom Bundestag jederzeit mit einfacher Mehrheit geändert bzw. aufgehoben werden. Einer solchen Abschaffung des Verfassungsschutzes durch einfache Gesetzesänderung könnte jedoch 31

- die Erwähnung des Verfassungsschutzes in Art. 73 Abs. 1 Nr. 10 Buchst. b, c GG und Art. 87 Abs. 1 S. 2 GG, sowie
- das in der Verfassung insgesamt angelegte Prinzip der wehrhaften Demokratie

entgegenstehen. Teilweise wird bereits aus der Existenz der beiden Normen, die den Verfassungsschutz erwähnen, seine institutionelle Garantie hergeleitet (gemeint ist dort zweifellos die nachrichtendienstliche Komponente).[83] Hierzu ist jedoch anzumerken, dass sich die beiden Vorschriften nur auf die Gesetzgebungs*kompetenz* des Bundes beziehen bzw. auf seine Kompetenz, eine Zentralstelle für die Sammlung von Unterlagen für Zwecke des Verfassungsschutzes einzurichten. Von einer Kompetenz kann, muss aber nicht Gebrauch gemacht werden.[84] Auch der Begriff „können … eingerichtet werden“ in Art. 87 Abs. 1 GG deutet auf einen Entscheidungsspielraum des Gesetzgebers hin. Beide Vorschriften stünden nach ihrem Wortlaut einer Abschaffung der Behörden für Verfassungsschutz folglich nicht entgegen.

Allerdings setzen die beiden Verfassungsbestimmungen (Art. 73 Abs. 1 Nr. 10 b und Art. 87 Abs. 1 S. 2 GG) das Vorhandensein eines institutionalisierten Verfassungsschutzes zur Sicherung der staatlichen Existenz des Bundes oder eines Landes bzw. zum Schutz der fdGO als wesentlichen Pfeiler der „wehrhaften Demokratie“ voraus (s. auch Rn. 19). Es würde wenig Sinn machen, die Aufgabe „Verfassungsschutz“ ausdrücklich im Grundgesetz zu verankern und dem Staat die Möglichkeit zur Schaffung diesbezüglicher Behörden einzuräumen, es zugleich aber in das Belieben des Gesetzgebers zu stellen, ob er dem Regelungsziel nachkommt oder nicht. Die Bestimmungen in Art. 73 Abs. 1 Nr. 10 b und Art. 87 Abs. 1 S. 2 GG enthalten folglich einen Regelungs- bzw. Einrichtungsauftrag, dem der Gesetzgeber bzw. die Exekutive nachzukommen hat.[85] 32

82 *Rose-Stahl*, S. 28.
83 *Heintzen*, in: v. Mangoldt/Klein/Starck, GG, Band 2, 7. Aufl. 2018, Art. 73 Abs. 1 Nr. 10, Rn. 115.
84 *Ibler*, in: Maunz/Dürig, GG, 84. EL August 2018, Art. 87 Rn. 87.
85 In diesem Sinn BVerfG, NJW 1971, 275 (277); offenbar auch *Droste*, S. 11 und 7.

Insoweit wird von einer „verfassungsvorgezeichneten Staatsaufgabe" und somit von einer institutionellen Garantie für einen nachrichtendienstlichen Verfassungsschutz ausgegangen.[86] Im Übrigen legt das in der Verfassung in einer Vielzahl von Bestimmungen zum Ausdruck kommende Prinzip der streitbaren Demokratie (Rn. 19 ff.) die Existenz eines nachrichtendienstlichen Verfassungsschutzes nahe. Ohne nachrichtendienstlichen Verfassungsschutz wäre das System der wehrhaften Demokratie an einer entscheidenden Stelle lückenhaft. Ähnlich hat das BVerfG ausgeführt:

„Die Sicherheitsbehörden der Bundesrepublik Deutschland haben die verfassungsrechtlich begründete Pflicht, die freiheitliche demokratische Grundordnung zu schützen. Sie erfüllen diese Pflicht unter anderem dadurch, dass sie auf gesetzlicher Grundlage bei gegebenem Anlass Gruppen und auch politische Parteien beobachten, um feststellen zu können, ob von ihnen eine Gefahr für die freiheitliche demokratische Grundordnung ausgeht".[87]

33 Art. 73 Abs. 1 Nr. 10 b, c GG und Art. 87 Abs. 1 S. 2 GG gehen also von einer verfassungsrechtlichen Pflicht aus, die fdGO durch „Verfassungsschutzbehörden" schützen zu lassen (freilich ohne festzulegen, mit welchen Aufgaben und Befugnissen im Detail diese ausgestattet sind).

10. Existenzrecht oder -pflicht der LfV?

34 Wenn das Grundgesetz auch die Existenz von Verfassungsschutzämtern – und aufgrund von Art. 87 Abs. 1 Satz 2 GG insbesondere ein Bundesamt als Zentralstelle – verlangen mag, gibt es aber nicht vor, wie viele Landesbehörden für Verfassungsschutz existieren müssen. Zwar bestimmt § 2 Abs. 2 Satz 1 BVerfSchG grundsätzlich eine Errichtungspflicht für Landesverfassungsschutzbehörden. Diese Bestimmung könnte der Bund aber einfach-gesetzlich ändern. Auch ist es möglich, dass Länder auf ihre eigene Verfassungsschutzbehörde verzichten (§ 2 Abs. 2 Satz 2 BVerfSchG). Aus diesem Umstand wird der Schluss gezogen, dass bei Aufhebung der Verpflichtung aus § 2 Abs. 2 Satz 1 BVerfSchG (ggf. unter der Voraussetzung, dass das BfV die Aufgaben des Verfassungsschutzes in dem betreffenden Land selber übernimmt) es jedes Land in der Hand habe, durch Änderung oder Aufhebung seines Landesverfassungsschutzgesetzes aus dem Verfassungsschutz „auszusteigen" und ihre LfV abzuschaffen.[88] Zulässig wäre auch eine teilweise Übertragung der gemeinsamen gesetzlichen Aufgaben von einer Landesverfassungsschutzbehörde durch Verwaltungsvereinbarung auf den Bund, d. h. einzelne Länder könnten zumindest Teile ihrer Aufgaben durch Verlagerung zum BfV freiwillig aufgeben.[89]Es müssen allerdings noch LfV vorhanden sein, denn wenn nach Art. 73 Abs. 1 Nr. 10b GG eine Zusammenarbeit in Angelegenheiten des Verfassungsschutzes erfolgen muss und nach Art. 87 Abs. 1 Satz 2 GG eine Zentralstelle (BfV), die koordinieren soll und mit der eine Zusammenarbeit möglich ist, muss es konsequenterweise auch Behörden geben, mit denen diese Zentralstelle auch tatsächlich zusammenarbeiten kann.[90] Art. 73 Abs. 1 Nr. 10b GG setzt also das Vorhandensein einer nicht näher zu quantifizierenden Mindestzahl von weiteren Verfassungsschutzbehörden – also Landesbehörden – voraus.

35 Im Übrigen enthält das Bundesrecht keine weitergehende organisationsrechtliche Spezifizierung und überlässt es den Ländern, eigene Behörden zu schaffen oder den Verfassungsschutz z. B. einer Abteilung des Landesinnenministeriums anzugliedern.[91] Unzulässig wäre es lediglich, durch landesrechtliche Regelungen die Kooperationsfähigkeit einer Landesverfassungsschutzbehörde zu untergraben, etwa durch für einen Nachrich-

86 *Meiertöns*, in: Dietrich/Fahrner, § 18 Rn. 30 m. w. N.
87 BVerfGE 107, 339 (365) – 1. NPD-Urteil.
88 *Gärditz*, AöR 144 (2019), 81 (115 ff.).
89 *Gärditz*, AöR 144 (2019), 81 (129).
90 *Heintzen*, in: v. Mangoldt/Klein/Starck, GG, Band 2, 7. Aufl. 2018, Art. 73 Abs. 1 Nr. 10 Rn. 115.
91 *Gärditz*, AöR 144 (2019), 81 (87) m. w. N.

tendienst inadäquate Kontrollstrukturen[92] oder durch eine landesrechtliche Regelung, wonach das LfV von der Wahrnehmung des gemeinsamen und für alle Verfassungsschutzbehörden verbindlichen Aufgabenkatalogs nach § 3 Abs. 1 BVerfSchG entbunden würde (z. B. nicht mehr Bestrebungen gegen die „Sicherheit des Bundes oder eines Landes" beobachten solle).

II. Wesentliche Entwicklungslinien des BVerfSchG seit 1950[93]

1. Ursprungsfassung des BVerfSchG

Da Nachrichtendienste bei den Beratungen des Herrenchiemseer Verfassungskonvents im August 1948 keine Rolle gespielt hatten[94] und die Rolle eines Verfassungsschutzes[95] auch im Parlamentarischen Rat weitgehend unklar blieb – insbesondere in Abgrenzung zur Kriminalpolizei[96] –, war die deutsche Seite einigermaßen überrascht, als ihr am 14.4.1949 von den alliierten Militärgouverneuren der sog. „Polizeibrief" übergeben wurde, der die Erlaubnis für die Schaffung eines eigenständigen Inlandsnachrichtendiensts beinhaltete. Nummer 2 dieses Briefes hatte folgenden Wortlaut: 36

„The Federal Government will also be permitted to establish an agency to collect and disseminate concerning subversive activities directed against the Federal Government. This agency shall have no police authority."

Allen Beteiligten war vor allem wichtig, dass diese zu schaffende Behörde nicht den Eindruck einer Geheimpolizei erwecken sollte. Die Annahme, dass der Begriff „Verfassungsschutz" in Art. 73 Abs. 1 Nr. 10 GG a. F. bewusst als Unterscheidungskriterium zu einer (davon zu trennenden) Polizei gewählt worden sein könnte („die Zusammenarbeit des Bundes und der Länder in der Kriminalpolizei *und* in Angelegenheiten des Verfassungsschutzes"), um dadurch die Notwendigkeit einer organisatorischen Trennung zwischen beiden Behörden zu betonen (Rn. 4 ff.), überdehnt jedoch die Funktion des Art. 73 Abs. 1 Nr. 10 GG.[97] 37

In der ersten Fassung des BVerfSchG[98] war dem BfV und den Landesbehörden folgende Aufgabe zugewiesen: 38

„Aufgabe des Bundesamtes für Verfassungsschutz und der nach § 2 Abs. 2 bestimmten Behörden [LfV, Anm. d. Verf.] ist die Sammlung und Auswertung von Auskünften, Nachrichten und sonstigen Unterlagen über Bestrebungen, die eine Aufhebung, Änderung oder Störung der verfassungsmäßigen Ordnung[99] im Bund oder in einem Land oder eine ungesetzliche Beeinträchtigung der Amtsführung von Mitgliedern verfassungsmäßiger Organe des Bundes oder eines Landes zum Ziele haben."

Da der Text keine ausdrückliche Aussage zur Spionageabwehr enthielt, war zunächst unklar ob auch diese zu den Aufgaben der Verfassungsschutzbehörden gehören sollte. 39

---

92 *Gärditz*, AöR 144 (2019), 81 (88) mit Verweis auf BbgVerfG, NVwZ 2016, 931, Rn. 39.

93 Siehe hierzu auch *Rose-Stahl*, S. 29-36.

94 Es blieb insoweit bei einzelnen Forderungen nach der Schaffung einer „normalen politischen Polizei, über die jeder Staat verfügen müsse, wenn er seine Existenz nicht aufgeben wolle" (so das Mitglied des Verfassungskonvents *Brill*, zitiert bei *Dorn*, Das Trennungsgebot aus verfassungshistorischer Perspektive, 2004, S. 86).

95 Der Begriff wurde erst am 5.5.1949 vom Abg. *von Mangoldt* eingeführt, s. *Dorn*, Das Trennungsgebot aus verfassungshistorischer Perspektive, 2004, S. 132.

96 Einig war man sich aber, weder eine Gestapo noch eine GPU (der Vorläufer des KGB) schaffen zu wollen; vielmehr wollte man den „politische Gegner mit politischen Mitteln bekämpfen" (so der Abg. *Reuter*; zitiert bei *Dorn*, Das Trennungsgebot aus verfassungshistorischer Perspektive, 2004, S. 98).

97 *Droste*, S. 16 m. N. zu dieser Auffassung.

98 BGBl. 1950 I, 682.

99 Gemeint ist hiermit die fdGO, vgl. OVG Münster, Urt. v. 13.3.2018 – 16 A 906/11, Rn. 94.

Vertretbar war, Spionageaktivitäten bereits von der Aufgabe zur Extremismusaufklärung als umfasst anzusehen, da erstere in aller Regel von Geheimdiensten des kommunistischen „Ostblocks" ausging, deren Ziel es war, die demokratische Ordnung in der Bundesrepublik (notfalls auch gewaltsam)[100] zu unterminieren. Daher waren geheimdienstliche Tätigkeiten der „Ostblock"-Staaten zugleich auch Aktivitäten gegen die verfassungsmäßige Ordnung der Bundesrepublik.

2. Aufnahme des Ausländerextremismus und der Spionageabwehr in den Aufgabenkatalog (1972)

40 Ende der 1960er Jahre hatten Aktivitäten von ausländischen Organisationen und Einzelpersonen, die einen terroristischen oder nachrichtendienstlichen Hintergrund aufwiesen, stark zugenommen. Für Gewaltakte gegen hier lebende Ausländer oder die Vorbereitung von Gewaltakten im Ausland war vor allem der Nahostkonflikt ursächlich.[101] Um den Verfassungsschutz in die Beobachtung solcher Phänomene einzubinden, stellte sich das Problem, dass die terroristischen Bestrebungen in der Regel nicht gegen die verfassungsmäßige Ordnung in der Bundesrepublik gerichtet waren, sondern der Bestand oder die Verhältnisse des jeweiligen Heimatlandes oder eines anderen Staates bekämpft werden sollten. Hierfür griff die Aufgabennorm des § 3 Abs. 1 BVerfSchG in der damaligen Fassung zu kurz. Weil man jedoch annahm, dass die betroffenen terroristischen Ausländergruppen (meistens marxistische Splittergruppen der PLO) mit inländischen extremistischen und terroristischen Bestrebungen verflochten seien, wurde die Aufgabe zur Beobachtung des „Ausländerextremismus" **im Jahr 1972** – dem Jahr des **Attentats** palästinensischer Terroristen **auf die israelische Delegation bei der Olympiade** in München – den Ämtern für Verfassungsschutz übertragen (§ 3 Abs. 1 Nr. 3 BVerfSchG).[102] Erfasst werden sollte der gewaltorientierte „Ausländerextremismus", der sowohl nationalistisch als auch anderweitig ideologisch bzw. religiös motiviert sein kann. Auch wenn hinsichtlich des § 3 Abs. 1 Nr. 3 BVerfSchG vom „Ausländerextremismus" (oder: auslandsbezogener Extremismus) gesprochen wird, fehlt dieser Begriff in der gesetzlichen Regelung. Dies geht vor allem darauf zurück, dass sich auch deutsche Staatsbürger solchen Bestrebungen anschließen können, die sich gegen Heimatstaaten der Akteure oder Drittstaaten richten. Es wäre eine Lücke im Beobachtungsauftrag entstanden, wenn der Gesetzeswortlaut auf die ausländische Staatsangehörigkeit der Gruppenmitglieder abgestellt hätte.

41 Das Problem eines fehlenden Bezugs zu den originären Aufgaben des Verfassungsschutzes galt 1972 auch für solche nachrichtendienstlichen Tätigkeiten fremder Staaten, die nicht das staatliche System der Bundesrepublik zu untergraben suchen, sondern deren Tätigkeit auf die Ausforschung wirtschaftlicher und politischer Verhältnisse oder die Einschüchterung von Landsleuten (meist Oppositionellen) gerichtet war. Es war klarstellungsbedürftig, dass auch jede andere Art von geheimdienstlicher Tätigkeit fremder Staaten in der Bundesrepublik in die Zuständigkeit der Verfassungsschutzbehörden fällt.[103] Nach einer Grundgesetzänderung (Art. 73 Abs. 1 Nr. 10 und Art. 87 Abs. 1 Satz 2 GG wurden Ende Juli 1972 um die Aufgabe der Beobachtung des „Ausländerextremismus" ergänzt) trat am 7.8.1972 das Verfassungsschutzänderungsgesetz in Kraft. Damit wurde der Aufgabenkatalog der Verfassungsschutzbehörden erweitert um die Sammlung und Auswertung von Auskünften, Nachrichten und sonstigen Unterlagen über

- sicherheitsgefährdende oder geheimdienstliche Tätigkeiten im Geltungsbereich dieses Gesetzes für eine fremde Macht (§ 3 Abs. 1 Nr. 2 BVerfSchG), sowie

---

100 Vgl. https://de.wikipedia.org/wiki/Gruppe_Ralf_Forster (21.11.2022).
101 *Droste*, S. 118 und S. 108 ff.
102 Zum Hintergrund siehe *Hoffmann*, Terrorismus – Der unerklärte Krieg, 2007, S. 115 ff.
103 BT-Drs. VI/1179 (Vorblatt).

- Bestrebungen (...), die durch Anwendung von Gewalt oder darauf gerichtete Vorbereitungshandlungen auswärtige Belange der Bundesrepublik Deutschland gefährden (§ 3 Abs. 1 Nr. 3 BVerfSchG).

Der Begriff „fremde Macht" dürfte 1972 gewählt worden sein, weil seitens der Bundesrepublik nicht beabsichtigt war, die DDR als Staat anzuerkennen, was indirekt die Folge gewesen wäre, wenn im Gesetz der Begriff „für einen fremden Staat" verwendet worden wäre. Denn dann hätte man – bei Beibehaltung der Sichtweise, dass die DDR kein „fremder Staat" sei – den damaligen Hauptgegner der Spionageabwehr, die „Hauptverwaltung Aufklärung" des MfS, nicht beobachten können.[104]

3. Umsetzung des Volkszählungsurteils (1990)

Die bislang umfangreichste Änderung erfuhr das BVerfSchG durch das am 20.12.1990 42
in Kraft getretene „Gesetz zur Fortentwicklung der Datenverarbeitung und des Datenschutzes".[105] Anlass für dieses Gesetz, mit dem unter anderem auch erstmals gesetzliche Grundlagen für BND und MAD geschaffen wurden, war das „Volkszählungsurteil" des BVerfG vom 15.12.1983. Dort entwickelte das BVerfG aus dem Allgemeinen Persönlichkeitsrecht (Art. 2 Abs. 1 i. V. m. Art. 1 Abs. 1 GG) das **Recht auf „informationelle Selbstbestimmung"** (= Recht auf Datenschutz).[106] Die technischen Möglichkeiten moderner Datenverarbeitung seien, so das BVerfG, geeignet, in Sekundenschnelle Einzelangaben zu einer Person zusammenzufügen und ein umfassendes Bild über deren Persönlichkeit zu erzeugen. Die Befugnis des Einzelnen, selbst über die Preisgabe oder Verwendung seiner persönlichen Daten zu bestimmen, müsse daher durch einen effektiven Schutz gegen unbegrenzte Erhebung, Speicherung, Verwendung und Weitergabe dieser Daten abgesichert werden (näher Rn. 212 ff.).

Für den Gesetzgeber hatte das Volkszählungsurteil die Konsequenz, dass er eine Vielzahl 43
von Gesetzen, die die Verarbeitung personenbezogener Daten betreffen, nunmehr mit detaillierten Datenschutzregelungen zu versehen hatte, die dem vom Verfassungsgericht vorgegebenem Maßstab genügten. Auch das BVerfSchG gewann durch diese Änderungen massiv an Umfang; der weit überwiegende Teil der Regelungen bezieht sich seither auf die detaillierte Beschreibung der Vorgaben, wie und unter welchen Voraussetzungen Daten erhoben, verarbeitet und weitergegeben werden dürfen (vgl. §§ 8 ff., 17 ff. BVerfSchG). Neben den datenschutzrechtlichen Bestimmungen wurden 1990 auch die Befugnisse des BfV ausdrücklich im Gesetz verankert (§§ 8, 9 BVerfSchG). In § 3 Abs. 3 BVerfSchG wurde klargestellt, dass die Verfassungsschutzbehörden an die allgemeinen Rechtsvorschriften gebunden sind, was mit Blick auf die ohnehin gegebene Rechtsbindung der Verfassungsschutzbehörden als Teile der vollziehenden Gewalt (Art. 20 Abs. 3 und 1 Abs. 3 GG) eigentlich entbehrlich gewesen wäre.

4. Änderungen durch das Terrorismusbekämpfungsgesetz (2002)

In Reaktion auf die Anschläge vom 11.9.2001 erließ der Gesetzgeber in 2002 das Terro- 44
rismusbekämpfungsgesetz (TBG). Darin wurde dem BfV in § 3 Abs. 1 Nr. 4 BVerfSchG eine **neue Aufgabe** zugewiesen, nämlich die Beobachtung auch solcher Bestrebungen, die „gegen den Gedanken der Völkerverständigung (...), insbesondere gegen das friedliche Zusammenleben der Völker (...)" gerichtet sind. Hintergrund dieser Ergänzung war, dass die Beobachtung ausländerextremistischer Bestrebungen in § 3 Abs. 1 Nr. 3 BVerfSchG an die Anwendung von Gewalt oder darauf gerichtete Vorbereitungshandlungen geknüpft ist. War diese Formulierung unter den historischen Umständen ihrer Entstehungszeit (Rn. 40) noch ausreichend, konnte es nunmehr zu Schutzlücken kom-

104 Vgl. *Droste*, S. 129.
105 Gesetzentwurf in BT-Drs. 11/4306.
106 BVerfGE 65, 1 ff.

men, wenn in Deutschland aufhältige Extremisten zwar weder in Deutschland noch im Ausland Gewalttaten vorbereiten bzw. ausüben, aber eine gewaltbereite Organisation – z. B. durch Spendensammlungen, Waffenlieferungen oder Gewaltpropaganda – nachhaltig unterstützen.

45 Durch das TBG erhielt das BfV – und über entsprechende Verweisungen auch BND und MAD – zudem **neue Befugnisse** zur Datenerhebung bei privaten Dienstleistern, die mittlerweile in § 8a BVerfSchG geregelt sind (i. V. m. §§ 3 Abs. 1 BNDG, 4a MADG). Ziel war die Aufklärung internationaler Finanz- und Kommunikationsstrukturen extremistischer bzw. terroristischer Netzwerke durch Informationen über Konten, Reisebewegungen und Kommunikationskanäle. Die Nachrichtendienste dürfen daher unter bestimmten Voraussetzungen **Auskünfte bei Banken** und sonstigen Finanzdienstleistern (§ 8a Abs. 1 S. 1 Nr. 2 BVerfSchG) sowie bei **Luftfahrtunternehmen** und Buchungsdienstleistern (§ 8a Abs. 1 S. 1 Nr. 1 BVerfSchG) einholen. Die Befugnis, bei **Postdienstleistern** die z. B. zur Vorbereitung eines G10-Antrags erforderlichen Auskünfte über Namen, Adressen und Postfächer zu erheben (§ 8a Abs. 1 S. 1 Nr. 3 BVerfSchG a. F.), wurde 2012 mangels Anwendung in der behördlichen Praxis vom Gesetzgeber wieder gestrichen.[107] Auch die Telekommunikationskontakte können wichtige Aufschlüsse über Umfeld und Kontakte verdächtiger Personen oder den Standort eines Handybenutzers liefern; deshalb sind die Nachrichtendienste auch befugt, **Telekommunikationsverbindungsdaten** wie beteiligte Anschlüsse, Beginn und Ende von Telefonverbindungen oder Daten über Standorte usw. einzuholen (§ 8a Abs. 1 S. 1 Nr. 4 BVerfSchG). Weil terroristische Gruppen oft Mobiltelefone benutzen, deren Rufnummern den Sicherheitsbehörden nicht bekannt sind und auch nicht über einen Provider festgestellt werden können, ermächtigt § 9 Abs. 4 BVerfSchG zum Einsatz des sog. **IMSI-Catchers** zur Ermittlung der Geräte- und Kartennummern von Mobiltelefonen. Mithilfe der von einer Zielperson verwendeten SIM-Karte kann die dieser Karte zugeordnete Rufnummer ermittelt werden. Deren Kenntnis ist z. B. für einen G 10-Antrag gegen die Zielperson erforderlich.[108] All diese neuen (Auskunfts-)Befugnisse waren jedoch zunächst auf die Aufklärung von Bestrebungen des gewaltgeneigten Ausländerextremismus und auf Spionagetätigkeiten begrenzt (§ 3 Abs. 1 Nr. 2-4 BVerfSchG). Eine Erstreckung auf den „klassischen Extremismus" nach § 3 Abs. 1 Nr. 1 BVerfSchG sollte erst 2007 erfolgen (Rn. 47).

46 Im Bereich der Befugnisse wurde § 9 Abs. 2 BVerfSchG, der den „Lauschangriff" in Wohnungen regelt, dahingehend ergänzt, dass eine technische Maßnahme nunmehr auch zum Schutz einer Einsatzperson (z. B. eines verdeckten Mitarbeiters) bei konkreten Gefahrenlagen möglich ist. Diese Regelung wurde 2012 allerdings wieder gestrichen, weil sie seit ihrer erstmaligen Einführung im Jahre 2002 nie genutzt wurde.[109] Freilich bliebe eine solche Vorschrift für verdeckt eingesetzte Mitarbeiter in heiklen Beschaffungssituationen durchaus sinnvoll, zumal eine solche Konstellation in Art. 13 Abs. 5 GG ausdrücklich für verfassungskonform erklärt wird.

5. Fortschreibung der „neuen" Befugnisse durch das Terrorismusbekämpfungsergänzungsgesetz (2007)

47 Da die Auskunftsbefugnisse des TBG nicht speziell auf die Terrorismusabwehr zugeschnitten waren, wurden sie mit dem **Terrorismusbekämpfungsergänzungsgesetz** (TBEG) **von 2007** auch auf den „klassischen" Extremismus im Sinne des § 3 Abs. 1 Nr. 1 BVerfSchG (d. h. insbesondere den Rechts- und Linksextremismus) erweitert. Auch bei der Beobachtung dieser Bestrebungen sind kommunikative Verbindungen, finanzielle

107 BT-Drs. 17/6925, S. 12 f.
108 BT-Drs. 14/7386 (neu), S. 40.
109 BT-Drs. 17/6925, S. 17.

Verhältnisse und Beziehungen, der Aufenthalt von Zielpersonen sowie internationale Kontakte der Szene bedeutsam. Die Auskunftsbefugnisse können hier etwa zur Aufklärung von Verflechtungen, Finanzflüssen, Produktions- und Vertriebsstrukturen der rechtsextremistischen Szene für Hasspropaganda beitragen.[110] Durch die Erweiterung erfasst wird aber auch der Islamismus, sofern er sich „nur" gegen die Schutzgüter des § 3 Abs. 1 Nr. 1 BVerfSchG richtet, ohne dass durch Gewalt bzw. Gewaltvorbereitung auswärtige Belange gefährdet (§ 3 Abs. 1 Nr. 3 BVerfSchG) oder die Völkerverständigung (§ 3 Abs. 1 Nr. 4 BVerfSchG) beeinträchtigt werden. Von den Auskunftsbefugnissen abgedeckt werden somit auch die Aktivitäten sog. „Hassprediger" oder die ideologische Mobilisierung für djihadistische Aktivitäten, und zwar auch dann, wenn ihre Propaganda nicht gegen die Völkerverständigung gerichtet ist, sondern beispielsweise zu Gewalthandlungen im Inland aufruft.

Auch schuf der Gesetzgeber in 2007 mit § **17 Abs. 3 BVerfSchG** eine neue Möglichkeit 48
der Informationsgewinnung bei international agierenden Zielpersonen, nämlich die Ausschreibung verdächtiger Personen zur verdeckten Registrierung („verdeckte Kontrolle") im gesamten Schengen-Raum (Rn. 402 ff.). Seitdem können BfV, BND und MAD „verdächtige Personen" zur verdeckten Registrierung im zentralen Polizeirechner der Schengen-Staaten, dem Schengener Informationssystem der zweiten Generation (SIS II) ausschreiben (aktuell geregelt in Art. 36 der EU-Verordnung 2018/1862 des Europäischen Parlaments und des Rates vom 28.11.2018). Eine derartige Ausschreibungsmöglichkeit war erforderlich geworden, weil seit der Aufhebung der Personenkontrollen an den Binnengrenzen des Schengen-Raumes im März 1995 der grenzüberschreitende Verkehr nur noch sehr eingeschränkt erfasst wird. Ein Ersuchen z. B. des BfV an die Bundespolizei nach § 17 Abs. 2 BVerfSchG um Übermittlung von (personen- und sachbezogenen) „Daten, die bei der Wahrnehmung grenzpolizeilicher Aufgaben bekannt werden (Rn. 397 ff.)", d. h. wenn Zielpersonen bei der Ein- oder Ausreise kontrolliert werden, greift – da Deutschland seit dem Beitritt der Schweiz zum Schengen-Raum Ende 2008 ausschließlich von Schengenstaaten umgegeben ist – nur bei den internationalen Flug- und Seehäfen mit Verkehr in Nicht-Schengenstaaten. Die hierdurch entstandene Lücke bei der Informationsgewinnung zu Zielpersonen, die *zwischen Schengen-Staaten* reisen, wurde 2007 mit einer im gesamten Schengenraum wirksamen Ausschreibung im SIS geschlossen. Der Staat, dessen Polizeibehörde die ausgeschriebene Person antrifft, darf demnach der ausschreibenden Stelle die hierbei erhobenen Informationen übermitteln.

Da jedoch nur die durch den Wegfall der Binnengrenzkontrollen eingeschränkte Mög- 49
lichkeit der Grenzfahndung kompensiert werden soll, ist die Ausschreibung nach § 17 Abs. 3 BVerfSchG **nur bei tatsächlichen Anhaltspunkten für grenzüberschreitende Verkehre** mit Ausgangs- oder Zielpunkt in Deutschland zugelassen. Die Ausschreibungsmöglichkeit im SIS II wird also nur im Hinblick auf die besonderen Gefahren *internationaler* extremistischer Bestrebungen und Tätigkeiten fremder Nachrichtendienste zur Feststellung *grenzüberschreitender* Sachverhalte eingeräumt. Es müssen ferner konkrete Anhaltspunkte dafür vorliegen, dass die Informationen über die ausgeschriebene Person (u. a. Ort und Zeit des Antreffens, Reiseweg, Reiseziel, begleitende Personen) zur Abwehr einer von dem Betroffenen ausgehenden erheblichen Gefährdung oder anderer erheblicher Gefahren für die innere oder äußere Sicherheit des Staates erforderlich sind.

§ 17 Abs. 3 BVerfSchG erlaubt nur eine Ausschreibung zur *verdeckten Registrierung*. Die 50
Ausschreibung zur Festnahme, gezielten Beobachtung o. ä., die die Verordnung (EU) 2018/1862 den Schengen-Staaten ebenfalls ermöglicht, ist den deutschen Nachrichten-

110 BT-Drs. 16/2921, S. 13.

diensten wegen des Verbots der Ausübung polizeilicher Maßnahmen (Stichwort: Trennungsgebot) verwehrt.[111] Genau aus diesem Grund kann eine Ausschreibung von BfV, MAD oder BND nach § 17 Abs. 3 BVerfSchG auch nicht eine polizeiliche Kontrolle veranlassen; vielmehr setzt die Mitteilung der deutschen oder ausländischen Polizeidienststelle an den deutschen Nachrichtendienst über die erfolgte Kontrolle eine nach dem jeweiligen Polizeirecht zulässigerweise durchgeführte Kontrolle voraus. Somit wird dem nachrichtendienstlichen Erkenntnisbedarf lediglich **bei Gelegenheit polizeilicher Aufgabenwahrnehmung** Rechnung getragen, ohne dass polizeiliche Befugnisse gezielt für nachrichtendienstliche Zwecke ausgeübt werden. Das befugnisrechtliche Trennungsgebot (§ 8 Abs. 3 BVerfSchG, s. Rn. 6) wird folglich nicht tangiert (s. auch Rn. 400 ff.).[112]

6. Weitere Änderungen in 2011 und 2013

51 Durch Gesetzesänderung vom 7.12.2011[113] sieht § 8b Abs. 5 BVerfSchG nunmehr vor, dass der auskunftspflichtige Dienstleister (z. B. Kreditinstitut, Telekommunikationsdienstleister) den Betroffenen wegen eines Auskunftsersuchens des Nachrichtendienstes nicht benachteiligen darf, insbesondere nicht die bestehenden Verträge oder Geschäftsverbindungen kündigen oder das Entgelt hierfür erhöhen darf. Auch wurden die Regelungen, die nicht zur Terrorismusbekämpfung genutzt (Auskünfte bei Postdienstleistern in § 8a Abs. 1 Nr. 3 BVerfSchG) und daher für entbehrlich gehalten wurden, wieder gestrichen. Aufgehoben wurde auch die Befugnis zur Wohnraumüberwachung für Zwecke der Eigensicherung von Mitarbeitern von BfV, MAD und BND (§ 9 Abs. 2 S. 8-11 BVerfSchG a. F. und Rn. 46).

52 Neu eingefügt wurde 2011 der § 8a Abs. 2 BVerfSchG, der die automatisierte Abfrage von Kontostammdaten beim Bundeszentralamt für Steuern erlaubt. Auch wurde – als deklaratorische Klarstellung – in § 8b Abs. 6 BVerfSchG festgelegt, dass die ersuchten Dienstleister zur Auskunftserteilung auch tatsächlich verpflichtet sind. Die Befugnis der Nachrichtendienste, um Auskünfte zu ersuchen, korrespondiert also mit einer entsprechenden **Pflicht** zur (vollständigen und richtigen) Auskunft. Allerdings stehen dem Nachrichtendienst für die Durchsetzung der Auskunftsersuchen nach § 8a BVerfSchG keine Zwangsbefugnisse zu (vgl. § 8 Abs. 3 BVerfSchG), denn das Verwaltungsvollstreckungsgesetz findet hier keine Anwendung.[114]

53 Seit 2013 existiert in § 8d BVerfSchG eine Befugnisnorm zur **Beauskunftung von Telekommunikations-Bestandsdaten** (z. B. Telefonnummern, E-Mail-Adressen, IP-Adressen). Diese Befugnis befand sich bis dahin nur in den Parallelregelungen des TKGund wurde inhaltsgleich ins BVerfSchG übernommen.

7. Regelungen zu V-Leuten und verdeckten Mitarbeitern und zur Stärkung der Zentralstellenfunktion des BfV (2015)

54 In Aufarbeitung des NSU-Komplexes war es ein erklärtes Ziel der Gesetzesänderungen von 2015 die Zentralstellenfunktion des BfV zu stärken (§ 5 BVerfSchG n. F.) und die Analysefähigkeit sowie die Zusammenarbeit zwischen den Sicherheitsbehörden zu verbessern. So ist das BfV nunmehr von vornherein für alle gewaltorientierte Bestrebungen zuständig, da deren Gefahrenpotenzial immer gesamtstaatlich bedeutsam ist. Als Zentralstelle erhält es ferner die ausdrückliche Aufgabe, die arbeitsteilige Aufgabenwahrnehmung der Verfassungsschutzbehörden zu koordinieren (§ 5 Abs. 2–4 BVerfSchG). In § 6 BVerfSchG werden diese wechselseitigen Kooperationspflichten im Verfassungsschutz-

---

111 *Bock*, in: Schenke/Graulich/Ruthig, § 17 BVerfSchG Rn. 18.

112 Kritisch *Petri*, in: Bäcker/Denninger/Graulich, 6. Aufl. 2018, G Rn. 426.

113 Zur Begründung siehe BT-Drs. 17/6925.

114 Gesetzesbegründung zum TBG, BT-Drs. 14/7386, S. 39. Siehe auch §§ 115, 126 ff. TKG, die entsprechende Zwangsmittel nur der BNetzA ausdrücklich einräumen.

verbund konkretisiert und die Behörden zum umfassenderen Datenaustausch verpflichtet. Die Verbunddatei der Verfassungsschutzbehörden – NADIS WN – wird dabei für alle Aufgabenbereiche des Verfassungsschutzes als Volltextdatei ausgestaltet. Somit sind die Speicherung und Nutzung von Volltexten, Bildern und multimedialen Erfassungen nicht nur – wie zuvor – für geheimdienstliche Tätigkeiten und gewaltorientierte Bestrebungen, sondern auch für den nicht-gewaltorientierten Extremismus möglich, z. B. für den legalistischen Islamismus.[115] Für das als besonders sensibel angesehene nachrichtendienstliche Mittel der Verdeckten Mitarbeiter (UCA) und Vertrauensleute wurde 2015 ein klarer gesetzlicher Rahmen geschaffen (§§ 9a, 9b BVerfSchG; näher Rn. 246 ff.).

III. Überblick über die Geschichte von MAD und BND

Im Rahmen der Organisationsgewalt des BMVg gemäß Art. 65a GG wurde 1956 der MAD errichtet. Aus der damaligen Unterabteilung im BMVg ging später das Amt für Sicherheit der Bundeswehr (ASBw) hervor, das 1984 in das MAD-Amt überführt wurde. In seiner derzeitigen Organisation besteht der MAD neben dem MAD-Amt (seit 2017: „Bundesamt für den Militärischen Abschirmdienst“ – BAMAD – als Bundesoberbehörde) aus acht bundesweit verteilten MAD-Stellen, die dem BAMAD unterstehen.[116] Aufgaben und Befugnisse des MAD waren bis zum Erlass des Gesetzes über den Militärischen Abschirmdienst (MADG) von 1990 – das wie BVerfSchG und BNDG eine späte Frucht des „Volkszählungsurteils“ von 1983 ist (Rn. 42 f.) – durch interne Weisungen und fachspezifische Ermächtigungen in verschiedenen Gesetzen (z. B. G 10, BZRG, BMeldeG, SGB X) geregelt.[117] 55

Auch der BND arbeitete von seiner Gründung im Jahr 1956[118] bis 1990 als eine dem Chef des Bundeskanzleramtes unterstehende Behörde ohne gesetzliches Fundament. Seine Aufgaben waren in einer Dienstvorschrift (DV) des Bundeskanzleramts von 1968 geregelt.[119] Danach war der BND zuständig für die politische, wirtschaftliche und militärische Auslandsaufklärung, die Gegenspionage und die Spionageabwehr innerhalb des Dienstes.[120] Diese in Folgejahren als „Rechtsgrundlage“ fungierende Dienstvorschrift von 1968 sah auch die „Erledigung sonstiger nachrichtendienstlicher Aufträge des Bundeskanzlers und der Bundesregierung im Ausland“ vor.[121] Diese Aufgabe wurde (wegen der fehlenden Normenklarheit zu Recht) im Jahr 1990 nicht in den späteren gesetzlichen Aufgabenkatalog des BND übernommen. 56

IV. Überblick über die Struktur des BVerfSchG

Seit dem Volkszählungsurteil (1983) und der daraufhin erforderlichen Novellierung in 1990 ist das BVerfSchG wesentlich umfangreicher geworden und von 6 auf nunmehr 37 Paragraphen angewachsen. Es hat vier **Abschnitte**: 57

1. Abschnitt:	§§ 1–7	Allgemeine Vorschriften für die Verfassungsschutzbehörden (u. a. Begriffsdefinitionen, gemeinsame Aufgaben der Verfassungsschutzbehörden, Pflicht zur Zusammenarbeit zwischen BfV und LfV)

115 BT-Drs. 18/4654, S. 23.
116 *Siems*, DÖV 2012, 425 und MAD-Report 2019, S. 7 (https://bit.ly/3h0obtx).
117 *Droste*, S. 647 f.
118 Zur Vorgeschichte der „Organisation Gehlen“ s. *Löffelmann/Zöller*, A. Rn. 47 ff.
119 *Droste*, S. 22, Fn. 66.
120 BT-Drs. 7/3246, S. 87.
121 BT-Drs. 7/3246, S. 47.

2. Abschnitt:	§§ 8–16	**Befugnisse des BfV** zur Aufgabenerledigung sowie datenschutzrechtliche Bestimmungen
3. Abschnitt:	§§ 17–26	Übermittlungsvorschriften in Angelegenheiten des Verfassungsschutzes (diese Regeln gelten für **alle** adressierten **Behörden**, die in Angelegenheiten des Verfassungsschutzes tätig werden, d. h. auch für die LfV und die anderen dort genannten Behörden, z. B. Polizeibehörden oder Staatsanwaltschaften)
4. Abschnitt:	§ 27–29	Schlussvorschriften (Verweis auf die anwendbaren Vorschriften des BDSG, Datenschutzkontrolle, Einschränkung von Grundrechten)

V. Die Aufgaben des Verfassungsschutzes[122]

1. Verfassungsrechtliche Verankerung in Art. 73 Abs. 1 Nr. 10 GG

58 Die Aufgaben der Verfassungsschutzbehörden des Bundes und der Länder sind in § 3 Abs. 1 BVerfSchG geregelt. Dass das BVerfSchG als Bundesgesetz auch die Aufgaben der LfV festlegen darf, hat seinen Grund in Art. 73 Abs. 1 Nr. 10b GG, wo dem Bund die Gesetzgebungskompetenz für die *Zusammenarbeit des Bundes und der Länder* in Angelegenheiten des Verfassungsschutzes eingeräumt wird. Da Zusammenarbeit in erster Linie durch die Erledigung gemeinsamer Aufgaben ersichtlich wird,[123] enthält § 3 Abs. 1 BVerfSchG den **gemeinsamen Aufgabenkatalog von BfV und LfV.**[124] Die dort genannten Bestrebungen *müssen* sowohl das BfV als Zentralstelle[125] als auch alle LfV (beschränkt auf das Gebiet des Landes) beobachten – *dürfen* aber auch nur diese beobachten. Der in § 3 Abs. 1 BVerfSchG beschriebene Aufgabenbereich ist somit Grund und Grenze der Tätigkeit der Verfassungsschutzämter. Es steht daher nicht in ihrem Ermessen zu entscheiden, welche Personen oder Personengruppen zum Gegenstand von Maßnahmen gemacht werden (s. auch Rn. 115).[126] Abgesehen von den LfV in Bayern, Hessen und im Saarland, denen der jeweilige Landesgesetzgeber auch die Beobachtung der OK zugewiesen hat (s. Rn. 59), ist die Aufzählung der Aufgaben in § 3 Abs. 1 BVerfSchG abschließend. Andere als die dort explizit genannten Bestrebungen dürfen die Verfassungsschutzbehörden folglich nicht beobachten. Die Mitwirkung des Verfassungsschutzes bei Sicherheitsüberprüfungen ist zwar eine weitere nach §§ 3 Abs. 2 BVerfSchG i. V. m. 3 Abs. 2 SÜG gesetzlich übertragene Aufgabe, erlaubt aber keine eigenständige Beobachtung anderer als der in § 3 Abs. 1 BVerfSchG genannten Gruppierungen, sondern nur die Verwendung der dort gewonnenen Erkenntnisse im Rahmen des Sicherheitsüberprüfungsverfahrens (näher Rn. 180). Die Kompetenz zur Regelung der Zusammenarbeit in Art. 73 Abs. 1 Nr. 10b GG erlaubt dem Bund allerdings nur, die *Aufgaben* der Verfassungsschutzbehörden zu bestimmen. Sie reicht weder so weit festzulegen, mit welchen Mitteln die Informationsgrundlage für diese Zusammenarbeit auf Länderebene geschaffen werden soll (d. h. welche Befugnisse die Länder in ihren LVerfSchG vorsehen müssen, etwa Wohnraumüberwachung oder Online-Durchsu-

122 Die folgenden Ausführungen sind angelehnt an *Warg*, in: Dietrich/Eiffler, V § 1 Rn. 9 ff.

123 Vgl. BVerwG, NJW 1984, 1636 (1637); *Gärditz*, AöR 144 (2019), 81 (100).

124 BT-Drs. 11/4306, S. 60. Näher *Spitzer*, S. 52 ff.

125 *Spitzer*, S. 34 ff.: die Koordinationsaufgabe könne nur dann sinnvoll wahrgenommen werden, wenn die Zentralstelle eigene, auch nicht-koordinierende Befugnisse innehabe. Das BVerfG erlaubt dem Bund daher, dem BfV die für seine Aufgaben erforderlichen Befugnisse einzuräumen (NVwZ-Beilage 2020, 55 [61] – Bestandsdatenauskunft II); in diese Richtung bereits BVerfGE 30, 1 (20). Näher Rn. 165.

126 *Schönenbroicher/Heusch*, DVBl. 2022, 1113.

chung),[127] noch die sonstigen Modalitäten der Datenverarbeitung (etwa die Regeln über Datenspeicherung und -löschung) zu regeln.

2. Beobachtung der Organisierten Kriminalität?

Nur die Verfassungsschutzgesetze der Länder Bayern, Hessen und Saarland weisen den dortigen LfV die Beobachtung der **Organisierten Kriminalität** (OK) als gesetzliche Aufgabe zu.[128] § 3 Abs. 1 BVerfSchG ist daher nicht als abschließende Aufzählung aller möglichen Beobachtungsfelder anzusehen, sondern als „Minimalkatalog" für den Verfassungsschutzverbund. Nach der Legaldefinition der OK in Art. 4 Abs. 2 BayVSG ist 59

„Organisierte Kriminalität [ist] die von Gewinn- oder Machtstreben bestimmte planmäßige Begehung von Straftaten, die einzeln oder in ihrer Gesamtheit von erheblicher Bedeutung für die Rechtsordnung sind, durch mehr als zwei Beteiligte, die auf längere oder unbestimmte Dauer arbeitsteilig tätig werden
- unter Verwendung gewerblicher oder geschäftsähnlicher Strukturen oder
- unter Anwendung von Gewalt oder durch entsprechende Drohung oder
- unter Einflussnahme auf Politik, Verwaltung, Justiz, Medien oder Wirtschaft."

Wenn man die Legaldefinition des Begriffs „Verfassungsschutz" in Art. 73 Abs. 1 Nr. 10b GG hieran anlegt, ist die OK keine originäre Verfassungsschutzaufgabe,[129] denn sie verfolgt regelmäßig nur materielle und keine politischen Ziele (zur Notwendigkeit politisch motivierter Bestrebungen Rn. 98).[130] Konsequent nennen Art. 3 Satz 2 BayVSG und § 1 SaarlVSG den Schutz vor der OK als separate Aufgabe des dortigen Verfassungsschutzes *neben* dem Schutz der fdGO, dem Bestand und der Sicherheit des Bundes und der Länder. Das Ziel der OK ist materieller Gewinn, wobei gesetzlose „Freiräume" als Mittel zum Zweck dienen, nicht aber die Teilhabe an staatlicher Machtausübung oder die politisch motivierte Unterminierung der fdGO. Das Antasten der Schutzgüter des § 3 Abs. 1 Nr. 1 BVerfSchG ist kein finales politisches Ziel. Von daher ist die politische (d. h. auf die Teilhabe an den gesellschaftlichen Machtverhältnissen gerichtete) Zielsetzung der OK-Akteure zweifelhaft, diese Schutzgüter „aus den Angeln heben" zu wollen. Allerdings ist der OK trotz dieser (im Vergleich zu den klassischen extremistischen Akteuren) abweichenden Zielsetzung doch immanent, auf die drei Gewalten des Staatwesens Einfluss zu nehmen – wenn auch nur zur Erleichterung krimineller Machenschaften. Deshalb kann es insbesondere durch Bestechung oder Erpressung von Funktionsträgern zu demokratisch nicht legitimierter Gewaltausübung kommen (z. B. bei gekauften Gerichts- oder Parlamentsentscheidungen) und damit Schutzgüter der fdGO in Gefahr geraten.[131] Sofern die OK eine ungesetzliche Beeinträchtigung der Amtsführung von Verfassungsorganen oder ihrer Mitglieder zum Ziel hat (Rn. 137), ist der Aufgabenkatalog des § 3 Abs. 1 BVerfSchG auch ohne gesetzliche Ergänzung originär eröffnet,[132] denn wenn 60

---

127 *Uhle*, in: Maunz/Dürig, 58. EL 2010, Art. 73 Rn. 235; *Bäcker*, GSZ 2018, 213 (217); *Gärditz*, AöR 144 (2019), 81 (88).

128 Es wird allerdings vertreten, dass die die Verfassungsschutzbehörden die OK auch ohne ausdrückliche gesetzliche Regelung beobachten dürften (*Werthebach/Droste-Lehnen*, ZRP 1994, 57, [63 f.]). Andere halten eine Beobachtung rechtlich grundsätzlich für möglich, sehen aber die tatsächlichen Voraussetzungen des § 3 Abs. 1 BVerfSchG als nicht gegeben an (vgl. *Gusy*, StV 1995, 320 [323 ff.]) und wieder andere verneinen eine Anwendbarkeit des § 3 Abs. 1 BVerfSchG (vgl. *Denninger*, KritV 1994, 232 [233 ff.]).

129 *Bergemann*, in: Bäcker/Denninger/Graulich, H Rn. 43 ff.; *Poscher/Rusteberg*, KJ 2014, 57 (64); wohl auch LT-Drs. Sachsen 3/6212. A.A. *Droste*, VR 1998, 15 (20): weder Art. 73 Abs. 1 Nr. 10 noch Art. 87 Abs. 1 Satz 2 GG sei zu entnehmen, dass die kriminelle Organisation direkt darauf abzielen müsse, die fdGO zu zerstören.

130 *Koch*, ZRP 1995, 24; *Bergemann*, in: Bäcker/Denninger/Graulich, H Rn. 43 m. w. N. A.A. *Roth*, in: Schenke/Graulich/Ruthig, §§ 3, 4 BVerfSchG Rn. 34, wonach ungeachtet der primär wirtschaftlichen Ziele der OK jedenfalls auch politisch bestimmte Aktivitäten vorlägen.

131 *Droste*, VR 1998, 15 (20).

132 *Droste*, S. 56.

Verfassungsschutzgüter angetastet werden, ist der Verfassungsschutz in jedem Falle zuständig. Diese Linie vertritt der SächsVerfGH, wenn er aus dem (in Art. 83 Abs. 3 SächsVerf ausdrücklich verankerten) Trennungsgebot ableitet, dass das dortige LfV die OK zwar beobachten dürfe, allerdings nur im Rahmen der in Art. 73 Abs. 1 Nr. 10 b und c GG originär dem Verfassungsschutz zugewiesenen Aufgaben, d. h. wenn die OK

- gegen die fdGO oder den Bestand oder die Sicherheit des Bundes oder der Länder vorgeht, bzw.
- Bestrebungen entfaltet, die durch Anwendung von Gewalt oder darauf gerichtete Vorbereitungshandlungen auswärtige Belange der Bundesrepublik Deutschland gefährden.[133]

61 Da diese grundsätzlichen Erwägungen des SächsVerfGH auch auf die anderen LfV übertragbar sind, dürfen diese die OK nur insoweit beobachten, als diese zugleich die Verfassungsgüter im Sinne des Art. 73 Abs. 1 Nr. 10 b und c GG beeinträchtigt, insbesondere eine Bedrohung für die fdGO oder den Bestand des Bundes oder eines Landes darstellt (siehe deshalb Art. 3 Satz 2 BayVSG, wonach die OK nur „zum Schutz der verfassungsmäßigen Ordnung" beobachtet wird).[134] Bei der Beobachtung der OK handelt es sich also grundsätzlich um die Wahrnehmung einer verfassungsschutzfremden Aufgabe, sofern sie keine Querbezüge zu extremistischen Bestrebungen oder Spionagetätigkeiten aufweist, z. B. weil Extremisten oder fremde Geheimdienste sich der Strukturen der OK bedienen, um ihre Ziele zu verwirklichen.

3. Sammeln und Auswerten von Informationen

62 Aufgabe der Verfassungsschutzbehörden ist die **Sammlung und Auswertung von Informationen,** insbesondere von sach- und personenbezogenen Auskünften, Nachrichten und Unterlagen über die in § 3 Abs. 1 BVerfSchG genannten extremistischen Bestrebungen und Spionagetätigkeiten. Häufig wird „Sammeln und Auswerten" mit dem Begriff „Beobachten" zusammengefasst, jedoch findet sich dieser Begriff nicht im Grundgesetz und auch in den Verfassungsschutzgesetzen wird er nur vereinzeltverwendet.[135] Dennoch fasst der Begriff „Beobachten" gut den Zweck des Verfassungsschutzes zusammen, nämlich sach- und personenbezogene Daten über verfassungsfeindliche Gruppierungen und Spione zusammenzutragen und auf ihr Gefährdungspotential hin zu untersuchen. Unter „Informationen" versteht das Gesetz wegen des erklärenden Zusatzes in § 3 Abs. 1 BVerfSchG („...Informationen, insbesondere...") sach- und personenbezogene Auskünfte, Nachrichten und Unterlagen. Information ist damit ein Oberbegriff, der sowohl personenbezogene, als auch sachbezogene Vorgänge umfasst.[136] Dem Datenschutzrecht unterfallende personenbezogene Auskünfte sind solche, die Aussagen über identifizierte oder identifizierbare natürliche Personen enthalten (s. die Legaldefinition in § 46 Nr. 1 BDSG). Als identifizierbar wird nach § 46 Nr. 1 BDSG eine Person bereits dann angesehen, wenn sie direkt oder indirekt identifiziert werden kann, etwa mittels Zuordnung zu einer Kennung wie einem Namen, Online-Kennung oder zu einem oder mehreren besonderen Merkmalen, die Ausdruck der physischen, physiologischen, genetischen, psychischen, wirtschaftlichen, kulturellen oder sozialen Identität dieser Person sind. Damit unterfallen nicht nur die „harten" personenbezogenen Daten dem Datenschutzrecht, die ohne weiteres eine namentliche Identifizierung des Betroffenen zulassen (wie Name, Foto, genaue Adresse), sondern auch solche, die nur mit Zusatzwissen der verantwortlichen Stelle (hier: des Nachrichtendienstes) eine

---

133 SächsVerfGH, NVwZ 2005, 1310 (1312).

134 Allerdings stellt der VGH München, NVwZ-RR 1998, 273 (278) mit Blick auf das BayLfV keine besonderen Anforderungen für die Beobachtung der OK auf.

135 Im BVerfSchG findet er nur einmal Erwähnung, nämlich bei den Übermittlungsvorschriften in § 18 Abs. 4 BVerfSchG. Näher *Lindner/Unterreitmeier*, DVBl. 2019, 819 (820).

136 Gesetzesbegründung in BT-Drs. 11/4306, S. 60.

Identifizierung des Betroffenen zulassen (z. B. Kontonummer, Personalausweisnummer, Kfz-Kennzeichen).[137] So ist der Halter eines Kfz für die Nachrichtendienste bestimmbar, denn letztere können als datenverarbeitende (verantwortliche) Stelle mithilfe des rechtlich erlaubten Zugriffs auf die Halterdatei beim Kraftfahrtbundesamt (§ 35 Abs. 1 Nr. 5 StVG) ein (z. B. im Rahmen der Observation) erhobenes Kennzeichen einer Person konkret zuordnen.

In Zeiten schneller Verfügbarkeit und automatisierter Verknüpfungsmöglichkeiten auch großer Datenmengen aus unterschiedlichen Erkenntnisquellen wird es heutzutage kaum noch rein sachbezogene (nicht einer Person zuordenbare) Daten geben. Denn oft ist nicht bekannt, welche zusätzlichen Erkenntnisse auf Seiten der verantwortlichen Stelle vorhanden sind, die, verknüpft mit den neu erhobenen (scheinbar zunächst nur sachbezogenen) Erkenntnissen, einen Personenbezug herstellen lassen. So erlangen auf den ersten Blick scheinbar nur sachbezogene Erkenntnisse über bestimmte Gruppierungen (z. B. Vereine, Parteien, GmbH) durch die einfache Verknüpfung mit den dahinter stehenden verantwortlich handelnden Personen (z. B. Vereinsvorstand durch Einblick ins Vereinsregister) leicht einen Personenbezug. Da die Regelungen zur Datenverarbeitung (vor allem zur Datenübermittlung) voraussetzen, dass es sich um personenbezogene Daten handelt und demzufolge rein sachbezogene Informationen nicht diesen strengen Verarbeitungsregeln unterliegen, ist im Zweifel von der Personenbeziehbarkeit einer Information auszugehen, um einen möglichst lückenlosen Grundrechtsschutz zu gewährleisten.[138] Die Datenverarbeitungsvorschriften der Nachrichtendienstgesetze sollte man daher auch dann anwenden, wenn auf den ersten Blick kein konkret personenbezogenes Datum verarbeitet (z. B. übermittelt) wird, sondern scheinbar nur sachbezogene Informationen (s. Rn. 433). 63

Sammeln als Synonym für „Erheben von Daten"[139] meint nach der Definition des § 3 Abs. 3 BDSG a. F. (die mangels abweichender Aussage des Gesetzgebers in § 46 Nr. 2 BDSG n. F. auch weiter herangezogen werden kann)[140] das gezielte Beschaffen von Daten über den Betroffenen.[141] Darunter fällt nur das bewusste und gewollte Festhalten von Informationen. Unerheblich ist, ob die Information der Behörde zunächst zufällig, unverlangt oder durch aktive Beschaffung zur Kenntnis gelangt ist; entscheidend ist, ob sofern die empfangende Stelle die Daten willentlich in ihre Verfügungsgewalt übernimmt und dort belässt.[142] Die Behörde muss die Information also willentlich unter ihre Verfügungskontrolle bringen, was in aller Regel mit einer Speicherung einher geht (entweder in einer Akte – Rechtsgrundlage hierfür ist § 8 Abs. 1 BVerfSchG als Generalklausel – oder in einer Datei – Rechtsgrundlage ist § 10 BVerfSchG). Das Sammeln (= Erheben) von Daten muss also von einem entsprechenden *Erhebungswillen* begleitet sein,[143] weshalb das zufällige Erlangen von unverlangt zugegangenen Informationen nicht unter den Begriff des Sammelns i. S. d. §§ 3 Abs. 1 BVerfSchG, 1 Abs. 2 BNDG, 1 Abs. 1 MADG fällt. Auch kein „Sammeln" stellt es dar, wenn die Information ohne 64

137 Sog. objektiver Ansatz; zur Diskussion *Brink/Eckhardt*, ZD 2015, 205 ff. Für den EuGH (MMR 2016 842 ff.) ist entscheidend, ob der verarbeitenden Stelle „rechtliche Mittel vernünftigerweise" zur Verfügung stehen, um entsprechendes Zusatzwissen von einem Dritten zu erlangen.

138 Ähnlich *Löffelmann/Zöller*, A. Rn. 91.

139 Sammeln ist das „Erheben" von Daten zur Aufgabenerledigung i. S. d. §§ 3, 8-9 BVerfSchG, d. h. die *aktive Informationsbeschaffung*. So auch § 5 Abs. 6 BremVSG: Sammeln meint das Erheben von Daten i. S. d. Datenschutzgesetzes.

140 In diesem Sinne BT-Drs. 18/11325, S. 123.

141 BVerwG, NVwZ 2011, 161 (163).

142 *Droste*, S. 88 m. w. N. Dies umfasst jede Form gezielt betriebener Gewinnung personenbezogener Daten, sei dies unter Mitwirkung des Betroffenen, von Behörden oder privaten Dritten. Das Erheben setzt ein aktives Tun durch die erhebende Stelle voraus (BeckOK DatenSchR/*Schild*, DSGVO, Art. 4 Rn. 35).

143 *Gusy*, in: Schenke/Graulich/Ruthig, § 1 BNDG Rn. 38.

weitere Bearbeitung, insbesondere ohne Speicherung oder Vorhaltung, gelöscht und in keiner Weise mehr für die behördliche Aufgabenerledigung zur Verfügung steht. Dies gilt vor allem für das kurzzeitige „Einsammeln" von größeren Datenmengen aus Internetverkehren und deren Abgleich mit bereits vorhandenen, nachrichtendienstlich relevanten Daten (Data-Mining). Zwar ist nach der neueren Rspr. des BVerfG[144] die Einbeziehung von personenbezogenen Daten (z. B. Telefonnummern, IP- oder E-Mail-Adressen, Kfz-Kennzeichen) in einen automatisierten Abgleich bereits als Eingriff in das Recht auf informationelle Selbstbestimmung zu werten, auch wenn dieser letztlich zu einem Nichttreffer und anschließenden spurenlosen Löschung führt.[145] Jedoch bedeutet das bloße Vorhandensein von technischen Rohdaten (z. B. IP-Adressen, Logfiles) ohne vorausgehende zielgerichtete Erhebungsabsicht noch keine Erhebung von Daten[146] bzw. keinen Eingriff,[147] da die hierfür erforderliche willentliche Kenntnisnahme durch aktives Handeln fehlt.[148] An der Eingriffsqualität fehlt es, wenn Daten nur zufällig am Rande ungezielt miterfasst werden, aber unmittelbar nach der Erfassung technisch wieder anonym, spurenlos und ohne Erkenntnisinteresse für die Behörden ausgesondert werden.[149] Der Grundrechtseingriff beginnt erst, wenn z. B. IP-Adressen oder Logfiles zielgerichtet ausgewertet werden (sich also das behördliche Interesse an den betroffenen Daten „spezifisch verdichtet" hat).[150]

65 **Auswerten** meint das Bewerten von (Roh-)Informationen über die Ziel- bzw. Beobachtungsobjekte. Der Verfassungsschutz sichtet seine Informationen daraufhin, ob sie mit Blick auf die gesetzlichen Aufgaben der Dienste eine Relevanz haben.[151] Teil der Auswertung ist auch der Abgleich neu erhobener mit bereits vorhandenen Erkenntnissen. Ziel der Auswertung ist die Gewinnung neuer Erkenntnisse im Sinne von sachkundiger Einordnung von Informationen („finished intelligence"), worunter vor allem die Erstellung von Lagebildern, Gefährdungsanalysen und Berichte für politische Entscheidungsträger und die Öffentlichkeit (s. § 16 BVerfSchG) zählen. Häufig münden letztere in neuerliche Beschaffungsaufträge um die Erkenntnislage zu verdichten. In datenschutzrechtlichen Kategorien handelt es hierbei um ein „Nutzen" von Daten i. S. d. § 3 Abs. 5 BDSG a. F.[152], d. h. um einen inhaltlichen Umgang mit Daten, der weder Datenerhebung (Sammeln) noch Datenverarbeitung (z. B. Speichern, Übermitteln) ist. Die genannten Schritte des Umgangs mit Information – nämlich Erheben gemäß Auftrag, Verarbeiten, Nutzen („all-source analysis and production") und Weitergabe an den Auftraggeber („dissemination") – beschreibt den sog. „intelligence cycle".[153]

---

144 BVerfG, NVwZ 2019, 381 (384, Rn. 49 ff.) – Kfz-Kennzeichenscreening II. Zustimmend *Roggan*, NVwZ 2019, 344 (345).
145 Anders noch BVerfG, NJW 2008, 1505 (1506 f.) – Kfz-Kennzeichenscreening I.
146 BVerfG, NJW 2000, 55 (59) – Strategische Fernmeldeaufklärung des BND.
147 BVerwG, NVwZ 2017, 1546 (1548) – Fernmeldeaufklärung des BND nach § 5 G10.
148 I.d.S. BVerwG, NVwZ 2014, 1666 (1668).
149 BVerfG, NVwZ 2019, 381 (383, Rn. 43, 48) – Kfz-Kennzeichenscreening II.
150 BVerfG, NVwZ 2019, 381 (383, Rn. 43 ff.) – Kfz-Kennzeichenscreening II.
151 BVerwG, NJW 1984, 1636 (1637 f.).
152 An den etablierten Fachbegriffen des BDSG a. F. kann, soweit sie nicht mit der neuen, EU-geprägten Terminologie kollidieren, weiter festgehalten werden (BT-Drs. 18/11325, S. 123).
153 *Gill/Pythian*, Intelligence in an Insecure World, 2006, S. 3 f. Die Grafik erfolgt in Anlehnung an https://dps.iowa.gov/divisions/intelligence/intel-cycle (24.11.2022) und *Meiertöns*, in: Dietrich/Fahrner, § 18 Rn. 56.

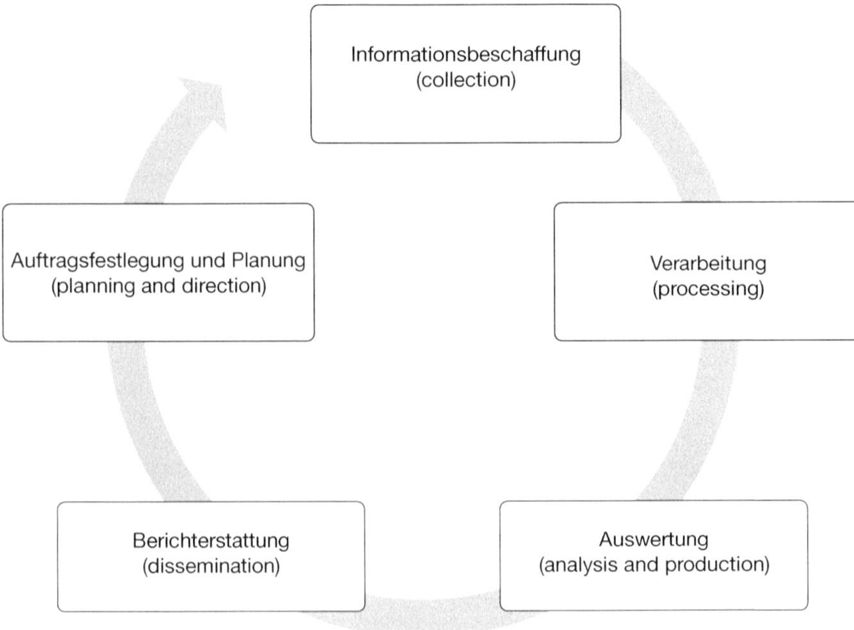

Abb. 3: Der Intelligence Cycle

4. Tatsächliche Anhaltspunkte (§ 4 Abs. 1 Satz 5 BVerfSchG)

Die Verfassungsschutzbehörden dürfen gemäß § 4 Abs. 1 Satz 5 BVerfSchG bereits dann tätig werden, wenn im Hinblick auf die Beobachtungsbereiche des § 3 Abs. 1 BVerfSchG (lediglich) **tatsächliche Anhaltspunkte** vorliegen. Dann besteht aber nach § 3 Abs. 1 BVerfSchG („Aufgabe der Verfassungsschutzbehörden *ist…*") auch eine *Pflicht* zur Beobachtung. Der Verfassungsschutz hat kein Entschließungsermessen über das „Ob" der Beobachtung. Aus § 4 Abs. 1 Satz 5 BVerfSchG folgt, dass im Hinblick auf die extremistische Bestrebung bzw. den Spionageverdacht *keine feste Gewissheit* erforderlich ist, dass die in den Fokus genommene Aktivität mit Sicherheit extremistisch bzw. von fremden Nachrichtendiensten gesteuert ist. Vielmehr genügen auf Tatsachen gestützte Anhaltspunkte, um mit der Beobachtung zu beginnen, d. h. eine vorherige vollständige Ausermittlung des Sachverhalts ist nicht erforderlich. 66

a) **Begriffsdefinition.** Die Verdachtsmomente müssen in **Tatsachen** einen (An-)Halt finden, bloße Vermutungen und Spekulationen[154] bzw. die bloße hypothetische Möglichkeit des Vorhandenseins solcher Bestrebungen genügt nicht.[155] Tatsächliche Anhaltspunkte sind verdichtete Sachumstände, die bei vernünftiger Betrachtung den **Verdacht** für verfassungsfeindliche Bestrebungen bzw. Spionagetätigkeiten begründen und die deshalb eine **weitere Klärung erforderlich** erscheinen lassen.[156] Zumindest in ihrer Gesamtschau müssen die Anhaltspunkte so deutlich sein, dass sie die hinreichende 67

154 VGH München, NJW 1994, 748 (749); BVerfG, DVBl. 1991, 169 f. (zu § 2 Abs. 1 G10); BVerwG, NVwZ 2011, 161 (164) – Ramelow.

155 OVG Münster, Urt. v. 13.3.2018 – 16 A 906/11, Rn. 74; VGH Mannheim, DÖV 1994, 917 (918).

156 VGH München, NJW 1994, 748 (749); BVerwG, NJW 1991, 581 (582) zum G10; BVerwG, NVwZ 2011, 161 (164).

Wahrscheinlichkeit entsprechender Bestrebungen bzw. Tätigkeiten begründen.[157] Zur Annahme eines Verdachts können also auch eine Mehrzahl von einzelnen „Faktensplittern" führen, auch wenn jeder für sich genommen einen solchen Verdacht noch nicht zu begründen vermag.[158] Dabei ist es sachgerecht, die Verdachtsmomente insbesondere dann ausreichen zu lassen, wenn sie **nach nachrichtendienstlichem Erfahrungswissen** – abgestellt auf einen durchschnittlich erfahrenen Auswerter in dem jeweiligen Phänomenbereich – eine verfassungsschutzrelevante Tätigkeit nahelegen. Konsequent definieren §§ 7 Abs. 1 Satz 2 NdsVSG, 3 Abs. 1 Satz 3 BremVSG daher als Voraussetzung für die Beobachtung des sog. „Verdachtsfalls" (als Umschreibung für das Beobachtungsobjekt, bei dem lediglich tatsächliche Anhaltspunkte für extremistische Bestrebungen vorliegen, näher Rn. 83),[159] dass tatsächliche Anhaltspunkte vorliegen, „die, insgesamt betrachtet und unter Einbeziehung nachrichtendienstlicher Erfahrungen aus vergleichbaren Fällen, den Verdacht einer Bestrebung nach § 3 Abs. 1 Nr. 1, 3 oder 4 rechtfertigen". Diese Definition hat zur Folge, dass tatsächliche Anhaltspunkte (ungeachtet der vollen richterlichen Überprüfbarkeit der behördlichen Wertung, näher Rn. 82) auch dann vorliegen können, wenn sie ein unbeteiligter Dritter ohne nachrichtendienstliches Hintergrundwissen noch nicht erkennen kann, wohl aber der sachkundige Auswerter angesichts seiner Erfahrungen mit bestimmten Handlungsmustern in der extremistischen Szene bzw. bei mutmaßlichen Spionageaktivitäten des fremden Geheimdienstes.

68 **b) Abgrenzung zu anderen Verdachtsstufen und zur „erwiesen extremistischen Bestrebung".** Angesichts der unterschiedlichen Aufgabenstellung von BfV, LfV und MAD im Vergleich zu Strafverfolgungsbehörden brauchen „tatsächliche Anhaltspunkte" **weniger konkret** zu sein **als „bestimmte Tatsachen"** im Sinne des § 100a Abs. 1 Nr. 1 StPO[160] (die Voraussetzung für eine strafprozessuale TKÜ sind) und ebenfalls weniger konkret als „zureichende tatsächliche Anhaltspunkte", die nach § 152 Abs. 2 StPO erforderlich sind, um ein strafprozessuales Ermittlungsverfahren einleiten zu können. Dies bedeutet, dass schon vorbereitende Handlungen und nicht erst das Stadium des Versuchs der Umsetzung erfasst werden.[161] Fraglich ist, ob zwischen „tatsächlichen Anhaltspunkten" i. S. d. § 4 Abs. 1 Satz 5 BVerfSchG und der häufig im Polizeirecht zu findenden Formulierung „Tatsachen, die die Annahme rechtfertigen" bzw. „Tatsachen" ein Unterschied besteht. Dies ist zu verneinen, denn es ist nicht erkennbar, warum letztgenannte ein festeres Faktenfundament bzw. eine dichtere Verdachtslage voraussetzen und die „tatsächlichen Anhaltspunkten" auf einer dünneren Tatsachenbasis beruhen würden.[162] Die Ansicht, „tatsächliche Anhaltspunkte" im Sinne des Verfassungsschutzrechts seien weniger valide als im Strafprozess- und Polizeirecht,[163] überzeugt nicht, denn in beiden Fällen müssen sich die Annahmen auf Tatsachen (also Fakten) stützen.[164]

69 Sofern die vorliegenden Sachverhaltsmomente bereits das *sichere Vorliegen* einer verfassungsfeindlichen Bestrebung *belegen*, handelt es sich um eine **erwiesen extremistische Bestrebung** (s. § 6 Abs. 1 Satz 2 NdsVSG). Freilich ist die Grenzlinie zwischen Verdachts-

---

157 BVerwG, NJW 1991, 581 (582); *Borgs/Ebert*, § 3 BVerfSchG a. F. Rn. 6.

158 BVerwG, NVwZ 2011, 161 (164) – Ramelow.

159 § 6 Abs. 1 Satz 2 NdsVSG beschränkt die Beobachtungsobjekte auf erwiesen extremistische Bestrebungen. Dies verkennt, dass auch bei einem Verdachtsfall i. S. d. § 4 Abs. 1 Satz 5 BVerfSchG die gesetzlichen Voraussetzungen für eine planmäßige Beobachtung vorliegen und deshalb von einem Beobachtungsobjekt gesprochen werden kann.

160 VG Berlin, NJOZ 2013, 123 (125) – zu § 3 G10; BVerfG, NJW 2012, 833, (836): bestimmte Tatsachen erfordern eine „gesicherte Tatsachenbasis".

161 Gesetzesbegründung zum G 10, BT-Drs. V/1880, S. 9.

162 BVerfGE 110, 33 (61) zu § 39 Abs. 2 AWG i. d. F. v. 28.2.1992; *Möller/Warg*, Rn. 102b. A.A. VG Frankfurt/M., LKRZ 2015, 55 (56 f.).

163 VG Berlin, Urt. v. 25.9.2012 – 1 K 225.11, Rn. 43.

164 *Roewer*, § 2 G10 Rn. 3.

fall und erwiesen extremistischer Bestrebung fließend und kaum sauber zu ziehen. Ein belastbares Kriterium ist die Einstellung zu Gewalt und die Bereitschaft, Gewalt – und sei es auch nur zu einem taktisch „günstigen" Zeitpunkt – in der politischen Auseinandersetzung anzuwenden (Gewaltorientierung). Jedenfalls sind für die Feststellung, ob ein Verdachtsfall zum erwiesenen Extremismus aufwächst – ähnlich wie bei der „Aufwertung" vom Prüf- zum Verdachtsfall (Rn. 86) – neue, zusätzliche Sachverhaltsmomente erforderlich, die angesichts ihrer Gewichtigkeit und repräsentativen Breite keinen Zweifel mehr lassen, dass der Personenzusammenschluss *in seiner Gesamtheit* verfassungsfeindliche Ziele verfolgt und diese politisch auch umsetzen möchte (z. B. diesbezügliche Äußerungen der Vorstandsebene, Inhalt des Parteiprogramms). Diese Schwelle wird insbesondere (aber nicht nur) dann überschritten sein, wenn der Personenzusammenschluss eine Grundtendenz zur Billigung von Gewalt als Mittel der politischen Auseinandersetzung aufweist[165] oder in anderer Weise Straftaten als legitimes Mittel im politischen Diskurs betrachtet. Hierdurch würde das staatliche Gewaltmonopol und die notwendige Friedlichkeit politischer Prozesse als Elemente der fdGO in vorwerfbarer Weise negiert.

c) **Beispiele für tatsächliche Anhaltspunkte, die Notwendigkeit repräsentativen Verhaltens und die Relevanz von Ausreißermeinungen.** Tatsächliche Anhaltspunkte ergeben sich meist aus Handlungen und öffentlichen Verlautbarungen und Äußerungen der *für den Personenzusammenschluss* tätigen Mitglieder.[166] Dies sind vor allem offizielle Dokumente, die auf einer organisierten Willensbildung innerhalb des Personenzusammenschlusses beruhen und damit als authentische Kundgabe des politischen Willens angesehen werden können (z. B. Parteiprogramme,[167] Parteitagsbeschlüsse, Vereinssatzungen, Schulungs- und Propagandamaterial).[168] Tatsächliche Anhaltspunkte sind auch Wortbeiträge in Kommunalvertretungen,[169] das Vorliegen von Querverbindungen eines Parteiverbandes zu einer extremistischen Partei[170] oder einschlägige Quellenmeldungen.[171] Die Funktionsträgerschaft in einer extremistischen Partei begründet tatsächliche Anhaltspunkte, dass sich die betreffende Person mit den Inhalten der Partei auch identifiziert.[172] 70

Auch wenn der Inhalt eines Programms z. B. einer Partei zunächst als „tatsächlicher Anhaltspunkt" i. S. d. §§ 3, 4 BVerfSchG ausreicht, muss dieses in der Folgezeit mit den Verhaltensweisen der Verantwortlichen des Personenzusammenschlusses (z. B. den Aussagen der Parteivorsitzenden) und den von ihnen tatsächlich vertretenen Positionen abgeglichen werden. Anderenfalls ist die Validität der „tatsächlichen Anhaltspunkte" – trotz Vorliegens einer programmatischen Erklärung – zweifelhaft. Umgekehrt bedarf die Feststellung einer extremistischen Bestrebung nicht zwingend einer schriftlichen Fixierung der extremistischen Programmatik in einem Programm bzw. Statut des betreffenden Personenzusammenschlusses. Tatsächliche Anhaltspunkte für Bestrebungen i. S. d. § 3 Abs. 1 BVerfSchG können sich auch allein aus mündlichen Verlautbarungen bzw. Verhaltensweisen der entscheidenden Akteure eines Personenzusammenschlusses ergeben. 71

---

165 BVerfG, NJW 2017, 611, Rn. 623 – NPD-Verbotsverfahren.

166 OVG Berlin-Brandenburg, NVwZ 2006, 838 (840) – REP.

167 BVerfG, NJW 2017, 611 (631, Rn. 649) – NPD-Verbotsverfahren: Ausdruck eigenständiger unbeeinflusster Willensbildung.

168 OVG Lüneburg, NVwZ-RR 2002, 242 (243); VG Düsseldorf, Urt. v. 10.11.2009, 22 K 3117/08; VG Köln, NJOZ 2005, 700 (712) m. w. N. Im entschiedenen Fall ging es insbesondere um die Schriften des Scientology-Gründers.

169 VG Düsseldorf, Urt. v. 12.4.2013 – 22 K 9174/10.

170 OVG Koblenz, NVwZ-RR 1999, 705.

171 VG Berlin, Urt. v. 25.9.2012 – VG 1 K 225.11.

172 BVerwG, NVwZ 1999, 299 (299).

72 Verlautbarungen und Erklärungen von Repräsentanten[173] in Interviews, im Internet oder auf Demonstrationen sind tatsächliche Anhaltspunkte, wenn sie im Licht der Stellung des Sich-Äußernden und des Vergleichs mit anderen Aussagen aus diesem Personenzusammenschluss als **repräsentative Artikulation des Gruppenwillens** angesehen werden können. Hieran fehlt es, wenn es sich bei verfassungsfeindlichen Äußerungen – bei einer im Übrigen festzustellenden Verfassungstreue – erkennbar um singuläre Meinungen (z. B. vereinzelte Entgleisungen von Mitarbeitern oder Dritten) handelt.[174] Äußerungen von für den Gesamtwillen eines Personenzusammenschlusses nicht maßgeblichen „Abweichler-“ oder „**Ausreißermeinungen**“ können nicht als tatsächliche Anhaltspunkte gewertet werden, wenn sich vertretungsberechtigte oder erkennbar im Gruppenauftrag sprechende (Führungs-)Personen diese Äußerungen nicht zu Eigen machen. Bei Handlungen einfacher Mitglieder oder von Minderheitsgruppen einer Partei ist eine Zurechnung nur dann möglich, wenn sie bewusst geduldet werden, obwohl Gegenmaßnahmen möglich und zumutbar sind, z. B. Parteiausschluss, Ordnungsmaßnahmen, Missbilligung oder zumindest eine Distanzierung.[175]

73 Dies gilt angesichts der besonderen Bedeutung des Art. 21 GG für das Funktionieren der fdGO[176] insbesondere bei der Beobachtung von Parteien (s. a. Rn. 338): Hier ist erforderlich, dass seitens der Partei kontinuierlich auf die Verwirklichung eines der fdGO widersprechenden politischen Konzepts hingearbeitet wird. Einzelne Handlungen von Parteimitgliedern oder -funktionären sind hiervon nur dann ein Beleg, wenn sie Ausdruck einer der gesamten Partei zuzurechnenden Grundtendenz sind.[177] Bestrebungen einzelner Parteianhänger bei ansonsten loyaler Haltung der Partei zu den Gütern des Verfassungsschutzes können nicht zur Feststellung ihrer Verfassungsfeindlichkeit führen.[178]

74 Das **Nicht-Distanzieren** von klar erkennbar extremistischen Tendenzen stellt dann einen tatsächlichen Anhaltspunkt dar, wenn dies nach wertender Betrachtung als Zustimmung gelten kann und damit eine Zurechnung extremistischer Einstellungen zu dem gesamten Personenzusammenschluss möglich ist; etwa, wenn nach den Umständen des Einzelfalls und z. B. anderslautender offizieller Programme eine Distanzierung durch die Gruppenrepräsentanten erwartet werden kann. Allerdings ist hier Zurückhaltung geboten, weil die Forderung, sich von bestimmten Äußerungen bzw. Verhaltensweisen zu distanzieren, den freien Meinungskampf (Art. 5 GG) tangiert. Der Verfassungsschutz darf in den Meinungsdiskurs bzw. in die Freiheit, selbst zu entscheiden, wann und wie ein politischer Akteur sich hieran beteiligen möchte, nur dann in Form der Erwartung einer Distanzierung eingreifen, wenn es sich um extremistische Betätigungen von Personen handelt, die dem jeweiligen Personenzusammenschluss zuzurechnen sind und auf die die jeweilige Leitung, von der man die Distanzierung erwartet, kraft Organisationsgewalt direkte Einwirkungsmöglichkeiten hat.[179] Selbst die aus der Mitte einer Gruppierung kommende Aufforderung, mit extremistischen Gruppierungen zusammenzuarbeiten, bietet für sich genommen noch keinen hinreichenden Verdacht eigener

173 VGH München, NJW 1994, 748 (749); VGH München, Urt. v. 22.10.2015 – 10 B 15.1320, Rn. 37 (Verlautbarungen eines Landesvorsitzenden auf der Internetseite der Gruppierung).

174 *Droste*, S. 180.

175 *Streinz*, in: von Mangoldt/Klein/Starck, GG, 7. Aufl. 2018, Art. 21 Rn. 237.

176 BVerfG, NVwZ 2013, 1468 (1473, Rn. 123) – Ramelow.

177 BVerfG, NJW 2017, 611 (623, Rn. 576) – NPD-Verbotsverfahren; *Streinz*, in: von Mangoldt/Klein/Starck, GG, 7. Aufl. 2018, Art. 21 Rn. 238.

178 Vgl. BVerfG, NJW 2017, 611 (623, Rn. 576) – NPD-Verbotsverfahren. Die Maßstäbe für die Ermittlung einer Verfassungs*widrigkeit* sind auf die vorgelagerte Beobachtung durch den Verfassungsschutz (d. h. für die Ermittlung einer Verfassungs*feindlichkeit*) übertragbar.

179 Vgl. BVerfG, NJW 2017, 611 ff. (Rn. 563 f.) – NPD-Verbotsverfahren: eine Partei muss sich die Äußerung eines Mitglieds oder Anhängers zurechnen lassen, wenn sie sich diese erkennbar zu eigen macht.

verfassungsfeindlicher Bestrebungen bzw. für die Unterstützung entsprechender Bestrebungen, wenn sich die geplante Zusammenarbeit ausschließlich auf *verfassungskonforme* Teilziele der extremistischen Gruppierung bezieht[180] (freilich nur sofern glaubhaft ist, dass der Personenzusammenschluss die anderen verfassungsfeindlichen Ziele der anderen Gruppierung ablehnt). Es genügt für die Wertung als extremistisch auch nicht, wenn sich eine Vereinigung lediglich nicht von verfassungsfeindlichen Organisationen distanziert, zu denen Berührungspunkte bestehen, oder wenn allein personelle Überschneidungen mit einem verfassungsfeindlichen Personenzusammenschluss vorliegen.[181]

Der Auffassung, dass bei unklarer politischer Entwicklung eines inhomogenen Personenzusammenschlusses gerade die innere Zerrissenheit z. B. einer Partei oder Flügelkämpfe zwischen verschiedenen Teilgruppierungen eine Beobachtung durch Verfassungsschutzbehörden erfordern könne, weil nur so festzustellen sei, in welche Richtung sich die Partei letztlich bewege,[182] ist nur begrenzt zuzustimmen. Zwar mag es richtig sein, dass die Regierung, das Parlament und die Öffentlichkeit in diesen Fällen allein durch eine heimliche (d. h. vor allem mit nachrichtendienstlichen Mitteln erfolgende) Beobachtung über den Fortgang der weiteren, noch nicht abgeschlossenen Entwicklung der Gruppierung sachkundig unterrichtet werden kann. Doch handelt es sich bei der Beobachtung durch den Verfassungsschutz nicht um die behördliche Erkundung der politischen Landschaft, sondern um ein grundrechtsbeschränkendes staatliches Sanktionsinstrument bei Angriffen auf fundamentale staatliche Existenzgrundlagen. Es ist kein Instrument der Verdachtsschöpfung,[183] das bei unklaren und volatilen politischen Entwicklungsprozessen innerhalb eines Personenzusammenschlusses gewissermaßen prophylaktisch eine Beobachtung zuließe, um politischen Entscheidungsträgern exklusive Einblicke in Trends und Strömungen bei politischen Akteuren zu liefern. Angesichts der vielfältigen grundrechtsrelevanten Belastungen, die von einer Beobachtung (selbst ohne nachrichtendienstliche Mittel) ausgehen, erlauben §§ 3, 4 BVerfSchG ein Tätigwerden erst bei konkreten Verdachtsmomenten dergestalt, dass der Personenzusammenschluss (bei dem es sich freilich auch um eine organisatorische Untergliederung eines übergeordneten Personenzusammenschlusses handeln kann) *tatsächlich* verfassungsfeindliche Ziele *verfolgt*, *nicht* bloß *verfolgen könnte* (Rn. 79). Das Beobachten mit dem Ziel, Verdachtsmomente überhaupt erst zu generieren, wäre unzulässig. Eine unklare Entwicklung wegen Richtungsstreits oder Flügelkämpfen kann jedoch die Annahme eines Prüffalls rechtfertigen (Rn. 84). 75

d) „Tatsächliche Anhaltspunkte" als Umschreibung für Verdachtsbeobachtung. Nicht erforderlich ist, dass die Anhaltspunkte eine *konkrete* Gefahr für eines oder mehrere Schutzgüter des Verfassungsschutzes (z. B. die fdGO) hervorrufen (näher Rn. 106). Die Rechtsprechung erkennt in § 4 Abs. 1 Satz 5 BVerfSchG vielmehr ein Instrument zur Eröffnung einer „Verdachtsbeobachtung", sodass Verdachtsmomente für eine Beobachtung ausreichen.[184] Zwischen dem bloßen *Verdacht* auf eine extremistische Bestrebung und *erwiesenermaßen* extremistischen Bestrebungen muss freilich unterschieden werden, insbesondere bei der Berichterstattung in den Verfassungsschutzberichten. Wenn der Gesetzgeber eine grundrechtsbeschränkende (und zudem meist heimliche) Tätigkeit von Sicherheitsbehörden bereits bei Verdachtsmomenten zulässt, muss schon aus Gründen der Verhältnismäßigkeit deutlich werden, ob und dass es sich eben nur um einen Verdacht handelt und der Beweis des Extremismus bzw. der Spionagetätigkeit 76

180 OVG Münster, Urt. v. 13.3.2018 – 16 A 906/11, Rn. 174.
181 BVerfG, NJW 2022, 3629 (3630, Rn. 19).
182 OVG Münster, NVwZ 2011, 161 (167, Rn. 45); *Roth*, in: Schenke/Graulich/Ruthig, §§ 3, 4 BVerfSchG Rn. 114.
183 BVerfG, NJW 2022, 1583 (1590, Rn. 188); BVerwG, NJW 2021, 2818 (2821, Rn. 25).
184 BVerwG, NVwZ 2014, 233 (234); BVerwG, NVwZ 2011, 161 (164); BVerfG, NJW 2005, 2912 (2914).

noch aussteht (vgl. § 33 Abs. 1 Satz 2 NdsVSG; Rn. 29). Eine Erwähnung von Verdachtsfällen im Verfassungsschutzbericht ist nur zulässig, wenn die entsprechende gesetzliche Regelung dies ausdrücklich erlaubt (s. beispielhaft § 16 Abs. 2 BVerfSchG).[185]

77 Zwischen der in einigen Landesverfassungsschutzgesetzen (scheinbar) herabgesetzten Beobachtungsschwelle, wonach es ausreicht, dass *„tatsächliche Anhaltspunkte für den* (bloßen) *Verdacht*" extremistischer Bestrebungen vorliegen (etwa §§ 7 Abs. 1 VSG SH; § 3 Abs. 1 VSG NRW), und den in § 4 Abs. 1 Satz 5 BVerfSchG geforderten „tatsächlichen Anhaltspunkten für extremistische Bestrebungen" bestehen inhaltlich keine Unterschiede. Denn in beiden Fällen verlangt das Gesetz auf Tatsachen fußende Verdachtsmomente, die das Vorliegen **tatsächlich im Gange befindlicher** extremistischer Bestrebungen i. S. d. § 3 Abs. 1 BVerfSchG nahelegen.

78 Zu beachten ist, dass das Begnügen mit der relativ geringen Erkenntnisdichte der „tatsächlichen Anhaltspunkte" – im Unterschied zur sicheren Gewissheit – nur die *Faktendichte* betrifft, nicht aber die rechtliche Bewertung der in den Fokus genommenen Aktivitäten. § 4 Abs. 1 Satz 5 BVerfSchG erlaubt bei Aufnahme der Beobachtung also keine Restunsicherheit in der juristischen Bewertung, ob die verdächtigen Aktivitäten tatsächlich extremistisch sind oder nicht. Vielmehr wird lediglich der Beginn der Beobachtung in der Weise vorverlagert, dass Sachumstände ausreichen, die – wenn sie denn „gerichtsfest" bewiesen wären – die klare rechtliche Bewertung als extremistische Bestrebung rechtfertigen würden. Der Begriff „tatsächliche Anhaltspunkte" bezieht sich also auf den u. U. *geringen Verdichtungsgrad der (Verdachts)Fakten, erlaubt aber kein Restrisiko bzgl. der rechtlichen Beurteilung*, ob die mutmaßliche Bestrebung nun extremistisch wäre oder nicht, träfen sie denn zu. Folglich ist eine Beobachtung nicht zulässig, wenn angesichts der dünnen Erkenntnislage (noch) unklar ist, ob die in den Blick genommenen Verhaltensweisen tatsächlich z. B. gegen ein Element der fdGO i. S. d. § 4 Abs. 2 BVerfSchG gerichtet sind oder ob es sich noch um eine vertretbare Meinungsäußerung auf dem Boden der fdGO handelt. Zentrale Voraussetzung für die Akzeptanz eines die eigenen Bürger und deren Personenzusammenschlüsse beobachtenden Nachrichtendienstes ist, dass die Kriterien, die zur Einordnung als Verfassungsfeind führen, für jeden innerhalb des jeweiligen gesellschaftlichen und politischen Systems klar erkennbar sind. Jeder, der sein Recht auf freie Meinungsäußerung in Anspruch nimmt, muss wissen oder zumindest wissen können, wo die Grenzen liegen, außerhalb derer er sich der Gegnerschaft zur fdGO verdächtig macht.[186] Deshalb führen rechtliche Zweifel bei der Bewertung einer Äußerung bzw. politischen Programmatik als „extremistisch" dazu, dass insoweit keine tatsächlichen Anhaltspunkte i. S. d. § 4 Abs. 1 Satz 5 BVerfSchG gegeben sind (s. auch Rn. 80).

79 e) **Kriterien für die Bewertung als „extremistisch".** Für die Beurteilung von Verlautbarungen einer Gruppierung kommt es nicht auf die abstrakte Interpretierbarkeit und Bewertung einer Äußerung an, sondern auf ihre konkrete Verwendung und ihren Stellenwert in der Gesamtausrichtung des Personenzusammenschlusses.[187] Für die Qualifikation als „verfassungsfeindlich" ist somit nicht maßgebend, was eine bestimmte Äußerung oder ein Parteiprogramm an politischen Aussagen enthalten *könnte*, sondern was nach objektivem Erklärungswert *tatsächlich gesagt wurde* und auf welche verfassungsfeindliche Absicht dies hindeutet. Will der Verfassungsschutz beobachten, muss er die Feststellung treffen, *dass und welche* tragenden Prinzipien der Verfassung beeinträchtigt, beseitigt und ggf. durch ihnen widersprechende ersetzt werden sollen.[188] Hierbei ist die

185 BVerwG, NVwZ 2014, 233 ff., Rn. 13 ff.
186 Vgl. *Lutterbeck*, Polizei Info Report 5/2021, S. 16.
187 OVG Münster, Urt. v. 13.3.2018 – 16 A 906/11, Rn. 212.
188 BVerwG, NJW 2002, 980 (982) – REP; BVerwGE 64, 194 (197).

Zielrichtung der Äußerungen zu berücksichtigen, wobei andere, mäßigende Äußerungen nicht außer Acht gelassen werden dürfen.[189] Entscheidend für eine sachgerechte Auswertung (Rn. 65) ist, dass Exegese (*Aus*legung) betrieben wird, keine Eisegese („Hineinlesen“ bzw. „Hineininterpretieren“).

Mehrdeutige Äußerungen, deren Auslegung keine eindeutige Qualifizierung als extremistisch zulässt (s. bereits Rn. 78), müssen wegen des Grundsatzes „in dubio pro libertate“[190] (im Zweifel für die Freiheit) als „erlaubt“ bzw. als nicht extremistisch gelten. Auf eine im Subtext verdeckt enthaltene zusätzliche Aussage („Aussage zwischen den Zeilen“) darf eine nachrichtendienstliche Beobachtung nur gestützt werden, wenn sich die verdeckte Aussage dem angesprochenen Publikum als „unabweisbare Schlussfolgerung“ aufdrängt.[191] Das bedeutet aber nicht, dass evident extremistische Äußerungen gegen jede Logik als „irgendwie noch verfassungskonform“ interpretiert werden müssten. Naheliegende oder sich aufdrängende Deutungen einer Äußerung[192] (z. B. positive Bezugnahmen auf die Ideologien des Nationalsozialismus oder Kommunismus) können so gewertet werden, wie sie von einem unvoreingenommenen Durchschnittspublikum interpretiert würden.[193] Jedoch würde gegen die Meinungsfreiheit verstoßen, wenn bei mehrdeutigen Äußerungen die zur staatlichen Sanktion – hier: Beobachtung durch den Verfassungsschutz – führende Bedeutung zugrunde gelegt wird, ohne vorher die anderen möglichen Deutungen mit schlüssigen Gründen ausgeschlossen zu haben.[194] 80

Auch können sich Anhaltspunkte für eine verfassungsfeindliche Zielsetzung – selbst ohne explizit extremistische Rhetorik – auf subtilere Weise aus einer ständigen und strategischen Polemik gegen Elemente des demokratischen Rechtsstaats ergeben, z. B. durch Forderungen nach einer Umwandlung und Änderung des „entarteten”, „verrotteten”, „volksverräterischen”, „von Korruption und Spionage geschüttelten” und „dem Tod geweihten” Systems.[195] 81

f) Justitiabilität. Der Begriff der „tatsächlichen Anhaltspunkte“ unterliegt als **unbestimmter Rechtsbegriff** in vollem Umfang der **gerichtlichen Nachprüfung.**[196] Dies folgt aus der Rechtweggarantie des Art. 19 Abs. 4 GG. Einen Beurteilungsspielraum,[197] ob ein oder mehrere Sachumstände (ggf. in ihrer Gesamtheit) einen tatsächlichen Anhaltspunkt für extremistische Bestrebungen oder Spionagetätigkeiten darstellen, haben die Verfassungsschutzbehörden nicht.[198] Ein solcher scheidet deshalb aus, weil die rechtliche Bewertung einer Faktenlage daraufhin, ob sie Ausdruck verfassungsfeindlicher Be- 82

---

189 BVerwG, NJW 2002, 980 (989) – REP.

190 Vgl. *Leisner-Egensperger*, NJW 2021, 2415 (2420).

191 Vgl. BVerfG, NJW 2008, 2907 (2908).

192 Instruktiv BVerfG, NJW 2017, 2607, wonach das ostentative Zur-Schau-Stellen eines mit „A.C.A.B.“ bedruckten Stoffbeutels vor Polizeikräften zutreffend als Beleidigung („All Cops Are Bastards“) gewertet und die Deutungsmöglichkeit „All Cats Are Beautiful“ als offenbar fernliegend verworfen werden durfte.

193 *Möller* in: Pfahl-Traughber/Rose-Stahl (Hrsg.), Festschrift zum 25-jährigen Bestehen der Schule für Verfassungsschutz und für Andreas Hübsch, 2007, S. 304 (314): Wesentlich für die Ermittlung und Deutung der Ziele ist der objektive Erklärungsinhalt.

194 BVerfGE 93, 266 (295 f.) – „Soldaten sind Mörder“. Somit wird der Gehalt des Art. 5 Abs. 1 GG verkannt, wenn als unerheblich angesehen wird, dass die als Anhaltspunkte herangezogenen Äußerungen auch in einem anderen, dem Personenzusammenschluss günstigeren Sinne interpretiert werden können (anders *Roth*, in: Schenke/Graulich/Ruthig, §§ 3, 4 BVerfSchG Rn. 121). Bei mehrdeutigen Äußerungen müssen andere mögliche Deutungen mit schlüssigen Gründen ausgeschlossen werden, bevor man die zur Verurteilung – hier im strafrechtlichen Sinn, aber sinngemäß auf die nachrichtendienstliche Beobachtung übertragbar – führende Bedeutung zugrunde legt (BVerfG, NJW 2018, 770 [771]).

195 BVerwG, NJW 2002, 980 (987) – REP.

196 BVerwG, NJW 1991, 581 (582); OVG Münster, Urt. v. 13.3.2018 – 16 A 906/11, Rn. 88.

197 Zu diesem Rechtsinstrument *Jacob/Lau*, NVwZ 2015, 241 ff.; *Kment/Vorwalter*, JuS 2015, 193 (195 ff.).

198 A.A. *Lindner/Unterreitmeier*, DVBl. 2019, 819 (822).

strebungen ist, keine „planerische Entscheidung" mithilfe eines persönlichen Werturteils ist,[199] sodass unterschiedliche Ergebnisse (wegen fehlender „harter" Prüfmaßstäbe für individuelle Wertungen) letztlich alle als gleich(wertig) richtig bzw. allesamt gut vertretbar akzeptiert werden müssten. Bei der Beurteilung eines Extremismusverdachts geht es auch nicht um wissenschaftliche Streitfragen mit daraus folgender Risikoabschätzung[200] oder um das Ergebnis höchstpersönlicher Wertungen (wie etwa die Bewertung der „Attraktivität" eines Anbieters für ein Volksfest).[201] Vielmehr handelt es sich bei den Tatbestandsmerkmalen in §§ 3, 4 BVerfSchG um hinreichend ausdifferenzierte Rechtsbegriffe, deren Auslegung nicht auf bloß persönlichen Wertungen oder Erfahrungswerten des jeweiligen Sachbearbeiters beruht,[202] sondern durch Gerichte genauso sachkundig wie durch die Behörde ausgelegt werden können. Zwar wird manche für die Beurteilung als „extremistisch" herangezogene Verschlusssache nicht offengelegt und in das gerichtliche Verfahren eingeführt werden können (z. B. Quellenmeldungen) und damit exklusive Beurteilungsgrundlage der Verfassungsschutzbehörde bleiben. Doch ist ein Gericht nicht weniger kompetent als die Behörde, die für den Extremismus- bzw. Spionageverdacht präsentierten Tatsachen auf ihre Stichhaltigkeit zu überprüfen.

5. Verdachtsfälle und Prüffälle im Vorfeld von Bestrebungen nach § 3 Abs. 1 BVerfSchG

83 Nicht immer lässt sich sofort nachweisen, dass es sich bei politischen Aktivitäten um „harten" Extremismus handelt. Manchmal lässt der Umfang und die Dichte des Tatsachenmaterials den Vorwurf der erwiesenen Verfassungsfeindlichkeit (noch) nicht zu. Dann liegen nur *tatsächliche Anhaltspunkte* für extremistische Bestrebungen vor, was für den Beginn der Beobachtung gemäß § 4 Abs. 1 S. 5 BVerfSchG allerdings ausreicht (s. Rn. 66 ff.). In diesem Fall handelt es sich um einen sog. **Verdachtsfall** i. S. d. Rechtsprechung des BVerfG im Beschluss zur „Jungen Freiheit" (Rn. 29). Bei einem Verdachtsfall handelt es sich bereits um ein „echtes" Beobachtungsobjekt,[203] da die gesetzlichen Beobachtungsvoraussetzungen nach §§ 3, 4 BVerfSchG (insbesondere die nach § 4 Abs. 1 Satz 5 BVerfSchG erforderlichen tatsächlichen Anhaltspunkte für extremistische Bestrebungen) vorliegen (missverständlich daher § 7 Abs. 2 Satz 4 NdsVSG, der zwischen Verdachtsfall und Beobachtungsobjekt unterscheidet). Unter Beachtung des Verhältnismäßigkeitsgrundsatzes dürfen hier (mangels gesetzlichen Verbots) auch nachrichtendienstliche Mittel eingesetzt werden.[204] Der Umstand, dass „harter Extremismus" noch nicht erwiesen ist, muss jedoch bei einer Erwähnung im Verfassungsschutzbericht (was nach § 16 Abs. 2 BVerfSchG auch bei Verdachtsfällen möglich ist, Rn. 25, 29) deutlich kenntlich gemacht werden.

84 Ist die Schwelle des Vorliegens der tatsächlichen Anhaltspunkte für extremistische Bestrebungen nach § 4 Abs. 1 Satz 5 BVerfSchG noch nicht erfüllt und liegen nur „verdächtige" Informationssplitter vor, d. h. noch nicht hinreichend verdichtete Sachumstände,[205] die als „echte" tatsächliche Anhaltspunkte i. S. d. § 4 Abs. 1 Satz 5

199 Dies ist ein maßgeblicher Anwendungsbereich von Beurteilungsspielräumen, *Jacob/Lau*, NVwZ 2015, 241 (246).

200 Anders als etwa der „Vorsorge gegen Schäden" im Atomrecht, s. BVerwGE 72, 300 (316).

201 S. VGH München, NVwZ-RR 2016, 42.

202 S. bei Prüfungsentscheidungen BVerfGE 84, 34 (52).

203 Anders § 6 Abs. 1 Satz 2 NdsVSG, der die Definition der Beobachtungsobjekte auf erwiesen extremistische Bestrebungen beschränkt. Dies verkennt, dass auch bei einem Verdachtsfall i. S. d. § 4 Abs. 1 Satz 5 BVerfSchG die gesetzlichen Voraussetzungen für eine planmäßige Beobachtung vorliegen und deshalb von einem Beobachtungsobjekt gesprochen werden kann.

204 LT-Drs. Niedersachsen 17/2161, S. 25 zum NdsVSG.

205 Hier ist der „Verdacht für das Vorliegen einer Bestrebung noch sehr vage", s. LT-Drs. Niedersachsen 17/ 2161, S. 25.

BVerfSchG gelten könnten,[206] bewegt man sich im Vorfeld der Beobachtung. Gleichwohl muss es zulässig sein, bereits solchen plausiblen Verdachtsmomenten nachzugehen, weil sich anderenfalls kaum je eruieren ließe, ob die Beobachtungsvoraussetzungen überhaupt vorliegen. Ein Verdacht drängt sich nicht automatisch auf, sondern muss durch sachverständige Kenntnisnahme des vorhandenen Materials validiert werden. Die Prüfphase der Verdachtserhärtung kann man als **Prüffallbearbeitung** bezeichnen. Der Prüffall ist in §§ 8 NdsVSG, 7 Abs. 2 VSG Berlin, 4 Abs. 2, 16 Abs. 5 HessVSG, 7 Abs. 2 SaarlVSG und 4 Abs. 1 Satz 5 ThürVSG ausdrücklich geregelt. Bei einem Prüffall kann noch keine förmliche Entscheidung über die Frage der Beobachtung durch den Verfassungsschutz getroffen werden, allerdings deuten gewisse Anhaltspunkte auf verfassungsfeindliche Bestrebungen hin, weshalb sie einer näheren Begutachtung bedürfen.[207] Es geht im Ergebnis also um die Prüfung, ob „echte" tatsächliche Anhaltspunkte vorliegen (so die Umschreibung im HessVSG). Deshalb handelt es sich beim Prüffall noch nicht um ein Beobachtungsobjekt innerhalb des Auftrags nach §§ 3 Abs. 1, 4 BVerfSchG, denn die Eröffnung des Beobachtungsauftrags setzt das Vorliegen tatsächlicher Anhaltspunkte i. S. d. § 4 Abs. 1 Satz 5 BVerfSchG (also einen Verdachtsfall) voraus;[208] unterhalb dieser Schwelle findet keine Beobachtung statt (es sei denn, man erweitert – wie § 8 NdsVSG – per Gesetz den Beobachtungsauftrag auf Prüffälle, was bedenklich ist, s. Rn. 85). Hierbei ist es zulässig, auf der Grundlage des vorliegenden bzw. offen zugänglichen Materials (Schriften, sonstige Verlautbarungen bzw. Aktivitäten der „Zielgruppe") die Voraussetzungen für die planmäßige nachrichtendienstliche Beobachtung (d. h. das Vorliegen „tatsächlicher Anhaltspunkte") zu überprüfen.[209] Da es sich bei dem Beobachtungsauftrag um eine gebundene Entscheidung handelt (s. Wortlaut des § 3 Abs. 1 BVerfSchG: „Aufgabe … *ist* …"), muss der Behörde die Möglichkeit gegeben werden festzustellen, ob die gesetzliche Schwelle zum Handeln überschritten ist.

Nach den Vorgaben des BVerfG dürfte es unzulässig sein, die Prüffallbearbeitung als eigene nachrichtendienstliche Beobachtungskategorie vorzusehen, wenn dabei über das Prüfen des Vorliegens der Beobachtungsvoraussetzungen (Rn. 84) hinaus Daten gesammelt und weiterverarbeitet werden (dies erlaubt aber offenbar § 4 Abs. 2 HessVSG). Nach den Vorgaben des BVerfG ist vielmehr ein sog. verfassungsschutzspezifischer Beobachtungs- bzw. Aufklärungsbedarf[210] – und damit die Eingriffsschwelle für den Verfassungsschutz überhaupt – nur dann gegeben, wenn „echte" tatsächliche Anhaltspunkte für Bestrebungen vorliegen, dass die Schutzgüter des Verfassungsschutzes bekämpft werden.[211] Die tatsächlichen Anhaltspunkte müssen in Form konkreter und hinreichend verdichteter Umstände als Tatsachenbasis geeignet sein, den Verdacht verfassungsfeindlicher Bestrebungen zu begründen.[212] Es darf gerade nicht verdachtsunabhängig, quasi erst zur Schöpfung eines Verdachts ins Blaue hinein oder 85

---

206 Missverständlich ist daher die Formulierung, wonach bei einem Prüffall (hier: im Falle der AfD) „*erste* tatsächliche Anhaltspunkte" für eine gegen die freiheitliche demokratische Grundordnung ausgerichtete Politik der Antragstellerin vorlägen (zit. in VG Köln, Beschl. v. 26.2.2019 – 13 L 202/19, Rn. 38, 66, in: GSZ 2019, 83 ff.). Das Gesetz kennt nur die Beobachtungsschwelle der „tatsächlichen Anhaltspunkte" gem. § 4 Abs. 1 Satz 5 BVerfSchG und die Berichtsschwelle der „hinreichend gewichtigen tatsächlichen Anhaltspunkte" i. S. d. § 16 Abs. 1 BVerfSchG. In der Prüffallphase hingegen liegen gerade noch keine ausreichenden Sachverhaltsmomente vor, um von „echten" tatsächlichen Anhaltspunkten sprechen zu können.

207 VGH München, Urt. v. 22.10.2015 – 10 B 15.1609, Rn. 31. Ähnlich *Gärditz*, https://verfassungsblog.de/die-alternative-fuer-deutschland-und-der-verfassungsschutz/ (25.11.2022).

208 A.A. *Schneider*, DÖV 2022, 372 (374).

209 Vgl. *Droste*, S. 178; LT-Drs. Niedersachsen 17/2161, S. 25.

210 BVerfG, NJW 2022, 1583 (1593, Rn. 213).

211 BVerfG, NJW 2022, 1583 (1590, Rn. 187 ff.).

212 BVerfG, NJW 2022, 1583 (1594, Rn. 222).

zur Generierung von Daten auf Vorrat eine Beobachtung vorgenommen werden.[213] Die grundlegende Eingriffsschwelle für Überwachungsmaßnahmen der Verfassungsschutzbehörde ist damit immer der „harte“ Verdacht i. S. d. § 4 Abs. 1 Satz 5 BVerfSchG; der „Verdachtssplitter“ ist kein verfassungsrechtlich zulässiges Kriterium. Dies setzt ein hinreichendes Maß an konkreten und gewichtigen Anhaltspunkten voraus, die den Rückschluss auf die Möglichkeit erfolgreichen Agierens der Bestrebung gegen die Schutzgüter des Verfassungsschutzes rechtfertigen.[214] Demzufolge dürfen in der Prüffallphase nur Daten erhoben und gespeichert werden – und auch nur in dem Umfang und nur für die zeitliche Dauer –, wie dies zur Prüfung der Frage erforderlich ist, ob der gesetzliche Auftrag des Verfassungsschutzes überhaupt eröffnet ist. Eine eigenständige gesetzliche Beobachtungskategorie des Prüffalls mit eigenständigen (auch ggf. abgestuften) personenbezogenen Datenverarbeitungsregeln ist nach den vom BVerfG vorgegebenen Beobachtungskriterien unzulässig.[215]

86 Die **Schwelle, wann ein Prüf- zum Verdachtsfall wird**, ist abstrakt nicht zu definieren. Entscheidend ist, dass gegenüber der ersten Vorprüfphase neue, zusätzliche Sachverhaltsmomente hinzukommen, die angesichts ihrer Gewichtigkeit einen belegbaren Verdacht begründen, dass der Personenzusammenschluss insgesamt (und nicht nur einzelne Teile hiervon) eine verfassungsfeindliche Ausrichtung nimmt (z. B. Äußerungen von für den Gesamtpersonenzusammenschluss relevanter Repräsentanten oder programmatische Konzepte). Ziel ist, das Erkenntnisaufkommen **mit offenen Recherchemethoden** entweder bis zum Status eines formellen Beobachtungsobjekts (Verdachtsfall oder erwiesen extremistische Bestrebung) hin zu verdichten, oder – falls sich die vagen Verdachtssplitter nicht verdichten lassen – diese Vorstufe einer Beobachtung einzustellen. Aus Gründen der Verhältnismäßigkeit ist bei einem Prüffall der gezielte Einsatz **nachrichtendienstlicher Mittel unzulässig** (so §§ 12 Abs. 1 Satz 2 NdsVSG, 7 Abs. 2 Satz 1 VSG Berlin, 4 Abs. 2 HessVSG, 7 Abs. 2 SaarlVSG, 4 Abs. 1 Satz 5 ThürVSG).[216] Der Einwand, mit dieser Begrenzung würden für die nachrichtendienstliche Aufklärung höhere Schwellen gesetzt als für präventiv-polizeiliche Maßnahmen,[217] greift nicht, da bei polizeilichen Maßnahmen bereits konkrete Gefahren vorliegen müssen, die wegen des größeren Aufklärungsbedarfs per se intensivere Maßnahmen rechtfertigen als bloße „Bestrebungen“. Zudem greifen bei verdeckten polizeilichen Maßnahmen (gerade bei VP- und VE-Einsatz, aber auch bei längerfristigen Observationen) deutlich höhere Eingriffsschwellen als bei der nachrichtendienstlichen Generalklausel des §§ 9 Abs. 1, 8 Abs. 2 BVerfSchG (s. nur §§ 16a, 17, 19, 20 PolG NRW). Freilich müssen nach den Vorgaben des BVerfG im Urteil vom 26.4.2022 die Eingriffsschwellen für eingriffsintensive ND-Mittel auch für den Verfassungsschutz künftig deutlich angehoben werden (näher Rn. 251, 255). Die Frage des Einsatzes von ND-Mitteln im Prüffallstadium dürfte sich infolgedessen erledigt haben.

87 Die Speicherung personenbezogener Daten über Prüffälle in Personenakten[218] oder in Dateien ist problematisch, denn erst wenn „echte“ tatsächliche Anhaltspunkte (Rn. 66 ff.) einen „Verdachtsfall“ (Rn. 83) begründen, kann der Verfassungsschutz den betreffenden Personenzusammenschluss als Beobachtungsobjekt betrachten und syste-

---

213 BVerfG, NJW 2022, 1583 (1590, Rn. 187 ff.).

214 BVerfG, NJW 2022, 1583 (1591, Rn. 195).

215 Offenbar a. A. *Löffelmann/Zöller*, E. Rn. 10: Prüffälle als Aufgaben nach § 3 Abs. 1 BVerfSchG.

216 A.A. *Lindner/Unterreitmeier*, DVBl. 2019, 819 (824): verfassungsrechtlich nicht zwingend.

217 So *Meiertöns*, in: Dietrich/Fahrner, § 18 Rn. 61.

218 Personenakten fassen die aus Sicht der Auswertungsbereiche relevanten Erkenntnisse über eine Person zusammen, vgl. *Droste*, S. 425. In ihnen können die individuellen Verhaltensweisen den betreffenden einzelnen Personen selbst zugeordnet werden, wenn hieran ein Erkenntnisinteresse besteht (*Roth*, in: Schenke/Graulich/Ruthig, §§ 3, 4 BVerfSchG Rn. 95).

matisch Unterlagen hierüber sammeln (gegebenenfalls auch mit nachrichtendienstlichen Mitteln).[219] § 16 Abs. 5 HessVSG erlaubt die Speicherung personenbezogener Daten über Prüffälle in Dateien oder Personenakten daher erst, wenn sich tatsächliche Anhaltspunkte für derartige Bestrebungen oder Tätigkeiten ergeben haben, also die Stufe des Verdachtsfalls erreicht ist (ähnlich § 7 Abs. 2 VSG Berlin, der das Speicherverbot aber auf Verbunddateien beschränkt). Im Umkehrschluss aus § 16 Abs. 5 HessVSG kann indes gefolgert werden, dass eine Speicherung *in anderen Akten* (also in Sachakten, näher Rn. 238, Fn.) durchaus möglich ist.[220] Zwar bleibt die Problematik bestehen, dass über ein „Nicht-Beobachtungsobjekt" eigentlich keine – zumindest keine personenbezogenen – Daten verarbeitet werden dürfen.[221] Allerdings muss ein *allgemeines aktenmäßiges Vorhalten personenbezogener Daten* auch über Prüffälle zulässig sein, um diese überhaupt sachgerecht bearbeiten zu können (so indirekt auch § 8 Abs. 2 Satz 3 NdsVSG).[222]

Der Verdachts- und der Prüffall sind Instrumente der Frühwarnfunktion des Verfassungsschutzes. Sie sind nötig, da angesichts der häufig klandestinen Vorgehensweise der verdächtigen Personenzusammenschlüsse sichere Nachweise des Extremismus oft schwer zu führen sind. Indes bieten beide Instrumente keine Handhabe einer endlosen Verdachtsbeobachtung bzw. Endlosprüfung. Aus Verhältnismäßigkeitsgesichtspunkten ist vielmehr geboten, nach einer angemessenen Beobachtungs- bzw. Prüfphase (§§ 8 Abs. 2 NdsVSG, 7 Abs. 2 Satz 3 VSG Berlin: ein Jahr bei Prüffällen; § 7 Abs. 2 Satz 2 NdsVSG: zwei Jahre mit Verlängerungsoption bei Verdachtsfällen) zu entscheiden, ob der Prüf- bzw. Verdachtsfall eingestellt wird oder wegen erwiesenem Extremismus zu einem „harten" Beobachtungsobjekt zu erklären ist.[223] Die Beobachtungsbedürftigkeit sinkt, je länger eine Beobachtung andauert, ohne dass sie tatsächliche Anhaltspunkte dafür hervorbringt, ob oder inwiefern die Schutzgüter des Verfassungsschutzes durch die Bestrebung (noch) konkret bedroht sind und deren gegen die Schutzgüter des § 3 Abs. 1 BVerfSchG gerichtetes Handeln noch erfolgreich sein könnte.[224] Besteht der Verdacht fort (liegen also weiter hinreichende tatsächliche Anhaltspunkte vor), ist unter Verhältnismäßigkeitsgesichtspunkten abzuwägen, ob eine gemäß § 4 Abs. 1 Satz 5 BVerfSchG grundsätzlich zulässige weitere (temporäre) Beobachtung vertretbar ist. Endet die Prüffall- bzw. Verdachtsfallphase, ohne dass der Personenzusammenschluss zum Verdachtsfall oder erwiesen extremistischen Beobachtungsobjekt bestimmt wird, sind die insoweit gespeicherten personenbezogenen Daten zu löschen.[225] Auch bei erwiesen extremistischen Bestrebungen ist regelmäßig zu prüfen, ob die Voraussetzungen für eine Beobachtung weiterhin vorliegen (§ 6 Abs. 3 NdsVSG: spätestens alle zwei Jahre). Sind die verfassungsfeindlichen Bestrebungen (oder der entsprechende Verdacht) durch Entwicklungen in dem Personenzusammenschluss überholt, aus sonstigen Gründen obsolet oder hat sich nach 88

219 *Droste*, S. 178.

220 *Lindner/Unterreitmeier*, DVBl. 2019, 819 (824) halten eine eigenständige Regelung zur Verarbeitung personenbezogener Daten im Stadium der Prüfphase verfassungsrechtlich nur dann für geboten, wenn personenspezifisch gespeichert und ausgewertet wird.

221 Offenbar a. A. *Löffelmann/Zöller*, E. Rn. 10.

222 LT-Drs. Niedersachsen 17/2161, S. 3, 25. A.A. *Schneider*, DÖV 2022, 372 (374) mit Hinweis auf die Rechtsprechung, wonach das systematische Zusammenstellung und Speichern auch von offen zugänglichen Daten einen Grundrechtseingriff darstellt (falls man davon ausgeht, dass der Verfassungsschutz im Rahmen der Prüffallbearbeitung systematische Datensammlungen anlegt).

223 BVerfG, NJW 2022, 1583 (1591, Rn. 198); BVerwG, NJW 2000, 824 (827) – Republikaner; ähnlich OVG Saarlouis, Urt. v. 27.4.2005, Az. 2 R 14/03, S. 63 (Scientology): „Die Beobachtung ist folglich umso eher als erkennbar unverhältnismäßig einzustellen, je geringer die tatsächlichen Anhaltspunkte, je geringer das aktuelle Gefahrenpotential und je erfolgloser eine länger andauernde Beobachtung geblieben ist."

224 BVerfG, NJW 2022, 1583 (1591, Rn. 198).

225 §§ 7 Abs. 2 Satz 4, 8 Abs. 2 Satz 3 NdsVSG.

umfassender Aufklärung durch eine mehrjährige Beobachtung der Verdacht verfassungsfeindlicher Bestrebungen nicht bestätigt, ist die Beobachtung einzustellen.[226]

89 Unzulässig wäre das Recherchieren mit dem Ziel, Verdachtsmomente gegen einen bestimmten Personenzusammenschluss erst zu generieren. Die Ansicht, der Verfassungsschutz habe im Rahmen einer allgemeinen sicherheitsbezogenen Lageklärung eine Pflicht zu prüfen, ob es einen „ersten Spurenansatz" gebe (ähnlich wie es die Polizei bei verdachtsunabhängigen Streifengängen tut),[227] – quasi ein verdachtsunabhängiges, aber gezieltes Monitoring aller potentiell bedrohlichen, irritierenden oder anderweitig verdächtigen Phänomene – findet weder in der Verfassung, noch im Gesetz eine Stütze. Vorfeldermittlungen ohne jeden Anfangsverdacht sind unzulässig.[228] Eine solche **„Vorverlagerung der Vorverlagerung"** des Verfassungsschutzes (auch „Vorprüfphase" oder „allgemeine Beobachtung" genannt)[229] würde ein behördliches und damit in der Folge potentiell grundrechtseinschränkendes „Abscannen" der politischen Landschaft nach auffälligen Phänomenen bedeuten, die sich irgendwann vielleicht in Richtung des Extremismusverdachts entwickeln könnten. Das gezielte Sichten des gesellschaftlichen Raums ist jedoch unzulässig, weil der Verfassungsschutz kein Instrument zur Verdachtsgewinnung, sondern allenfalls der Verdachtserhärtung ist (Rn. 75). Seine Funktion darf nicht fälschlicherweise als die eines allgemeinen Analysezentrums für politisch-gesellschaftliche Trends und Strömungen missinterpretiert werden. Zulässig ist jedoch ein aufmerksames und einordnendes Zur-Kenntnis-Nehmen von (insoweit nicht durch aktive Recherche gewonnenen) Informationen aus offenen oder nachrichtendienstlichen Quellen und die Bewertung solcher zunächst „unverdächtigen" Informationen im Hinblick darauf, ob sich aus ihnen Anhaltspunkte für extremistische Bestrebungen ergeben. Dieser selbstverständliche und grundrechtsneutrale Prozess, für den man keine gesetzliche Ermächtigungsgrundlage benötigt, kann ggf. in einen Prüffall (Rn. 84) münden. Eine gezielte Suche nach „Prüffallkandidaten" jedoch ist unzulässig.

6. Begriff der Bestrebung (§ 4 Abs. 1 BVerfSchG)

90 Nach dem Wortlaut des § 3 Abs. 1 BVerfSchG beobachtet der Verfassungsschutz extremistische Aktivitäten im Sinne des § 3 Abs. 1 Nr. 1, 3 und 4 BVerfSchG nur dann, wenn es sich hierbei um „Bestrebungen" handelt.[230] § 4 Abs. 1 BVerfSchG definiert „Bestrebung" als politisch bestimmte, ziel- und zweckgerichtete Verhaltensweisen in einem oder für einen Personenzusammenschluss. Nur ausnahmsweise können auch Handlungen von Einzelpersonen „Bestrebungen" sein (§ 4 Abs. 1 Sätze 3 und 4 BVerfSchG), wenn deren Aktivitäten besondere Relevanz haben.

91 a) **In oder für einen Personenzusammenschluss.** Grundsätzlich ist für eine Bestrebung eine *Personenmehrheit* erforderlich, die aus mindestens zwei Personen besteht. In Anlehnung an den strafrechtlichen Begriff der „Bande" [231] dürfte es jedoch sachgerechter sein, mindestens drei Personen zu verlangen, um das für einen Personenzusammenschluss charakteristische arbeitsteilige Vorgehen und den wechselseitigen Bestärkungseffekt besser belegen zu können.

---

226 VG Köln, Urt. v. 8.3.2022 – 13 K 326/21, Rn. 961 (juris) – AfD.

227 So *Lindner/Unterreitmeier*, DVBl. 2019, 819 (823).

228 Ähnlich KK-StPO/*Diemer*, 8. Aufl. 2019, § 152 Rn. 10 zum Begriff „zureichende tatsächliche Anhaltspunkte" als Voraussetzung für den strafprozessualen Anfangsverdacht: Vorfeldermittlungen, die ohne jeglichen Verdacht begründenden Anlass gegen bestimmte Personen oder Gruppen gerichtet sind, um befürchteten Straftaten vorzubeugen, sind nach herrschender Meinung, unzulässig.

229 *Lindner/Unterreitmeier*, DVBl. 2019, 819 (823).

230 Bei Aktivitäten ausländischer Geheimdienste (§ 3 Abs. 1 Nr. 2 BVerfSchG) genügen demgegenüber bloße „Tätigkeiten", um eine Beobachtung durch den Verfassungsschutz auszulösen.

231 BGH vom 22.3.2001 – GSSt 1/00, BGHSt 46, 321 (325).

92 Der Begriff des „Personenzusammenschlusses“ erfasst auch unorganisierte Personengruppen, die über keine festen Organisationsstrukturen verfügen und daher nicht als „Gruppierungen“ oder „Parteien“ anzusehen sind (z. B. Skinheads oder „Autonome“).[232] Neben losen und ggf. ohne einheitliche Willensbildung auftretenden Personenmehrheiten fallen jedenfalls auch Parteien,[233] Vereine oder vereinsähnliche Personenmehrheiten hierunter. Voraussetzung ist allein, dass bei den mindestens drei Personen tatsächliche Anhaltspunkte (§ 4 Abs. 1 Satz 5 BVerfSchG) für eine gemeinsame Willensbildung in Richtung auf die Beeinträchtigung bzw. Abschaffung der Schutzgüter des § 3 Abs. 1 BVerfSchG bestehen. Angesichts der Mobilität, der orts- bzw. regionsübergreifenden Vernetzung und vielfältigen elektronischen Kommunikationsmöglichkeiten von Extremisten (etwa in sozialen Netzwerken) kann die Zuordnung mehrerer Personen zu einem gemeinsamen „Personenzusammenschluss“ mitunter schwierig sein. Deshalb muss es zulässig sein, auch solche Personenmehrheiten unter § 4 Abs. 1 BVerfSchG zu fassen, die sich ohne Orts- bzw. Organisationsbezug nur im Internet „treffen“ bzw. bei denen auf andere Weise eine gemeinsame ideologische Verankerung festzustellen ist, ohne dass irgendwelche gesteuerten (lokal verankerten) Gruppenaktivitäten feststellbar wären. Angesichts des von § 4 Abs. 1 BVerfSchG in den Blick genommenen Gefährdungspotentials von Personenzusammenschlüssen kann es keinen Unterschied machen, ob die Gefährdung von einer homogenen, lokal gefestigten Struktur ausgeht oder von überörtlich bzw. rein virtuell vernetzten (wechselnden) Personen. Zu weitgehend wäre es jedoch, bereits die Anhänger einer bestimmten ideologisch-extremistischen Richtung als „Personenzusammenschluss“ zu werten; dies würde den Bestrebungsbegriff ins uferlose ausweiten. Auch das bloße Liken von Onlinebeiträgen und Gutheißen einer online präsentierten verfassungsfeindlichen Ideologie dürfte nicht auszureichen, um eine Zuordnung zu einem Personenzusammenschluss zu begründen.[234] Erforderlich ist ein mindestens personell abgrenzbares „Aktionsbündnis“, in dem die Personenmehrheit über gemeinsame ideologische Vorstellungen hinaus ein Mindestmaß an organisatorischer Verbundenheit aufweist.[235]

93 Seit 2021 regelt § 4 Abs. 1 Satz 3, 4 BVerfSchG, dass Bestrebungen ausnahmsweise auch von Einzelpersonen ausgehen können, die nicht in einem oder für einen Personenzusammenschluss handeln.[236] Damit können auch Handlungen von Einzelpersonen „Bestrebungen“ sein,[237] und zwar auch dann, wenn sie nicht auf die Anwendung von Gewalt gerichtet oder geeignet sind, ein Schutzgut des § 3 Abs. 1 BVerfSchG erheblich zu beschädigen (so aber die frühere Regelung in § 4 Abs. 1 Satz 4 BVerfSchG a. F.; Stichwort: militanter Einzelgänger). Voraussetzung ist lediglich, dass die Verhaltensweisen der Person darauf gerichtet sind, verfassungsfeindliche Ziele zu verwirklichen, also die Person selbst (und nicht nur die Personengruppe, in der sie Mitglied ist) darauf aus ist, die Schutzgüter des § 3 Abs. 1 BVerfSchG zu beeinträchtigen. Anders als bei Personenzusammenschlüssen ist hier nach dem Willen des Gesetzgebers allerdings (obwohl der Gesetzeswortlaut hierfür nichts hergibt) ein Entschließungsermessen (Rn. 66, 115) auszuüben, um abzuwägen, ob die Einzelperson angesichts ihres Radikalisierungsverlaufs tatsächlich als Beobachtungsobjekt geführt werden soll.[238] Die Erweiterung des Bestre-

232 Siehe § 6 Abs. 1 Satz 1 VSG Bln: ohne feste hierarchische Organisationsstrukturen (unorganisierte Gruppen); ähnlich § 6 Abs. 1 VSG SH.
233 BVerwG, NVwZ 2011, 161 (163).
234 Ähnlich *Schneider*, ZD 2021, 360 (362).
235 VGH Mannheim, Urt. v. 22.6.2021 – 8 S 3419/20, Rn. 45 bzgl. der „Reichsbürgerbewegung“.
236 So bereits seit dem Jahr 2016 der Art. 4 Abs. 1 Satz 2 BayVSG (BayLT-Drs. 17/10014, S. 23).
237 Der Gesetzeswortlaut des § 4 Abs. 1 Satz 5 BVerfSchG macht deutlich, dass zu Einzelpersonen – anders als bei Personenzusammenschlüssen – ein Entschließungsermessen auszuüben ist, bei dem im Kern die Schutzgutrelevanz des Sachverhalts (auch in seinem Entwicklungspotenzial) zu beurteilen ist (BT-Drs. 19/24785, S. 17).
238 BT-Drs. 19/24785, S. 17.

bungsbegriffs auf Einzelpersonen soll der Bedeutung von Radikalisierungsverläufen von Einzelakteuren im Internet bzw. in den sozialen Netzwerken Rechnung tragen. Auch Einzelpersonen mit großer „Online-Reichweite“ können ihre Agitation und Hassbotschaften weit verbreiten, weshalb es erforderlich sei, angesichts eruptiver Radikalisierungsverläufe solche Selbst-Radikalisierer bereits im Vorfeld militanter Handlungen besser in den Blick nehmen zu können.[239] Mit der Erstreckung auf Einzelpersonen wird freilich der klassische struktur- und organisationsbezogene Aufklärungsansatz des Verfassungsschutzes als Frühwarnsystem gegenüber *gesellschaftlich* wirksamen *Gruppen* aufgeweicht, denn der Verfassungsschutz wurde klassischerweise nicht als Instrument einer „Täterbeobachtung“ gesehen, sondern dient der Analyse von Strukturen und Netzwerken von in die Gesellschaft hineinwirkenden Personenmehrheiten. Hinzu kommt, dass das zentrale Problem bei unerkannten Radikalisierungsverläufen von introvertierten und abgeschotteten Einzeltätern, nämlich das Fehlen von Ermittlungsansätzen, auch durch eine Absenkung der Eingriffsschwellen nicht behoben werden kann.[240]

94 *In einem Personenzusammenschluss* handelt, wer ihm erkennbar angehört. Ein Mitglied einer extremistischen Partei oder eines Vereins kann daher in einer Datei (z. B. NADIS WN, s. § 10 Abs. 1 Nr. 1 BVerfSchG) oder in Sach- bzw. Personenakten (§ 8 Abs. 1 BVerfSchG) gespeichert werden, denn den Umstand, dass der Betreffende Teil bzw. Motor der Bestrebung ist, hat er durch seine Mitgliedschaft belegt (es sei denn, der Betreffende dokumentiert eine Opposition zu den offiziellen Gruppenzielen). Insbesondere wenn jemand als Repräsentant und Ansprechpartner eines extremistischen Personenzusammenschlusses öffentlich in Erscheinung tritt, rechtfertigt dies die Annahme, dass er die Vorstellungen, Werte und Unternehmungen der Vereinigung teilt bzw. sich mit ihnen identifiziert.[241]

95 Ein strengerer Maßstab gilt jedoch für die Beobachtung von Abgeordneten des Bundestages, der Landtage oder des Europäischen Parlaments. Hier kann die bloße Parteimitgliedschaft mit Blick auf das freie Mandat nach Art. 38 Abs. 1 Satz 2 GG nur eine vorübergehende Beobachtung rechtfertigen, die der Klärung der Funktionen des Abgeordneten, seiner Bedeutung und Stellung in der Partei, seines Verhältnisses zu verfassungsfeindlichen Strömungen sowie der Beurteilung von deren Relevanz innerhalb der Partei und für das Wirken des Abgeordneten dient.[242]

96 Für die Verhältnismäßigkeit der Beobachtung des *einzelnen Mitglieds* eines Personenzusammenschlusses oder eines Unterstützers kommt es darauf an, wie relevant die Erkenntnisse sind, die durch die Beobachtung der Person letztlich für die Aufklärung des verfassungsfeindlichen Personenzusammenschlusses insgesamt gewonnen werden können.[243] Es müssen konkrete Anhaltspunkte für verfassungsfeindliche Bestrebungen bzw. für die Unterstützung solcher Bestrebungen *gerade durch diese Person* vorliegen.[244]

97 *Für einen Personenzusammenschluss* handelt, wer ihn nachdrücklich unterstützt (§ 4 Abs. 1 Satz 2 BVerfSchG). Als tatbestandserhebliches Unterstützen ist jede Tätigkeit anzusehen, die sich in irgendeiner Weise positiv auf die Aktionsmöglichkeiten des Personenzusammenschlusses auswirkt.[245] *Nachdrücklich* ist die Unterstützung, wenn sie für den Personenzusammenschluss von bedeutendem Gewicht ist. In Betracht kommen sowohl ein wiederholtes Tätigwerden als auch eine einmalige Aktivität von besonderer Bedeutung,

239 BT-Drs. 19/24785, S. 17.
240 *Gitter/Marscholleck*, GSZ 2021, 191 (196).
241 VGH Kassel, Urt. v. 21.11.2017 – 5 A 2126/16, Rn. 24 zu § 11 Satz 1 Nr. 1 StAG.
242 BVerfG, NVwZ 2013, 1468 (1473, Rn. 123) – Ramelow.
243 BVerwG, NJW 2021, 2818 (2820, Rn. 22); OVG Münster, Urt. v. 13.3.2018 – 16 A 906/11, Rn. 139.
244 OVG Münster, Urt. v. 13.3.2018 – 16 A 906/11, Rn. 65.
245 *Roth*, in: Schenke/Graulich/Ruthig, §§ 3, 4 BVerfSchG Rn. 32.

z. B. mehrere kleine Spenden oder eine größere Spende.[246] Die nachdrückliche Unterstützung im Sinne des § 4 Abs. 1 Satz 2 BVerfSchG muss sich allerdings auf die „Bestrebungen", also die *verfassungsfeindlichen Ziele* und deren Verwirklichung beziehen. An einem Unterstützen fehlt es, wenn jemand allein einzelne politische, humanitäre oder sonstige Ziele des Personenzusammenschlusses, nicht aber auch dessen verfassungsfeindliche Zielsetzungen befürwortet (vgl. Rn. 74).[247] Engagiert sich z. B. jemand allein für menschenrechtliche Initiativen eines extremistischen Vereins, etwa durch Redebeiträge auf Demonstrationen im Sinne eines „unverdächtigen" Anliegens, ohne die extremistischen Ziele des Vereins ansonsten zu teilen, ist dies kein Grund, die Person zu beobachten und zu speichern.

b) **Politisch motiviert.** Der Verfassungsschutz beobachtet nur Bestrebungen, die eine 98
politische Agenda verfolgen. **Politisch motiviert** ist eine Tätigkeit, wenn sie als Instrument zu einem „wertbezogenen, über sie hinausgehenden Zweck eingesetzt werden" und nach Machtanteilen bzw. nach Gestaltung des öffentlichen Lebens streben.[248] Dies setzt voraus, dass – über die Äußerung einer politischen Ansicht hinaus – die Absicht erkennbar ist, gesellschaftliche Machtanteile erringen bzw. die staatliche Ordnung zumindest in einem kleinen (lokalen) Bereich verändern zu wollen.[249] Im Licht der Schutzgüter des § 3 Abs. 1 BVerfSchG muss es also letztlich darum gehen, den Staat in seiner Existenz, seiner Funktionsfähigkeit oder in seinem rechtsstaatlich-demokratischen Selbstverständnis zu beseitigen oder nachhaltig zu beeinträchtigen.[250] Eine ausschließlich religiös motivierte, nicht auf die Veränderung des Staates abzielende oder auf wirtschaftliche Gewinnerzielung ausgerichtete Handlungsweise kann keine Bestrebung im Sinne des Verfassungsschutzgesetzes sein. Die entfalteten Bestrebungen müssen zudem objektiv geeignet sein, politische Wirkungen zu entfalten.[251] Freilich sind die in § 3 Abs. 1 BVerfSchG genannten verfassungsfeindlichen Aktivitäten stets objektiv politisch wirkungsvoll, denn sie zielen immer auf die Um- bzw. Mitgestaltung der Machtverhältnisse in einem Staat.[252]

c) **Ziel- und zweckgerichtetes Vorgehen.** Zudem verlangt das Gesetz eine gewisse 99
Ernsthaftigkeit, Dauerhaftigkeit und Zielstrebigkeit im Hinblick auf die Beseitigung eines Verfassungsschutzguts – mithin die abstrakte Tauglichkeit der propagierten Mittel etwa zur Beseitigung eines der in § 4 Abs. 2 BVerfSchG genannten Verfassungsgrundsätze. Erforderlich ist, dass die Handelnden auf das Ziel der Beseitigung der Schutzgüter des § 3 Abs. 1 BVerfSchG hinarbeiten.[253] Die *bloße Kritik an Verfassungswerten* begründet für die Schutzgüter noch keine Gefahr und reicht daher für die Annahme einer Bestrebung nicht.[254] Das Haben oder Äußern einer Meinung ist als solches verfassungsschutzrechtlich irrelevant.[255] **Keine Bestrebungen** sind daher **bloße Meinungsäußerungen**,

---

246 *Droste*, S. 169; *Roth*, in: Schenke/Graulich/Ruthig, §§ 3, 4 BVerfSchG Rn. 35.

247 OVG Münster, Urt. v. 13.3.2018 – 16 A 906/11, Rn. 155 (juris).

248 *Borgs*, in: Borgs/Ebert, § 3 BVerfSchG Rn. 61.

249 Dies kann nur sinnvoll erfolgen, wenn der politische Wunsch von einer subjektiven Motivationslage begleitet wird, näher Rn. 112 ff. (a. A. *Roth*, in: Schenke/Graulich/Ruthig, §§ 3, 4 BVerfSchG Rn. 23: „politisch" sei rein objektiv zu verstehen).

250 Parteien sind von Ihrem Selbstverständnis her stets auf Änderung der politischen Verhältnisse ausgerichtet, s. VG Berlin, Beschl. v. 28.5.2020 – VG 1 L 95/20, S. 12 – Junge Alternative.

251 BVerwG, NVwZ 2011, 161 (169) – Ramelow; VG Köln v. 20.1.2011 – 20 K 2331/08.

252 VG Köln, Urt. V. 11.11.2004 – 20 K 1882/03, Rn. 145 f.(juris) – Scientology.

253 VGH München, Beschl. v. 28.2.2020 – 10 CE 19.2517, Rn. 23; BVerwG, Beschl. v. 24.3.2016 – 6 B 4.16, Rn. 10; BVerwG, NVwZ 2011, 161 (169) – Ramelow; *Droste*, S. 167.

254 BVerwG, NJW 2021, 2818 (2820, Rn. 20) m. w. N.; OVG Münster, Urt. v. 13.3.2018 – 16 A 906/11, Rn. 125; BVerfG, NJW 2005, 2912 (2915) – Junge Freiheit. Ebenso unsanktioniert ist die Forderung, tragende Bestandteile der fdGO zu ändern, sofern derartige Forderungen nicht von entsprechend zielgerichteten politischen Aktivitäten begleitet werden.

255 *Murswiek*, in: Brink/Wolff, Gemeinwohl und Verantwortung, Festschrift für v. Arnim, 2004, S. 487 f.

Gespräche, persönliche Vorbehalte oder mangelnde Identifikation bzw. Gleichgültigkeit gegenüber den Elementen der fdGO.

100 Ein strengerer Maßstab gilt jedoch für Beschäftigte im öffentlichen Dienst: hier stellt die Bereitschaft zum jederzeitigen Eintreten für die fdGO ein persönliches Eignungskriterium dar (§§ 7 Abs. 1 Nr. 2, 33 Abs. 1 Satz 2 BeamtStG; 60 Abs. 1 Satz 3 BBG);[256] bei extremistischer Einstellung wird auf fehlende Eignung geschlossen.[257]

101 Das Grundgesetz enthält keinen staatsbürgerlichen „Wertekatechismus und kennt für den „Normalbürger" nur die Pflicht zur Gesetzestreue, nicht aber die Pflicht zu verfassungskonformen Überzeugungen, Meinungen oder Gedanken.[258] Da das Grundgesetz keine Werteloyalität erzwingt,[259] berechtigt das Äußern von (politischen) Meinungen allein kein Tätigwerden des Verfassungsschutzes, solange sie nur in der „Abstraktion des Für-Richtig-Haltens" und dem Austausch hierüber besteht.[260]

102 **d) Abgrenzung zur bloßen Kritik an Regierung und staatlichen Repräsentanten.** Kritik am Staat und seinen Repräsentanten ist von den Kommunikationsgrundrechten der Art. 5, 8, 9 GG grundsätzlich geschützt und wird erst verfassungsschutzrelevant, wenn sie in der Absicht erfolgt, die fdGO zu ersetzen durch eine Ordnung, die keine „Herrschaft der Freien und Gleichen" vorsieht (wie beispielsweise die Einführung eines Einparteiensystems oder die Abschaffung demokratischer Wahlen).[261] Die harsche, andauernde und polemische Kritik an Regierungshandeln bzw. Regierungsvertretern ist daher nicht verfassungsschutzrelevant, sofern sie nicht durch „verächtlichmachende Verunglimpfung der Institutionen freiheitlicher Demokratie" das Ziel verfolgt, über das Vehikel der Kritik am behaupteten Versagen bzw. der „Unfähigkeit" staatlicher Institutionen die Tauglichkeit der fdGO als Prinzip insgesamt in Frage zu stellen und letztlich abzuschaffen.[262] Nur im letztgenannten Fall kann man von einer sog. **verfassungsschutzrelevanten Delegitimierung des Staates** sprechen.[263] Diese muss aber – um im Licht der Schutzgüter des § 3 Abs. 1 BVerfSchG „verfassungsschutzrelevant" zu sein – über das Absprechen der Kompetenz und Problemlösungsfähigkeit der Repräsentanten des Staates hinausgehen und dem Staat und seinen rechtsstaatlich-demokratischen Prozessen als solchen die Legitimität absprechen, etwa dadurch, dass der Justiz generell (jenseits konkret kritisierter Einzelfälle) die Tauglichkeit zur rechtsstaatlichen Konfliktlösung abgesprochen und damit die Untauglichkeit rechtsstaatlicher Vorkehrungen

---

256 Die Verfassungstreuepflicht von Beschäftigten im öffentlichen Dienst wird missverständlich „politische Treuepflicht" genannt. Es geht jedoch nicht um eine politische Loyalität gegenüber der jeweiligen Regierung (BVerfGE 39, 334 [347 f.] – „Extremistenbeschluss") oder um den Verzicht auf Kritik an Regierungshandeln, sondern um die Notwendigkeit einer der verfassungsmäßigen Ordnung innerlich verbundenen und in ihrer Amtsausübung politisch neutralen Beamtenschaft, auf die der Staat angewiesen ist (ausführlich *Masuch*, ZBR 2020, 289 [290 ff.]).

257 Vgl. VGH Kassel, NVwZ 2019, 248 (250, Rn. 14). Siehe auch BVerwG, NJW 2018, 1185 – Entfernung aus dem Beamtenverhältnis wegen Tätowierung mit verfassungsfeindlichem Inhalt.

258 „Das Grundgesetz baut zwar auf der Erwartung auf, dass die Bürger die allgemeinen Werte der Verfassung akzeptieren und verwirklichen, erzwingt die Werteloyalität aber nicht. Die Bürger sind grundsätzlich auch frei, grundlegende Wertungen der Verfassung in Frage zu stellen oder die Änderung tragender Prinzipien zu fordern. Die plurale Demokratie des Grundgesetzes vertraut auf die Fähigkeit der Gesamtheit der Bürger, sich mit Kritik an der Verfassung auseinander zu setzen und sie dadurch abzuwehren" (BVerfG, NJW 2010, 2193 [2194]; NJW 2001, 429 [432 f.]); *Heger/Schaupp*, KritV 2020, 128 (150).

259 BVerfG, NJW 2010, 2193 (2194); NJW 2001, 429 (432 f.); *Schliesky*, in: Isensee/Kirchhof, HStR XII, 3. Aufl. 2014, § 277 Rn. 43; *Borgs*, in: Borgs/Ebert, § 3 BVerfSchG Rn. 62; *Thiel*, in: ders., Wehrhafte Demokratie, 2003, S. 22 f.

260 BVerfG, NJW 2010, 47 (52).

261 *Linzbach*, GSZ 2022, 7 (11) m. w. N.

262 I.d.S. BT-Drs. 20/774, S. 3, 6.

263 Siehe zu dieser Kategorie erstmalig den Verfassungsschutzbericht des Bundes 2021, S. 112 ff. und *Gusy*, GSZ 2022, 101 ff.

behauptet wird, oder die Sinnhaftigkeit von Wahlen als Ausdruck des Volkswillens bestritten wird. Jenseits der Sicherstellung der Funktionsfähigkeit rechtsstaatlich-demokratischer Prozesse gibt es keinen Anspruch des Staates auf Vertrauen seiner Bürger in die Integrität und Rechtskonformität seines Handelns. Da der Willensbildungsprozess „von unten nach oben" läuft, ist dem Staat eine selbstlegitimatorische Einwirkung auf diesen Willensbildungsprozess genauso verwehrt wie eine verfassungsschutzrechtlich abgesicherte Erwartungshaltung, dass dieser Prozess einen bestimmten politischen Verlauf nimmt – sofern er nicht die fdGO als solche attackiert. Deshalb ist Kritik an der Tauglichkeit politischer Regierungskonzepte (Regierungskritik) und deren Akteure notwendiger Teil des eine Demokratie kennzeichnenden politischen Willensbildungsprozesses.[264] Die Bürger schulden im freiheitlichen Verfassungsstaat lediglich Rechtsgehorsam, keine Regierungstreue.[265] Opposition, Kritik und Alternativenformulierung sind daher Konstitutionselemente der Staatsform (s. § 4 Abs. 2 c BVerfSchG) und gefährden oder beeinträchtigen diese gerade nicht.[266] Der Verfassungsschutz darf erst dann intervenieren, wenn sich die (auch polemische und kontinuierliche) Kritik nicht auf die gegenwärtigen politischen Konzepte und Akteure beschränkt, sondern erkennbar (vgl. § 4 Abs. 1 Satz 5 BVerfSchG: bei Vorliegen tatsächlicher Anhaltspunkte) die Tauglichkeit demokratischer und rechtsstaatlicher Mechanismen, wie sie die fdGO verlangt (Rn. 119 ff.), insgesamt negiert und durch andere, damit inkompatible Staatsordnungsideen ersetzen will.

e) **Potentialität der Bestrebung erforderlich?** Ziel- und zweckgerichtetes Handeln i. S. d. § 4 Abs. 1 BVerfSchG setzt zumindest die potentielle Möglichkeit voraus, dass das Handeln auch zum gewünschten verfassungsfeindlichen Erfolg führen kann. Analog den Vorgaben des BVerfG zum Parteiverbot[267] (die in ihren hohen Hürden freilich nicht vollumfänglich auf die Beobachtungsvoraussetzungen nach §§ 3, 4 BVerfSchG übertragbar sind, da es bei Art. 21 Abs. 2 GG um das *Verbot einer Partei* geht, nicht um die bloße *Beobachtung eines beliebigen Personenzusammenschlusses*) liegt eine relevante Bestrebung nur vor, wenn ein Personenzusammenschluss über hinreichende Wirkungsmöglichkeiten verfügt, die ein Erreichen der von ihm verfolgten verfassungsfeindlichen Ziele nicht völlig aussichtslos erscheinen lassen. Je eingriffsintensiver die Beobachtung ist, desto größer muss die Beobachtungsbedürftigkeit der Bestrebung sein und desto mehr konkrete Anhaltspunkte von Gewicht müssen vorliegen, die es zumindest als möglich erscheinen lassen, dass die Schutzgüter des § 3 Abs. 1 BVerfSchG *konkret bedroht* sind und das gegen sie gerichtete Handeln erfolgreich sein könnte (**Potentialität**).[268] Lässt das Handeln eines Personenzusammenschlusses – z. B. aufgrund von Organisationsstruktur, Mobilisierungsgrad, Kampagnenfähigkeit, Vernetzung mit anderen extremistischen Gruppen, finanzieller Lage, seiner Wirkkraft in die Gesellschaft (Wahlergebnisse, Publikationen, Bündnisse, Unterstützerstrukturen) oder seiner Vertretung in Ämtern und Mandaten – auch im Falle des ungehinderten Gewähren Lassens noch nicht einmal auf die potentielle (theoretische) Möglichkeit eines Erreichens ihrer verfassungsfeindlichen Ziele schließen, wird das Merkmal einer – auch aus objektiver Sicht zu beurteilenden – „ziel- und zweckgerichteten Verhaltensweise" meist entfallen.[269] 103

Sicherlich darf man angesichts des Vorfeldauftrags des Verfassungsschutzes keine bereits realisierte gesellschaftliche Gestaltungskraft des Personenzusammenschlusses – wie z. B. 104

264 Vgl. OVG Berlin-Brandenburg, Urt. 23.11.2011, – 1 B 111.10, Rn. 45 (juris).
265 *Schönenbroicher/Heusch*, DVBl. 2022, 1113 (1115).
266 *Gusy*, GSZ 2022, 101 (103).
267 Vgl. BVerfG, NJW 2017, 611 ff., Rn. 585 ff. – NPD-Verbotsverfahren.
268 Vgl. BVerfG, NJW 2022, 1583 (1591, Rn. 193, 195); BVerfG, NVwZ 2018, 1788 (1791, Rn. 109); BVerfG, NJW 2017, 611 ff., Rn. 585 ff. – NPD-Verbotsverfahren.
269 A.A. VG Berlin, Beschl. v. 28.5.2020 – VG 1 L 97/20, S. 17 – „Flügel"; VG Köln, Urt. v. 11.11.2004 – 20 K 1882/03, Rn. 141 – Scientology.

Wahlerfolge mit Einzug in Parlamente – als Voraussetzung für eine Beobachtung fordern. Andererseits ist es bei der Auslegung des Begriffs „ziel- und zweckgerichtete Verhaltensweise" aus Verhältnismäßigkeitsgründen angezeigt, nicht jede fiktive und rein hypothetische Ideensammlung mit Gestaltungswillen zweier oder mehr Personen für eine Beobachtung ausreichen zu lassen.[270]

105 Das BVerfG spricht insoweit von der Notwendigkeit eines „verfassungsschutzspezifischen Beobachtungsbedarfs".[271] Die Beobachtungsbedürftigkeit steigt, je deutlicher die Schutzgüter des Verfassungsschutzes konkret bedroht sind.[272] Umgekehrt sinkt sie desto eher, wenn die Schutzgüter des Verfassungsschutzes keiner konkreten Bedrohung ausgesetzt sind. Deutliches Indiz für eine gewisse Potentialität und damit für das Bedrohungspotential ist die Anwendung oder das Befürworten von Gewalt.[273] Gegen eine gesteigerte Beobachtungsbedürftigkeit, die den Einsatz auch eingriffsintensiver ND-Mittel rechtfertigen würde, spricht tendenziell, wenn eine Bestrebung nur mit legalen Mitteln arbeitet (sog. legalistischer Extremismus).[274]

106 **f) Keine Notwendigkeit von Straftaten oder konkreten Gefahren.** Nicht erforderlich ist, dass die Handlungen gewalttätig, gesetzeswidrig oder gar strafbar sind. Der Verfassungsschutz hat einen Vorfeldauftrag, der nach dem Wortlaut des Gesetzes ausdrücklich nicht das Vorliegen einer polizeirechtlichen Gefahr oder eine begangene Straftat voraussetzt.[275] Der Einsatz nachrichtendienstlicher Mittel ist sogar dann zulässig, wenn die Gruppierung die Schutzgüter des Verfassungsschutzgesetzes auf dem Boden der Legalität bekämpft.[276] Umgekehrt ist auch eine verfassungsfeindliche Tätigkeit nur in Einzelfällen strafbar (z. B. §§ 89, 129a StGB). Eine *aggressiv-kämpferische* Durchsetzungsstrategie, die früher vom BVerfG als Voraussetzung für ein Parteiverbot (Art. 21 Abs. 2, 4 GG) verlangt wurde,[277] setzt der Begriff der Bestrebung ebenfalls nicht voraus.[278] Daher sind Überwachungsmaßnahmen des Verfassungsschutzes auch nicht von vornherein auf militante und volksverhetzende Bestrebungen beschränkt.[279] Vielmehr kommt es nur auf die Ernsthaftigkeit und Nachhaltigkeit der an den Tag gelegten Aktivitäten an.

107 Lediglich § 6 Abs. 4 VSG SH verlangt als Voraussetzung für eine Beobachtungstätigkeit der dortigen LfV eine solche aktiv kämpferische, aggressive Haltung gegenüber der bestehenden Verfassungsordnung.[280]

---

270 A.A. offenbar *Lindner/Unterreitmeier*, DVBl. 2019, 819 (821).
271 BVerfG, NJW 2022, 1583 (1593, Rn. 213).
272 BVerfG, NJW 2022, 1583 (1591, Rn. 193).
273 Vgl. BVerfG, NJW 2022, 1583 (1591, Rn. 194).
274 BVerfG, NJW 2022, 1583 (1591, Rn. 197).
275 BVerfG, NJW 2008, 822 (832) – Online-Durchsuchung.
276 BVerfG, NJW 2022, 1583 (1590, Rn. 186).
277 BVerfG, NJW 1956, 1393 – KPD-Urteil. Im NPD-Urteil vom 17.1.2017 (2 BvB 1/13, Rn. 586 f.) hat sich das BVerfG von dieser Forderung verabschiedet und verlangt nunmehr den Nachweis, dass nach menschlichem Ermessen Aussicht darauf besteht, dass die Partei ihre verfassungsfeindlichen Ziele auch in absehbarer Zukunft tatsächlich verwirklichen kann, d. h. die Partei über so viel Einfluss („Wirkmächtigkeit") verfügt, dass ein Erreichen der von ihr verfolgten verfassungsfeindlichen Ziele nicht völlig aussichtslos erscheint (Potentialität, näher Rn. 103).
278 VGH München, Beschl. v. 28.2.2020 – 10 CE 19.2517, Rn. 23; OVG Berlin-Brandenburg, NVwZ 2006, 838 (839) m. w. N. **A.A.** *Schwagerl*, Verfassungsschutz in der Bundesrepublik Deutschland, S. 60 („aktiv-kämpferische Haltung.
279 BVerfG, NJW 2022, 1583 (1590, Rn. 186).
280 Siehe ähnlich § 6 Abs. 3 VSG M-V. Danach ist eine Bestrebung *insbesondere* (aber eben nicht nur) dann gegeben, wenn sie auf Gewaltanwendung gerichtet ist oder sonst ein kämpferisches und aggressives Verhalten gegenüber den Grundsätzen der fdGO erkennen lässt. Ähnlich bis 2019 auch § 4 Abs. 2 BbgVSG a. F. Zur früheren Rechtslage in Niedersachsen OVG Lüneburg, NJW 1994, 746 ff.

108 Angesichts der Funktion als „Frühwarnsystem“ (Rn. 21) ist auch **nicht erforderlich**, dass die zu beobachtenden Bestrebungen bezüglich ihres Gefährdungsgrads eine **konkrete Gefahr** für ein Schutzgut des § 3 Abs. 1 BVerfSchG hervorrufen.[281] Die Überwachungsbefugnis bzw. grundlegende Eingriffsschwelle des Verfassungsschutzes ist (von besonders eingriffsintensiven Überwachungsmaßnehmen abgesehen, s. etwa § 9 Abs. 2 BVerfSchG) nicht an das Vorliegen einer konkreten oder konkretisierten Gefahr im polizeilichen Sinne geknüpft.[282] Es muss also kein potenzielles Schadensereignis prognostiziert werden.[283] Dies ändert freilich nichts daran, dass der Verfassungsschutz durchaus Gefahrenabwehrbehörde ist[284] und §§ 3, 4 BVerfSchG als „Gefahrentatbestände“ für elementare Schutzgüter des Staates bezeichnet werden können (näher Rn. 11).

109 Lediglich für die Einholung von Auskünften bei privaten Stellen und dem Bundeszentralamt für Steuern nach § 8a Abs. 1 und 2 BVerfSchG verlangt das Gesetz (schwerwiegende) „Gefahren“ für verfassungsschutzrelevante Schutzgüter. Mangels gesetzlicher Konkretisierung dürfte dort tatsächlich die polizeiliche Gefahr gemeint sein, d. h. eine Sachlage, die bei ungehindertem Ablauf des objektiv zu erwartenden Geschehens innerhalb eines überschaubaren Zeitablaufs mit hinreichender Wahrscheinlichkeit zu einem Schaden für ein Schutzgut der öffentlichen Sicherheit oder Ordnung führen wird.[285] Zu den Schutzgütern der öffentlichen Sicherheit zählt die geschriebene Rechtsordnung und damit auch die fdGO (s. § 1 Abs. 1 Satz 2 BWPolG).

110 Der Verzicht auf eine polizeiliche Gefahr folgt aus dem Umstand, dass das Grundgesetz den Verfassungsschutzbehörden den Auftrag zur Beobachtung extremistischer Bestrebungen bereits im Vorfeld konkreter polizeilicher Gefahren erteilt. So deutet das Vorhandensein qualifizierter Anforderungen für ein Parteienverbot in Art. 21 Abs. 2 GG und umgekehrt das Fehlen expliziter Beobachtungsvoraussetzungen in Art. 73 Abs. 1 Nr. 10 und 87 Abs. 1 Satz 2 GG darauf hin, dass für die bloße Beobachtungstätigkeit der Verfassungsschutzbehörden keine erhöhten Anforderungen an den Grad der „Gefährdung“ zu stellen sind, insbesondere *keine polizeiliche Gefahr* im Sinne eines konkret absehbaren Schadenseinstritts erforderlich ist.

111 Auch der allgemein anerkannte Grundsatz der *Vorverlagerung des Verfassungsschutzes* in das Vorfeld von Gefahren für die öffentliche Sicherheit[286] und die in Art. 73 bzw. Art. 87 GG vorgenommene Unterscheidung zwischen Zentralstellen der Kriminalpolizei einerseits und des Verfassungsschutzes andererseits (was nahelegt, dass die Verfassung beiden Behörden unterschiedliche Aufgaben zuweisen wollte,[287] s. aber Rn. 36) sind Indizien, dass der nachrichtendienstliche Beobachtungsauftrag anderen Regeln folgt als die Tätigkeit der Polizei.

112 **g) Ist Vorsatz erforderlich?** Strittig ist, ob die verfassungsfeindlichen Bestrebungen von einem **Vorsatz** getragen sein müssen. Das BVerwG vertritt die Auffassung, dass dies nicht erforderlich sei: Danach sei die Beobachtung weder von einem subjektiven Unterstützungswillen, noch von einem persönlich ausgehenden besonderen Gefährdungspotential hinsichtlich der Schutzgüter des § 3 Abs. 1 BVerfSchG abhängig.[288] Ausreichend ist nach Auffassung des BVerwG bereits die einfache Mitgliedschaft in einem extremistischen Personenzusammenschluss. Begründet wird dies mit dem Wortlaut des § 4 Abs. 1

281 BVerfG, NJW 2022, 1583 (1587, Rn. 163).
282 BVerfG, NJW 2022, 1583 (1589, Rn. 181).
283 *Werner-Kappler*, NVwZ-Beilage 2022, 63 (64).
284 BVerwG, NJW 2002, 980 (983); OVG Bautzen, Urt. v. 12.11.2015 – 3 C 12/13, Rn. 36: LfV als Polizeibehörde i. S. d. § 481 Abs. 1 Satz 1 StPO; *Schenke*, Rn. 438.
285 Vgl. *Möller/Warg*, Rn. 100 ff. m. w. N.
286 LT-Drs. Sachsen 3/6212, S. 10 f.
287 Vgl. *Gusy*, GSZ 2021, 141 (148).
288 BVerwG, NJW 2021, 2818 (2822, Rn. 30 ff.); BVerwG, NVwZ 2011, 161 (170 f.) – Ramelow.

Satz 2 BVerfSchG („Für einen Personenzusammenschlusses handelt, wer ihn in seinen Bestrebungen nachdrücklich unterstützt"), demzufolge sich die Unterstützung auf den Personenzusammenschluss als solchen beziehen muss, also auf eine rein objektive Unterstützungshandlung.

113 Ein solches rein objektives Verständnis des Begriffs „Bestrebung" ist jedoch mit dem Wortlaut des § 4 Abs. 1 Satz 1 BVerfSchG nicht vereinbar. Eine „Bestrebung" impliziert ein bestimmtes Ziel, das man „anstreben" muss. Die bloße Inkaufnahme einer entsprechenden Gefährdung ist nicht ausreichend; die verantwortlich Handelnden müssen auf den Erfolg der Rechtsgüterbeeinträchtigung hinarbeiten.[289] Das Handeln muss also final angelegt sein. Finales Handeln ist aber nicht denkbar ohne den Willen, dieses Ziel auch zu erreichen. Daher verlangt das Bestreben bzw. „Anstreben" eines verfassungsfeindlichen Ziels immer auch einen entsprechenden Vorsatz. Wer z. B. bei einer erkennbar von Extremisten veranstalteten Demonstration „einfach nur mitmarschiert" und nicht weiß, dass die Kundgebung tatsächlich von einer extremistischen Gruppierung veranstaltet wird (und somit weder Kenntnis noch Willen hat, sich für eine extremistische Bestrebung instrumentalisieren zu lassen), soll nicht befürchten müssen, allein deshalb vom Verfassungsschutz beobachtet zu werden. Insofern müssen zu Beginn jeder Beobachtung tatsächliche Anhaltspunkte – also Fakten – nicht nur für ein objektives Unterstützen einer extremistischen Bestrebung vorliegen, sondern auch für den dahinterstehenden entsprechenden Vorsatz.

114 Es muss den Akteuren also auf den verfassungsfeindlichen Erfolg, d. h. die Beeinträchtigung eines oder mehrerer Elemente der fdGO, gerade ankommen (dolus directus 1. Grades).[290] Freilich kann bei gewichtigen tatsächlichen Anhaltspunkten für ein objektiv konkrete Schutzgüter der fdGO beeinträchtigendes Verhalten oft schon allein dadurch auf eine entsprechende zugrunde liegende Überzeugung geschlossen werden.[291] Auch ist nicht erforderlich, dass den Akteuren die Beteiligung an einer extremistischen Bestrebung im Sinne eines „Schuldvorwurfs" individuell vorwerfbar ist. Daher können z. B. auch schuldunfähige Personen als Teil einer Bestrebung beobachtet und zu ihnen Daten gespeichert werden, sofern sie im schuldfähigen Zustand sich des extremistischen Charakters ihres Handelns bewusst wären, d. h. in einer Parallelwertung der objektiv gefährliche Charakter ihres Tuns für sie subjektiv erkennbar wäre.[292]

7. Entschließungsermessen und/oder Auswahlermessen?

115 Bei Vorliegen tatsächlicher Anhaltspunkte für eine verfassungsfeindliche Bestrebung bzw. geheimdienstliche Tätigkeit sind die Verfassungsschutzbehörden zur Beobachtung entsprechender Bestrebungen und Tätigkeiten nicht nur berechtigt, sondern verpflichtet.[293] Dies wird aus dem Wortlaut des § 3 Abs. 1 deutlich: **„Aufgabe … ist …"**. Insoweit

---

289 VG Düsseldorf, Urt. v. 28.5.2013 – 22 K 2532/11.

290 BVerfG, NVwZ 2013, 1468 (1475, Rn. 138); NJW 2005, 2912 (2916); *Borgs*, in: Borgs/Ebert, § 3 BVerfSchG Rn. 62; *Bergemann*, in: Bäcker/Denninger/Graulich, H Rn. 59; ähnlich *Bull*, RuP 2015, 2 (4). **A.A.** *Roth*, in: Schenke/Graulich/Ruthig, §§ 3, 4 BVerfSchG Rn. 13, 39; *Löffelmann/Zöller*, B. Rn. 23; *Droste*, S. 165. Widersprüchlich OVG Münster, Urt. v. 13.3.2018 – 16 A 906/11, Rn. 150, 199: einerseits sei kein Vorsatz erforderlich, andererseits setze das Vorliegen tatsächlicher Anhaltspunkte für verfassungsfeindliche Bestrebungen Hinweise auf die verfassungsfeindliche Überzeugung voraus.

291 OVG Münster, Urt. v. 13.3.2018 – 16 A 906/11, Rn. 129.

292 Teilweise a. A. *Löffelmann/Zöller*, B. Rn. 23.

293 „Die Sicherheitsbehörden der Bundesrepublik Deutschland haben die verfassungsrechtlich begründete Pflicht, die freiheitliche demokratische Grundordnung zu schützen. Sie erfüllen diese Pflicht unter anderem dadurch, dass sie auf gesetzlicher Grundlage bei gegebenem Anlass Gruppen und auch politische Parteien beobachten, um feststellen zu können, ob von ihnen eine Gefahr für die freiheitliche demokratische Grundordnung ausgeht" (BVerfGE 107, 339, 365 – 1. NPD-Urteil); *Roth*, in: Schenke/Graulich/Ruthig, §§ 3, 4 BVerfSchG Rn. 131 m. w. N.

hat der Verfassungsschutz kein Entschließungsermessen, *ob* er tätig wird.[294] Dies gilt auch für die nicht abgestimmte eigenmächtige nachrichtendienstliche Tätigkeit befreundeter Nachrichtendienste, was einen „360°-Blick" auf alle nachrichtendienstlichen Tätigkeiten fremder Staaten bedingt (Rn. 140).[295] *Wie* beobachtet wird, vor allem ob mit offenen oder (welchen) nachrichtendienstlichen Mitteln bzw. mit welcher Intensität, gibt das Gesetz jedoch nicht vor. Insoweit haben die Verfassungsschutzbehörden ein Auswahlermessen, mit welchen Mitteln bzw. mit welcher Intensität sie die extremistischen Bestrebungen bzw. geheimdienstlichen Tätigkeiten in den Blick nehmen. Es ist also zulässig, wenn man sich bei mehr oder weniger bedeutungslosen Gruppierungen auf die Sammlung „offenen" Materials beschränkt und auf den Einsatz von nachrichtendienstlichen Beschaffungsmethoden (§§ 9 Abs. 1 Nr. 1, 8 Abs. 2 BVerfSchG) verzichtet.

Bei der Betätigung des insoweit gegebenen Auswahlermessens sind die bekannten **Ermessensfehler**[296] zu vermeiden: 116

- *Ermessensunterschreitung* (oder Ermessensnichtgebrauch): Hier nimmt die Behörde irrig an, kein Ermessen zu haben bzw. ihr Ermessen nur in einer bestimmten Weise ausüben zu dürfen (z. B. bei einer bestimmten Konstellation *immer* oder *nie* einschreiten zu müssen bzw. zu dürfen), etwa wenn die Verfassungsschutzbehörde meint, bei sämtlichen extremistischen Bestrebungen alle nachrichtendienstlichen Mittel einsetzen zu müssen, obwohl es sich nach §§ 8 ff. BVerfSchG um Ermessensnormen handelt. Um einen Ermessensnichtgebrauch würde es sich aber auch handeln, wenn die Behörde meint, bei nicht-gewaltbereiten Gruppierungen generell auf nachrichtendienstliche Mittel verzichten zu müssen, obwohl das Gesetz insoweit keine Vorgaben macht und demzufolge auch Ermessen einräumt.
- *Ermessensüberschreitung*: Hier überschreitet die Behörde den von der Rechtsordnung gesteckten Rahmen, d. h. das Maß des rechtlich Zulässigen. Dies wäre z. B. der Fall, wenn ein Mittel der Informationsbeschaffung eingesetzt wird, das gesetzlich gar nicht vorgesehen ist (etwa ein Zwangsmittel wie Festnahme, obwohl dies den Nachrichtendiensten wegen des befugnisrechtlichen Trennungsgebots verwehrt ist, s. § 8 Abs. 3 BVerfSchG). Auch bei Verstößen gegen den Verhältnismäßigkeitsgrundsatz liegt eine Ermessensüberschreitung vor.
- *Ermessensfehlgebrauch* kommt in Betracht, wenn das Ermessen in einer Art und Weise ausgeübt wird, die mit Sinn und Zweck des Ermessens nicht im Einklang steht. Dies wäre vor allem der Fall, wenn sich der Behördenmitarbeiter von sachfremden Erwägungen leiten lässt, z. B. die Entscheidung über die Art und Weise einer Beobachtung nach persönlichen politischen Vorlieben bzw. Antipathien trifft.

Ggf. kann im Rahmen der Betätigung des Auswahlermessens auch eine *Ermessensreduzierung auf Null* in Betracht kommen, insbesondere bei einer Gefahr für Leib und Leben. 117 So kann bei einer konkreten Terrordrohung die Behörde ihr Ermessen letztlich nicht anders ausüben als alle zur Verfügung stehenden Erkenntnismittel einzusetzen, um die Gefahrenlage aufzuklären. Eine Betätigung des Auswahlermessens in der Weise, dass in diesem Fall z. B. auf den Einsatz von nachrichtendienstlichen Mitteln verzichtet würde, wäre dann ebenfalls ermessensfehlerhaft.

8. Verfassungsschutzrelevante Bestrebungen bzw. Aktivitäten[297]

a) Bestrebungen gegen die freiheitlich demokratische Grundordnung (§ 3 Abs. 1 Nr. 1 BVerfSchG). 118 Nach § 3 Abs. 1 Nr. 1 BVerfSchG beobachten die Verfassungsschutz-

294 A.A. VG Köln, NJOZ 2005, 700 (726 f.) – Scientology, allerdings ohne Auseinandersetzung mit dem gegenläufigen Wortlaut der Norm.

295 Verfassungsschutzbericht des Bundes 2019, S. 306.

296 Zu Ermessensfehlern ausführlich *Sachs*, in: Stelkens/Bonk/Sachs, VwVfG, 9. Aufl. 2018, § 40 Rn. 62 ff.

297 Die Ausführungen zu § 3 Abs. 1 Nr. 1, 3 und 4 BVerfSchG sind angelehnt an *Warg*, in: Dietrich/Eiffler, V § 1 Rn. 46 ff.

behörden (BfV und LfV, siehe Rn. 58) vor allem die Bestrebungen, die gegen die freiheitlich-demokratische Grundordnung (fdGO) gerichtet sind. Bestrebungen gegen die fdGO sind nach der Legaldefinition in § 4 Abs. 1 Satz 1 c BVerfSchG politisch bestimmte, ziel- und zweckgerichtete Verhaltensweisen in einem oder für einen Personenzusammenschluss, der darauf gerichtet ist, einen der in § 4 Abs. 2 BVerfSchG genannten **Verfassungsgrundsätze zu beseitigen oder außer Geltung zu setzen.** Gemeint sind damit Bestrebungen gegen die obersten Verfassungsprinzipien, die vom BVerfG in den Parteiverbotsverfahren zur „Sozialistischen Reichspartei" (SRP, 1952) und „Kommunistischen Partei Deutschlands" (KPD, 1956)[298] entwickelt und im Urteil zur NPD (2017)[299] weitgehend[300] bestätigt wurden. Sie umfassen die fundamentalen Verfassungsgrundsätze, die eine freiheitliche Demokratie entscheidend von totalitären und diktatorischen Staaten abgrenzen.

119 **aa) Definition der fdGO in § 4 Abs. 2 BVerfSchG.** Mit dem Begriff „freiheitlich demokratische Grundordnung" ist nicht die gesamte geschriebene Verfassung der Bundesrepublik Deutschland, sondern nur ihr Kernbestand gemeint. Nach der „alten Formel", die auf die SRP- und KPD-Verbotsurteile zurückgeht und in § 4 Abs. 2 BVerfSchG seinen Niederschlag gefunden hat, gehören zu den fundamentalen Prinzipien der fdGO:

- die Achtung vor den im Grundgesetz konkretisierten Menschenrechten,
- die Volkssouveränität (Art. 20 Abs. 2 Satz 1 GG),
- die Gewaltenteilung (Art. 20 Abs. 2 Satz 2 GG),
- die Verantwortlichkeit der Regierung gegenüber der Volksvertretung und ihre Ablösbarkeit (Art. 65, 67 GG),
- die Gesetzmäßigkeit der Verwaltung (Art. 20 Abs. 3 GG),
- die Unabhängigkeit der Gerichte (Art. 97 GG),
- das Recht auf Bildung und Ausübung einer parlamentarischen Opposition,
- der Ausschluss jeder Gewalt- und Willkürherrschaft.

120 Die klassischen rechts- und linksextremistischen Forderungen (insbesondere mit nationalsozialistischen oder kommunistischen Argumentationsmustern, etwa die Behauptung einer Überlegenheit bestimmter Ethnien oder Ideen eines „Führerstaats" bzw. einer „Diktatur des Proletariats") sowie diejenigen des Islamismus geraten in direkten Konfrontationskurs zu den Grundsätzen der fdGO. Gemeinsames Merkmal aller vom BVerfG entwickelten fdGO-Elemente ist, dass sie durch ihren *Gegensatz zum totalitären Staat* geprägt sind, also von der Vorstellung einer Grundordnung, wie sie (angesichts des totalitären Anschauungsunterrichts der NS-Diktatur) gerade *nicht* sein soll, d. h. was „wir also unbedingt nicht wollen".[301] Es handelt sich folglich um den „letzten Schutzzaun" gegen Totalitarismus, der bürgerliche Freiheiten überhaupt erst ermöglicht (das Ziel ist: „Nie wieder Diktatur"). Die fdGO bezweckt damit nicht den Schutz von politischen Inhalten, sondern der grundlegenden Strukturen bzw. des Rahmens, innerhalb derer Politik und die demokratische Auseinandersetzung über politische Inhalte überhaupt stattfinden und Entscheidungen getroffen werden können.[302] Sie ist daher weder ein Disziplinierungsinstrument zur Aufrechterhaltung der Staatsautorität, noch dient ihr Schutz der Zementierung gesellschaftlicher Machtverhältnisse zu Lasten politischer Minderheiten.[303]

---

298 BVerfGE 2, 1 (12 f.) – SRP-Verbot; BVerfGE 5, 85 (140, 197 ff.) – KPD-Verbot.
299 BVerfG, NJW 2017, 611 ff., Rn. 529 ff.
300 Zur Neujustierung der bisherigen fdGO-Elemente im NPD-Urteil *Warg*, NVwZ-Beilage 2017, 42 ff.
301 *Dürig/Klein*, in: Maunz/Dürig, GG, 81. EL September 2017, Art. 18 Rn. 58.
302 OVG Berlin-Brandenburg, Urt. v. 23.11.2011 – 1 B 111.10, Rn. 45; ähnlich *Heger/Schaupp*, KritV 2020, 128 (155).
303 *Schwagerl*, ZRP 1988, 167 (169).

121 **bb) Neujustierung der fdGO im NPD-Urteil vom 17.1.2017.** Wegen der Funktion der fdGO, die äußersten Grenzlinien zu markieren, die für das Funktionieren des demokratischen Rechtsstaates unverzichtbar sind, hat das BVerfG in der NPD-Entscheidung vom 17.1.2017 betont, dass die fdGO ihren Ausgangspunkt in der Würde des Menschen findet. Die fdGO setzt sich daher nurmehr aus **Art. 1 Abs. 1 GG** sowie den **menschenwürderechtlich begründeten Teilmengen des Rechtsstaats- und Demokratieprinzips zusammen.**[304] Freilich können die meisten der in § 4 Abs. 2 BVerfSchG genannten Elemente auch unter diese „neue Formel" subsumiert werden, da sie bereits seit Beginn die zentralen Elemente des Rechtsstaats- und Demokratieprinzips beschreiben. Diese im Rahmen von Art. 21 Abs. 2 GG vom Verfassungsgericht gefundene Auslegung ist gemäß § 31 BVerfGG verbindlich für alle anderen Verfassungsorgane und damit auch für den in Art. 73 Abs. 1 Nr. 10b GG vorausgesetzten Beobachtungsauftrag,[305] d. h. auch für die Beobachtungspraxis der Verfassungsschutzbehörden nach § 3 Abs. 1 Nr. 1 BVerfSchG.[306]

122 **cc) Einheitliches fdGO-Verständnis.** Wegen der fundamentalen Bedeutung, die die fdGO für das rechtliche Selbstverständnis der Bundesrepublik Deutschland hat, ist es fernliegend, dass die Verfassung je nach Kontext unterschiedliche Verständnisse von „fdGO" zum Ausdruck bringt (es also letztlich mehrere und unterschiedliche „Grundordnungen" gibt), zumal in einem Rechtsbereich, in dem ein gesamtstaatlicher Konsens zwingend erforderlich ist. Es können somit nicht je nach Verwendungszweck (z. B. für das Parteiverbot, die Beobachtung durch den Verfassungsschutz oder im Aufenthalts- oder Staatsangehörigkeitsrecht) verschiedene Definitionen von „freiheitlich-demokratischer Grundordnung" Anwendung finden.[307]

123 **dd) Funktion und Inhalt der fdGO.** Im NPD-Urteil erkennt das BVerfG eine aus Art. 1 Abs. 1 GG folgende doppelte Stoßrichtung der fdGO: Sie wendet sich zum einen gegen die Dehumanisierung Einzelner und zum anderen gegen die Verabsolutierung des Kollektivs.[308] So wird die Menschenwürde attackiert, wenn dem Angegriffenen das Recht abgestritten wird, als gleichwertig achtenswerte Person in der Gemeinschaft zu leben, er also in seinem Persönlichkeitskern missachtet und als minderwertige „Unperson" dargestellt wird.[309] Unterhalb dieser Schwelle ist Kritik kein Angriff auf die Menschenwürde und findet innerhalb des Rahmens der fdGO statt, womit freilich nicht automatisch die Rechtmäßigkeit solcher grenzwertigen Kommunikationsinhalte belegt wäre. Mögliche straf- oder zivilrechtliche Konsequenzen (z. B. bei Beleidigungen) bleiben daher unberührt. Das BVerfG arbeitet im NPD-Urteil heraus, welche Bestandteile des Demokratie- und Rechtsstaatsprinzips Ausfluss des Menschenwürdegedankens, insbesondere der für Art. 1 Abs. 1 GG charakteristischen Forderungen nach personaler Individualität, Identität und Integrität sowie die elementare Rechtsgleichheit der Menschen sind (Rn. 539 des Urteils) und definiert diese dann als Elemente der fdGO (Rn. 543 ff. des Urteils). Das BVerfG macht dabei klar, dass nicht allen Elementen, die in der früher judizierten Aufzählung der fdGO-Elemente (Rn. 119) enthalten waren, diese Unentbehrlichkeit zukommt.

---

304 BVerfG, NJW 2017, 611 (619, Rn. 538). Ähnlich bereits *Stern*, Staatsrecht III/2, 1994, S. 951; *Meier*, Parteiverbote und demokratische Republik, 1993, S. 316.

305 *Uhle*, in: Maunz/Dürig, GG, 58. EL (2010), Art. 73 Rn. 242. A.A. VG Köln, Urt. v. 8.3.2022 – 13 K 326/21, Rn. 183 (juris) – AfD.

306 So wohl auch *Siegel/Hartwig*, NVwZ 2017, 590 (592).

307 BVerfG, NJW 2022, 3627 (3628, Rn. 14); BVerfG, Beschl. v. 13.7.2018 – 1 BvR 1474/12, 1 BvR 670/13, 1 BvR 57/14, Rn. 107; BVerfGE 2, 1 (12) – SRP-Verbot; VGH Mannheim, NVwZ 2017, 1212 (1215); *Voßkuhle*, NVwZ 2022, 1841 (1843). *Huber*, NVwZ 2023, 225 (229). A.A. (und dadurch den einheitlichen Charakter einer „Grundordnung" verkennend) VG Köln, Urt. v. 13.10.2022 – 13 K 4222/18, Rn. 36 – IBD.

308 *Thrun*, DÖV 2019, 65 (69 f.).

309 Zu den Fallgruppen BeckOK InfoMedienR/*Kühling*, GG, 32. Ed. 1.2.2021, Art. 5 Rn. 125 ff.

124 Essentiell für das Individuum ist zunächst die Möglichkeit der gleichberechtigten Willensbildung, mit der ein **willkürlicher Ausschluss Einzelner aus dem Prozess der politischen Willensbildung** nicht vereinbar ist (Rn. 544 des Urteils). Bei der Volkssouveränität als weiterem Kernelement der Demokratie benennt das BVerfG die **ununterbrochene Legitimationskette vom Volk zu den staatlichen Organen** als indisponibel, weshalb z. B. die Einführung eines Einparteiensystems unzulässig wäre (Rn. 543 des Urteils), aber auch ein „Führerstaat" mit der Etablierung von Machtstrukturen ohne Legitimation durch das Volk.

125 In Bezug auf das Rechtsstaatsprinzip stellt das BVerfG die Rechtsbindung der öffentlichen Gewalt (Art. 20 Abs. 3 GG) und die Kontrolle dieser Bindung durch unabhängige Gerichte als konstitutiv für die fdGO heraus, ebenso das Gewaltmonopol des Staates (Rn. 547, 580 des Urteils). Damit werden die im Gesetz wiedergegebenen klassischen fdGO-Elemente des § 4 Abs. 2 b, e und f BVerfSchG bestätigt. Hinsichtlich des „alten" fdGO-Elements der „im Grundgesetz konkretisierten Menschenrechte" (§ 4 Abs. 2 g BVerfSchG) ist fraglich, ob und ggf. welche der über Art. 1 Abs. 1 GG hinausgehenden grundrechtlichen Verbürgungen als spezielle Ausprägung der Menschenwürde anzusehen sind und damit als Teil der fdGO. Das BVerfG beantwortet diese Frage nicht. Teilweise wird vertreten, dass alle Grundrechte zumindest einen kleinen (abwägungsresistenten) Menschenwürdekern aufweisen.[310] Diese Auffassung ist jedoch mit der h. M. abzulehnen,[311] denn nach Art. 79 Abs. 3 GG sind nur die *Grundsätze* des Art. 1 Abs. 1 GG irreversibel, nicht hingegen die unscharfen und nicht definierten Menschenwürde„kerne" aller sonstigen Grundrechte.[312] Allenfalls diejenigen Grundrechte, deren Ausübung wesensnotwenig mit einem **höchstpersönlichen Ausdruck von Individualität** einhergeht und über deren Ausübung sich das Individuum maßgeblich definiert, können an der Ausstrahlungswirkung des Art. 1 Abs. 1 GG teilhaben und damit als Teil der fdGO gewertet werden. Hierzu dürften neben dem Kernbereich privater Lebensgestaltung[313] (als besondere Ausprägung des Schutzes der Intimsphäre, s. Rn. 340 ff.) das Recht auf Leben und körperlicher Unversehrtheit (Art. 2 Abs. 2 Satz 1 GG)[314] als vitaler Basis der Menschenwürde[315] zu zählen sein, ebenso der Art. 13 GG[316] als Schutznorm für das „letzte Refugium der Privatheit", dann die **Glaubens-, Gewissens- und Weltanschauungsfreiheit** (Art. 4 GG)[317] sowie die speziellen Benachteiligungsverbote des **Art. 3 Abs. 3 GG** (s. zu letzteren Rn. 736 des NPD-Urteils).[318] Wegen des intimen Charakters der Beziehung ist auch das durch **Art. 6 GG** unter besonderen Schutz gestellte Ehe- und Familienleben (ebenso die elterliche Sorge für ihre Kinder nach Art. 6 Abs. 2 GG) als Ausprägung eines identitätsstiftenden Persönlichkeitskerns anzusehen,[319] zumal

---

310 *Stern*, Staatsrecht, III/2, 1994, S. 1132 ff., 1134 m. w. N.; *Thrun*, DÖV 2019, 65 (72).

311 *Isensee*, in: Merten/Papier, HdbGR Bd. IV, § 87 Rn. 122 f.; *Dreier*, in ders., Band I, 3. Aufl. 2013, Art. 1 I Rn. 163 ff.; *Zacharias*, in: Thiel, Wehrhafte Demokratie. Beiträge über die Regelungen zum Schutze der freiheitlichen demokratischen Grundordnung, 2003, S. 57 (78 ff.); *Sachs*, in: ders, GG, 9. Aufl. 2021, Art. 79 Rn. 51; zurückhaltend auch *Höfling*, ebd, Art. 1 Rn. 67 f.

312 BVerfGE 84, 90 (121).

313 S. BVerfG, NJW 2016, 1781 (1786 ff.) – BKA-Gesetz; BVerfG, NJW 2020, 2235 (2254, Rn. 199 ff.) – Auslandsaufklärung des BND.

314 BVerfGE 115, 118 (152) – LuftSiG.

315 BVerfGE 39, 1 (42); BVerfG, NJW 1999, 3399 (3401).

316 BVerfGE 109, 279 (313) – Großer Lauschangriff: „Der Schutz der Menschenwürde wird auch in dem Grundrecht aus Art. 13 Abs. 1 GG konkretisiert"; *Papier*, in: Maunz/Dürig, GG, 84. EL 2018, Art. 13 Rn. 61.

317 *Germann*, in: BeckOK GG, 47. Ed. 15.5.2021, Art. 4 Rn. 1. In diese Richtung auch *Herdegen*, in: Maunz/Dürig, GG, 84. EL 2018, Art. 1 Abs. 1 Rn. 26. Eine Bestrebung gegen die fdGO bei Agitieren gegen die Religionsfreiheit bejaht VG München, Urt. v. 29.8.2002 – M 24 K 02.2483, Rn. 34.

318 Sinngemäß *Herdegen*, in: Maunz/Dürig, GG, 84. EL 2018, Art 1 Abs. 1 Rn. 26, der im Übrigen einem Zusammenhang von Menschenwürde und demokratischen Teilhaberechten skeptisch gegenübersteht.

319 Vgl. *Badura*, in: Maunz/Dürig, GG, 88. EL August 2019, Art. 6 Rn. 29 f.

totalitäre Systeme zuvörderst den Zugriff auf die Familie und die Erziehung der Kinder erstreben. Da die Kommunikationsgrundrechte des Art. 5 Abs. 1 GG (insbesondere die Meinungs- und Pressefreiheit) das zentrale Vehikel sind, wie der für eine Demokratie essentielle Prozess der Willensbildung vom Volk zu den staatlichen Organen vorbereitet, kanalisiert und ins Werk gesetzt werden kann, wird schließlich auch die Freiheit, seine Meinung zu bilden, auszudrücken und zu verbreiten, als Teil der fdGO anzusehen sein.[320] Demgegenüber ist etwa die Forderung nach Einschränkung des Grundrechts auf Asyl (Art. 16a GG) keine extremistische Forderung,[321] da das Recht auf Schutz durch den deutschen Staat vor im Ausland stattfindender politischer Verfolgung – ungeachtet etwaig entgegenstehender völkerrechtlicher Verpflichtungen der Bundesrepublik Deutschland zum Flüchtlingsschutz – nicht die menschenwürderechtlichen Gewährleistungen der deutscher Staatsgewalt bereits unterworfenen Personen beeinträchtigen würde.[322]

ee) **Bezug zum Begriff des „Extremismus“.** Der Begriff der „Bestrebungen gegen die fdGO“ steht mit dem Begriff **„Extremismus“** in enger Beziehung.[323] Verfassungsschutzbehörden sind Ausdruck der Grundentscheidung der Verfassung für eine wehrhafte Demokratie und des Selbstbehauptungswillens des Rechtsstaates.[324] Wenn elementare Verfassungsgüter außer Kraft gesetzt werden sollen, kann von Extremismus gesprochen werden, der mit dem Begriff **Verfassungsfeindlichkeit identisch** ist.[325] Bei der Beurteilung, ob eine Aktivität „extremistisch“ ist, gilt zu beachten, dass die Verfassung vom Bürger keine Verfassungstreue verlangt (näher Rn. 101). Maßstab für die Einstufung als Extremist ist also nicht das Fehlen einer verfassungstreuen Einstellung, sondern das aktive Bemühen, mittels zielgerichteter Verhaltensweisen den Kern des verfassungsrechtlichen Koordinatensystems der „fdGO“ in ihrer allgemeinen Geltung zu beeinträchtigen oder außer Kraft zu setzen. 126

b) **Bestrebungen gegen den Bestand des Bundes oder eines Landes (§ 3 Abs. 1 Nr. 1, Var. 2 BVerfSchG).** Nach § 3 Abs. 1 Nr. 1, Var. 2 BVerfSchG beobachtet der Verfassungsschutz auch Bestrebungen gegen den Bestand des Staates und seine Sicherheit. Diese Aufgabe war in der Ursprungsfassung des BVerfSchG von 1950 noch nicht enthalten. Ihr kommt aber offensichtlich die gleiche Bedeutungsschwere zu wie die Kernaufgabe der Beobachtung von Bestrebungen gegen die fdGO, da sie in gleichem Atemzug genannt wird. Der Bestand und die Sicherheit des Staates (gewissermaßen als vitale Basis dafür, dass überhaupt eine werteorientierte Grundordnung namens fdGO etabliert werden kann) hat damit eine vergleichbare Schutzbedürftigkeit wie die obersten Verfassungsgrundsätze. Andererseits wird klar, dass nur solche Aktivitäten als gegen den Be- 127

---

320 Ähnlich BVerfG, NJW 2009, 2267 (2269) – Vertrag von Lissabon: „Der Anspruch auf freie und gleiche Teilhabe an der öffentlichen Gewalt ist in der Würde des Menschen verankert“. Zuletzt im Beschluss zur „Jungen Freiheit“ hat das BVerfG die Meinungs- und die Pressefreiheit als konstituierend für die Demokratie erklärt (BVerfGE 113, 63 [82]).

321 Art. 16a GG gehört nicht zum Gewährleistungsinhalt von Art. 1 Abs. 1 GG (BVerfGE 94, 49, 103 – Sichere Drittstaaten). Auch im NPD-Urteil finden sich hierfür keine Anhaltspunkte. Näher *Gärditz*, in: Maunz/Dürig, GG, 87. EL März 2019, Art. 16a Rn. 493. Ähnlich *Ullrich*, JZ 2016, 169 (173): Forderung nach Abschaffung des Asylgrundrechts wäre kein Extremismus.

322 Zu unterscheiden ist zwischen einer – nicht gegebenen – Garantie des Asylrechts *aufgrund* des Art. 1 Abs. 1 GG und der *Berücksichtigung des* Art. 1 Abs. 1 GG beim Umgang mit bereits in Deutschland aufhältigen Menschen, z. B. bei Ausweisung und Abschiebung nicht anerkannter Asylbewerber in Länder, in dem ihnen Folter oder eine andere menschenwürdewidrige Behandlung drohen würde (vgl. *Dreier*, in: ders., GG, 3. Aufl. 2013, Art. 1 Abs. 1 Rn. 165).

323 Zur Definition des Begriffs „Extremismus“ aus juristischer Sicht *Ullrich*, JZ 2016, 169 ff.; *Warg*, VerwArch 102 (2011), 570 ff.

324 BVerfG, NVwZ 2017, 1364 (1369 Rn. 110).

325 *Borgs/Ebert*, § 3 BVerfSchG Rn. 68; *Droste*, S. 94. A.A. *Linck*, DÖV 2006, 939 (940).

stand oder die Sicherheit gewertet werden dürfen, die wertungsmäßig einer Beseitigung der elementaren rechtsstaatlich-demokratischen Grundfunktionen gleichkommen. Das BVerfG hat beide Rechtsgüter miteinander verwoben und die fdGO zum „Bestand des Staates" gezählt,[326] was einleuchtet, wenn man den Staat nicht nur organisatorisch und institutionell versteht, sondern anhand des demokratisch-rechtsstaatlichen Selbstverständnisses, das für die BR Deutschland prägend ist.

128 Legal definiert werden Bestrebungen gegen den Bestand des Bundes oder eines Landes in § 4 Abs. 1 Satz 1 a BVerfSchG als politisch bestimmte, ziel- und zweckgerichtete Verhaltensweisen in oder für einen Personenzusammenschluss, der darauf gerichtet ist, die Freiheit des Bundes oder eines Landes von fremder Herrschaft aufzuheben, ihre staatliche Einheit zu beseitigen oder ein zu ihm gehörendes Gebiet abzutrennen.

129 Die **Freiheit von fremder Herrschaft** will die völkerrechtliche Souveränität und faktische Handlungsfreiheit gegenüber fremden Staaten gewährleisten.[327] Deutschland wäre in seinen Grundbedingungen als demokratischer Rechtsstaat gefährdet, wenn fremde Staaten oder de facto-Regime (aber auch bedeutsame nichtstaatliche Akteure, wie große Wirtschaftskonzerne) rechtlich oder faktisch die Regierung steuern und deren Entscheidungsfreiheit einschränken würden. Tatbestandlich einschlägig wären z. B. Aktivitäten, eine „fremdgesteuerte" Regierung einzusetzen, die einer fremden Macht genehm und willfährig ist, etwa durch Stimmenkauf im Parlament.[328] Soweit durch die Manipulation von Wahlen auch das Demokratieprinzip gefährdet wird, stellen solche Aktivitäten gleichzeitig auch eine Bestrebung gegen die fdGO dar.

130 Unter „staatlicher Einheit" ist der Bestand der Bundesrepublik Deutschland als Bundesstaat zu verstehen.[329] Dieser würde sowohl durch sezessionistische Bestrebungen als auch durch Umwandlung in einen Staatenbund beeinträchtigt. Letztlich sind hier die Mechanismen des Zusammenwirkens zwischen den Bundesländern untereinander und mit dem Bund geschützt. Die staatliche Einheit würde beseitigt, wenn Länder nicht mehr mit anderen Ländern oder dem Bund an der Erledigung staatlicher Aufgaben zusammenarbeiten oder einzelne Länder nicht mehr als Teil Deutschlands betrachtet würden. Ein Teil des Bundes würde abgetrennt, wenn separatistische Aktivitäten eine Abspaltung ganzer Länder oder von (kleineren) Teilgebieten des Bundes vorantreiben würden. Dadurch bestände auch das Risiko, dass in den abgetrennten Gebieten die fdGO nicht mehr gewährleistet wäre.[330] Ziel- und zweckgerichtete Aktivitäten mit dem Ziel der Abspaltung und staatlichen Unabhängigkeit einzelner Teile des Bundesgebietes erfüllen daher den Tatbestand des § 3 Abs. 1 Nr. 1 BVerfSchG. Grenzveränderungen auf völkerrechtlicher Grundlage – d. h. mit Zustimmung der Bundesrepublik Deutschland – sind demgegenüber zulässig,[331] ebenso Bemühungen zur Zusammenlegung einzelner Bundesländer (s. auch Art. 29 GG).

131 Damit können Aktivitäten der „**Reichsbürger**" und „**Selbstverwalter**"-Szene als verfassungsschutzrelevant bezeichnet werden, wenn sie Teile des Bundesgebietes „abspalten" und dort ein neues „Staatssubjekt" ausrufen. Angesichts der Bedeutungsschwere des Begriffs „Bestand des Bundes oder eines Landes" und vor dem Hintergrund der im (als Auslegungshilfe für die Zweckrichtung des Verfassungsschutzes heranzuziehenden)

---

326 BVerfGE 20, 162 (178) – SPIEGEL: unter dem Bestand der Bundesrepublik Deutschland, den es zu schützen und zu erhalten gilt, ist nicht nur ihr organisatorisches Gefüge, sondern auch ihre freiheitliche demokratische Grundordnung zu verstehen.

327 *Roth*, in: Schenke/Graulich/Ruthig, §§ 3, 4 BVerfSchG Rn. 57 m. w. N.

328 *Paeffgen*, in: Kindhäuser/Neumann/ders., StGB, 5. Aufl. 2017, § 81 Rn. 8.

329 *Droste*, S. 191: die föderale Ordnung.

330 *Banzhaf*, S. 56.

331 *Droste*, S. 192.

Alliierten Polizeibrief von 1949 verlangten „umstürzlerischen Aktivitäten" (Rn. 4) wird dies aber nur dann tatbestandsmäßig i. S. d. § 3 Abs. 1 Nr. 1, Var. 2 BVerfSchG sein,[332] wenn die Handlungen über irrationale politische Thesen hinausgehen und nach Umfang und Schwere eine substantielle Gefahr für die gesamtstaatliche Funktionsfähigkeit (z. B. die Gebietshoheit des Staates) bzw. die fdGO in ihrem Geltungsanspruch für das Bundesgebiet insgesamt bedeuten (z. B. wenn Schritte unternommen werden, Teile des Staatsgebietes abzutrennen oder Gewalt gegen staatliche Institutionen oder deren Repräsentanten propagiert wird). Allerdings wurde der Vorwurf des Extremismus gegenüber „Reichsbürgern" bislang überwiegend anhand ihrer die fdGO ablehnenden Aktivitäten begründet.[333] Dies scheint unter dem Gesichtspunkt plausibel, dass die Szene die Geltung der staatlichen Rechtsvorschriften negiert und damit ihre eigene Bindung und diejenige staatlicher Institutionen an Gesetz und Recht leugnet (letztere stellt ein Element der fdGO dar, s. Rn. 125). Insoweit ist aber zu differenzieren, ob die Akteure die bestehende Rechtsordnung „nur" für den Bereich des selbst kreierten fiktiven „Staatsgebiets" negieren oder *generell* für das gesamte Staatsgebiet der BR Deutschland und ggf. sogar Schritte zur aktiven Bekämpfung der Rechtsordnung unternehmen. Im letzteren Fall wird die Herrschaft des Rechts als Prinzip insgesamt bekämpft, was als fdGO-feindlich gelten kann (Rn. 125). Hierin könnten zudem Bestrebungen gegen die „Sicherheit" des Staates i. S. d. § 3 Abs. 1 Nr. 1, Var. 3 BVerfSchG (dazu Rn. 133) gesehen werden, doch setzt dies ebenfalls Gefahren voraus, die das *gesamtstaatliche* Gefüge bzw. die Existenz der BR Deutschland als demokratischen Rechtsstaat *insgesamt* bedrohen und mit Mitteln des herkömmlichen Sicherheitsrechts durch Polizei und Strafverfolgungsbehörden allein nicht abgewehrt werden können.[334]

Verschwörungstheorien[335] (d. h. unbelegte oder widerlegte Vorstellungen über geheim verlaufende Machenschaften einer politischen, wirtschaftlichen oder gesellschaftlichen Elite, die demokratisch nicht legitimiert sind und zumindest potentiell erheblich schädigende Auswirkungen haben) als solche sind kein Beobachtungsgegenstand des Verfassungsschutzes, sofern sie nicht als politische Agitation mit extremistischen Inhalten (etwa als antisemitisches Narrativ im Zusammenhang mit einer angeblichen „jüdischen Weltherrschaft") die gesetzlichen Tatbestandsvoraussetzungen des §§ 3 Abs. 1 i. V. m. 4 BVerfSchG erfüllen.[336] **132**

c) **Bestrebungen gegen die Sicherheit des Bundes oder eines Landes** (**§ 3 Abs. 1 Nr. 1, Var. 3 BVerfSchG**). Die Existenzbedingungen des demokratischen Rechtsstaats können auch durch Bestrebungen gegen die Sicherheit des Bundes oder eines Landes in Gefahr geraten. Nach § 4 Abs. 1 Satz 1 b BVerfSchG meint dies politisch bestimmte (also nicht bloß allgemein-kriminell motivierte), ziel- und zweckgerichtete Verhaltensweisen in einem oder für einen Personenzusammenschluss, der darauf gerichtet ist, den Bund, Länder oder deren Einrichtungen in ihrer Funktionsfähigkeit **erheblich zu beeinträchtigen**. Durch die Nennung der „Funktionsfähigkeit des Staates und seiner Einrichtungen" als lediglich einem Teilelement der öffentlichen Sicherheit wird klar, dass der Begriff „Sicherheit" nicht mit „öffentlicher Sicherheit" im Sinne des Polizei- **133**

---

332 Sofern die betreffende Gruppierung nicht ohnehin Teil einer rechtsextremistischen Bestrebung ist, was bei einem Teil der Reichsbürger-Szene der Fall ist.

333 Etwa VGH Mannheim, Urt. v. 22.6.2021 – 8 S 3419/20, Rn. 51 f.; VG Ansbach, Urt. v. 6.11.2019 – AN 13b D 18.529; VG Ansbach, Urt. v. 29.11.2018 – AN 13a D 18.600; OVG Magdeburg, NVwZ-RR 2018, 774 ff.; VG Gießen, Beschl. v. 18.6.2018 – 9 L 9756/17.GI; *Barthel*, DVP 2020, 215 (218). Anders (und überzeugender) VG München, Beschl. v. 2.3.2018 – M 7 S 17.3913, Rn. 23; VGH München, Beschl. v. 25.4.2018 – 21 CS 17.2459: „Die sog. Reichsbürgerbewegung wird als sicherheitsgefährdende Bestrebung eingestuft."

334 *Ibler*, in: Maunz/Dürig, GG, 81. EL 2017, Art. 87 Rn. 137 f.; *Warg*, in: Dietrich/Eiffler, V, § 1 Rn. 55.

335 Siehe https://de.wikipedia.org/wiki/Verschw%C3 %B6rungstheorie (5.4.2023).

336 BT-Drs. 19/19933, S. 5.

rechts gleichgesetzt werden kann.[337] Geschützt sind im Sinne der Zweckbestimmung des Verfassungsschutzes nur die Teilbereiche der öffentlichen Sicherheit, die für die Funktionsfähigkeit des Staates unverzichtbar sind. Da „Sicherheit" in einem Atemzug genannt wird wie die anderen Schutzgüter des Verfassungsschutzes, kann es sich auch nur auf vergleichbar gewichtige Belange wie die fdGO oder den Bestand der Bundesrepublik beziehen.[338] Die Bestrebung muss den Staat oder seine Einrichtungen folglich insgesamt aus den Angeln heben wollen.

134 Eine Sicherheitsgefährdung des Staates kann etwa angenommen werden bei einer breit angelegten (vor allem ideologisch motivierten) Behinderung der Polizeiarbeit bei Großeinsätzen (militante Großdemonstrationen), durch das Unterminieren polizeilicher Gefahrenabwehrkonzepte bei Terrorgefahr (z. B. deren Veröffentlichung mit dem Ziel, staatliche Sicherheitsvorkehrungen zu desavouieren) oder durch Gefährdung der Verteidigungsfähigkeit der Bundeswehr im Rahmen der Landesverteidigung. Erheblich ist die Beeinträchtigung, wenn sie aufgrund ihrer Massivität oder Wirkungsweise zu einer beträchtlichen und beständigen bzw. systematischen Störung der Funktionsfähigkeit des Staates führt. Denkbar ist das Anstreben großflächiger „herrschaftsfreier Räume" durch systematische oder schwere Gewalt gegen staatliche Institutionen oder Andersdenkende, um den Rechtsstaat über die Grenze seiner Leistungsfähigkeit zu bringen.[339]

135 Bestrebungen gegen die Sicherheit des Staates sind nicht in jedem Falle deckungsgleich mit Bestrebungen gegen die fdGO. Denn nicht alle fdGO-feindlichen Bestrebungen gefährden automatisch auch die Funktionsfähigkeit des Staates als solchen, sondern ggf. „nur" seine demokratischen Verfassungsprinzipien. So unterminieren Bestrebungen gegen die im Grundgesetz konkretisierten Menschenrechte zwar die fdGO, nicht aber zwingend das Funktionieren des Staates als organisatorisches Gebilde. Dennoch schützt § 3 Abs. 1 Nr. 1, Var. 3 BVerfSchG den Staat nicht als Selbstzweck, sondern mit dem Ziel, eine Herrschaftsform der Freiheit und Gleichheit aller und damit letztlich den Fortbestand der fdGO zu garantieren.[340] Damit kann der Schutz der „Sicherheit des Bundes oder eines Landes" als notwendige Mitbedingung für einen erfolgreichen Schutz der fdGO und damit quasi als deren tatbestandlicher Unterfall angesehen werden.

136 Ob privatwirtschaftlich motivierte **Industriespionage**, bei der keine Anhaltspunkte für eine geheimdienstliche Tätigkeit für einen fremden Staat und damit ein Beobachtungsauftrag nach § 3 Abs. 1 Nr. 2 BVerfSchG besteht (Rn. 161 ff.) wegen der die Volkswirtschaft schädigenden Auswirkungen eine Bestrebung gegen die „Sicherheit des Bundes oder eines Landes" im Sinne des § 3 Abs. 1 Nr. 1 BVerfSchG darstellt, ist unklar. Dafür spräche, dass zumindest die geheimschutzbetreuten Unternehmen der kritischen Infrastruktur (s. BSI-Kritisverordnung – BSI-KritisV) wegen ihrer häufig lebens- bzw. verteidigungswichtigen Funktion (z. B. Rüstungsunternehmen, Flughäfen, Kernforschungszentren) eine für den Staat „lebenswichtige" Funktion wahrnehmen; mit ihrer Ausspähung kann u. U. das Funktionieren des Staates insgesamt gefährdet sein. Allerdings verlangt die Legaldefinition von „Bestrebungen gegen die Sicherheit des Bundes oder eines Landes" nach § 4 Abs. 1 b BVerfSchG zwingend *politisch bestimmte* Verhaltensweisen, also solche, die auf die Veränderung der bestehenden gesellschaftlichen Machtverhältnisse abzielen. Dies kann bei Industriespionage, die rein wirtschaftlich motiviert ist und „lediglich" die Verbesserung der Wettbewerbschancen (ausländischer) Unternehmen bzw. Staaten zum Ziel hat, nicht unterstellt werden.

---

337 *Degenhart*, in: Sachs, GG, 9. Aufl. 2021, Art. 73 Rn. 50; *Spitzer*, S. 84 f. m. w. N.

338 *Degenhart*, in: Sachs, GG, 9. Aufl. 2021, Art. 73 Rn. 50; *Uhle*, in: Maunz/Dürig, GG, 58. EL (2010), Art. 73 Rn. 244.

339 Vgl. *Bergemann*, in: Bäcker/Denninger/Graulich, H Rn. 25.

340 *Linzbach*, GSZ 2022, 7 (8) m. w. N.

d) Bestrebungen gegen die Amtsführung der Verfassungsorgane (§ 3 Abs. 1 Nr. 1, Var. 4 BVerfSchG). Vom Verfassungsschutz beobachtet werden nach § 3 Abs. 1 Nr. 1, Var. 4 BVerfSchG auch „Bestrebungen, die eine ungesetzliche Beeinträchtigung der Amtsführung der Verfassungsorgane des Bundes oder eines Landes oder ihrer Mitglieder zum Ziele haben“. Obwohl diese Aufgabe bereits in der Ursprungsfassung des BVerfSchG von 1950 enthalten war, ist sie wenig praxisrelevant. Anders als die drei anderen in § 3 Abs. 1 Nr. 1 BVerfSchG genannten Bestrebungsarten werden derartige Bestrebungen nicht legal definiert, doch müssen die üblichen Definitionsmerkmale „politisch bestimmt“, „ziel- und zweckgerichtet“ sowie „in einem oder für einen Personenzusammenschluss“ auch hier gelten. Verfassungsorgane, deren Amtsführung beeinträchtigt werden muss, sind der Bundestag, der Bundesrat, die Bundesversammlung, die Bundesregierung, der Bundespräsident und das BVerfG sowie – soweit vorhanden – die entsprechenden Einrichtungen auf Landesebene.[341] Nicht ausreichend ist, dass die Amtsführung nachgeordneter staatlicher Organe oder Funktionsträger beeinträchtigt werden soll; das Ausschalten oder Steuern irgendwelcher „subalterner“ Beamten genügt also nicht.[342] Den Tatbestand des § 3 Abs. 1 Nr. 1, Var. 4 BVerfSchG erfüllen könnten z. B. Verstöße gegen Strafgesetze, durch die die Funktionsfähigkeit und Funktionsfreiheit staatlicher Organe, namentlich deren freie und integre Willensbildung beeinträchtigt wird (z. B. §§ 105, 106 StGB – Nötigen von Verfassungsorganen durch Gewalt oder Drohung mit Gewalt).[343] Die reguläre, gesetzlich nicht missbilligte politische Einflussnahme auf die Politik (einschließlich des legalen Lobbyismus) fällt nicht hierunter. 137

e) Geheimdienstliche Tätigkeiten (§ 3 Abs. 1 Nr. 2 BVerfSchG)[344] Nach § 3 Abs. 1 Nr. 2 BVerfSchG beobachten die Verfassungsschutzbehörden „sicherheitsgefährdende oder geheimdienstliche Tätigkeiten im Geltungsbereich dieses Gesetzes für eine fremde Macht“, sofern tatsächliche Anhaltspunkte hierfür vorliegen (§ 4 Abs. 1 Satz 5 BVerfSchG). Damit ist die **Spionageabwehr** gemeint, d. h. die Beobachtung und Aufklärung unerlaubter nachrichtendienstlicher Aktivitäten fremder Staaten auf dem Gebiet der Bundesrepublik Deutschland. Da mit illegalen (d. h. mit nationalen Stellen nicht abgesprochenen) nachrichtendienstlichen Aktivitäten eines fremden Staates auf dem Gebiet der Bundesrepublik Deutschland immer auch ein Eingriff in die nationale Gebietshoheit und damit die nationale Souveränität verbunden ist, darf sich ein Staat gegen solche illegalen Handlungen zur Wehr setzen. Ungeachtet der bestrittenen These von der völkerrechtlichen Rechtmäßigkeit von Spionage in Friedenszeiten[345] ist es allgemeine Praxis der Staaten, dass Spione anderer Staaten, die gegen sie tätig waren und derer sie habhaft geworden sind, bestraft werden können.[346] Dass für die Aufklärung geheimdienstlicher Tätigkeiten – wie übrigens auch in vielen anderen Staaten – die Zuständigkeit des Inlandsnachrichtendienstes begründet wurde, liegt u. a. daran, dass in der Zeit des „Kalten Krieges“ Geheimdienste des sog. Ostblocks häufig die Unterminierung der Verfassungsordnung der Bundesrepublik anstrebten, d. h. die Destabilisierung des Staates. Die Ziele geheimdienstlicher Tätigkeit heutzutage sind eher die klassische Spionage (Rn. 152), Oppositionellenausspähung und Proliferation.[347] Die Verhinderung derartiger Phänomene kann man als **repressive Spionageabwehr** bezeichnen. Als **präventive Spionageabwehr** gilt der Schutz der nationalen Infrastruktur (vor allem Cyberstrukturen) gegen (elektronische) Angriffe und die Sensibilisierung 138

341 *Droste*, S. 124.
342 *Droste*, S. 124 m. w. N.
343 *Roth*, in: Schenke/Graulich/Ruthig, §§ 3, 4 BVerfSchG Rn. 62; *Banzhaf*, S. 104.
344 Die folgenden Ausführungen sind angelehnt an *Warg*, in: Dietrich/Eiffler, V § 4 Rn. 1 ff.
345 Zur Diskussion *Sule*, S. 73 ff.
346 *Frowein/Wolfrum/Schuster*, Völkerrechtliche Fragen der Strafbarkeit von Spionen aus der ehemaligen DDR, 1995, S. 9 m. w. N.; *Sule*, S. 73.
347 *Droste*, S. 132.

und Beratung gefährdeter Behörden und Unternehmen für die Gefahren von Ausspähaktivitäten fremder Nachrichtendienste.

139 aa) **Zum Begriff der „geheimdienstlichen Tätigkeit“**[348] Eine geheimdienstliche Tätigkeit[349] liegt vor,[350] wenn

- die handelnden Akteure (unabhängig davon, ob es sich um Privatpersonen, Firmen oder offizielle Vertreter fremder Staaten handelt) **sich nachrichtendienstlicher (konspirativer) Mittel bedienen** und sich dabei in den Dienst eines fremden staatlichen Nachrichtendienstes stellen. Dafür muss nicht jede einzelne Handlung der Agenten selber geheim, d. h. mit nachrichtendienstlichen Mitteln (z. B. Agentenfunk, „tote Briefkästen“) durchgeführt werden.[351] Auch wenn die Spionagetätigkeit in „offenem“, zunächst unverdächtigem Verhalten besteht, reicht dies – möglicherweise auch erst aus einer Gesamtschau im Nachhinein – aus. So ist das abendliche Mit-nach-Hause-Nehmen von als Verschlusssache eingestuften Akten eine nach außen alltäglich erscheinende Handlung, die erst durch das nächtliche Verfilmen zu einer nachrichtendienstlichen Tätigkeit wird.[352] Auf eine bestimmte operative Begehungsart, etwa konspirative Verhaltensweisen, ist der Begriff „geheimdienstliche Tätigkeit“ nicht begrenzt.[353] Auch ist nicht erforderlich, dass die Aktivitäten unmittelbar durch behördliche Strukturen eines Nachrichtendienstes mit einer erkennbaren Organisation bzw. Weisungskette ausgeführt werden; es genügt vielmehr, wenn die handelnden Akteure bzw. Mittelsmänner im Auftrag und gesteuert durch einen fremden Staat agieren. Die Betätigung muss daher auf Veranlassung einer staatlichen bzw. staatlich beeinflussten Einrichtung erfolgen und diesem zurechenbar sein. Entscheidend ist, dass es sich um staatlich gesteuerte bzw. staatlich beeinflusste Aktivitäten handelt, deren staatlicher *Ursprung* bzw. deren steuernde staatliche Akteure verschleiert werden sollen;[354]
- die Aktivität eine **nachrichtendienstliche Angriffsrichtung** aufweist (näher Rn. 151 ff.) und
- **ohne Erlaubnis** einer zuständigen deutschen Behörde erfolgt (Rn. 140).

140 § 3 Abs. 1 Nr. 2 BVerfSchG erfasst damit nur die **unbefugte**, d. h. die fremden Staaten nicht erlaubte Tätigkeit ihrer Nachrichtendienste in Deutschland.[355] Handelt es sich um eine nachrichtendienstliche Operation unter Aufsicht bzw. Kontrolle einer zuständigen deutschen Sicherheitsbehörde (etwa eine Joint Operation mit einem ausländischen Nachrichtendienst), findet kein unbefugter Eingriff in deutsche Souveränitäts-

---

348 Relativierend ist darauf hinzuweisen, dass eine allgemein bzw. völkerrechtlich anerkannte Definition von Spionage fehlt (*Sule*, S. 61). Der britische MI5 definiert sie treffend wie folgt: „Espionage is the process of obtaining information that is not normally publicly available, using human sources (agents) or technical means (like hacking into computer systems). It may also involve seeking to influence decision-makers and opinion-formers to benefit the interests of a foreign power“ (https://www.mi5.gov.uk/espionage).

349 Zum Begriff „geheimdienstliche Tätigkeit“ in § 99 StGB s. die Gesetzesbegründung (BT-Drs. V/2860, S. 23): „Geheimdienstlich ist eine Tätigkeit dann, wenn ihr äußeres Bild dem entspricht, was für die Arbeit von Agenten und anderer Hilfspersonen solcher Dienste, die für spezifisch nachrichtendienstliche Zwecke eingesetzt werden, kennzeichnend ist. Häufig wird sie sich durch Heimlichkeit und konspirative Methoden auszeichnen“.

350 *Roewer*, § 3 BVerfSchG Rn. 45.

351 So die h. M., zit. bei *Paeffgen*, in: Kindhäuser/Neumann/ders., StGB, 5. Aufl. 2017, § 99 Rn. 10; BT-Drs. V/2860, S. 23.

352 *Paeffgen*, in: Kindhäuser/Neumann/ders., StGB, 5. Aufl. 2017, § 99 Rn. 10.

353 *Hegmann/Stuppi*, MüKo-StGB, 4. Aufl. 2021, § 99 Rn. 12.

354 *Hegmann/Stuppi*, MüKo-StGB, 4. Aufl. 2021, § 99 Rn. 12: Eine Tätigkeit, die heimlich für einen fremden Nachrichtendienst vorgenommen wird, ist geheimdienstlich, sei es nun, dass die Tätigkeit selbst heimlich entfaltet wird, oder völlig offen und lediglich die nachrichtendienstliche Anbindung verheimlicht wird.

355 *Roth*, in: Schenke/Graulich/Ruthig, §§ 3, 4 BVerfSchG Rn. 70 m. w. N.

rechte statt. Ein Anlass für ein Tätigwerden einer Staatsschutzbehörde besteht dann nicht.[356]

Der Begriff „**Tätigkeit**" ist **weit auszulegen**, da jede unerlaubte Tätigkeit eines fremden Staates einen empfindlichen Eingriff in ureigene Souveränitätsrechte des betroffenen Staates bedeutet. Im Gegensatz zum Begriff der „Bestrebung", der nach § 4 Abs. 1 BVerfSchG ein ziel- und planvolles Vorgehen verlangt, ist *jedes* Agentenhandeln erfasst, denn wegen der Heimlichkeit, Professionalität und potentiell erheblichen Folgebeeinträchtigungen (z. B. bei Ausspähung der militärischen Leistungsfähigkeit oder der Landesverteidigung) ist ein Schadenspotential auch dann gegeben, wenn keine aggressiven oder offen illegalen Akte (wie Entführungen von Exiloppositionellen) verübt werden. Auf den Nachweis einer bestimmten Zielrichtung, eines subjektiven Elementes (Vorsatz) oder auf strafrechtliche Relevanz kommt es für die Beobachtung nach § 3 Abs. 1 Nr. 2 BVerfSchG nicht an[357] (s. a. Rn. 150; anders als beim strafrechtlichen Begriff der „geheimdienstlichen Agententätigkeit" nach §§ 99 i. V. m. 15 StGB). Vielmehr geht das BVerfSchG davon aus, dass jedes nach o. g. Kriterien (Rn. 139) als „geheimdienstlich" einzustufende Verhalten kraft Natur der Sache als planvoll und bewusst gesteuert anzusehen ist.[358] Allerdings stellt sich die Frage nach der **Verhältnismäßigkeit** einer Beobachtung von Personen (insbesondere wenn sie mit nachrichtendienstlichen Mitteln erfolgt), **die erkennbar keinen Vorsatz** hinsichtlich der heimlichen staatlichen Steuerung der Handlungen haben, an denen sie beteiligt sind bzw. für die sie instrumentalisiert werden (d. h. die nicht wissen, dass sie sich funktional in den Dienst eines fremden Staates stellen – sog. undolose Werkzeuge). Zur Abwehr der von solchen Aktivitäten ausgehenden Gefahren werden – nach einer sorgfältigen Analyse bzgl. des fehlenden Vorsatzes über den staatlichen Hintergrund der Handlungen – regelmäßig entsprechende Sensibilisierungsgespräche mit den vorsatzlosen Akteuren genügen, um sie zur Beendigung ihrer Handlungen zu bewegen. **141**

Es ist daher auch nicht erforderlich (anders als bei der strafrechtlichen Parallelvorschrift des § 99 Abs. 1 Nr. 1 StGB), dass die geheimdienstliche Tätigkeit gegen die Interessen der BR Deutschland gerichtet ist.[359] *Gegen die Interessen* des Staates setzt mehr voraus, als dass ein fremder Nachrichtendienst ohne Kooperation mit den zuständigen deutschen Stellen operiert.[360] § 99 StGB verlangt eine Spionagetätigkeit, die einen *inhaltlichen Antagonismus* zu den Interessen der Bundesrepublik Deutschland aufweist, was noch nicht durch den Umstand gegeben ist, dass ein ausländischer Nachrichtendienst im Bundesgebiet ohne Koordination mit den bzw. ohne Abdeckung der zuständigen deutschen Stellen agiert.[361] Andererseits muss der fremde Ge- **142**

---

356 *Droste*, S. 191 m. w. N.

357 BT-Drs. VI/1179, S. 4.

358 BT-Drs. 19/22060, S. 4: Die Aufklärungs- und Abwehraktivitäten der Spionage- und Cyberabwehr des BfV richten sich gegen alle nachrichtendienstlichen Tätigkeiten fremder Dienste ohne Festlegung auf einen ausgewählten oder eingegrenzten Kreis von Staaten.

359 A.A. *Droste*, S. 190, wonach nur die geheimdienstlichen Tätigkeiten beobachtet werden dürfen, welche sich entweder gegen die fdGO oder gegen den Bestand und die Sicherheit der Bundesrepublik Deutschland richteten. Für diese Auffassung spricht die Legaldefinition der Verfassungsschutzaufgaben in Art. 73 Abs. 1 Nr. 10b GG, die als Voraussetzung für eine Beobachtung immer einen Bezug zur fdGO, zum Bestand oder der Sicherheit des Staates voraussetzt. Da auch *Droste* annimmt, dass eine unbefugte Tätigkeit eines fremden Geheimdienstes immer ein tatsächlicher Anhaltspunkt dafür ist, dass die Sicherheit in der Bundesrepublik berührt wird, führt diese Auffassung letztlich jedoch zu keinen abweichenden Ergebnissen.

360 BGH, NStZ 2018, 590 ff. sowie NJW 2015, 2053 (2054 f.).

361 BGH, NStZ 2018, 590 (591); NJW 2015, 2053 (2054). Nach KG, NStZ 2004, 209 (210) komme es für die Verwirklichung des § 99 StGB darauf an, ob die ausgespähte Zielperson im „eigenen Lager" und damit unter dem Schutz des deutschen Staates steht (hier bejaht bei vom iranischen Geheimdienst ausgespähten Exiliranern).

heimdienst für die Verwirklichung des § 99 StGB nicht unmittelbar gegen den Bestand der Bundesrepublik oder gegen ihre staatlichen Institutionen agieren; vielmehr genügt eine Tätigkeit gegen die Interessen der Bundesrepublik Deutschland. Es reicht aus, wenn staatliche Belange zumindest mittelbar berührt sind und die Bundesrepublik Deutschland in ihrer funktionalen Stellung als politische Macht betroffen ist. Das ist bei einer geheimdienstlichen Tätigkeit eines ausländischen Geheimdienstes auf deutschem Staatsgebiet regelmäßig der Fall.[362]

143 Nach Ansicht des BGH ist § 99 StGB allerdings nicht ohne Weiteres anwendbar, wenn es um die Aufklärung einer *terroristischen Organisation* durch einen fremden Nachrichtendienst auf dem Gebiet der BR Deutschland geht. Denn hier könne nicht zwingend davon ausgegangen werden, dass die Spionagetätigkeit „*gegen* die Bundesrepublik Deutschland" gerichtet sei, denn es laufe nicht per se deutschen Interessen zuwider, wenn Informationen z. B. über Führungskader einer terroristischen Organisation beschafft werden.[363] Ein Handeln sei erst dann gegen die Interessen Deutschlands gerichtet, wenn von seinen Ausforschungen Personen betroffen seien, die sich im Bundesgebiet unter dem Schutz des Art. 5 GG in legaler Weise politisch betätigten, ohne Mitglied oder Unterstützer einer – von der EU gelisteten – ausländischen terroristischen Vereinigung zu sein.[364] Ebenso sei § 99 StGB verwirklicht, wenn sich die Spionage zwar gegen terrornahe Gruppierungen richtet, jedoch auch deutsche Staatsbürger betroffen sind. Diesen gegenüber habe die Bundesrepublik besondere Schutzpflichten,[365] weshalb jedenfalls dann auch deutsche Interessen betroffen seien.[366] In jüngerer Zeit hat der BGH bzgl. des Merkmals „gegen die Interessen der Bundesrepublik Deutschland" allerdings einen Schwenk hin zu einer großzügigeren Linie vollzogen, weshalb dieses Merkmal bei einer geheimdienstlichen Tätigkeit eines ausländischen Geheimdienstes auf deutschem Staatsgebiet offenbar auch ohne zielgerichtetes Agieren gegen rechtlich geschützte Güter regelmäßig erfüllt sein soll.[367]

144 Jedenfalls gegen deutsche Interessen verstößt eine geheimdienstliche Operation, die auf eine gewaltsame Entführung von Personen (hier: vietnamesischer Staatsangehöriger) gerichtet ist (sich also nicht in der nachrichtendienstlichen Informationssammlung erschöpft), sondern neben § 99 StGB einen weiteren Straftatbestand erfüllt.[368]

145 Von Bedeutung für die Verwirklichung des § 99 StGB – in Abgrenzung zum weiterreichenden § 3 Abs. 1 Nr. 2 BVerfSchG – ist insbesondere, ob sich das Vorgehen des Agenten in der spezifischen konspirativen Vorgehensweise einer geheimdienstlichen Tätigkeit erschöpft oder ob er darüber hinaus zu Mitteln greift, die sich auch jenseits der nachrichtendienstlichen Betätigung als Verstoß gegen die deutsche Rechtsordnung, mithin als strafbar erweisen.[369] Die strafrechtlichen und nachrichtendienstlichen Spionagebe-

362 BGH, NStZ 2022, 737 (738, Rn. 24) m. w. N.

363 BGH, NStZ 2018, 590 (591); NJW 2015, 2053 (2054).

364 BGH, NStZ-RR 2017, 275 f. – Ausspionieren eines Sympathisanten der PKK durch Agenten des türkischen MIT; BGH, NStZ 2022, 737 (738, Rn. 24) – Ausspionieren der Gülen-Bewegung durch Agenten des MIT.

365 So auch BVerfG, NJW 2020, 2235 (2260, Rn. 249).

366 BGH, NStZ-RR 2019, 177: durch ausländischen Geheimdienst ausgespähte Personen propagierten den gewaltsamen Djihad.

367 BGH, NStZ 2020, 280 (281 Rn. 19); NStZ-RR 2019, 177 (179).

368 BGH, NStZ 2020, 280 (281, Rn. 21).

369 BGH, NStZ 2018, 590 (592): Verrat von Dienstgeheimnissen (§ 353b StGB) durch Angestellten einer Zentralen Ausländerbehörde, indem dieser Daten aus dem Ausländerzentralregister bzw. der Visadatei an einen Führungsoffizier des indischen Auslandsgeheimdienstes weitergab.

griffe sind also nicht deckungsgleich.[370] Ziel der Einfügung des § 3 Abs. 1 Nr. 2 BVerfSchG im Jahr 1972 war es gerade, die Beobachtungslücke zu schließen, die dadurch entsteht, dass nicht jedwedes Agieren eines fremden Nachrichtendienstes automatisch strafbar ist und damit dem Aufklärungsauftrag der Strafverfolgungsbehörden unterfällt.[371]

Nicht zu folgen ist daher der Ansicht, dass „schlicht hoheitliches Handeln" ausländischer Agenten ohne Gefährdungsmoment, z. B. die bloße Durchreise nicht unter den Tatbestand des § 3 Abs. 1 Nr. 2 BVerfSchG falle, da die Territorial- und Amtshoheit der Bundesrepublik Deutschland nicht beeinträchtigt werde.[372] Der Staat darf seine Souveränität nicht erst bei Handlungen schützen, die sich als Verstoß gegen das völkerrechtliche Interventionsverbot erweisen (dazu Rn. 155). Das Merkmal der „geheimdienstlichen Tätigkeit" ist vielmehr bei *jeder* nachrichtendienstlichen Aktivität einer fremden Macht im Hoheitsgebiet der Bundesrepublik Deutschland erfüllt, sofern diese ohne vorherige Absprache bzw. Abstimmung mit den Verfassungsschutzbehörden oder einer sonstigen autorisierten Stelle durchgeführt wird.[373] **146**

Fraglich ist, ob dem Merkmal **„sicherheitsgefährdend"** in § 3 Abs. 1 Nr. 2 BVerfSchG neben „geheimdienstlichen Tätigkeiten" eine eigenständige Bedeutung zukommt. Dagegen könnte sprechen, dass die Wendung eigentlich aus der Ursprungsfassung des BVerfSchG-Änderungsgesetzes 1972 wieder gestrichen werden sollte und nur irrtümlich beibehalten wurde, da man zunächst von einer Gesetzesfassung ausging, in welcher „die Sicherheit des Bundes oder eines Landes" noch nicht als Schutzgut genannt war (siehe jetzt aber § 3 Abs. 1 Nr. 1, Var. 3 BVerfSchG, Rn. 133 ff.). Man befürchtete insoweit eine Schutzlücke, die aber nicht entstand, weil das Schutzgut „Sicherheit des Bundes oder eines Landes" letztlich in § 3 Abs. 1 Nr. 1 BVerfSchG aufgenommen wurde. Die Beibehaltung des Begriffs auch in § 3 Abs. 1 Nr. 2 BVerfSchG in der Endfassung des BVerfSchG-Änderungsgesetzes 1972 kann daher durchaus als Redaktionsversehen gesehen werden.[374] Da in § 3 Abs. 1 Nr. 2 BVerfSchG nach dem Willen des Gesetzgebers letztlich die „geheimdienstliche Tätigkeit" als Oberbegriff maßgeblich sein sollte, bestände dort eigentlich kein Bedarf mehr für das Tatbestandsmerkmal der „sicherheitsgefährdenden Tätigkeit",[375] allenfalls als Regelbeispiel von besonders aggressivem Verhalten fremder Nachrichtendienste (z. B. Entführungen, Staatsterrorismus, Sabotageakte). Andererseits hat der Gesetzgeber in den Bundes- und Landesverfassungsschutzgesetzen dieses vermeintliche Redaktionsversehen seit 1972 in zahlreichen Gesetzesnovellen nicht beseitigt, sondern vielmehr perpetuiert und damit offenbar in seinen Normsetzungswillen aufgenommen.[376] **147**

Ein eigenständiger Anwendungsbereich bzw. -bedarf für eine sicherheitsgefährdende Tätigkeit – jenseits von Bestrebungen gegen die Sicherheit des Bundes oder eines Landes i. S. d. § 3 Abs. 1 Nr. 1 BVerfSchG – könnte darin liegen, dass „Tätigkeiten" (als Beschreibung niederschwelliger Handlungsformen) nicht die erhöhten Anforderungen der „Be- **148**

---

370 A.A. *Schwagerl*, ZRP 1988, 167 (169), nach dem der Grund für eine Zuweisung an beide Behörden lediglich der sei, dass eine ausschließliche Zuständigkeitszuweisung an die Polizei diese mit dem Legalitätsprinzip in Konflikt gebracht hätte.

371 BT-Drs. VI/1179, S. 4.

372 *Werthebach/Droste*, in: Bonner Kommentar zum GG, Stand: Dez. 1998, Art. 73 Nr. 10 Rn. 289.

373 Diese weite Sichtweise wird durch die Entstehungsgeschichte der im Jahr 1972 eingefügten Regelung gestützt, wonach *alle* geheimdienstlichen Aktivitäten – auch unterhalb der Strafbarkeitsschwelle – erfasst werden sollten (BT-Drs. VI/1179, S. 4).

374 I.d.S. *Droste*, S. 130.

375 *Roewer*, § 3 BVerfSchG Rn. 44; *Droste*, S. 113 ff. A.A. *Dietrich*, in: Festgabe für Graulich, 2019, S. 75 (95); *Borgs/Ebert*, § 3 BVerfSchG Rn. 92: Erweiterung zu § 3 Abs. 1 Nr. 1 BVerfSchG.

376 *Banzhaf*, S. 108, Fn. 427.

strebung" erfüllen (Rn. 90 ff.) und auch nicht als „geheimdienstlich" bezeichnet werden können (z. B. mangels Attribuierbarkeit einer Tätigkeit zu einem fremden Nachrichtendienst wegen komplexer Verschleierung des staatlichen Ursprungs der Kampagne), aber gleichwohl elementare Sicherheitsinteressen Deutschlands in Gefahr bringen. So könnten z. B. Einflussoperationen (Rn. 154 f.) mit dem Ziel der ungesetzlichen Beeinflussung innerstaatlicher Willensbildungsprozesse als „sicherheitsgefährdende Tätigkeiten" angesehen werden, wenn sie erkennbar nicht das Ergebnis legitimer innerstaatlicher Streit- und Debattenkultur sind, sondern von ausländischen Akteuren initiiert, gesteuert oder finanziert werden und mit illegitimen Mitteln (z. B. Bestechung von Abgeordneten, Gewaltpropaganda) evident das Ziel verfolgen, originär demokratische Diskurse durch professionell-künstliche Meinungsstimulation (insbesondere Desinformationskampagnen)[377] im erkennbaren Interesse ausländischer Staaten zu manipulieren. Angesichts der staatsgefährdenden Bedeutungsschwere, die sämtliche verfassungsschutzrelevanten Aktivitäten aufweisen müssen, bedürfen aber auch „sicherheitsgefährdende Tätigkeiten" i. S. d. § 3 Abs. 1 Nr. 2 BVerfSchG eines gesamtstaatlichen Schadenspotentials, das – wie auch die sicherheitsgefährdenden Bestrebungen nach § 3 Abs. 1 Nr. 1 BVerfSchG – über bloße polizeiliche Gefahrenlagen deutlich hinausgehen und in ihrer Bedeutungsschwere einer Gefährdung der fdGO oder des Bestands bzw. der Sicherheit des Bundes und der Länder gleichkommen (vgl. § 1 Abs. 1 BVerfSchG). Als gesamtstaatlich-sicherheitsgefährdend können deshalb nur solche Tätigkeiten von aus dem Ausland gesteuerten oder finanzierten Akteuren („fremde Macht", Rn. 149 f.) gewertet werden, die zentrale gesamtstaatliche Rechtsgüter gefährden (z. B. Versuch der Manipulation oder Unterwanderung demokratischer Willensbildungsprozesse, etwa durch das Initiieren von großangelegten Demonstrationskampagnen mithilfe bewusster Falschinformation, das Anstacheln von großflächigen gewalttätigen Ausschreitungen oder das Lahmlegen von Behördenstrukturen). Hierunter fällt insbesondere, wenn grundrechtlich geschützte innerstaatliche Willensbildungsprozesse durch Einflussnahme großflächig manipuliert werden und damit die für die fdGO essentielle Willensbildung vom Volk zu den staatlichen Organen[378] usurpiert und in Teilen unmöglich gemacht wird.

149 **bb) Fremde Macht.** Reichlich kryptisch erscheint der Profiteuer geheimdienstlicher Tätigkeit – die „fremde Macht". Nach klassischem Verständnis sind dies nur Staaten. Über- bzw. zwischenstaatliche Einrichtungen (wie z. B. seinerzeit der Warschauer Pakt) und Institutionen der Wirtschaft fallen nur dann unter § 3 Abs. 1 Nr. 2 BVerfSchG, wenn sie staatliche Macht repräsentieren bzw. ausüben.[379] Umfasst sind daher auch inter- und supranationale Organisationen sowie de facto-Regime, und zwar unabhängig davon, ob ihre Ausübung staatsähnlicher Gewalt legitim oder völkerrechtlich anerkannt ist, z. B. aufständische Gruppen, Bürgerkriegsparteien, Exilregierungen oder Terrororganisationen, die auf einem Gebiet quasi-staatliche Gewalt ausüben.[380] Die Formulierung „fremde Macht" dürfte 1972 deshalb gewählt worden sein, weil seitens der Bundesrepublik nicht beabsichtigt war, den damaligen Hauptgegner der Spionageabwehr, die DDR, indirekt als Staat anzuerkennen. Dies wäre faktisch erfolgt, wenn man – was eigentlich gemeint war – im Gesetzestext die Wendung „für einen fremden Staat" gewählt hätte. Festzuhalten ist also, dass der Begriff „fremde Macht" keine Erweiterung der Spionage-

---

377 Der EU-Verhaltenskodex zur Bekämpfung von Desinformation von 2018 definiert sie als „nachweislich falsche oder irreführende Informationen", die insgesamt a) „mit dem Ziel des wirtschaftlichen Gewinns oder der vorsätzlichen Täuschung der Öffentlichkeit konzipiert, vorgelegt und verbreitet werden" und b) „öffentlichen Schaden anrichten können", worunter „Bedrohungen für die demokratischen politischen Prozesse und die politische Entscheidungsfindung sowie für öffentliche Güter wie den Schutz der Gesundheit der EU-Bürgerinnen und -Bürger, der Umwelt und der Sicherheit zu verstehen" sind.

378 BVerfG, NJW 2017, 611 ff., Rn. 543 ff. – NPD-Verbotsverfahren.

379 Sinngemäß auch *Droste*, S. 138.

380 *Roth*, in: Schenke/Graulich/Ruthig, §§ 3, 4 BVerfSchG Rn. 65 m. w. N.

abwehr auf privat oder rein kommerziell agierende Akteure bedeutet, sondern der Besonderheit der deutschen Teilung geschuldet war.

Keine „fremden Mächte", weil nicht mit staatlichem Gefährdungspotential ausgestattet, sind **Wirtschaftsunternehmen**, selbst wenn sie eigene Spionageabteilungen unterhalten.[381] Einer staatlichen Macht gleichzusetzen wären nur solche Unternehmen, die politische Macht repräsentieren oder ausüben, d. h. die Spionagetätigkeit des Unternehmens von einer fremden Regierung oder einem de facto-Regime gesteuert würde. Deswegen sind auch **Mafiaorganisationen** oder der Nachrichtendienst der Scientology-Organisation („Office of Special Affairs")[382] keine „fremden Mächte", es sei denn, sie repräsentierten einen quasi-staatlichen Akteur.[383] Freilich kommt es nicht darauf an, dass sich der einzelne Akteur der staatlich-politischen Steuerung bewusst ist;[384] ein Vorsatz im Hinblick auf den staatlichen Hintergrund des Akteurs ist nicht erforderlich (näher Rn. 141). So muss der Mitarbeiter eines die Ausspähung betreibenden privaten Unternehmens (z. B. Detektei) nicht wissen, dass hinter dem Ausspähauftrag tatsächlich ein ausländischer Nachrichtendienst steht. 150

cc) **Erscheinungsformen der geheimdienstlichen Tätigkeit.** Im Hinblick auf das Ziel einer nachrichtendienstlichen Tätigkeit („nachrichtendienstliche Angriffsrichtung") unterscheidet man zwischen 151

- Spionage,
- Sabotage und
- Beeinflussung.[385]

(1) **Spionage. Spionage** meint die Nachrichtenbeschaffung für einen fremden Nachrichtendienst bzw. das Sich-Verschaffen von Informationen durch den fremden Nachrichtendienst auf dem Staatsgebiet der Bundesrepublik Deutschland oder mit Auswirkungen für staatliche deutsche Interessen. Hierzu zählt insbesondere (aber eben nicht nur!) die unerlaubte Weitergabe bzw. Beschaffung von geheim gehaltenen Informationen.[386] Unerheblich ist, ob sich der Spion rechtmäßig Kenntnis von den geheim gehaltenen Informationen verschaffen kann oder unrechtmäßig hierauf zugreift. Es ist auch nicht entscheidend, ob die Weitergabe an den ausländischen Nachrichtendienst unter Bruch von Vertraulichkeitssperren bzw. Verschwiegenheitspflichten erfolgt, denn die Spionagehandlung ist nicht auf geheim gehaltene Informationen (z. B. Verschlusssachen oder Staatsgeheimnisse i. S. d. § 93 StGB[387]) begrenzt. Wegen des offenen Wortlauts in § 3 Abs. 1 Nr. 2 BVerfSchG, der „geheimdienstliche Tätigkeiten" ohne Qualifikationen wie „staatsgefährdend" oder „dem Staat abträglich" nennt, ist die Weitergabe bzw. Verschaffung jedweder (auch offen zugänglicher) Information tatbestandsmäßig. Maßgeblich ist allein, dass durch die Kenntnisnahme durch den anderen Staat die Gefahr einer missbräuchlichen Verwendung der Information eintritt. Als tatbestandsmäßige Hilfstätigkeiten gelten der Aufbau eines Nachrichtennetzes, die Anwerbung und Überwachung von Agenten, Kurierdienste und Erprobungsaufträge.[388] 152

(2) **Sabotage. Sabotage** meint die Beschädigung oder Zerstörung von Sachen, mit dem Ziel, die Funktionsfähigkeit eines Staates, z. B. seine Verteidigungsfähigkeit, zu beeinträchtigen.[389] 153

381 BeckOK StGB/*Ellbogen*, StGB, § 99 Rn. 2 m. w. N.
382 S. zu diesem https://www.verfassungsschutz-bw.de/site/jum2/node/1116788/Lde/index.html.
383 Ähnlich *Hegmann/Stuppi*, MüKo-StGB, 4. Aufl. 2021, § 99 Rn. 6.
384 *Roth*, in: Schenke/Graulich/Ruthig, §§ 3, 4 BVerfSchG Rn. 66.
385 *Rose-Stahl*, S. 60.
386 Ähnlich *Roewer*, § 3 BVerfSchG Rn. 46.
387 Dazu *Dietrich*, Rechtswissenschaft 2016, 566 ff.
388 BVerfGE 57, 250, 265 zu § 99 StGB.
389 *Roewer*, § 3 BVerfSchG Rn. 49, *Rose-Stahl*, S. 61.

154 (3) **Beeinflussung.** Unter **Beeinflussung** sind Maßnahmen zu verstehen, die dem Zweck dienen, heimlich in die Willensbildung von Organen eines anderen Landes einzugreifen und die öffentliche Meinung zu lenken.[390] Propaganda und Desinformation, bisweilen verbunden mit Versuchen der Delegitimierung des Staates und seiner Institutionen (Rn. 102), sind selbstverständliche Handlungsoptionen zahlreicher Geheimdienste.[391] Zwar ist die Delegitimierung des liberalen Rechtsstaats durch bestimmte (mediale) Kampagnen nicht per se extremistisch. Auch darf der Schutz des Staates und seiner Symbole nicht zu einer Immunisierung des Staates gegen Kritik und Ablehnung führen,[392] denn es gibt keinen Rechtsanspruch des Staates auf Vertrauen seiner Bürger in die Integrität und Rechtskonformität seines Handelns. Regierungskritik ist nicht verfassungsschutzrelevant, sondern lediglich die Agitation gegen die Institutionen freiheitlicher Demokratie als solche (näher Rn. 102). Es muss also über sachbezogene, ggf. polemische Kritik hinaus letztlich das Ziel verfolgt werden, die fdGO abzuschaffen.[393] Aufgabe des Verfassungsschutzes in Bezug auf die in § 3 Abs. 1 Nr. 2 BVerfSchG geschützte Sicherheit des Staates vor klandestiner Einmischung anderer Staaten ist daher nicht die Sicherstellung des Vertrauens der Bürger in die Richtigkeit und Rechtmäßigkeit staatlicher Entscheidungen, sondern die Gewährleistung der *Funktionsfähigkeit* des Staates und seiner Einrichtungen.

155 Mit Blick auf den Schutz deutscher Souveränitätsrechte ist ein Staats- bzw. Verfassungsschutzbezug allerdings dann gegeben, wenn mediale Kampagnen durch ausländische *staatliche Stellen gesteuert* werden. Gängige Methode ist hier der Einsatz von Einflussagenten,[394] die unter Ausnutzung ihrer politischen oder gesellschaftlichen Position die Verhältnisse in ihrem (Einsatz-)Land auftragsgemäß beeinflussen.[395] Staatliche Beeinflussung – die ggf. unter dem Deckmantel regulärer Presse- bzw. Medienunternehmen firmiert – kann auch das Ziel verfolgen, einen medialen Gegenpol in der Öffentlichkeit herzustellen. Wenn ausländische Staaten mithilfe nachrichtendienstlich beeinflusster Operationen versuchen, auf die Innenpolitik Einfluss zu nehmen, besteht zumindest abstrakt die Gefahr einer innenpolitischen Destabilisierung,[396] da diese Diskurse nicht den natürlichen, durch die Gesellschaft autonom gesteuerten Debattenverläufen entsprechen. Solche Politikkampagnen fallen unter den Aufklärungsauftrag der Spionageabwehr, auch wenn sie keine staatsgefährdende Zielsetzung verfolgen. Auch muss die Einflussnahme keinen Verstoß gegen das völkerrechtliche Interventionsverbot darstellen (völkerrechtswidrig ist erst die „propaganda for war" Kriegspropaganda);[397] sie kann vielmehr allein auch als Imagekampagne des fremden Staates dienen. Denn auf die Zielsetzung und den Gefährdungsgrad der nachrichtendienstlichen Tätigkeit des fremden Staates kommt es nicht an. Diese niedrige Beobachtungsschwelle ist deshalb bedeutsam, weil das Initiieren von Propaganda zur Beeinflussung der Politik in einem anderen Staat erst dann gegen das völkerrechtliche Interventionsverbot (Art. 2 Ziff. 7 UN-Charta) verstößt, wenn sie darauf abzielt, einen Aufstand oder vergleichbare gewaltsame Handlungen durch die Zivilbevölkerung auszulösen. Für einen Verstoß gegen das Interventionsverbot nach Art. 2 Ziff. 7 UN-Charta (siehe dazu auch Rn. 158) ist das Element des Zwangs entscheidend: eine Einwirkung, die zu einer Verhaltensänderung beim Zielstaat führen soll, müsste durch Zwang erfolgen, d. h. die Handlung müsste den anderen Staat dazu nötigen, etwas zu tun oder zu unterlassen, was seinen eigenen Vorstellungen

---

390 *Roewer*, § 3 BVerfSchG Rn. 51.
391 Näher *Warg*, in: Kipker, Cybersecurity, 2. Aufl. 2023, Vorb. Kap. 18 und Rn. 56.
392 BGH, NStZ 2019, 659 (660).
393 BT-Drs. 20/774, S. 6.
394 *Roewer*, § 3 BVerfSchG Rn. 51.
395 *Droste*, S. 130, Fn. 383.
396 *Warg*, in: Kipker, Cybersecurity, 2. Aufl. 2023, Kap. 18 Rn. 56.
397 *Keber*, in: Kipker, Cybersecurity, 2. Aufl. 2023, Kap. 22 Rn. 29.

widerspricht.[398] Als entscheidend für die Beurteilung als völkerrechtswidrig – was aber keine Voraussetzung für die Eröffnung des Beobachtungsauftrags der Spionageabwehr ist (Rn. 145) – gilt also, ob die Eingriffe in die öffentliche Meinungsbildung nicht nur als Propaganda, sondern als willensbeugende Zwangshandlungen qualifiziert werden können, z. B. wenn die zu einer Wahl genutzten IT-Infrastrukturen mittels einer Cyberoperation angegriffen werden, um den Wahlausgang unmittelbar zu beeinflussen.[399] Eine Verletzung von Art. 5 Abs. 1 GG ist bei der Beobachtung solcher staatlich gesteuerter Einflusskampagnen nicht zu befürchten, da es sich nicht um die Stigmatisierung von Meinungskundgaben gesellschaftlicher (privater) Gruppen handelt, sondern von Akteuren, die sich – zumindest was die staatlichen Auftraggeber angeht – insoweit nicht auf Grundrechtsschutz berufen können. Grundrechte sind nach Art. 19 Abs. 3 GG nur auf *inländische* juristische Personen anwendbar, nicht auf ausländische juristische Personen (Staaten) und ihre Institutionen bzw. Repräsentanten,[400] soweit sie hoheitliche Aufgaben wahrnehmen (z. B. nachrichtendienstlich gesteuerte Kampagnen durchführen).

Auch **sonstige aktive Maßnahmen** eines fremden Nachrichtendienstes/Geheimdienstes, z. B. Gewalt gegen Menschen (politischer Mord, Entführung, Freiheitsberaubung, was auch als „Staatsterrorismus" bezeichnet werden kann) sind vom Sammlungs- und Auswertungsauftrag der Verfassungsschutzbehörden erfasst. Das gleiche gilt für Bemühungen von Staaten, sich den Besitz von atomaren, biologischen oder chemischen Massenvernichtungswaffen bzw. den zu ihrer Herstellung verwendeter Produkte sowie entsprechender Waffenträgersysteme (z. B. Raketen und Drohnen) zu verschaffen (**Proliferation**, s. auch Rn. 167). Sofern staatliche Nachrichtendienste heimlich versuchen, an derartige Bauteile zu gelangen, handelt es sich um eine geheimdienstliche Tätigkeit, die somit tatbestandsmäßig ist i. S. d. § 3 Abs. 1 Nr. 2 BVerfSchG. 156

dd) Zur Abgrenzung von Spionageabwehr des Verfassungsschutzes und der Tätigkeit des BND. Geheimdienstliche Tätigkeiten gegen die Interessen der BR Deutschland sind aus deutscher Sicht stets außen- und sicherheitspolitisch relevant, denn sie stellen einen nicht unerheblichen Faktor in der Ausgestaltung der politischen Beziehungen zu diesem Staat dar. Somit ist Spionage wegen ihres illegalen Eingreifens in die staatliche Souveränität und der Belastung der Beziehungen zum spionierenden Staat stets von „außen- und sicherheitspolitischer Bedeutung" gemäß § 1 Abs. 2 BNDG. Daher kann auch der BND (Rn. 199 ff.) für die Aufklärung derartiger Aktivitäten eine Zuständigkeit reklamieren. Wenn sich die Tätigkeit in Deutschland entfaltet oder (z. B. bei Cyberangriffen) zumindest der „Erfolgsort" der Angriffe auf deutschem Staatsgebiet liegt, sind nach § 3 Abs. 1 Nr. 2 BVerfSchG parallel die Verfassungsschutzbehörden zuständig. Zur Vermeidung einer Aufgabenüberschneidung von Verfassungsschutz und BND ist es sinnvoll, dass der Verfassungsschutz Spionage aufklärt, die sich auf dem Gebiet der Bundesrepublik Deutschland entfaltet, während der BND die im Ausland stattfindende, gegen die Bundesrepublik Deutschland gerichtete Spionagehandlungen bearbeitet. Dabei sind auch Maßnahmen der Gegenspionage durch den BND im In- und Ausland zulässig.[401] 157

ee) Cyberangriffe und das Recht auf Selbstverteidigung. Sofern Cyberangriffe (mutmaßlich) staatlichen Ursprungs sind, fallen auch diese in den Beobachtungsauftrag der Spionageabwehr. Überschreiten sie die Intensitätsschwelle eines bewaffneten Angriffs (armed attack), d. h. stellen sie einen Verstoß gegen das Gewaltverbot nach Art. 2 Nr. 4 UN-Charta dar, lösen sie das Selbstverteidigungsrecht gem. Art. 51 UN-Charta aus, was 158

---

398 Ähnlich *Lahmann*, in: Hornung/Schallbruch, IT-Sicherheitsrecht, 2021, § 6 Rn. 33 m. w. N.
399 *Lahmann*, in: Hornung/Schallbruch, IT-Sicherheitsrecht, 2021, § 6 Rn. 33, 41.
400 Vgl. Sachs/*Sachs*, GG, 9. Aufl. 2021, Art. 19 Rn. 51.
401 Ähnlich *Gröpl*, S. 251; *Sule*, S. 132.

auch den Einsatz militärischer Mittel – und damit auch „aktive Cyberabwehr", z. B. Hacking-back – rechtfertigen würde (siehe zur Sicht des Völkerrechts auf nachrichtendienstliches Handeln im Ausland Rn. 302 ff.).[402] Unterhalb der Schwelle des bewaffneten Angriffs erlaubt das Völkerrecht „countermeasures" (Repressalien), sofern der Cyberangriff zumindest die Schwelle eines Verstoßes gegen das völkerrechtliche Interventionsverbot (Art. 2 Nr. 7 UN-Charta) überschreitet. Freilich ist nicht jedes aktive Eindringen in fremde Computersysteme zu Spionagezwecken völkerrechtswidrig. Da Spionage als solche völkerrechtlich nicht geächtet ist (Rn. 304 f.), wird man das Eindringen in fremde Computersysteme (soweit es von außerhalb des Territoriums des betroffenen Staates erfolgt) zu Spionagezwecken daher nicht in jedem Fall als Verstoß gegen das Interventionsverbot werten können.[403] Die Schwelle dürfte jedoch bei aggressiven Hacks gegen staatliche Infrastruktur (wie z. B. 2015 gegen den Deutschen Bundestag[404]) oder Einrichtungen der Infrastruktur überschritten sein, wenn diese Hacks einem Staat zurechenbar[405] sind. Ein Hacking-back durch aktives Infiltrieren fremder Netze[406] als Reaktion auf Cyberattacken, die unterhalb der Schwelle eines bewaffneten Angriffs vorgetragen werden, sind als „countermeasures" (Repressalien) folglich erlaubt. Konsequenterweise erlaubt §§ 34 Abs. 3 i.V.m. 19 Abs. 4 Nr. 1 d BNDG dem BND in diesen Fällen das Eindringen und Ausspähen von Servern, von denen der Angriff ausgeht. Ein digitaler Erstschlag demgegenüber wäre völker- und verfassungsrechtlich verboten (s. Art. 26 Abs. 1, 87a Abs. 2 GG), wenn er über die bloße Informationsbeschaffung im Wege der Cyberspionage hinausginge. Das Zerstören, Beschädigen und Kompromittieren fremder Serverstrukturen ohne vorangegangenen attribuierbaren „bewaffneten" Angriff aus dem Ausland ist völkerrechtlich keine Selbstverteidigung und damit unzulässig.

159 Unklar ist, welche Behörde in Deutschland für „countermeasures" – also Hacking-back unterhalb der Schwelle der Wahrnehmung des Selbstverteidigungsrechts nach Art. 51 UN-Charta – zuständig sein soll. Sowohl BfV als auch BND sind aufgrund der Aufgabenkataloge nach §§ 1 Abs. 2 BNDG, 3 Abs. 1 BVerfSchG grundsätzlich für die Sammlung und Auswertung („Beobachtung") solcher aus dem Ausland wirkender Aktivitäten zuständig, das BfV indes nur bei tatsächlichen Anhaltspunkten für einen staatlichen Ursprung des Hackingangriffs (s. o. Rn. 149 f.).

160 Allerdings dürfte die Zuständigkeit der Nachrichtendienste für Hacking-back an einem Verstoß gegen das befugnisrechtliche Trennungsgebot (§§ 2 Abs. 3 BNDG, 8 Abs. 3 BVerfSchG, näher Rn. 6) scheitern.[407] Das Eindringen in fremde Server und erst recht deren Manipulation oder Beschädigung kann – realweltlich übertragen – als eine Maßnahme gesehen werden, die mit physisch wirkendem Zwang einhergeht und daher Polizeibehörden bzw. den Streitkräften vorbehalten ist.[408] Zwar kann gegen diese Sichtweise eingewandt werden, dass Hacking-back nicht physisch wirkt, da kein entgegenstehender physischer Widerstand (von Menschen oder physisch wirkenden Barrieren) überwunden werden muss. Stellt man sich auf den Standpunkt, dass das Trennungsgebot aktiven Maßnahmen der Nachrichtendienste nicht entgegensteht, stellt sich jedoch wegen des

---

402 Zu den Fragen im Zusammenhang mit Hacking-back s. *Barczak*, NJW 2020, 595 (597 ff.); *Kipker*, GSZ 2020, 26 (27 ff.).

403 *Keber*, in: Kipker, Cybersecurity, 2. Aufl. 2023, Kap. 22 Rn. 31.

404 https://de.wikipedia.org/wiki/Hackerangriffe_auf_den_Deutschen_Bundestag.

405 Zur Attribution von Cyber-Angriffen *Ziolkowski*, GSZ 2019, 51 ff.

406 Zu einem Vier-Stufen-Modell der Cyberabwehr s. *Kipker*, GSZ 2020, 26.

407 *Kipker*, GSZ 2020, 26 (27). Wohl auch *Bäcker/Golla*, in: Hornung/Schallbruch, IT-Sicherheitsrecht, 2021, § 18 Rn. 64. Für eine partielle Durchbrechung des Trennungsgebots durch gesetzliche Regelung Amthor, GSZ 2020, 251 (258).

408 Differenzierend *Barczak*, NJW 2020, 595 (599): schlichtes Überwachen und Ausspähen des Cyberraums sowie die Erstellung eines Cyberlagebilds ist zulässig, bei normenklarer Rechtsgrundlage darüber hinaus auch aktives Eindringen in IT-Systeme.

Vorbehalts des Gesetzes die Frage nach einer tauglichen Befugnisgrundlage, denn beim Zugriff auf Server wird regelmäßig in das „Grundrecht auf Vertraulichkeit und Integrität informationstechnischer Systeme" eingegriffen (näher Rn. 309 ff.). Dabei ist eine explizite Befugnisregelung nicht nur für Zugriffe auf Inlands-Server erforderlich, sondern – zumindest nach Ansicht des Bundesgesetzgebers in der BNDG-Novelle (siehe § 34 BNDG-neu)[409] – auch für Zugriffe auf IT-Systeme im Ausland. Ggf. kann für aktive Hacking-Maßnahmen auch eine Zuständigkeit der Bundeswehr mit dem „Zentrum Cyberoperationen" begründet sein; dies setzt nach Art. 87a Abs. 2 GG allerdings voraus, dass es sich um „Verteidigung" gegen einen bewaffneten Angriff handelt, was hinsichtlich Umfang und Auswirkungen (scale and effects) einen besonders gravierenden Cyberangriff erfordert. Im *„Tallinn Manual on the International Law Applicable to Cyber Warfare"* hat eine im Auftrag der NATO arbeitende Expertengruppe (völkerrechtlich unverbindlich)[410] die Kriterien erarbeitet, wann ein Cyberangriff die vergleichbar realweltliche Erheblichkeitsschwelle zum Auslösen des völkerrechtlichen Selbstverteidigungsrechts überschreitet.[411]

ff) Wirtschafts- und Industriespionage als Aufgabe für den Verfassungsschutz? Da eine geheimdienstliche Tätigkeit unabhängig vom Gegenstand der Ausspähung beobachtet wird,[412] erfasst der Aufgabenbereich des § 3 Abs. 1 Nr. 2 BVerfSchG auch den Schutz von Privat-, Betriebs- und Geschäftsgeheimnissen gegenüber der Ausspähung durch fremde Geheimdienste. Beobachtungsgegenstand der Verfassungsschutzbehörden ist damit auch die **Wirtschaftsspionage**. Wirtschaftsspionage ist die *staatlich gelenkte* oder gestützte, von Nachrichtendiensten fremder Staaten ausgehende Ausforschung von Wirtschaftsunternehmen und Betrieben, um die beschafften und analysierten Informationen zum Zwecke der Erzielung von Wettbewerbsvorteilen der eigenen Wirtschaft zur Verfügung zu stellen. Dabei kommt es nicht auf den Bereich an, gegen den sich die Tätigkeit richtet (d. h. ob Wirtschaft, Gesellschaft, Technik, Rüstung oder Politik ausgespäht wird).[413] Somit ist das Ausspähen von schützenswerten Daten privater Unternehmen (z. B. Baupläne für Hochgeschwindigkeitszüge) durch staatliche oder staatlich beeinflusste Stellen (Rn. 139) eine Aufgabe der Spionageabwehr. Sie wird zudem regelmäßig als geheimdienstliche Agententätigkeit nach § 99 StGB strafbar sein.[414] 161

Hiervon abzugrenzen ist die Konkurrenzausspähung (**Industriespionage**): hier werden durch Unternehmen nicht offen zugängliche Informationen über ein Konkurrenzunternehmen unter Anwendung nachrichtendienstlicher Mittel und Methoden für rein privatwirtschaftliche Zwecke beschafft und ausgewertet. Industriespionage kann nach § 23 GeschGehG (Verletzung von Geschäftsgeheimnissen) strafbar sein, fällt aber nicht unter den Aufgabenkatalog des § 3 Abs. 1 Nr. 2 BVerfSchG,[415] da es an einem staatlichen Akteur bzw. staatlichem Auftraggeber fehlt. Ein Tätigwerden der Verfassungsschutzbehörden setzt im Falle der Ausspähung privater Unternehmen also voraus, dass tatsächliche Anhaltspunkte dafür vorliegen, dass z. B. ein Warentransfer oder Hackerangriff im Interesse einer fremden staatlichen Einrichtung bzw. in dessen Auftrag erfolgt. Die Beobachtung privater Konkurrenzausspähung wäre nur zulässig nach einer entsprechenden Ergänzung des gesetzlichen Aufgabenkatalogs des § 3 Abs. 1 BVerfSchG. Allerdings könnten einer solchen Gesetzesänderung die Regelungen in Art. 73 Abs. 1 Nr. 10 b, c und Art. 87 Abs. 1 Satz 2 GG entgegenstehen, die für ein Tätigwerden des Verfassungsschutzes stets die Ge- 162

---

409 BT-Drs 19/26103.

410 Vgl. dazu BT-Drs. 17/13357.

411 Näher *Schaller*, GSZ 2018, 57.

412 *Roth*, in: Schenke/Graulich/Ruthig, §§ 3, 4 BVerfSchG Rn. 72 m. w. N.

413 BT-Drs. 18/2281, S. 2 f.; anders *Sule*, S. 33.

414 *Kilchling*, GSZ 2020, 57 (59).

415 BT-Drs. 18/2281, S. 2 f.; *Droste*, S. 135.

fährdung *staatlicher* Interessen bzw. Rechtsgüter verlangen. Das notwendige staatsgefährdende Moment ist bei bloß privatwirtschaftlich motivierter Konkurrenzausspähung regelmäßig nicht erfüllt. Auch die mögliche Überlegung, privatwirtschaftlich motivierte Wirtschaftsspionage – wenn sie denn keine Spionage nach § 3 Abs. 1 Nr. 2 BVerfSchG ist – als Bestrebung gegen die „Sicherheit des Bundes oder eines Landes" im Sinne des § 3 Abs. 1 Nr. 1 BVerfSchG anzusehen, und zwar wegen der die Volkswirtschaft bzw. staatliche Infrastruktur schädigenden Auswirkungen (z. B. bei Rüstungsunternehmen, Flughäfen, Bahnhöfen, Kernforschungszentren, Kraftwerken), greift im Ergebnis nicht (s. Rn. 205). Denn die Legaldefinition von „Bestrebungen gegen die Sicherheit des Bundes oder eines Landes" verlangt nach § 4 Abs. 1 b BVerfSchG zwingend politisch bestimmte Verhaltensweisen, also solche, die auf die Veränderung der bestehenden gesellschaftlichen Machtverhältnisse abzielen. Dies kann bei Industriespionage, die rein wirtschaftlich motiviert ist und „lediglich" die Verbesserung der Wettbewerbschancen des (ausländischen) Unternehmens zum Ziel hat, nicht unterstellt werden.

163 **f) Bestrebungen, die durch Anwendung oder Vorbereitung von Gewalt auswärtige Belange gefährden (§ 3 Abs. 1 Nr. 3 BVerfSchG).** Nach § 3 Abs. 1 Nr. 3 BVerfSchG werden Bestrebungen beobachtet, die durch Anwendung von Gewalt oder darauf gerichtete Vorbereitungshandlungen auswärtige Belange der Bundesrepublik Deutschland gefährden. Der Tatbestand wurde 1972 für solche Bestrebungen geschaffen, mit deren Hilfe die politischen bzw. gesellschaftlichen Verhältnisse **in einem anderen Staat gewaltsam** geändert werden sollen und hierdurch völkerrechtliche bzw. außenpolitische Interessen Deutschlands gefährdet werden. Allerdings verlangt § 3 Abs. 1 Nr. 3 BVerfSchG nicht, dass sich die Gewalthandlung im Ausland abspielen muss; auswärtige Belange der Bundesrepublik können auch bei Gewaltakten im Inland gefährdet sein, z. B. bei Bombenanschlägen auf ausländische Botschaften oder sonstige symbolträchtige Einrichtungen, die für die Beziehungen zu einem anderen Staat von Bedeutung sind.[416] Derartige Gewaltakte bzw. Vorbereitungshandlungen fallen meist nicht bereits unter § 3 Abs. 1 Nr. 1 BVerfSchG, denn sie richten sich nicht gegen die BR Deutschland bzw. deren fdGO, sondern gegen Rechtsgüter bzw. Interessen des ausländischen Staates.[417] Träger derartiger Bestrebungen werden in der Regel Personen sein, die aus dem Staat stammen, der von der Gewaltanwendung bzw. -vorbereitung betroffen ist bzw. dorthin enge Bezugspunkte haben, denn mit ihrer gewaltorientierten Agitation verfolgen sie eine politische Agenda in Bezug auf diesen Staat.

164 Allerdings können auch deutsche Staatsangehörige Teil solcher Bestrebungen sein, denn § 3 Abs. 1 Nr. 3 BVerfSchG stellt (genauso wenig wie die anderen Tatbestände des § 3 Abs. 1 BVerfSchG) nicht auf die Staatsangehörigkeit der Akteure ab.

165 Prominente Anwendungsfälle des § 3 Abs. 1 Nr. 3 BVerfSchG sind die „Arbeiterpartei Kurdistans" (PKK), die „Revolutionäre Volksbefreiungspartei-Front" (DHKP-C) sowie die rechtsextremistische „Ülkücü"-Bewegung, aber auch die säkulare Palästinenserorganisation „Volksfront für die Befreiung Palästinas" (PFLP), die das Existenzrecht Israels bestreitet und offen den bewaffneten Kampf gegen Israel propagiert.[418]

---

416 § 6 Abs. 5 VSG SH, § 6 Abs. 4 BlnVSG und § 4 Abs. 4 NdsVSG machen deutlich, dass auswärtige Belange auch vom Inland aus gefährdet werden können: „Auswärtige Belange [...] werden nur gefährdet, wenn *innerhalb des Geltungsbereichs des Grundgesetzes Gewalt ausgeübt* oder durch Handlungen vorbereitet wird und diese sich *gegen die politische Ordnung oder Einrichtungen anderer Staaten richten*." Ebenso VG Berlin, Urt. v. 7.9.2016 – 1 K 12.15 – Hizb Allah.

417 Siehe die Legaldefinition für die „Gefährdung auswärtiger Belange" in § 6 Abs. 5 VSG SH und § 5 Abs. 4 BremVSG: „Eine Gefährdung auswärtiger Belange [...] liegt nur dann vor, wenn die Gewalt innerhalb der Bundesrepublik Deutschland angewendet oder vorbereitet wird und sie sich gegen die politische Ordnung oder Einrichtungen anderer Staaten richtet oder richten soll."

418 Verfassungsschutzbericht des Bundes 2020, S. 257, 288.

aa) **Gewalt bzw. Gewaltvorbereitung.** Wesentliche Voraussetzung für eine Beobachtung nach § 3 Abs. 1 Nr. 3 BVerfSchG ist die **Gewaltanwendung oder ihre Vorbereitung**. BfV und LfV dürfen Gruppierungen bzw. Personen nicht beobachten, wenn sie lediglich kritische politische Meinungen in Bezug auf andere Staaten äußern, selbst wenn diese Äußerungen geeignet sind, auswärtige Belange (Interessen) Deutschlands zu beeinträchtigen. Unter dem *Gewaltbegriff* des § 3 Abs. 1 Nr. 3 BVerfSchG ist **nur physische Gewalt** zu verstehen (so ausdrücklich § 4 Abs. 5 NdsVSG). Hierunter fallen nur solche Handlungen, die geeignet sind, Menschen in ihrer Entschließungsfreiheit zu beschneiden oder in ihrer körperlichen Unversehrtheit zu verletzen sowie Sachen zu beschädigen oder zu zerstören. Wenn durch Aktivitäten z. B. von Exilgruppen ein anderer Staat lediglich politisch (unterhalb der Gewalt- bzw. Strafbarkeitsschwelle) zu Veränderungen seines Systems „genötigt" werden soll, ist dies verfassungsschutzrechtlich irrelevant. Zur Gewalt zählt allerdings bereits die konkrete und glaubhafte Drohung mit Gewalt, sofern diese geeignet ist, die Entschließungsfreiheit von Personen bzw. öffentlichen Einrichtungen zu beeinträchtigen. *Vorbereitungshandlung* ist eine Tätigkeit, die auf die Verwirklichung der Gewaltanwendung zielt, z. B. die Waffenbeschaffung, das Sammeln von Spenden für den bewaffneten Kampf oder das Anwerben von Kämpfern. Das rein propagandistische Gutheißen von Gewaltakten gegenüber einem anderen Staat fällt noch nicht hierunter, kann aber nach § 3 Abs. 1 Nr. 4 BVerfSchG eine Bestrebung gegen das friedliche Zusammenleben der Völker darstellen, wenn die Propaganda als gezielte Aufforderung zu Gewalt gegenüber anderen Staaten oder Bevölkerungsgruppen aufgefasst werden kann (Rn. 175). 166

Denkbar ist, auch die Beschaffung von Komponenten für **Massenvernichtungswaffen** (Proliferation) als Vorbereitungshandlung i. S. d. § 3 Abs. 1 Nr. 3 BVerfSchG anzusehen. Klassischerweise wird die Proliferationsverhinderung allerdings als Abwehr geheimdienstlicher Tätigkeiten i. S. d. § 3 Abs. 1 Nr. 2 BVerfSchG wahrgenommen (Rn. 156), weil solche klandestinen Beschaffungsbemühungen meist von Staaten ausgehen, die damit ihre militärischen Fähigkeiten (illegal) verstärken wollen. Entscheidend für die Annahme einer „Gewalt-Vorbereitungshandlung" nach § 3 Abs. 1 Nr. 3 BVerfSchG wären tatsächliche Anhaltspunkte für den Umstand, dass ein bestimmtes Bauteil mit großer Wahrscheinlichkeit für ein Waffensystem Verwendung finden wird, das wiederum mit großer Wahrscheinlichkeit für einen konkreten Einsatz militärischer Gewalt bzw. für eine diesbezügliche Drohung eingesetzt werden soll. Diese prognostische Wertung wird jedoch meist kaum gelingen. Allein der Besitz dieser Waffen durch Staaten, die diese „nur" als Abschreckungsinstrument gegen befürchtete Interventionen von Drittstaaten vorhalten, dürfte kaum als konkrete Drohung verstanden werden, diese Mittel jederzeit gewaltsam und jenseits jeder denkbaren völkerrechtlichen Rechtfertigungsmöglichkeit auch anzuwenden. Lediglich Proliferationsbemühungen von Terroristen, die sich völkerrechtlichen Regularien entziehen, sind angesichts der dann unüberschaubaren und nicht kontrollierbaren – in jedem Falle völkerrechtswidrigen – Einsatzszenarien als direkte Vorbereitungshandlungen für eine konkret drohende Gewaltausübung anzusehen. Deshalb wären Bemühungen von Terrororganisationen oder anderen irregulären bewaffneten Gruppierungen, sich den Besitz von Massenvernichtungswaffen zu verschaffen, auch eine Bestrebung gemäß § 3 Abs. 1 Nr. 3 BVerfSchG. 167

bb) **Gefährdung auswärtiger Belange.** Weitere Voraussetzung für eine Beobachtung nach § 3 Abs. 1 Nr. 3 BVerfSchG ist, dass die Gewalthandlungen bzw. Gewaltvorbereitungshandlungen **auswärtige Belange** der BR Deutschland **gefährden**. Was „auswärtige Belange" sind, ist weder gesetzlich noch durch die Rechtsprechung näher definiert; es handelt sich um einen weiten, unbestimmten Rechtsbegriff, der tatsächlich auch mit „außenpolitische Interessen" der BR Deutschland wiedergegeben werden kann. Teilweise wird es daher für eine Gefährdung auswärtiger Belange bereits für ausreichend 168 gehalten, wenn durch die Tätigkeiten eine Verschlechterung der diplomatischen Beziehungen zu einem anderen Staat droht.[419] Dies dürfte eine zu weite Auslegung sein, zumal als weiteres Tatbestandsmerkmal Gewalt oder Gewaltvorbereitung verlangt wird, deren Ausübung sicherlich nicht bloß allgemeine außenpolitische Interessen beeinträchtigen wird, sondern die Rechtsbeziehungen zwischen Deutschland und dem betroffenen ausländischen Staat. Jedenfalls gehören zu diesen Belangen aber die „harten" völkerrechtlichen Verpflichtungen Deutschlands, etwa die Einhaltung internationaler Verträge und des allgemeinen völkerrechtlichen Interventionsverbots (d. h. das Verbot der Einmischung in die inneren Angelegenheiten eines fremden Staates) nach Art. 2 Ziff. 4 und 7 UN-Charta. Dazu gehört, dass kein Staat gegenüber einem anderen aktiv einen Regimewechsel (regime change) verfolgen oder die Destabilisierung des anderen Staates betreiben darf.[420] Innerstaatlich werden diese völkerrechtlichen Grundgebote u. a. durch das Bekenntnis zum friedlichen Miteinander der Völker (Art. 1 Abs. 2 GG) und durch das Verbot eines Angriffskriegs (Art. 26 Abs. 1 GG) abgesichert. Auch eine Vielzahl weiterer Vorschriften des Grundgesetzes (z. B. Art. 9 Abs. 2, 23-26, 59 GG) begründen den Verfassungsauftrag zum Verzicht auf Gewalt oder andere unzulässige Einmischungen in die Angelegenheiten anderer Staaten sowie zur Förderung des Gedankens der Völkerverständigung („Friedensgebot des Grundgesetzes").[421] „Auswärtige Belange" i. S. d. § 3 Abs. 1 Nr. 3 BVerfSchG werden also vor allem dann gefährdet, wenn entgegen dem Interventionsverbot vom Gebiet der Bundesrepublik Deutschland aus völkerrechtswidrige Gewaltmaßnahmen (insbesondere Terrorakte) gegen andere Staaten ausgeübt oder vorbereitet werden. Deutschland müsste sich diese illegalen Akte als Verstoß gegen das Interventionsverbot zurechnen lassen, wenn es diese fördern oder bewusst dulden bzw. ignorieren würde.[422] Die vorsätzliche Unwilligkeit, Terrorakte zu verhindern, ist wertungsmäßig der aktiven Ermöglichung terroristischer Aktionen gleichzustellen.[423] Aber auch ohne dass die Gewalthandlung gegen fremde Staaten mit relevanter Unterstützung oder Tolerierung seitens deutscher staatlicher Stellen erfolgt und damit ein Verstoß gegen das Gewalt- bzw. Interventionsverbot vorliegt, besteht jedenfalls eine für den Tatbestand des § 3 Abs. 1 Nr. 3 BVerfSchG ausreichende Gefährdung auswärtiger Belange bereits darin, wenn die zu beurteilende Gewalthandlung im Ausland Zweifel an der Ernsthaftigkeit Deutschlands aufkommen lassen, Gewaltakte gegen fremde Staaten verhindern zu wollen.[424]

169 **g) Bestrebungen gegen den Gedanken der Völkerverständigung (§ 3 Abs. 1 Nr. 4 BVerfSchG).** Bis zum Inkrafttreten des Terrorismusbekämpfungsgesetzes (2002) war § 3 Abs. 1 Nr. 3 BVerfSchG die wichtigste Rechtsgrundlage für die Beobachtung ausländischer extremistischer Organisationen bzw. Gruppierungen, die eine auslandsbezogene Agenda verfolgten. § 3 Abs. 1 Nr. 3 BVerfSchG erfasst jedoch keine Bestrebungen, denen Gewaltanwendung oder entsprechende Vorbereitungshandlungen *nicht oder nur sehr schwer nachzuweisen sind*, die aber den geistigen Nährboden für Gewalt bereiten, indem

419 *Banzhaf*, S. 110.

420 *v. Arnauld*, Völkerrecht, 2. Aufl. 2014, Rn. 358 m. w. N.

421 Der Grundsatz der Völkerrechtsfreundlichkeit des Grundgesetzes hat Verfassungsrang, BVerfG, NJW 2016, 1295 (1299).

422 Vgl. Resolution des Sicherheitsrats 1373 vom 28.9.2001, Ziff. 2; *Borgs*, in: Borgs /Ebert, § 3 BVerfSchG Rn. 94; *Dahm/Delbrück/Wolfrum*, Völkerrecht, Band I/3, 2002, S. 793 f.; *Roewer*, NVwZ 1989, 11 (12); *Frowein*, ZaöRV 2002, 879 (883) sieht sogar eine völkerrechtliche Pflicht zum Informationsaustausch bei Terrorgefahr. Teilw. a. A. *Kempen/Hillgruber*, Völkerrecht, 2. Aufl. 2012, § 38 Rn. 89: Die bloße Duldung des Aufenthalts solcher Personen auf dem eigenen Territorium genügt nicht. Keine Intervention ist auch die Duldung friedlicher Aktivitäten von Exilgruppen (*Schweisfurth*, Völkerrecht, 2006, 9. Kapitel, Rn. 262).

423 Nicht aber die Unfähigkeit, auf dem eignen Territorium gegen bewaffnete Gruppen vorgehen zu können (*v. Arnauld*, Völkerrecht, 2. Aufl. 2014, Rn. 1092).

424 *Rose-Stahl*, S. 57; *Roewer*, § 3 BVerfSchG Rn. 74.

sie z. B. andere Völker oder Ethnien als minderwertig diffamieren. Um auch diese „geistigen Brandstifter" für Gewalt in den internationalen Beziehungen beobachten zu können, wurde das BVerfSchG im Jahr 2002 in § 3 Abs. 1 Nr. 4 um die Schutzgüter „Völkerverständigung" und „friedliches Zusammenleben der Völker" erweitert. Der Tatbestand umfasst das Verbot militärischer Gewaltanwendung im Ausland, das Verbot, konfessionelle, rassische oder ethnische Gruppen im Ausland zu vernichten oder als Verbrechen gegen die Menschlichkeit physisch oder psychisch zu beeinträchtigen.[425]

Wegen der Unbestimmtheit[426] und politischen Missbrauchsgefahr sind die Begriffe „Völkerverständigung" und „friedliches Zusammenleben" restriktiv auszulegen. Sie meinen keinesfalls das Inkriminieren auch harter Kritik an fremden Staaten und ihrer Politik,[427] selbst wenn dies zu einer Verschlechterung der Beziehungen zu diesem Staat führen sollte. Geschützt wird nicht das gedeihliche Auskommen zwischen Staaten und Volksgruppen, sondern nur der Verzicht auf Gewalt in diesen Beziehungen. Daher haben sich die Befürchtungen[428] bei Verabschiedung des TBG Ende 2001 hinsichtlich missbräuchlicher Instrumentalisierung nicht bestätigt; gerade § 3 Abs. 1 Nr. 4 BVerfSchG wird in der Praxis der Verfassungsschutzbehörden soweit ersichtlich behutsam angewandt. 170

aa) Gedanke der Völkerverständigung. Der **Gedanke der Völkerverständigung** (s. auch Art. 9 Abs. 2 GG) meint die Idee der friedlichen Verständigung und Zusammenarbeit der Völker und Staaten bei der Lösung von Interessensgegensätzen.[429] Nach wohl überwiegender Auffassung wird der Begriff „Völker" mit dem der „Staaten" gleichgesetzt, was dazu führt, dass eine Bestrebung nur dann gegen den „Gedanken der Völkerverständigung gerichtet" wäre, wenn sie zur Gewalt bzw. zum Hass zwischen Staaten bzw. Staatsvölkern aufruft. Diese enge Sichtweise ist jedoch zu kurz gegriffen, denn der internationale Frieden wird heute nicht in erster Linie durch zwischenstaatliche, sondern durch innerstaatliche Konflikte (Bürgerkriege, ethnische und religiöse Konflikte) gefährdet.[430] Deshalb wird man auch das gezielte Schüren bzw. Anheizen von gewaltsamen *innerstaatlichen* Auseinandersetzungen zwischen verschiedenen Bevölkerungsgruppen als Bestrebungen gegen den Gedanken der Völkerverständigung anzusehen haben.[431] „Völkerverständigung" meint somit ein Verbot der Störung des Friedens unter den Völkern und Staaten, insbesondere das Verbot militärischer Gewaltanwendung im Ausland sowie das Verbot, konfessionelle oder ethnische Gruppen physisch oder psychisch zu beeinträchtigen (z. B. das Aufrufen zur gewaltsamen Beseitigung eines Staates oder das Propagieren einer vermeintlichen rassischen oder nationalen Minderwertigkeit). „Gegen den Gedanken der Völkerverständigung" sind Bestrebungen insbesondere dann gerichtet, wenn sie Gewalt oder vergleichbar schwerwiegende völkerrechtswidrige Handlungen wie den Terrorismus in den internationalen Beziehungen oder zwischen Teilen der Bevölkerung aktiv propagieren und fördern.[432] 171

---

425 BT-Drs. 14/7386, S. 38.

426 Kritisch *Baldus*, ZRP 2002, 400 (402 f.): nicht annähernd abzusehen, welche Verhaltensmöglichkeiten darunterfallen.

427 BVerfG, NVwZ 2018, 1788 (1792 Rn. 114): ein Vereinigungsverbot [das den Kriterien des Art. 9 Abs. 2 GG entsprechen muss] darf sich nicht einseitig gegen bestimmte politische Anschauungen richten.

428 „Der Gesetzentwurf [des TBG] hat keinen Respekt vor der Rechtstradition unseres Landes; er verrät totalitären Geist" (*Burkhard Hirsch*, zitiert von *Ulla Jelpke*, Bundestag, Sten. Bericht, Plenarprot. 14/201 vom 15.11.2001, S. 19673).

429 BVerwG, NVwZ-RR 2016, 454 (456).

430 Siehe *Streinz*, in: Sachs, GG, 9. Aufl. 2021, Art. 26 Rn. 12 m. w. N.

431 *Fink*, in: v. Mangoldt/Klein/Starck, GG, 7. Aufl. 2018, Art. 26 Rn. 18 zum Begriff „friedliches Zusammenleben der Völker".

432 BVerfG, NVwZ 2018, 1788 (1792, Rn. 112).

172 Nach der Legaldefinition in § 6 Abs. 3 Nr. 3 VSG SH sollen Bestrebungen gegen den Gedanken der Völkerverständigung – weitergehend – alle solche sein, die sich gegen die Erhaltung des Friedens, die Ächtung von Angriffskriegen und die allgemeinen Grundrechte der Staaten, insbesondere das Recht auf politische Unabhängigkeit sowie das Recht auf Selbsterhaltung, auf Gleichheit, Ehre und Teilnahme am völkerrechtlichen Verkehr richten. Diese Definition ist zu unbestimmt, denn zum einen ist unklar, was mit den völkerrechtlich nicht definierten Regelbeispielen „Ehre" und „Teilnahme am völkerrechtlichen Verkehr" gemeint ist.[433] Zum anderen ist nicht einzusehen, warum das Agitieren eines inländischen Personenzusammenschlusses gegen völkerrechtlich geschützte Rechtsgüter anderer Staaten *unterhalb der Gewaltschwelle* die Gefahrenabwehrfunktion des Inlandsnachrichtendienstes auslösen sollte. Die Merkmale des § 6 Abs. 3 Nr. 3 VSG SH – eine vergleichbare Definition in anderen Verfassungsschutzgesetzen fehlt – sind daher einschränkend dahingehend auszulegen, dass diese nur dann verletzt werden, wenn hierdurch gleichzeitig der Nährboden für physische Gewalt gegen fremde Staaten oder dort ansässige Bevölkerungsgruppen bereitet wird. Denn der Gedanke der Völkerverständigung soll nur die elementaren, für ein friedliches Zusammenleben der Völker unverzichtbaren Regeln des Völkerrechts schützen.[434] Diese Funktion würde überdehnt, wollte man die Befolgung allgemeiner völkerrechtlicher Prinzipien durch Privatpersonen mithilfe des Verfassungsschutzrechts absichern.

173 Ungeachtet der auf das Ausland bezogenen Schutzgüter ist § 3 Abs. 1 Nr. 4 BVerfSchG wegen fehlender Einschränkungen unabhängig von „Tatort" und „Zielort" anwendbar und damit nicht nur bei propagierter Auslandsgewalt, sondern auch bei Gewaltpropaganda, die sich auf ethnische, religiöse oder andere Gruppen in Deutschland bezieht. Voraussetzung ist hierbei aber stets eine Gefährdung der internationalen Beziehungen.

174 Der Tatbestand ist auch bei indirekter finanzieller Unterstützung von Terrororganisationen erfüllt. Eine Vereinigung richtet sich gegen den Gedanken der Völkerverständigung, wenn sie durch finanzielle Zuwendungen über einen langen Zeitraum und in beträchtlichem Umfang eine andere Organisation unterstützt, die wiederum zu einer Organisation gehört, die Gewalt in das Verhältnis der Völker hineinträgt, dies der betreffenden Vereinigung bekannt ist und sie sich mit der gewaltausübenden Organisation und den von ihr ausgehenden Gewalttaten gleichwohl identifiziert.[435]

175 **bb) friedliches Zusammenleben der Völker als Unterfall.** Das „friedliche Zusammenleben der Völker" als Teilbereich des Gedankens der Völkerverständigung umschreibt die Pflicht zu gutnachbarlichem Verhalten im Sinne der Charta der Vereinten Nationen und verbietet jede Verletzung der fundamentalen Rechtsgüter der internationalen Friedensordnung. Damit ist – wie sich aus der Bezugnahme des Art. 26 Abs. 1 GG als „Auslegungshilfe" ergibt – insbesondere das Verbot des Angriffskrieges, aber auch jede sonstige relevante Verletzung des völkerrechtlichen Gewaltverbotes gemeint. Bestrebungen gegen das friedliche Zusammenleben der Völker sind also vor allem die Anstachelung zu völkerrechtswidriger Gewalt in den internationalen Beziehungen. Überwiegend wird aber angenommen, dass darüber hinaus auch jedes Eintreten für nationalen, rassischen oder religiösen Hass eine „Störung des friedlichen Zusammenlebens der Völker" i. S. d. Art. 26 Abs. 1 GG auslöst, sofern dadurch zur Diskriminierung, Feindseligkeit oder Gewalt aufgesta-

433 Bei dem Begriff „Teilnahme am völkerrechtlichen Verkehr" ist unklar, ob damit der diplomatische bzw. sonstige Rechtsverkehr oder allgemein das Recht auf internationale Beziehungen gemeint ist.

434 *Löwer*, in: v. Münch/Kunig, GG, 6. Aufl. 2012, Bd. I, Art. 9 Rn. 53.

435 BVerfG, NVwZ 2018, 1788 (1793, Rn. 124).

chelt wird.[436] Als friedensstörende Handlungen und damit vom Beobachtungsauftrag nach § 3 Abs. 1 Nr. 4 BVerfSchG umfasst ist demnach auch Kriegspropaganda oder das Schüren gewaltbereiten rassischen oder nationalen Hasses. Es muss allerdings – angesichts der Bedeutungsschwere des Art. 26 Abs. 1 GG, auf den § 3 Abs. 1 Nr. 4 BVerfSchG als Regelbeispiel Bezug nimmt – in der konkreten Situation zu einer *schwerwiegenden, ernsten und nachhaltigen Beeinträchtigung in den internationalen Beziehungen* führen können, um (vergleichbar einem „Angriffskrieg") als zur Friedensstörung geeignet zu erscheinen.

Vom Tatbestand nicht gemeint ist eine etwaige Pflicht zur Mitwirkung an einer „gerechten Ordnung" des Zusammenlebens der Völker, d. h. eine Pflicht zur Durchführung einer wie auch immer definierten aktiven Entspannungspolitik unter Einschluss z. B. von Aspekten des Nord-Süd-Konflikts oder des internationalen Naturhaushalts.[437] Der Verfassungsschutz ist kein Instrument, um eine Sozial- oder Wirtschaftsordnung zu implementieren, die allen Völkern ein Mindestmaß an Teilhabe am Internationalen Wirtschaftsverkehr ermöglicht, gefördert etwa mit Entwicklungshilfe (sog. Positiver Friedensbegriff).[438] Aus dem in § 3 Abs. 1 Nr. 4 BVerfSchG Bezug genommenen Art. 26 Abs. 1 GG ergibt sich vielmehr, dass nur das Verbot des Angriffskrieges oder jede sonstige relevante Verletzung des völkerrechtlichen Gewaltverbotes vom Tatbestand umfasst ist (sog. negativer Friedensbegriff als Abwesenheit militärischer Gewalt).[439] **176**

Schutzgut sind nicht nur die Beziehungen zwischen der Bundesrepublik Deutschland und fremden Staaten, sondern auch die zwischen fremden Staaten.[440] Gegen den Gedanken der Völkerverständigung ist eine Bestrebung also nicht nur dann gerichtet, wenn die Beziehungen zwischen Deutschland und anderen Staaten leiden können, sondern auch bei einer möglichen Gefährdung z. B. der Beziehungen zwischen Israel und seinen arabischen Nachbarn. **177**

h) Zusammenfassende Übersicht zu extremistischen Bestrebungen. Zusammenfassend handelt es sich um „Extremismus" im Sinne einer Bestrebung nach § 3 Abs. 1 Nr. 1, 3 oder 4 BVerfSchG, wenn folgende Punkte erfüllt sind: **178**

---

436 *Streinz*, in: Sachs, GG, 9. Aufl. 2021, Art. 26 Rn. 16 m. w. N.; *Kunze*, Der Stellenwert des Art. 26 Abs. 1 innerhalb des grundgesetzlichen Friedensgebots, 2004, S. 65. Zurückhaltender angesichts des Pönalisierungsgebots in Art. 26 Abs. 1 Satz 2 GG *Jarass/Pieroth*, GG, 16. Aufl. 2020, Art. 26 Rn. 3. Vgl. auch Art. 20 Abs. 2 Internationaler Pakt über bürgerliche und politische Rechte vom 16.12.1966 (BGBl. 1973 II, 1553).

437 *Baldus*, ZRP 2002, 400 (403).

438 *Fink*, in: v. Mangoldt/Klein/Starck, GG, 7. Aufl. 2018, Art. 26 Rn. 12.

439 *Herdegen*, in: Maunz/Dürig, GG, 74. EL, Mai 2015, Art. 26 Rn. 16: Vorschrift darf nicht mit allen möglichen Vorstellungen einer wohlgeordneten internationalen Gemeinschaft aufgeladen werden.

440 BVerwG, NVwZ 2005, 1435 (1436).

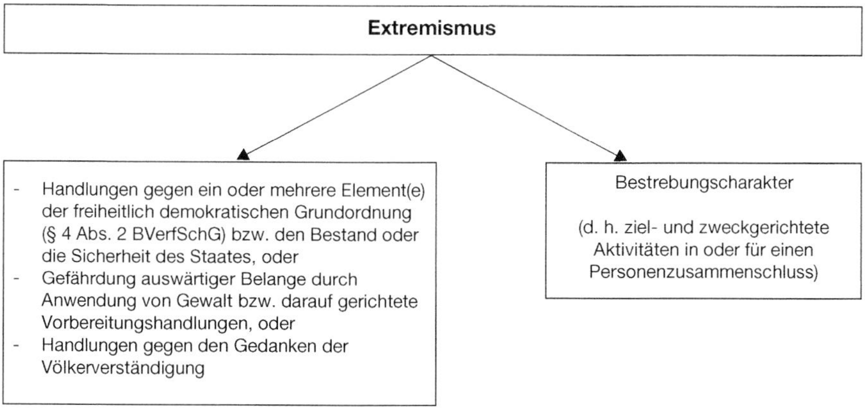

Abb. 4: Zusammenfassende Übersicht zu extremistischen Bestrebungen

i) Übungsfall zu §§ 3, 4 BVerfSchG

179 **Fiktiver Fall**

Das BfV erlangt Hinweise auf die Gründung einer „Arischen Volksbefreiungsarmee" (AVA). Die Gruppe besteht offenbar aus mehreren Personen und hat das Ziel, die „arischen Gebiete" in Nord- und Mittelosteuropa auch mithilfe von Sprengstoffanschlägen (in Deutschland und im Ausland) unter einer neuen „germanischen Führung" zu vereinigen. Nach den Verlautbarungen im Internet soll ein „Neugermanisches Reich" geschaffen werden, das einem „arischen Volkstribun" unterstehen soll, der von 25 Gauleitern auf Lebenszeit bestimmt wird. Weitere Wahlen würden nicht stattfinden. Volkstribun und Gauleiter sollen gemeinsam den Volkswillen bilden und seien deshalb befugt, auf Grundlage eines „arischen Volksinteresses" sämtliche Gesetze zu erlassen und Entscheidungen in Eigenregie zu treffen. Die bestehenden Gerichte würden als „jüdische Erfindung zur Knebelung germanischer Gerechtigkeit" abgeschafft. Der „nichtarischen" Bevölkerung solle nahegelegt werden, das „Reich" zu verlassen.
Muss bzw. darf das BfV die AVA beobachten?

Lösung (Prüfschema s. Rn. 260)

Bei Vorliegen tatsächlicher Anhaltspunkte (§ 4 Abs. 1 Satz 5 BVerfSchG) für extremistische Bestrebungen bzw. geheimdienstliche Tätigkeiten besteht eine **Beobachtungspflicht** („Aufgabe ist..."). Insoweit haben die Verfassungsschutzbehörden kein (Entschließungs-)Ermessen, ob sie überhaupt beobachten oder nicht. Für das Eingreifen der Beobachtungspflicht müsste es sich bei der AVA um eine extremistische Bestrebung oder eine geheimdienstliche Tätigkeit handeln. In Betracht kommt im vorliegenden Fall nur eine Beobachtung wegen extremistischer Bestrebungen; eine Spionagetätigkeit ist nicht ersichtlich. Dafür müssten tatsächliche Anhaltspunkte für Bestrebungen im Sinne der §§ 3 Abs. 1 Nr. 1, 3 oder Nr. 4 in Verbindung mit 4 BVerfSchG vorliegen.

I. Formelle Rechtmäßigkeit

Das BfV ist für die Beobachtung der AVA zuständig gemäß § 5 Abs. 1 Satz 2 Nr. 1-4 BVerfSchG, da sich die Zielsetzungen der AVA sowohl gegen die fdGO und damit gegen ein Schutzgut des Bundes richten, sich des Weiteren in ihren Auswirkungen über den Bereich eines Landes hinaus erstrecken, auf Gewalt ausgerichtet sind und wegen der Pläne zu gewaltsamen Umstürzen im Ausland auch auswärtige Belange der Bundesrepublik Deutschland berühren.

II. Materielle Rechtmäßigkeit

1. Vorliegen der Tatbestandsvoraussetzungen der §§ 3, 4 BVerfSchG

a) Es müssten **tatsächliche Anhaltspunkte** i. S. d. § 4 Abs. 1 Satz 5 BVerfSchG vorliegen. Dies sind Sachumstände (keine Vermutungen oder Arbeitshypothesen), die auf Tatsachen gegründet sind und unter Berücksichtigung nachrichtendienstlichen Erfahrungswissens auf das Vorliegen einschlägiger Bestrebungen i. S. d. § 3 Abs. 1 BVerfSchG hindeuten. Die Interneterklärungen der AVA sind solche Sachumstände, da sie – trotz des monströsen Vorhabens, das an der Ernsthaftigkeit der Urheber ggf. zweifeln lassen könnte – zumindest das Risiko glaubhaft erscheinen lassen, dass eine Bestrebung tatsächlich im Gange ist.

b) **„Bestrebungen"** sind ziel- und zweckgerichtete, politisch bestimmte Verhaltensweisen in einem oder für einen Personenzusammenschluss (§ 4 Abs. 1 BVerfSchG). Dies ist bei der AVA der Fall, da mindestens zwei Personen (nach a. A. müssen es in Anlehnung an den strafrechtlichen Bandenbegriff mindestens drei Personen sein) vorhanden sind, die ernsthafte (durch Vernetzungsbemühungen mit Gesinnungsgenossen und Gewaltbereitschaft untermauerte) Bekundungen zur Erreichung eines politischen, d. h. auf Änderung oder Mitgestaltung der gesellschaftlichen Machtanteile gerichteten Ziels äußern.

c) Schließlich müssten die angestrebten einzelnen Ziele der AVA extremistisch (= verfassungsfeindlich) im Sinne des § 3 Abs. 1 BVerfSchG sein.

aa) Planungen zur gewaltsamen Vereinigung der „arischen Gebiete"

Dies stellt eine Bestrebung im Sinne des § 3 Abs. 1 Nr. 3 BVerfSchG dar, da durch Gewaltvorbereitungshandlungen auswärtige Belange der BR Deutschland gefährdet werden (nämlich die völkerrechtliche Verpflichtung gegenüber der Staatengemeinschaft, dass von deutschem Boden keine Gewalt gegen andere Staaten ausgehen darf; zudem wird durch die Pläne zur Gewaltanwendung das zwischenstaatliche Klima bzw. die internationale Zusammenarbeit massiv beeinträchtigt).

Des Weiteren ist auch eine Bestrebung im Sinne des § 3 Abs. 1 Nr. 4 BVerfSchG (gegen den Gedanken der Völkerverständigung) gegeben, da propagandistisch gefordert wird, das Existenzrecht Deutschlands und anderer Staaten einschließlich der dort lebenden Staatsbürger auf einen eigenständigen Staat durch Gewaltakte aufzuheben bzw. abzuschaffen.

Die Pläne der AVA bzgl. der gewaltsamen Vereinigung der „arischen Gebiete" sind auch gegen die fdGO im Sinne des § 3 Abs. 1 Nr. 1 BVerfSchG i. V. m. § 4 Abs. 2 BVerfSchG gerichtet, nämlich

- gegen den Ausschluss jeder Gewalt- und Willkürherrschaft, denn Gewalt soll laut AVA die Grundlage der neu zu schaffenden Ordnung sein (vgl. § 4 Abs. 2 lit. f BVerfSchG);
- gegen das Recht des deutschen Volkes, seine Regierung in freien, demokratischen Wahlen selbst zu bestimmen (§ 4 Abs. 2 a BVerfSchG).

bb) Abschaffung des deutschen Bundesstaats und der Bundesländer

Das föderale Bundesstaatsprinzip (Aufteilung in Bund und Länder) ist nach dem Wortlaut des § 4 Abs. 2 BVerfSchG kein Element der fdGO; daher wären sezessionistische Aktivitäten als solche nicht gegen die fdGO gerichtet. Allerdings sind nach § 3 Abs. 1 Nr. 1 BVerfSchG auch die gegen den *Bestand oder die Sicherheit des Bundes oder eines Landes gerichteten Bestrebungen* ein Beobachtungsgegenstand der Verfassungsschutzbehörden. Gegen den Bestand des Bundes oder eines Landes sind Aktivitäten nach der Legaldefinition in § 4 Abs. 1 a BVerfSchG u. a. dann gerichtet, wenn sie die staatliche Einheit beseitigen oder ein Teilgebiet vom Bundesgebiet oder einem Land abtrennen wollen. Durch eine Abschaffung des Bundes als föderales Staatsgebilde insgesamt bzw. durch eine Abschaffung der Länder wäre dieses Merkmal erfüllt (*andere Ansicht vertretbar mit dem Argument, dass zum „Bestand des Bundes und der Länder" nur die territoriale Integrität, also der Schutz vor Abspaltung, geschützt sei, nicht aber das Föderalismusprinzip als solches*).

cc) Führung durch „Volkstribun" und „Gauleiter"

Maßgeblich für die Beurteilung der AVA sind jedoch deren Forderungen nach einer Regierung durch „Volkstribun" und „Gauleiter", was gegen die fdGO gerichtet ist; dies bedeutet nämlich einen Verstoß gegen die Bindung jeglicher Staatsgewalt an Gesetz und Recht, da das „gesunde Volksempfinden" kein verfassungsmäßiges Recht ist, das in einem Rechtsstaat als Grundlage für Entscheidungen dienen könnte. Auch hat nur das Parlament das Recht, Gesetze zu erlassen, nicht Einzelpersonen. Insoweit liegt ein Verstoß auch gegen § 4 Abs. 2 lit. b BVerfSchG vor. Außerdem bedeutet ein ohne demokratische Wahlen agierender und nicht abwählbarer „Führer" einen Verstoß gegen die Ablösbarkeit der Regierung und ihre Verantwortlichkeit gegenüber der Volksvertretung (§ 4 Abs. 2 lit. d BVerfSchG). Diese Führung stellt wegen deren ausschließlicher Bindung an (von wem auch immer zu definierende) „arische Volksinteressen" zudem eine Willkürherrschaft im Sinne des § 4 Abs. 2 lit. f BVerfSchG dar.

dd) Abschaffung unabhängiger Gerichte: dies ist eine Bestrebung gegen das fdGO-Element nach § 4 Abs. 2 lit. e BVerfSchG

ee) Absprechen der Lebensgrundlage für die „nichtarische Bevölkerung" und Absicht

Auch diese Forderung ist gegen die fdGO gerichtet, denn es handelt sich um eine gegen die Menschenwürde gerichtete Forderung, insbesondere gegen die elementare Rechtsgleichheit der Menschen. Art. 1 Abs. 1 GG wird attackiert, wenn Menschen das Recht abgestritten wird, als gleichwertig achtenswerte Person in der Gemeinschaft zu leben, sie also in ihrem Persönlichkeitskern missachtet und als minderwertige „Unpersonen" dargestellt werden.
Da somit die Voraussetzungen für eine Beobachtung vorliegen, muss das BfV die AVA beobachten.

2. Ermessensfehler und Verletzung von Grundrechten der Betroffenen, insbesondere Verhältnismäßigkeit

Die Entscheidung, die AVA zu beobachten, ist geeignet zum Schutz der Rechtsgüter des § 3 Abs. 1 BVerfSchG, erforderlich und angesichts des erheblichen Bedrohungspotentials auch angemessen und stellt keine Verletzung von Grundrechtspositionen der AVA und ihrer Mitglieder dar.

Ende der Falllösung

9. Sonstige Aufgaben des BfV: personeller und materieller Geheim- bzw. Sabotageschutz

180 Ein weiterer wichtiger Aufgabenbereich des Verfassungsschutzes, der mit der Extremismusbeobachtung direkt nichts zu tun hat, ist die Mitwirkung beim Geheim- und Sabotageschutz (**§ 3 Abs. 2 BVerfSchG**). Hier sind BfV und gemäß den LVerfSchG auch die LfV sog. mitwirkende (d. h. überprüfende) Stellen bei

- der Sicherheitsüberprüfung von Personen, denen im öffentlichen Interesse geheimhaltungsbedürftige Tatsachen, Gegenstände oder Erkenntnisse anvertraut werden, die Zugang dazu erhalten sollen oder ihn sich verschaffen können,
- der Sicherheitsüberprüfung von Personen, die an sicherheitsempfindlichen Stellen von lebens- oder verteidigungswichtigen Einrichtungen beschäftigt sind oder werden sollen, und
- bei der Überprüfung von Personen in sonstigen gesetzlich bestimmten Fällen, z. B. nach §§ 7 Luftsicherheitsgesetz, 12b AtomG, 5 WaffG, 8 f. SprengstoffG und den Hafensicherheitsgesetzen der Länder.

Die für den Ausgang dieser Verfahren maßgeblichen Akteure sind die Verfassungsschutzbehörden von Bund und Ländern (einschließlich MAD für den militärischen Bereich). Der Hauptauftrag des Verfassungsschutzes ist es, verfassungsfeindliche Bestrebungen von Extremisten und Spionagetätigkeiten ausländischer Nachrichtendienste aufzuklären (§§ 3 Abs. 1 BVerfSchG, 1 MADG). Ihre originäre Aufgabe liegt daher nicht in personenbezogenen Bewertungen der Integrität von Geheimnisträgern, sodass es sich bei der Mitwirkung im Sicherheits- oder Zuverlässigkeitsüberprüfungsverfahren um eine auf den ersten Blick behördenfremde Aufgabe handelt. Der Grund, warum BfV, LfV und MAD dennoch die zentrale Rolle im personellen Geheimschutzverfahren übertragen wurde, liegt in dem spezifischen Detailwissen über extremistische Personenzusammenschlüsse und Spionagetätigkeiten (vgl. §§ 3 Abs. 1, 4 Abs. 1, 6 BVerfSchG), die wiederum zentrale Indikatoren für Sicherheitsrisiken i. S. d. § 5 SÜG darstellen. Nur nachrichtendienstliche Akteure können zudem polizeiliche Erkenntnisse (vgl. zu deren Abfrage § 12 Abs. 1 Nr. 2-3, Abs. 2 Nr. 1 SÜG) mit den Erkenntnissen der Nachrichtendienste systematisch abgleichen und in einer umfassenden Sicherheitsbewertung zusammenführen.

Ziel der Sicherheits- bzw. Zuverlässigkeitsüberprüfungen ist zu verhindern, dass Perso- 181
nen, die ein Sicherheitsrisiko darstellen (dazu § 5 SÜG) sicherheitsempfindliche Tätigkeiten ausüben, d. h. Zugang zu hoch eingestuften Verschlusssachen (ab VS-Vertraulich und höher) erhalten. Mit dem Sicherheitsüberprüfungsgesetz existiert für die Sicherheitsüberprüfung eine eigenständige gesetzliche Grundlage, d. h. das Verfahren der Sicherheitsüberprüfung ist nicht im BVerfSchG, sondern abschließend im SÜG geregelt.[441]

10. Die Festlegung von Beobachtungsobjekten

Ergeben sich tatsächliche Anhaltspunkte für das Vorliegen von Bestrebungen im Sinne 182
des § 3 Abs. 1 i. V. m. § 4 BVerfSchG, ist zu entscheiden, ob diese ausreichend sind, um eine Einstufung als Beobachtungsobjekt vorzunehmen. Die Festlegung von Beobachtungsobjekten erfolgt in einem strukturierten Verfahren, in das meist auch die Fachaufsicht bzw. der Innenminister als politische Entscheidungsinstanz einbezogen wird (ausdrücklich §§ 6 Abs. 2 NdsVSG, 3 Abs. 1 Satz 3 SaarlVSG). Beobachtungsobjekte werden planmäßig beobachtet und aufgeklärt (§ 6 Abs. 1 Satz 1 NdsVSG), was unabhängig von konkreten Einzelmaßnahmen zur Informationsgewinnung (vgl. §§ 8 ff. BVerfSchG), d. h. unabhängig von der Frage, ob auch heimliche (nachrichtendienstliche) Mittel zur Informationsbeschaffung eingesetzt werden, einen Dauergrundrechtseingriff darstellt.[442] Bereits bei der Prüfung, ob die Voraussetzungen für eine Beobachtung durch den Verfassungsschutz gemäß §§ 3, 4 BVerfSchG vorliegen, wird auch darüber entschieden, in welcher Form die Beobachtung – erforderlichenfalls auch unter Einsatz nachrichtendienstlicher Mittel – erfolgen soll.[443]

---

441 Näher *Warg*, Kap. 12 „Personeller Geheimschutz“, in: Dietrich/Fahrner/Gazeas/v. Heintschel-Heinegg, Handbuch Sicherheits- und Staatsschutzrecht, 2022.

442 *Gärditz*, Beobachtung der AfD (https://verfassungsblog.de/beobachtung-der-afd/).

443 BT-Drs. 11/5982, S. 3.

183 **Prüfschema, ob eine Gruppierung als extremistisch zu beobachten ist:**
- liegen tatsächliche Anhaltspunkte vor (§ 4 Abs. 1 Satz 5 BVerfSchG)?
- ist das Merkmal der „Bestrebung“ (§ 4 Abs. 1 Satz 1 a bis c BVerfSchG) erfüllt?
- ist die Bestrebung
  - gegen die fdGO (§ 4 Abs. 2 BVerfSchG),
  - gegen den Bestand oder die Sicherheit des Bundes oder eines Landes oder
  - gegen die Rechtsgüter nach § 3 Abs. 1 Nr. 3 oder Nr. 4 BVerfSchG gerichtet?

→ Bewertung der tatsächlichen Anhaltspunkte (z. B. des Programms, der Satzung usw.): *ist der Personenzusammenschluss extremistisch oder nur radikal?*
  - hier am Beispiel des § 3 Abs. 1 Nr. 1 BVerfSchG (Bestrebung gegen die fdGO):
    - steht das Menschenbild der Gruppierung im Einklang mit der Menschenwürdegarantie des Grundgesetzes?
    - werden die Kernelemente des Demokratie- oder des Rechtsstaatsprinzips verneint (z. B. Forderung nach Einparteienstaat, Führerprinzip als Ablehnung des Grundsatzes der Volkssouveränität)?
    - wird Gewalt als Mittel der politischen Auseinandersetzung befürwortet oder toleriert?

11. Die Problematik der Beobachtung von Parlamentariern

184 Lange war umstritten, ob eine (ggf. auch mit nachrichtendienstlichen Mitteln durchgeführte) Beobachtung von Abgeordneten durch den Verfassungsschutz zulässig ist. Festzuhalten ist zunächst, dass das BVerfSchG in Bezug auf den gesetzlichen Auftrag des Verfassungsschutzes keine privilegierende Sonderbehandlung von Mitgliedern parlamentarischer Gremien vorsieht. Deshalb verbieten die gesetzlichen Vorschriften auch nicht eine Beobachtung von Parlamentariern.[444] Vorbehaltlich besonderer Regelungen bzw. Vorgaben hinsichtlich der Beobachtung von Abgeordneten mit nachrichtendienstlichen Mitteln sieht auch kein Landesverfassungsschutzgesetz eine Privilegierung von Abgeordneten vor.

§ 5 Abs. 4 SächsVSG: Nachrichtendienstliche Mittel, die sich gezielt gegen einen Abgeordneten des Sächsischen Landtages richten, dürfen nur angewandt werden, wenn sie zuvor vom Präsidenten des Landtages genehmigt worden sind.
§ 28 VSG SH (ähnlich § 29 VSG LSA): Setzt die Verfassungsschutzbehörde nachrichtendienstliche Mittel gegen eine Abgeordnete oder einen Abgeordneten des Schleswig-Holsteinischen Landtages ein, hat sie die Präsidentin oder den Präsidenten des Schleswig-Holsteinischen Landtages umgehend hiervon zu unterrichten. [...]

Zu erwägen ist jedoch, ob durch die Beobachtung (vor allem, wenn sie mit nachrichtendienstlichen Mitteln erfolgt) eine Verletzung der besonderen Abgeordnetenrechte aus Art. 38 und Art. 46 GG stattfindet (zur Beobachtung von Parteien s. Rn. 336). Art. 38 Abs. 1 Satz 2 GG gewährleistet die Freiheit der Abgeordneten von exekutiver Beaufsichtigung und Kontrolle, wobei bereits die systematische Sammlung und Auswertung öffentlich zugänglicher Informationen über den Abgeordneten – und damit erst recht die Sammlung mithilfe nachrichtendienstlicher Mittel – einen Eingriff in das freie Mandat darstellt.[445] Andererseits wird die Freiheit des Mandats nicht schrankenlos garantiert, sondern durch andere Güter von Verfassungsrang, namentlich die verfassungsimmanente Schranke der streitbaren Demokratie (siehe Art. 73 Abs. 1 Nr. 10 b und Art. 87 Abs. 1 S. 2 GG; s. Rn. 19 f.) begrenzt.[446]

185 Im Rahmen der Abwägung sind die widerstreitenden Verfassungsgüter aus Art. 38 Abs. 1 Satz 2 GG einerseits und das Prinzip der wehrhaften Demokratie andererseits

444 BVerfG, NVwZ 2013, 1468 (1474 f., Rn. 133 ff.); OVG Münster, DVBl. 2009, 922 (923).
445 BVerfG, NVwZ 2013, 1468 (1472, Rn. 107).
446 BVerfG, NVwZ 2013, 1468 (1472, Rn. 111 f.); BVerwG, JZ 2011, 39 (40, 45).

zu einem schonenden Ausgleich zu bringen („praktische Konkordanz"). Infolgedessen ist eine Beobachtung von Abgeordneten dann unzulässig – wegen eines unverhältnismäßigen Eingriffs in das freie Mandat –, wenn die Funktionsfähigkeit des Parlaments bzw. die innerparlamentarischen Statusrechte des Abgeordneten als solche beeinträchtigt würden. Dies wäre der Fall, wenn die Tätigkeit der Verfassungsschutzbehörden auf die parlamentarische Willensbildung bzw. die parlamentarische Tätigkeit des Abgeordneten als solche direkt oder indirekt Einfluss nehmen würde (z. B. Beobachtung oder gar Beeinflussung des Abstimmungsverhaltens im Plenum oder in Ausschüssen oder Beobachtung von Personen, die sich unter Ausschluss der Öffentlichkeit mit dem Parlamentarier treffen).[447] Der von Art. 38 Abs. 1 Satz 2 GG bezweckte Schutz der Willens- und Entscheidungsbildung der Parlamentarier als Vertreter des Volkes setzt den Schutz der Kommunikationsbeziehung zwischen den Abgeordneten und den Wählern vor gezielter staatlicher Beeinflussung und staatlicher Abschreckung voraus.[448] Dies verlangt die Möglichkeit, unbeobachtet mit Abgeordneten Kontakt aufnehmen und mit ihnen sprechen zu können (s. auch Art. 47 GG). Das gezielte oder beiläufige Erfassen, wer mit welchen Abgeordneten wann und ggf. aus welchem Grund Kontakt aufgenommen hat, ist demnach unzulässig. Ob der Kernbereich parlamentarischer Freiheit auch schon dann betroffen ist, wenn die Redebeiträge im Parlament und den Ausschüssen zur Kenntnis genommen werden, ist indes zweifelhaft. Denn gerade dann, wenn es der Abgeordnete auf eine maximale Öffentlichkeitswirkung anlegt und den größtmöglichen Wirkungskreis seiner politischen (ggf. extremistischen) Betätigung entfalten möchte, muss es den Verfassungsschutzbehörden möglich sein, seine Frühwarn- und Gefahrenabwehrfunktion gegen solche – potentiell besonders wirkmächtigen – extremistischen Tätigkeiten entfalten zu können.[449] Umgekehrt können parlamentarische Redebeiträge oder schriftliche Äußerungen im parlamentarischen Raum auch entlastend wirken, wenn politische Positionen klargestellt und Verdachtsmomente so – zumindest auf der öffentlichen Bühne – ausgeräumt werden. Angesichts des „Schaufenstereffekts" von parlamentarischen Debatten sollte sich allerdings *weder der Vorwurf* der Verfassungsfeindlichkeit noch eine diesbezügliche *Entlastung allein auf parlamentarische Äußerungen* des Abgeordneten stützen. Entsprechend unzulässig wäre es, wenn der Vorwurf der Verfassungsfeindlichkeit gegen eine Partei primär auf parlamentarische Äußerungen einzelner Abgeordneter zurückgeführt würde. Hinzu kommt, dass gemäß Art. 46 Abs. 1 GG ein Abgeordneter zu keiner Zeit wegen einer Abstimmung oder einer Äußerung, die er im Bundestag oder in einem seiner Ausschüsse getan hat, gerichtlich oder dienstlich verfolgt oder sonst außerhalb des Bundestages „zur Verantwortung gezogen" werden darf. Die Vorschrift ist nach ihrem Wortlaut und Sinn und Zweck, die Arbeits- und Funktionsfähigkeit des Parlaments zu sichern und den Abgeordneten zu schützen, weit zu verstehen. Der Schutz des Art. 46 Abs. 1 GG erstreckt sich damit auch auf Maßnahmen der Verfassungsschutzbehörden.[450]

Vorbehaltlich solcher Statusbeeinträchtigungen ist eine Beobachtung von Abgeordneten grundsätzlich zulässig.[451] Allerdings muss hier in besonderem Maße der Verhältnismäßigkeitsgrundsatz beachtet werden. Ein überwiegendes Interesse am Schutz der fdGO – und damit eine verhältnismäßige Beobachtung von Abgeordneten – kommt insbesondere dann in Betracht, wenn Anhaltspunkte dafür bestehen, dass der Abgeordnete **sein** 186

447 Siehe BVerwG, JZ 2011, 39 (41, 47); Gutachten des Wissenschaftlichen Dienstes des Bundestages vom 3.5.2016 (WD 3 -3000 -371/11), S. 10.

448 BVerfG, NVwZ 2013, 1468 (1470, Rn. 94).

449 Das BVerfG hat im NPD-Verbotsverfahren daher zwanglos parlamentarische Redebeiträge von NPD-Politikern berücksichtigt, s. BVerfG, NJW 2017, 611 (645, Rn. 836 ff.).

450 BVerfG, NVwZ 2013, 1468 (1473, Rn. 124).

451 S. auch *Shirvani*, https://verfassungsblog.de/verdachtsfall/.

Mandat entweder **zum Kampf** gegen die freiheitliche demokratische Grundordnung **missbraucht oder** diese **aktiv und aggressiv bekämpft.**[452] Eine bloße Mitgliedschaft in einer extremistischen Partei rechtfertigt nach Ansicht des BVerfG demgegenüber allenfalls eine vorübergehende Beobachtung, die der Klärung der Funktionen des Abgeordneten, seiner Bedeutung und Stellung in der Partei, seines Verhältnisses zu verfassungsfeindlichen Strömungen sowie der Beurteilung von deren Relevanz innerhalb der Partei dient. Von entscheidender Bedeutung ist insoweit, ob und gegebenenfalls in welchem Ausmaß das politische Verhalten des Abgeordneten beeinflusst ist von extremistischen Strömungen innerhalb der Partei. Daraus folgt, dass eine Beobachtung und Speicherung des Abgeordneten in Akten und Dateien nur zulässig ist, wenn mindestens tatsächliche Anhaltspunkte dafür vorliegen, dass er extremistische Bestrebungen innerhalb oder außerhalb seiner Partei nicht nur akzeptiert, sondern diese selber in aggressiv-kämpferischer und vorsätzlicher Weise unterstützt.[453] Ob dies auch den **gezielten Einsatz nachrichtendienstlicher Mittel gegen den Abgeordneten** rechtfertigt, muss eine sehr strenge Abwägung im Einzelfall ergeben. In der Regel dürfte der Einsatz von ND-Mitteln gegen Abgeordnete als unverhältnismäßig anzusehen sein, auch wenn das BVerfG hierzu kein explizites Verbot aufstellt.[454] Sofern nicht in der Person des Abgeordneten Anhaltspunkte von besonderem Gewicht für ein besonders aktives und aggressives Bekämpfen der fdGO bestehen, etwa durch Befürworten oder Unterstützen von Gewalt oder anderer Straftaten als Mittel der politischen Auseinandersetzung, wird der gezielte Einsatz von ND-Mitteln gegen Abgeordnete wegen des damit verbundenen massiven Eingriffs in dessen freie Willensbildung regelmäßig als unverhältnismäßig anzusehen sein. Das Zur-Kenntnis-Nehmen und Verarbeiten von Randerkenntnissen über einen Abgeordneten aus dem Einsatz von ND-Mitteln gegen ein anderes Beobachtungsobjekt („Beifang") dürfte aber zulässig sein, wenn diese Erkenntnisse selbst relevante tatsächliche Anhaltspunkte dafür liefern, dass der Abgeordnete sein Mandat zum Kampf gegen die fdGO missbraucht oder diese aktiv und aggressiv bekämpft oder aber auch dabei hilft, derartige Anhaltspunkte zu entkräften oder zu relativieren.

VI. Die Aufgaben des MAD[455]

1. Aufgaben des MAD und Abgrenzung zu den zivilen Verfassungsschutzbehörden

187 **a) Weitgehend gleiche Aufgaben wie zivile Verfassungsschutzbehörden.** Aufgabe des **MAD** ist nach § 1 Abs. 1 MADG die Beobachtung von Bestrebungen, die gegen die fdGO, den Bestand oder die Sicherheit des Bundes oder eines Landes gerichtet sind, von sicherheitsgefährdenden oder geheimdienstlichen Tätigkeiten im Geltungsbereich dieses Gesetzes für eine fremde Macht und von Bestrebungen, die gegen den Gedanken der Völkerverständigung gerichtet sind. Folglich ist der MAD mit Ausnahme der Bestrebungen gegen die Amtsführung der Verfassungsorgane und der sog. ausländerextremistischen Bestrebungen (§ 3 Abs. 1 Nr. 3 BVerfSchG) – diese Aufgaben fehlen im Katalog des § 1 MADG – als „kleiner Bruder" der zivilen Verfassungsschutzbehörden für die gleichen Aufgaben wie das BfV und die LfV zuständig. Er kann daher verkürzt als

452 BVerfG, NVwZ 2013, 1468 (1473, Rn. 121 ff.).

453 Dem Beschluss des BVerfG (NVwZ 2013, 1468 ff.) ist allerdings nichts dafür zu entnehmen, dass dieses aggressiv-kämpferische Element auch für die Beobachtung von Personen ohne verfassungsrechtlich privilegierte Stellung (also für den „einfachen" Extremisten) erforderlich ist.

454 Siehe insoweit auch § 9b Abs. 2 Nr. 4 BVerfSchG, der nicht nur das Werben eines Abgeordneten als Vertrauensperson untersagt, sondern auch von Mitarbeitern des Abgeordneten (dazu *Dietrich*, in: ders./Eiffler, VI, § 2 Rn. 60). Die Unzulässigkeit einer VP-Werbung gilt natürlich insbesondere für die Fälle, in denen der Mitarbeiter als V-Person gezielt auf das Verhalten des Abgeordneten „angesetzt" werden soll.

455 Die folgenden Ausführungen sind angelehnt an *Warg*, in: Dietrich/Eiffler, V § 1 Rn. 78 ff.

„Verfassungsschutz der Bundeswehr" bezeichnet werden.[456] Für ihn gelten nach § 1 Abs. 1 Satz 3 MADG i. V. m. § 4 BVerfSchG auch die gleichen Beobachtungsvoraussetzungen wie für die zivilen Verfassungsschutzbehörden (dazu Rn. 90 ff.). Der MAD (seit 2017 „Bundesamt für den Militärischen Abschirmdienst" als Bundesoberbehörde) ist also ein *Inlands*nachrichtendienst, auch wenn die Wendung „im Geltungsbereich dieses Gesetzes" (Rn. 302) in § 1 Abs. 1 MADG nur für die Spionageabwehr ausdrücklich verwendet wird. Lediglich § 14 MADG sieht zum Schutz der Bundeswehrkontingente bei Auslandseinsätzen auch eine Tätigkeit des MAD im Ausland vor.[457]

Trotz des weitgehend identischen gesetzlichen Auftragskatalogs ist der Tätigkeitsfokus 188
des MAD doch anders gelagert als derjenige von BfV und LfV: Während die zivilen Verfassungsschutzbehörden auf die Aufklärung von Gefahren für die fdGO im gesellschaftlichen Kontext einschließlich der Beratung von Regierung und Öffentlichkeit abzielen (u. a. auch durch Sammlung von Material zur Vorbereitung von Vereins- und Parteiverboten) und damit direkt in die gesellschaftlich-politische Debatte eingreifen, ist die Zielsetzung des MAD singulär – und außerhalb des gesellschaftlichen Meinungsbildungsprozesses – die Förderung des „Selbstreinigungsprozesses" der Bundeswehr, also das Sicherstellen von loyal zur fdGO stehenden und damit im Sinne der Verfassung funktionstüchtigen Streitkräften.[458] Anders als die Verfassungsschutzbehörden (§ 16 Abs. 2 BVerfSchG bzw. die entsprechenden Regelungen in den LVerfSchG) hat der MAD auch keinen expliziten Auftrag zur Öffentlichkeitsarbeit bzw. zur Abgabe eines Rechenschaftsberichts. Erst seit dem Berichtsjahr 2019 gibt er einen „Jahresbericht des Militärischen Abschirmdienstes" (MAD-Report) als Rechenschaftsbericht heraus.[459] Auch ist die Tätigkeit von BfV und LfV eher organisationsbezogen mit Fokus auf politisch aktive *Personenzusammenschlüsse*, der MAD hat demgegenüber personenbezogen den *einzelnen Soldaten* bzw. Mitarbeiter im Blick, der einer verfassungsschutzrelevanten Organisation angehört. Als Ergebnis solcher Verdachtsfallbearbeitungen[460] übermittelt der MAD seine vorhaltbaren Erkenntnisse an die zuständigen Disziplinar- bzw. Dienstvorgesetzten zur Prüfung und Einleitung disziplinarrechtlicher Maßnahmen bis hin zur Entlassung aus der Bundeswehr.[461]

Ungeachtet dieses auf Einzelpersonen gerichteten Fokus **verzichtet § 1 MADG nicht** 189
auf die allgemeinen für alle Verfassungsschutzbehörden geltenden Definitionsmerkmale der „Bestrebung" i. S. d. § 4 BVerfSchG (dazu Rn. 90 ff.) und damit auch nicht auf die Anforderung, dass die zu beobachtende extremistische Aktivität von einem **„Personenzusammenschluss"** ausgehen muss. Es dürfte jedoch nur selten vorkommen, dass sich innerhalb des Geschäftsbereichs des BMVg ein extremistischer Personenzusammenschluss bildet bzw. dort selbstständig agiert. In aller Regel werden Personen in den Fokus der Beobachtung rücken, die mit einem extremistischen Vorlauf im zivilen Leben in die Bundeswehr eintreten oder die sich außerhalb ihres Militärdienstes extremistisch betätigen. Maßgeblich für die Beobachtung ist dann eine Einbindung in einen außerhalb des Geschäftsbereichs des BMVg agierenden Personenzusammenschluss. Die Bearbeitung durch den MAD erfolgt dann gewissermaßen in Fortsetzung der Beobachtung durch die zivilen Verfassungsschutzbehörden (BfV, LfV), die bereits eine Zuordnung

---

456 Zu Hintergründen des MADG *Dau*, DÖV 1991, 661 (663). Siehe hierzu auch *Rose-Stahl*, S. 131-144.

457 Näher zu § 14 MADG s. *Bareinske*, in: Dietrich/Eiffler, V, § 9 Rn. 49 ff.

458 *Siems*, DÖV 2012, 425 (428).

459 Zuvor gaben lediglich die Jahresberichte des Wehrbeauftragten des Bundestages anlassbezogen Auskunft über die Tätigkeit des MAD (z. B. zu Umfang und Bearbeitungsdauer von Sicherheitsüberprüfungen, vgl. BT-Drs. 18/7250, S. 28 f.).

460 Im Jahr 2020 hat der MAD 574 Verdachtsfallbearbeitungen aufgenommen gegenüber 482 im Jahr 2019, siehe MAD-Report 2020, S. 12.

461 *Siems*, DÖV 2012, 425 (428).

der betroffenen Person zu einem Beobachtungsobjekt „außerhalb der Kasernentore“ vorgenommen haben. Insofern darf der MAD keine Einzelpersonen isoliert in den Fokus nehmen (mit Ausnahme der in § 4 Abs. 1 Sätze 3 und 4 BVerfSchG genannten Einzelakteure), sondern nur solche, bei denen zumindest tatsächliche Anhaltspunkte (§ 1 Abs. 1 Satz 3 MADG i. V. m. § 4 Abs. 1 Satz 5 BVerfSchG) dafür vorliegen, dass sie bereits einem – in aller Regel außerhalb des Geschäftsbereichs es BMVg agierenden – extremistischen Personenzusammenschluss zugeordnet werden können.

190 **b) Die Verfassungsrechtliche Grundlage des MAD.** Seine verfassungsrechtliche Grundlage findet der MAD in Art. 65a GG, der neben der Befugnis zur Aufstellung militärischer Streitkräfte auch Regelungen zur Wahrung der inneren Ordnung der Bundeswehr erlaubt.[462] Wenn als verfassungsrechtliche Kompetenznorm zusätzlich Art. 73 Abs. 1 Nr. 1 (Verteidigung) und 73 Abs. 1 Nr. 10b (Verfassungsschutz) herangezogen werden,[463] ist dies ebenfalls zutreffend: Art. 73 GG regelt die Kompetenz des Bundes zur gesetzlichen Befassung mit einem militärischen Nachrichtendienst und Art. 65a GG die Einrichtungskompetenz zur Schaffung der hierfür zuständigen Behörde. Durch die Bezugnahme auf Art. 73 Abs. 1 Nr. 1 und Nr. 10b GG wird deutlich, dass der MAD – obwohl Teil des Geschäftsbereichs des BMVg – originäre Verfassungsschutzaufgaben wahrnimmt, allerdings beschränkt auf den Geschäftsbereich des BMVg (s. Rn. 191).

2. Zum eingeschränkten Tätigkeitsradius des MAD

191 Die Zuständigkeit des MAD ist zwecks Abgrenzung zur Tätigkeit von BfV und LfV auf den Geschäftsbereich des BMVg beschränkt: Er ist nach § 1 Abs. 1 Nr. 1 und 2 MADG nur zuständig, wenn sich die Bestrebungen oder Tätigkeiten gegen Personen, Dienststellen oder Einrichtungen im Geschäftsbereich des BMVg richten *und* diese Bestrebungen von Personen ausgehen oder ausgehen sollen, die diesem Geschäftsbereich angehören oder in ihm tätig sind (**doppelter BMVg-Bezug**). Eine Ausnahme regelt § 14 Abs. 3 Satz 1 MADG bei Auslandseinsätzen, wo der personelle Bundeswehrbezug zugunsten des Liegenschaftsbezuges aufgegeben wird.[464] Der MAD wird also grundsätzlich nur tätig, wenn sowohl das Ziel bzw. der Entfaltungsraum der extremistischen Bestrebung bzw. Spionagetätigkeit eine Einrichtung der Streitkräfte ist, als auch der „Täterkreis“ aus dem Geschäftsbereich des BMVg stammt.[465] Zum Geschäftsbereich des BMVg zählen in erster Linie die Streitkräfte (Truppe) sowie das Ministerium, die Bundeswehrverwaltung, die Truppendienstgerichte, der Bundeswehrdisziplinaranwalt, die Wehrdisziplinaranwälte sowie die Dienststellen der Militärseelsorge.[466] Fremdfirmen, die Wartungsarbeiten durchführen oder Lieferverträge in die Liegenschaften hinein erfüllen, fallen nicht unter den Kreis der im Geschäftsbereich Beschäftigten.[467] Da bei Klärung von Verdachtsfällen häufig auch Personen aus dem Umfeld von Geschäftsbereichsangehörigen einzubeziehen sind, ohne die eine sachgerechte Bewertung einer etwaigen Bedrohungslage nicht möglich wäre (z. B. Ehegatten), sieht § 2 MADG in diesen Fällen eine Annexzuständigkeit des MAD („Zur Fortführung von Aufgaben nach § 1 Abs. 1...“) auch gegenüber geschäftsbereichsfremden Personen vor. Seine gegenüber § 1 MADG dann erweiterte Zuständigkeit – die als Ausnahme restriktiv zu handhaben ist – besteht nur gegenüber Personen, die aus dem engeren Umfeld der Verdachtsperson stammen und auch nur dann, wenn davon auszugehen ist, dass diese Personen (z. B. Eltern, Ehegatte, Verlobter) die verfassungsschutzrelevante Aktivität unterstützt.

---

462 *Siems*, DÖV 2012, 425 (426); Gesetzesbegründung in BT-Drs. 11/4306, S. 65.
463 BVerfG, NJW 2013, 1499 (1502 Rn. 102); *Weisser*, NZWehrr 2012, 198 (199); *Droste*, S. 648.
464 *Bareinske*, in: Dietrich/Eiffler, V, § 9 Rn. 55.
465 Gesetzesbegründung zum MADG, BT-Drs. 11/4306, S. 66.
466 *Dau*, DÖV 1991, 661 (664).
467 Gesetzesbegründung, BT-Drs. 11/4306, S. 67; näher *Dau*, DÖV 1991, 661 (664).

Der notwendige doppelte Bundeswehrbezug von Akteur und attackiertem Schutzgut gilt jedoch nicht bei Bestrebungen nach § 3 Abs. 1 Nr. 4 BVerfSchG (siehe § 1 Abs. 1 Satz 2 MADG). Für die Beobachtung von Bestrebungen gegen den Gedanken der Völkerverständigung (s. Rn. 169 ff.) genügt es daher, wenn an dieser Bestrebung Angehörige des Geschäftsbereichs des BMVg oder Personen, die in ihm tätig sind oder in ihm tätig sein sollen, beteiligt sind (§ 1 Abs. 1 Satz 2 MADG). Nicht erforderlich ist hier, dass sich diese Bestrebung (z. B. eine salafistische Moschee, die ein Soldat frequentiert) auch gezielt gegen Einrichtungen bzw. Interessen der Bundeswehr bzw. des Geschäftsbereichs des BMVg richtet. Der Grund für den Verzicht auf die Bundeswehr als notwendig zu attackierendem Schutzobjekt dürfte sein, dass das terroristische Bedrohungspotential, das von ggf. militärisch ausgebildeten und mit Waffen ausgestatteten Angehörigen des Geschäftsbereichs des BMVg für die Sicherheit der Bundeswehr und der Bundesrepublik insgesamt ausgeht, als so erheblich eingeschätzt wird (§ 1 Abs. 1 Satz 2 MADG wurde wie § 3 Abs. 1 Nr. 4 BVerfSchG nach dem 11.9.2001 eingefügt), dass die Interessen der Bundeswehr auch ohne ausdrückliche gesetzliche Nennung stets ein bedrohtes Schutzgut darstellen.[468] 192

Es fällt auf, dass Bestrebungen, die sich durch Anwendung von Gewalt oder darauf gerichtete Vorbereitungshandlungen (§ 3 Abs. 1 Nr. 3 BVerfSchG; s. Rn. 163 ff.) auszeichnen, im MADG nicht erwähnt sind. Allerdings dürfte die Notwendigkeit einer hierfür ausdrücklich normierten Beobachtungszuständigkeit deshalb nicht bestehen, weil gewaltbezogene Bestrebungen gegen die Interessen der Bundeswehr (mit oder ohne Gefährdung auswärtiger Belange) in der Regel automatisch auch eine Bestrebung gegen Schutzgüter des § 3 Abs. 1 Nr. 1 BVerfSchG bedeuten (z. B. weil die Landesverteidigung auf dem Spiel steht, näher Rn. 134). Eine Schutzlücke hätte somit auch vor Einfügen des § 1 Abs. 1 Satz 2 MADG im Jahr 2002 (s. Rn. 192) nicht bestanden. Seit 2002 wird mit der Beobachtung von Bestrebungen gegen den Gedanken der Völkerverständigung generell sowohl der nicht-gewaltbezogene als auch der gewaltbezogene internationale Extremismus und Terrorismus beobachtet, soweit Geschäftsbereichsangehörige beteiligt sind.[469] 193

3. Zusätzlicher Auftrag: Beurteilung der Sicherheitslage und Schutz der Bundeswehr bei besonderen Auslandsverwendungen

Die einzigen Aufgaben des MAD, die über den Auftragskatalog der zivilen Verfassungsschutzbehörden hinausgehen, sind die **Beurteilung der Sicherheitslage** hinsichtlich der Dienststellen und Einrichtungen im Geschäftsbereich des BMVg sowie der verbündeten Streitkräfte auf deutschem Territorium (§ 1 Abs. 2 MADG) und der Schutz der Truppe bei besonderen Auslandsverwendungen (§ 14 MADG). Gemeint ist in § 1 Abs. 2 MADG insbesondere die sog. Abschirmlage, in der auch auf abstrakte Bedrohungen durch extremistische Bestrebungen oder kriminelle Elemente eingegangen wird.[470] Bei der Beurteilung der Sicherheitslage darf der MAD ausdrücklich über den Bundeswehrbereich hinausgehen und Informationen auch über Verdachtspersonen auswerten, die keine Angehörigen des Geschäftsbereichs des BMVg sind. Dies resultiert aus dem Umstand, dass man ein umfassendes Bild möglicher Bedrohungen für die Bundeswehr nur dann zeichnen kann, wenn man die gesamtstaatliche Situation berücksichtigt, von der der Geschäftsbereich des BMVg ja nur einen kleinen Ausschnitt abbildet.[471] Der MAD darf aber (um Zuständigkeitsüberschneidungen mit den zivilen Verfassungsschutzbehör- 194

468 In diese Richtung BT-Drs. 14/7386, S. 41 f.
469 Vgl. *Siems*, in: Schenke/Graulich/Ruthig, § 1 MADG Rn. 17 f.
470 Zum militärischen Nachrichtenwesen der Bundeswehr, das der Gewinnung und Auswertung von Informationen dient, die für die militärische Lagebeurteilung relevant sind, s. *Bareinske*, in: Dietrich/Eiffler, V, § 8 Rn. 81 ff.
471 Ähnlich *Siems*, in: in: Schenke/Graulich/Ruthig, § 1 MADG Rn. 24.

den zu vermeiden) die Informationen über geschäftsbereichsfremde Personen nicht gezielt selber erheben (§ 4 Abs. 1 Satz 2 MADG). Das Erhebungsverbot kann auch nicht durch Einholung einer Einwilligung der betroffenen Person umgangen werden (s. die Systematik des § 4 Abs. 1 Satz 1, 2. HS MADG),[472] z. B. wenn der MAD im Vorfeld eines feierlichen Gelöbnisses oder vor Verabschiedung von Soldaten in den Auslandseinsatz im Umfeld der Veranstaltung Passanten, Anwohner oder „Szeneangehörige" befragen würde, wie sie eine mögliche Gefährdung der Veranstaltung einschätzen. Der MAD kann somit zwar Daten für die Abschirmlage zusammentragen, darf aber keine eigenen Ermittlungen durchführen.[473] Damit wäre der MAD für die Beurteilung der Sicherheitslage auf die eigenen, anderweitig bereits zuvor in der Extremismus- bzw. Spionagebeobachtung erhobenen Erkenntnisse beschränkt und jedweder eigenveranlasste Informationseingang über Externe, ob nun durch abonnierte Zeitschriften, Erkenntnisanfragen bei anderen Behörden oder offene Recherche im Internet, unzulässig.[474] Dies macht aber keinen Sinn, denn um die Aufgabe nach § 1 Abs. 2 MADG nicht leer laufen zu lassen, muss es zulässig sein, dass der MAD zumindest die bei anderen Behörden vorhandenen Informationen über Externe (z. B. mögliche Störer eines Gelöbnisses oder Brandstifter auf Bundeswehrfahrzeuge) abfragt.[475] Anderenfalls könnte der MAD sein Sicherheitslagebild nur mithilfe von Erkenntnissen über Angehörige des BMVg-Geschäftsbereichs erstellen, was den Sinn und Zweck eines umfassenden Bedrohungslagebildes verfehlen würde. Ausgeschlossen für die Erstellung des Sicherheitslagebildes ist lediglich eine eigene (nachrichtendienstliche) Informationsbeschaffung über Personen außerhalb des Geschäftsbereichs des BMVg, da diese nicht zum Aufklärungs- und Beobachtungskreis des MAD zählen.

195 § 14 MADG regelt eine singuläre MAD-Zuständigkeit, nämlich die „Abschirmung" der Bundeswehr während ihrer Auslandseinsätze gegen jedwede Bedrohungen (nicht nur gegen die „klassischen" verfassungsschutzrelevanten des § 1 Abs. 1 MADG, sondern auch z. B. gegen OK und andere Kriminalität). Danach dürfen in Liegenschaften, in denen sich Dienststellen und Einrichtungen der Truppe befinden, Informationen zur Abwehr von Extremismus und internationalem Terrorismus, Spionage und Sabotage und auch zur Abwehr von sonstigen Bedrohungen, insbesondere durch organisierte Kriminalität, erhoben und ausgewertet werden.[476] Zu diesem Zweck dürfen öffentliche Stellen im Einsatzland um Auskünfte ersucht werden (z. B. lokale Gebietsgouverneure). Der Einsatz von ND-Mitteln außerhalb der Liegenschaften (z. B. das Anwerben und der Einsatz von Quellen unter der lokalen Bevölkerung) ist außerhalb der Einsatzliegenschaften jedoch unzulässig (§ 14 Abs. 4 Satz 2 MADG). Insoweit ist der MAD im Einsatzland für eine Informationserhebung mit verdeckten Mitteln auf den BND angewiesen. In den Bundeswehrliegenschaften im Einsatzland hingegen können nachrichtendienstliche Mittel bis hin zu einer G 10-Überwachung bei Vorliegen der gesetzlichen Voraussetzungen eingesetzt werden.[477]

VII. Die Aufgaben des BND[478]

196 Der BND sammelt zur Gewinnung von Erkenntnissen über das Ausland, die von außen- und sicherheitspolitischer Bedeutung für die Bundesrepublik Deutschland sind, die er-

472 BT-Drs. 18/11325, S. 123, 121.
473 *Siems*, in: Schenke/Graulich/Ruthig, § 1 MADG Rn. 24.
474 *Siems*, in: Schenke/Graulich/Ruthig, § 4 MADG Rn. 11.
475 Für eine teleologische Reduktion *Siems*, Schenke/Graulich/Ruthig, § 4 MADG Rn. 11.
476 *Siems*, in: Schenke/Graulich/Ruthig, § 14 MADG Rn. 4.
477 *Siems*, in: Schenke/Graulich/Ruthig, § 14 MADG Rn. 16.
478 Die folgenden Ausführungen sind angelehnt an *Warg*, in: Dietrich/Eiffler, V § 1 Rn. 83 ff.

forderlichen Informationen und wertet sie aus (§ 1 Abs. 2 BNDG).[479] Voraussetzung und gleichzeitig gemeinsames Element sämtlicher Aufklärungsaufgaben des BND ist die Bedeutung der Informationen bzw. Erkenntnisse für Belange der Außen- und Sicherheitspolitik der Bundesrepublik.

1. Unterschiede und Gemeinsamkeiten in Bezug auf die Aufgaben des Verfassungsschutzes

Zielrichtung des BND ist primär die *äußere Sicherheit der Bundesrepublik*.[480] Dies folgt 197
systematisch aus der für das BNDG zu Recht[481] in Anspruch genommenen Gesetzgebungskompetenz aus Art. 73 Abs. 1 Nr. 1 GG („auswärtige Angelegenheiten"),[482] aber auch aus der Zuständigkeitsabgrenzung zu den anderen Sicherheitsbehörden.[483] Ebenso wie der BND nicht für die Inlandsaufklärung zuständig ist (sondern nach § 3 Abs. 1 BVerfSchG der Verfassungsschutz), ist der BND umgekehrt nach § 1 Abs. 2 BNDG exklusiv für die Auslandsaufklärung zuständig. Weil es bei der Auslegung von Zuständigkeitsnormen eine Vermutung gegen Doppelzuständigkeiten gibt,[484] kann diese Aufgabe nicht zugleich dem BfV zugewiesen sein. Die Tätigkeit des BND fällt auch nicht unter die Legaldefinition „Verfassungsschutz" in Art. 73 Abs. 1 Nr. 10 b GG,[485] denn dort wird allein auf den Schutz *innerstaatlicher* Rechtsgüter abgestellt. Zwar ist das BVerfG der Auffassung, dass es bei der Versorgung der Bundesregierung mit Informationen für ihre außen- und sicherheitspolitische Entscheidungsfindung mittelbar zugleich um die Bewahrung demokratischer Selbstbestimmung und den Schutz der verfassungsrechtlichen Ordnung und damit um Verfassungsgüter von hohem Rang gehe.[486] Für diese Sichtweise spricht, dass die äußere und innere Sicherheit mehr und mehr verschwimmen und als einheitlicher „Schutz wesentlicher *Sicherheitsinteressen*" *des Staates* (vgl. Art. 346 Abs. 1 AEUV) bezeichnet werden können. Andererseits wird die Informationsbeschaffung des BND wohl nur im Einzelfall eine unmittelbare Gefährdung der Schutzgüter des Art. 73 Abs. 1 Nr. 10 b GG bzw. konkrete militärische Bedrohungen für die BR Deutschland zum Gegenstand haben und damit die staatliche Existenz als solche betreffen. Zwar bergen etwa der internationale Terrorismus oder militärische Auseinandersetzungen (wie der Angriff Russlands auf die Ukraine im Frühjahr 2022) gesamtstaatliches Gefahrenpotential, doch werden solche aus dem Ausland übergreifende Phänomene erst dann zur Bedrohung für die verfassungsmäßige Ordnung, den Bestand oder die Sicherheit des Bundes, wenn sie das gesamtstaatliche Gefüge militärisch oder im Wege einer Revolution zu beseitigen imstande sind. Dass ein Phänomen hohes individualschädigendes Potential in sich trägt (wie Terrorakte) und enorme gesellschaftliche Unruhe auslösen kann (wie etwa eine „schmutzige Bombe" in den Händen von Terroristen) macht es noch nicht automatisch zu einer Verfassungsschutzaufgabe i. S. d. Art. 73 Abs. 1 Nr. 10b GG. Die Verfassung wird durch den BND im Rahmen seiner Auslandsaufklärung daher nur mittelbar geschützt, z. B. durch Aufdeckung einer international agierenden Terrorgruppe, die in Deutschland Anschläge begehen will, um die fdGO zu

---

479 Ausführlich zu Inhalt und Zielen der Auslandsaufklärung *Bareinske*, in: Dietrich/Eiffler, V, § 8.

480 *Gusy*, in: Schenke/Graulich/Ruthig, § 1 BNDG Rn. 26.

481 BVerfG, NJW 2020, 2235 (2245 f., Rn. 122 ff.) – Auslandsaufklärung des BND.

482 BT-Drs. 11/4306, S. 70.

483 *Gusy*, in: Schenke/Graulich/Ruthig, § 1 BNDG Rn. 26.

484 *Meinel*, NVwZ 2018, 852 (854) m. w. N., auch zu dem Umstand, dass intensivere Kooperation zwischen den Behörden keine Lösung für unklare Zuständigkeitsabgrenzungen sei, weil Art. 65 Satz 2 GG die Erfüllung von Verwaltungsaufgaben grundsätzlich nur durch eine verantwortliche Behörde erlaube.

485 A.A. *Gusy*, Die Verwaltung 17 (1984), 273 (275), der auch den BND unter Art. 73 Abs. 1 Nr. 10 b GG subsumiert, da es unerheblich sei, ob die möglichen Beeinträchtigungen der fdGO im In- oder Ausland stattfinden; ebenso *Brenner*, Bundesnachrichtendienst im Rechtsstaat, 1990, S. 29 und *Meinel*, NVwZ 2018, 852 (855).

486 BVerfG, NJW 2020, 2235 (2250, Rn. 162) – Auslandsaufklärung des BND.

beseitigen. Wegen dieser auslandsbezogenen Zielsetzung können dem BND auch nur Aufgaben und Befugnisse übertragen werden, die Erkenntnisse über außen- und sicherheitspolitische Phänomene gewinnen sollen; eine Betrauung mit Angelegenheiten der inneren Sicherheit ist ausgeschlossen.[487] Der Begriff „Verfassungsschutz" sollte daher für die Behörden reserviert bleiben, die unmittelbar kraft ihrer gesetzlichen Zweckbestimmung dem Schutz der innerstaatlichen Verfassungsordnung und staatlichen Funktionsfähigkeit dienen.

198 Dennoch sind zwischen dem Auftrag des BND nach § 1 Abs. 2 BNDG und dem des Verfassungsschutzes zahlreiche Überschneidungen in nahezu allen Aufgabensegmenten und Phänomenbereichen feststellbar. Dies betrifft nicht nur Vernetzungsbemühungen der gewaltorientierten inländischen extremistischen Szenen mit dem Ausland. Im Beobachtungssegment des § 3 Abs. 1 Nr. 3 BVerfSchG (Rn. 163 ff.) gibt es wegen des originären Gewaltbezugs und der geforderten Gefährdung „auswärtiger Belange" wohl die meisten Überschneidungen mit den Aufklärungsinteressen des BND, da eine „außen- und sicherheitspolitische Bedeutung" für die BR Deutschland bei terroristischen Gruppierungen mit einer auslandsbezogenen Agenda evident ist. Im Bereich der Spionage gegen deutsche Interessen sind beide Behörden ebenfalls quasi gleichzeitig zuständig, da eine geheimdienstliche Tätigkeit i. S. d. § 3 Abs. 1 Nr. 2 BVerfSchG (Rn. 149, 157) immer von fremden Staaten veranlasst ist und immer auch die außenpolitischen (ggf. auch die sicherheitspolitischen, z. B. bei Staatsterrorismus) Interessen der BR Deutschland tangiert bzw. schädigt. Parallele oder überschneidende Zuständigkeiten von Verfassungsschutz und BND bedingen somit eine umfassende Kooperation auf diesen Themenfeldern (Rn. 411), um Doppelarbeit, Wissensverluste und das Verfolgen gegenläufiger (operativer) Interessen zu vermeiden.

2. Außen- und sicherheitspolitische Bedeutung der Informationsgewinnung

199 Ausgehend vom Wortlaut des § 1 Abs. 2 BNDG ist Auftrag des BND die Sammlung von Erkenntnissen zur Außen- und Sicherheitspolitik. Der Wortlaut lässt insoweit **kein Entschließungsermessen**, ob der BND diesem Auftrag nachkommt, d. h. er *muss* relevante Informationen zur Außen- und Sicherheitspolitik sammeln. Keine Vorgaben macht das Gesetz zu den konkreten Themen bzw. Schwerpunkten der zu sammelnden Informationen. Es müssen aber *politisch* relevante Informationen sein, d. h. solche, die für den Diskurs der gesellschaftlichen Kräfte und damit für die Verhältnisse in einem ausländischen Staat relevant sind bzw. die erforderlich sind, um die Handlungsfähigkeit Deutschlands gegenüber dem betreffenden Staat zu wahren (s. § 19 Abs. 3 BNDG). Es geht also um die Verbesserung der außenpolitischen Handlungsoptionen; daher kann der konkrete Bedarf für die Gewinnung solcher Informationen auch nur von politischen Akteuren definiert und festgelegt werden (z. B. Beschäftigten des Außen- und Entwicklungshilfeministeriums oder von Abgeordneten als Mitglieder des Auswärtigen Ausschusses). Anders als bei der Tätigkeit von Verfassungsschutz und MAD ist der Beobachtungsauftrag des BND nicht an das Vorliegen einschränkender Voraussetzungen wie „tatsächlichen Anhaltspunkte" für eine bestimmte Gefahrenlage (s. Rn. 66 ff.) oder gar das Vorliegen einer Gefahr im polizeirechtlichen Sinn geknüpft.[488] Ziel ist nicht die operative Gefahrenabwehr, sondern die **politische Information**.[489]

---

487 BVerfG, NJW 2020, 2235 (2246, Rn. 127) – Auslandsaufklärung des BND. Im ursprünglichen Gesetzentwurf war sogar explizit geregelt, dass der BND nicht auf innenpolitischem Gebiet tätig werden solle (BT-Drs. 11/4306, S. 33).

488 *Gusy*, in: Schenke/Graulich/Ruthig, § 1 BNDG Rn. 34.

489 BVerfG, NJW 2013, 1499 (1504, Rn. 116, 118) – Antiterrordatei; *Bareinske*, in: Dietrich/Eiffler, V, § 8 Rn. 81.

200 Bereits nach einem Kabinettsbeschluss aus dem Jahr 1956 war der BND zuständig für die politische, wirtschaftliche und militärische Auslandsaufklärung, die Gegenspionage und die Spionageabwehr innerhalb des Dienstes.[490] Die in Folgejahren als „Rechtsgrundlage“ fungierende Dienstanweisung des Bundeskanzleramts vom 4.12.1968 sah auch die „Erledigung sonstiger nachrichtendienstlicher Aufträge des Bundeskanzlers und der Bundesregierung im Ausland“ vor.[491] Diese Aufgabe wurde jedoch wegen der fehlenden Normenklarheit im Jahr 1990 nicht in den späteren gesetzlichen Aufgabenkatalog des BND übernommen. Sie durfte auch zur damaligen Zeit nicht in der Weise missverstanden werden, dass dem BND z. B. Sabotageaktionen oder Subversions- und Diversionsaktionen erlaubt gewesen wären (Rn. 3); vielmehr dürften hiermit lediglich besondere Aufträge der Erkenntnisgewinnung gemeint gewesen sein.[492]

201 In der Aufgabenzuweisung des § 1 Abs. 2 BNDG geht es um außen- und sicherheitspolitisch bedeutsame Informationen. „**Außenpolitik**“ ist die Einflussnahme auf die internationalen Beziehungen und die Stellung Deutschlands im Kreis der anderen Völkerrechtssubjekte. „**Sicherheitspolitik**“ meint ein zweckorientiertes Verhalten gegenüber auch abstrakten Gefahren, die von außen auf die Bundesrepublik Deutschland zukommen und deren Abwehr deshalb kompetentes Handeln auf Ebene des Bundes erfordert.[493] Bezugnehmend auf den Kompetenztitel des BND nach Art. 73 Abs. 1 Nr. 1 GG hat das BVerfG unter den „auswärtigen Angelegenheiten“ diejenigen Themen gefasst, die für das Verhältnis der Bundesrepublik Deutschland zu anderen Staaten oder zwischenstaatlichen Einrichtungen, insbesondere für die Gestaltung der Außenpolitik, Bedeutung haben.[494] Jedoch können auch nichtstaatliche Einrichtungen im Ausland (z. B. Privatunternehmen) außen- oder sicherheitspolitische Bedeutung haben[495] und damit Gegenstand der Aufklärung werden, z. B. Rüstungsunternehmen. Die Aufklärungstätigkeit des BND geht demnach weit über die Angelegenheiten der militärischen Verteidigung hinaus;[496] erfasst werden vielmehr alle Umstände, die die *äußere Machtstellung* Deutschlands in Bezug zu anderen Völkerrechtssubjekten oder de facto-Regimen nachteilig berühren können[497] bzw. die den Zustand relativer Ungefährdetheit ihnen gegenüber (etwa infolge gewaltsamer Einwirkungen von außen) gefährden kann.[498]

202 § 1 Abs. 2 BNDG verlangt im Wortlaut, dass die außen- *und* sicherheitspolitische Bedeutung der zu gewinnenden Erkenntnisse kumulativ vorliegen muss. Es würde demnach nicht ausreichen, wenn eine Erkenntnis entweder nur von außen- oder von sicherheitspolitischer Bedeutung wäre. Damit wäre die Tätigkeit des BND auf die Beobachtung gefahrgeneigter (insbesondere militärisch risikoträchtiger) Phänomene beschränkt (z. B. drohende militärische Interventionen), denn nur solche sind sowohl außen- *als auch* sicherheitspolitisch bedeutsam. Die Funktion des BND als Sicherheitsdienstleister und außenpolitischer Ratgeber der Bundesregierung muss jedoch weiter reichen, als lediglich als Frühwarnsystem für militärische Bedrohungen bzw. militärische Krisenherde zu fungieren. Wenn sich der Aufklärungsauftrag nach Sinn und Zweck auf alle denkbaren Informationen beziehen soll, die einen Bezug zu den Schutzgütern des BNDG aufweisen (z. B. die außenpolitisch relevanten Fragen zu Entwicklungen der

490 BT-Drs. 7/3246, S. 87.
491 BT-Drs. 7/3246, S. 47.
492 *Sule*, S. 132 f. m. w. N.
493 *Werthebach/Droste*, in: Bonner Kommentar zum GG, Art. 73 Nr. 10 Rn. 268.
494 BVerfG, NJW 2000, 55 (59); ebenso BVerwG, NJW 2008, 2135 (2137).
495 *Gusy*, in: Schenke/Graulich/Ruthig, § 1 BNDG Rn. 30.
496 *Bareinske*, in: Dietrich/Eiffler, V, § 8 Rn. 72.
497 *Hegmann/Stuppi*, in: MüKo StGB, 4. Aufl. 2021, § 93 Rn. 17 m. w. N.
498 *Anstötz*, in: MüKo StGB, 4. Aufl. 2021, § 92 Rn. 12.

Weltwirtschaft, [499] Problemen der Sicherstellung der Rohstoffversorgung bzw. ihrer Transitwege oder die Auswirkungen von Migrationsbewegungen inkl. ihrer vielfältigen Ursachen in den Herkunftsländern sowie der illegalen Schleuserstrukturen, näher Rn. 204), muss der **Wortlaut** des § 1 Abs. 2 BNDG **teleologisch reduziert** werden in der Weise, dass es genügt, wenn die Erkenntnisse entweder **außen-** ***oder*** **sicherheitspolitische Bedeutung** haben.[500]

3. Aufklärungsauftrag „über das Ausland", nicht notwendig im Ausland

203 Das Tatbestandsmerkmal *„über das Ausland"* in § 1 Abs. 2 BNDG dient der Klarstellung, dass Sachverhalte, Personen und Vorgänge des innerstaatlichen politischen Geschehens in der Bundesrepublik – auch wenn sie im Zusammenhang mit Vorgängen von außen- und sicherheitspolitischer Bedeutung stehen – nicht Gegenstand der Aufklärung durch den BND sind.[501] Die Aufklärung und die zu sammelnden Erkenntnisse müssen folglich einen ausländischen Sachverhalt bzw. einen sich im Ausland abspielenden Vorgang zum Ziel haben. Als Auslandsnachrichtendienst liegt das Tätigkeitsfeld des BND typischerweise außerhalb des Geltungsbereichs des deutschen Rechts.[502] Das heißt aber nicht, dass er zur Erledigung seiner auslandsbezogenen Aufgaben nicht auch im Inland tätig werden (Umkehrschluss aus § 1 Abs. 2 Satz 2 BNDG)[503] und auch deutsche Staatsbürger in seine Erkenntnissammlung einbeziehen dürfte. Der Auslandsbezug wird durch den Inhalt der zu gewinnenden Erkenntnisse, nicht durch den Ort ihrer Gewinnung[504] und auch nicht durch die Staatsangehörigkeit der Akteure bestimmt. Dies ist auch deshalb sachgerecht, weil die Gewinnung und Abschöpfung von Quellen im Inland die Mitarbeiter und Quellen weniger hohen Sicherheitsrisiken aussetzt als Treffen im Ausland,[505] d. h. evident grundrechtsschonender erfolgen können. Genauso wenig wie es den Verfassungsschutzbehörden zur Erledigung ihrer inlandsbezogenen Aufgaben verwehrt ist, bei Bedarf auch im Ausland Informationen zu erheben (Rn. 302 ff.), ist dem Gesetz kein Verbot zu entnehmen, dass der BND seine auslandsbezogene Aufklärungstätigkeit im Inland fortsetzt. Die Erkenntnisse müssen sich aber auf ausländische Vorgänge beziehen. Unzulässig wäre daher eine Sammlung über inländische terroristische Gruppen, die keinen Aufschluss über Vorgänge im Ausland geben,[506] etwa über die Kontakte der Terrorgruppe zu ausländischen Gesinnungsgenossen oder über den Umfang und Hintergrund von Auslandskontakten eines der Proliferation verdächtigen international agierenden Wirtschaftsunternehmens oder einer politischen Stiftung. Dennoch wirft das Merkmal „über das Ausland" angesichts der grenzüberschreitenden Gefährdungs- und Aufklärungsfelder (z. B. beim internationalen Terrorismus) Abgrenzungsfragen auf. Wenn etwa deutsche Staatsangehörige im Ausland, z. B. beim IS oder in Trainingscamps in der afghanisch-pakistanischen Grenzregion für Terroranschläge ausgebildet werden,[507] geschieht dies im Ausland und damit in einem Bereich, dessen Aufklärung zu

---

499 *Gusy*, in: Schenke/Graulich/Ruthig, § 1 BNDG Rn. 29: Die genannten Schutzgüter müssten sich nicht auf den staatlichen Bereich beziehen, sondern können auch außenwirtschaftlich relevante Informationen zum Gegenstand haben, sofern diese außen- oder sicherheitspolitische Bedeutung erlangen, z. B. Wirtschaftsspionage aus dem Ausland.

500 Ähnlich *Kahl*, Aktuelle Herausforderungen für die äußere Sicherheit der Bundesrepublik Deutschland. Auswirkungen auf Arbeit und Aufgaben des Bundesnachrichtendienstes, in: Sensburg (Hrsg.), Sicherheit in einer digitalen Welt, 2017, S. 137 (152 f.).

501 BT-Drs. 11/4306, S. 70.

502 *Kretschmer*, Jura 2006, 336 (340).

503 *Gusy*, Die Verwaltung 17 (1984), 273 (281).

504 *Gusy*, in: Schenke/Graulich/Ruthig, § 1 BNDG Rn. 24 m. w. N.

505 *Ader*, in: Dietrich/Fahrner, § 19 Rn. 17.

506 *Gusy*, Die Verwaltung 17 (1984), 273 (278).

507 Beispiel bei *Kahl*, Aktuelle Herausforderungen für die äußere Sicherheit der Bundesrepublik Deutschland. Auswirkungen auf Arbeit und Aufgaben des Bundesnachrichtendienstes, in: Sensburg (Hrsg.), Sicherheit in einer digitalen Welt, 2017, S. 137 (149).

den Aufgaben des BND gehört. Dasselbe gilt für die Rückreise solcher Personen Richtung Deutschland. Ab Grenzübertritt hingegen fallen sie in die originäre Zuständigkeit der Inlandssicherheitsbehörden. Soweit jedoch auch jetzt noch Einflüsse aus dem Ausland wirken, beispielsweise weil die Betreffenden von dort Instruktionen für die Vorbereitung oder Durchführung von Terroranschlägen erhalten, geht es wiederum (auch) um Erkenntnisse *über das Ausland*, so dass die Aufgabenzuweisung an den BND fortbesteht. Angesichts dieser Verflechtungen zwischen Inlands- und Auslandsdienst (ähnliches gilt für das Feld der Cyberbedrohungen bzw. -spionage) muss sichergestellt sein, dass die Zuständigkeiten von Inlands- und Auslandsnachrichtendienst nahtlos ineinandergreifen und es nicht zu Beobachtungslücken kommt. Eine enge und vertrauensvolle Zusammenarbeit von BfV und BND ist daher zwingend, um das Schutzkonzept[508] zur Gewährleistung der inneren und äußeren Sicherheit umzusetzen.

4. Aufklärungsfelder des BND, insbesondere das Auftragsprofil der Bundesregierung

Welche Themen bzw. Einsatzgebiete im Einzelnen der BND bearbeitet, bestimmt die Bundesregierung anhand des von ihr erstellten Auftragsprofils (APB), das den gesetzlichen Auftrag aus § 1 Abs. 2 BNDG anhand der aktuellen Aufklärungsbedürfnisse ausformuliert[509] und in § 19 Abs. 4 BNDG indirekt auch als Gegenstand der Strategischen Ausland-Fernmeldeaufklärung benannt wird. Wegen des nicht eingrenzenden Wortlauts des § 1 Abs. 2 BNDG hat die Bundesregierung – wie generell im Bereich der auswärtigen Gewalt – einen weiten Einschätzungsspielraum, wie sie die Beziehungen zu anderen Staaten gestalten möchte.[510] Deshalb kann der BND Auslandsaufklärung sowohl auf politischem, wirtschaftlichem, technischem und militärischem Gebiet sowie die Aufklärung gegnerischer Nachrichtendienste (Gegenspionage) betreiben.[511] Eine indirekte Konkretisierung und damit Priorisierung, was der Gesetzgeber als außen- und sicherheitspolitisch besonders bedeutsam erachtet, findet sich in §§ 5 Abs. 1 Satz 3; 8 Abs. 1 G10; 13 Abs. 4 BNDG.[512] In den dort genannten Delikts- bzw. Phänomenbereichen ist eine strategische Fernmeldeaufklärung (dazu Rn. 363, 368) bzw. der Datenaustausch mit ausländischen Nachrichtendiensten zulässig, was bedeutet, dass der Gesetzgeber den BND zuständig sieht insbesondere für die **Gefahr eines bewaffneten Angriffs auf Deutschland**, den internationalen **Terrorismus** (wobei es weder einer konkreten Gefahr, noch eines bestimmten Verdachts bedarf; es reicht vielmehr, dass Erkenntnisse über die Gefahr terroristischer Anschläge zu erwarten sind)[513], die illegale Verbreitung von **Massenvernichtungs- und Kriegswaffen**, den Schutz der Bundeswehr bei Auslandseinsätzen, bandenmäßige Rauschgift- und Geldfälschungskriminalität, Menschen- sowie Waffenschmuggel – folglich die klassischen Felder der **OK** – und den Einfluss der genannten Kriminalitätsfelder auf die politische, gesellschaftliche und wirtschaftliche Situation in dem betreffenden Staat.[514] Die genannten Beobachtungsfelder decken sich mit den Themen, die § 31 Abs. 3 und 5 BNDG für die Routine-Fernmeldeaufklärung (s. zur Abgrenzung zur strategischen Fernmeldeaufklärung Rn. 363) als Konkretisierung des Aufklärungsauftrags aus § 1 Abs. 2 BNDG[515] nennt, nämlich 204

---

508 Dazu *Papier*, NJW 2017, 3025 (3029).

509 BVerwG, NVwZ 2010, 321 f.: die Regelung auswärtiger Beziehungen ist eine politisch-strategische Frage, keine rechtliche. Näher *Bareinske*, in: Dietrich/Eiffler, V, § 8 Rn. 75 ff.

510 *Bareinske*, in: Dietrich/Eiffler, V, § 8 Rn. 76.

511 *Porzner*, Die Verwaltung 26 (1993), 235 (240). Zur Gegenspionage *Warg*, in: Dietrich/Eiffler, V, § 4 Rn. 2.

512 *Gusy*, in: Schenke/Graulich/Ruthig, § 1 BNDG Rn. 26.

513 BVerwG, NJW 2008, 2135 (2137).

514 *Soiné*, DÖV 2006, 204 m. N.

515 So BT-Drs. 18/9041, S. 22 zur ähnlichen Vorläuferregelung des § 6 Abs. 1 BNDG: dieser konkretisiert den gesetzlichen Aufklärungsauftrag nach § 1 Abs. 2 Satz 1 BNDG, engt ihn aber nicht ein.

- frühzeitiges Erkennen erheblicher Gefahren für die innere oder äußere Sicherheit der Bundesrepublik Deutschland,
- Wahrung der außen- und sicherheitspolitischen Handlungsfähigkeit der Bundesrepublik Deutschland,
- Früherkennung von Gefahren durch den internationalen Terrorismus oder Extremismus,
- Früherkennung von Gefahren durch die illegale Verbreitung von Massenvernichtungs- und Kriegswaffen sowie durch den unerlaubten Außenwirtschaftsverkehr mit Waren und technischen Unterstützungsleistungen in Fällen von erheblicher Bedeutung,
- Schutz der Bundeswehr und der Streitkräfte der an der Kooperation beteiligten Staaten oder der Streitkräfte des Kooperationspartners,
- Gewinnung von Informationen zu nachrichten- oder geheimdienstlichen Aktivitäten mit Bezug zur Bundesrepublik Deutschland oder zum Kooperationspartner,
- Gewinnung von Informationen zur internationalen Organisierten Kriminalität und
- Gewinnung von Informationen zu internationalen kriminellen, terroristischen oder staatlichen Angriffen mittels Schadprogrammen auf die Vertraulichkeit, Integrität oder Verfügbarkeit von informationstechnischen Systemen.

Die **Organisierte Kriminalität**, insbesondere der Rauschgifthandel, ist deshalb von „außen- und sicherheitspolitischer Bedeutung" i. S. d. § 1 Abs. 2 BNDG,[516] weil Deutschland ein erhebliches Interesse an der Bekämpfung dieser Kriminalitätsfelder hat, die häufig ihren Ursprung bzw. ihr Ziel im Ausland haben und daher nur in Interaktion mit anderen Staaten und in Kenntnis der Verhältnisse im Ausgangs- bzw. Zielland bekämpft werden können.

205 Schließlich erfasst § 1 Abs. 2 BNDG auch die politische Auslandsaufklärung über die Fähigkeiten, Absichten und Aktivitäten ausländischer Regierungen,[517] die militärische Aufklärung[518] über Absichten, Stärke, Bewaffnung, Dislozierung und Fähigkeiten möglicher militärischer Gegner[519] sowie Erkenntnisse über Cyber-Fähigkeiten und -Bedrohungen durch andere Staaten[520] (s. § 5 Abs. 1 Satz 3 Nr. 8 G 10).[521] Auch Fragen der **Versorgungssicherheit** der Bundesrepublik mit Energie oder sonstige außen- oder sicherheitspolitisch bedeutsame Warenströme aus dem Ausland, die Sicherheit von Verkehrs- und Transportwegen in das bzw. im Ausland oder von Deutschen oder Mitarbeitern deutscher Unternehmen im Ausland sind von § 1 Abs. 2 BNDG erfasst.[522] **Wirtschaftsspionage** (Rn. 161) zugunsten deutscher oder anderer Unternehmen hingegen ist **unzulässig** (s. § 19 Abs. 9 BNDG, der zwar nur eine strategische Ausland-Fernmeldeaufklärung insoweit für unzulässig erklärt, jedoch als allgemeiner Grundsatz der deutschen ND-Architektur zu verstehen sein dürfte).

206 Regionale Aufklärungsschwerpunkte sind der Nahe und Mittlere Osten, Zentralasien, Russland und Ostasien, wobei allerdings die geographische Beschreibung als Naher und Mittlerer Osten als zu eng empfunden wird. Regionale Interdependenzen und gemeinsame strukturelle Probleme lassen insoweit vielmehr den umfassenderen Begriff des „Islamischen Krisenbogens", also des Gürtels muslimisch geprägter Staaten von Nord-

---

516 *Werthebach/Droste*, in: Bonner Kommentar zum GG, Art. 73 Nr. 10 Rn. 270.
517 Zu diesem Bereich der Auslandsaufklärung allgemein *Bareinske*, in: Dietrich/Eiffler, V, § 8 Rn. 36 ff.
518 Zum militärischen Nachrichtenwesen der Bundeswehr *Bareinske*, in: Dietrich/Eiffler, V, § 8 Rn. 81 ff.
519 Hierzu näher *Bareinske*, in: Dietrich/Eiffler, V, § 8 Rn. 53 ff.
520 *Brunst*, in: Dietrich/Eiffler, V, § 7 Rn. 83.
521 Zur Rolle von BND und BfV bei Cyberangriffen s. *Warg*, in: Dietrich/Eiffler, V, § 4 Rn. 3, 22 f. Zur Funktion von BSI und Nationalem Cyberabwehrzentrum s. *Brunst*, in: Dietrich/Eiffler, V, § 7 Rn. 57 ff
522 *Gusy*, in: Schenke/Graulich/Ruthig, § 1 BNDG Rn. 29.

afrika über den Nahen und Mittleren Osten bis nach Afghanistan und Pakistan als vorzugswürdig erscheinen.[523]

Schließlich wird eine Zuständigkeit des BND für den Schutz bzw. die Betreuung deutscher Staatsbürger im Ausland bei **Entführungsfällen** angenommen (so auch § 8 Abs. 1 G10).[524] Dies stellt aber genauso wenig wie sonstige humanitäre Vermittlungstätigkeiten in einem Konflikt die Erfüllung originärer Aufgaben nach § 1 Abs. 2 BNDG dar. Vielmehr werden solche „Spezialjobs" aufgrund nachrichtendienstlicher und politischer Opportunitätserwägungen in Erfüllung der sog. **„Back-Channel-Funktion"** jenseits offizieller diplomatischer Kanäle wahrgenommen.[525] Die damit in Verbindung stehenden Tätigkeiten sind allenfalls nur am Rande noch „Sammeln und Auswerten" von Informationen (sofern überhaupt ein eigenes Informationsinteresse i. S. v. § 1 Abs. 2 BNDG besteht), doch erscheint es bisweilen opportun (und bei Entführungen von deutschen Staatsbürgern im Ausland angesichts der staatlichen Schutzpflicht auch geboten), die Verbindungen und Gesprächskanäle der Nachrichtendienste zu nutzen. Eine Kompetenz des BND für solche Vermittlerrollen – sofern kein eigenes Informationsbeschaffungsinteresse besteht – kann jedoch nur als Amtshilfe (dazu Rn. 475 ff.) für das Auswärtige Amt (Art. 35 Abs. 1 GG, § 4 Abs. 1 VwVfG i. V. m. § 6 Konsulargesetz und § 11 Abs. 2 GeschO BReg.) begründet werden.[526] Ist die Vermittlertätigkeit auch aus eigenem Informationsinteresse i. S. d. § 1 Abs. 2 BNDG motiviert, stellen solche Handlungen eine Mischtätigkeit mit Doppelfunktion (teils in eigener Zuständigkeit des BND, teils in Amtshilfe) dar.[527] 207

VIII. Die Befugnisse der Nachrichtendienste

Nach den Aufgabenkatalogen beschäftigen sich die Nachrichtendienstgesetze in eigenen Abschnitten mit den Befugnissen (§§ 8 ff. BVerfSchG, 4 ff. MADG, 2 ff. BNDG). Denn ganz grundsätzlich gilt, dass alleine eine Zuständigkeitszuweisung (Aufgabenbeschreibung), wie sie §§ 3 BVerfSchG, 1 MADG und 1 BNDG enthält, noch nicht mit der Zuerkennung der zur Erledigung dieser Aufgaben erforderlichen Kompetenzen (Befugnisse) verbunden ist („kein Rückschluss von der Aufgabe auf die Befugnisse").[528] Dass das BfV gemäß § 3 Abs. 1 BVerfSchG die **Aufgabe** hat, extremistische Bestrebungen zu beobachten, beantwortet somit noch nicht die Frage, welche **Befugnisse** es zur Wahrnehmung dieser Aufgabe ausüben kann (z. B. welche Daten aus welchen Informationsquellen erhoben werden dürfen und ob hierzu auch ND-Mittel oder gar Zwangsmittel eingesetzt werden können). Es gilt der rechtsstaatliche Grundsatz, dass Zuständigkeitsregeln keine Befugnisregeln sind, sondern sich die Befugnisse aus separaten und hinreichend bestimmt formulierten („normenklaren") Regelungen ergeben müssen. 208

1. Befugnisse auch für das BfV als Zentralstelle?

Das BfV hat im Verfassungsschutzverbund als Zentralstelle eine Koordinationsaufgabe (§ 2 Abs. 1 BVerfSchG, näher Rn. 376 ff.). Diese Koordinationsaufgabe kann es aber nur dann sinnvoll wahrnehmen, wenn es auch eigene Befugnisse zur Informationsbeschaffung und weiteren Informationsverarbeitung wahrnehmen kann. Die in Art. 73 Abs. 1 209

523 *Kahl*, Aktuelle Herausforderungen für die äußere Sicherheit, in: Sensburg (Hrsg.), Sicherheit in einer digitalen Welt, 2017, S. 137 (144 ff.) mit Beispielen. S. auch *Porzner*, Die Verwaltung 26 (1993), 235 (241).
524 Vgl. BT-Drs. 19/32398, S. 8 f.
525 *Meiertöns*, GSZ 2018, 219 (221).
526 *Meiertöns*, GSZ 2018, 219 (224).
527 *Meiertöns*, GSZ 2018, 219 (224).
528 Dies ist Ausfluss aus dem Vorbehalt des Gesetzes, vgl. BVerfGE 49, 168 (181).

Nr. 10 b GG[529] und § 5 Abs. 3–4 BVerfSchG für das BfV vorgesehene Koordinationsaufgabe setzen also eigene Datenverarbeitungsbefugnisse des BfV voraus.[530] Daher erlaubt auch das BVerfG dem Bund in gewissem Umfang im Bereich des Verfassungsschutzes selbst tätig zu werden und dem BfV die für seine Aufgaben erforderlichen Befugnisse einzuräumen.[531] Insoweit kann auch von einer Bundeskompetenz kraft Sachzusammenhangs gesprochen werden.[532] Das BfV ist folglich nicht darauf beschränkt, die Aufklärungsarbeit der Länder zu koordinieren, sondern kann selbst operative Befugnisse auf dem Gebiet des Verfassungsschutzes wahrnehmen.[533] Was das BfV im Einzelnen darf, um die nötigen Informationen erheben, verarbeiten und nutzen zu können, ist im Wesentlichen in §§ 8 ff. BVerfSchG und im G10 geregelt.

2. Befugnisregeln auch für den BND bei Datenerhebungen im Ausland?

210 Fraglich ist, inwieweit die Notwendigkeit normenklarer Befugnisregeln auch für den BND gilt. Aus § 1 Abs. 2 Satz 2 BNDG kann der Schluss gezogen werden, dass *nur bei einer Datenerhebung im Inland* die besonderen datenschutzrechtlichen Vorkehrungen und Anforderungen an bereichsspezifische Datenumgangsregeln zu fordern sind. Bis zum Urteil des BVerfG vom 19.5.2020 bestand zudem die verbreitete Auffassung, dass bei Datenerhebungen im Ausland gegenüber Ausländern, d. h. bei Informationsbeschaffung bzw. -verarbeitung ohne Inlandsbezug, kein Grundrechtseingriff stattfinde.[534] Im Umkehrschluss hätte dies bedeutet, dass die (einschränkenden) Befugnisregeln der Dienstegesetze nur dann anzuwenden sind, wenn die Datenerhebungsmaßnahmen des BND vom Inland aus durchgeführt werden oder eine in Deutschland aufhältige Zielperson zum Gegenstand hat. Die Auffassung, dass Grundrechte nur bei inlandsbezogenen Maßnahmen zu beachten seien, hat das BVerfG jedoch verworfen,[535] ohne allerdings im Einzelnen festzulegen, inwieweit – jenseits der Feststellung, dass Art. 10 Abs. 1 GG auch auf Ausländer im Ausland anwendbar ist – die aus dem Allgemeinen Persönlichkeitsrecht abzuleitenden allgemeinen Anforderungen an Bestimmtheit und Normenklarheit für alle auslandsbezogenen Datenverarbeitungen umfassend Geltung beanspruchen können. Das Gericht begründet die Auslandsgeltung der Grundrechte insbesondere mit der umfassenden Grundrechtsbindung aller deutschen Hoheitsgewalt gemäß Art. 1 Abs. 3 GG. Ein Verständnis der Grundrechte, das deren Geltung an den Staatsgrenzen enden ließe, würde – so das BVerfG – die Grundrechtsträger angesichts der Digitalisierung und Internationalisierung der Kommunikationsbeziehungen schutzlos stellen.[536] Dies könne dazu führen, dass der Grundrechtsschutz in einem zunehmend wichtiger werdenden Bereich eingriffsintensiven staatlichen Handelns leerliefe, und zwar mit dem Sicherheitsrecht gerade in einem Feld, in dem Grundrechten besondere Bedeutung zukommt. Aus den 2021 neu gefassten §§ 10 ff., 34 BNDG ergibt sich, dass der Gesetzgeber dieses Konzept der Grundrechtsgeltung im Ausland aufgegriffen und die grundlegenden Regeln zur Speicherung von Daten in Dateien, die Vorgaben bei der Übermittlung

---

529 *Gärditz*, AöR 144 (2019), 81 (95): im federführenden Hauptausschuss des Parlamentarischen Rates scheint stillschweigend davon ausgegangen worden zu sein, dass der Bund selbst Aufgaben der nachrichtendienstlichen Aufklärung erfüllen sollte.

530 *Spitzer*, S. 34 ff.

531 BVerfG, NVwZ-Beilage 2020, 55 (61); in diese Richtung bereits BVerfGE 30, 1 (20): „Es kann nicht der Sinn der Verfassung sein, zwar den verfassungsmäßigen obersten Organen im Staat eine Aufgabe zu stellen und für diesen Zweck ein besonderes Amt vorzusehen [gemeint ist das BfV, Anm. d. Verf.], aber den verfassungsmäßigen Organen und dem Amt die Mittel vorzuenthalten, die zur Erfüllung ihres Verfassungsauftrags nötig sind."

532 *Löffelmann/Zöller*, B. Rn. 13.

533 BVerfG, Beschl. v. 28.9.2022 – 1 BvR 2354/13, Rn. 98; BVerfGE 155, 119 (174); *Gärditz*, in: Stern/Sodan/Möstl, Staatsrecht I, 2. Auflage 2022, § 22 Rn. 39.

534 Zum damaligen Diskussionsstand *Dietrich*, in: Schenke/Graulich/Ruthig, § 6 BNDG Rn. 6 ff.

535 BVerfG, NJW 2020, 2235 (2241 ff.).

536 BVerfG, NJW 2020, 2235 (2244, Rn. 110).

personenbezogener Daten durch und an den BND sowie die grundrechtlichen Restriktionen beim Umgang mit Daten, die dem Telekommunikationsgeheimnis und dem sog. Computergrundrecht unterfallen, auch auf die Auslandstätigkeit des BND angewendet wissen will.

3. Allgemeines zur Bedeutung der Datenumgangsregeln

Bevor im Einzelnen darauf eingegangen wird, welche Maßnahmen den Nachrichtendiensten unter welchen Voraussetzungen erlaubt sind, sollen zunächst die Grundbegriffe beim Umgang mit personenbezogenen Daten geklärt werden.[537] Denn nahezu jede Maßnahme zur Beschaffung und Weiterverarbeitung von Information (und der Umgang mit Daten ist ja die einzige operationelle Befugnis, die die deutschen Nachrichtendienste haben, vgl. Rn. 2, 6) bedeutet auch einen Umgang mit personenbezogenen Daten und damit einen Grundrechtseingriff. Hintergrund für die detaillierten Vorschriften im BVerfSchG, MADG und BNDG zum Umgang mit personenbezogenen Daten ist das von Art. 2 Abs. 1 i. V. m. Art. 1 Abs. 1 GG geschützte „**Allgemeine Persönlichkeitsrecht**", und zwar in seiner speziellen Ausprägung als „**Recht auf informationelle Selbstbestimmung**". Dieses Grundrecht verlangt ausdifferenzierte Regelungen, in welchem Umfang und unter welchen Voraussetzungen ein Umgang des Staates mit personenbezogenen Daten zulässig ist. Selbst wenn eine Beobachtung ausschließlich mit Mitteln der offenen Informationsbeschaffung erfolgt, handelt es sich um einen Eingriff in das Recht auf informationelle Selbstbestimmung, weil auch die aus öffentlich zugänglichen Quellen stammenden Daten durch ihre systematische Erhebung, Sammlung und analytische Zusammenführung einen zusätzlichen Aussagewert erhalten oder sich dazu verdichten lassen.[538] 211

4. Grundlagen des Datenschutzrechts

a) Das Volkszählungsurteil. Im sog. „Volkszählungsurteil" vom 15.12.1983 hat das BVerfG als Ausfluss aus dem Allgemeinen Persönlichkeitsrecht gemäß Art. 2 Abs. 1 i. V. m. Art. 1 Abs. 1 GG das **Grundrecht auf informationelle Selbstbestimmung (R.i.S.)** entwickelt. 212

Es dient dem Schutz des Einzelnen vor einer unbegrenzten Erhebung, Speicherung, Verwendung und Weitergabe seiner persönlichen Daten, denn grundsätzlich ist es Sache des Einzelnen, über die Preisgabe und Verwendung seiner personenbezogenen Daten zu entscheiden. Zudem muss jeder wissen können, „wer was wann und bei welcher Gelegenheit über ihn weiß."[539] 213

537 Zu den Begriffsbestimmungen, was unter den verschiedenen Phasen des Umgangs mit personenbezogenen Daten gemeint ist, siehe § 46 BDSG, der über §§ 27 Nr. 2 BVerfSchG, 13 Nr. 2 MADG, 32a Nr. 2 BNDG auch für die Tätigkeit der Nachrichtendienste Anwendung findet.

538 BVerfGE 120, 378 (398); *Lindner/Unterreitmeier*, DVBl. 2019, 819 (825).

539 BVerfGE 65, 1 (43).

214 Die wichtigsten Facetten des Allgemeinen Persönlichkeitsrechts

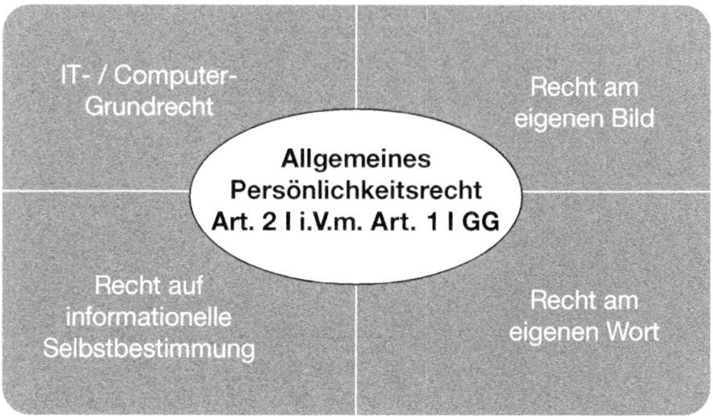

Abb. 5: Die wichtigsten Facetten des Allgemeinen Persönlichkeitsrechts

215 Eine Einschränkung des R.i.S. ist nur aufgrund eines **Gesetzes** oder einer **Einwilligung** der betroffenen Person zulässig (§§ 3, 46 Nr. 17, 51 Abs. 1 BDSG; s. auch Art. 6 Abs. 1 DSGVO). Obwohl im Bereich der Sicherheitsbehörden eine Einwilligung des Betroffenen in die Erhebung seiner Daten naturgemäß selten ist, hat der Gesetzgeber in § 8 Abs. 1 Satz 1, 2. HS BVerfSchG ausdrücklich die Zulässigkeit der Datenverarbeitung aufgrund Einwilligung ermöglicht („die Verarbeitung ist auch zulässig, wenn der Betroffene eingewilligt hat"). Ein Anwendungsfall hierfür wäre z. B. die Zustimmung zu einem NADIS-Check vor einer Zutrittsgewährung zu Gebäuden der Nachrichtendienste (ohne Durchführung einer formellen Sicherheitsüberprüfung nach dem SÜG), in Akkreditierungsfällen oder für die weitere Bearbeitung der Daten einer Bewerbung bei einer Sicherheitsbehörde (zu den dann zulässigen Datenverarbeitungen s. etwa Art. 60a BayPAG, § 13a HSOG).[540] Die Zustimmung der betroffenen Person kann den grundrechtseingreifenden Charakter einer behördlichen Maßnahme aber nur dann ausschließen, wenn sie freiwillig erteilt wird. **Freiwilligkeit** setzt voraus, dass sich die erklärende Person des vollen Umfangs der Konsequenzen ihrer Zustimmung bewusst ist und weiß, was mit ihren Daten zu welchen Zwecken geschieht („informed consent"). Zudem muss die Erklärung frei von unzulässigem Druck, etwa durch das Inaussichtstellen von Nachteilen oder der Vorenthaltung von Vergünstigungen im Fall der Verweigerung der Zustimmung, erfolgen. Die betroffene Person muss eine echte und freie Wahl haben, die Einwilligung zu verweigern oder zurückzuziehen, ohne Nachteile zu erleiden; eine Entscheidung ohne „echte Wahlfreiheit" ist keine freiwillig abgegebene Willensbekundung.[541] Zweifel an der Freiwilligkeit entstehen unweigerlich, wenn Abhängigkeits- oder Überrumpelungslagen gegeben sind[542] oder Nachteile erwartet werden, wenn der Datenverarbeitung nicht zugestimmt wird (z. B. die Nichtverlängerung eines Aufenthaltstitels oder der Entzug der Waffenerlaubnis). Gibt jemand beispielsweise im Rahmen einer Befragung Daten an einen Nachrichtendienst weiter, darf dies (sofern keine ND-Mittel eingesetzt werden, bei denen wesensmäßig ein „informed consent" fehlt, etwa bei Legenden oder

540 Die Möglichkeit für das die Nachrichtendienste, im Rahmen seiner Aufgabenerfüllung Daten auch aufgrund **Einwilligung** zu verarbeiten (§ 8 Abs. 1 Satz 1 BVerfSchG) wurde extra für Dateiabgleiche in Akkreditierungsfällen aufgenommen, z. B. für eine Risikoüberprüfung vor Zutrittsgewährung in einen besonders geschützten Bereich (BT-Drs. 18/11325, S. 122), z. B. für Hotelangestellte während eines G20-Gipfels. Zur Freiwilligkeit der Einwilligung im Sicherheitsrecht *Golla/Skobel*, GSZ 2019, 140 (143).

541 BayVerfGH, ZD 2022, 451 (452, Rn. 74 f.).

542 *Engelien-Schulz*, VR 2023, 37 (42).

VP-Einsatz, s. Rn. 5) nur auf Basis einer in jeder Hinsicht ungezwungenen Entscheidung erfolgen.

Bei gesetzlichen Beschränkungen des R.i.S. müssen sich die Voraussetzungen und der Umfang der Beschränkungen klar und für den Bürger erkennbar aus dem Gesetz ergeben und damit dem rechtsstaatlichen Gebot der Normenklarheit entsprechen.[543] Deshalb muss das Gesetz 216
- den Umfang des Eingriffs klar begrenzen,
- die Verhältnismäßigkeit des Eingriffs wahren (Grundsatz der Datensparsamkeit und Datenvermeidung,[544] s. Art. 5 Abs. 1c DS-GVO und § 47 Nr. 5 BDSG),
- den Verwendungszweck der Daten präzise bestimmen und durch Weitergabe- und Verwertungsverbote[545] eine Verwendung der Daten zu anderen als den gesetzlich ausdrücklich vorgesehenen Zwecken ausschließen (**Zweckbindungsgrundsatz**). Ein Sammeln von Daten auf Vorrat (d. h. zu noch nicht bestimmten Zwecken, sog. Vorratsdatenspeicherung) verstößt gegen den Grundsatz der Zweckbindung und ist daher unzulässig.[546]

*Ein Ausfluss des Zweckbindungsgrundsatzes ist die sog. „**Amtshilfefestigkeit**" personenbezogener Daten:[547] Danach ist die Weitergabe von personenbezogenen Daten nicht einfach im Wege der allgemeinen und sehr weit gefassten Amtshilferegelungen (§§ 4 ff. VwVfG, näher Rn. 475 ff.) zulässig, d. h. man kann nicht einfach Daten an andere Stellen übermitteln, weil die andere Stelle sie braucht und die Daten selber nicht hat bzw. nicht beschaffen kann. Eine Datenübermittlung ist vielmehr nur dann zulässig, wenn für die Übermittlung eine ausdrückliche gesetzliche Rechtsgrundlage vorhanden ist;*

- normenklare Regelung enthalten, aus der für die betroffenen Personen und den Rechtsanwender der Umfang der Datenerhebung und die Voraussetzungen der weiteren Verarbeitung transparent und klar geregelt sind.

Weitere Kernaussagen des „Volkszählungsurteils" sind: 217
- es müssen von der verantwortlichen Stelle technisch-organisatorische Schutzvorkehrungen getroffen werden, die der Gefahr einer Verletzung des Persönlichkeitsrechts entgegenwirken (z. B. das Vorhandensein von Aufklärungs-, Auskunfts-, und Löschungspflichten; siehe §§ 12-15 BVerfSchG). Zu diesen Schutzvorkehrungen zählt auch, dass unabhängige behördliche und betriebliche Datenschutzbeauftragte bzw. eine unabhängige Datenschutzkontrollinstanz (z. B. BfDI, §§ 8 ff. BDSG) vorhanden sind, die unparteiisch über die Einhaltung der Datenschutzbestimmungen wachen und z. B. als Ansprechpartner und „Anwalt" für die Geltendmachung von Auskunftsansprüchen fungieren;
- Beachtung der „informationellen Gewaltenteilung": Auch innerhalb einer öffentlichen Stelle darf es keine ungehinderte Datenweitergabe geben, sondern nur bei Vorliegen einer gesetzlichen Erlaubnis oder einer Einwilligung des Betroffenen.

Im Urteil des BVerfG vom 27.2.2008 zur Zulässigkeit der sog. Online-Durchsuchung hat das BVerfG das Grundrecht auf informationelle Selbstbestimmung weiterentwickelt und in seiner besonderen Ausprägung als Grundrecht auf Gewährleistung der Vertrau- 218

543 BVerfGE 65, 1 (44).

544 BVerfGE 65, 1 (46).

545 Zur Frage von Verwertungsverboten für rechtswidrig durch V-Personen erlangte nachrichtendienstliche Erkenntnisse *Sellmeier/Blome*, GSZ 2019, 196 (200 ff.); *Gärditz*, GSZ 2022, 161 (164).

546 Dies gilt zumindest für die Vorratsdatenspeicherung bei staatlichen Stellen. Folglich sah § 113b TKG a. F. die „Vorratsdatenspeicherung" von Telekommunikationsverkehrsdaten auch „nur" bei den Providern vor, auf die staatliche Stellen dann unter bestimmten engen Voraussetzungen im Einzelfall Zugriff nehmen können (zu den Voraussetzungen § 113c TKG a. F.). Nach §§ 177, 182 Abs. 1 Satz 2 TKG n. F. haben allerdings die Nachrichtendienste keinen Zugriff auf die auf Vorrat gespeicherten Verkehrsdaten.

547 BVerfGE 65, 1 (46).

lichkeit und Integrität informationstechnischer Systeme anerkannt (sog. **Computer- oder IT-Grundrecht,** näher Rn. 309 ff.).

219 Die vorstehenden Grundsätze des Volkszählungsurteils haben allesamt Einzug in das BDSG sowie in die jeweiligen bereichsspezifischen Datenschutzgesetze und damit auch in die Nachrichtendienstgesetze gefunden. Die einzelnen Stadien bzw. Schritte des Umgangs mit personenbezogenen Daten können – bezogen auf das BVerfSchG – wie folgt dargestellt werden:

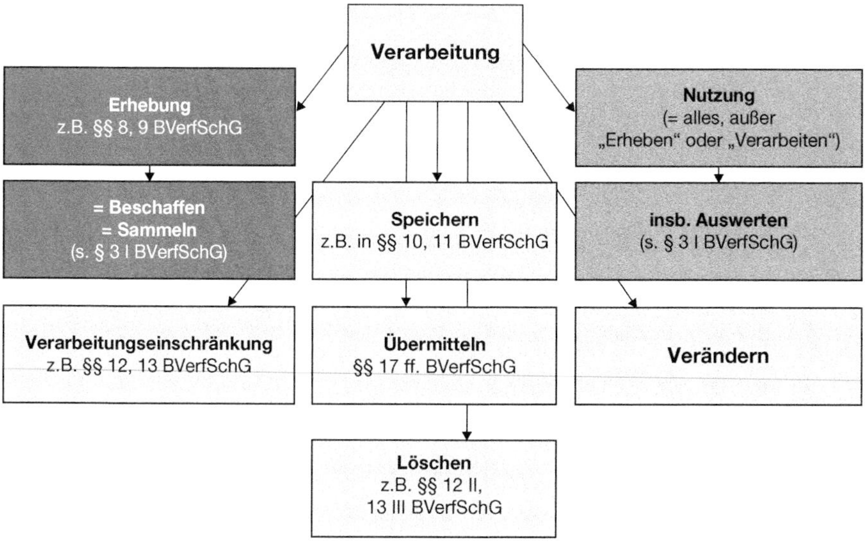

Abb. 6: Umgang mit personenbezogenen Daten

220 **b) Die Relevanz des BDSG für die Arbeit der Nachrichtendienste.** Zu klären ist, in welchem Umfang das allgemeine Datenschutzrecht (BDSG und der EU-Datenschutzgrundverordnung – DSGVO) auch für die Nachrichtendienste Anwendung findet. Das 2018 in Kraft getretene neue BDSG, das die DSGVO umsetzt, gilt mangels europarechtlichem Kompetenztitel für Fragen der nationalen Sicherheit (s. Art. 4 Abs. 2 Satz 3 EU-Vertrag: die nationale Sicherheit fällt weiterhin in die alleinige Verantwortung der einzelnen Mitgliedstaaten) nur insoweit für die Nachrichtendienste, als der Gesetzgeber die Anwendbarkeit gezielt anordnet. Zudem enthalten die Nachrichtendienstgesetze eine ganze Reihe vorrangiger bereichsspezifischer Regelungen, die bereits wegen des Grundsatzes *„Das spezielle Gesetz verdrängt das allgemeine"* den Anwendungsbereich des BDSG verdrängen. In §§ 27 Nr. 1 BVerfSchG, 13 Nr. 1 MADG, 32a Nr. 1 BNDG werden deshalb für bestimmte Vorschriften des 1. und 4. Teils BDSG (die ansonsten nach dem Willen des Gesetzgebers auch für die Nachrichtendienste Anwendung finden) Anwendungsausschlüsse bestimmt, weil die Nachrichtendienstgesetze insoweit bereichsspezifische Spezialregelungen treffen und für eine Anwendung der allgemeinen Regeln des BDSG keinen Raum mehr lassen. Abweichende Regeln im BVerfSchG, MADG und BNDG sind gegenüber dem BDSG vorrangig (s. § 1 Abs. 2 BDSG).[548] Dies betrifft z. B. die Kontrollrechte des Bundesdatenschutzbeauftragten nach § 16 Abs. 1 und 4 BDSG, zu denen §§ 28 BVerfSchG, 13a MADG, 32 BNDG bereichsspezifische Sonderregelun-

548 BT-Drs. 18/11325, S. 123.

gen treffen. Aufgrund dessen hat der BfDI z. B. kein Weisungsrecht – bis hin zu einem möglichen Verbot der weiteren Datenverarbeitung – gegenüber den Nachrichtendiensten (s. diese Befugnisse in § 16 Abs. 1 BDSG i. V. m. Art. 58 DSGVO gegenüber den anderen datenverarbeitenden Stellen). Ebenso werden die §§ 1 Abs. 8 und 85 BDSG von der Anwendung ausgenommen, da die Nachrichtendienstgesetze ein bereichsspezifisches „Datenschutzvollsystem" enthalten, das keinen Raum für die allgemeinen Kontrollregeln des BDSG oder der Datenschutzgrundverordnung belässt.

Wichtig ist, dass die Verdrängung bestimmter Vorschriften des BDSG nur im Bereich der nachrichtendienstlichen Informationsverarbeitung gilt (also im „Kerngeschäft" der Nachrichtendienste). Verarbeiten BfV, MAD oder BND etwa im Bereich der Personalverwaltung personenbezogene Daten (d. h. nicht in Erfüllung ihrer nachrichtendienstlichen Fachaufgaben), gilt das BDSG grundsätzlich in vollem Umfang. Allerdings sind auch hier in gewissen Bereichen bereichsspezifische Sonderregelungen zu beachten, etwa für das Recht der Personalakten im Bundesbeamtengesetz. 221

Der 2. und 3. Teil des BDSG sind von vornherein nicht auf die Tätigkeit der Nachrichtendienste anwendbar, sodass insoweit auch keine Anwendungsausschlüsse angeordnet werden müssten. Gleichwohl sind einige dort getroffene Regelungen auch im Bereich der Nachrichtendienste sinnvoll (z. B. die datenschutzrechtlichen Begriffsbestimmungen in § 46 BDSG). Für diese Regelungen muss in §§ 27 Nr. 2 BVerfSchG, 13 Nr. 2 MADG, 32a Nr. 2 BNDG daher ein expliziter Rechtsanwendungsbefehl erteilt werden, damit sie auch im Bereich der Nachrichtendienstgesetze gelten. Die so für BfV, MAD und BND für anwendbar erklärten Normen des BDSG haben eine hohe Relevanz, insbesondere die allgemeinen, für jeden Umgang mit personenbezogenen Daten geltenden Grundlagen des Datenschutzrechts, wie sie sich in erster Linie aus dem „Volkszählungsurteil" des BVerfG[549] ergeben. So gelten auch im Bereich der nachrichtendienstlichen Aufgabenerledigung 222

- die **Definitionen** der öffentlichen und nichtöffentlichen Stelle (§ 2 BDSG),
- die datenschutzrechtlichen Begriffsbestimmungen aus § 46 BDSG (insbesondere was „Datenverarbeitung" bedeutet),[550]
- die allgemeinen Voraussetzungen für einen Eingriff ins Recht auf informationelle Selbstbestimmung (§§ 3, 51 Abs. 1 BDSG: entweder zur gesetzlichen Aufgabenerfüllung oder aufgrund von Einwilligung, s. Rn. 215),
- die Notwendigkeit unabhängiger Datenschutzbeauftragter (§ 5 ff. BDSG), und
- die Regelungen über Schadensersatzansprüche bei rechtswidriger Verarbeitung (§ 83 BDSG).

c) **Die Kontrolle der Nachrichtendienste durch den BfDI.** Für die datenschutzrechtliche Kontrolle der Nachrichtendienste durch den Bundesbeauftragten für den Datenschutz und die Informationsfreiheit (BfDI) wurden bereichsspezifische Regeln in den §§ 28 BVerfSchG, 13a MADG, 32 BNDG geschaffen, die die Kontrollbefugnisse des BDSG ersetzen. Obwohl es sich gegenüber den allgemeinen Kontrollbefugnissen um „abgespeckte" Kontrollrechte handelt, müssen die Nachrichtendienste gemäß § 28 Abs. 3 BVerfSchG, 13a MADG, 32 BNDG den BfDI und seine Mitarbeiter bei der Erfüllung seiner Aufgaben vollumfänglich unterstützen und insbesondere 223

- die Fragen des BfDI beantworten,

549 BVerfGE 65, 1 ff.

550 Soweit Definitionen der datenschutzrechtlichen Begriffe im „neuen" BDSG (ab 2018) fehlen, kann an den etablierten Fachbegriffen des BDSG a. F. weiter festgehalten werden, sofern sie nicht mit der neuen, EU-geprägten Terminologie kollidieren (BT-Drs. 18/11325, S. 123). Nach wie vor inhaltlich passend sind danach etwa die Definition der Speicherung i. S. d. § 3 Abs. 4 Nr. 1 BDSG a. F. oder des Nutzens von Daten i. S. d. § 3 Abs. 5 BDSG a. F., da hierfür Definitionen im neuen Datenschutzrecht fehlen.

- ihm Einsicht in grundsätzlich alle (auch als VS eingestufte) Unterlagen und Akten gewähren, insbesondere in die gespeicherten Daten und in die Datenverarbeitungsprogramme, und
- ihm jederzeit Zutritt zu allen Diensträumen gestatten.

224 Über §§ 27 Nr. 1 BVerfSchG, 13 Nr. 1 MADG, 32a Nr. 1 BNDG ist auch § 16 Abs. 2–3 BDSG anwendbar, der die maßgeblichen Befugnisse des BfDI regelt: so hat dieser die Möglichkeit zur Beanstandung und Warnung sowie weitreichende Zugangs-, Auskunfts- und Einsichtsrechte. Wichtigstes Instrument, die Nachrichtendienste dazu zu bewegen, Datenschutzmängel oder -verstöße abzustellen, ist die Beanstandung nach § 16 Abs. 2 BDSG.[551] Nach § 16 Abs. 3 Nr. 1 BDSG erstrecken sich die Befugnisse des BfDI auch auf die personenbezogenen Daten, die von Art. 10 GG geschützt sind, d. h. aufgrund des G10 oder anderer Vorschriften zur Telekommunikationsüberwachung (näher Rn. 344 ff.) erlangt wurden.[552] Um Kompetenzstreitigkeiten zwischen BfDI und G10-Kommission zu vermeiden, regeln §§ 28 Abs. 2 Satz 2 BVerfSchG, 13 Nr. 1 MADG, 32a Nr. 1 BNDG eine Zuständigkeitsabgrenzung in Bezug auf Daten, die parallel auch der Kontrolle der G10-Kommission unterliegen: Soweit die G 10-Kommission eine G10-Maßnahme auf die Zulässigkeit und Notwendigkeit gemäß § 15 Abs. 5 G 10 überprüft (näher Rn. 369), erstreckt sich diese Kontrolle auf den gesamten Erhebungs- und Verarbeitungsvorgang. Dieses Kontrollrecht ist exklusiv, denn als fachlich spezialisierte Kontrollinstanz zum Schutz des Art. 10 GG *obliegt der G10-Kommission die Kontrolle des gesamten Prozesses* der Erfassung und Verwertung der auf Grundlage des G 10 erhobenen Daten. Die G 10-Kommission prüft jedoch nicht die Einhaltung von solchen Vorschriften, die über den Schutz des Post- oder Fernmeldegeheimnisses hinausgehen und andere Datenverarbeitungsprozesse betreffen.[553] Daher erlaubt § 28 Abs. 2 Satz 2 BVerfSchG (i. V. m. §§ 13 Nr. 1 MADG, 32a Nr. 1 BNDG), dass der BfDI auch G10-Daten zur Kenntnis nehmen darf, wenn dies für seine datenschutzrechtliche Prüfung und Bewertung, z. B. einer Datenspeicherung in NADIS WN oder von Aktenvorgängen erforderlich ist. So kann der BfDI etwa die Rechtmäßigkeit der Speicherung einer Person in NADIS WN nur dann sachgerecht bewerten, wenn er alle Informationen, die der NADIS-Speicherung zugrunde liegen, zugreifen kann. Dies bedingt, dass der BfDI auch auf Daten aus einer G10-Maßnahme zugreifen können muss, da solche Daten natürlich auch über die extremistische Betätigung der betreffenden Person Auskunft geben. Lediglich eine Bewertung am Maßstab des G10 ist ihm verwehrt; hier ist die G10-Kommission die sachnähere Kontrollinstanz. Die Zuständigkeitsabgrenzung soll Doppelzuständigkeiten mit dem Risiko konträrer Ergebnisse vermeiden.

225 In Ausnahmefällen kann das BMI unter Berufung darauf, dass eine Auskunft oder Einsicht des BfDI die Sicherheit des Bundes oder eines Landes gefährden würde, diese durch eine entsprechende „Sperrerklärung“ verhindern (§§ 28 Abs. 3 Satz 3 BVerfSchG, 13 Nr. 1 MADG, 32a Nr. 1 BNDG). Denkbar ist die Abgabe einer „Sperrerklärung“ insbesondere aus Quellenschutzgründen oder hinsichtlich solcher Informationen, die von einem ausländischen Nachrichtendienst mit einer strikten Weitergabesperre versehen worden sind (näher zur „third party-Rule“ Rn. 503).[554]

226 Gelangt der BfDI bei seiner Prüfung zur Auffassung, dass ein Verstoß gegen datenschutzrechtliche Bestimmungen vorliegt (also personenbezogene Daten zu Unrecht er-

---

551 *Sosna*, GSZ 2022, 245 (247).
552 *Siems*, in: Schenke/Graulich/Ruthig, § 26a BVerfSchG Rn. 7.
553 *Siems*, in: Schenke/Graulich/Ruthig, § 26a BVerfSchG Rn. 7 m. w. N.
554 *Siems*, in: Schenke/Graulich/Ruthig, § 26a BVerfSchG Rn. 10: Zur Begründung eines Ausnahmefalls können vor allem solche Gründe vorgebracht werden, die auch die Einschränkung einer Auskunft gegenüber den parlamentarischen Gremien zulassen. Dazu näher Rn. 499 ff.

hoben oder weiterverarbeitet wurden), beanstandet er dies förmlich (§ 16 Abs. 2 BDSG). Auf eine Beanstandung *kann* er verzichten, insbesondere wenn der aus seiner Sicht bestehende Mangel unerheblich ist oder inzwischen beseitigt wurde. Die Beanstandungen des BfDI entfalten als solche jedoch keine materielle Rechtswirkung, insbesondere stellen sie keine Weisung und auch keinen Verwaltungsakt dar[555] und können daher auch nicht mit Mitteln des Verwaltungszwangs vollstreckt werden. Wird eine Angelegenheit aus Sicht des BfDI nicht zufriedenstellend gelöst, kann er diese jedoch in seinem Jahresbericht darstellen (§ 15 BDSG).

d) Aufgaben und Stellung des behördlichen Datenschutzbeauftragten. Alle öffentlichen Stellen, die personenbezogene Daten verarbeiten, haben einen internen Beauftragten für den Datenschutz zu bestellen (DSB; § 5 BDSG). Dies gilt auch für die Nachrichtendienste. Der Beauftragte wird auf der Grundlage seiner beruflichen Qualifikation und insbesondere seines Fachwissens benannt, das er auf dem Gebiet des Datenschutzrechts und der Datenschutzpraxis besitzt. In Bezug auf die Erfüllung seiner Aufgaben unterliegt der Datenschutzbeauftragte keinen Anweisungen durch die Behördenleitung (§ 6 Abs. 3 BDSG), jedoch ist er für die Umsetzung datenschutzrechtlicher Vorkehrungen selber nicht zuständig. Entscheidungen zur Gewährleistung des Datenschutzes obliegen daher weiterhin der Leitung der Behörde, der mit dem DSB eine unabhängige Beratung zur Seite gestellt wird.[556] 227

5. Die Regelungen zu Erhebung, Verarbeitung und Nutzung von personenbezogenen Daten im Einzelnen (ohne Übermittlung)

Die §§ 8-13 BVerfSchG (die im MADG und BNDG für die anderen beiden Nachrichtendienste im Wesentlichen entsprechend gelten bzw. dort ähnliche Regelungen finden) beschäftigen sich mit der Erhebung, Speicherung, Nutzung, Veränderung, Verarbeitungseinschränkung und Löschung personenbezogener Daten. Die §§ 17 ff. BVerfSchG regeln die Übermittlung von Daten speziell „in Angelegenheiten des Verfassungsschutzes". Alle diese Stationen im Umgang mit personenbezogenen Daten werden mit dem Oberbegriff „Datenverarbeitung" zusammengefasst. 228

a) Übersichten zur Datenerhebung und weiteren Verarbeitung nach §§ 8 ff. BVerfSchG. Die Regeln über die Verarbeitung personenbezogener Daten – zu der nach Definition in § 46 Nr. 2 BDSG auch deren Erhebung und Nutzung zählen – können am Beispiel des BVerfSchG wie folgt veranschaulicht werden: 229

555 BeckOK DatenschutzR/*Meltzian*, 39. Ed. 1.11.2021, § 16 BDSG Rn. 9.
556 *Gola/Heckmann*, DSGVO – BDSG, 3. Aufl. 2022, § 6 Rn. 12.

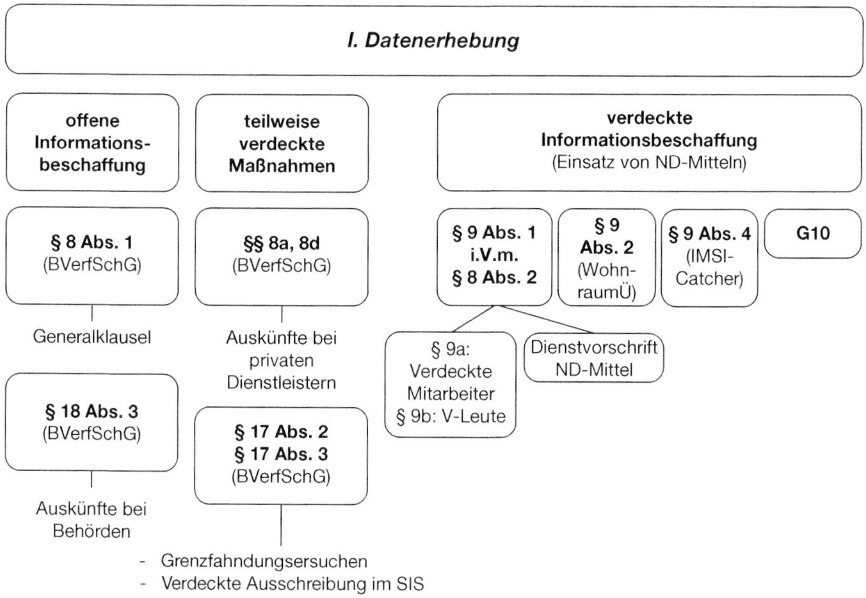

Abb. 7: Datenerhebung

230

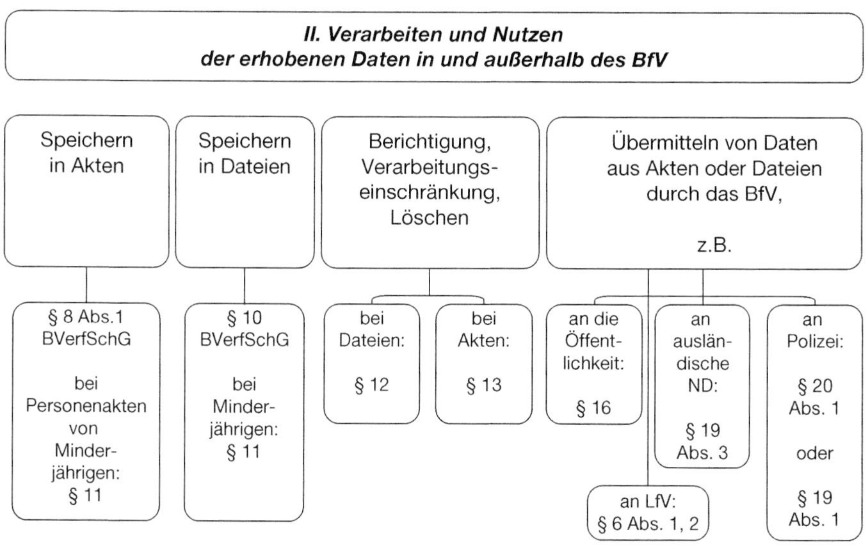

Abb. 8: Verarbeiten und Nutzen der erhobenen Daten

231 **b) Generalklausel für offene Informationsbeschaffung.** Nach §§ 8 Abs. 1 Satz 1 BVerfSchG, 4 Abs. 1 MADG, 2 Abs. 1 BNDG dürfen die Nachrichtendienste zur Erfüllung ihrer Aufgaben die erforderlichen **Informationen,** dies sind

- sachbezogene und
- personenbezogene

Auskünfte, Nachrichten und Unterlagen erheben, verarbeiten und nutzen, *soweit nicht andere anwendbare gesetzliche Regelungen dem entgegenstehen*. Wie aus dem zweiten Halbsatz des § 8 Abs. 1 Satz 1 BVerfSchG deutlich wird, muss bei der Überlegung, welche Regelung für eine Maßnahme einschlägig ist, zunächst geprüft werden, ob es speziellere Vorschriften innerhalb oder außerhalb des BVerfSchG, MADG oder BNDG gibt, die die beabsichtigte Maßnahme besonders regeln und daher vorrangig heranzuziehen sind. Solche spezielleren Vorschriften existieren vor allem für besonders eingriffsintensive Maßnahmen, für die der Gesetzgeber aus Gründen der Normenklarheit (Bestimmtheitsgrundsatz) explizite Regelungen vorsehen muss, insbesondere für Eingriffe in Art. 10 GG (dazu das G10, Rn. 344 ff.), Art. 13 GG (§ 9 Abs. 2 BVerfSchG, dazu Rn. 261 ff.) oder das sog. Computergrundrecht (Rn. 309 ff.). Auch für den Einsatz der klassischen nachrichtendienstlichen Mittel existieren vorrangige Spezialregelungen (Rn. 234 ff.).

Bei § 8 Abs. 1 BVerfSchG handelt es sich daher um eine **Generalklausel**,[557] die nur Ein- 232
griffe geringerer Intensität trägt. Gegenüber den in §§ 8 Abs. 2 und 8a ff. BVerfSchG und im G 10 speziell geregelten Befugnissen ist sie daher eine nur subsidiär anzuwendende Befugnisnorm. Dies ist insbesondere bei eingriffsintensiveren Maßnahmen der Informationsbeschaffung von Bedeutung (z. B. beim Einsatz von nachrichtendienstlichen Mitteln). Nur wenn es sich um einen Eingriff von geringem Gewicht handelt, kann die Maßnahme auf die befugnisrechtliche Generalklausel des § 8 Abs. 1 BVerfSchG gestützt werden. Sie ist daher die Rechtsgrundlage für die offene Informationsbeschaffung (Ausnahme: für die offene Informationsbeschaffung bei Kreditinstituten, Luftfahrtunternehmen, Telekommunikations- und Teledienstanbietern existiert die Spezialvorschrift des § 8a BVerfSchG), allerdings nur insoweit, als nicht gemäß dem rechtsstaatlichen Grundsatz der Bestimmtheit und Normenklarheit eine spezielle gesetzliche Vorschrift erforderlich ist. Bei der Suche nach der einschlägigen Regelung ist somit stets nach der speziellsten Vorschrift zu suchen, denn es gilt der Grundsatz: „Das spezielle Gesetz verdrängt das allgemeine" („lex specialis derogat legi generali"). Wenn z. B. das BfV eine Telefonüberwachung durchführen möchte, gehen folglich die Regelungen des G10 dem § 8 Abs. 1 BVerfSchG (und auch der nachrichtendienstlichen Generalklausel des § 9 Abs. 1 Nr. 1 i. V. m. 8 Abs. 2 BVerfSchG, dazu Rn. 234) vor, denn obwohl auch die Telekommunikationsüberwachung ein Verarbeiten von *erforderlichen Informationen* zur *Erfüllung der Aufgaben* des BfV ist und damit scheinbar vom Wortlaut des § 8 BVerfSchG erfasst, hat der Gesetzgeber mit dem G10 für den besonders eingriffsintensiven Bereich der Überwachung des Post- und Fernmeldeverkehrs ein „Extra-Gesetz" geschaffen, das hierfür ausschließlich heranzuziehen ist.

Sind keine Spezialgesetze *außerhalb des BVerfSchG* vorhanden bzw. einschlägig (wie etwa 233
das G10, das SÜG oder spezielle Übermittlungsvorschriften wie § 72 SGB X oder aus dem Straßenverkehrsgesetz), ist zu prüfen, ob eine Maßnahme auf die speziellen Befugnisregeln des BVerfSchG gestützt werden kann (z. B. auf § 9 Abs. 2 im Falle der Wohnraumüberwachung oder § 8a BVerfSchG für ein Auskunftsverlagen bei privaten Anbietern, z. B. Banken oder Luftverkehrsunternehmen). So ist etwa für eine akustische und optische Wohnraumüberwachung („Wanze" bzw. Kamera in der Wohnung) § 9 Abs. 2 BVerfSchG die einschlägige Spezialregelung: Die Voraussetzungen und das Verfahren für Wohnraumüberwachungen sind also dort abschließend geregelt. Es wäre falsch, hierfür den allgemeineren § 8 Abs. 2 BVerfSchG heranzuziehen, obwohl dieser dem Wortlaut nach ebenfalls passen würde („... Bild- und Tonaufzeichnungen"). Erst danach ist der Rückgriff auf § 8 Abs. 1 BVerfSchG möglich.

§ 8 Abs. 1 BVerfSchG ist damit die Rechtsgrundlage für die 234

557 BT-Drs. 11/4306, S. 61; *Roth*, in: Schenke/Graulich/Ruthig, § 8 BVerfSchG Rn. 1.

235 a) **offene** Erhebung von Informationen ohne nachrichtendienstliche Mittel, d. h. die Informationsbeschaffung aus offenen Quellen, die ohne Überwindung echter (technischer) Zugangshürden grundsätzlich für jedermann zugänglich ist, z. B. Internetrecherche oder Besuch öffentlicher Veranstaltungen („Open Source Intelligence" – OSINT). Hierunter kann auch der Zugriff auf Online-Speicher (Cloud) fallen, wenn die staatliche Stelle bereits im Besitz eines Zugangsschlüssels zu den dezentral gespeicherten Daten ist (näher Rn. 356 ff.).[558] Solche Zugangscodes können z. B. mithilfe von V-Leuten erlangt werden, sofern kein heimliches Infiltrieren des IT-Systems stattfindet (dann Zugriff auf IT-System, Rn. 309 ff.). Ebenfalls von § 8 Abs. 1 BVerfSchG erfasst ist der Zugriff auf gespeicherte E-Mails, angekommene Fax-Nachrichten, privat erstellte Mitschnitte von Telefongesprächen oder Aufzeichnungen auf einem Anrufbeantworter, da insoweit kein Eingriff in eine laufende Telekommunikationsbeziehung stattfindet (anderenfalls müssten die Anforderungen des Art. 10 GG beachtet werden, näher Rn. 344 ff.). Schließlich fällt auch die Entgegennahme von Datenübermittlungen anderer Stellen, die nicht durch Ersuchen initiiert wurden, d. h. nicht speziell angefordert wurden, unter § 8 Abs. 1 BVerfSchG[559] (bei Ersuchen greift das „Doppeltürmodell", s. Rn. 269, 388),

236 b) **offene** Erhebung von Informationen **bei privaten Stellen** (z. B. Einholen von Auskünften bei Nachbarn, Geschäftsleuten, Hotels, private Betreiber von Videokameras, etwa in Ladenlokalen), wobei man mit „offenem Visier" als Nachrichtendienst auftritt,[560]

237 c) **offene** Erhebung von Informationen **beim Betroffenen** selber (§ 8 Abs. 1 i. V. m. § 8 Abs. 4 BVerfSchG), d. h. für die Befragung des Extremisten oder Agenten, wobei man mit „offenem Visier" als Nachrichtendienst auftritt. Dabei ist die Auskunftsperson auf die Freiwilligkeit ihrer Angaben hinzuweisen (§ 8 Abs. 4 Satz 2 BVerfSchG; Rn. 215),[561]

238 d) Datenspeicherung, -veränderung und -nutzung **in Akten**, da dies nicht in anderen Vorschriften des BVerfSchG speziell geregelt ist. § 10 BVerfSchG betrifft nur die Speicherung in Dateien und § 13 BVerfSchG die *Berichtigung und Verarbeitungseinschränkung (= Sperrung)* von Daten in Akten, nicht aber die Speicherung, Veränderung und Nutzung dieser Daten. Hier greift also § 8 Abs. 1 BVerfSchG als Auffangnorm. Die Rechtsgrundlage zum **Anlegen einer Personenakte**[562] oder **Sachakte**[563] ergibt sich also aus § 8 Abs. 1 BVerfSchG,

558 Zu alldem *Löffelmann*, in: Dietrich/Eiffler, VI, § 5 Rn. 24, 51.

559 *Siems*, in: Dietrich/Eiffler, VI, § 7 Rn. 16.

560 Bei der offenen Informationsbeschaffung ist darauf zu achten, dass die Kooperation privater Stellen (insbesondere von Privatpersonen) nur auf freiwilliger Basis erfolgen kann, d. h. es darf keinerlei physischer oder psychischer Druck auf die potentiellen Auskunftspersonen ausgeübt werden, damit sie mit BfV, MAD oder BND zusammenarbeiten bzw. ihnen Informationen mitteilen (siehe § 8 Abs. 4 BVerfSchG). Dies ist eine wichtige Auswirkung des befugnisrechtlichen Trennungsgebots (Rn. 6).

561 Wenn eine bewusste und informierte Einwilligung in die Datenerhebung vorliegt (d. h. der Betroffene weiß, wer zu welchen Zwecken welche Daten von ihm erhebt), wird dies nicht als Grundrechtseingriff gewertet (vgl. *Löffelmann/Zöller*, B. Rn. 50).

562 Personenakten fassen die aus Sicht der Auswertungsbereiche relevanten Erkenntnisse über eine Person zusammen, vgl. *Droste*, S. 425. In ihnen können die individuellen Verhaltensweisen den betreffenden einzelnen Personen selbst zugeordnet werden, wenn hieran ein verfassungsschutzbehördliches Erkenntnisinteresse besteht (*Roth*, in: Schenke/Graulich/Ruthig, §§ 3, 4 BVerfSchG Rn. 95).

563 In Sachakten werden die Informationen zusammengefasst, die die Verfassungsschutzbehörde im Hinblick auf einzelne Beobachtungsfelder (z. B. Organisationen) für bedeutsam erachtet, u. a. deren Namen, Gründungsdatum, Haupt- und Nebensitze, Strukturen (organisatorische Gliederung, Mitgliederzahl u. ä.), Organe und sonstige Führungsgremien einschließlich deren Mitglieder, Satzung, Programm und programmatische Ziele, Finanzen, Aktivitäten, Veröffentlichungen, Verbindungen zu anderen Organisationen etc. (vgl. *Roth*, in: Schenke/Graulich/Ruthig, §§ 3, 4 BVerfSchG Rn. 95; OVG Münster, NVwZ-RR 2009, 505; *Droste*, S. 425).

e) Nutzen und Auswerten von personenbezogenen Daten außerhalb der spezialgesetzlich geregelten Fälle (z. B. automatisierter Abgleich von Erkenntnissen – etwa Telefonnummern, Kfz-Kennzeichen – mit vorhandenen Datenbeständen, z. B. mit NADIS WN). 239

Einzige Tatbestandsvoraussetzung für das Erheben bzw. Verarbeiten und Nutzen der personenbezogenen Daten nach § 8 Abs. 1 BVerfSchG ist die **Erforderlichkeit zur Aufgabenerfüllung** von BfV, MAD oder BND. Insoweit muss also lediglich die jeweilige Zuständigkeitsnorm nach §§ 3, 4 BVerfSchG, 1 MADG oder 1 Abs. 2 BNDG eröffnet sein. Im Hinblick auf das BfV setzt dies voraus, dass tatsächliche Anhaltspunkte für extremistische Bestrebungen bzw. geheimdienstliche Tätigkeiten i. S. d. §§ 3 Abs. 1, 4 Abs. 1 Satz 5 BVerfSchG vorliegen, denn nur wenn diese Voraussetzung erfüllt ist, kann das BfV „zur Aufgabenerfüllung" tätig werden. Im Ergebnis handelt es sich bei der Generalklausel um keine echte tatbestandliche Eingrenzung: wirkliche Hürden für die Erhebung und weitere Verarbeitung von personenbezogenen Daten stellt die Norm nicht auf. Umso wichtiger ist daher eine restriktive Anwendung des § 8 Abs. 1 BVerfSchG auf die Konstellationen geringerer Eingriffsintensität, bei denen nach der Intensität des Eingriffs und der Kategorie der erhobenen Daten (kein hoch geschütztes Grundrecht betroffen) und dem Modus der Weiterverarbeitung (keine Nutzung für eingriffsintensive Maßnahmen, z. B. für polizeiliche oder Strafverfolgungszwecke) keine strengeren tatbestandlichen Hürden zu fordern sind. 240

Fall: BfV-Sachbearbeiter S recherchiert im Internet zur bundesweit agierenden rechtsextremistischen Neonazi-Szene (die eine Bestrebung nach § 3 Abs. 1 Nr. 1 BVerfSchG darstellt), um sich einen Überblick über die dort vertretenen politischen Thesen zu verschaffen. 241

Lösung: *Rechtsgrundlage* für die offene Informationsbeschaffung wie z. B. die Internetrecherche ist § 8 Abs. 1 BVerfSchG.
Die formelle Rechtmäßigkeit ist gegeben, denn das BfV ist für die Recherche nach § 5 Abs. 1 Satz 2 Nr. 1 und 3 BVerfSchG *zuständig*. Von der Einhaltung der einschlägigen *Verfahrens- und Formvorschriften* (insbesondere der Herstellung des Benehmens mit den LfV) ist mangels gegenteiliger Sachverhaltsangaben auszugehen.
Im Rahmen der materiellen Rechtmäßigkeit müssten zunächst die *Tatbestandsvoraussetzungen* des § 8 Abs. 1 BVerfSchG vorliegen. Dies ist der Fall, denn die Informationsbeschaffung zur rechtsextremistischen Neonazi-Szene erfolgt „zur Erfüllung der Aufgaben des BfV" nach § 3 Abs. 1 Nr. 1 BVerfSchG. *Ermessensfehler* (Rn. 116) sind nicht ersichtlich. Die Recherche verletzt auch keine Grundrechte von Betroffenen (sofern überhaupt personenbezogene Daten erhoben werden), da ein Recherchieren im offenen Bereich des Internet nach Ansicht des BVerfG keinen Eingriff ins R.i.S. darstellt (Rn. 252). Aus diesem Grund ist die Internetrecherche auch *verhältnismäßig* und damit insgesamt rechtmäßig.

c) **Die sog. nachrichtendienstliche Generalklausel.** § 9 Abs. 1 Nr. 1 i. V. m. § 8 Abs. 2 BVerfSchG ist die Rechtsgrundlage für den Einsatz der „klassischen" nachrichtendienstlichen Mittel (nachrichtendienstliche Generalklausel).[564] Dies sind heimliche Methoden der Informationsbeschaffung, die in § 8 Abs. 2 BVerfSchG beispielhaft benannt werden (z. B. Observation, V-Leute, Legendeneinsatz), allerdings ohne dass die Norm allein schon eine taugliche Befugnisnorm für den Einsatz von ND-Mitteln darstellt. Die Vo- 242

564 § 5 Abs. 2 Satz 1 HessVSG definiert nachrichtendienstliche Mittel treffend wie folgt: „Nachrichtendienstliche Mittel sind Mittel und Methoden, die mittelbar oder unmittelbar dem von der betroffenen oder außenstehenden Person nicht erkennbaren Erheben von Daten dienen." Siehe zur Definition auch *Roth*, in: Schenke/Graulich/Ruthig, § 8 BVerfSchG Rn. 25.

raussetzungen zum Einsatz von ND-Mitteln sind vielmehr (was normsystematisch arg verunglückt ist) später in § 9 Abs. 1 BVerfSchG geregelt.[565] Kennzeichen nachrichtendienstlicher Mittel ist, dass die Behörde nicht offen als Nachrichtendienst auftritt, sondern die Informationen verdeckt erhebt, d. h. **entweder**

- gänzlich **ohne Kenntnisnahme** der Datenerhebung durch andere Personen (z. B. bei Observation, G10)

oder

- unter Verschleierung der Identität der informationserhebenden Stelle
  Dies ist u. a. bei einer Informationsbeschaffung unter Legende oder durch V-Leute der Fall, bei denen der Betroffene zwar mitbekommt, dass Daten erhoben werden oder er diese sogar selbst preisgibt, er aber über den Zweck der Datenerhebung bzw. die Identität der datenerhebenden Stelle getäuscht wird.
- und die Datenerhebung nicht durch Nutzung allgemein zugänglicher Quellen erfolgt[566] (sonst handelt es sich um OSINT gemäß § 8 Abs. 1 BVerfSchG, Rn. 234).

243 Maßgeblich ist, dass Außenstehenden die Funktion des Nachrichtendienstes als datenerhebende (=verantwortliche) Stelle nicht bekannt ist. Eine offene Internetrecherche durch die Behörde ist daher, auch wenn der Betroffene davon nichts mitbekommt, kein ND-Mittel (s. a. Rn. 234).

244 Damit sind **Behördenermittlungen** nach § 18 Abs. 3–6 BVerfSchG oder Anfragen bei privaten Stellen nach § 8a BVerfSchG **keine nachrichtendienstlichen Mittel**, da sie zwar idealerweise der betroffenen Zielperson verborgen bleiben, jedoch der Nachrichtendienst als informationserhebende Stelle gegenüber den Auskunftsgebern (z. B. gegenüber der Ausländerbehörde oder dem privaten Flugdienstleister oder Kreditinstitut) offen auftritt. Auch eine Recherche zur Informationsbeschaffung im Internet ohne kommunikativen Kontext ist kein nachrichtendienstliches Mittel: sie erfolgt zwar ohne Kenntnis des Betroffenen, aber in einem allgemein zugänglichen Medium und wird daher auf die Generalklausel für die OSINT-Beschaffung (§ 8 Abs. 1 BVerfSchG) gestützt.[567]

245 aa) **Nachrichtendienstliche Mittel nach § 8 Abs. 2 BVerfSchG.** Die klassischen nachrichtendienstlichen Mittel nach § 8 Abs. 2 BVerfSchG sind Observation, der Einsatz verdeckter Mitarbeiter (§ 9a BVerfSchG), V-Personen (§ 9b BVerfSchG), Gewährspersonen, Bild- und Tonaufzeichnungen, z. B. das *heimliche Mithören* von öffentlich oder privat geführten Gesprächen mittels technischer Mittel, etwa mit verborgenen Abhörgeräten („Wanzen") oder Richtmikrophonen[568] sowie der Legendeneinsatz (insbesondere die Verwendung von Tarnpapieren und Tarnkennzeichen). Demgegenüber ist das bloße heimliche Mithören von Gesprächen ohne Einsatz technischer Abhörgeräte als bloßes Belauschen kein nachrichtendienstliches Mittel,[569] weil hier kein außerkörperliches Hilfsmittel eingesetzt wird, das künstlich die Defizite bei der Wahrnehmung und Speicherung von optischen oder akustischen Eindrücken kompensiert. Wenn daher u. a. die §§ 5 Abs. 2 Nr. 5 VSG NRW, 14 Abs. 1 Nr. 2 NdsVSG auch das heimliche Mithören ohne Inanspruchnahme technischer Mittel als nachrichtendienstliches Mittel definieren, ist diese Wertung nur dann stichhaltig, wenn ein Gespräch *nicht nur beiläufig* mitgehört wird (weil die Kommunikationspartner dies durch lautes Reden z. B. im Café ohne weiteres ermöglichen), sondern Gespräche *gezielt und unter Bruch üblicher Diskretionser-*

565 § 8 Abs. 2 BVerfSchG zählt die ND-Mittel nur auf, ohne zugleich die tatbestandlichen Voraussetzungen für ihre Anwendung zu nennen (*Löffelmann/Zöller*, B. Rn. 52).
566 BeckOK PolR Bayern/*Lindner*, 20. Ed. 1.10.2022, Art. 8 BayVSG Rn. 22.
567 BeckOK PolR Bayern/*Lindner*, 20. Ed. 1.10.2022, Art. 8 BayVSG Rn. 23.
568 *Roth*, in: Schenke/Graulich/Ruthig, § 8 BVerfSchG Rn. 35.
569 *Roth*, in: Schenke/Graulich/Ruthig, § 8 BVerfSchG Rn. 36.

wartungen heimlich mitverfolgt werden (etwa Lauschen an der Wohnungstür oder im Treppenhaus). Da die Aufzählung der nachrichtendienstlichen Mittel in § 8 Abs. 2 Satz 1 BVerfSchG nicht abschließend ist, sondern nur beispielhaft („wie ...“), deckt das Gesetz auch andere nachrichtendienstliche Mittel ab, deren Einsatz aufgrund neuer technischer oder tatsächlicher Entwicklungen möglich und notwendig wird.[570] Mehrere Bundesländer hingegen benennen die zulässigen ND-Mittel abschließend in ihren Verfassungsschutzgesetzen (s. etwa §§ 5 Abs. 2 VSG NRW, 14 Abs. 1 NdsVSG, 5 Abs. 2 HessVSG).

Vertrauenspersonen (V-Personen – VP) sind nach der Legaldefinition des § 9b Abs. 1 Satz 1 Privatpersonen, deren planmäßige und dauerhafte Zusammenarbeit mit dem Nachrichtendienst Dritten nicht bekannt ist. Diese Personen übermitteln dem Nachrichtendienst auftragsrelevante Informationen, zu denen sie aufgrund ihrer (beruflichen) Tätigkeit bzw. ihrer Kontakte zu Personen, Personengruppierungen oder Institutionen etc. Zugang haben oder sich verschaffen können (insbesondere weil sie selbst Teil der „Szene“ sind).[571] Beim BND werden diese Personen **„Nachrichtendienstliche Verbindungen“** (NDV) genannt.[572] Zu einem Angehörigen des öffentlichen Dienstes werden sie durch diese Zusammenarbeit nicht, da es sich weder um eine hauptberufliche Verwendung, noch überhaupt um eine Berufstätigkeit handelt (siehe § 9b Abs. 2 Nr. 2 BVerfSchG). Im Innenverhältnis zur Behörde wird eine VP auf Grundlage eines privatrechtlichen (werkvertraglichen) Vertrages verpflichtet, nachrichtendienstlich relevante Informationen zu beschaffen, für die sie als freier Mitarbeiter auf Honorarbasis entlohnt wird.[573] Im Außenverhältnis zur auszuforschenden Zielperson fungiert die V-Person als *Verwaltungshelfer*, derer sich der Staat zur Erfüllung öffentlicher Aufgaben bedient. 246

Gewährspersonen leisten nach der Legaldefinition bspw. in § 14 Abs. 1 Nr. 6 d NdsVSG logistische oder sonstige Hilfe, ohne Vertrauenspersonen, sonstige geheime Informanten oder überworbene Agenten (CM) zu sein. Sie sind also Personen, die ihre Informationen im Unterschied zu V-Leuten nicht als Quelle „im Objekt“ gewinnen (also keine Szeneangehörigen sind), sondern aufgrund eines beruflichen oder privaten Zugangs, und deshalb nur von Fall zu Fall in vertraulicher Weise für die Nachrichtendienste logistische Hilfe leisten (z. B. Legendengeber wie fiktive Arbeit- oder Wohnungsgeber oder Boten, die „unverdächtig“ Nachrichten überbringen können).[574] Beim BND werden diese Personen **Beschaffungshelfer** genannt.[575] 247

Nicht in § 8 Abs. 2 Satz 1 BVerfSchG ausdrücklich genannt, aber als herkömmliches ND-Mittel anerkannt sind die **Verdeckten Mitarbeiter**, die nach der Legaldefinition in § 9a Abs. 1 Satz 1 BVerfSchG eigene Mitarbeiter des Nachrichtendienstes sind, die unter einer ihnen langfristig, auf Dauer verliehenen Legende, d. h. einer veränderten Identität, zur Aufklärung relevanter Bestrebungen eingesetzt werden. Sie werden im Verfassungsschutzbereich herkömmlich als Under Cover Agents (UCA) bezeichnet, da sie sich zwar im Zielobjekt bzw. bei den Zielpersonen bemerkbar machen, aber über ihre wahre Identität und die Beschaffungsabsicht täuschen.[576] Ebenfalls nicht ausdrücklich im Gesetz erwähnt ist der Counterman (CM), der im Bereich der Spionageabwehr eine der V-Person vergleichbare Rolle spielt. Im Unterschied zum V-Mann ist der CM Mitarbeiter eines fremden Nachrichtendienstes, der zur Mitarbeit im eigenen Dienst überworben 248

---

570 *Roth*, in: Schenke/Graulich/Ruthig, § 8 BVerfSchG Rn. 24.
571 *Sellmeier/Blome*, GSZ 2019, 196 m. w. N.
572 *Löffelmann/Zöller*, B. Rn. 69.
573 *Sellmeier/Blome*, GSZ 2019, 196 (197).
574 *Löffelmann/Zöller*, B. Rn. 68; *Roth*, in: Schenke/Graulich/Ruthig, § 8 BVerfSchG Rn. 30; *Droste*, S. 275 f.
575 *Löffelmann/Zöller*, B. Rn. 69.
576 *Roth*, in: Schenke/Graulich/Ruthig, § 8 BVerfSchG Rn. 32; *Droste*, S. 277.

wurde, also in der Funktion eines „Doppelagenten" zum Nachteil seines früheren „Arbeitsgebers" tätig wird (s. § 14 Abs. 1 Nr. 6 c NdsVSG).[577]

249 Die in § 8 Abs. 2 Satz 1 BVerfSchG ebenfalls nicht gesondert genannten **Informanten** sind Personen, die, möglicherweise auch rein zufällig, Kontakt zu einem Beobachtungsobjekt haben und im Einzelfall oder gelegentlich in vertraulicher Weise einen konkreten Hinweis geben (s. § 12 Abs. 1 Nr. 2 ThürVSG), im Unterschied zu V-Leuten jedoch nicht geführt (d. h. nicht mit konkreten Aufträgen versorgt) werden und daher nicht zur gezielten Informationsgewinnung eingesetzt werden können (s. § 14 Abs. 1 Nr. 6 b NdsVSG).[578]

250 Ein weiteres wichtiges ND-Mittel nach § 8 Abs. 2 BVerfSchG ist die **Observation.** Hierunter ist die planmäßige verdeckte Beobachtung bestimmter Personen, Objekte und Ereignisse mit dem Ziel der Erkenntnisgewinnung über nachrichtendienstlich relevante Bestrebungen und Tätigkeiten zu verstehen.[579] Da Observationen die Heimlichkeit der Beobachtung voraussetzen,[580] wird ein Kontakt der Observanten mit den Zielpersonen und dem Zielobjekt vermieden. Die notwendige Tarnung wird mithilfe von Tarnpapieren, Tarnkennzeichen an Kraftfahrzeugen sowie getarnten Wohnungen und Scheinfirmen durchgeführt.[581] Um Erkenntnislücken durch örtliche Begrenzungen optischer Beobachtungsmöglichkeit (z. B. Büsche, Bebauung) oder konspirative Vorsichtsmaßnahmen der Zielpersonen auszugleichen, werden häufig observationsunterstützende technische Mittel eingesetzt, z. B. Bewegungsmelder, Restlichtverstärker, Nachtsichtgeräte, Peilsender oder Ortungssysteme mithilfe GPS- und RFID-Technologie.[582] Neben der Aufklärung relevanter Zielpersonen und -objekte für Zwecke der §§ 3 Abs. 1 BVerfSchG, 1 MADG, 1 Abs. 2 BNDG erlauben § 5 Abs. 1 Nr. 4 HessVSG und § 2 Abs. 1 Nr. 3 BNDG den Einsatz von ND-Mitteln (und damit auch die Observation), wenn dies zur Überprüfung der Nachrichtenehrlichkeit bzw. Eignung von Vertrauensleuten erforderlich ist, z. B. um zu überprüfen, ob die Quelle falsche Informationen liefert oder gar von einem fremden Nachrichtendienst gesteuert ist (s. auch Rn. 258).[583] Zulässig ist auch die Schutzobservation zur Absicherung eines V-Mann-Treffs.[584] Unzulässig sind Observationen hingegen, wenn sie für den Betroffenen bewusst erkennbar angelegt sind (sogenannte offene Observationen) und den Betroffenen quasi einem „Überwachungsarrest" unterwerfen oder einschüchtern sollen.[585] Gleiches gilt, wenn die Observation erkennbar „aufgeplatzt" ist. In beiden Fällen handelt es sich mangels Möglichkeit einer heimlichen Informationsbeschaffung schon begrifflich nicht mehr um eine „Observation"; sie ist mangels Eignung für eine verdeckte Informationsbeschaffung zudem unverhältnismäßig (weil ungeeignet zum Zweck der Observation) gemäß § 9 Abs. 1 Satz 4 BVerfSchG („Die Maßnahme ist unverzüglich zu beenden, wenn ihr Zweck erreicht ist oder sich Anhaltspunkte dafür ergeben, dass er nicht oder nicht auf diese Weise erreicht werden kann.").

251 Für eine „langfristige Observation" (Nach Art. 19a Abs. 1 BayVSG, § 11 Abs. 2 HessVSG ist dies eine Observation, die im Einzelfall länger als 48 Stunden oder an mehr als drei Tagen innerhalb einer Woche andauert; nach § 14 Abs. 1 Nr. 7 NdsVSG wenn sie innerhalb einer Woche insgesamt länger als 24 Stunden oder über einen Zeitraum von einer

---

577 *Droste*, S. 275.
578 *Roth*, in: Schenke/Graulich/Ruthig, § 8 BVerfSchG Rn. 31 m. w. N.
579 *Droste*, S. 281.
580 *Roth*, in: Schenke/Graulich/Ruthig, § 8 BVerfSchG Rn. 34.
581 *Droste*, S. 282.
582 *Löffelmann/Zöller*, B. Rn. 62.
583 Dazu *Ader*, in: Dietrich/Fahrner, § 19 Rn. 77.
584 *Droste*, S. 281.
585 *Droste*, S. 282.

Woche hinaus durchgeführt wird; nach § 2 Abs. 5 Nr. 3 ThürVSG wenn sie durchgehend länger als 24 Stunden dauert oder an mehr als zwei Tagen stattfinden soll.) verlangt das BVerfG im Urteil vom 26.4.2022 deutlich heraufgesetzte Eingriffsschwellen: Sie ist nur zur Aufklärung von Bestrebungen oder Tätigkeiten mit „erheblicher Bedeutung" zulässig, insbesondere, wenn letztere darauf gerichtet sind, Gewalt anzuwenden oder Gewaltanwendung vorzubereiten, und bedürfen zudem einer unabhängigen Vorabkontrolle.[586] Damit sind längerfristige Observationen bei sog. legalistischen, d. h. gewaltfrei agierenden Bestrebungen, unverhältnismäßig. Die Voraussetzungen für diese Art Observation müssen vom Gesetzgeber künftig normenklar geregelt werden, was aktuell augenscheinlich bei keinem Nachrichtendienstgesetz der Fall ist.

In mehreren Landesverfassungsschutzgesetzen wird auch die verdeckte **Teilnahme an Internetkommunikation** (z. B. legendierte Chat-Teilnahme) als zulässiges ND-Mittel genannt (siehe etwa § 5 Abs. 2 Nr. 11 HessVSG: verdeckte Teilnahme an der im Internet geführten Kommunikation, insbesondere in Foren und elektronischen Kommunikationsplattformen; ähnlich §§ 5 Abs. 2 Nr. 11 VSG NRW, 6 Abs. 3 Nr. 12 BbgVSG und 14 Abs. 1 Nr. 3 NdsVSG: „...unter Ausnutzung eines schutzwürdigen Vertrauens der oder des Betroffenen oder Dritten, um ansonsten nicht zugängliche Daten zu erhalten"; s. auch Art. 18 Abs. 4 BayVSG, § 12 Abs. 4 HessVSG und Rn. 245). Das bloße Täuschen des operativ eingesetzten Mitarbeiters oder der V-Person über die eigene Identität und Motivation greift noch nicht in das Recht auf informationelle Selbstbestimmung anderer Internetuser (z. B. Gruppenmitglieder eines geschlossenen Chatforums) ein, soweit diese Täuschung nicht dazu führt, dass jemand Daten über sich oder Dritte preisgibt, die er bei Kenntnis der wahren Motivation bzw. Identität des Gegenübers nicht preisgegeben hätte. Ein Eingriff in das Recht auf informationelle Selbstbestimmung liegt also nicht schon dann vor, wenn eine staatliche Stelle sich unter einer Legende in eine Kommunikationsbeziehung zu einem Grundrechtsträger begibt, sondern erst dann, wenn sie dabei ein schutzwürdiges Vertrauen der Zielperson in die Identität und die Motivation seines Kommunikationspartners ausnutzt, um persönliche Daten zu erheben, die sie ansonsten nicht erhalten würde.[587] Denn wer mit irgendeinem „nick name" in einem nachrichtendienstlich interessanten Bereich des Internet unter einer sofort als solcher erkennbaren Allerwelts-Tarnidentität unterwegs ist, täuscht nicht, weil er von vornherein offenlegt, dass er seine tatsächliche Identität nicht offenlegen will. Damit fehlt es bereits an einer *heimlichen* Informationsbeschaffung i. S. d. § 8 Abs. 2 BVerfSchG und damit letztlich auch an einem Grundrechtseingriff.[588] Ein solcher liegt erst dann vor, wenn sich zwischen dem verdeckt eingesetzten Mitarbeiter und der Zielperson ein schutzwürdiges Vertrauen aufgebaut hat, das die staatliche Stelle bewusst ausnutzt (z. B. bei intensiver zwischenmenschlicher Kommunikation, die eine private Vertraulichkeitsbeziehung entstehen lässt). 252

Gemäß § 8 Abs. 2 Satz 4 BVerfSchG (i. V. m. MADG und BNDG) sind die nachrichtendienstlichen Mittel zur heimlichen Informationsbeschaffung – auch diejenigen, die nicht explizit im Gesetz genannt sind, um der Verwaltung ein flexibleres Reagieren auf technisch-operative Änderungen ohne langwierige Gesetzesänderung zu ermöglichen – in einer **Dienstvorschrift** zu benennen, die der Zustimmung des BMI, beim MAD des BMVg und im Falle des BND des Bundeskanzleramts bedarf, welche dann ihrerseits das Parlamentarische Kontrollgremium (PKGr) über den Inhalt unterrichten. Damit ist die „Dienstvorschrift ND Mittel" gemeint.[589] 253

586 BVerfG, NJW 2022, 1583 (1613, Rn. 360 f.).
587 BVerfG, NJW 2008, 822 (836) – Online-Durchsuchung.
588 *Ader*, in: Dietrich/Fahrner, § 19 Rn. 103.
589 *Droste*, S. 265.

254 Für die Werbung und den Einsatz von verdeckten Mitarbeitern und V-Personen gelten ergänzend die Verfahrensregelungen der im Jahr 2015 neu eingefügten §§ 9a und 9b BVerfSchG (Rn. 297).[590] Die **tatbestandlichen Voraussetzungen** für die Werbung und Führung von Verdeckten Mitarbeitern (VM) und **Vertrauenspersonen** (VP) ergeben sich aber weiterhin aus **§ 9 Abs. 1 Nr. 1 BVerfSchG** als Grundnorm für die Zulässigkeit von ND-Mitteln. Ergänzend zu §§ 9a, 9b BVerfSchG konkretisiert die „Dienstvorschrift Beschaffung" als untergesetzliche Vorschrift den Einsatz eines Verdeckten Mitarbeiters (Gewinnung und Auswahl Verdeckter Mitarbeiter, Einsatzablauf, Führung/Betreuung, Beendigung des Einsatzes sowie Aktenführung und die Geheimhaltung).[591] Sie enthält zudem detaillierte Anweisungen für die Aufgabenerteilung an eine V-Person sowie deren Führung, Schulung und Kontrolle.[592] Ein dauerhafter Einsatz (was bei V-Leuten und Verdeckten Mitarbeitern der Regelfall sein wird, da es um Strukturaufklärung geht, nicht um eine zügige Tat- und Täterüberführung) in Bestrebungen nach § 3 Abs. 1 Nr. 1 und 4 BVerfSchG (also im Bereich des nicht per se gewaltorientierten Extremismus) ist allerdings nur bei Bestrebungen von erheblicher Bedeutung zulässig, insbesondere wenn sie darauf gerichtet sind, Gewalt anzuwenden oder Gewaltanwendung vorzubereiten. Daraus ist zu folgern, dass der Einsatz von Verdeckten Mitarbeitern und V-Leuten generell nur in bedeutsamen, i. d. R. gewaltorientierten Beobachtungsobjekten zulässig ist. In welchem Maße die Befugnis zum Einsatz von V-Leuten, verdeckten Mitarbeitern oder anderen nachrichtendienstlichen Mitteln auch die Begehung von sog. „szenetypischen" Straftaten rechtfertigen kann (z. B. psychische Beihilfe des VP-Führers zur fortdauernden Mitgliedschaft der V-Person in einer terroristischen Vereinigung) ist seit 2015 in § 9a Abs. 2 BVerfSchG gesetzlich geregelt (s. näher Rn. 261 ff., 293 ff., 297).

255 Problematisch ist, dass der Einsatz von Verdeckten Mitarbeitern und V-Personen ein hohes Eingriffsgewicht aufweist, was nach Ansicht des BVerfG durch entsprechend hohe Eingriffsschwellen kompensiert werden muss.[593] Diesen Anforderungen wird aktuell kein Nachrichtendienstgesetz gerecht. Insbesondere bedarf es einer Begrenzung des zulässigen Kreises der Zielpersonen für Fälle, in denen der Einsatz von Verdeckten Mitarbeitern oder von V-Leuten gezielt gegen bestimmte Personen gerichtet ist, was das Eingriffsgewicht nochmals deutlich erhöht.[594] Der Gesetzgeber darf die Wahrung dieser Verhältnismäßigkeitsanforderungen nicht vollständig der Behörde überlassen, sondern muss für das Eingriffsgewicht einerseits und die Dringlichkeit der Maßnahme andererseits maßgebliche Gesichtspunkte selbst regeln. Auch muss schon im Gesetz Berücksichtigung finden, dass der Grundrechtseingriff bei längerer Dauer immer schwerer wiegt und seine verfassungsrechtliche Rechtfertigung daher einen umso höheren Beobachtungsbedarf und Aufklärungsgewinn voraussetzt.[595] Außerdem fehlen in den Nachrichtendienstgesetzen Regelungen zu einer unabhängigen (richterlichen) Vorabkontrolle für den Einsatz von Verdeckten Mitarbeitern und V-Leuten,[596] weshalb die §§ 9a, 9b BVerfSchG in ihrer aktuellen Fassung den verfassungsrechtlichen Anforderungen nicht genügen.

256 **bb) Eingriffsreichweite der §§ 9 Abs. 1, 8 Abs. 2 BVerfSchG.** Wegen der hohen Eingriffsintensität, die der Einsatz technischer Mittel in Wohnungen, bei privater Telekommunikation oder beim Zugriff auf IT-Systeme zur Folge hat, greift die nachrichtendienstliche Generalklausel der §§ 9 Abs. 1 i. V. m. 8 Abs. 2 BVerfSchG nur für Bild- und

590 Dazu ausführlich *Blome/Sellmeier*, DÖV 2016, 881 ff.
591 BT-Drs. 19/406, S. 2 f.
592 *Droste*, S. 273.
593 BVerfG, NJW 2022, 1583 (1611 ff., Rn. 340 ff.).
594 BVerfG, NJW 2022, 1583 (1611, Rn. 345).
595 BVerfG, NJW 2022, 1583 (1611, Rn. 343.
596 BVerfG, NJW 2022, 1583 (1611 ff., Rn. 343 ff.).

Tonaufzeichnungen *außerhalb der Schutzbereiche der Art. 13, 10 GG oder des „Grundrechts auf Vertraulichkeit und Integrität informationstechnischer Systeme“.* §§ 9 Abs. 1, 8 Abs. 2 BVerfSchG erlaubt also beispielsweise nicht den Einsatz von „Wanzen“ in einer Wohnung oder das heimliche Infiltrieren eines Smartphones (siehe explizit §§ 5 Abs. 2 Nr. 8 HessVSG, 5 Abs. 2 Nr. 11, 2. HS VSG NRW).

Da durch die Anwendung der in Rn. 245 ff. genannten nachrichtendienstlichen Mittel regelmäßig „nur“ in das Allgemeine Persönlichkeitsrecht eingegriffen wird, ist ihr Einsatz auch gegen Personenzusammenschlüsse zulässig, die die Schutzgüter der fdGO (noch) auf dem Boden der Legalität bekämpfen, d. h. die Grenze der Strafbarkeit noch nicht überschritten haben. Der Einsatz von ND-Mitteln setzt also nicht notwendigerweise eine konkrete polizeiliche Gefahrenlage voraus, die über die im Gesetz geforderten „tatsächlichen Anhaltspunkte“ hinausgeht.[597] Dennoch ist ihr Einsatz nur unter strenger Wahrung des Verhältnismäßigkeitsgrundsatzes zulässig (§ 9 Abs. 1 Sätze 2-4 BVerfSchG), insbesondere wenn er gezielt gegen Personen erfolgt (z. B. Observation, Einsatz von V-Personen, s. § 9a Abs. 1 Satz 2, ggf. i. V. m. § 9b Abs. 1 Satz 1 BVerfSchG: insbesondere bei Gewaltbezug). Er setzt grundsätzlich voraus, dass der Adressat der Maßnahme aus objektiver Sicht für eine mögliche Rechtsgutverletzung verantwortlich ist bzw. in den gefahrgeneigten Sachverhalt „verfangen“ ist,[598] d. h. die maßgebliche Ursache für das nachrichtendienstliche Handeln gesetzt hat, z. B. durch seine Einbindung in eine extremistisch-terroristische Szene oder die Teilnahme an Gefährdertreffen. In diesem Sinn formuliert § 8a Abs. 3 BVerfSchG, dass sich die dort genannten eingriffsintensiven Maßnahmen insbesondere nur gegen Personen richten dürfen, bei denen tatsächliche Anhaltspunkte dafür vorliegen, dass sie *schwerwiegenden Gefahren* für die Schutzgüter des Verfassungsschutzes nach § 3 Abs. 1 BVerfSchG *nachdrücklich* fördern. 257

cc) **Tatbestandsvoraussetzungen der §§ 9 Abs. 1, 8 Abs. 2 BVerfSchG.** Wenn es sich um ein heimliches (nachrichtendienstliches) Mittel der Informationsbeschaffung handelt und keine spezielle Eingriffsermächtigung im BVerfSchG (i. V. m. §§ 5 MADG, 5 BNDG) oder G10 ersichtlich ist, ist zu prüfen, ob es sich um ein ND-Mittel i. S. d. § 8 Abs. 2 BVerfSchG handelt. Diese darf der Nachrichtendienst anwenden, wenn die Voraussetzungen des § 9 Abs. 1 Nr. 1 BVerfSchG erfüllt sind. §§ 9 Abs. 1 und § 8 Abs. 2 BVerfSchG sind also gemeinsam zu lesen und anzuwenden. Nach § 9 Abs. 1 Nr. 1 BVerfSchG dürfen BfV, MAD und BND nachrichtendienstliche Mittel anwenden, wenn Tatsachen die Annahme rechtfertigen, dass entweder 258

a) auf diese Weise Erkenntnisse über Bestrebungen oder Tätigkeiten nach §§ 3 Abs. 1 BVerfSchG, 1 MADG (d. h. über extremistische Bestrebungen oder geheimdienstliche Tätigkeiten)
   bzw.
   Erkenntnisse über das Ausland gewonnen werden können, die von außen- und sicherheitspolitischer Bedeutung sind (s. § 1 Abs. 2 BND);

oder

b) die zur Erforschung solcher Erkenntnisse erforderlichen Quellen gewonnen werden können. Diese Regelung dient den Bedürfnissen der „Beschaffung“: Zulässig wäre hiernach etwa die heimliche Abklärung des Vermieters und der Nachbarn vor Anmietung einer konspirativen Wohnung oder zur Absicherung eines Treffs, der persönlichen Zusammenkunft der V-Person und dem VP-Führer oder vor der Anwerbung einer Person (sog. Treff-Sicherung, s. a. Rn. 250).[599]

---

597 BVerfG, NJW 2008, 822 (832) – Online-Durchsuchung.
598 BVerfG, NJW 2016, 1781 (1784, Rn. 104, 109) – BKA-Gesetz.
599 *Droste*, S. 307.

259 Die Tatbestandsvoraussetzungen des § 9 Abs. 1 Nr. 1 i. V. m. 8 Abs. 2 BVerfSchG können daher wie folgt zusammengefasst werden:

a) es müssen Tatsachen (= tatsächliche Anhaltspunkte, Rn. 67) im Sinne des § 4 Abs. 1 Satz 5 BVerfSchG vorliegen, die die Annahme rechtfertigen, dass durch den Einsatz des gewählten ND-Mittels
b) Erkenntnisse über
   - (BfV, LfV) extremistische Bestrebungen bzw. geheimdienstliche Tätigkeiten i. S. d. § 3 Abs. 1 BVerfSchG, oder
   - (BND) das Ausland gewonnen werden können, die von außen- und sicherheitspolitischer Bedeutung sind, oder
   - die zur Erforschung solcher Erkenntnisse erforderlichen Quellen gewonnen werden können.
c) Schließlich muss es sich um ein zulässiges ND-Mittel im Sinne von § 8 Abs. 2 BVerfSchG i. V. m. der „Dienstvorschrift ND-Mittel" handeln.

260 **Prüfschema für die Rechtmäßigkeit einer nachrichtendienstlichen Maßnahme am Beispiel des BfV**

A. **Ermächtigungsgrundlage (Rechtsgrundlage) für den Eingriff**
   → Benennung der Befugnisnorm
   aa) Spezialvorschrift, z. B. im G10 oder im BVerfSchG (z. B. § 9 Abs. 2 BVerfSchG)
   bb) § 9 Abs. 1 Nr. 1 i. V. m. § 8 Abs. 2 BVerfSchG

B. **Formelle Rechtmäßigkeit der Maßnahme**

1. **Zuständigkeit des BfV**
   a) Prüfung der Voraussetzungen des § 5 Abs. 1 BVerfSchG
   b) § 10 Abs. 1 G10 (BMI-Zuständigkeit für Anordnung von G10-Maßnahmen)
2. **Verfahren/Form**
   z. B. § 9 Abs. 2 S. 3 BVerfSchG; §§ 10 Abs. 2, 15 Abs. 6 G10; § 8b BVerfSchG

C. **Materielle Rechtmäßigkeit der Maßnahme**

1. **Vorliegen der Tatbestandsvoraussetzungen**
   a) es müssen Tatsachen (= tatsächliche Anhaltspunkte) vorliegen, die die Annahme rechtfertigen, dass durch den Einsatz des gewählten ND-Mittels Erkenntnisse gewonnen werden können über
   b) extremistische Bestrebungen oder geheimdienstliche Tätigkeiten i. S. d. § 3 Abs. 1 BVerfSchG
      In den Fällen des § 3 Abs. 1 Nr. 1, 3 und 4 BVerfSchG (Extremismus)
      - die Aktivitäten müssen mit politischer Zielsetzung erfolgen und ziel- und zweckgerichtet sein (§ 4 Abs. 1 Satz 1 BVerfSchG),
      - Die Aktivitäten müssen extremistisch sein im Sinne des § 3 Abs. 1 Nr. 1, 3 oder Nr. 4 BVerfSchG
      - es muss sich um Aktivitäten eines Personenzusammenschlusses handeln
      - falls Aktivitäten von Einzelpersonen ausgehen ohne Einbindung in einen Personenzusammenschluss müssen deren Verhaltensweisen darauf gerichtet sein, die extremistischen Ziele zu verwirklichen (§ 4 Abs. 1 Satz 3-4 BVerfSchG). Anders als bei Personenzusammenschlüssen besteht hier Entschließungsermessen, ob beobachtet werden soll

      In den Fällen des § 3 Abs. 1 Nr. 2 BVerfSchG (geheimdienstliche Tätigkeit) genügt eine „Tätigkeit"; ein Bestrebungscharakter im Sinne des § 4 Abs. 1 BVerfSchG ist hier nicht erforderlich.
   c) Schließlich muss es sich um ein zulässiges ND-Mittel im Sinne von § 8 Abs. 2 BVerfSchG i. V. m. der „Dienstvorschrift ND-Mittel" handeln

2. **Ermessensfehler?**
   - liegt eine Ermessensüberschreitung vor?
   - liegt eine Ermessensunterschreitung vor?
   - liegt ein Ermessensfehlgebrauch vor?
3. **Verletzung von Grundrechten der Betroffenen, insbesondere Verhältnismäßigkeit**
   a) **Eröffnung des Schutzbereichs eines Grundrechts**
      (1) Sachlicher Schutzbereich
      (2) Persönlicher Schutzbereich
   b) **Vorliegen eines Eingriffs in den Schutzbereich**
   c) **Verfassungsrechtliche Rechtfertigung des Eingriffs**
      aa) **Wie ist das Grundrecht beschränkbar?**
      in der Regel durch Gesetzesvorbehalt („durch Gesetz"/„aufgrund eines Gesetzes")[600]
      bb) **Vorliegen einer tauglichen (gesetzlichen) Schrankenregelung**
      cc) **Verhältnismäßige Anwendung der Gesetzesschranke**
      („Schranken-Schranke")[601] (s. §§ 8 Abs. 5, 9 Abs. 1 S. 2-4, 9a Abs. 1 Satz 2 BVerfSchG)
      - Geeignetheit des eingesetzten ND-Mittels zur Erreichung des angestrebten nachrichtendienstlichen Zwecks
      - Erforderlichkeit (gibt es ein milderes, gleich geeignetes Mittel?)
      - Angemessenheit (steht die Anwendung des ND-Mittels und das Aufklärungsziel in einer angemessenen Relation?)

d) Optische und akustische Wohnraumüberwachung. § 9 Abs. 2 BVerfSchG (i. V. m. §§ 5 MADG, 5 BNDG) ist die Rechtsgrundlage für das besonders eingriffsintensive nachrichtendienstliche Mittel der Wohnraumüberwachung mit technischen Mitteln. Da hier ein Eingriff in die grundsätzlich „unverletzliche" Privatsphäre der Wohnung im Sinne des Art. 13 GG stattfindet, muss die Eingriffsnorm des § 9 Abs. 2 BVerfSchG den qualifizierten Schrankenanforderungen des Art. 13 Abs. 4 GG (Wohnraumüberwachung zur Gefahrenabwehr) genügen. Werden also durch den Einsatz technischer Mittel (akustisch oder optisch) gezielt Vorgänge bzw. Personen erfasst,[602] die sich in einem von Art. 13 GG geschützten Bereich abspielen bzw. die sich dort aufhalten, müssen die strengen Voraussetzungen des § 9 Abs. 2 BVerfSchG erfüllt sein. Zur Vorbereitung und Durchführung der Maßnahme darf die Wohnung (logischerweise auch ohne Wissen des Inhabers und der Bewohner) betreten werden, wenn dies ausdrück- 261

600 Hier ist darauf hinzuweisen, dass z. B. das Grundrecht auf informationelle Selbstbestimmung durch Gesetz eingeschränkt werden kann und die §§ 9 Abs. 1 Nr. 1 i. V. m. 8 Abs. 2 BVerfSchG ein solches einschränkendes formelles (Parlaments-)Gesetz darstellen. Wenn § 8 Abs. 2 Satz 2 BVerfSchG zusätzlich den Grundsatz aufstellt, dass im Rahmen der Anwendung von ND-Mitteln in Individualrechte nur nach Maßgabe besonderer Befugnisse eingegriffen werden darf, so stellt § 9 Abs. 1 Nr. 1 BVerfSchG eine solche „besondere" Befugnisnorm dar, die von ihrem Anwendungsbereich her ausdrücklich Beschränkungen des R.i.S. erlaubt (näher Rn. 294).

601 Die Prüfung der „Verfassungsmäßigkeit der Schrankenregelung" (also der maßgeblichen Befugnisregelung z. B. aus dem BVerfSchG) – unterteilt in formelle und materielle Verfassungsmäßigkeit – ist regelmäßig entbehrlich, sofern keine Anhaltspunkte für ein verfassungswidriges Zustandekommen oder einen verfassungswidrigen Inhalt der betreffenden gesetzlichen Vorschrift vorliegen.

602 Ein versehentliches oder nicht zielgerichtetes Registrieren von Vorgängen aus Wohnungen (z. B. das fotografische Erfassen einer Person, die hinter einem Fenster steht, als „Beiwerk" zu einem Foto mit einer ganz anderen Zielrichtung) wird keinen Eingriff in Art. 13 GG darstellen, wenn es nicht gerade das operative Ziel ist, Vorgänge aus dieser besonders geschützten Sphäre zu erlangen (in diesem Sinne BVerfG, NJW 2004, 999 [1005]: der Schutzbereich des Art. 13 ist nicht eröffnet, wenn Vorgänge aus der Wohnung nach außen dringen).

lich richterlich[603] angeordnet wurde (s. klarstellend Art. 9 Abs. 1 Satz 2 BayVSG). Eine technische Wohnraumüberwachung ist nach § 9 Abs. 2 BVerfSchG nur dann zulässig, wenn es im Einzelfall zur Abwehr einer gegenwärtigen gemeinen Gefahr oder einer gegenwärtigen Lebensgefahr für einzelne Personen unerlässlich ist und geeignete polizeiliche Hilfe für das bedrohte Rechtsgut nicht rechtzeitig erlangt werden kann. Da § 9 Abs. 2 BVerfSchG tatbestandlich an eine gegenwärtige Gefahr anknüpft, handelt es sich um eine Vorschrift zur Gefahrenabwehr, die – das Trennungsprinzip konsequent zu Ende gedacht – der Polizei vorbehalten sein müsste. Aus diesem Grund und weil die Nachrichtendienste selber keine kausalverändernden (aktionellen) Gefahrenabwehrmaßnahmen treffen können, wird die Norm teilweise mangels Geeignetheit zur Gefahrenabwehr für unverhältnismäßig gehalten.[604] Dagegen ist wiederum einzuwenden, dass Nachrichtendienste funktionell sehr wohl regelmäßig an der Abwehr konkreter Gefahren beteiligt sind und im Rahmen ihres Beobachtungsauftrags häufig vor konkreten Gefahrensituationen stehen (z. B. Anschlagsdrohungen im Internet), die sie im Sicherheitsverbund mit den law enforcement agencies zu bewältigen haben (näher Rn. 11 ff.). Weil jedoch Art. 13 Abs. 4 GG eine konkrete Gefahr verlangt und die Überwachungsbefugnis der Nachrichtendienste grundsätzlich eher der Vorfeldaufklärung dient, kann sie einem Nachrichtendienst laut BVerfG (ebenso wie die Online-Durchsuchung, Rn. 309 ff.) nur als subsidiäre Befugnis für den Fall übertragen werden, dass geeignete polizeiliche Hilfe für das bedrohte Rechtsgut ansonsten nicht rechtzeitig erlangt werden kann.[605]

262 aa) **Schutzbereich der Wohnung (Art. 13 GG).** Zentrale Voraussetzung ist zunächst, dass es sich bei der zu überwachenden Örtlichkeit überhaupt um eine „Wohnung“ i. S. d. Art. 13 Abs. 1 GG handelt. Das Grundrecht auf Unverletzlichkeit der Wohnung (Art. 13 Abs. 1 GG) verbürgt dem Einzelnen einen räumlich gegenständlichen Bereich der Privatsphäre bzw. einen elementaren Lebensraum und gewährleistet das Recht, dort in Ruhe gelassen zu werden.[606] Geschützt sind damit alle Wohnzwecken gewidmeten Räumlichkeiten, z. B. Wohnhäuser, Keller, Speicher, Hotelzimmer, Wohnmobile, Hausboote und Zelte, sofern sie wie Privaträume genutzt werden.[607] Geschützt ist jedoch nur der Hausrechtsinhaber, nicht jede Person, die sich zufällig dort aufhält. Ist folglich der Nachrichtendienst selber Inhaber oder Bewohner einer Wohnung bzw. dessen Mitarbeiter, z. B. bei konspirativen Wohnungen, so ist das Grundrecht nach Art. 13 GG und damit § 9 Abs. 2 BVerfSchG nicht berührt, wenn darin heimlich technische Bild- oder Tonaufnahmen hergestellt werden.[608] Von Art. 13 GG geschützt sind grundsätzlich auch Betriebs- und Geschäftsräume, zumindest soweit es sich um nicht allgemein zugängliche Räume handelt und diese nicht zur Aufnahme sozialer Kontakte mit der Außenwelt bestimmt sind.[609] Entscheidend ist, ob sich in der räumlichen Sphäre privates oder gar

---

603 BVerfG, Beschl. v. 9.12.2022 – 1 BvR 1345/21, Rn. 149.

604 *Banzhaf*, S. 225. Kritisch auch *Roggan*, DÖV 2019, 425 (426): § 9 Abs. 2 BVerfSchG stelle sich als Gefahrenabwehrtatbestand im Regelungsgefüge des Geheimdienstrechts als Fremdkörper dar, denn es gehöre nicht zu den Aufgaben der inländischen Geheimdienste, im Einzelfall bestehende dringende Gefahren abzuwehren.

605 BVerfG, NJW 2022, 1583 (1589, 1605, Rn. 178 f., 303).

606 BVerfG, NJW 2004, 999 (1000) – Großer Lauschangriff.

607 BeckOK GG/*Kluckert*, 50. Ed. 15.2.2022, Art. 13 Rn. 2.

608 Bei Hotelzimmern ist maßgeblich, wer Hausrechtsinhaber ist. Ein Eingriff in Art. 13 GG (z. B. durch akustische Überwachung des Hotelzimmers) findet nur statt, wenn dies gegen oder ohne den Willen des Hausrechtsinhabers erfolgt. Hausrechtsinhaber ist aber der Mieter des Zimmers, nicht jeder Gast; siehe *Löffelmann*, in: Dietrich/Eiffler, VI, § 3 Rn. 37; ähnlich Maunz/Dürig/*Papier*, GG, 85. EL November 2018, Art. 13 Rn. 12; *Droste*, S. 323.

609 BVerfG, NJW 1971, 2299 (2300). Deshalb fällt der PKW nicht unter den Begriff der „Wohnung“ i. S. d. Art. 13 GG (BGH, NJW 1997, 2189), es sei denn, es handelt sich z. B. um einen bewohnbaren Campingbus.

intimes Leben wie in einer Privatwohnung entfalten kann, d. h. der Betroffene davon ausgehen darf, dass er unbeobachtet sein privates Leben gestalten kann. Daher fallen Strandkörbe, Telefonzellen, Parkbänke und Liegeplätze an Badeseen oder im U-Bahnhof nicht unter den Schutz der „Wohnung“,[610] wohl aber Gemeinschaftsunterkünfte für Asylbewerber.[611] Indessen fasst der BGH den Schutzbereich des Art. 13 GG unangemessen weit, wenn er bereits erkennbar (z. B. durch eine Hecke oder Sichtzaun) eingefriedete Grundstücke dem Schutz des Art. 13 GG unterfallen lässt,[612] obwohl sich dort kaum privates bzw. intimes Leben in der gleichen Weise entfalten kann, wie dies in geschlossenen bzw. durch Sichtschutz dem Einblick von außen abgeschirmten Räumlichkeiten der Fall ist.

bb) Betreten und Verweilen unter Legende bzw. mit „falscher“ Motivation. Umstritten ist, ob es auch einen Eingriff in Art. 13 GG darstellt (mit der Folge einer evtl. 263
Strafbarkeit einer verdeckt eingesetzten VP bzw. eines verdeckten eigenen Nachrichtendienstmitarbeiters nach § 123 StGB), wenn **V-Leute** – und erst recht verdeckte Mitarbeiter („Under Cover Agents“ – UCA) als Hoheitsträger[613] – **unter Ausnutzung ihrer Legende eine Wohnung betreten** und dort optisch und akustisch Sachverhalte zur Kenntnis nehmen können, die durch die Betroffenen der Öffentlichkeit bewusst entzogen wurden. Teilweise wird ein Eingriff bejaht,[614] u. a. mit Verweis auf das Fehlen einer den §§ 110c StPO oder 20 Abs. 3 PolG NRW, 24 Abs. 2 PolG BW[615] entsprechenden ausdrücklichen Rechtsgrundlage. Die vom Ausgeforschten erteilte Zustimmung zum Betreten seiner Wohnung beruhe auf einem täuschungsbedingten Irrtum und sei daher unwirksam.[616] Nach anderer Ansicht ist darauf abzustellen, ob die Räumlichkeit im konkreten Verwendungszusammenhang tatsächlich als Sphäre der Privatheit bewusst dem Zugang von draußen entzogen werden sollte (d. h. das Gespräch bewusst in das Refugium der Privatheit verlegt wurde, um es der Kenntnisnahmemöglichkeit durch Außenstehende zu entziehen). An einer solchen Widmung könne es fehlen, wenn sich die Personen (z. B. im Rahmen einer Vereinsversammlung) nur aus „zufälligen“ Praktikabilitätserwägungen in einer Wohnung trifft, ohne dabei gezielt die Schutzsphäre des Art. 13 GG in Anspruch nehmen zu wollen.[617] In diesem Fall würde der Schutz des Art. 13 GG entfallen, weil der betroffene Hausrechtsinhaber den Schutz des Art. 13 GG gar nicht in Anspruch nehmen wollte (was freilich im Streitfall enorme Nachweisprobleme aufwerfen würde). Da §§ 9a, 9b BVerfSchG erkennbar keine ausreichende Rechtsgrundlage für einen Eingriff in Art. 13 GG darstellen,[618] wäre – die Auffassung eines Grundrechtseingriffs zugrunde gelegt – das Betreten von Wohnungen der Zielpersonen

---

610 Sachs/*Kühne*, GG, 9. Aufl. 2021, Art. 13 Rn. 2.

611 VG Hamburg, Urt. v. 15.2.2019 – 9 K 1669/18, Rn. 27 ff.

612 BGH, NStZ 1998, 157 – Vorgarten. Ebenso Maunz/Dürig/*Papier*, GG, 85. EL November 2018, Art. 13 Rn. 11.

613 *Unterreitmeier* (GSZ 2019, 233 [236 f.]) weist darauf hin, dass bei der Frage, wann ein Grundrechtseingriff beginnt, zwischen V-Personen und verdeckten Mitarbeitern zu unterscheiden ist: Während eine V-Person aus der zu beobachteten Szene freiwillig als Privatperson das berichtet, was sie aus eigenem Antrieb berichten will, ist das Wissen des verdeckten Mitarbeiters als Behördenangehörigem unmittelbar der ihn einsetzenden Sicherheitsbehörde zuzurechnen, sodass – soweit z. B. der Schutzbereich des informationellen Selbstbestimmungsrechts eröffnet ist – bereits die Entgegennahme der jeweiligen Informationen als Erhebungseingriff zu werten ist.

614 *Zimmermann*, in: Dietrich/Fahrner, § 27 Rn. 110; *Roggan*, DÖV 2019, 425 (429 f.); *Dietrich*, in: ders./Eiffler, VII, § 2 Rn. 99 ff.: Die Unkenntnis der wahren Identität des Gastes ist gleichzusetzen mit der Unkenntnis über die hoheitliche Intervention.

615 § 24 Abs. 2 PolG BW: „Ein Verdeckter Ermittler darf unter Geheimhaltung seiner wahren Identität, nicht jedoch unter Vortäuschen eines Zutrittsrechts, mit Einverständnis des Berechtigten dessen Wohnung betreten.“

616 *Zimmermann*, in: Dietrich/Fahrner, § 27 Rn. 36 m. w. N.

617 *Löffelmann/Zöller*, B. Rn. 72.

618 *Zimmermann*, in: Dietrich/Fahrner, § 27 Rn. 112, § 28 Rn. 74.

durch V-Personen oder Verdeckten Ermittlern rechtswidrig, sofern nicht die Voraussetzungen des § 9 Abs. 2 BVerfSchG vorliegen. Letztlich sprechen die besseren Gründe jedoch gegen einen Eingriff in Art. 13 GG, wenn der Hausrechtsinhaber sein (zwar durch Täuschung über die wahre Identität bzw. Motivation erschlichenes, aber ansonsten freiwilliges) Einverständnis zum Betreten der Wohnung erteilt hat. Denn es kommt grundsätzlich nur auf den *tatsächlichen Willen* des Hausrechtsinhabers an, wenn er mit dem Betreten eines geschützten Raumes einverstanden ist.[619] Der spezifische Schutzbereich des Grundrechts auf Unverletzlichkeit der Wohnung erfasst nicht das Vertrauen in die Redlichkeit der Personen, die in die eigene Wohnung eingeladen werden (ähnlich wie beim Brief- und Telekommunikationsgeheimnis, s. Rn. 361: das Vertrauen der Kommunikationspartner zueinander ist von Art. 10 GG nicht geschützt).[620] Indem die Zielperson die V-Person bzw. den Verdeckten Mitarbeiter in die Räumlichkeiten hineinbittet, handelt es sich für sie insoweit gerade nicht mehr um einen elementaren Lebensraum, wo sie in Ruhe gelassen werden möchte und privates Leben betätigen kann.[621] Denn der Betroffene weiß ja genau, dass und welche Personen er in die private Kommunikation einbezieht, er irrt nur über deren Loyalität.[622] Das Ablehnen eines Eingriffs gilt allerdings nur bei *Täuschung über die Identität* des Interaktionspartners, *nicht aber bei Vorspiegeln eines Betretungsrechts* (z. B. Auftreten als Staatsanwalt oder Schornsteinfeger).[623] Der Wohnungsinhaber darf also darüber getäuscht werden, dass er gleichsam den Staat zu Gast hat;[624] ihm darf jedoch bei Erteilung seines Einverständnisses durch die V-Person bzw. den UCA nicht die Fehlvorstellung vermittelt werden, er müsse den „staatlichen Gast" aufgrund von dessen hoheitlicher Betretungsrechte in die Wohnung lassen.

264 Ob es trotz einer freiwilligen Öffnung der Wohnung gerechtfertigt ist, die Einschlägigkeit des Art. 13 GG bzw. § 9 Abs. 2 BVerfSchG auch dann zu verneinen, wenn der V-Mann bzw. UCA darüber hinaus in der Wohnung durch nicht sichtbar mitgeführte optische oder akustische Empfangstechnik (z. B. Taschentonbandgerät, Minisender) seine Erkenntnisse dokumentiert, ist demgegenüber sehr zweifelhaft.[625] Denn zum einen hat der Wohnungsinhaber sein Einverständnis nur für das Betreten-Dürfen erteilt und gerade nicht für den Einsatz einer Abhöreinrichtung. Zum anderen dokumentiert der V-Mann bzw. Verdeckte Mitarbeiter im behördlichen Auftrag gezielt Gespräche aus der Schutzsphäre des Art. 13 GG, die u. U. gerade deshalb in einer Wohnung geführt werden, weil ein Gespräch im öffentlichen Raum für zu „risikoreich" erachtet wurde. Damit werden die grundrechtsspezifischen Schutzhürden, die Art. 13 GG aufbaut, bewusst überwunden. Es spricht daher einiges dafür, in solchen Konstellationen einen Eingriff in Art. 13 GG zu bejahen. Anders sieht es indes § 8 Abs. 3 HambgVSG: Nach dieser Regelung ist der verdeckte Einsatz besonderer technischer Mittel zur Informationsgewinnung innerhalb von Wohnungen nur *in Abwesenheit* einer für das LfV tätigen Person an den strengen Maßstäben des Art. 13 Abs. 2 ff. GG zu messen (diese Maßstäbe gelten dann z. B. für den Einsatz einer „Wanze"). Im Umkehrschluss bedeutet dies, dass

---

619 Zu alldem MüKoStGB/*Feilcke*, 4. Aufl. 2021, § 123 Rn. 29 m. w. N.; *Poschadel/Sigmund*, JuS 2019, 368, allerdings jeweils in Bezug auf verdeckt ermittelnde Polizeibeamte bzw. auf im Auftrag der Polizei handelnde V-Personen. Kritisch BayVerfGH, ZD 2022, 451 (452 Rn. 74 f.): die ihre Zustimmung zum Grundrechtseingriff erklärende Person muss sich in vollem Umfang der Konsequenzen ihrer Zustimmung bewusst sein.

620 BeckOK GG/*Kluckert*, 50. Ed. 15.2.2022, Art. 13 Rn. 11; *Gornig*, in: v. Mangoldt/Klein/Starck, GG, 7. Aufl. 2018, Art. 13 Rn. 46; *Sellmeier/Blome*, GSZ 2019, 196 (200).

621 *Sellmeier/Blome*, GSZ 2019, 196 (200).

622 *Unterreitmeier*, GSZ 2019, 233 (234).

623 *Weisser*, NZWiSt 2018, 59 (62).

624 A.A. *Schneider*, NStZ 2004, 359 (366); *Hohnerlein*, NVwZ 2016, 511 (513).

625 *Sellmeier/Blome*, GSZ 2019, 196 (200); explizit ablehnend *Gornig*, in: v. Mangoldt/Klein/Starck, GG, 7. Aufl. 2018, Art. 13 Rn. 47; anders aber *Droste*, S. 323.

V-Leute oder Verdeckte Mitarbeiter des LfV während ihrer Anwesenheit in der Wohnung durchaus technische Mittel einsetzen dürfen.

cc) **Einsatz technischer Mittel zum Schutz von Mitarbeitern.** Art. 13 Abs. 5 GG sieht 265
auch den Einsatz technischer Mittel zum Schutz von in Wohnungen tätigen verdeckten Ermittlern explizit vor, jedoch offensichtlich nur bei Vorhandensein einer entsprechend klaren gesetzlichen Regelung[626] (siehe hierfür z. B. Art. 41 Abs. 6 BayPAG, §§ 18 Abs. 5 PolG NRW, 28a Abs. 1 BPolG, aber auch § 8 Abs. 7 HambgVSG). § 9 Abs. 2 BVerfSchG sieht einen solchen Einsatz nicht vor (anders die Gesetzesfassung bis 2012).[627]

dd) **Kein Eingriff in Art. 13 GG bei Kenntnisnahme von außerhalb.** Keinen Eingriff 266
in Art. 13 GG bedeutet die Kenntnisnahme von Vorgängen, die von innerhalb der Wohnung nach außen dringen, ohne dass die Behörde mit technischen Mitteln oder durch sonstige aktive Maßnahmen optische oder akustische Barrieren einer Kenntnisnahme überwindet. Kein Eingriff ist daher das Aufnehmen von Gesprächen, die aus der Wohnung auf den Gehweg dringen. Unzulässig wäre aber z. B. ein vollständiges Öffnen eines zur Straßenseite nur angelehnten Fensters durch einen auf dem Gehweg befindlichen Behördenmitarbeiter oder der Einsatz von Richtmikrofonen bzw. leistungsstarken Teleobjektiven, um gezielt Vorgänge erheben zu können, die sich in der Wohnung abspielen und der Wahrnehmung mit bloßen Ohren und Augen entzogen sind.[628]

e) **Benachrichtigungspflichten bei besonders eingriffsintensiven ND-Mitteln.** Nach 267
§ 9 Abs. 3 BVerfSchG ist bei Wohnraumüberwachungen und beim Einsatz von solchen ND-Mitteln, die in ihrer Art *und* Schwere einer Beschränkung des Brief-, Post- und Fernmeldegeheimnisses gleichkommen, der Eingriff nach Beendigung dem Betroffenen mitzuteilen **und das Parlamentarische Kontrollgremium (PKGr) zu unterrichten.**[629] § 5 MADG und § 3 BNDG verweisen auf diese Vorschrift, so dass die Mitteilungs- und Unterrichtungspflicht die drei Dienste des Bundes in gleicher Weise trifft. Die Unterrichtungspflicht greift also

---

626 *Papier*, in: Maunz/Dürig, GG, 87. EL 2019, Art. 13 Rn. 105.

627 Bis 2012 hatte § 9 Abs. 2 BVerfSchG folgenden Zusatz: „Technische Mittel im Sinne der Sätze 1 und 2 dürfen überdies zum Schutz der bei einem Einsatz in Wohnungen tätigen Personen verwendet werden, soweit dies zur Abwehr von Gefahren für deren Leben, Gesundheit oder Freiheit unerlässlich ist."

628 BVerfG, NJW 2004, 999 (1005, 1006): „Einen Eingriff stellt jede Form akustischer oder optischer Wohnraumüberwachung dar, einerlei, ob er durch technische Mittel erfolgt, die in den geschützten Räumen angebracht oder von außerhalb der Wohnung eingesetzt werden, etwa unter Nutzung von Richtmikrofonen (vgl. SächsVerfGH, LVerfGE 4, 303 [383]). Dies gilt allerdings nur insoweit, als die Überwachung von außen solche innerhalb der Wohnung stattfindenden Vorgänge erfasst, die der natürlichen Wahrnehmung von außerhalb des geschützten Bereichs entzogen sind. Zwar kann auch die Wahrnehmung der aus der Wohnung nach außen dringenden und ohne technische Hilfsmittel hörbaren Kommunikation deren Privatheit beeinträchtigen. Solche Lebensäußerungen nehmen aber nicht am grundrechtlichen Schutz des Art. 13 GG teil, weil der Betroffene die räumliche Privatsphäre nicht zu seinem Schutz nutzt, wenn er die Wahrnehmbarkeit der Kommunikation von außen selbst ermöglicht." Ähnlich BVerfGE 101, 361 (384 f.) und BVerfGE 106, 28 (40) mit Blick auf das Allgemeine Persönlichkeitsrecht aus Art. 2 Abs. 1 i. V. m. Art. 1 Abs. 1 GG: „[Der Betroffene] ist gegen deren Kommunikationsteilhabe **nicht geschützt, wenn er etwa von ihm unerwünschte Hörer in seiner Nähe übersieht oder die Lautstärke seiner Äußerung falsch einschätzt. Entscheidend ist, ob der Sprecher aufgrund der Rahmenbedingungen begründetermaßen erwarten darf, nicht von Dritten gehört zu werden**" (Hervorh v. Verf.).

629 Die offene Frage, *wann* das PKGr zu unterrichten (zeitlich *vor* oder *nach* Durchführung der Maßnahme) ist dahingehend zu beantworten, dass es dem Charakter parlamentarischer Kontrolle (zu dem das PKGr zählt) entspricht, grundsätzlich nur ex post eine nachträgliche Kontrolle vorzunehmen und nicht – gewissermaßen in Echtzeit – operative Maßnahmen der Behörden zu begleiten und zu beaufsichtigen (ähnlich *Droste*, S. 321). Letzteres könnte auch mit dem aus dem Gewaltenteilungsgrundsatz abgeleiteten „Kernbereich exekutiver Eigenverantwortung" (s. Rn. 502) kollidieren, wonach die Kontrolle seitens des Parlaments nicht zu einem indirekten Mitregieren bzw. exekutivem Mitentscheiden (und damit u. U. zu einer parlamentarischen „Parallelregierung") führen darf.

- in den Fällen der technischen Wohnraumüberwachung (§ 9 Abs. 2 BVerfSchG) und
- bei Einsatz von anderen ND-Mitteln nach §§ 9 Abs. 1 i. V. m. 8 Abs. 2 BVerfSchG, „die in ihrer Art und Schwere einer Beschränkung des Post-, Brief- und Fernmeldegeheimnisses gleichkommen, wozu insbesondere das Abhören und Aufzeichnen des nicht öffentlich gesprochenen Wortes mit dem verdeckten Einsatz technischer Mittel gehören".

268 Für das Auslösen der Mitteilungs- und Unterrichtungspflicht in den Fällen des § 9 Abs. 3, 2. Alt. BVerfSchG ist die Schwere eines Eingriffs (z. B. die Menge und Sensitivität der erhobenen Daten) allein nicht maßgeblich. Entscheidend ist vielmehr auch, dass die Maßnahme *ihrer Art nach* einem *Eingriff in Art. 10 GG* (also dem Grundrecht auf Schutz der Individual-Fernkommunikation) *vergleichbar* ist. Daraus lassen sich folgende Anforderungen ableiten:

- es muss sich um eine Informationserhebung unter **verdecktem Einsatz eines technischen Mittels** handeln. Dafür spricht nicht nur die geforderte Vergleichbarkeit mit Maßnahme nach dem G 10, die ohne einen verdeckten Einsatz technischer Mittel nicht denkbar sind, sondern auch das in § 9 Abs. 3 BVerfSchG genannte Regelbeispiel „Abhören und Aufzeichnen des nicht öffentlich gesprochenen Wortes mit dem verdeckten Einsatz *technischer Mittel*". Daraus folgt, dass Informationserhebungen ohne technische Mittel nicht zu den Benachrichtigungspflichten nach § 9 Abs. 3, 2. Alt. BVerfSchG führen, selbst wenn sie aufgrund ihrer Dauer und Intensität im Einzelfall einen erheblichen Eingriff etwa in das Allgemeine Persönlichkeitsrecht bedeuten. Insbesondere eine längerfristige Observation und der längerdauernde Einsatz von V-Leuten lösen daher die Rechtswirkungen des § 9 Abs. 3, 2. Alt. BVerfSchG nicht aus, obwohl diese Maßnahmen – nach der Schwere des Eingriffs beurteilt – durchaus mit einer G 10-Maßnahme vergleichbar sind;
- Zudem muss es sich um einen Eingriff in eine vertrauliche **Kommunikationsbeziehung mehrerer Beteiligter** handeln. Dies ergibt sich aus der vom Gesetz geforderten Gleichartigkeit des Eingriffs mit einer Beschränkung des Brief-, Post- und Fernmeldegeheimnisses (dazu Rn. 344 ff.) sowie aus dem in § 9 Abs. 3, 2. Alt. BVerfSchG genannten Regelbeispiel. Nicht einschlägig für § 9 Abs. 3, 2. Alt. BVerfSchG sind damit bspw. heimliche Bildaufnahmen und aufzeichnungen *ohne Tonaufzeichnung* bzw. das Auffangen der Abstrahlung eines *nicht vernetzten* PC mit dem Ziel, das Bildschirmbild zu rekonstruieren. Weiterhin nicht einschlägig ist auch das heimliche Aufzeichnen eines Gesprächs zwischen V-Person-Führer und einer Quelle durch den VP-Führer. Eine solche Aufzeichnung kommt weder ihrer Art nach noch nach ihrer Schwere einer G 10-Maßnahme gleich.[630]

269 f) **Auskunftsverlangen bei privaten Dienstleistern und IMSI-Catcher.** **§ 8a BVerfSchG** (i. V. m. §§ 4a MADG, 3 BNDG) ist die Rechtsgrundlage zur offenen Datenerhebung von „Verkehrsdaten" (d. h. von Informationen, wer welche Dienstleistung wann in Anspruch genommen hat, z. B. wer mit wem wie lange telefoniert oder wann von „A nach B" geflogen ist oder wem wieviel Geld überwiesen hat) bei Luftfahrtunternehmen, Kreditinstituten, Telekommunikationsdienstleistern und Telediensteistern.[631] Die dazu gehörenden Verfahrensregeln sind detailliert in § 8b BVerfSchG geregelt. Die Befugnis des § 8a BVerfSchG, sich bestimmte Verkehrsdaten von privaten Dienstleistern übermitteln zu lassen, wird in § 8d BVerfSchG ergänzt durch die Befugnis zur **Beaus-**

630 Ausführlich *Droste*, S. 322 f.

631 Da der Begriff „Teledienste" nicht mehr gebräuchlich ist, ist er hier im Sinne von „Telemedien" zu verstehen, wobei es sich aber nicht um inhaltliche Angebote handeln darf, bei denen die redaktionelle Gestaltung zur Meinungsbildung der Allgemeinheit im Vordergrund steht (BT-Drs. 18/5924, S. 9). Telemedien sind z. B. Telebanking, Diskussionsforen, soziale Medien, Bestelldienste und Informationsdienste (*Mallmann*, in: Schenke/Graulich/Ruthig, § 8a BVerfSchG Rn. 4a).

kunftung von Telekommunikations-Bestandsdaten (z. B. Telefonnummern, E-Mail-Adressen, IP-Adressen, zu den Datenkategorien Rn. 362). Letztgenannte Befugnis fand sich früher inhaltsgleich bereits in den Parallelregelungen der §§ 112, 113 TKG a. F. und wurde gemäß einer Vorgabe des BVerfG spiegelbildlich ins BVerfSchG übernommen. Das BVerfG hatte nämlich 2012 entschieden, dass Befugnisse der Sicherheitsbehörden zur Datenabfrage nicht nur im jeweiligen Fachgesetz der die Daten vorhaltenden Stelle geregelt sein müssen (z. B. für die Bundesnetzagentur im TKG), sondern aus Gründen der Normenklarheit und Konsistenz gesetzlicher Vorschriften auch – spiegelbildlich – im jeweiligen „Fach"-Gesetz der Behörde, die die Daten abruft (sog. „Doppeltürmodell"). Daher regelt § 8d BVerfSchG inhaltlich nichts Neues, sondern spiegelt nur den Wortlaut der §§ 173 f. TKG, 22 Abs. 3 Nr. 6 TTDSG (früher: §§ 112, 113 TKG a. F.) in das BVerfSchG.[632]

Zu beachten ist, dass den Nachrichtendiensten bei Verweigerung der Auskunftserteilung **270** durch den privaten Dienstleister für eine zwangsweise Durchsetzung der Auskunftsersuchen keine Zwangsbefugnisse nach dem Verwaltungsvollstreckungsgesetz zustehen.[633] Weigert sich z. B. ein Luftfahrtunternehmen oder eine Bank, die nach § 8a BVerfSchG zu beauskunftenden Daten an den Nachrichtendienst herauszugeben, wäre es mit dem befugnisrechtlichen Trennungsgebot (Rn. 5) nicht vereinbar, wollte man versuchen, das Unternehmen etwa mithilfe eines Zwangsgelds (§ 11 VwVG) zur Beauskunftung zu zwingen.

§ 9 Abs. 4 BVerfSchG ist die Rechtsgrundlage für den Einsatz des **IMSI-Catchers**. Mit **271** seiner Hilfe können der Standort und die Karten- und Gerätenummer eines empfangsbereiten Mobiltelefons ermittelt werden, was anschließend die Ermittlung der Rufnummer ermöglicht, die man für eine sich anschließende G 10-Maßnahme benötigt oder auch zur Lokalisierung des Standorts des Mobiltelefons.[634] Hierbei simuliert der IMSI-Catcher eine Funkzelle, in die sich das Mobiltelefon einloggt. Der Einsatz eines IMSI-Catchers stellt keinen Eingriff in den Schutzbereich des Art. 10 GG dar, denn es wird nicht in eine Individualkommunikation zwischen Menschen eingegriffen, sondern in die rein technische „Kommunikation" zwischen Mobiltelefon und Funkzelle (zu Art. 10 GG näher Rn. 347 ff.). Es fehlt an einem menschlich veranlassten Informationsaustausch, der sich auf Kommunikationsinhalte bezieht.[635] Daher ist die sinngemäße Anordnung des G 10-Verfahrens in § 9 Abs. 4 BVerfSchG überflüssig und wird der im Vergleich zu G10-Maßnahmen deutlich geringeren Eingriffsintensität nicht gerecht.

g) Speicherung in Dateien (insbesondere NADIS WN). § 10 BVerfSchG (i. V. m. §§ 6 **272** Abs. 1 BNDG, 6 Abs. 1 MADG) ist die Rechtsgrundlage für die **Speicherung, Veränderung und Nutzung** personenbezogener Daten **in Dateien**. Die wichtigste Datei der Verfassungsschutzbehörden, das „Nachrichtendienstliche Informationssystem Wissensnetz" (NADIS WN; näher Rn. 379) ist eine gemeinsame Verbunddatei von BfV, LfV und MAD, die nach § 6 Abs. 2 BVerfSchG dem wechselseitigen Informationsaustausch der Verfassungsschutzbehörden dient. Für die Speicherung gelten die Voraussetzungen der §§ 10 und 11 BVerfSchG (s. § 6 Abs. 2 Satz 4 BVerfSchG). Die Tatbestandsvoraussetzungen des § 10 Abs. 1 BVerfSchG sind

– (bei BfV, LfV, MAD) Vorliegen von tatsächlichen Anhaltspunkten (Rn. 66 ff.), dass der Betroffene Teil einer Bestrebung bzw. Spionagetätigkeit nach § 3 Abs. 1 BVerfSchG ist.

632 Zur teilweisen Verfassungswidrigkeit des § 8d BVerfSchG s. BVerfG, NVwZ-Beilage 2020, 55 ff. – Bestandsdatenauskunft II.

633 Gesetzesbegründung zum TBG 2002, BT-Drs. 14/7386, S. 39.

634 *Mallmann*, in: Schenke/Graulich/Ruthig, § 9 BVerfSchG Rn. 36.

635 BVerfG, NJW 2007, 351 Rn. 49 ff.

Dies stellt höhere Anforderungen an die Einbindung des Betroffenen in die extremistische Szene bzw. in die Beteiligung an Spionageaktivitäten, als dass er nur im Umfeld extremistischer Bestrebungen bekannt geworden ist (z.B. durch Teilnahme an einer Szene-Demonstration). Es reicht also für eine Speicherung in einer Datei, mit der Möglichkeit der automatisierten Auswertung von Erkenntnissen nicht, dass sie einfach nur „irgendwie" für die Facharbeit des Verfassungsschutzes sinnvoll sein mag. Eine bloße „Erforderlichkeit zur Aufgabenerfüllung" wie in § 8 Abs. 1 BVerfSchG (Rn. 240) genügt hier mithin nicht.[636] Erforderlich ist vielmehr, dass der Betroffene **mitwirkender Teil bzw. Motor eines Beobachtungsobjekts** ist (näher Rn. 273).

bzw.

- (beim BND) Informationen über das Ausland von außen- oder sicherheitspolitischer Bedeutung gewonnen werden können (§ 1 Abs. 2 BNDG),

und

- die Speicherung in einer Datei (z. B. NADIS WN) für die sachgerechte Sammlung und Auswertung (Analyse) von Erkenntnissen erforderlich ist (§ 10 Abs. 1 Nr. 1 BVerfSchG), insbesondere zur Zusammenführung von verstreut bei einzelnen Landesbehörden vorliegenden Erkenntnissen über länderübergreifende Bestrebungen bzw. den Vernetzungs- und Aktionsgrad von relevanten Personen,

bzw.

- **für den Bereich der Beschaffung:** dies für die Erforschung und Bewertung von Bestrebungen oder Tätigkeiten nach § 3 Abs. 1 BVerfSchG erforderlich ist (§ 10 Abs. 1 Nr. 2 BVerfSchG),

oder

- dies im Rahmen der gesetzlichen Mitwirkungsaufgaben von BfV und MAD erforderlich ist (insbesondere für Sicherheitsüberprüfungen nach dem SÜG), s. § 10 Abs. 1 Nr. 3 BVerfSchG i. V. m. § 20 SÜG.

Die Speicherungsvoraussetzungen und ebenso die Löschungsvoraussetzungen werden in untergesetzlichen behördeninternen Vorschriften konkretisiert. Diese enthalten „Vermutungsregeln" für verfassungsfeindliche Verhaltensweisen: So speichern etwa die Fachabteilungen des BfV nach Maßgabe von sog. Arbeitsplänen nicht jedes Mitglied oder jeden Funktionär eines extremistischen Personenzusammenschlusses, sondern erst ab einem bestimmten Bedeutungsgrad.[637] Zu beachten ist auch, dass die Speicherungs*dauer* auf das für die Aufgabenerfüllung erforderliche Maß zu beschränken ist (§ 10 Abs. 3 BVerfSchG). Da Daten vorgehalten werden, die für das Persönlichkeitsrecht der Betroffenen belastend sind, dürfen sie nur solange gespeichert bleiben, wie dies angesichts der Schwere des Extremismus- bzw. Spionagevorwurfs verhältnismäßig ist (Grundsatz der Datensparsamkeit). Deshalb ist bei jeder Speicherung zu prüfen, ob diese von vornherein unter Nutzung eines Wiedervorlage-Datums befristet werden kann (Zeitspeicherung)[638] oder ob tatsächlich die Höchstspeicherdauer von fünf Jahren (§ 12 Abs. 3 BVerfSchG) ausgeschöpft werden muss.

273 Zentrale Voraussetzung dazu, dass BfV, LfV und MAD Daten in der Verbunddatei NADIS WN oder behördeninternen Amtsdateien speichern können, sind tatsächliche Anhaltspunkte dafür, dass eine Gruppierung – oder eine Person als Teil bzw. Motor der Gruppierung – eine verfassungsfeindliche Bestrebung darstellt, dieser angehört oder sie nachdrücklich unterstützt (vgl. § 4 Abs. 1 BVerfSchG; Rn. 91 ff.). Da der Verfassungsschutz primär einen struktur- und organisationsbezogenen Aufklärungsansatz hat, der nicht die „Tatbeiträge" einzelner Akteure analysiert, sondern die Ausrichtung, Strategie

---

636 *Rose-Stahl*, S. 83.

637 *Droste*, S. 417, 422.

638 Dazu *Droste*, S. 428.

und das Gefährdungspotential von Personenzusammenschlüssen, dürfen nicht nur solche Erkenntnisse in Dateien (oder gemäß § 8 Abs. 1 BVerfSchG in Personen- und Sachakten) gespeichert werden, die so schwerwiegend sind, dass sie eine Erstspeicherung in Dateien oder Akten rechtfertigen können (d. h. für sich genommen so gewichtig sind, dass mit der Beobachtung dieser Gruppierung oder Person nach §§ 3, 4 BVerfSchG begonnen werden könnte). Vielmehr sind *alle Erkenntnisse speicherfähig*, die über Struktur, Strömungen und Agitationsfelder[639] der Gruppierung Auskunft geben können. Da es der Auftrag der Nachrichtendienste ist, „mannigfaltige Bestrebungen auf ihr Gefahrenpotenzial hin allgemein zu beobachten",[640] müssen alle Erkenntnisse analysefähig vorgehalten werden, die Auskunft über dieses Gefahrenpotenzial und deren Akteure liefern. Dass § 10 Abs. 1 Nr. 1 BVerfSchG tatsächliche Anhaltspunkte für Bestrebungen als Voraussetzung für die Speicherung fordert, bedeutet also nicht, dass jede einzelne Erkenntnis die Bedeutungsschwere einer eigenständigen „Bestrebung" i. S. d. §§ 3, 4 BVerfSchG erreichen muss, sondern dass überhaupt eine relevante Bestrebung vorliegt, zu der Erkenntnisse zu gespeichert werden können (in diesem Sinne ist auch § 15 Abs. 1 VSG MV zu verstehen: personenbezogene Informationen dürfen in Dateien nur gespeichert werden, wenn die Voraussetzungen ihrer Erhebung vorliegen, d. h. die Daten überhaupt *rechtmäßiger Weise* erhoben wurden, weil die allgemeinen Beobachtungsvoraussetzungen vorlagen). Anderenfalls könnten nur die gravierendsten Vorfälle gespeichert werden, für das Gesamtbild einer Bestrebung ist es jedoch erforderlich, alle relevanten Informationen speichern zu können (z. B. auch entlastende Gesichtspunkte, wie Redebeiträge, die den Extremismusvorwurf abschwächen).

Aus welcher Erkenntnisquelle die Informationen stammen (d. h. ob aus eigener Beschaf- 274
fung mit offenen oder nachrichtendienstlichen Mitteln, durch Informationen anderer Behörden einschließlich fremder Nachrichtendienste oder privater Stellen, s. dazu §§ 18, 8a ff. BVerfSchG) ist für die Rechtmäßigkeit der Speicherung grundsätzlich ohne Bedeutung. Insbesondere trifft die speichernde Behörde keine Pflicht, die Rechtmäßigkeit der ursprünglichen Datenerhebung zu überprüfen (von evidenten Verletzungen grundlegender rechtsstaatlicher Prinzipien einmal abgesehen). Da es um die Aufklärung verfassungsrelevanter Gefährdungspotenziale geht, dürfen grundsätzlich auch rechtswidrig erhobene Informationen gespeichert werden, denn § 10 BVerfSchG enthält keine Beschränkung auf „rechtmäßig erlangte" personenbezogene Daten (siehe demgegenüber § 38 Abs. 1 NdsPOG, wonach nur „rechtmäßig erlangte" personenbezogene Daten gespeichert, verändert und genutzt werden dürfen). **Beweisverwertungsverbote** sind dem Recht der Gefahrenabwehr – wozu auch die Nachrichtendienste im funktionellen Sinne zählen (Rn. 13)[641] – grundsätzlich fremd und setzen zudem eine ausdrückliche gesetzliche Regelung voraus (siehe § 8b Abs. 2 Satz 6; § 9 Abs. 4 Satz 6; § 12 Abs. 4 BVerfSchG) bzw. ergeben sich im Falle eines Eingriffs in den Kernbereich privater Lebensgestaltung aus dem umfassenden Menschenwürdeschutz (siehe z. B. § 3a Satz 8 G10; näher zum Kernbereich Rn. 340 ff.).[642] Auch wenn der Arbeitsauftrag der Nachrichtendienste nicht auf die Informationsbeschaffung „um jeden Preis" gerichtet ist, stellt ein Verwertungsverbot die Ausnahme dar, die nur nach ausdrücklicher gesetzlicher Vorschrift oder aus übergeordneten rechtsstaatlichen Gründen im Einzelfall anzunehmen ist, etwa bei der Speicherung von Erkenntnissen aus einer rechtswidrigen Wohnraumüberwachung.[643] Die Weiterverarbeitung rechtswidrig erlangter Daten wird man also nicht pauschal für

639 Dies sind relevante Kriterien für eine Beobachtung, s. ähnlich BVerfG, NVwZ 2013, 1468 (1473, Rn. 121 ff.) – Ramelow.

640 BVerfG, NJW 2013, 1499 (1504) – ATD-Gesetz.

641 BVerwG, NJW 2002, 980 (983) – REP; OVG Bautzen, Urt. v. 12.11.2015 – 3 C 12/13, Rn. 36: LfV als Polizeibehörde i. S. d. § 481 Abs. 1 Satz 1 StPO; *Unterreitmeier*, GSZ 2018, 1 (4).

642 Offenbar a. A. *Droste*, S. 430.

643 Ausführlich *Sellmeier/Blome*, GSZ 2019, 196 (200) m. w. N.

unzulässig halten können, zumal bei einer Güterabwägung das Interesse an dem Schutz von Verfassungsgütern in bestimmten Konstellationen durchaus höher zu gewichten sein wird als das Interesse, Legalitätsverletzungen wirksam zu sanktionieren (z. B. wenn verfahrensfehlerhafte gewonnene Erkenntnisse über einen geplanten Mordanschlag weiterverarbeitet werden, etwa Erkenntnisse aus einer G10-Maßnahme ohne erforderliche Zustimmung der G10-Kommission).[644]

275 h) **Minderjährigenschutz.** § 11 BVerfSchG (i. V. m. §§ 6 Abs. 2 BNDG und § 7 MADG) stellen für die Speicherung von Daten Minderjähriger besondere Beschränkungen auf:

- Nach **§ 11 Abs. 1 Satz 1 BVerfSchG** darf eine speziell zur Person eines **unter 14-jährigen** Minderjährigen geführte Akte (Personenakte) nur dann angelegt und dort Daten gespeichert, verändert und genutzt werden, wenn tatsächliche Anhaltspunkte dafür bestehen, dass der Minderjährige eine der in § 3 Abs. 1 des Artikel 10-Gesetzes genannten Straftaten plant, begeht oder begangen hat und die Voraussetzungen des § 10 BVerfSchG (Rn. 272 ff.) vorliegen. Unter diesen Voraussetzungen des Verdachts einer schweren Staatsschutzstraftat besteht also altersmäßig „nach unten" keine Beschränkung für das Führen von Personenakten. Im Umkehrschluss folgt hieraus, dass die Speicherung Minderjähriger in *Sach*akten (zur Unterscheidung Rn. 234, Fn.) keiner Begrenzung unterliegt, d. h. die Speicherung von unter 14-jährigen in Sachakten über extremistische Organisationen gemäß § 8 Abs. 1 BVerfSchG (Rn. 234) auch ohne Anhaltspunkte für die Begehung von (Staatschutz)Straftaten erlaubt ist.
- **In Dateien** (z. B. NADIS WN) ist eine Speicherung von Daten Minderjähriger oder über ihr Verhalten **vor Vollendung des 14. Lebensjahres** unzulässig (**§ 11 Abs. 1 Satz 2 BVerfSchG**). Dies gilt wegen § 6 Abs. 2 Satz 2 BVerfSchG auch für Speicherungen der LfV im NADIS, denn nach § 6 Abs. 2 Satz 2 BVerfSchG richtet sich die Speicherung personenbezogener Daten in NADIS ausschließlich nach den Voraussetzungen der §§ 10 und 11 *BVerfSchG*; für landesrechtlich abweichende Speichervorgaben in NADIS ist daher kein Raum.

276 Der Schutz von Daten Minderjähriger setzt sich konsequent auch beim gravierendsten Datenverarbeitungsschritt, der Datenübermittlung an andere Behörden, fort: Nach § 24 Abs. 1 BVerfSchG ist eine Übermittlung von Daten Minderjähriger nur zulässig, wenn die Voraussetzungen einer Speicherung nach § 11 Abs. 1 Satz 1 BVerfSchG vorliegen. Eine Weitergabe z. B. an die Polizeibehörden ist bei Personen unter 14 Jahren also nur bei Verdacht gravierender Staatsschutzstraftaten zulässig. Sind die Personen allerdings 14 Jahre und älter, ist eine Übermittlung bereits zur Abwehr einer *erheblichen Gefahr* oder zur Verfolgung einer *Straftat von erheblicher Bedeutung* zulässig (s. exemplarisch zur Definition einer „Straftat von erheblicher Bedeutung" § 8 Abs. 3 PolG NRW und Rn. 437 f.).

277 Zusätzlich besteht nach § 24 Abs. 2 BVerfSchG grundsätzlich ein *Übermittlungsverbot von Daten Minderjähriger an ausländische oder über- oder zwischenstaatliche Stellen* (insbesondere ausländische Nachrichtendienste), so sie das 16. Lebensjahr noch nicht vollendet haben. Abweichend hiervon dürfen Informationen über das Verhalten Minderjähriger, die das 14. Lebensjahr vollendet haben, übermittelt werden, wenn nach den Umständen des Einzelfalls nicht ausgeschlossen werden kann, dass die Übermittlung zur Abwehr einer erheblichen Gefahr für Leib oder Leben einer Person erforderlich ist oder tatsächliche Anhaltspunkte dafür vorliegen, dass die Übermittlung zur Verfolgung einer der in § 3 Abs. 1 des Artikel 10-Gesetzes genannten schwerwiegenden Staatsschutzstraftaten erforderlich ist.

---

644 *Gärditz*, GSZ 2022, 161 (164).

Jenseits der genannten Einschränkungen bei der Datenverarbeitung sieht das BVerfSchG keine Privilegierungen für Minderjährige vor. Soweit andere gesetzliche Regelungen Einschränkungen vorsehen (s. §§ 13 Abs. 1 NdsVSG und 8a Abs. 1 BbgVSG: Die Erhebung bzw. Verarbeitung von personenbezogenen Daten über eine minderjährige Person, die das 14. Lebensjahr noch nicht vollendet hat, ist unzulässig.), sind diese nicht verallgemeinerungsfähig. Deshalb können – unter den gesetzlichen Voraussetzungen und bei besonderer Beachtung der Verhältnismäßigkeit – auch Minderjährige Zielpersonen nachrichtendienstlicher Maßnahmen sein (allerdings ohne als Quellen geworben zu werden, s. § 9b Abs. 2 Nr. 1 BVerfSchG), indem sie z. B. gezielt observiert oder sonstige Datenerhebungen zu ihrer Person vorgenommen werden (z. B. Abfragen in Registern oder Auskünfte bei Behörden). Anlass für die nachrichtendienstliche Beobachtung sind nämlich nicht strafrechtliche Kategorien wie Strafmündigkeit oder Schuldfähigkeit, sondern die Teilnahme an Handlungen, die sich als „gefahrgeneigt" darstellen (vgl. Rn. 19 f.) und zur Gefahrenabwehr einer Aufklärung bedürfen. In gefahrenabwehrrechtlicher Hinsicht können auch Minderjährige „Störer" sein.[645] 278

i) Berichtigen, Löschen und die Einschränkung der Verarbeitung (Sperren) **von Daten.** § 12 BVerfSchG (i. V. m. §§ 7 Abs. 1 BNDG, 6 Abs. 2 MADG) regelt das **Berichtigen, Löschen und die Verarbeitungseinschränkung** (früher: Sperren) **von Daten in Dateien.** Zunächst geht das Gesetz davon aus, dass die Nachrichtendienste einer ständigen Prüfpflicht hinsichtlich der Erforderlichkeit und Richtigkeit ihrer Daten unterliegen, d. h. bei jedem Arbeitsschritt überprüfen müssen, ob die gespeicherten Daten noch korrekt sind (u. a. auch weiterhin ein zutreffendes Persönlichkeitsbild der gespeicherten Person wiedergeben) und für die weitere Aufgabenerledigung tatsächlich noch benötigt werden. Dabei differenziert § 12 BVerfSchG zwischen Daten, die für Zwecke der Auswertung (Analyse) vorgehalten werden und solchen, die im Rahmen der Beschaffung (d. h. für die Werbung und Führung von Vertrauenspersonen, Informanten und Gewährspersonen) angelegt wurden (dazu Rn. 246). So gelten die Regeln über das Berichtigen falscher Daten (§ 12 Abs. 1 BVerfSchG), die Löschung rechtswidrig gespeicherter oder nicht mehr erforderlicher Daten (§ 12 Abs. 2 BVerfSchG) und die Vorgabe zur regelmäßigen Prüfung, ob Daten gelöscht werden müssen (§ 12 Abs. 3 Satz 1 BVerfSchG) sowohl für den Auswertungs-, als auch für den Beschaffungsbereich. Lediglich die Höchstspeicherfrist des § 12 Abs. 3 Satz 2 BVerfSchG für Daten in Dateien (zehn Jahre ab dem Zeitpunkt der letzten relevanten Information) gilt nur für gespeicherte personenbezogene Daten *„über Bestrebungen* nach § 3 Absatz 1 Nummer 1, 3 und 4…", womit die Daten gemeint sind, die der *Auswertung* der Extremismusphänomene dienen. Die entsprechende Höchstspeicherfrist gilt nach § 13 Abs. 3 Satz 3 BVerfSchG auch für die Löschung (Vernichtung) von Akten. Im Umkehrschluss folgt daraus, dass die 10-jährige Speicherhöchstfrist nicht für den Beschaffungsbereich gilt. Hier greift gesetzlich somit nur die „Grundregel" des § 12 Abs. 2 Satz 1 BVerfSchG, d. h. Speicherfristen müssen sich an der Erforderlichkeit im Einzelfall orientieren.[646] Nach dem Wortlaut ebenfalls nicht von der Speicherungshöchstfrist umfasst (wohl aber von der Prüfpflicht hinsichtlich der weiteren Erforderlichkeit) sind die Daten der Spionageabwehr (§ 3 Abs. 1 Nr. 2 BVerfSchG). Dies ist damit zu rechtfertigen, dass Angriffe ausländischer Nachrichtendienste oft über sehr lange Zeit vorbereitet und professionell „mit langem Atem" durchgeführt werden[647] (s. als Beispiel das Einschleusen von „Illegalen" wie die Familie „An- 279

645 So die h. M., *Hartmann*, JuS 2008, 593 (594). A.A. und ausführlich zum Streitstand *Schenke*, JuS 2016, 507 ff.

646 *Droste*, S. 436 f.; BfV, zitiert in: ZD-Aktuell 2012, 03041. Zur Einführung einer Höchstspeicherfrist durch innerbehördliche Dienstvorschrift s. BT-Drs. 17/14600, S. 749 f.

647 *Droste*, S. 434.

schlag“, die über viele Jahre unentdeckt als russische Spione ein bürgerliches Leben führten).

280 Im Einzelnen regelt § 12 BVerfSchG Folgendes:

- **§ 12 Abs. 1 BVerfSchG** sieht eine **Berichtigungspflicht** bei Unrichtigkeit von Daten vor (s. auch Rn. 389).[648] Berichtigen meint das Korrigieren eines inhaltlichen Fehlers, d. h. wenn der Inhalt einer Information nicht mit der Realität übereinstimmt. Hierbei werden die fehlerhaften Daten bzw. Datenbestandteile gelöscht und durch die Speicherung neuer, zutreffender Daten ersetzt. Fehlerhaft sein können etwa die Personalien einer betroffenen Person (z. B. Geburtsdatum) oder wenn ein Datum in einem sachlich falschen Zusammenhang gespeichert wurde (z. B. sofern eine Person als einfaches Mitglied eines extremistischen Personenzusammenschlusses gespeichert ist, sie in Wahrheit dort aber eine Führungsrolle einnimmt). **Auch Daten mit Wertungs- bzw. Beurteilungscharakter können also unrichtig sein** und damit von dem Anspruch auf Berichtigung umfasst, da auch Werturteile personenbezogene Daten sind. Eine Berichtigung ist somit auch dann erforderlich, wenn die Sachinformation isoliert betrachtet zwar korrekt, aber unvollständig ist und den Betroffenen in einem verzerrten Licht erscheinen lässt.[649] Aus Sicht der betroffenen Person kann die Belastung durch ein (negatives) Werturteil sogar beträchtlicher sein als durch Tatsachen.

281
- **§ 12 Abs. 2 Satz 1 BVerfSchG** begründet eine **Pflicht zum Löschen**, wenn die Speicherung der Daten bereits von Anfang an unzulässig war (z. B. weil sich im Nachhinein herausstellt, dass die gespeicherte Person gar nicht Teil einer extremistischen Bestrebung ist bzw. selber keine extremistischen Ziele verfolgt), oder ihre Kenntnis für die weitere Aufgabenerledigung nicht mehr erforderlich ist (etwa, weil sich die Person vom Extremismus losgesagt hat oder verstorben ist).[650]
- Nach § 12 Abs. 2 Satz 4 BVerfSchG erfolgt **statt einer Löschung von** eigentlich löschungsreifen (weil z. B. nicht mehr für die Aufgabenerfüllung erforderlichen) Daten eine **Verarbeitungseinschränkung** (Terminologie bis 2018: **Sperrung**) **der Daten.** Nach der Legaldefinition in § 47 Nr. 3 BDSG meint Verarbeitungseinschränkung die Markierung gespeicherter personenbezogener Daten mit dem Ziel, ihre künftige Verarbeitung einzuschränken. Dies soll nach § 12 Abs. 2 Satz 3 BVerfSchG dann erfolgen, wenn Grund zu der Annahme besteht, dass durch die (erforderliche angezeigte) Löschung der Daten schutzwürdige Interessen des Betroffenen oder überwiegende öffentliche Interessen beeinträchtigt würden und daher vorübergehend das weitere Vorhalten der Daten erforderlich ist. Dies ist z. B. der Fall, wenn ein gerichtliches Verfahren oder eine Prüfung durch den Bundes- bzw. Landesdatenschutzbeauftragten (s. Rn. 223 ff.) veranlasst worden ist oder bevorsteht, in der die Rechtmäßigkeit der Speicherung überprüft werden soll, oder eine Überprüfung des Vorgangs durch eine parlamentarische Kontrollmaßnahme (z. B. einen Untersuchungsausschuss) erfolgen soll (s. § 16 Abs. 8 Satz 1 Nr. 2 HessVSG: „die Daten zur Behebung einer bestehenden Beweisnot unerlässlich sind“). Während dieser laufenden Kontrollverfahren dürfen die Daten nicht gelöscht werden, da nachvollziehbar bleiben muss, ob sie seinerzeit rechtmäßig erhoben, verarbeitet und genutzt wurden. Da die Daten regulär eigentlich gelöscht werden müssten, dürfen sie während der Phase der Verarbeitungseinschränkung nicht mehr für die nachrichtendienstliche

648 Die Berichtigung ist ein Unterfall der Veränderung und damit der Verarbeitung von Daten (§ 46 Nr. 2 BDSG).

649 *Kühling/Buchner/Herbst*, DS-GVO, 3. Aufl. 2020, Art. 16 Rn. 27; BeckOK DatenschutzR/*Worms*, BDSG, 39. Ed. 1.11.2021, Art. 16 Rn. 59.

650 Zur Löschungspflicht für nicht mehr benötigte Daten siehe BVerfG, NJW 2010, 833 (842, Rn. 235) – Vorratsdatenspeicherung.

Facharbeit – d. h. zur Aufgabenerledigung nach §§ 3 Abs. 1 BVerfSchG, 1 MADG, 1 Abs. 2 BNDG – genutzt und insbesondere nicht an andere Stellen weiterübermittelt werden.

- **§ 12 Abs. 3 Satz 1 BVerfSchG** enthält die Regel, wann der Nachrichtendienst zu prüfen hat, ob die Voraussetzungen für eine Löschung (Rn. 281) vorliegen und die Daten dementsprechend zu löschen sind (**Aussonderungsprüffrist**, näher Rn. 279, 283). Danach prüft die Behörde 282
  - bei jeder Einzelfallbearbeitung, d. h. bei jeder Befassung mit dem Datenbestand der betreffenden Person, **spätestens aber nach fünf Jahren**, ob gespeicherte personenbezogene Daten zu berichtigen oder zu löschen sind. Somit ist gewährleistet, dass irrelevante, veraltete oder falsche Daten spätestens nach fünf Jahren gelöscht oder berichtigt werden. Beim **BND** beträgt die Aussonderungsprüffrist für Dateien und elektronische Akten **zehn Jahre** (§ 7 Abs. 1 und Abs. 2 Satz 2 BNDG).
  - Bei Minderjährigen gilt gemäß § 11 Abs. 2 BVerfSchG eine kürzere Prüf- bzw. Löschfrist.

- § 12 Abs. 3 Satz 2 BVerfSchG bestimmt **Höchstfristen für eine Speicherung** (dazu bereits Rn. 279). Auch wenn bei der Erforderlichkeitsprüfung nach § 12 Abs. 3 Satz 1 BVerfSchG festgestellt wird, dass eine Erkenntnis (und damit ihre Speicherung) für die Aufgabenerfüllung weiterhin erforderlich bleibt, muss gleichwohl die Höchstspeicherfrist des § 12 Abs. 3 S. 2 BVerfSchG beachtet werden. Danach sind gespeicherte personenbezogene Daten über Bestrebungen nach § 3 Abs. 1 Nr. 1, 3 und 4 BVerfSchG (also Daten im Bereich der Auswertung über den politischen Extremismus; nicht in puncto Spionageabwehr) spätestens zehn Jahre nach dem Zeitpunkt der letzten gespeicherten relevanten Information (näher Rn. 285) zu löschen. Die Abteilungsleitung oder ihr Vertreter können in Einzelfällen ausnahmsweise die Verlängerung der Speicherung bestimmen. Auch eine etwaige Verlängerung ist gem. § 12 Abs. 3 Satz 1 BVerfSchG nach spätestens fünf Jahren erneut einer Prüfung zu unterziehen. Nur für Erkenntnisse über geheimdienstliche oder sicherheitsgefährdende Tätigkeiten (§ 3 Abs. 1 Nr. 2 BVerfSchG) ist – wegen der besonderen Relevanz und „Langlebigkeit" nachrichtendienstlicher Angriffe – keine gesetzliche Höchstspeicherfrist vorgesehen. 283

Zu beachten ist, dass die Höchstspeicherfristen nicht für den Beschaffungsbereich gelten, denn anders als § 12 Abs. 2 und § 12 Abs. 3 Satz 1 BVerfSchG, wo nur allgemein von „gespeicherten personenbezogenen Daten" die Rede ist (unabhängig, in welchem Kontext diese vorgehalten werden), spricht § 12 Abs. 3 Satz 2 BVerfSchG von gespeicherten personenbezogenen Daten *über Bestrebungen* nach § 3 Absatz 1 Nummer 1, 3 und 4 BVerfSchG. Aus dieser ausdrücklichen Bezugnahme auf Daten, die aus der Bearbeitung der extremistischen Phänomenbereiche gewonnen werden, ist zu folgern, dass § 12 Abs. 3 Satz 2 BVerfSchG speziell für die Auswertung gilt. Im Umkehrschluss gelten somit nur diejenigen Regelungen auch für die Beschaffung, in denen eine solch eindeutige Bezugnahme auf den Auswertungsbereich fehlt. So gilt die Grundregel des § 12 Abs. 3 Satz 1 BVerfSchG mangels Eingrenzung auf die Auswertung auch für die Beschaffungsbereiche (s. Rn. 279). Umgekehrt gilt die Vorgabe einer Höchstspeicherfrist bei Akten nur für die Akten der Auswertung, wie sich aus dem Verweis in § 13 Abs. 3 Satz 3 BVerfSchG ergibt. 284

Die Prüf- und Höchstspeicherfrist für zu einer Person erfassten Informationen berechnet sich nach dem Zeitpunkt der letzten relevanten Erkenntnis, die eine Erstspeicherung gerechtfertigt hätte. Dies ist das sog. **Erkenntnisdatum.** Mit jeder weiteren relevanten 285

Information erneuert sich das Erkenntnisdatum mit der Folge des Beginns eines neuen Prüfzeitraumes nach §§ 12 Abs. 3, 13 Abs. 3 BVerfSchG.[651]

286 Entscheidend für den Beginn der gesetzlichen Prüf- und Löschfristen ist somit das Datum der letzten *verfassungsschutzrelevanten* bzw. außen- bzw. sicherheitspolitisch relevanten Erkenntnis, also der Zeitpunkt des Ereignisses.[652] Nicht jede neue Information führt folglich dazu, dass ein neuer Prüfzeitraum beginnt, vielmehr müssen inhaltliche Erkenntnisse vorliegen, die auch eine Erstspeicherung rechtfertigen würden. Das Erkenntnisdatum darf daher nur bei Erkenntnissen neu gesetzt werden, die für eine Beteiligung an extremistischen Bestrebungen bzw. Spionagetätigkeiten sprechen, nicht hingegen bei Bekanntwerden z. B. einer bloßen Adressänderung oder von Erkenntnissen, die den Betroffenen vom Extremismusverdacht entlasten.

287 § 13 BVerfSchG regelt die **Berichtigung und Verarbeitungseinschränkung** (=Sperrung) **von Daten in Akten**. Mit Ausnahme des § 13 Abs. 3 BVerfSchG gelten dessen Regelungen auch für den BND (§ 7 Abs. 2 BNDSG). Sind nach § 13 Abs. 1 BVerfSchG in Akten gespeicherte personenbezogene Daten unrichtig oder wird ihre Richtigkeit von dem Betroffenen bestritten, so ist dies in der Akte zu vermerken oder auf sonstige Weise festzuhalten. In beiden Fällen erfolgt keine Berichtigung (also eine Entfernung der – behauptet – falschen Daten und eine Zuspeicherung der „richtigen"), sondern es wird in der Akte ein Vermerk angebracht, der dokumentiert, dass die betreffende Information unrichtig ist (Unrichtigkeitsvermerk) bzw. der Betroffene deren Richtigkeit bestreitet (Bestreitensvermerk). Grund für diese Sonderregelung ist das Prinzip der Aktenvollständigkeit,[653] aus dem grundsätzlich das Verbot folgt, ganze Akten zu vernichten (s. als Ausnahme § 13 Abs. 3 BVerfSchG), Teile einer Akte zu entfernen oder einzelne Angaben, die in die Akte aufgenommen wurden, zu löschen oder so zu verändern, dass der ursprüngliche Inhalt nicht mehr erkennbar ist. Eine Akte soll vollständige Auskunft über den gesamten Verwaltungsvorgang geben, einschließlich der Stellungnahmen und Eingaben der Beteiligten, und zwar unabhängig von deren inhaltlicher Richtigkeit. Diese Vollständigkeit ginge verloren, würde man die Akten auf den (aus Sicht der Behörde) „objektiv zutreffenden" Lebenssachverhalt reduzieren.

288 Für die Verarbeitung von Daten in Akten nach § 13 BVerfSchG ergeben sich im Vergleich zu den Regeln über Dateien viele Gemeinsamkeiten, aber auch signifikante Unterschiede. Ein Unterschied zu Daten in Dateien besteht darin, dass nach § 13 Abs. 3 BVerfSchG eine Akte erst dann zu vernichten ist, wenn sie *insgesamt* zur Erfüllung der Aufgaben des Nachrichtendienstes nicht oder nicht mehr erforderlich ist. Sind Teile einer Akte für die Aufgabenerfüllung weiter erforderlich, unterbleibt eine Vernichtung. Eine Sachakte beispielsweise wird also erst dann vernichtet, wenn *sämtliche* dort gespeicherten Informationen nicht mehr benötigt werden, z. B. weil das entsprechende Beobachtungsobjekt weggefallen ist oder aufgrund einer letztinstanzlichen Gerichtsentscheidung nicht mehr beobachtet werden darf. Die Löschung personenbezogener Daten in NADIS WN führt regelmäßig auch zur Vernichtung der dazugehörigen Personenakte.[654] Dies schließt aber nicht aus, dass die relevanten Bestandteile der vernichteten Personenakte in eine Sachakte überführt werden, wenn dies für das Verständnis des Sachzusammenhangs (Aktenvollständigkeit) geboten ist. Die vollständige Vernichtung einer Sachakte wird deshalb meist nicht in Betracht kommen, weil mit ihrer Vernichtung neben den Daten der betroffenen Person fast immer auch Informationen über

651 *Droste*, S. 429, 431.
652 BeckOK PolR Bayern/*Dieterle*, 18. Ed. 1.3.2022, BayVSG, Art. 21 Rn. 11.
653 *Kutzschbach*, in: Dietrich/Eiffler, VI, § 6 Rn. 44.
654 *Droste*, S. 448.

Dritte verloren gingen, die weiterhin relevant sind.[655] Die Löschung einer in einer Sachakte gespeicherten Person in NADIS WN (etwa weil die Person aus der extremistischen Szene ausgestiegen ist) wäre also noch kein Grund, die gesamte Sachakte – und damit den gesamten dort geregelten Komplex mit i. d. R. einer Vielzahl aufeinander aufbauenden personenbezogenen Erkenntnissen – zu löschen.

Die elektronische Akte wird nach § 13 Abs. 4 BVerfSchG im Grundsatz genauso behandelt wie eine „normale" Papierakte. Lediglich dort, wo die eAkte als Recherchetool – und damit mit den Funktionalitäten einer Datei – genutzt werden kann, gelten (logischerweise) die entsprechenden Regeln für Dateien (s. § 13 Abs. 4 Satz 3 BVerfSchG). 289

Bei einer beabsichtigten Löschung bzw. Vernichtung von Akten ist zu beachten, dass die Unterlagen zunächst dem **Bundesarchiv anzubieten** sind, das diese auf Archivwürdigkeit prüft. Nach § 6 Abs. 1 Satz 2 BArchG sind auch Unterlagen der Nachrichtendienste dem Bundesarchiv anzubieten, wenn sie deren Verfügungsberechtigung unterliegen (was nicht der Fall ist bei Informationen ausländischer Nachrichtendienste, sofern keine Freigabe erfolgt, sog. „third party-rule", Rn. 503),[656] und 290
- zwingende Gründe des nachrichtendienstlichen Quellen- und Methodenschutzes (etwa wenn einzelne Aktenstücke des Gesamtvorgangs Rückschlüsse auf die Identität einer Quelle zulassen oder detaillierte Schilderungen operativer oder taktischer Verfahrensabläufe enthalten), sowie
- der Schutz der Identität der bei ihnen beschäftigten Personen (die Veröffentlichung der Zugehörigkeit zu einem Nachrichtendienst betrifft für den Mitarbeiter eines Nachrichtendienstes immer seinen schutzwürdigen privaten Lebensbereich)

einer Abgabe nicht entgegenstehen.

Die Einschränkungen entsprechen den Schranken der Informationspflicht gegenüber parlamentarischen Kontrollinstanzen, namentlich dem PKGr in § 6 Abs. 2 PKGrG (Rn. 499, 505).[657] Unterlagen der Nachrichtendienste, die dem Bundesarchiv nach § 6 Abs. 1 Satz 2 BArchG nicht anzubieten sind, werden daher nicht zu Archivgut im Sinne des § 1 Nr. 2 BArchG sowie zum Gegenstand eines Nutzungsanspruchs aus § 10 Abs. 1 BArchG. Die Möglichkeit einer Nutzung der Unterlagen in teilweise geschwärzter Form besteht in diesem Zusammenhang nicht, da auch dem Bundesarchiv als dem „Gedächtnis des Staates" keine teilweise geschwärzten Unterlagen angeboten werden können.[658] 291

Übersicht zu den wichtigsten Befugnisregelungen im BVerfSchG 292
- Befugnis zur Datenerhebung mit offenen Mitteln (OSINT):
  § 8 Abs. 1
- Befugnis zum Einsatz von „einfachen" ND-Mitteln:
  § 9 Abs. 1 Nr. 1 i. V. m. § 8 Abs. 2
- Befugnis zum Anlegen einer Akte und dortiges Speichern von Daten:
  § 8 Abs. 1
- Befugnis zum Speichern in Dateien:
  § 10 Abs. 1

6. Frage der Strafbarkeit bei Anwendung nachrichtendienstlicher Mittel

Inwieweit die Befugnis zum Einsatz von V-Leuten oder anderer ND-Mittel (§ 8 Abs. 2 BVerfSchG, Rn. 245 ff.) auch die Begehung von sog. **szenetypischen Straftaten recht-** 293

655 *Droste*, S. 448.
656 BVerfG, NVwZ 2017, 137 ff, Rn. 158 ff. – NSA-Selektoren.
657 Ausführlich *Partsch*, Bundesarchivgesetz, 2019, § 6 Rn. 18 ff.
658 BVerwG, Beschl. v. 12.9.2017 – 6 A 1.15. A.A. *Partsch*, Bundesarchivgesetz, 2019, § 6 Rn. 23.

fertigen kann[659] (z. B. psychische Beihilfe des VP-Führers zur fortdauernden Mitgliedschaft in einer terroristischen Vereinigung oder eine Sachbeschädigung durch eine Vertrauensperson anlässlich einer Szene-Demonstration), war für die Nachrichtendienste des Bundes bis 2015 gesetzlich nicht geklärt. Zunächst galt und gilt der selbstverständliche Grundsatz (deklaratorisch in §§ 3 Abs. 3 BVerfSchG, 1 Abs. 5 MADG wiederholt), dass Nachrichtendienste an die allgemeinen Rechtsvorschriften gebunden sind und sich deshalb natürlich nicht an Straftaten beteiligen dürfen. Allerdings bewegen sich gerade V-Personen als Szeneangehörige teilweise in „straftatengeneigten" Milieus und laufen Gefahr, sich insbesondere an politisch motivierter Kriminalität zu beteiligen. Häufig werden sie im gewaltorientierten Extremismus eingesetzt (dies soll nach §§ 9a Abs. 1 Satz 2, 9b Abs. 1 Satz 1 BVerfSchG sogar ihr Einsatzschwerpunkt sein), wo die Begehung z. B. von Körperverletzungsdelikten und Sachbeschädigungen als „szenetypisch" anzusehen sind.

294 a) **Rechtfertigung nur von Straftaten gegen Kollektivrechtsgüter.** Während die meisten Landesverfassungsschutzgesetze auf explizite strafrechtliche Rechtfertigungstatbestände verzichten,[660] enthält § 8 Abs. 2 Satz 2 BVerfSchG (i. V. m. §§ 5 BNDG, 4 Abs. 1 MADG) seit 2015 einen allgemeinen Rechtfertigungstatbestand für die mit dem Einsatz von ND-Mitteln einhergehenden „szenetypischen" Straftaten. Zwar regelt § 8 Abs. 2 Satz 2 BVerfSchG die Rechtfertigung für solche Delikte nicht explizit, doch folgt aus der Formulierung „In Individualrechte darf nur nach Maßgabe besonderer Befugnisse eingegriffen werden" im Umkehrschluss, dass in *Kollektivrechtsgüter* (Rechtsgüter der Allgemeinheit, wie der „öffentliche Friede" oder die Zuverlässigkeit des Rechtsverkehrs mit Urkunden) im Rahmen operativer Tätigkeit grundsätzlich eingegriffen werden darf. Wird z. B. bei der Herstellung von Tarnpapieren zum Aufbau einer Legende eine Urkundenfälschung nach § 267 StGB begangen,[661] kann dies nach § 8 Abs. 2 Satz 2 BVerfSchG gerechtfertigt sein, ebenso Propagandadelikte wie §§ 86, 86a StGB oder strafbewehrte Verstöße gegen das Vermummungsverbot bei Demonstrationen[662] sowie Aussagedelikte (§§ 153 ff. StGB). In jedem Fall muss auch bei Eingriffen in Rechtsgüter der Allgemeinheit der Verhältnismäßigkeitsgrundsatz beachtet werden (§ 8 Abs. 2 Satz 3 BVerfSchG). Nicht rechtfertigungsfähig hingegen sind z. B. eine Körperverletzung als Eingriff in das Individualrechtsgut „körperliche Unversehrtheit" oder eine Sachbeschädigung als Ein-

659 Siehe hierzu näher *Soiné*, NStZ 2013, 83 ff.

660 Bayern, Baden-Württemberg, Hamburg und Brandenburg haben den §§ 9a, 9b BVerfSchG vergleichbare Regelungen, § 7 Abs. 3 S. 1 VSG NRW beschränkt die Rechtfertigung nur auf Organisationsdelikte von V-Personen, § 8b Abs. 4 S. 3 BremVSG rechtfertigt Straftaten von V-Personen, soweit dies unumgänglich ist, um Rückschlüsse auf ihre Tätigkeit für die Verfassungsschutzbehörde und Gefahren für Leben, Gesundheit oder Freiheit der Person zu vermeiden, das Unrecht der Tat in einem angemessenen Verhältnis zu diesem Zweck steht und individuelle Rechtsgüter Dritter nicht verletzt oder gefährdet werden. Demgegenüber ist § 16 Abs. 4 NdsVSG die präziseste Rechtfertigungsvorschrift: V-Leute, Gewährspersonen usw. dürfen danach „[nur] folgende Straftatbestände verwirklichen:
1. § 84 Abs. 2, § 85 Abs. 2, § 86 Abs. 1, §§ 86a, 98, 99, 129, 129a sowie 129b Abs. 1 Satz 1 des Strafgesetzbuchs (StGB), soweit er auf § 129a StGB verweist,
2. § 20 Abs. 2 Satz 1 Nrn. 2 und 4 bis 6 NVersG und
3. § 20 des Vereinsgesetzes.
Dabei darf weder auf die Gründung einer strafbaren Vereinigung hingewirkt noch eine steuernde Einflussnahme auf sie ausgeübt werden. Erlaubt sind nur solche Handlungen, die unter Berücksichtigung der Verhältnismäßigkeit im Einzelfall unumgänglich sind."
§ 6 Abs. 7 BbgVSG behält die abschließende Aufzählung der Straftatbestände, die verwirklicht werden dürfen, einer Dienstvorschrift vor, die zuvor der Parlamentarischen Kontrollkommission vorzulegen ist.

661 Allerdings ist umstritten, ob das durch § 267 StGB geschützte Rechtsgut allein ein Kollektivschutzgut ist, oder der Tatbestand nicht vielmehr in erster Linie dem Schutz des einzelnen vor der Gefahr dient, durch die Vorlage unechter Urkunden im Rechtsverkehr zu für ihn nachteiligen Dispositionen veranlasst zu werden (vgl. MüKo-StGB/*Erb*, 3. Aufl. 2019, § 267 Rn. 1 ff.).

662 *Zimmermann*, in: Dietrich/Fahrner, § 27 Rn. 133.

griff in das Eigentum.[663] In Individualgrundrechte (z. B. Leib, Leben, Freiheit der Person, Eigentum, Wohnung) darf nur bei Vorhandensein einer separaten *expliziten* Befugnis – also grundsätzlich gar nicht – eingegriffen werden.[664] Eine explizite Rechtsgrundlage zum Eingriff in Individualrechte existiert gemäß §§ 9 Abs. 1 i. V. m. 8 Abs. 2, 9 Abs. 2 BVerfSchG und dem G10 nur für das Recht auf informationelle Selbstbestimmung (einschließlich dem Recht am eigenen Bild und Wort). Damit sind nur Straftaten gegen das Individualrecht „Recht auf informationelle Selbstbestimmung" rechtfertigungsfähig. Erlaubnisse für Eingriffe in andere Grundrechte (wie etwa das Eigentum oder die körperliche Unversehrtheit) sieht das BVerfSchG nicht vor. Dies führt zu dem rechtspolitisch wenig einleuchtenden Ergebnis, dass V-Leute selbst bagatellhafte Privatklagedelikte wie Beleidigung oder Sachbeschädigung nicht begehen dürfen.[665] Gerade bei Auslandsquellen des BND, für die die Vorgaben des § 9a BVerfSchG entsprechend gelten (s. § 5 BNDG), könnte das Verbot von Individualrechtseingriffen dazu führen, dass keine hochrangigen Innenquellen in terroristischen oder kriminellen Vereinigungen geführt werden können.[666]

Vor der Gesetzesnovelle 2015 kam nach verbreiteter Auffassung bei Begehung einer Straftat durch die VP (was eine Strafbarkeit des VP-Führers wegen psychischer Beihilfe oder Anstiftung zur Folge haben kann) als **ungeschriebener** Rechtfertigungsgrund die Ausübung eines **Dienst- bzw. Amtsrechts** in Betracht. Soweit eine bestimmte Handlung der VP im Zusammenhang mit den übertragenen Berichtsaufgaben und bei Wahrnehmung des gesetzlichen Auftrages erfolgte (d. h. unmittelbar durch den operativen Einsatz bedingt war, z. B. die Mitgliedschaft in einer terroristischen Vereinigung), ein dazu notwendiges nachrichtendienstliches Mittel darstellte, nicht den Wesensgehalt von Grundrechten verletzte (siehe Art. 19 Abs. 2 GG), **nicht** in **benannte Grundrechte** (z. B. Individualrechte nach Art. 2 Abs. 2 GG) eingriff und dem Grundsatz der **Verhältnismäßigkeit** entsprach (insbesondere bei Abwägung der betroffenen Rechtsgüter das Aufklärungsinteresse das beeinträchtigte Interesse wesentlich überwog), sei es – so eine seinerzeit verbreitete Auffassung[667] – vertretbar, eine mit dieser Handlung verbundene Verletzung eines Straftatbestandes als gerechtfertigt anzusehen. Als Grundlage für dieses Amtsrecht wurde die in § 8 Abs. 2 BVerfSchG enthaltene Befugnis zur Anwendung nachrichtendienstlicher Mittel herangezogen. Es könne nicht strafrechtlich verboten sein, was auf gleicher Normhierarchieebene in den Nachrichtendienstgesetzen verwaltungsrechtlich erlaubt ist. **295**

Allerdings waren diese Kautelen von Gerichten nicht anerkannt. Vielmehr hatte das OLG Düsseldorf (und zuvor auch schon das LG Cottbus)[668] eine Rechtfertigung der V-Person unter Berufung auf ein aus § 8 Abs. 2 BVerfSchG folgendes Amtsrecht verneint.[669] Auch wenn es auf der Hand liege, dass der Einsatz von V-Leuten z. B. in terroristischen Organisationen nur dann erfolgversprechend sei, wenn sich die V-Leute innerhalb der Organisation befinden und deshalb – fast schon denknotwendig – jedenfalls Organisationsdelikte wie §§ 129, 129a StGB, 20 VereinsG verwirklichen müssten, so stelle doch die Ausübung hoheitlicher Gewalt noch nicht per se einen Rechtfertigungsgrund dar. Vielmehr müsse sich diese ausdrücklich – d. h. normenklar – aus einer gesetzlichen Vorschrift ergeben. Der § 8 Abs. 2 BVerfSchG a. F. erfülle diese Voraussetzungen der Bestimmtheit und Normenklarheit nicht. Er erlaube zwar in allgemeiner Form den **296**

663 BT-Drs. 18/4654, S. 25.
664 So die Gesetzesbegründung, BT-Drs. 18/4654, S. 25; näher *Dietrich*, in: Dietrich/Eiffler, VI, § 2 Rn. 175 ff.
665 *Zimmermann*, in: Dietrich/Fahrner, § 27 Rn. 134.
666 Ausführlich *Ader*, in: Dietrich/Fahrner, § 19 Rn. 90 f.
667 *Borgs*, in: Borgs/Ebert, § 3 BVerfSchG Rn. 148; *Sellmeier/Warg*, NWVBl. 2015, 135 ff.
668 LG Cottbus, Beschl. v. 24.2.2005 – 22 AR 99/04 (juris).
669 OLG Düsseldorf, NStZ 2013, 590 (591 f.).

Einsatz von V-Leuten; dass in diesem Zusammenhang allerdings auch die Begehung von Straftaten erlaubt sein solle, habe sich dem § 8 Abs. 2 BVerfSchG a. F. nicht entnehmen lassen. Vor dem Hintergrund dieser Rechtsprechung bedeutet § 8 Abs. 2 Satz 2 BVerfSchG n. F. einen wichtigen Schritt in Richtung Rechtssicherheit in der operativen Arbeit der Nachrichtendienste.

297 **b) Spezielle Vorgaben für V-Personen und Verdeckte Mitarbeiter.** Eine spezielle gesetzliche Regelung für eine Rechtfertigung von bestimmten Straftaten existiert nunmehr in §§ **9a** (für Verdeckte Mitarbeiter – früher „Under Cover Agents" genannt – UCA[670]) **und 9b BVerfSchG** (für V-Personen). Dabei gelten die für UCA geltenden Regeln grundsätzlich auch für V-Personen (s. § 9b Abs. 1 Satz 1 BVerfSchG, näher Rn. 246). Mit Blick auf Strafbarkeitsrisiken, denen V-Personen und ggf. in der Folge deren VP-Führer ausgesetzt sind, stellt § 9a Abs. 2 Satz 2 BVerfSchG zunächst klar, dass Verdeckte Mitarbeiter und V-Personen auch in oder für Vereinigungen tätig werden dürfen, deren Mitgliedschaft bzw. Unterstützung strafbar ist. Damit ist eine Rechtfertigung für die sog. Organisationsdelikte (wie §§ 84 Abs. 2, 85 Abs. 2, 129, 129a, 129b StGB, 20 VereinsG) möglich. Nach § 9a Abs. 2 Satz 3 BVerfSchG können aber auch sonstige szenetypische Begleittaten unter den dort näher aufgeführten Voraussetzungen gerechtfertigt sein („eine Beteiligung an Bestrebungen im Einsatz", z. B. Propagandadelikte nach §§ 86, 86a StGB oder Verstöße gegen das versammlungsrechtliche Vermummungsverbot, s. § 17a Abs. 2 Nr. 1 i. V. m. § 27 Abs. 2 Nr. 2 VersG), wobei § 9a Abs. 2 Satz 3 Nr. 1 BVerfSchG den Grundsatz wiederholt, dass die Straftaten nicht in Individualrechte eingreifen dürfen (Rn. 294).

298 Durch die Neuregelung der §§ 9a, 9b BVerfSchG[671] hat der Gesetzgeber das in Rn. 295 beschriebene Rechtfertigungskonzept aufgegriffen und, zumindest auf Bundesebene, klargestellt, dass der Einsatz von Verdeckten Mitarbeitern bzw. V-Personen und die dabei einsatztypisch begangenen Straftaten gerechtfertigt sein können, wenn der Verdeckte Mitarbeiter bzw. die V-Person weder zur Gründung einer extremistischen Bestrebung noch zu deren steuernden Einflussnahme eingesetzt wird. Nicht in Betracht kommt daher eine Rechtfertigung von Organisationsdelikten, soweit es um die Gründung eines strafbaren Personenzusammenschlusses oder um die Beteiligung an diesem als Rädelsführer oder Hintermann geht.[672] Im Übrigen ist im Einsatz eine Beteiligung an Bestrebungen zulässig – und damit einhergehende Straftaten gerechtfertigt –, wenn sie

1. nicht in Individualrechte (z. B. körperliche Unversehrtheit, Eigentum) eingreifen,
2. von den Szeneangehörigen derart erwartet wird, dass sie zur Gewinnung und Sicherung der Informationszugänge unumgänglich sind (d. h. die Straftaten als szenetypische Handlungen und Ausdruck der Zugehörigkeit zur Szene derart erwartet werden, dass ein Verzicht auf sie die Einbindung in den Personenzusammenschluss und damit den Zugang zu wertigen Informationen in Frage stellen würden), und
3. nicht außer Verhältnis zur Bedeutung des aufzuklärenden Sachverhalts stehen (Verhältnismäßigkeitsprüfung, d. h. Abwägung, ob das Gefährdungspotential des Personenzusammenschlusses so erheblich ist, insbesondere mögliche von ihm ausgehende Gewalttaten, dass Straftaten gegen Kollektivrechtsgüter in Relation dazu hinzunehmen sind).

299 Eine generalklauselartige Öffnung auch zu Begleiteingriffen in Individualrechte, z. B. in das Recht auf Eigentum oder körperliche Unversehrtheit sehen die §§ 9a, 9b BVerfSchG (mit Ausnahme von Eingriffen in das Recht auf informationelle Selbstbestimmung) ausdrücklich nicht vor (s. bereits Rn. 294).[673]

---

670 Ausführlich *Droste*, S. 277 ff.
671 Dazu ausführlich *Blome/Sellmeier*, DÖV 2016, 881 ff.
672 *Zimmermann*, in: Dietrich/Fahrner, § 27 Rn. 130.
673 BT-Drs. 18/4654, S. 26.

c) Anwendung des rechtfertigenden Notstands. Jenseits der Regelungen der §§ 9a, 9b BVerfSchG kann **im Einzelfall** auch eine Rechtfertigung nach **§ 34 StGB** (rechtfertigender Notstand) in Betracht kommen.[674] Dieser Rechtfertigungsgrund gilt nicht nur für strafrechtlich relevantes Verhalten eines „Normalbürgers", sondern grundsätzlich auch für staatliches Handeln, d. h. kann auch für strafrechtlich relevantes Verhalten von Amtsträgern im Rahmen ihrer Amtsausübung in Anspruch genommen werden.[675] Ob dies auch für Straftaten gegen Individualrechtsgüter gelten kann (bei denen eine Rechtfertigung nach §§ 9a, 9b BVerfSchG ausscheidet, Rn. 294, 299), ist zwar bestritten, wird aber von weiten Teilen der Rechtsprechung und Literatur dann bejaht, wenn der Interessenkonflikt zwischen den Belangen der Allgemeinheit und der durch die Maßnahme beeinträchtigten Rechtsposition des einzelnen keine speziellere abschließende Regelung gefunden hat.[676] Freilich dürften die Regeln zu den V-Personen und verdeckten Mitarbeitern in §§ 9a, 9b BVerfSchG vom Gesetzgeber als abschließende Regeln beabsichtigt sein, sodass bei deren Einsatz die Rechtfertigung einer Verletzung von Individualrechtsgütern gemäß § 34 StGB auszuschließen sein dürfte. Es ist zweifelhaft, ob eine z. B. auf einer Szene-Demonstration durch eine VP begangene Körperverletzung oder Sachbeschädigung durch § 34 StGB gerechtfertigt werden kann, obwohl der Gesetzgeber in den sachnäheren §§ 9a, 9b BVerfSchG eine Rechtfertigung für solche Fälle bewusst ausgeschlossen hat. Sollte man § 34 StGB gleichwohl neben §§ 9a, 9b BVerfSchG für anwendbar halten (etwa mit dem Argument, dass § 34 StGB ohnehin höhere Anforderungen an eine Rechtfertigung stellt, die durch die weniger strengen Anforderungen der §§ 9a, 9b BVerfSchG nicht in Frage gestellt werden) setzt dieser Rechtfertigungstatbestand in jedem Fall aber voraus, dass das durch die Straftat geschützte Interesse das beeinträchtige Interesse *wesentlich überwiegt*. Diese Voraussetzung wird z. B. dann nicht erfüllt sein, wenn durch die Tat die Menschenwürde anderer tangiert ist (z. B. bei bestimmten volksverhetzenden Liedtexten).[677] Eine mögliche Rechtfertigung setzt also in jedem Fall eine umfassende Interessenabwägung zwischen geschütztem und verletztem Rechtsgut voraus, wobei stets das Risiko besteht, dass das Ergebnis der von der Behörde angestellten Rechtsgüterabwägung von den Strafgerichten nicht geteilt wird. 300

d) Strafprozessuale Möglichkeiten. In den Fällen, in denen im Einsatz durch die VP oder den Verdeckten Mitarbeiter individualrechtsschädigende Straftaten auch jenseits einer planmäßigen Auftragserledigung situativ unausweichlich werden, um eine Enttarnung zu vermeiden und die zugehörigkeitsstiftende Akzeptanz zu erhalten, sieht **§ 9a Abs. 3 BVerfSchG** unter den dort genannten Voraussetzungen die Möglichkeit einer Einstellung des Strafverfahrens durch die zuständige Staatsanwaltschaft vor.[678] Dies ist beispielsweise möglich bei Sachbeschädigungen im Anschluss an Demonstrationen mit militantem Verlauf, wenn sich die Quelle unter einem dynamischen Gruppendruck dem nicht entziehen kann. Solche Maßnahmen wären – da ein Eingriff in Individualrechte stattfindet – von der Befugnis nach §§ 9a, 9b BVerfSchG nicht gedeckt und damit nicht gerechtfertigt. Gleichwohl wird aber von den Betroffenen hier keine Aufopferung verlangt, da mit derartigen Situationen bei realistischer Betrachtung zu rechnen ist.[679] Schließlich ist auch denkbar, dass die Strafverfolgungsbehörden gemäß **§ 153d StPO** 301

---

674 Siehe BGH, NStZ-RR 2010, 369, *Soiné*; NStZ 2013, 83 (86 f.). A.A. *Zimmermann*, in: Dietrich/Fahrner, § 27 Rn. 129.

675 MüKoStGB/*Erb*, 4. Aufl. 2020, § 34 Rn. 50. Der Grundgedanke des rechtfertigenden Notstands, wonach auf die Einforderung eines strikten Normgehorsams verzichtet wird, wenn dieser aufgrund einer atypisch gelagerten Situation unverhältnismäßige Folgen nach sich ziehen würde, gilt für privates und hoheitliches Handeln gleichermaßen.

676 Nachweise bei MüKoStGB/*Erb*, 4. Aufl. 2020, § 34 Rn. 51 f.

677 LG Cottbus, Beschl. v. 24.2.2005 – 22 AR 99/04, Rn. 22 (juris).

678 Ausführlich *Löffelmann/Zöller*, B. Rn. 96.

679 Umfassend die Gesetzesbegründung, BT-Drs. 18/4654, S. 27.

von der Strafverfolgung absehen, „wenn die Durchführung des Verfahrens die Gefahr eines schweren Nachteils für die Bundesrepublik Deutschland herbeiführen würde oder wenn der Verfolgung sonstige überwiegende öffentliche Interessen entgegenstehen". Eine **Verfahrenseinstellung** nach dieser Vorschrift setzt aber ein entsprechendes Entgegenkommen des Generalbundesanwalts voraus.

7. Auslandstätigkeit von Nachrichtendiensten und das Völkerrecht

302 § 3 Abs. 1 BVerfSchG beschränkt die Beobachtungstätigkeit des Verfassungsschutzes auf Bestrebungen „im Geltungsbereich dieses Gesetzes". Diese Beschränkung der Beobachtung auf deutsches Staatsgebiet als *Entfaltungsraum* der zu beobachtenden Bestrebung bzw. Tätigkeit bedeutet jedoch nicht, dass die Verfassungsschutzbehörden im Rahmen ihrer Tätigkeit nicht auch im Ausland tätig werden dürften. Dass ihre Tätigkeit auf das Territorium der Bundesrepublik Deutschland beschränkt werden sollte, ist weder den Kompetenznormen des Grundgesetzes (Art. 73, 87 GG), noch dem Wortlaut des BVerfSchG zu entnehmen.[680] Die Einschränkung „im Geltungsbereich dieses Gesetzes" beschreibt vielmehr das *Aufklärungsziel* bzw. Aufklärungsfeld, dem das Sammeln und Auswerten der Informationen dient, nicht aber notwendigerweise das *Aufklärungsgebiet* bzw. die Reichweite der Aufklärungstätigkeit. Das Sammeln und Auswerten von Informationen im Ausland ist also – sofern es der sachgerechten Erfüllung des inlandsbezogenen Beobachtungsauftrags dient – gewissermaßen als Annex von § 3 Abs. 1 BVerfSchG umfasst. Für BfV und LfV ist allerdings Voraussetzung, dass die Sachverhalte einen maßgeblichen Anknüpfungspunkt (genuine link) im Inland aufweisen.[681] Dies ist bei einer vom Inland ausgehenden bzw. sich hier entfaltenden extremistischen oder terroristischen Bestrebung bzw. bei Spionagetätigkeiten, die ihren Aktionsradius in personeller und/oder organisatorischer Hinsicht auch auf das Ausland erstrecken – oder von dort gesteuert werden –, regelmäßig der Fall.

303 Die Zulässigkeit einer Auslandstätigkeit ist für den BND angesichts seines Auftrags zur Auslandsaufklärung in § 1 Abs. 2 BNDG (näher Rn. 199 ff.) natürlich immanent.

304 Auch völkerrechtlich ist eine Auslandstätigkeit von Nachrichtendiensten (selbst wenn sie als „Spionage" gewertet werden kann) nicht per se verboten. Die beiden völkerrechtlichen Primärquellen, das Völkervertragsrecht und das Völkergewohnheitsrecht (s. Art. 38 Abs. 1 IGH-Statut) kennen kein Verbot der Spionage auf fremdem Staatsgebiet. Weder existieren (der Öffentlichkeit bekannte) völkerrechtliche Verträge, die die (Un-)Zulässigkeit von Spionage zwischen Staaten regeln, noch gibt es – was für die Annahme von Völkergewohnheitsrecht erforderlich wäre – eine allgemein akzeptierte ständige Praxis einer repräsentativen Staatengruppe (*longa consuetudo*), die von einer entsprechenden Rechtsüberzeugung (*opinio iuris*) begleitet wäre, wonach Spionage auf fremdem Territorium völkergewohnheitsrechtlich verboten wäre. Nach überwiegender Auffassung stellt die schlichte nachrichtendienstliche Tätigkeit außerhalb des eigenen Hoheitsgebietes kein völkerrechtliches Unrecht dar.[682] Den Staaten ist aufgrund ihrer Souveränität und der daraus resultierenden Handlungsfreiheit völkerrechtlich alles er-

---

680 Näher *Droste*, S. 162 f.; *Warg*, NVwZ 2019, 127 ff. A.A. *Meinel*, NVwZ 2018, 852 ff.

681 Jedenfalls bei der Erstreckung der Polizei- oder Strafhoheit auf Auslandssachverhalte ist ein solcher „genuine link" erforderlich, da ansonsten das Interventionsverbot tangiert wäre, s. *Schmahl*, NJW 2020, 2221 (2223) m. w. N. Ob dies auch für „einfache" nachrichtendienstliche Tätigkeit ohne Eingriffscharakter gilt, ist unklar.

682 *Matz-Lück*, in: Dietrich/Eiffler, II, § 2 Rn. 17; *Droste*, S. 126 m. w. N. Andererseits lässt sich dem Völkerrecht aber auch kein allgemeiner Rechtfertigungsgrund zugunsten von Spionen entnehmen. Es existiert keine allgemeine Regel des Völkerrechts, der zufolge sich Spione, die von dem von der Spionage betroffenen Staat strafrechtlich verfolgt werden, z. B. auf die Grundsätze der Staatenimmunität berufen könnten (BVerfG, NJW 1995, 1811 [1813]).

laubt, was nicht ausdrücklich völkervertraglich oder völkergewohnheitsrechtlich verboten ist. Überwiegend geht man daher davon aus, dass Auslandsspionage (bzw. erst recht die bloße nachrichtendienstliche Tätigkeit im Ausland ohne „Spionagecharakter") – wenn sie nicht gegen das Interventionsverbot gemäß Art. 2 Ziffer 7 UN-Charta verstößt (dazu Rn. 155) – angesichts der Tatsache, dass sie weithin von (fast) allen Staaten betrieben wird und damit offenbar als Handlungsoption der Staatenwelt anerkannt ist, keinen Verstoß gegen das Völkerrecht darstellt.[683] Der für einen Verstoß gegen das Interventionsverbot nötige willensbeugende Druck wird durch einfache nachrichtendienstliche Handlungen (anders als beispielsweise durch offene oder heimliche Festnahmen, Durchsuchungen o. ä. Exekutivakte auf fremdem Staatsgebiet) nicht aufgebaut.

Das „normale" nachrichtendienstliche Agieren auf fremdem Territorium ist daher völkerrechtlich neutral. Andererseits ist aber zu beachten, dass das Völkerrecht eine nachrichtendienstliche Tätigkeit im Ausland auch nicht positiv erlaubt; es verhält sich dieser vielmehr indifferent gegenüber. Das Handeln eines Nachrichtendienstes im Ausland ohne Zustimmung des betroffenen Staates stellt daher eine „risikobehaftete Handlung" dar, gegen die sich der betroffene Staat – da auch bei geringer Intensität des Vorgehens ein gewisser Eingriff in dessen Souveränitätsrechte verbleibt – mit innerstaatlichen Mitteln, vornehmlich mit dem Strafrecht, zur Wehr setzen kann.[684] Es besteht die allgemeine völkerrechtliche Überzeugung, dass Spione nationaler Strafverfolgung unterliegen, das Völkerrecht es also nicht verbietet, wenn ein Staat die fremde nachrichtendienstliche Tätigkeit auf seinem Hoheitsgebiet unter Strafe stellt (siehe für Deutschland §§ 93 ff. StGB).[685] 305

Problematisch wird die hoheitliche Tätigkeit im Ausland allerdings, wenn hierdurch die **Gebietshoheit** des anderen Staates verletzt wird, was als sog. „Völkerrechtsdelikt" gilt. Hierunter fallen freilich nur solche Maßnahmen, die sich unmittelbar belastend auf dem Gebiet des betroffenen Staates auswirken oder dort Rechtsfolgen auslösen sollen und damit das Gewaltmonopol des Zielstaates beeinträchtigen (z. B. Erlass von Verwaltungsakten, Beschlagnahmen, Festnahmen oder Eindringen mit Spionageflugzeugen). Hierbei handelt es sich um völkerrechtswidrige Interventionen (s. Art. 2 Abs. 7 UN-Charta, näher Rn. 155), wenn der betroffene Staat sein Einverständnis nicht erteilt hat und auch keine anderen Rechtfertigungsgründe greifen. Handelt es sich demgegenüber nicht um derartige Exekutivakte, sondern um schlicht hoheitliches Handeln, das auf reine Informationssammlung ausgerichtet ist (z. B. Observation einer durchreisenden Zielperson, Maßnahmen der Telekommunikationsüberwachung, Betreten öffentlicher Gebäude) verbietet das Völkerrecht nicht, dass ein Staat – und damit auch seine Nachrichtendienste – im Ausland tätig werden.[686] Dies gilt auch für den Verfassungsschutz 306

683 BVerfG, NJW 1995, 1811 (1814); *Werthebach/Droste*, in: BoK-GG, Art. 73 Abs. 1 Nr. 10 Rn. 278 ff.; *Sule*, S. 67, 73 ff.; *Doehring*, Spionage im Friedensvölkerrecht, in: BfV (Hrsg.), Verfassungsschutz in der Demokratie, 1990, S. 308 f. (319 ff.): Spionage werde vom Völkerrecht nicht verboten; *Bareinske*, in: Dietrich/Eiffler, V, § 8 Rn. 34. Dagegen wird eingewandt, dass aus dem Fehlen einer völkerrechtlichen Norm über die Spionage gerade nicht auf deren grundsätzliche Erlaubtheit geschlossen werden könne. Spionage widerspreche vielmehr der völkergewohnheitsrechtlichen Verpflichtung zur Achtung der territorialen Integrität anderer Staaten. Diese Verpflichtung gebiete es, auch unterhalb der Schwelle der Gewalt alle Handlungen zu unterlassen, durch die in die Gebietshoheit eines fremden Staates ohne dessen Einwilligung oder ohne das Vorliegen eines anderen völkerrechtlichen Rechtstitels eingegriffen wird (*Simma/Volk*, NJW 1991, 871 ff.).

684 BVerfG, NJW 2020, 2235 (2243, Rn. 103).

685 BVerfG, NJW 1995, 1811 (1812 f., 1814).

686 In diesem Sinne *Soiné*, NStZ 2013, 83 (85); *Gröpl*, S. 249. Teilweise a. A. *Talmon*, Sachverständigengutachten vor dem NSA-UA, S. 19 (http://bundestag.de/blob/282872/2b7b605da4c13cc2bc512c9c899953c1/mat_a_sv-4-2_talmon-pdf-data.pdf), der das körperliche Eindringen eines Spions in das Hoheitsgebiet eines fremden Staates als Verstoß gegen die territoriale Souveränität wertet, nicht aber die Spionage mit technischen Hilfsmitteln vom Territorium des spionierenden Staates aus. Kritisch *Ewer/Thienel*, NJW 2014, 30 (31).

zur Erfüllung seiner inlandsbezogenen Aufgaben, wenn die Tätigkeit im Ausland zur Aufklärung von sich in Deutschland entfaltenden extremistischen Bestrebungen bzw. Spionagetätigkeiten erforderlich ist.

8. Grundrechte und Verhältnismäßigkeit (ohne Art. 10 GG)

307 Auch die Nachrichtendienste unterliegen gemäß Art. 20 Abs. 3 GG der selbstverständlichen Bindung an Gesetz und Recht, was in den Nachrichtendienstgesetzen vielfach hervorgehoben wird (z. B. §§ 3 Abs. 3 BVerfSchG, 5 Abs. 9 VSG NRW). Für die Grundrechtsbindung der Verwaltung gilt nichts anderes; vielmehr wird diese in Art. 1 Abs. 3 GG nochmals akzentuiert. Angesichts der elementaren Bedeutung, die die Grundrechte als Abwehrrechte für den Bürger haben, gilt die Grundrechtssensibilität aller nachrichtendienstlichen Handlungen gerade für den von heimlicher Beobachtung Betroffenen umso mehr. So tangiert die Tätigkeit der Verfassungsschutzbehörden (zum BND s. Rn. 210) offensichtlich eine Vielzahl von Grundrechten. Im Licht der Grundrechtsbindung haben die Nachrichtendienste bei der Auslegung und Anwendung sämtlicher Normen, die mit der Erhebung, Verarbeitung und Nutzung personenbezogener Daten verbunden sind, immer den aus dem Rechtsstaatsprinzip abgeleiteten **Grundsatz der Verhältnismäßigkeit** zu beachten. Dieser Grundsatz ist allgemein für alle Maßnahmen in § 8 Abs. 5 BVerfSchG niedergelegt und wird speziell für den Einsatz von ND-Mitteln in §§ 8 Abs. 2 Satz 3 und 9 Abs. 1 Sätze 2-4 BVerfSchG nochmals wiederholt. Überwachungsmaßnahmen müssen im Sinne einer „Überwachungsgesamtrechnung" in ihrer grundrechtsbeschränkenden Wirkung zusammen (kumulativ) betrachtet werden. Dabei dürfen sie in ihrer Kumulation nicht zu einer Rundumüberwachung führen, die ein gläsernes Persönlichkeitsgesamtbild der Zielperson entstehen lässt (s. § 14 Abs. 1 Satz 2 NdsVSG: technische Mittel dürfen nicht zu einem Bewegungsbild verbunden werden).[687] Im sog. GPS-Urteil hat sich das BVerfG mit der Frage beschäftigt, inwieweit Strafverfolgungs- und Verfassungsschutzbehörden bei ihrer häufig parallelen Ermittlungstätigkeit hinsichtlich identischer Fallkomplexe und identischer Zielpersonen Verfahrensabsprachen treffen müssen, um das einem „additiven" Grundrechtseingriff innewohnende Gefährdungspotenzial zu minimieren.[688] Eine überflüssige und gerade bei heimlichen Ermittlungsmaßnahmen unnötige Doppelbeeinträchtigung durch unkoordinierte Ermittlungsmaßnahmen verschiedener Behörden im gleichen Fallkomplex und gegenüber der gleichen Zielperson könne vermieden werden, wenn eine „grundrechtssichernde Abstimmung der Ermittlungstätigkeit" stattfinde.[689] Hieraus resultiert die Vorgabe für Strafverfolgungsbehörden und Nachrichtendienste, sich nach Möglichkeit (zu den Grenzen s. § 23 Nr. 2 BVerfSchG und Rn. 469 ff.) über heimliche Maßnahmen gegen bekanntermaßen gemeinsame Zielpersonen auszutauschen und die Art und Intensität der Überwachung untereinander abzustimmen.

308 a) **Allgemeines Persönlichkeitsrecht.** Bereits die Entscheidung, einen Nachrichtendienst mit der Beobachtung bestimmter Personen oder eines Personenzusammenschlusses zu betrauen – und nicht erst die sich ggf. mit offenen oder nachrichtendienstlichen Mitteln anschließende Sammlung von (personenbezogenen) Daten – bewirkt einen Grundrechtseingriff in das **Allgemeine Persönlichkeitsrecht** der betroffenen Gruppierungen[690] oder

---

687 Näher *Löffelmann/Zöller*, A. Rn. 98.
688 BVerfG, NJW 2005, 1338 ff.
689 BVerfG, NJW 2005, 1338 (1341).
690 Der Schutzbereich ist nicht auf natürliche Personen beschränkt, auch juristische Personen können Träger des Grundrechts auf informationelle Selbstbestimmung sein, BVerfG, NJW 2018, 2385 (2836, Rn. 61).

Personen (ausführlich oben Rn. 212 ff.).[691] Dies gilt natürlich erst recht für die öffentliche Berichterstattung über eine solche Beobachtung. Im Hinblick auf die Erwähnung extremistischer Bestrebungen in den Verfassungsschutzberichten hat das BVerfG festgestellt, dass die Bezeichnung als extremistisch oder verfassungsfeindlich (beide Begriffe gelten als inhaltsgleich) im Rahmen einer hoheitlichen und damit mit einem besonderen Vertrauens- und Glaubwürdigkeitsbonus versehenen Äußerung keinen beliebigen Beitrag zur Meinungsbildung darstellt, sondern als Eingriff in die Grundrechte der hiervon Betroffenen zu werten ist.[692] Der Qualifizierung beispielsweise einer Partei – die sich über Art. 19 Abs. 3 GG auch als juristische Person bzw. Personenverband auf das Allgemeine Persönlichkeitsrecht berufen kann[693] – als verfassungsfeindlich kommt daher eine Warnfunktion zu; mit einer solchen Einstufung verbindet sich zugleich die indirekte Aufforderung an die Öffentlichkeit, diese Partei nicht zu wählen und sie nicht anderweitig zu unterstützen. Bei den Verfassungsschutzberichten wird dieser Grundrechtseingriff bewusst in Kauf genommen, denn die Berichte sollen nicht nur über die Tätigkeit der Verfassungsschutzbehörden informieren, sondern die extremistischen Bestrebungen auch bekämpfen und ausgrenzen.[694] Werden in Verfassungsschutzberichten oder sonstigen Themenbroschüren des Verfassungsschutzes Äußerungen über Personen oder Personenzusammenschlüsse getätigt, stellt dies also einen Eingriff in deren Allgemeines Persönlichkeitsrecht bzw. (bei Nennung von personenbezogenen oder personenbeziehbaren Daten i. S. d. § 46 Nr. 1 BDSG) in das Recht auf informationelle Selbstbestimmung der Betroffenen dar. Dieser Eingriff muss jeweils durch überwiegende Gründe zum Schutz der fdGO bzw. der wehrhaften Demokratie gerechtfertigt sein.

aa) Speziell: Das „Computergrundrecht“. Im Urteil des BVerfG vom 27.2.2008 zur Zulässigkeit der sog. Online-Durchsuchung[695] hat das BVerfG das Grundrecht auf informationelle Selbstbestimmung weiterentwickelt und in seiner besonderen Ausprägung als **Grundrecht auf Gewährleistung der Vertraulichkeit und Integrität informationstechnischer Systeme** anerkannt (sog. **Computer-** oder **IT-Grundrecht**). Dieses Grundrecht erklärt sich aus den „neuartigen Gefährdungen der Persönlichkeit", die aus der Nutzung informationstechnischer Systeme (z. B. PC, Smartphone oder Sprachassistenten wie *Alexa*[696]) für den Einzelnen erwachsen. 309

---

691 VG München, Beschl. v. 17.4.2023 – M 30 E 22.4913, Rn. 52 – AfD. A.A. wohl *Gärditz*, GSZ 2019, 86 f.: Sammeln von Informationen aus öffentlich zugänglichen Quellen sei als solches noch kein Grundrechtseingriff. Diese mit Bezug zum Urteil des BVerfG zur Online-Durchsuchung (BVerfGE 120, 274, 345) vertretene Ansicht ist nur eingeschränkt auf die strukturierte Beobachtung der Nachrichtendienste übertragbar, denn die dort entwickelten Maßstäbe, wann ein Eingriff ins Recht auf informationelle Selbstbestimmung einer einzelnen Zielperson beginnt (nämlich wenn „ein schutzwürdiges Vertrauen des Betroffenen in die Identität und die Motivation seines Kommunikationspartners“ ausgenutzt wird), passen nicht auf die systematische und umfassende Datenerhebung zu Personenzusammenschlüssen. Bei der Beobachtungstätigkeit des Verfassungsschutzes werden (auch bei Einsatz lediglich offener Mittel) eine Vielzahl von zumindest personenbeziehbaren Erkenntnissen (vgl. § 46 Nr. 1 BDSG) zusammengetragen, ausgewertet und aufbereitet. Deshalb stellt im Grundsatz jede hoheitliche Verarbeitung personenbezogener Daten einen Eingriff in das Recht auf informationelle Selbstbestimmung dar (s. BVerfG, NJW 2019, 827 [829, Rn. 43 ff.] – Kfz-Kennzeichenscreening II; ähnlich *Schneider*, DÖV 2022, 372 [374]; *Löffelmann*, GSZ 2019, 78 mit Verweis auf BVerfGE 65, 1 [41 ff.] – Volkszählungsurteil).

692 BVerfG, NJW 2022, 3627 (3628, Rn. 7); NJW 2005, 2912 (2913 f.) – Junge Freiheit.

693 VG Köln, Urt. v. 8.3.2022 – 13 K 325/21, Rn. 84 – AfD.

694 *Murswiek* in: Dix/Franßen/Kloepfer/Schaar/Schoch, Jahrbuch Informationsfreiheit und Informationsrecht 2009, S. 60 f. Allgemein zum Grundrechtseingriff durch staatliches Informationshandeln und der Notwendigkeit gesetzlicher Regelungen hierfür *Schoch*, NVwZ 2011, 193 (195 ff.).

695 BVerfGE 120, 274 ff. = NJW 2008, 822 ff.

696 *Ruppert*, in: Dietrich/Fahrner, § 23 Rn. 48.

310 IT-Systeme von ausländischen staatlichen Stellen genießen allerdings keinen Grundrechtsschutz (z. B. auf Privatsphäre).[697] Denn Grundrechte sind nach Art. 19 Abs. 3 GG allenfalls auf inländische juristische Personen anwendbar, ihr Schutz gilt grundsätzlich also nicht für ausländische juristische Personen, z. B. ausländische Staaten und ihre Institutionen.[698] Zwar hat das BVerfG die sog. „Funktionsträgertheorie" verworfen, wonach Personen dann vom Grundrechtsschutz ausgeschlossen seien, wenn sie als Funktionsträger einer ausländischen juristischen Person handeln (z. B. als Mitarbeiter einer ausländischen Firma).[699] Allerdings können sie in diesem Fall die Grundrechte nur insoweit geltend machen, als sie *in eigenen Grundrechten* als Privatpersonen betroffen sind und nicht als Sachwalter für die ausländische juristische Person, für die sie handeln.[700] Es ist zudem nicht ersichtlich, dass das BVerfG im Urteil vom 19.5.2020 den Grundrechtsschutz der Verfassung auf fremde Staaten und ihre Hoheitsträger ausweiten wollte. Damit gelten die vom BVerfG entwickelten hohen Hürden zum IT-Grundrecht nicht für einen Zugriff auf IT-Systeme, die unter der Kontrolle fremder Nachrichtendienste ausschließlich für nachrichtendienstliche Zwecke genutzt werden. Denn diese IT-Systeme dienen insoweit nicht der Entfaltung einer grundrechtlich geschützten Privatsphäre des Bürgers, sondern hoheitlichen Zwecken. Entsprechendes gilt auch für den Schutz des Telekommunikationsgeheimnisses aus Art. 10 GG: Werden im Namen und im Auftrag ausländischer Hoheitsträger handelnde Amtsträger im Rahmen ihrer Amtstätigkeit von deutschen Behörden abgehört oder erfahren sie in sonstiger Form im Telekommunikationsverkehr Beschränkungen, greift die grundrechtliche Bindungs- bzw. Schutzwirkung aus Art. 10 Abs. 1 GG nicht ein.[701]

311 Das IT-Grundrecht schützt den Verfügungsberechtigten eines IT-Systems vor dem *heimlichen*[702] Zugriff, dem Auslesen der Daten und vor Manipulation des Datenträgers. Es schützt auch vor dem Zugriff auf solche Daten, die in Online-Speichern vorgehalten werden (z. B. Daten auf einer virtuellen Festplatte in der „Cloud", z. B. Dropbox oder Google Drive; näher Rn. 359).[703] Wenn der Staat heimlich Online-Durchsuchungen bzw.- Überwachungen eines informationstechnischen Systems (beim BND auch Computer Network Exploitation – CNE – genannt)[704] mit dem Ziel durchführt, das IT-System zu überwachen und/oder gespeicherte Inhalte aufzuzeichnen oder auszulesen,[705] stellt dies einen Grundrechtseingriff dar. Die Rechtsprechung misst den *offenen* Zugriff auf IT-Systeme (d. h. die Asservatenauswertung von offen beschlagnahmten Festplatten oder anderen IT-Systemen) jedoch nicht am Maßstab des Computergrundrechts, sondern nur am allgemeinen Recht auf informationelle Selbstbestimmung.[706] Dies ist inkonsequent und stellt eine erhebliche Schutzlücke dar, denn für die Persönlichkeitsrechte der Betroffenen und die Schutzwürdigkeit der auf IT-Systemen gespeicherten Daten (die häufig einen tiefen Einblick in die Persönlichkeit ermöglichen, z. B. bei

---

697 *Ziolkowski*, GSZ 2019, 51 (55).

698 Ausführlich *Becker/Meyer*, AöR 147 (2022), 311 (316 ff.);Sachs/*Sachs*, GG, 9. Aufl. 2021, Art. 19 Rn. 92.

699 BVerfG, NJW 2020, 2235 (2238, Rn. 69).

700 BVerfG, NJW 2020, 2235 (2238, Rn. 69).

701 *Papier*, NVwZ-Extra 15/2016, 1 (5); *Dietrich*, in: Schenke/Graulich/Ruthig, § 6 BNDG Rn. 8. Zur Funktionsträgertheorie *Karl/Soiné*, NJW 2017, 919 (920).

702 BVerfG, NJW 2016, 1781 (1794, Rn. 209) – BKA-Gesetz.

703 BVerfG, NJW 2016, 1781 (1794, Rn. 209) – BKA-Gesetz; BVerfG, NJW 2008, 822 (825, Rn. 186) – Online-Durchsuchung.

704 *Löffelmann/Zöller*, C. Rn. 68.

705 BT-Drs. 18/12785, S. 54.

706 Der VGH Mannheim hat bei der Überprüfung des offenen Auslesens von Festplatten, die im Rahmen des Vereinsverbots gegen „linksunten.indymedia" beschlagnahmt worden waren, lediglich das Recht auf informationelle Selbstbestimmung in seiner allgemeinen Form geprüft und das „Computergrundrecht" nicht für einschlägig gehalten (VGH Mannheim, NVwZ-RR 2019, 901 [905]).

Smartphones) spielt es keine Rolle, ob sie per heimlicher Online-Durchsuchung oder offener Hausdurchsuchung gewonnen werden.[707]

Allerdings ist der Schutzbereich des IT-Grundrechts nur dann einschlägig, wenn auf dem IT-System personenbezogene Daten des Betroffenen in einem Umfang und in einer Vielfalt gespeichert sind, die einen *Einblick in wesentliche Teile der Lebensgestaltung einer Person* oder ein aussagekräftiges Bild der Persönlichkeit ermöglichen.[708] Das BVerfG spricht insoweit von der Schutzbedürftigkeit „komplexer informationstechnischer Systeme". Nicht jedes IT-System enthält personenbezogene Daten von einer solchen Dichte, dass es Auskunft gibt über die Persönlichkeit des Inhabers. So enthält ein beruflich genutzter USB-Stick mit betrieblichen Unterlagen zwar meist personenbezogene Daten, liefert aber regelmäßig kaum detaillierte Informationen über das Privatleben des Nutzers. Während also das für die Eröffnung des Schutzbereichs erforderliche Kriterium eines „Einblicks in wesentliche Teile der Persönlichkeit" bei privaten PCs und Smartphones unproblematisch erfüllt ist, ist dies bei bloß beruflich genutzten USB-Sticks oder bei Steuerungselementen für Haustechnik oder Kraftfahrzeugen (etwa Steuergeräte für die Heizung) zweifelhaft, denn dort sind regelmäßig keine Daten gespeichert, die über die Persönlichkeit des Betroffenen in ihrer Gesamtheit Auskunft geben. 312

Eingriffe in das Computergrundrecht (z. B. durch heimliches Durchsuchen der Festplatte eines Computers) sind nur zulässig, wenn folgende Voraussetzungen erfüllt sind: 313

- eine ausdrückliche gesetzliche Befugnisgrundlage (die für die Nachrichtendienste nur in § 34 BNDG und Art. 10 BayVSG existiert[709]),
- tatsächliche Anhaltspunkte für eine **konkrete Gefahr für ein überragend wichtiges Rechtsgut**. „Überragend wichtig" sind dem BVerfG zufolge „Leib, Leben und Freiheit der Person oder solche Güter der Allgemeinheit, deren Bedrohung die Grundlagen oder den Bestand des Staates oder die Grundlagen der Existenz der Menschen berührt." Hierzu zählt etwa auch die Funktionsfähigkeit wesentlicher Teile existenzsichernder öffentlicher Versorgungseinrichtungen[710] (Kritische Infrastruktur). Ein Zugriff auf IT-Systeme (z. B. zum Erkennen von Schadkomponenten, aber auch in Form eines Hacking-back) kann daher zulässig sein, wenn zentrale IT-Knotenpunkte oder Serverstrukturen angegriffen werden, die eine relevante Funktion innerhalb der IT-Infrastruktur innehaben. Die Maßnahme kann nach Ansicht des BVerfG zudem schon dann gerechtfertigt sein, wenn sich noch nicht mit hinreichender Wahrscheinlichkeit feststellen lässt, dass die Gefahr in näherer Zukunft eintritt, sofern *bestimmte Tatsachen auf eine im Einzelfall drohende Gefahr* für ein überragend wichtiges Rechtsgut hinweisen.[711] Eine unmittelbare zeitliche Schadensnähe ist also nicht erforderlich, wenn der drohende Schaden – nach Art. 10 i. V. m. 9 Abs. 1 Nr. 3 BayVSG auch für Sachen, deren Erhaltung im besonderen öffentlichen Interesse geboten ist – besonders hoch ist.[712]

---

707 S. zu dieser Schieflage *Löffelmann/Zöller*, C. Rn. 78.

708 BVerfG, NJW 2008, 822 (827, Rn. 203) – Online-Durchsuchung.

709 In Art. 10 BayVSG wurde der Begriff „Online-Durchsuchung" in Abgrenzung zur Polizei bewusst vermieden, da die Datenerhebung des Verfassungsschutzes, anders als eine Durchsuchung im Rahmen einer Strafverfolgung oder zur Gefahrenabwehr durch die Polizei, nicht unmittelbar darauf abzielt, die Bestrafung eines Straftäters oder weitere Exekutivmaßnahmen der Polizei zu ermöglichen (BeckOK PolR Bayern/*Pechtold*, 20. Ed. 1.10.2022, BayVSG Art. 10 Rn. 4).

710 BVerfG, NJW 2008, 822, 831 – Online-Durchsuchung.

711 BVerfG, NJW 2008, 822 (830 f.).

712 Jedoch hat Art. 10 i. V. m. 9 BayVSG (quasi als Ausgleich für die dort herabgesetzte Schutzgüterqualität) die Anforderungen an die Gegenwärtigkeit der Gefahr heraufgesetzt: Nach der bayerischen Regelung, die in diesem Punkt über die verfassungsrechtlichen Vorgaben hinausgeht, muss es sich um eine dringende und nicht nur konkrete Gefahr handeln (*Löffelmann*, in: Dietrich/Eiffler, VI, § 5 Rn. 33 f.).

314 – Zusätzlich muss die Behörde beim Zugriff auf informationstechnische Systeme den **Kernbereich privater Lebensgestaltung** (Rn. 340 ff.) beachten (z. B. durch unmittelbare Löschung von der Intimsphäre zugehörigen Daten, die mittels Online-Durchsuchung gewonnen werden).[713]

– Des Weiteren gilt beim heimlichen Zugriff auf IT-Systeme die Notwendigkeit einer vorherigen Kontrolle durch eine unabhängige Stelle, etwa in Form einer richterlichen Anordnung (**Richtervorbehalt**).[714] So darf etwa eine Onlineüberwachung grundsätzlich nur durch einen Richter oder eine andere unabhängige Instanz angeordnet werden; soweit eine andere Stelle als ein Richter mit dieser Vorabkontrolle betraut wird, muss diese die gleiche Gewähr für ihre Unabhängigkeit und Neutralität bieten wie ein Richter (als quasi-richterliches Organ kommt hier die G10-Kommission in Betracht, s. § 15 Abs. 1 Satz 3 G10). Eilfallregelungen – d. h. eine Anordnung durch die die Maßnahme durchführende Stelle selber mit anschließender (richterlicher) Kontrolle – sollen aber möglich sein.

– Weil das BVerfG für Eingriffe in das IT-Grundrecht von Verfassungs wegen eine konkrete Gefahr verlangt (Rn. 313), jedoch die Überwachungsbefugnis der Nachrichtendienste (ebenso wie bei der Wohnraumüberwachung, Rn. 261) grundsätzlich nur der Vorfeldaufklärung dienen soll, kann eine Online-Überwachung den Nachrichtendiensten nur als subsidiäre Befugnis für den Fall übertragen werden, dass geeignete polizeiliche Hilfe für das bedrohte Rechtsgut ansonsten nicht rechtzeitig erlangt werden kann (**Subsidiaritätsklausel**).[715]

315 Die Anforderung des BVerfG, dass der heimliche Zugriff auf IT-Systeme nur bei **konkreten** Gefahren für ein überragend wichtiges Rechtsgut zulässig ist, dürfte die Anwendung für die Nachrichtendienste erheblich einschränken. Denn selbst wenn eine gesetzliche Grundlage zur Online-Überwachung z. B. für das BfV geschaffen würde, handelt es sich bei „konkreten Gefahren" in erster Linie um *polizeilich relevante Gefahrensituationen*, bei denen meist bereits die Polizei eingeschaltet sein und die operative Fallbearbeitung übernommen haben dürfte.[716] Deshalb wird die Durchführung einer Online-Überwachung in dem vom Verfassungsschutz klassischerweise bearbeiteten Vorfeld konkreter Gefahrenlagen nur dann in Betracht kommen, wenn entweder bereits im Vorfeld einer polizeilich relevanten (üblicherweise konkreten) Gefahr[717] bestimmte Tatsachen mit einer „hinreichenden Eintrittswahrscheinlichkeit" auf einen drohenden Schaden für ein überragend wichtiges Rechtsgut hinweisen (z. B. wenn die konkret schädlichen Folgen eines Cyberangriffs erst nach Nachladen weiterer Schadkomponenten eintreten werden, dieses Nachladen von weiterer Schadsoftware aber zu erwarten ist) oder sich die Verfassungsschutzbehörde trotz Vorliegen einer konkreten – polizeilichen – Gefahr entschließt, anstelle der Polizei die weiteren Überwachungsmaßnahmen durchzuführen,

713 Interessant ist, dass das BVerfG im Urteil von 2008 (anders noch als im Jahre 2004 im Urteil zum „Großen Lauschangriff") zugesteht, dass es bei dem heimlichen Zugriff auf ein informationstechnisches System praktisch unvermeidbar ist, Informationen aus dem Kernbereich zunächst zur Kenntnis nehmen zu müssen, bevor ihr Kernbereichsbezug bewertet werden kann. Wenn kernbereichsrelevante Daten zur Kenntnis genommen wurden, muss im Anschluss allerdings für einen hinreichenden Schutz in der Auswertungsphase gesorgt sein (d. h. unverzügliches Löschen und Verbot der weiteren Verarbeitung).

714 BVerfGE 120, 274 (332); bestätigend BVerfG, NJW 2022, 1583 (1594, Rn. 218).

715 BVerfG, NJW 2022, 1583 (1589, 1606, Rn. 178 f., 310).

716 Ähnlich *Hofmann/Lukosek/Schulte-Rudzio*, GSZ 2020, 233 (241). A.A. *Löffelmann*, in: Dietrich/Eiffler, VI, § 5 Rn. 36, der aus dem Hinweis auf ein „wenigstens seiner Art nach konkretisiertes und zeitlich absehbares Geschehen" eine Ausweitung des Begriffs der konkreten Gefahr sieht, was den Anwendungsbereich der Online-Überwachung auch für – gerade die Tätigkeit der Nachrichtendienste kennzeichnende – Maßnahmen im weiteren Vorfeld einer unmittelbaren Gefahr oder Straftat eröffne.

717 Freilich nimmt im Polizeirecht die Vorverlagerung in das Vorfeld der konkreten Gefahr immer stärkere Züge an, siehe z. B. die Eingriffsmöglichkeiten aufgrund der im BayPAG erstmalig normierten „drohenden Gefahr" (dazu *Leisner-Egensperger*, DÖV 2018, 677).

etwa um bei einer laufenden nachrichtendienstlichen Operation (z. B. der Beobachtung eines Cyber-Angriffs) eine vorschnelle gefahrenabwehrende oder strafprozessuale Intervention (mit dem Risiko des Bekanntwerdens des eigenen operativen Interesses) zu vermeiden.

Kein Eingriff in das IT-Grundrecht – sondern als „klassisches" nachrichtendienstliches Mittel unter den Voraussetzungen der §§ 9 Abs. 1, 8 Abs. 2 BVerfSchG (Rn. 242 ff.) zulässig – ist das (**heimliche**) **Aufklären des Internets bzw. die verdeckte Informationserhebung** in Internetforen, z. B. in sozialen Netzwerken. Hierbei wird nicht in das IT-System eingedrungen (wie es etwa durch Infiltration mittels eines Trojaners oder Keyloggers der Fall wäre), sondern es werden Daten erhoben, die der Inhaber des Systems freiwillig (wenn auch ggf. durch Legende getäuscht) freigibt (s. Rn. 250). Deshalb erlauben zahlreiche Verfassungsschutzgesetze die „Teilnahme an einer Kommunikationsbeziehung im Internet unter einer Legende [...] und unter Ausnutzung eines schutzwürdigen Vertrauens der oder des Betroffenen oder Dritten, um ansonsten nicht zugängliche Daten zu erhalten" (§ 6 Abs. 3 Nr. 12 BbgVSG) 316

Ähnlich § 5 Abs. 2 Nr. 11 VSG NRW: 317

„Zugriff auf zugangsgesicherte Telekommunikationsinhalte und sonstige Informations- und Kommunikationsinhalte im Internet auf dem technisch hierfür für jede Nutzerin und jeden Nutzer vorgesehenen Weg, ohne selbst Kommunikationsadressatin oder -adressat und ohne von den an der Kommunikation teilnehmenden Personen oder vergleichbaren Berechtigten hierzu autorisiert zu sein, [...]"

unter den allgemeinen Voraussetzungen für die Anwendung nachrichtendienstlicher Mittel. Nach Art. 18 Abs. 4 BayVSG dürfen Mitarbeiter des LfV Bayern verdeckt Informationen in sozialen Netzwerken und sonstigen Kommunikationsplattformen im Internet erheben, allerdings gelten dabei die Regelungen für verdeckte Mitarbeiter (etwa zur strafrechtlichen Rechtfertigung, s. dazu Rn. 293 ff.), auch wenn sie nicht unter einer auf Dauer angelegten Legende tätig werden (so auch § 12 Abs. 4 HessVSG). Allein das Verwenden einer Internet-Legende macht die Mitarbeiter einer Verfassungsschutzbehörde allerdings nicht automatisch zu Verdeckten Mitarbeitern, denn dies setzt eine *auf Dauer* angelegte reale Legende voraus. Eine Umgehung der Regelungen zu den verdeckten Mitarbeitern (UCA, § 9a BVerfSchG, dazu Rn. 254) bzw. den entsprechenden landesrechtlichen Regelungen findet also nicht statt, denn der Bundesgesetzgeber hat sich in §§ 9a, b BVerfSchG bewusst auf die Normierung des rechtlichen Rahmens für den Einsatz von „vollwertigen" verdeckten Mitarbeitern und Vertrauensleuten beschränkt.[718]

bb) Pflicht zur Auskunftserteilung an den Betroffenen. Auf Antrag erteilen die Nachrichtendienste dem Betroffenen nach §§ 15 Abs. 1 BVerfSchG, 22 BNDG, 9 MADG unentgeltlich Auskunft über die zu seiner Person gespeicherten Daten, soweit er hierzu 318

- auf einen konkreten Sachverhalt hinweist (z. B. Teilnahme an einer extremistischen Demonstration oder Beteiligung an einem Szeneblog) und ein
- besonderes Interesse an einer Auskunft darlegt (z. B. Bewerbung für eine Einstellung in den öffentlichen Dienst, Vorbereitung einer Klage gegen die Erwähnung im Verfassungsschutzbericht).

Die Auskunftsverpflichtung erstreckt sich allerdings nicht auf die Herkunft der Daten und die Empfänger von Übermittlungen (§ 15 Abs. 3 BVerfSchG), damit nicht auf diesem Weg die konkret eingesetzten Methoden der Informationsbeschaffung (inkl. der dort eingesetzten Quellen) ausgekundschaftet werden können. Der datenschutzrechtliche Auskunftsanspruch des Betroffenen ist Ausfluss des Rechts auf informationelle Selbstbestimmung (Art. 2 Abs. 1 i. V. m. Art. 1 Abs. 1 GG). Allerdings hat das BVerfG

718 Näher zum Hintergrund des Art. 18 Abs. 4 BayVSG s. Bay LT-Drs. 17/11609, S. 24.

bislang noch nicht abschließend entschieden, ob Art. 2 Abs. 1 i. V. m. Art. 1 Abs. 1 GG einen Anspruch auf Auskunft zu den bei Behörden gespeicherten Daten auch tatsächlich verfassungsrechtlich gebietet.[719] Nach zutreffender Auffassung besteht auch ein Anspruch auf **Negativauskunft**, d. h. auf Mitteilung der Information darüber, dass bei der Behörde gerade keine Daten über den Antragsteller vorhanden sind.[720]

319 Nach § 15 Abs. 1 Satz 2 BVerfSchG beschränkt sich der Auskunftsanspruch für personenbezogene Daten *in Akten* allerdings auf diejenigen Daten, die über eine Speicherung in Dateien gemäß § 10 Abs. 1 BVerfSchG (z. B. in NADIS WN) auffindbar sind. Diese Einschränkung, die zur Vermeidung eines unverhältnismäßigen Verwaltungsaufwands auf Seiten der Nachrichtendienste dient, ist verfassungskonform,[721] weil Persönlichkeitsgefährdungen in einer digitalisierten Behördenumgebung nur durch elektronische Recherche- und Datenverknüpfungsmöglichkeiten entstehen und nicht durch das bloße Vorhandensein von Daten in einer Papierakte. Die Regelung bedeutet allerdings nicht, dass nur solche Daten beauskunftet werden müssen, die in einer etwaigen zum Antragsteller geführten *Personenakte* enthalten sind; vielmehr sind auch Informationen aus *Sachakten* zu beauskunften. Auch insoweit brauchen jedoch nur solche Daten in die Auskunftserteilung einbezogen zu werden, die mit einer Datei-Speicherung verknüpft sind und sich daher rasch auffinden lassen.[722] Die Durchsicht aller (Papier)Akten daraufhin, ob sich – auch ohne Datei-Rückhalt – irgendwo Informationen zur Person des Antragstellers befinden, würde einen unzumutbar hohen Verwaltungsaufwand bedeuten. Dies gilt selbst dann, wenn die betreffenden Akten gemäß § 13 Abs. 4 BVerfSchG in elektronischer Form geführt werden und der Name des Auskunftsbegehrenden daher elektronisch durch Volltextsuche recherchiert werden könnte. Denn auch dann erfordert das Auffinden von personenbezogenen Daten durch eine Volltextsuche, der anschließende Abgleich mit der Identität des Auskunftsbegehrenden und sodann die Aufbereitung der ermittelten Informationen einen ungleich größeren Verwaltungsaufwand als im Falle von Einträgen in einer Datei, bei denen die gesammelten Informationen bereits hinsichtlich der Identität einer gezielt beobachteten Person geprüft und inhaltlich aufbereitet vorliegen.[723]

320 cc) **Auskunftserteilung nach Ermessen.** Neben dem gesetzlichen Anspruch nach §§ 15 Abs. 1 BVerfSchG, 22 BNDG, 9 MADG hat der Betroffene einen subsidiären, auf dem Recht auf informationelle Selbstbestimmung beruhenden **Anspruch auf eine** fehlerfreie ***Ermessensentscheidung* über die Erteilung** einer begehrten Auskunft.[724] Dieser Anspruch besteht gerade auch dann, *wenn die Voraussetzungen des gesetzlichen Auskunftsrechts nach § 15 Abs. 1 BVerfSchG nicht vorliegen*.[725] Während sich der Regelungsgehalt des § 15 BVerfSchG auf die Normierung einer Auskunfts*pflicht* beschränkt, besteht darüber hinaus ein zusätzlicher Anspruch auf Ermessensentscheidung über eine (ggf. darüber hinausgehende) Auskunft unmittelbar aus dem Grundrecht auf informationelle Selbstbestimmung. Denn § 15 BVerfSchG lässt das über die gesetzliche Regelung hinausgehende Ermessen der Behörde, Auskunft zu erteilen, unberührt. Dieser Anspruch auf Ermessensauskunft besteht auch dann, wenn der Antragsteller nicht – wie vom Wortlaut des § 15 Abs. 1 BVerfSchG vorausgesetzt – auf einen konkreten Sachverhalt hinweist, der seiner Ansicht nach zu einer Datenerhebung und Speicherung auf Seiten des Nachrichtendienstes geführt hat.

719 Offenlassend BVerwG, DÖV 2008, 376 (378). Bejahend *Schenke*, Rn. 220 m. w. N.
720 *Löffelmann/Zöller*, F. Rn. 79 m. w. N.
721 OVG Münster, Urt. v. 31.7.2019 – 16 A 1009/14, Rn. 12.
722 Gesetzesbegründung in BT-Drs. 18/4654, S. 31.
723 OVG Münster, Urt. v. 31.7.2019 – 16 A 1009/14, Rn. 14.
724 BVerfG, NVwZ 2001, 185 (186); BVerwG, NVwZ 2016, 1487 (1489).
725 BVerwG, NVwZ 2020, 1439.

So sind Fälle denkbar, in denen etwa Auskunft aus Sachakten begehrt wird (die zu einer beobachteten Organisation geführt werden, der der Antragsteller angehört), die zwar nicht über eine Speicherung in NADIS WN (s. § 15 Abs. 1 Satz 2 BVerfSchG), aber mit vergleichbarem Verwaltungsaufwand über eine Recherche im elektronischen Aktensystem auffindbar sind. Hier wie auch in anderen Konstellationen, in denen z. B. ein Antragsteller versäumt auf einen hinreichend konkreten Sachverhalt hinzuweisen, der nach seinem Eindruck zu einer Speicherung geführt hat (Rn. 318), muss die Behörde gleichwohl in jedem Einzelfall – d. h. auch unabhängig vom Vorliegen der Voraussetzungen des § 15 Abs. 1 BVerfSchG – eine Abwägung vornehmen zwischen dem grundrechtlich geschützten Informationsinteresse des Betroffenen einerseits und dem Risiko einer Ausforschung des Kenntnisstands des Nachrichtendienstes andererseits.[726] Der Anspruch auf Ermessensauskunft kann sich dann auch – anders als § 15 Abs. 3 BVerfSchG (Rn. 318) – auf die Herkunft und die Empfänger von Übermittlungen personenbezogener Daten erstrecken.[727] Jedoch ist das Ermessen der Behörde, jenseits der gesetzlichen Regelung des § 15 BVerfSchG Auskunft zu erteilen, am Zweck der gesetzlichen Regelung auszurichten. Gerade wenn der Gesetzgeber einen bestimmten Auskunftsumfang bewusst ausgeschlossen hat – wie die Beauskunftung von Herkunft und Empfänger von Übermittlungen in § 15 Abs. 3 BVerfSchG –, ist die **Ermessensausübung** in dem Sinne vorstrukturiert bzw. **vorgezeichnet**, dass regelmäßig hierzu eben gerade keine Auskunft erteilt werden soll, weil eine solche Mitteilung mit dem Zweck des § 15 Abs. 3 BVerfSchG nicht vereinbar wäre und der Wertung des Gesetzgebers widersprechen würde (sog. intendiertes Ermessen).[728] Eine quasi gegen den Willen des Gesetzgebers erteilte Auskunft auch zu Herkunft und Empfänger von Übermittlungen kann im Rahmen der Ermessensauskunft nur ganz ausnahmsweise in Betracht kommen, nämlich dann, wenn der Betroffene diese Auskunft zur Vermeidung gewichtiger Nachteile und zur Wahrnehmung eines effektiven Rechtsschutzes (Art. 19 Abs. 4 GG) benötigt,[729] etwa wenn die Datenerhebung über den Betroffenen rechtswidrig war oder falsche Daten erhoben wurden und nunmehr beim Empfänger dieser unzutreffenden Daten eine Löschung oder zumindest Korrektur gerichtlich erstritten werden soll. 321

Vor der Erteilung der Auskunft findet in jedem Falle eine Abwägung statt, ob das private Auskunftsinteresse gegenüber den staatlichen Geheimhaltungsinteressen zurückzustehen hat. Ausnahmetatbestände, bei denen eine Auskunft nicht erteilt wird, sind 322
- § 15 Abs. 2 Nr. 1 BVerfSchG → wenn durch die Auskunftserteilung eine Gefährdung der Aufgabenerfüllung des Nachrichtendienstes zu besorgen ist (z. B. wenn die technisch-operative Leistungsfähigkeit der Behörde, die konkret eingesetzten Mittel der Informationsbeschaffung oder die Intensität der Beobachtung einzelner Personen bzw. Personenzusammenschlüsse und damit die Beobachtungsschwerpunkte offengelegt würden);
- § 15 Abs. 2 Nr. 2 BVerfSchG → wenn durch die Auskunftserteilung Quellen der Nachrichtendienste gefährdet wären (dazu Rn. 505 f.);
- § 15 Abs. 2 Nr. 3 BVerfSchG → wenn durch die Auskunftserteilung eine Gefährdung der öffentlichen Sicherheit eintreten oder diese dem Wohl des Bundes oder eines Landes abträglich wäre. Ein Nachteil in diesem Sinne tritt u. a. dann ein, wenn und soweit die Auskunftserteilung die künftige Erfüllung der Aufgaben der Behörde (etwa die Methodik der verdeckten Informationsgewinnung oder die Durchführung einer konkreten nachrichtendienstlichen Maßnahme) einschließlich deren Zusammenarbeit mit anderen Behörden erschweren oder Leben, Gesundheit oder Freiheit

726 OVG Münster, Urt. v. 31.7.2019 – 16 A 1009/14, Rn. 28.
727 BVerwG, NVwZ 2016, 1487 (1489).
728 BVerwG, NVwZ 2020, 1439.
729 Vgl. BVerwG, NVwZ 2016, 1489.

von Personen gefährden würde.[730] Letzteres führt dazu, dass insbesondere die Vertraulichkeit und der Schutz der Quellen der Sicherheitsbehörden (Rn. 246 ff.) einen berechtigten Versagungsgrund darstellen (siehe dazu bereits § 15 Abs. 2 Nr. 2 BVerfSchG, wobei eine Abgrenzung beider Ausnahmetatbestände kaum möglich ist[731]). Ob ein solcher Nachteil droht, muss die Behörde ggf. im Einvernehmen mit der Behörde beurteilen, von der die Information ursprünglich stammt;

- § 15 Abs. 2 Nr. 4 BVerfSchG → wenn die Informationen nach einer Rechtsvorschrift oder ihrem Wesen nach geheim gehalten werden müssen, z. B. bei privaten oder Betriebs- und Geschäftsgeheimnissen, die nicht bereits als im staatlichen Interesse geheimhaltungsbedürftig eingestuft sind (dann § 15 Abs. 2 Nr. 2 oder Nr. 3 BVerfSchG). Eine Einstufung als Verschlusssache aufgrund der Verschlusssachenanweisung (VSA), reicht hierfür noch nicht, da es sich bei der VSA nur um reines Verwaltungs-Binnenrecht handelt, jedoch nicht um eine Rechtsvorschrift mit Außenwirkung gegenüber dem Betroffenen.[732] Bei der Beurteilung der Schutzwürdigkeit einer Information ist also nicht die formale Einstufung der Information als Verschlusssache maßgeblich, sondern die Feststellung, dass die Information auch nach nochmaliger Beurteilung anlässlich des Informationsbegehrens (weiterhin) als so schutzwürdig einzustufen ist, dass ihr Bekannt werden dem Staatswohl Nachteile bzw. Schaden bereiten würde und deshalb *die inhaltlichen Voraussetzungen für eine Einstufung als Verschlusssache* vorliegen.[733] Entscheidend ist also, ob die Information tatsächlich schutzbedürftig ist, d. h. die Einstufung als Verschlusssache gemäß den Vorgaben des § 4 SÜG sachlich richtig war.

323 § 15 BVerfSchG gilt für „Betroffene“. Dies sind nach der datenschutzrechtlichen Terminologie in § 46 Nr. 1 BDSG (die über §§ 27 Nr. 2 BVerfSchG, 13 Nr. 2 MADG, 32a Nr. 2 BNDG auch für die Nachrichtendienste Anwendung findet) nur „natürliche Personen“; folglich kann auch nur eine natürliche Person die Erteilung einer Auskunft über ihre Daten beanspruchen. Organisationen bzw. Personenzusammenschlüsse haben keinen Auskunftsanspruch nach § 15 BVerfSchG. Allerdings bleibt es der Behörde unbenommen, auch einem Personenzusammenschluss im Wege des Ermessens (Rn. 320 f.) ohne Anerkennung einer Rechtspflicht und nach entsprechendem Antrag Informationen zu den über ihn gespeicherten sachbezogenen Daten zu erteilen.

324 **b) Meinungs- und Pressefreiheit.** Durch die gezielte Erfassung, Auswertung und Speicherung von öffentlichen oder nicht-öffentlichen Meinungskundgaben in einem beobachteten Personenzusammenschluss (wie z. B. beim Mitlesen in Chatforen) findet neben einem Eingriff in das Recht auf informationelle Selbstbestimmung der Betroffenen auch ein Eingriff in deren Meinungsfreiheit (Art. 5 Abs. 1 GG) statt. Denn durch die Erfassung und Weiterverarbeitung von extremistischen Meinungsäußerungen (u. U. auch deren Weitergabe für Zwecke der Strafverfolgung) knüpfen sich für die Betroffenen an die Grundrechtsausübung unmittelbar nachteilige Rechtsfolgen an (faktischer Eingriffsbegriff des BVerfG).[734] Zudem werden sich die Betroffenen infolge der Beobachtung faktisch beeinträchtigt sehen, bestimmte Äußerungen zu tätigen bzw. werden sich infolge der Beobachtung anders äußern, als sie dies bei fehlender Beobachtung täten. Bei der Informationsbeschaffung mit offenen oder ND-Mitteln ist es für die Einordnung einer Maßnahme als Grundrechtseingriff unbeachtlich, ob sich die Betroffenen der Erfassung ihres Verhaltens bewusst sind oder nicht. Nach Ansicht des BVerfG sind gerade die heimlich durchgeführten Überwachungsmaßnahmen als besonders grundrechtsin-

---

730 BVerwG, Beschl. v. 4.12.2017 – 20 F 10.17.
731 Ähnlich *Mallmann*, in: Schenke/Graulich/Ruthig, § 15 BVerfSchG Rn. 22.
732 VG Köln, Urt. v. 18.4.2019 – 13 K 10236/16, Rn. 48 ff.
733 St. Rspr., s. BVerwG, NVwZ 2019, 807 (810); NVwZ 2010, 321 (325); NVwZ 2010, 905 (908).
734 BVerfGE 153, 182 (265 f.).

tensiv zu werten, da der Betroffene von ihnen keine Kenntnis erhält (sein Verhalten also nicht darauf einstellen) und aus diesem Grund auch keinen Rechtsschutz gegen die Maßnahmen geltend machen kann.[735]

Der Eingriffscharakter gilt erst recht für die öffentliche Berichterstattung über die be- 325
obachteten Gruppierungen und Personen: Im Hinblick auf die Erwähnung extremistischer Bestrebungen in den Verfassungsschutzberichten (dazu Rn. 28 f.) hat das BVerfG festgestellt, dass die Bezeichnung als extremistisch oder verfassungsfeindlich im Rahmen einer hoheitlichen und dadurch mit einem besonderen Vertrauens- und Glaubwürdigkeitsbonus versehenen Äußerung keinen beliebigen Beitrag zur Meinungsbildung darstellt, sondern als Eingriff in die Meinungs- bzw. Pressefreiheit der hiervon Betroffenen zu werten ist.[736]

Allerdings wird auch die Meinungs- und Pressefreiheit nicht schrankenlos gewährt. Sie 326
unterliegt vielmehr der Schranke der „allgemeinen Gesetze" (Art. 5 Abs. 2 GG). Ein Gesetz ist dann „allgemein" i. S. d. Art. 5 Abs. 2 GG und damit tauglich, die Grundrechte aus Art. 5 Abs. 1 GG zu beschränken, wenn es sich nicht gegen eine bestimmte Meinung wendet (also einen bestimmten Kommunikationsinhalt aus der Debatte verdrängen will), sondern – unabhängig vom geistigen Inhalt der Kommunikation – lediglich die durch den Gebrauch der Meinungsfreiheit ausgehende konkrete Gefahr von Rechtsgutsverletzungen verhindern möchte (d. h. anderen Zwecken dient, als eine Meinung zu beschneiden).[737] Mit dem Erfordernis der Allgemeinheit soll Sonderrecht gegen bestimmte missliebige Meinungen und Ansichten und damit gegen den Prozess der freien Meinungsbildung insgesamt („den freien Wettbewerb der Meinungen") verhindert werden. Die Grenzen der Meinungsfreiheit wenden sich also generell nicht gegen die geistigen Wirkungen des Inhalts von bestimmten Meinungen,[738] sondern nur gegen die durch ihren Gebrauch bewirkte konkrete Gefahr von Rechtsgutsverletzungen, also die gefährdende bzw. verletzende Art und Weise, wie von der Meinungsfreiheit Gebrauch gemacht wird. Die Verfassung erlaubt keinen staatlichen Zugriff auf die Gesinnung (Verbot der „Standpunktdiskriminierung"),[739] sondern ermächtigt erst dann zum Eingriff, wenn Meinungsäußerungen die rein geistige Sphäre des Für-richtig-Haltens verlassen und in Rechtsgutverletzungen oder erkennbar in Gefährdungslagen umschlagen.[740] Solche Rechtsgutsverletzungen drohen insbesondere bei Aufforderungen zu Gewalt[741] und bei Äußerungen, die erkennbar auf rechtsgutgefährdende Handlungen hin angelegt sind.[742]

Der Beobachtungsauftrag nach § 3 BVerfSchG (und auch der Berichtsauftrag nach § 16 327
BVerfSchG) ist nicht gegen den Prozess der freien Meinungsbildung als solchen gerichtet, ebenso wenig gegen bestimmte Meinungen. Er dient vielmehr dem Schutz der von extremistischen Meinungen betroffenen Rechtsgüter, unabhängig davon, welche politisch-extremistische Ausrichtung die Meinungskundgabe hat. Der Beobachtungsauf-

735 BVerfG, NJW 2022, 1583 (1591, Rn. 200).

736 BVerfG, NJW 2005, 2912 (2913 f.) – Junge Freiheit. Anders noch BVerfG, JZ 1976, 63 f. („Werturteile ohne rechtliche Auswirkungen"). Zum Eingriffscharakter auch *Murswiek*, NVwZ 2004, 769 (773); *ders.*, NVwZ 2006, 121 (122); *Morlok*, NJW 2001, 2931 (2938); *Shirvani*, AöR 134 (2009), 572 (593): Eingriff in Art. 21 GG, wenn Parteien im Verfassungsschutzbericht erwähnt werden.

737 Ständige Rspr. seit BVerfGE 7, 198 (209 f.) – „Lüth"; E 85, 248 (263); E 113, 63 (78); E 117, 244 (260); NJW 2010, 47 (49); NJW 2018, 2861.

738 Dies gilt ebenso für die Verbreitung rechtsradikalen wie auch nationalsozialistischen Gedankenguts, s. BVerfG, NJW 2018, 2861.

739 Maunz/Dürig/*Grabenwarter*, GG, 84. EL August 2018, Art. 5 I, II Rn. 126.

740 BVerfG, NJW 2010, 47 (51) – Wunsiedel.

741 *Hillgruber*, JZ 2016, 496.

742 BVerfG, NJW 2010, 47 (53) – Wunsiedel.

trag der Verfassungsschutzbehörden in §§ 3, 4 BVerfSchG bzw. in den entsprechenden landesrechtlichen Regeln stellt daher ein „allgemeines Gesetz" i. S. d. Art. 5 Abs. 2 GG dar.[743] Jedoch müssen sich alle Eingriffe wegen der für die fdGO „schlechthin konstituierenden" Bedeutung des Art. 5 Abs. 1 GG einer strengen Verhältnismäßigkeitsprüfung stellen.

328 Der Sensibilität einer Beobachtung von Akteuren des innerstaatlichen politischen Willensbildungsprozesses hat Art. 5 Abs. 5–6 Schweizer Nachrichtendienstgesetz (vgl. demgegenüber die niedrigeren Schwellen in §§ 3, 4 BVerfSchG) wie folgt Rechnung getragen:

„[Der Nachrichtendienst des Bundes] beschafft und bearbeitet keine Informationen über die politische Betätigung und über die Ausübung der Meinungs-, Versammlungs- oder Vereinigungsfreiheit in der Schweiz. Er kann Informationen [...] über eine Organisation oder Person ausnahmsweise beschaffen und personenbezogen erschließen, wenn konkrete Anhaltspunkte vorliegen, dass diese ihre Rechte ausübt, um terroristische, verbotene nachrichtendienstliche oder gewalttätig-extremistische Tätigkeiten vorzubereiten oder durchzuführen."

329 Je deutlicher der Extremismus eines Personenzusammenschlusses zutage tritt (insbesondere also bei erwiesen extremistischen Gruppierungen, Rn. 68 ff.), desto eher ist der entsprechende Eingriff in Art. 5 Abs. 1 GG gerechtfertigt.

330 Die **Pressefreiheit** bewirkt neben einem Abwehranspruch gegen eine unzulässige oder unverhältnismäßige Beobachtung umgekehrt auch ein Leistungsrecht gegen die Nachrichtendienste: Presseangehörige haben aus Art. 5 Abs. 1 Satz 2 GG einen verfassungsunmittelbaren **Auskunftsanspruch gegenüber** Bundes**behörden** (für LfV greifen die inhaltlich gleich gelagerten Auskunftsansprüche aus den Landespressegesetzen, z. B. § 4 PresseG NRW).[744] Danach sind die Behörden verpflichtet, der Presse (egal, ob Print- oder Onlinemedium) die der Erfüllung ihrer öffentlichen Aufgabe dienenden Auskünfte zu erteilen. Eine behördliche Information dient dann der „öffentlichen Aufgabe" der Presse, wenn an ihr ein überwiegendes öffentliches Berichtsinteresse besteht.[745] Eine Bereichsausnahme, wonach Nachrichtendienste von dieser rechtlichen Pflicht entbunden wären (wie im Bereich der Informationsfreiheitsgesetze; nach § 3 Nr. 8 IFG besteht ein Anspruch auf Informationszugang nach dem IFG generell nicht gegenüber den Nachrichtendiensten), gilt für *presserechtliche* Auskunftsverlangen nicht, da sich der Auskunftsanspruch der Presse aus einem Grundrecht ableitet.[746] Auch die

---

743 BVerfG, NJW 2022, 3629 (3630, Rn. 18); NJW 2005, 2912 (2914) – Junge Freiheit.

744 S. exemplarisch § 4 PresseG NRW: „(1) Die Behörden sind verpflichtet, den Vertretern der Presse die der Erfüllung ihrer öffentlichen Aufgabe dienenden Auskünfte zu erteilen.
(2) Ein Anspruch auf Auskunft besteht nicht, soweit
1. durch sie die sachgemäße Durchführung eines schwebenden Verfahrens vereitelt, erschwert, verzögert oder gefährdet werden könnte oder
2. Vorschriften über die Geheimhaltung entgegenstehen oder
3. ein überwiegendes öffentliches oder ein schutzwürdiges privates Interesse verletzt würde oder
4. deren Umfang das zumutbare Maß überschreitet.
(3) Allgemeine Anordnungen, die einer Behörde Auskünfte an die Presse überhaupt, an diejenige einer bestimmten Richtung oder an ein bestimmtes periodisches Druckwerk verbieten, sind unzulässig.
(4) Der Verleger einer Zeitung oder Zeitschrift kann von den Behörden verlangen, dass ihm deren amtliche Bekanntmachungen nicht später als seinen Mitbewerbern zur Verwendung zugeleitet werden."

745 Dies gilt grundsätzlich auch für geheimhaltungsbedürftige Vorgänge, siehe Ziffer 5.1 Pressekodex, der insoweit die berufsethischen Standards der Pressevertreter (rechtlich unverbindlich) festlegt: „Über als geheim bezeichnete Vorgänge und Vorhaben darf berichtet werden, wenn nach sorgfältiger Abwägung festgestellt wird, dass das Informationsbedürfnis der Öffentlichkeit höher rangiert als die für die Geheimhaltung angeführten Gründe".

746 BVerwG, NVwZ 2020, 305 (306) – Auskunft über vom BND organisierte Hintergrundgespräche mit Journalisten.

Landespressegesetze kennen keine Bereichsausnahme zugunsten der LfV. Aufgrund dieses verfassungsunmittelbaren Auskunftsanspruchs können Presseangehörige auf hinreichend bestimmte Fragen auch hinreichend aussagekräftige behördliche Antworten verlangen, soweit die entsprechenden Informationen bei der Behörde vorhanden sind und schutzwürdige Interessen öffentlicher oder privater Stellen an der Vertraulichkeit der Informationen nicht entgegenstehen (z. B. die Gründe nach § 23 BVerfSchG bzw. der entsprechenden Vorschriften in den LVerfSchG, etwa Quellenschutz oder der Schutz sensibler nachrichtendienstlicher Methodik, näher Rn. 469 ff.).[747] Nachrichtendienstliche Belange sind nicht um ihrer selbst willen geschützt, sondern nur im Hinblick auf eine Gefahr für die künftige Erfüllung ihrer Aufgaben.[748] Der Auskunftsanspruch fordert daher eine Abwägung des Informationsinteresses der Presse – das dieses quasi stellvertretend für das Informationsinteresse der Öffentlichkeit geltend macht – mit den gegenläufigen schutzwürdigen Interessen der Nachrichtendienste oder mit Persönlichkeitsinteressen der von der Berichterstattung betroffenen Personen. Überwiegt das Auskunftsinteresse der Presse, gewährt Art. 5 Abs. 1 Satz 2 GG sogar – auch ohne gesetzliche Konkretisierung, z. B. in einem Pressegesetz – im Rahmen der durchzuführenden „praktischen Konkordanz" (i.e. die Abwägung der widerstreitenden Verfassungsbelange) auch die Beauskunftung personenbezogener Daten und gewährt damit im Einzelfall auch die Befugnis zum Eingriff in das Recht auf informationelle Selbstbestimmung der von der Auskunftserteilung Betroffenen.[749]

c) **Versammlungsfreiheit.** Lange war umstritten, ob durch die Beobachtung von Ver- 331
sammlungen i. S. d. Art. 8 Abs. 1 GG (z. B. im Wege des Videografierens eines Demonstrationsgeschehens) ein Eingriff in die Versammlungsfreiheit stattfindet. Mittlerweile ist durch die Rechtsprechung klargestellt, dass das Videobeobachten von Versammlungsteilnehmern nicht nur deren Rechte aus Art. 2 Abs. 1 i. V. m. Art. 1 Abs. 1 GG tangiert, sondern wegen der Einschüchterungswirkung auch einen Eingriff in Art. 8 Abs. 1 GG bedeutet. Aus Sorge vor staatlicher Überwachung können Bürger von der Teilnahme an der Versammlung abgeschreckt werden oder sich in dieser nicht unbeschwert bewegen. Das Bewusstsein, dass die Teilnahme an einer Versammlung optisch bzw. digital festgehalten wird, kann Einschüchterungswirkungen haben, die zugleich auf die Grundlagen der demokratischen Auseinandersetzung zurückwirken. Wer damit rechnen muss, dass die Teilnahme an einer Versammlung behördlich registriert wird und dadurch Risiken für die weitere berufliche oder persönliche Lebensführung entstehen können, wird möglicherweise auf eine Ausübung seines Grundrechts verzichten („chilling effects").[750] Auch die bloße Videobeobachtung ohne Aufzeichnung stellt eine eingriffsgleiche faktische Beeinträchtigung dar, denn für den Versammlungsteilnehmer ist regelmäßig nicht erkennbar, ob eine auf ihn gerichtete Kamera lediglich Bilder überträgt oder darüber hinaus auch eine (dauerhafte) Speicherung des Bildmaterials erfolgt. Ohne Eingriffsqualität sind demgegenüber bloße Übersichtsaufnahmen, die erkennbar nur der Lenkung eines Polizeieinsatzes namentlich von Großdemonstrationen dienen, oder die reine Beobachtung ohne technische Mittel durch die begleitenden Beamten oder durch sonstige Dritte.[751]

Aus diesem Grund bedarf das Foto- bzw. Videografieren einer Versammlung einer 332
Rechtfertigung durch eine gesetzliche Regelung (siehe den Gesetzesvorbehalt in Art. 8

747 VGH Kassel, Beschl. v. 20.11.2019 – 8 B 1938/19, Rn. 24 ff.
748 OVG Münster, NVwZ 2020, 1610 (1614).
749 BVerwG, NVwZ 2020, 305 (307, 310, Rn. 41 f.) – Auskunft über vom BND organisierte Hintergrundgespräche mit Journalisten.
750 BVerfG, NJW 2009, 1481; BVerwG, NJW 2018, 716 (721) – Amtshilfe der Bundeswehr beim G8-Gipfel in Heiligendamm. A.A. BeckOK PolR Bayern/*Unterreitmeier*, 18. Ed. 1.3.2022, Art. 29 BayVSG Rn. 9.
751 OVG Münster, DÖV 2020, 571 f.

Abs. 2 GG).[752] Problematisch ist insoweit, dass – anders als für die Polizei in §§ 12a, 19a VersG – für den Verfassungsschutz keine ausdrückliche Rechtsgrundlage für das Fotografieren bzw. Videografieren einer Versammlung existiert.[753] Aus dem Fehlen einer (für die Polizei im Versammlungsgesetz für erforderlich gehaltenen) expliziten *versammlungsspezifischen* Rechtsgrundlage könnte auf die Rechtswidrigkeit des Einsatzes technischer Mittel auf Versammlungen durch den Verfassungsschutz geschlossen werden. Wegen des Grundsatzes der sog. „Polizeirechtsfestigkeit von Versammlungen" dürfen versammlungsspezifische Eingriffe in Art. 8 GG nämlich nur mithilfe solcher Rechtsgrundlagen vorgenommen werden, die sich direkt aus dem Versammlungsgesetz selbst ergeben. Ein Rückgriff auf das allgemeine Polizeirecht (z. B. die polizeiliche Generalklausel) ist im Anwendungsbereich des Art. 8 GG ausgeschlossen.[754] Diesen Grundsatz auf das Nachrichtendienstrecht übertragen, führt zu der Frage, ob die nachrichtendienstliche Generalklausel der §§ 9 Abs. 1 i. V. m. 8 Abs. 2 BVerfSchG (Rn. 242 ff.) eine ausreichende Rechtsgrundlage für den Einsatz von Bild- und Tonaufzeichnungen auf Versammlungen darstellt. Hierfür spricht, dass die Beobachtung durch die Verfassungsschutzbehörden anders als die polizeiliche Beobachtung keine ggf. mit Zwang verbundenen exekutiven Maßnahmen (etwa Festnahme, Identitätsfeststellung) zur Folge haben kann. Auch geht der Gesetzgeber durch die Aufnahme des Art. 8 GG in die Liste der als eingeschränkt zitierten Grundrechte (Umsetzung des Zitiergebots, s. etwa § 29 BVerfSchG[755]) davon aus, dass z. B. im Rahmen einer Observation auch Eingriffe in Art. 8 GG zulässig sind[756] (siehe indirekt auch §§ 14 Abs. 1 Satz 3 i. V. m. 41 NdsVSG).

333 d) **Wohnungsgrundrecht.** Das Grundrecht auf Unverletzlichkeit der Wohnung (Art. 13 Abs. 1 GG) verbürgt dem Einzelnen einen räumlich-gegenständlichen Bereich der Privatsphäre bzw. einen elementaren Lebensraum und gewährleistet das Recht, dort in Ruhe gelassen zu werden.[757] Geschützt sind damit alle Wohnzwecken gewidmeten Räumlichkeiten, z. B. Wohnhäuser, Keller, Speicher, Hotelzimmer,[758] Wohnmobile, Hausboote und Zelte, sofern sie wie Privaträume genutzt werden.[759] Von Art. 13 GG

752 A.A. *Rose-Stahl*, S. 90 f.: insofern soll zusätzlich die verfassungsimmanente Schranke der streitbaren Demokratie greifen. Dies überzeugt aus systematischen Gründen jedoch nicht: Wenn der Verfassungsgeber in Art. 8 Abs. 2 GG für Versammlungen unter freiem Himmel einen Gesetzesvorbehalt vorsieht, kann dieser nicht durch das zusätzliche Heranziehen verfassungsimmanenter Schranken unterlaufen werden.

753 Ähnlich *Löffelmann/Zöller*, B. Rn. 74.

754 BVerfG, NVwZ 2005, 80 (81); *Bünnigmann*, JuS 2016, 695 ff. Siehe auch VG Gelsenkirchen, Urt. v. 23.10.2018 – 14 K 3543/18: wegen des Grundsatzes der „Polizeifestigkeit der Versammlung" und der abschließenden Regelung der Zulässigkeit von Bildaufnahmen in §§ 12a, 19a VersG kann sich die Polizei nicht auf Ermächtigungsgrundlagen außerhalb des Versammlungsgesetzes stützen. Dies gilt allerdings nicht für die *Vollstreckung* von versammlungsspezifischen Verwaltungsakten (z. B. Sicherstellung von verbotenen Gegenständen); bei Ermangelung einer speziellen Regelung im VersG muss hier auf das der allgemeinen Gefahrenabwehr dienende Polizeirecht der Länder zurückgegriffen werden (BVerwG, NVwZ 2019, 1281).

755 Durch das Zitieren des Art. 8 GG als durch die Tätigkeit der Verfassungsschutzbehörde eingeschränkten Grundrecht (§§ 29 BVerfSchG, 41 NdsVSG, 35 ThürVSG, Art. 29 BayVSG) deutet der Gesetzgeber an, dass er Eingriffe in die Versammlungsfreiheit im Rahmen der gesetzlich eingeräumten Möglichkeiten für zulässig hält (Bay.LT-Drucksache 17/10014, S. 56).

756 Ausdrücklich BT-Drs. 19/24785, S. 18: „Die Zitierung stellt mithin in der gebotenen Breite klar, dass auch Versammlungen – wie etwa extremistische Aufzüge – unter den gesetzlichen Voraussetzungen beobachtet werden dürfen."

757 BVerfG, NJW 2004, 999 (1000) – Großer Lauschangriff.

758 Bei Hotelzimmern ist maßgeblich, wer der Hausrechtsinhaber ist. Ein Eingriff in Art. 13 GG (z. B. durch akustische Überwachung des Hotelzimmers) findet nur statt, wenn dies gegen oder ohne den Willen des Hausrechtsinhabers erfolgt. Hausrechtsinhaber ist der Mieter des Zimmers, nicht aber jeder Gast; siehe *Löffelmann*, in: Dietrich/Eiffler, VI, § 3 Rn. 37; ähnlich Maunz/Dürig/*Papier*, GG, 85. EL November 2018, Art. 13 Rn. 12; *Droste*, S. 323.

759 BeckOK GG/*Kluckert*, 50. Ed. 15.2.2022, Art. 13 Rn. 2.

geschützt sind grundsätzlich auch Betriebs- und Geschäftsräume, zumindest soweit es sich um nicht allgemein zugängliche Räume handelt und diese nicht zur Aufnahme sozialer Kontakte mit der Außenwelt bestimmt sind.[760] Entscheidend ist, ob sich in der räumlichen Sphäre privates oder gar intimes Leben entfalten kann wie in einer Privatwohnung, d. h. der Betroffene davon ausgehen darf, dass er unbeobachtet sein Privatleben entfalten kann. Rechtsgrundlage für die Nachrichtendienste zum Eingriff in das Wohnungsgrundrecht ist § 9 Abs. 2 BVerfSchG (näher Rn. 261 ff.).

e) Parteiengrundrecht (Art. 21 GG). – aa) Betätigungsfreiheit. Auch wenn es sich bei Art. 21 GG schon wegen seiner systematischen Stellung außerhalb des Abschnitts über die Grundrechte nicht um ein Grundrecht im eigentlichen Sinne handelt,[761] sind die dort den politischen Parteien zuerkannten Rechtspositionen mit Grundrechten vergleichbar. Es ist daher vertretbar, bei Art. 21 GG vom „Parteiengrundrecht" zu sprechen. Von Art. 21 Abs. 1 GG ist – gewissermaßen als Fortsetzung der Kommunikationsgrundrechte aus Art. 5 Abs. 1 GG – zunächst die ungehinderte und von staatlicher Stigmatisierung freie politische Betätigung der Parteien geschützt, d. h. auch die Freiheit, grundsätzlich ohne staatliche Beobachtung bzw. Warnungen[762] am freien (Meinungsbildungs)Diskurs der gesellschaftlichen Kräfte teilnehmen zu können (**Betätigungsfreiheit**). Art. 21 GG ist insoweit eine spezielle Ausprägung der Meinungsfreiheit der in und für Parteien tätigen Personen.[763] Teil der Betätigungsfreiheit ist auch das Recht einer Partei, den eigenen politischen Vorstellungen in der öffentlichen Debatte Raum und Gehör zu verschaffen. Hierzu zählt insbesondere das Recht, eigene Programme bzw. Statute zu entwerfen und der Öffentlichkeit zu präsentieren. Es ist die Aufgabe der Parteien, dem Bürger ihre politischen Ziele zu vermitteln und ihn für sie zu gewinnen, also an der politischen Willensbildung des Volkes mitzuwirken (Art. 21 Abs. 1 Satz 1 GG).[764] Die chancengleiche Beteiligung an der politischen Willensbildung des Volkes macht es erforderlich, dass Staatsorgane im politischen Wettbewerb der Parteien Neutralität wahren; insoweit schützt Art. 21 Abs. 1 Satz 1 GG das Recht der Parteien auf Chancengleichheit im politischen Wettbewerb in seiner Gesamtheit. Eine Beeinträchtigung der Chancengleichheit im politischen Wettbewerb liegt z. B. vor, wenn Regierungsmitglieder (in oder außerhalb von Wahlkampfzeiten) sich am politischen Meinungskampf beteiligen und dabei auf durch das Regierungsamt eröffnete Möglichkeiten und Mittel zurückgreifen, über welche die politischen Wettbewerber nicht verfügen.[765] Das Recht politischer Parteien, gleichberechtigt am Prozess der Meinungs- und Willensbildung teilzunehmen, ist daher grundsätzlich verletzt, wenn Staatsorgane als solche parteiergreifend zugunsten oder zulasten einer politischen Partei oder von Wahlbewerbern in den Wahlkampf bzw. politischen Wettbewerb einwirken.[766] 334

bb) Parteienprivileg. Darüber hinaus enthält **Art. 21 Abs. 4 GG** das sog. **Parteienprivileg:** Danach darf die rechtsverbindliche Feststellung, dass eine Partei verfassungs*widrig* ist, nur das BVerfG in einem Verfahren nach §§ 13 Nr. 2, 43 ff. BVerfGG treffen (Ent- 335

---

760 BVerfG, NJW 1971, 2299 (2300). Deshalb fällt der PKW nicht unter den Begriff der „Wohnung" i. S. d. Art. 13 GG (BGH, NJW 1997, 2189), es sei denn, es handelt sich z. B. um einen bewohnbaren Campingbus.

761 Zum Meinungsstreit die Rechtsnatur der Gewährleistungen aus Art. 21 GG betreffend siehe BeckOK GG/*Kluth*, 51. Ed. 15.5.2022, Art. 21 Rn. 93 ff.

762 VG Köln, Beschl. v. 26.2.2019 – 13 L 202/19, Rn. 32 – AfD: „Auch der Äußerung, eine Partei stelle einen „Prüffall" dar, kommt – unabhängig davon, ob dieser begriffliche Unterschied in der Öffentlichkeit überhaupt ausreichend differenziert wahrgenommen werden kann – eine negative Wirkung zu."

763 Die Meinungsäußerungen von Parteien sind mittelbar Ausdruck der Meinungsäußerung ihrer Mitglieder (BeckOK GG/*Kluth*, 51. Ed. 15.5.2022, Art. 21 Rn. 125).

764 BeckOK GG/*Kluth*, 51. Ed. 15.5.2022, Art. 21 Rn. 61 m. w. N.

765 BVerfG, Urt. v. 15.6.2022 – 2 BvE 4/20, Rn. 73 ff. – Ministerpräsidentenwahl in Thüringen.

766 BVerfG, NVwZ-RR 2016, 241 (242).

scheidungsmonopol des BVerfG).[767] Dieses Entscheidungsmonopol des Gerichts entfaltet eine Sperrwirkung in der Weise, dass ein **administratives Einschreiten** gegen den Bestand oder die Funktionsfähigkeit einer (auch verfassungsfeindlichen) Partei vor der Feststellung der Verfassungswidrigkeit durch das BVerfG ausgeschlossen ist.[768] Bis zur Feststellung der Verfassungswidrigkeit durch das BVerfG und dem damit einhergehenden Verbot der Partei ist auch deren erkennbare Verfassungsfeindlichkeit kein hinreichendes Kriterium, um eine Ungleichbehandlung im Rechtsverkehr zu rechtfertigen (mit Ausnahme des Ausschlusses aus der Parteienfinanzierung und dem Wegfall der hieran anknüpfenden steuerlichen Vergünstigungen). Die Verweigerung von Fraktionszuschüssen,[769] die Kündigung oder Verweigerung[770] von Konten bei Sparkassen, die Weigerung einer Kommune, die Stadthalle für Wahlkampfzwecke zur Verfügung zu stellen[771] oder das Verweigern von Werbezeit im öffentlich-rechtlichen Rundfunk[772] gegenüber nicht-verbotenen Parteien ist folglich unzulässig, da gegen eine extremistische, aber nicht verbotenen Partei wegen ihrer (nach wie vor legalen) parteioffiziellen Tätigkeiten keine rechtlichen Nachteile angedroht oder verhängt werden dürfen. Allerdings können gemäß Art. 21 Abs. 3 GG Parteien, die nach ihren Zielen oder dem Verhalten ihrer Anhänger daraufhin ausgerichtet sind,[773] die freiheitliche demokratische Grundordnung zu beeinträchtigen oder zu beseitigen oder den Bestand der Bundesrepublik Deutschland zu gefährden (d. h. verfassungsfeindliche Parteien), aufgrund einer Entscheidung des BVerfG gemäß Art. 21 Abs. 4 GG von staatlicher Parteienfinanzierung ausgeschlossen werden.

336 cc) **Beobachtung von Parteien.** Die bloße Beobachtung einer politischen Partei durch den Verfassungsschutz ist keine administrative Maßnahme, die sich gegen den Bestand der Partei richtet; insbesondere führt sie erkennbar nicht zum vollständigen Ausschluss der betroffenen Partei aus dem politischen Willensbildungsprozess. So kann die Partei trotz Beobachtung weiterhin an Wahlen teilnehmen und in Parlamenten vertreten sein (und auch alle anderen Rechte einer Partei wahrnehmen). Sie partizipiert bis zu einer Entscheidung nach Art. 21 Abs. 4 GG auch weiter an der Parteienfinanzierung.[774] Dennoch stellt die Beobachtung von Parteien einen Eingriff in die Parteienfreiheit des Art. 21 GG dar.[775] Der kommunikative Prozess zwischen gesellschaftlicher und staatlicher Willensbildung, in dem die politischen Parteien eine Transformationsfunktion innehaben, ist potenziell beeinträchtigt, wenn Mitglieder einer Partei damit rechnen müssen, allein aufgrund ihrer Parteizugehörigkeit nachrichtendienstlich überwacht zu werden oder von solchen Maßnahmen zumindest mittelbar betroffen zu sein.[776] Als „extremistisch" bezeichnete Parteien werden erfahrungsgemäß aus öffentlichen Debat-

767 *Streinz*, in: v. Mangoldt/Klein/Starck, GG, 7. Aufl. 2018, Art. 21 Rn. 215 ff. Vom Begriff der Verfassungs**widrigkeit** ist der Begriff der Verfassungs**feindlichkeit** zu unterscheiden. Die Wertung, dass eine Partei verfassungsfeindlich (i.e. extremistisch) ist, kann der Staat auch ohne eine Entscheidung i. S. d. Art. 21 Abs. 2, 4 GG treffen.

768 Zum Verbot, Parteien wegen ihrer verfassungsfeindlichen Ausrichtung im Verwaltungshandeln zu benachteiligen *Kloepfer*, NJW 2016, 3003 (3006).

769 BVerwG, NVwZ 2018, 1656 (1659 f.). Vgl. *Ipsen/Koch*, in: Sachs, GG, 9. Aufl. 2021, Art. 21 Rn. 222.

770 BVerwG, Urt. v. 28.11.2018 – 6 C 2.17 und 6 C 3.17 (bzgl. NPD).

771 BVerfG, NVwZ 2018, 819 (NPD ./. Stadt Wetzlar).

772 VGH Kassel, NVwZ-RR 2008, 363.

773 Die Voraussetzungen für einen Ausschluss von der Parteienfinanzierung unterscheiden sich von denen des Verbots nach Art. 21 Abs. 2 GG dadurch, dass kein „Ausgehen" im Sinne einer tatsächlichen Gefährdung, sondern nur eine „Ausrichtung" auf entsprechende verfassungsfeindliche Ziele vorliegt – ein Umstand, der aber ebenfalls durch das BVerfG erst festgestellt werden muss (BeckOK GG/Kluth, 51. Ed. 15.5.2022, Art. 21 Rn. 212b).

774 VG Köln, Urt. v. 8.3.2022 – 13 K 326/21, Rn. 172 (juris) – AfD.

775 BVerfG, NVwZ Beilage 2/2017, 48 f. (Rn. 409) – NPD-Verbotsverfahren; BVerwG, JZ 2011, 39 (41); *Kloepfer*, NJW 2016, 3003 (3006). A.A. offenbar VG München, Beschl. v. 27.7.2017 – M 22 E 17.1861, Rn. 73.

776 OVG Münster, NVwZ-RR 2021, 625.

ten herausgehalten und dürfen nicht auf den gleichen Wähler- bzw. Spendenzulauf hoffen wie andere Parteien. Dieser Eingriff ist dann als besonders **schwerwiegend** zu betrachten, wenn die Beobachtung **mit ND-Mitteln** stattfindet, weshalb dieser einer besonderen Rechtfertigung nach dem Grundsatz der Verhältnismäßigkeit bedarf (zur Beobachtung von Abgeordneten s. Rn. 184 ff.).[777] Dies gilt auch für eine Bezeichnung als „Prüffall" (Rn. 84): Auch wenn die Bezeichnung als Prüffall eine geringere negative Wirkung hat verglichen mit der Bezeichnung als Verdachtsfall oder „erwiesen verfassungsfeindlich", ist mit einer solchen Klassifizierung (insbesondere bei deren Kundgabe in der Öffentlichkeit) gleichwohl ein Grundrechtseingriff bzw. ein Eingriff in Art. 21 Abs. 1 GG verbunden: denn schon der Definition nach ist etwas „zu Prüfendes" etwas „Verdächtigeres", als eine „normale", nicht zu prüfende Gruppierung.[778] Zusätzlich zum Eingriff in Art. 21 GG findet hierdurch auch ein Eingriff in das Grundrecht auf informationelle Selbstbestimmung der Partei statt, denn der Schutzbereich des R.i.S. ist nicht auf natürliche Personen beschränkt.[779]

Eingriffe in die Rechte des Art. 21 Abs. 1 GG können jedoch durch Greifen der verfas- 337
sungsimmanenten Schranke der fdGO – konkretisiert durch die Regelungen zur „wehrhaften Demokratie" (abgeleitet aus der Gesamtschau u. a. der Art. 9 Abs. 2, 18, 20 Abs. 4, 79 Abs. 3, 73 Abs. 1 Nr. 10b GG) – verfassungsrechtlich gerechtfertigt sein.[780] Kollidieren mehrere Verfassungsgüter miteinander (hier: Art. 21 GG vs. das Prinzip der wehrhaften Demokratie), ist ein schonender Ausgleich bzw. eine „faire" Abwägung zwischen den widerstreitenden Interessen herbeizuführen (sog. **praktische Konkordanz**). Die Beobachtung einer Partei unter den Voraussetzungen der §§ 3, 4 BVerfSchG (auch mit ND-Mitteln[781]) ist danach bei Beachtung der Verhältnismäßigkeit grundsätzlich zulässig. Angesichts der besonderen Bedeutung des Art. 21 GG für das Funktionieren der fdGO[782] ist dazu aber erforderlich, dass seitens der beobachteten Partei kontinuierlich auf die Verwirklichung eines der fdGO widersprechenden politischen Konzepts hingearbeitet wird.

dd) Erwähnung im Verfassungsschutzbericht. Auch für eine Erwähnung im Verfas- 338
sungsschutzbericht gilt, dass hierdurch die Rechte der Partei aus Art. 21 GG beschränkt werden (s. a. Rn. 28 f.). So wird durch die Erwähnung die Mitwirkung der Partei an der politischen Willensbildung des Volkes und die Chancengleichheit im Wettbewerb der Parteien negativ tangiert und beeinflusst.[783] Wer vom Verfassungsschutz als für den Rechtsstaat gefährlich eingestuft wird – in diesem Sinne wird die Öffentlichkeit auch Ausführungen zu bloßen Verdachtsfällen verstehen –, wird in der Teilhabe am politischen Meinungsbildungsprozess und am öffentlichen Leben erheblich behindert.[784] Ist der Extremismusvorwurf noch nicht erwiesen (liegt also nur ein **Verdachtsfall** vor), müssen die tatsächlichen Anhaltspunkte aus Gründen der Verhältnismäßigkeit **hinreichend gewichtig** sein, um eine Erwähnung der Partei im VSB zu rechtfertigen (s. deshalb z. B. § 16 Abs. 2 Satz 1 BVerfSchG, Art. 26 Abs. 1 Nr. 1 BayVSG).[785] Beim Prüffall (Rn. 84) ist diese

777 BVerfG, NVwZ Beilage 2/2017, 48 f. (Rn. 409) – NPD-Verbotsverfahren.
778 VG Berlin, NJ 2021, 324 (325) – AfD; Gutachten des Wissenschaftlichen Dienstes des Bundestages vom 12.2.2019 (WD 3-3000-025/19), S. 6 f.: Bezeichnung als „Prüffall" bedeutet Eingriff in die Chancengleichheit der Parteien.
779 BVerfG NJW 2018, 2385 (2836, Rn. 61).
780 BVerfG, NVwZ 2013, 1468 (1472, Rn. 112) – Ramelow.
781 BVerfG, NVwZ Beilage 2/2017, 48 f. – NPD-Verbotsverfahren.
782 BVerfG, NVwZ 2013, 1468 (1473 Rn. 123) – Ramelow.
783 VGH München, Urt. v. 22.10.2015 – 10 B 15.1320, Rn. 20; VG Köln, Beschl. v. 26.2.2019 – 13 L 202/19, Rn. 32 – AfD.
784 VG München, Beschl. v. 27.7.2017 – M 22 E 17.1861, Rn. 86.
785 BVerfG, NJW 2005, 2912 (2913 f.) – Junge Freiheit.

Voraussetzung noch nicht erfüllt, sodass seine Erwähnung im VSB unzulässig ist.[786] Angesichts der herausgehobenen Bedeutung des Art. 21 GG für die Funktionsfähigkeit der fdGO[787] ist für ein öffentliches „Brandmarken“ einer Partei im VSB oder ähnlichen Produkten der staatlichen Öffentlichkeitsarbeit die Feststellung erforderlich, dass seitens der Partei kontinuierlich auf die Verwirklichung eines der fdGO widersprechenden politischen Konzepts hingearbeitet wird. Einzelne Handlungen sind hiervon also nur dann ein Beleg, wenn sie Ausdruck einer der Partei zuzurechnenden Grundtendenz sind (näher Rn. 72 ff.). Bestrebungen einzelner Parteianhänger bei ansonsten loyaler Haltung der Partei zu den Gütern des Verfassungsschutzes können nicht zur Feststellung ihrer Verfassungswidrigkeit – und sofern man diese Grundsätze auf die vorgelagerte Beobachtung durch die Verfassungsschutzbehörden für übertragbar hält – auch nicht ihrer Verfassungsfeindlichkeit führen.[788] Die **Erwähnung erwiesen extremistischer Parteien** im VSB wird unter Verhältnismäßigkeitsgesichtspunkten indes regelmäßig **zulässig** sein.

339 Abgesehen von dem Umstand, dass die Beobachtung und Berichterstattung in der Öffentlichkeit einen Eingriff in Art. 21 Abs. 1 GG darstellen, werden grundlegende Freiheiten der Partei (Rn. 334) jedoch nicht in Frage gestellt. So wird nicht das Recht der Partei beschnitten, sich in eigenen Publikationen so darzustellen, wie es ihrem Selbstverständnis entspricht; insbesondere wird weder die Werbung für Parteiziele unmittelbar berührt noch gar untersagt.[789] Der **VSB ist kein administratives Einschreiten** und schon gar keine Geltendmachung der Verfassungswidrigkeit einer Partei (s. auch Rn. 336). Zwar sind an die Werturteile im VSB rechtliche Nachteile geknüpft; diese sind in ihrer Schwere aber nicht einem Verbotsurteil bzw. dem Verdikt der Verfassungswidrigkeit i. S. d. Art. 21 Abs. 2, 4 GG gleichzustellen. Eine Beobachtung bzw. Erwähnung im VSB ist daher kein Fall des Art. 21 Abs. 2, 4 GG und kann daher auch vor einer Feststellung der Verfassungswidrigkeit seitens des BVerfG erfolgen. Es wäre zudem mit der Aufklärungs- und Warnfunktion des Verfassungsschutzes kaum vereinbar, eine Unterrichtung der Öffentlichkeit gerade über Parteien und damit über die nachhaltigsten und potentiell gesellschaftlich wirkmächtigsten Bestrebungen überhaupt für unzulässig zu halten.[790] Danach ist die Erwähnung einer Partei im VSB grundsätzlich zulässig, wobei jedoch die **Chancengleichheit** (Rn. 334) aller nicht verfassungswidrigen (das meint: aller nicht nach Art. 21 Abs. 2, 4 GG zu verbietenden) Parteien im Blick zu behalten ist (Art. 21 i. V. m. Art. 3 GG i. V. m. § 5 PartG).[791] Unzulässig wäre danach, einer nicht verbotenen politischen Partei in der Öffentlichkeit verfassungsfeindliche Zielsetzungen zu unterstellen, wenn diese Einschätzung bei verständiger Würdigung des Sachverhaltes nicht nachvollziehbar ist.

340 f) **Kernbereich privater Lebensgestaltung.** Das BVerfG erkennt in ständiger Rspr. seit dem Jahr 1957[792] – und nicht erst seit dem Urteil zum „Großen Lauschangriff vom 3.3.2004 – einen **Kernbereich privater Lebensgestaltung** an, in den Eingriffe von staatlicher Seite stets unzulässig sind.[793] Grundrechtlich verortet wird dieser Kernbe-

---

786 VG Köln, Beschl. v. 26.2.2019 – 13 L 202/19, Rn. 37 ff. – AfD.

787 BVerfG, NVwZ 2013, 1468 (1473, Rn. 123) – Ramelow.

788 Vgl. BVerfG, NJW 2017, 611 (623, Rn. 576) – NPD-Verbotsverfahren.

789 VG München, Beschl. v. 27.7.2017 – M 22 E 17.1861, Rn. 73.

790 Nach a. A. entfaltet Art. 21 Abs. 2, 4 GG jedoch eine Sperrwirkung dergestalt, dass gegen Parteien andere Sanktionen als ein Parteiverbot unzulässig seien. Die hohen Hürden des Art. 21 Abs. 2, 4 GG dürften nicht durch Verhängung einer milderen Sanktion als einem Parteiverbot ausgehebelt werden, d. h. als einzige Sanktion sei allein ein Verbot vorgesehen, dieses aber eben nur unter den hohen Voraussetzungen des Art. 21 Abs. 2 GG (*Morlok*, NJW 2001, 2931 [2938]).

791 Vgl. BVerfG, NVwZ-RR 2016, 241 (242); VGH Kassel, Beschl. v. 11.7.2017 – 8 B 1144/17, Rn. 18 f.

792 BVerfG 6,32 (41) – Elfes.

793 Siehe exemplarisch BVerfGE 34, 238 (245) = NJW 1973, 891 (892) – Heimliche Tonbandaufnahmen; BVerfGE 80, 367 (373) = NJW 1990, 563 – Verwertung von Tagebuchaufzeichnungen; BVerfG, NJW 2004, 999 (1002) – Großer Lauschangriff.

reich in Art. 1 Abs. 1 GG: Aus der Menschenwürdegarantie leitet sich ein letzter unantastbarer Bereich menschlicher Freiheit ab, der (wegen der generellen Unzulässigkeit von Eingriffen in die Menschwürde) einer staatlichen Überwachung vollständig entzogen ist und in den von staatlicher Seite deshalb nicht eingegriffen werden darf. Verfahrenstechnische Vorkehrungen im Vorfeld von und während staatlicher Eingriffe (z. B. bei einer Wohnraum- oder Telefonüberwachung oder beim Überwachen informationstechnischer Systeme) müssen dafür Sorge tragen, dass Daten aus dem Kernbereich möglichst gar nicht erst erhoben werden. Sind ausnahmsweise doch solche Daten erhoben worden, müssen sie unverzüglich gelöscht werden und dürfen bei der weiteren Datenverarbeitung bzw. in Gerichtsverfahren nicht verwertet werden (**Beweisverwertungsverbot**; siehe im Bereich des G10 § 3a Sätze 8-12 G10). Eine Kommunikation kann dann dem Kernbereich privater Lebensgestaltung zuzurechnen sein, wenn Informationen mit höchstpersönlichem Inhalt (z. B. Gespräche über schwere Erkrankungen, die eigene Intimsphäre oder über innerste Gefühle) ausgetauscht werden.[794] Ein besonders hohes Risiko, in den Kernbereich einzudringen, besteht beim Abhören in Wohnungen,[795] denn diese haben als „letztes Refugium" der Privatheit einen engen Bezug zur Menschenwürde. Deshalb muss die gesetzliche Regelung ausdrücklich vorsehen, dass Gespräche in Wohnräumen nur überwacht werden dürfen, wenn zuvor sichergestellt ist, dass dort geführte Gespräche mit Personen des besonderen persönlichen Vertrauens *nicht* dem Kernbereich zuzurechnen sein werden (dieser Anforderung werden etliche Regeln zur Wohnraumüberwachung, u. a. § 9 Abs. 2 BVerfSchG, nicht gerecht).[796] Gleiches gilt für IT-Systeme, die eine Person für sich als privates Kommunikations- und Interaktionsmedium benutzt.[797] Auch Gespräche mit Berufsgeheimnisträgern (z. B. Ärzte, Strafverteidiger, Geistliche) haben in der Regel höchstpersönliche Inhalte.[798] Schließlich kann der Einsatz von Vertrauenspersonen und verdeckten Ermittlern den Kernbereich privater Lebensgestaltung betreffen, insbesondere wenn zum Aufbau oder Erhalt des Vertrauensverhältnisses intime Beziehungen oder vergleichbar engste persönliche Bindungen, die ansonsten nur Familienangehörige, Partner oder allerengste Freunde haben, begründet oder fortgeführt werden. Wenn staatlich veranlasste privateste Beziehungen auf täuschungsbedingter Grundlage entstehen oder anhalten, greift dies in aller Regel in den Kernbereich der Zielperson ein. Deshalb wäre es z. B. unzulässig, eine intime Beziehung zu einer Zielperson nur deshalb aufzubauen, um hierdurch leichter an relevante Informationen heranzukommen.[799] Demgegenüber findet bei der Nutzung von Telekommunikation eine höchstpersönliche Kommunikation meist nicht in dem Maße statt wie bei Raumgesprächen, sodass eine Telekommunikationsüberwachung grundsätzlich zulässig ist, es sei denn, *konkrete Anhaltspunkte* sprechen für einen Kernbereichsbezug des Telefonats, der SMS, E-Mail usw. (wie dies z. B. bei einem Telefonat zwischen Ehepartnern anzunehmen ist).[800] Auch die Gespräche in einem PKW weisen nicht *per se* Kernbereichsrelevanz auf, da die im Fahrzeug befindlichen Personen nach der Art der „Räumlichkeit" nicht davon ausgehen können, dass die dort geführten Gespräche in der gleichen Geborgenheit und Vertrautheit stattfinden können wie

794 Vgl. BVerfG, NJW 2008, 822 (833) – Online-Durchsuchung.

795 Vgl. BVerfG, NJW 2022, 1583 (1602, Rn. 279 ff., 305).

796 BVerfG, NJW 2022, 1583 (1605, Rn. 305).

797 Vgl. BVerfG, NJW 2022, 1583 (1604, Rn. 284 ff.).

798 Zum Schutzkonzept *Löffelmann/Zöller*, A. Rn. 102.

799 BVerfG, Beschl. v. 9.12.2022 – 1 BvR 1345/21, Rn. 107, 110.

800 BVerfG, NJW 2005, 2603 (2612). S. in diesem Sinne § 51 Abs. 7 BKAG: „Liegen tatsächliche Anhaltspunkte für die Annahme vor, dass durch eine [TKÜ] allein Erkenntnisse aus dem Kernbereich privater Lebensgestaltung erlangt würden, ist die Maßnahme unzulässig." (ähnlich § 3a Satz 1 G10). Grundsätzlich ebenfalls keine von vornherein erkennbare Kernbereichsrelevanz weisen Suchbegriffe der strategischen Fernmeldeüberwachung des BND auf (BVerfG, NJW 2020, 2235 [2255, Rn. 206]); s. dazu § 22 BNDG.

in einer Privatwohnung. Ein Kraftfahrzeug dient der Fortbewegung des Menschen, nicht seiner „Behausung“ und privaten Lebensgestaltung.[801] Er benötigt seinen PKW auch nicht in gleicher Weise für die Entfaltung seines privaten bzw. intimen Lebens wie eine Privatwohnung oder sein Smartphone (i.e. informationstechnisches System). in Zweifelsfällen kann eine Klärung der Kernbereichsrelevanz durch den behördlichen Datenschutzbeauftragten erfolgen.[802]

341 Die genannten Vorgaben des Kernbereichsschutzes gelten prinzipiell für sämtliche Maßnahmen der Erkenntnisgewinnung,[803] insbesondere für die technische Wohnraumüberwachung.[804] Auch wenn der Kernbereichsschutz wegen seiner Verankerung in Art. 1 GG absolut, d. h. nicht nur in einem „kernbereichsverdächtigen“ Umfeld wie Wohnungen, Arztpraxen, Anwaltsbüros oder für Smartphones gilt, garantiert das BVerfG gleichwohl *keinen absoluten Schutz gegen kernbereichsrelevante Informationserhebungen.* So entfällt der Schutz bei Gesprächen, die in unmittelbarem *Bezug zu konkreten strafbaren Handlungen* stehen, wie etwa Angaben über die Planung bevorstehender oder Berichte über begangene Straftaten.[805] Auch Kommunikationsinhalte über oder mit konkretem Bezug zu polizeilich abzuwehrenden Gefahren genießen nicht den Kernbereichsschutz. Sie können von vornherein keinen höchstpersönlichen Inhalt haben, denn Straftaten und polizeiliche Gefahren betreffen nie nur die eigene (Intim)Sphäre des Sich-Äußernden, sondern greifen stets auch in die Sphäre anderer Personen ein (nämlich in die der Opfer oder Gefährdeten) und treffen die Rechtsgemeinschaft insgesamt.[806] Sie gelten daher genauso wie in der Regel auch Gespräche in Betriebs- oder Geschäftsräumen als Sachverhalte mit Sozialbezug und sind daher vom Kernbereichsschutz ausgeschlossen.[807]

342 Des Weiteren muss auch ein **Geheimhaltungswille** des Betroffenen hinsichtlich des Kommunikationsinhalts gegeben sein. Dieser liegt regelmäßig vor, wenn der Betroffene seinen Kommunikationspartnern glaubhaft versichert, dass die Information höchstpersönlich sei und also keinesfalls für einen breiteren Adressatenkreis bestimmt. Der Geheimhaltungswille kann demgegenüber fehlen, wenn sich der Sich-

801 Deshalb fällt der PKW auch nicht unter den Begriff der „Wohnung“ i. S. d. Art. 13 GG (BGH, NJW 1997, 2189), es sei denn, es handelt sich z. B. um einen bewohnbaren Campingbus.

802 BVerfG, Beschl. v. 9.12.2022 – 1 BvR 1345/21, Rn. 119.

803 § 10 Abs. 2–3 NdsVSG erstreckt die Löschungspflicht und Unverwertbarkeit von Daten aus dem Kernbereich daher auf *alle erhobenen* Informationen. Werden Daten aus dem Kernbereich privater Lebensgestaltung bekannt, so dürfen diese nicht gespeichert, verändert oder genutzt werden; sie sind unverzüglich zu löschen. Die Tatsache, dass Daten aus dem Kernbereich privater Lebensgestaltung erhoben wurden, und die Löschung der Daten sind zu dokumentieren (zur Dokumentation der Löschung siehe auch § 3a Sätze 10-12 G10).

804 Siehe exemplarisch § 5a Abs. 3 SächsVSG: „Die Maßnahme darf nur angeordnet werden, wenn aufgrund tatsächlicher Anhaltspunkte, insbesondere zu der Art der zu überwachenden Räume und dem Verhältnis der zu überwachenden Personen zueinander, anzunehmen ist, dass durch die Überwachung Äußerungen oder Handlungen, die dem Kernbereich privater Lebensgestaltung zuzurechnen sind, nicht erfasst werden. Gespräche oder Handlungen in Betriebs- oder Geschäftsräumen sind in der Regel nicht dem Kernbereich privater Lebensgestaltung zuzurechnen.“

805 BVerfG, NJW 2004, 999 (1003) – Großer Lauschangriff.

806 Vgl. BT-Drs. 15/5486, S. 17.

807 Fraglich ist, ob man diesen – durch das BVerfG im Bereich der *strafrechtlichen* Repression bzw. polizeilichen Prävention entwickelten – Ausschlusstatbestand auf den Tätigkeitsbereich der Verfassungsschutzbehörden dergestalt übertragen kann, dass auch Informationen mit konkretem Bezug zu extremistischen Bestrebungen bzw. Spionagetätigkeiten von vornherein nicht dem Kernbereich zuzurechnen sind. Dafür spräche, dass sich bei Gesprächen mit Extremismus- bzw. Spionagebezug genauso wenig der Kernbereich der Persönlichkeit entfalten könne wie bei Gesprächen über Straftaten, weil sich solche Betätigungen ebenfalls auf das soziale Umfeld bzw. die Allgemeinheit auswirken. Dagegen spricht jedoch, dass legalistische extremistische Aktivitäten nicht per se strafrechtlich geschützte Individual- oder Kollektivrechtsgüter verletzen.

Äußernde derart freizügig verhält, dass Dritte bzw. die Öffentlichkeit erkennbar Kenntnis vom Inhalt der Information nehmen können, etwa bei lautstarkem Telefonieren mit einem Handy im öffentlichen Raum oder dem Führen von Wohnungsgesprächen am weit geöffneten Fenster. Entscheidend für die Beurteilung, ob ein Gespräch dem absolut geschützten Kernbereich zuzurechnen ist, sind freilich immer die Umstände des Einzelfalls.

g) Benachrichtigung der Betroffenen nach Beendigung der heimlichen Überwachungsmaßnahme. Offen ist, in welchem Umfang nach Abschluss einer heimlichen (nachrichtendienstlichen) Überwachungsmaßnahme eine Pflicht des Nachrichtendienstes besteht, die betroffene Zielperson und ggf. die „erheblich mitbetroffene" Person über den Umstand ihrer Überwachung zu benachrichtigen. Zwar hat das BVerfG festgestellt,[808] dass zur Gewährleistung subjektiven Rechtsschutzes i. S. d. Art. 19 Abs. 4 GG vorzusehen ist, dass die Betroffenen zumindest nachträglich von heimlichen Überwachungsmaßnahmen grundsätzlich in Kenntnis zu setzen sind.[809] Ob dies jedoch für alle heimlichen Überwachungsmaßnahmen gilt oder nur für die drei besonders eingriffsintensiven, nämlich TKÜ-Maßnahmen (s. § 12 G10), Wohnraumüberwachung (§ 9 Abs. 3 BVerfSchG) und Eingriffe in das Grundrecht auf Vertraulichkeit und Integrität informationstechnischer Systeme, bleibt offen. Die Landesgesetzgeber haben ganz unterschiedliche Regelungen zur nachträglichen Benachrichtigung der Betroffenen implementiert. § 22 Abs. 1 NdsVSG z. B. regelt eine Mitteilungspflicht hinsichtlich aller besonders eingriffsintensiven ND-Mittel (insbesondere VP-Einsatz, längerfristige Observation, besondere technische Mittel). § 12 Abs. 5 BbgVSG erstreckt die Benachrichtigungspflicht auf alle Daten der betroffenen Person, die ohne ihre Kenntnis erhoben wurden und damit auch auf die mithilfe niederschwelligerer ND-Mittel gewonnenen. § 5 Abs. 5 VSG NRW erweitert die Pflicht zur Mitteilung nochmals und bezieht alle Personen ein, zu denen mit nachrichtendienstlichen Mitteln gewonnene personenbezogene Daten erfasst wurden. § 18 Abs. 1 ThürVSG beschränkt die Benachrichtigungspflicht wiederum weitgehend auf die Zielperson und die erheblich mitbetroffene Person, die von einem VP- bzw. UCA-Einsatz, einer längerfristigen Observation, Bildaufzeichnungen, Aufzeichnung des nicht öffentlich gesprochenen Wortes oder von einem IMSI-Catcher betroffen ist. In allen Fällen steht die Benachrichtigung unter dem Vorbehalt, dass diese ohne Gefährdung des Zwecks der Maßnahme, der Gefährdung der öffentlichen Sicherheit oder anderer überwiegender operativer Interessen möglich ist. 343

9. Eingriff in das Post-, Brief- und Telekommunikationsgeheimnis nach dem G10

a) Allgemeines zur Anordnung von Beschränkungsmaßnahmen. Nach dem „Gesetz zur Beschränkung des Brief-, Post- und Fernmeldegeheimnisses" (Gesetz zu Art. 10 GG – G 10) sind den deutschen Nachrichtendiensten die Überwachung von Telekommuni- 344

808 BVerfG, NJW 2016, 1781 (1788, Rn. 136) – BKA-Gesetz.

809 Einige Zeit war unklar, ob die zum BKA-Gesetz aufgestellten verfassungsrechtlichen Maßstäbe für heimliche polizeiliche Maßnahmen sowie die flankierenden Verfahrensregeln bzgl. Transparenz auf die entsprechenden Maßnahmen der Nachrichtendienste in vollem Umfang übertragen werden müssen: Dagegen *Gärditz*, EuGRZ 2018, 7 (22); dafür *Siems*, NWVBl. 2018, 3: „Die Forderungen des BVerfG leiten sich grundrechtlich her. Sie gelten daher grundsätzlich unabhängig davon, welche Behörde in die Grundrechte der Betroffenen eingreift". Nunmehr hat das BVerfG im Urteil zum BayVSG entschieden, dass die materiellen und prozeduralen Vorgaben weitgehend auch für die Verfassungsschutzbehörden gelten (BVerfG, NJW 2022, 1583 [1584, Rn. 159]). Dabei sei das Eingriffsgewicht der Überwachungsmaßnahmen einer Verfassungsschutzbehörde verringert, weil dieser eigene operative Anschlussbefugnisse fehlen. Deshalb sei es verfassungsrechtlich zu rechtfertigen, die Überwachungsbefugnisse des Verfassungsschutzes an modifizierte (=herabgesetzte) Eingriffsschwellen zu knüpfen.

kationsverkehren sowie das Öffnen und Einsehen von Brief- und Postsendungen[810] gestattet, nach §§ 1 Abs. 1 und 3 G10 allerdings nur unter der Voraussetzung, dass die Überwachung erforderlich ist, um drohende Gefahren für die freiheitliche demokratische Grundordnung oder die Sicherheit des Bundes oder eines Landes abzuwehren.

345 Ferner müssen Anhaltspunkte für bestimmte, schwerwiegende Staatsschutzstraftaten – z. B. Hochverrat, geheimdienstliche Agententätigkeit oder Bildung einer terroristischen Vereinigung – vorliegen; außerdem muss die Erforschung des Sachverhalts auf andere Weise aussichtslos oder wesentlich erschwert sein. Im Jahr 2020 wurden nach Genehmigung durch die G 10-Kommission (dazu Rn. 369) von BfV, BND und MAD zusammen 227 Beschränkungsmaßnahmen nach § 3 G 10 durchgeführt, davon entfielen allein auf das BfV 207 Maßnahmen.[811]

346 Eine besondere Form der Überwachung der (internetgestützten) Telekommunikation stellt die **„Quellen-TKÜ"** dar (s. § 11 Abs. 1a G10). Sie ist von der Online-Durchsuchung (Rn. 313 ff.) zu unterscheiden, bei der der Speicher eines IT-Systems mittels einer heimlich aufgespielten Software durchsucht wird, so dass auf der „Festplatte" abgelegte Inhalte erhoben werden können. Bei der Quellen-TKÜ wird zwar auch eine Überwachungssoftware heimlich aufgespielt, aber nicht um die Inhalte eines Speichermediums auszulesen, sondern um an der „Quelle" die mittels Internet, z. B. zwischen Smartphones geführte (etwa mit Skype, WhatsApp oder Signal) und verschlüsselte (und damit auf herkömmlichen Überwachungsweg nicht lesbare) Telekommunikation auf dem Endgerät abzugreifen, und zwar vor der Verschlüsselung bzw. nach der Entschlüsselung. Ziel ist es, auf den Datenstrom in unverschlüsseltem Zustand zugreifen zu können. So werden bei der Internettelefonie im Gegensatz zur herkömmlichen Telefonie die Gesprächsinhalte durch Mikrofone am Computer in elektronische Signale überführt, also digitalisiert. Anschließend kommt es zur Zerlegung sowie Komprimierung dieser Daten in Pakete und zur IP-basierten Übertragung im Netz zum Empfänger, wo die Daten wieder zusammengesetzt und in Sprache rückgewandelt werden. Probleme für die Überwachung ergeben sich deshalb, weil die für die Kommunikation benötigte Software vor der Übertragung eine Verschlüsselung der zu übermittelnden Audiodaten durchführt.[812] Technisch kann die Ausleitung der Kommunikation vor der Verschlüsselung auf dem Sendegerät bzw. nach der Entschlüsselung auf dem Empfangsgerät über eine spezielle Software („Trojaner") erfolgen, die auf dem Endgerät des Betroffenen verdeckt installiert wird.[813] Voraussetzung für eine erfolgreiche Quellen TKÜ ist also, dass zuvor eine Überwachungssoftware auf einem der kommunizierenden Endgeräte installiert worden ist.[814] Da bei der „Quellen-TKÜ" ausschließlich Inhalte der Telekommunikation und nicht sonstige auf dem IT-System (zwischen)gespeicherte Daten erhoben werden, handelt es sich bei ihr nicht um eine Online-Durchsuchung im Sinne eines Eingriffs in das Grundrecht auf Vertraulichkeit und Integrität informationstechnischer Systeme (Rn. 309 ff.), sondern allein um einen Eingriff in

---

810 Die heimliche Post- und Briefüberwachung ist in Deutschland nur den Nachrichtendiensten (§ 1 Abs. 1 Nr. 1 G10) und den Behörden des Zollfahndungsdienstes (ZKA und Zollfahndungsämter) gestattet (§ 72 ZFdG). Die für Strafverfolgungsbehörden einschlägige Regelung zur Postbeschlagnahme nach § 99 StPO erlaubt – als Minusmaßnahme zur Beschlagnahme – zwar auch ein Auskunftsverlangen an die Postdienstleister bzgl. Namen und Anschriften der Absender, Hinweise auf den Inhalt der Lieferung(en), den Sendungsverlauf sowie Unterlagen, die Aufschluss über die Personen geben, die die Lieferung(en) in Empfang genommen haben. § 99 StPO setzt aber voraus, dass sich die Postsendung noch im Gewahrsam des Postunternehmens befindet (BGH, NJW 2017, 680 [681]). Eine heimliche *Einsichtnahme durch Strafverfolgungsbehörden* ist somit nicht gestattet.

811 BT-Drs. 20/4976, S. 5.

812 Vgl. zum Ganzen BeckOK PolR Bayern/*Bär*, 20. Ed. 1.10.2022, Art. 42 PAG Rn. 72.

813 *Graulich*, in: Bäcker/Denninger/Graulich, E Rn. 788.

814 BeckOK PolR BW/*von der Grün*, 23. Ed. 1.12.2021, § 54 BWPolG Rn. 13.

Art. 10 GG.[815] Hier greifen somit abschließend die für das Mitverfolgen laufender Telekommunikationsvorgänge greifenden Vorschriften der §§ 100a ff. StPO (Strafverfolgung) bzw. das Artikel 10-Gesetz (Nachrichtendienste). Da bei der 2021 ins G10 eingeführten „erweiterten" Quellen-TKÜ teilweise auch eine Überwachung und Aufzeichnung der auf dem informationstechnischen System des Betroffenen gespeicherten Inhalte und Umstände der Kommunikation ermöglicht wird (vgl. § 11 Abs. 1 a Satz 2 G 10, § 100a Abs. 1 Satz 3 StPO), verschwimmen allerdings die Grenzen zwischen Quellen-TKÜ und Online-Durchsuchung.[816]

b) Grundlagen des Schutzbereichs nach Art. 10 GG. Durch Maßnahmen nach dem G10 und durch §§ 8a Abs. 1 Satz 1 Nr. 4 und 5, 8d Abs. 2 Satz 1 BVerfSchG wird in den Schutzbereich des Post- bzw. Fernmeldegeheimnis des Art. 10 GG eingegriffen. Das in der Praxis besonders bedeutsame Fernmelde- oder Telekommunikationsgeheimnis schützt die unkörperliche Übermittlung von Informationen an *individuelle* Empfänger mit Hilfe eines Telekommunikationsanbieters. Da Art. 10 GG eine spezielle Ausformung des Allgemeinen Persönlichkeitsrechts und damit der Privatsphäre ist, wird nur die **Individualkommunikation** geschützt,[817] d. h. die Kommunikation zweier oder zumindest weniger Personen, die auf die Privatheit und Vertrautheit ihrer Kommunikation vertrauen können. 347

IT-Systeme und Daten von staatlichen Stellen und Hoheitsträgern genießen keinen Grundrechtsschutz (z. B. auf Privatsphäre),[818] da Grundrechte nach Art. 19 Abs. 3 GG allenfalls auf inländische juristische Personen des Privatrechts anwendbar sein können. Ihr Schutz gilt also nicht für ausländische juristische Personen und erst recht nicht für ausländische Staaten und ihre Institutionen.[819] Dies gilt auch für das Telekommunikationsgeheimnis aus Art. 10 GG: Werden im Auftrag ausländischer Staaten handelnde Amtsträger im Rahmen ihrer Amtstätigkeit von deutschen Behörden abgehört (z. B. ausländische ND-Angehörige in dieser Funktion) oder haben sie in sonstiger Form im Telekommunikationsverkehr Beschränkungen erfahren, greift die grundrechtliche Bindungs- bzw. Schutzwirkung aus Art. 10 Abs. 1 GG nicht.[820] 348

Da es auch bei Art. 10 GG um einen individuellen Persönlichkeitsschutz geht, ist die Massenkommunikation (z. B. das Versenden von E-Mail-Newslettern an eine unüberschaubare Vielzahl von Abonnenten oder das Einstellen von Inhalten auf den öffentlich zugänglichen Bereich von Facebook) nicht geschützt. Das heimliche „Eindringen" in diese Form der Kommunikation (etwa das Anmelden bei Newslettern mit einer Le- 349

---

815 BVerfG, NJW 2008, 822 (826) – Online-Durchsuchung.

816 *Barczak*, KritV 2021, 91 (122). § 11 Abs. 1a Satz 2 G10 lautet: „Auf dem informationstechnischen System des Betroffenen ab dem Zeitpunkt der Anordnung gespeicherte Inhalte und Umstände der Kommunikation dürfen überwacht und aufgezeichnet werden, wenn sie auch während des laufenden Übertragungsvorgangs im öffentlichen Telekommunikationsnetz in verschlüsselter Form hätten überwacht und aufgezeichnet werden können" (ebenso § 100a Abs. 1 Satz 3 StPO, dazu BT-Drs. 18/12785, S. 10, 53 ff.). Damit können auch solche Inhalte der Kommunikation überwacht werden, bei denen der Übertragungsvorgang bereits abgeschlossen ist und die Informationen auf dem informationstechnischen System des Betroffenen in einer Anwendung bereits gespeichert sind (was eigentlich schon einen Eingriff ins „Computergrundrecht" bedeutet). Dies betrifft konkret die über Messenger-Dienste (z. B. WhatsApp) versandten (regelmäßig verschlüsselten) Nachrichten. Um die Vergleichbarkeit mit der herkömmlichen TKÜ zu ermöglichen, sollen so auch solche (bereits auf dem System gespeicherten) Kommunikationsinhalte und -umstände erhoben werden können, die auch während eines laufenden Übertragungsvorgangs im öffentlichen Telekommunikationsnetz in verschlüsselter Form erhoben werden könnten.

817 Maunz/Dürig/*Durner*, GG, 85. EL November 2018, Art. 10 Rn. 92 ff.

818 *Ziolkowski*, GSZ 2019, 51 (55).

819 Sachs/*Sachs*, GG, 9. Aufl. 2021, Art. 19 Rn. 51.

820 *Papier*, NVwZ–Extra 15/2016, 1 (5). Ähnlich *Ader*, in: Dietrich/Fahrner, § 19 Rn. 55.

gende) stellt daher keinen Eingriff in Art. 10 GG, sondern allenfalls in das Allgemeine Persönlichkeitsrecht dar (näher Rn. 250, 316).

350 Vom Fernmeldegeheimnis sind sowohl der **Inhalt** der Telekommunikation geschützt als auch deren **näheren Umstände**, insbesondere die Tatsache, ob jemand an einem Telekommunikationsvorgang beteiligt ist oder war (vgl. § 3 Abs. 1 Telekommunikation-Telemedien-Datenschutz-Gesetz TTDSG).[821] Zu den näheren Umständen des Kommunikationsverhältnisses zählt vor allem die Tatsache, ob, wann und warum zwischen mehreren Beteiligten und unter welchen Umständen eine Korrespondenz stattgefunden hat oder versucht worden ist, also „wer mit wem wie lange und von wo" kommuniziert hat (dies sind die sog. **Verkehrsdaten** oder Verbindungsdaten, näher definiert in § 9 TTDSG und § 3 Nr. 70 TKG).[822] Weil die freie Kommunikation leidet, wenn zu befürchten ist, dass der Staat Inhalts- oder Verkehrsdaten in Akten und Dateien verwertet, erstreckt sich die Schutzwirkung des Art. 10 GG auch auf den Informations- und *Datenverarbeitungsprozess, der sich an die Kenntnisnahme von geschützten Kommunikationsvorgängen anschließt.*[823] Hierdurch erklären sich die hohen Verfahrensanforderungen für die Weiterverarbeitung von G10-Daten, u. a. dass G10-Daten zu kennzeichnen sind und diese Kennzeichnung auch nach Übermittlung an andere Behörden durch den Empfänger aufrechtzuerhalten ist (§ 4 Abs. 2 G10).

351 **Nicht** von Art. 10 GG, sondern „nur" vom Recht auf informationelle Selbstbestimmung sind die sog. **Bestandsdaten** geschützt (zu den Datenkategorien s. Rn. 362). Sie liefern keine Auskunft über einen konkreten Kommunikationsvorgang, sondern nur die „Rahmendaten", mit deren Hilfe Telekommunikation überhaupt erst stattfinden kann. Dies sind nach § 3 Nr. 6 TKG „Daten eines Teilnehmers, die für die Begründung, inhaltliche Ausgestaltung, Änderung oder Beendigung eines Vertragsverhältnisses über Telekommunikationsdienste erhoben werden". Darunter fallen insbesondere erteilte Rufnummern, E-Mail-Adressen, statische IP-Adressen,[824] der Name des Nutzers, seine Anschrift, Vertragsbeginn und Sicherheitsnummern wie PIN und PUK. Die Rechtsgrundlage der Nachrichtendienste zum Zugriff auf Bestandsdaten findet sich in §§ 8d Abs. 1 BVerfSchG, 4b MADG, 4 BNDG.

352 c) **Schutz nur für die Phase des Informationsaustauschs.** Zur Reichweite des Art. 10 GG gilt folgendes:
- von Art. 10 GG ist nur die Zeitspanne **des *Austauschs*** von Information geschützt,[825] d. h. nur der noch nicht abgeschlossene Telekommunikationsvorgang bzw. der Transportweg der Information bzw. der Postsendung;
- Der Grundrechtsschutz erstreckt sich daher nicht auf die außerhalb eines laufenden Kommunikationsvorgangs bereits im Herrschaftsbereich der Kommunikationsteilnehmer gespeicherten Inhalte und Umstände der Kommunikation. Der Schutz des Art. 10 GG endet in dem Moment, in dem z. B. die E-Mail oder der Brief beim Empfänger angekommen und der Übertragungsvorgang beendet ist;
- Der Kommunikationsvorgang ist in dem Moment beendet, in dem die Nachricht beim Empfänger in dessen **alleinigem Herrschaftsbereich** angekommen ist.
  - E-Mails, die auf dem Mailserver des Providers zwischen- oder endgespeichert sind, fallen noch in den Schutzbereich des Fernmeldegeheimnisses, denn diese

821 Siehe auch § 206 Abs. 5 Sätze 2-3 StGB: „Dem Fernmeldegeheimnis unterliegen der Inhalt der Telekommunikation und ihre näheren Umstände, insbesondere die Tatsache, ob jemand an einem Telekommunikationsvorgang beteiligt ist oder war. Das Fernmeldegeheimnis erstreckt sich auch auf die näheren Umstände erfolgloser Verbindungsversuche."

822 BVerfG, NJW 1985, 121, Rn. 45; BGH, NJW 2017, 680 (681).

823 BVerfGE 113, 348 (365).

824 Vgl. BT-Drs. 16/5846, S. 26, 86. Näher zu Bestandsdaten *Löffelmann*, in: Dietrich/Eiffler, VI, § 4 Rn. 10.

825 Grundlegend BVerfG, NJW 2006, 976 ff. und BVerfG, NJW 2009, 2431 ff.

E-Mails sind – noch – nicht im alleinigen Herrschaftsbereich des Adressaten angekommen, sondern noch beim Provider gespeichert. Denn der Provider – und damit auch die Ermittlungsbehörden – bleiben in der Lage, jederzeit auf die auf dem Mailserver gespeicherten E-Mails zuzugreifen. Dem steht nicht entgegen, dass während der Zeitspanne, während derer die E-Mails auf dem Mailserver des Providers „ruhen", ein Telekommunikationsvorgang in einem dynamischen Sinne nicht stattfindet.[826]
- Im Ergebnis ist daher der „zugangsgesicherte Kommunikationsinhalt in einem E-Mail-Postfach, auf das der Nutzer nur über eine Internetverbindung zugreifen kann", durch Art. 10 GG geschützt.[827]
- Damit stellt der Zugriff auf *bei einem Provider gespeicherte* E-Mails, SMS oder sonstige Kommunikationsinhalte einen Eingriff in das Fernmeldegeheimnis dar,[828] und zwar unabhängig davon, ob der Adressat von den E-Mails bereits Kenntnis genommen hat. Der Zugriff auf E-Mails, die beim Provider und damit nicht in einer ausschließlich vom betroffenen Kommunikationsteilnehmer beherrschten Sphäre abgelegt sind, bedarf daher einer Anordnung nach dem G10.[829]

Art. 10 GG will das Risiko minimieren, dass dadurch entsteht, dass die Kommunikati- **353**
onsteilnehmer nicht unmittelbar persönlich miteinander kommunizieren können, sondern sich medialer Kommunikationsmittel (wie Telefon oder Brief) bedienen müssen, um ihre (vor Dritten geheim gehaltenen) Informationen austauschen zu können. Das Grundrecht soll damit der Gefahr für die Vertraulichkeit der Mitteilung begegnen, die sich aus der Einschaltung eines Datenübermittlers ergibt.[830] Letztlich verfolgt Art. 10 GG damit das Ziel, den Kommunikationspartnern trotz notwendiger Einschaltung von Kommunikationsmittlern die gleiche vertrauliche Kommunikation zu ermöglichen, wie sie als Kommunikation unter Anwesenden (d. h. im direkten persönlichen Gespräch) möglich wäre. Art. 10 GG ist damit ein „Risikominimierungsgrundrecht" in Bezug auf die Nutzung von Fern-Kommunikationsmitteln.

Weil nur der Übertragungsweg geschützt ist, unterfallen E-Mails und herkömmliche **354**
Postsendungen oder in einer Mailbox oder auf einer SIM-Karte gespeicherte Informationen dann nicht dem Telekommunikations- bzw. Briefgeheimnis, wenn sie bereits im alleinigen Herrschaftsbereich des Adressaten (z. B. auf dessen Rechner oder Anrufbeantworter) angekommen sind und er auf diese Inhalte (ohne Vermittlung des Providers) den alleinigen Zugriff hat (was nicht der Fall ist, wenn die Inhalte der Mailbox per Fernzugriff beim Provider abgerufen werden können).[831] So unterfällt bspw. ein Brief, der geöffnet[832] auf dem Wohnzimmertisch des Briefempfängers liegt,[833] eine erledigte E-Mail oder eine SMS, die im Speicher eines Handys aufbewahrt wird, nicht mehr Art. 10 GG.[834] Ein Zugriff hierauf wäre damit „lediglich" ein (freilich erheblicher) Eingriff in das Grundrecht auf informationelle Selbstbestimmung und bedürfte keiner Anordnung nach dem G10. Er wäre unter Beachtung der Verhältnismäßigkeit als „norma-

826 BVerfG, NJW 2009, 2431 (2432, Rn. 47).
827 BVerfG, NJW 2009, 2431 (2432, Rn. 46).
828 Siehe zuletzt BGH, NJW 2021, 1252 (1254, Rn. 16).
829 Vgl. BGH, NJW 2021, 1252 (1254, Rn. 19).
830 BVerfG, NJW 1992, 1875.
831 BGH, NJW 2003, 2034 (2035).
832 Das Öffnen eines verschlossenen Briefes außerhalb einer laufenden G10-Maßnahme kann hingegen den Straftatbestand ders § 202 StGB erfüllen.
833 In Art. 13 GG wird nicht eingegriffen, wenn sich die Person, die den Inhalt zur Kenntnis nimmt (z. B. die VP) rechtmäßig in der Wohnung aufhält (näher zur Frage eines Eingriffs in Art. 13 GG s. Rn. 263 f.).
834 Das heimliche Auslesen eines Handy-Speichers kann aber unter das sog. Computergrundrecht fallen, s. Rn. 309.

les" ND-Mittel gemäß §§ 9 Abs. 1 Nr. 1 i. V. m. § 8 Abs. 2 BVerfSchG grundsätzlich zulässig.

355 Auf Nachrichten, die im alleinigen Zugriff des Empfängers auf dessen Handy bzw. Smartphone abgelegt sind, kann – da es sich dabei i. d. R. um ein informationstechnisches System handelt (Rn. 309 ff.) – nur unter den Voraussetzungen für eine „Online-Durchsuchung" zugegriffen werden.

356 d) **Reichweite der TKÜ.** Eine TKÜ (z. B. aufgrund einer Anordnung nach dem G10) erstreckt sich auf sämtliche mittels Telekommunikation ausgetauschten Informationen. Im Hinblick auf E-Mails ist dabei der Zugriff auf alle auf dem Server gespeicherten Mails zulässig, da eine Sichtung „vor Ort" zumeist aufgrund der Datenmenge nicht durchführbar ist. Daher ist auch eine vollständige Kopie aller Mails nicht von vornherein unverhältnismäßig.[835] Ebenfalls im Rahmen einer TKÜ erfasst werden dürfen auch Hintergrund- bzw. Raumgeräusche sowie Hintergrundgespräche (z. B. Gespräche von dritten Personen im Hintergrund), die von der Telekommunikationsanlage erfasst werden. Dies gilt jedenfalls dann, wenn es sich um Gespräche handelt, bei denen einer der Teilnehmer der überwachten Telefongespräche die *dritte Person* in die Kommunikation mit dem telefonischen Gesprächspartner *bewusst einbezieht*. Denn bei einer solchen Fallgestaltung sind die fraglichen Inhalte des Hintergrund- bzw. Raumgesprächs selbst Gegenstand der Telekommunikation geworden.[836] Anders liegt der Fall, wenn eine versehentlich oder von der Behörde manipulierte Telekommunikationsverbindung gezielt und ohne Einwirkungsmöglichkeit der Telekommunikationspartner zum Mithören von Raumgesprächen genutzt würde; eine solche Maßnahme könnte als Eingriff in Art. 13 GG nur auf die Vorschrift zur Wohnraumüberwachung (§ 9 Abs. 2 BVerfSchG; Rn. 261 ff.) gestützt werden.[837] Von einer TKÜ umfasst ist auch der Zugriff auf angesurfte Internetseiten, ebenso auf die Daten, die der Betroffene mittels Internetverbindung im (ggf. passwortgesicherten) Online-Datenspeicher abruft. Wenn jedoch die Behörde auf **Daten auf dem Rechner selbst** (z. B. auf dort gespeicherte Dokumente) oder heimlich (unter Umgehung regulärer Zugangswege, d. h. per Hacking) auf Daten zugreift, die in Online-Speichern ohne Bezug zu einem Telekommunikationsvorgang vorgehalten werden (z. B. Daten auf einer virtuellen Festplatte in der „**Cloud**" liegt ein **Eingriff in das Computergrundrecht** vor (dazu Rn. 309 ff.).[838]

357 e) **Kommunikation im Internet und Zugriffe auf Online-Speicher.** Nach Ansicht des BVerfG stellt nicht nur die Nutzung von E-Mail, Skype-Telefonie oder Messengerdiensten eine Telekommunikation dar, sondern auch das bloße „Surfen" oder „Googeln" im Internet.[839] Diese Sichtweise überrascht, weil es bei der Nutzung von Informationsangeboten im Internet nicht um den Austausch zwischen menschlichen Kommunikationspartnern bzw. um eine „soziale Interaktion" zwischen Sender und Empfänger einer Nachricht geht, sondern nur um eine rein passive Informationsgewinnung.[840] Maßgeb-

835 BVerfG, NJW 2009, 2431 ff. (Rn. 87 und 108).

836 BGH, NStZ 2018, 550 (551).

837 Ähnlich *Löffelmann*, in: Dietrich/Eiffler, VI, § 4 Rn. 102 f., der in den Fällen, in denen der Betroffene es versehentlich unterlassen hat, die Taste zur Gesprächsbeendigung zu drücken, die Vorschriften zur akustischen Überwachung für einschlägig hält, da die Telekommunikationsendgeräte durch die überwachenden Stellen hier wie Mikrofone genutzt werden.

838 BVerfG, NJW 2016, 1781 (1794, Rn. 209 f.) – BKA-Gesetz; BVerfG, NJW 2008, 822 (825, Rn. 186) – Online-Durchsuchung; BeckOK PolR Bayern/*Pechtold*, 20. Ed. 1.10.2022, Art. 10 BayVSG Rn. 13. A.A. offenbar BVerwG, NVwZ 2022, 1733 (1734, Rn. 21): nur Fernmeldegeheimnis einschlägig.

839 BVerfG, NJW 2016, 3508 ff.

840 So die nachvollziehbare Kritik an dieser Sichtweise, referiert von BVerfG, NJW 2016, 3508 (3509). A.A. *Bär*, ZD 2017, 136, nach dem beim Surfen im Internet sehr wohl eine soziale Interaktion stattfinde, weil Informationen nicht rein technisch bedingt übertragen würden, sondern nur aufgrund einer vom jeweiligen Nutzer wissentlich gesteuerten Eingabe am Rechner.

lich nach Ansicht des BVerfG ist jedoch, dass das für Art. 10 GG notwendige spezifische Gefährdungspotenzial für die Privatheit der Kommunikation (s. Rn. 353) auch beim bloßen Surfen im Internet vorhanden sei, da willensgesteuert auf konkrete Kommunikationsinhalte (nämlich die angesurften Seiten) zugegriffen werde. Insofern bestehe eine besondere *Verletzlichkeit* für heimliche Ausforschungsmaßnahmen.[841]

Vorgezeichnet wurde diese Entscheidung bereits 2012 durch die Festlegung des BVerfG, dass auch die Abfrage dynamischer IP-Adressen beim Provider als Eingriff in Art. 10 GG zu werten sei[842] (s. daher § 8d Abs. 7 BVerfSchG). Begründet wurde dies damit, da – obwohl auch IP-Adressen keine Auskunft geben über den Inhalt oder die Umstände einer Kommunikation zwischen zwei Menschen – sich mit ihrer Hilfe vielfach rekonstruieren lasse, mit welchem Gegenstand sich der Kommunizierende im Internet auseinandergesetzt hat. Damit gebe die dynamische IP-Adresse Auskunft über den Inhalt einer Kommunikation.[843] **358**

Wenn das Telekommunikationsgeheimnis jedwede Internetkommunikation umfasst, **359** läge es nahe, dass neben E-Mail- und Messenger-Postfächern (d. h. Online-Diensten, mit deren Hilfe Individualkommunikation stattfinden kann) auch Online-Speicherorte (d. h. die „Cloud", z. B. Dropbox oder Google Drive) dem Schutz des Art. 10 GG unterfallen.[844] Denn der Zugriff auf diese in den virtuellen Raum ausgelagerten Datenspeicher erfolgt mittels Internet, was nach Sichtweise des BVerfG „Telekommunikation" darstellt (s. Rn. 357). Das BVerfG sieht den zentralen Zweck des Art. 10 GG darin zu vermeiden, dass der Meinungs- und Informationsaustausch deswegen unterbleibt oder nach Form und Inhalt verändert verläuft, weil die Beteiligten damit rechnen müssen, dass staatliche Stellen sich in die Kommunikation einschalten und Kenntnisse über die Kommunikationsbeziehungen oder Kommunikationsinhalte gewinnen.[845] Der Schutz der Vertraulichkeit soll also nicht an die Beteiligten der Kommunikation anknüpfen, sondern an den *Übermittlungsvorgang und das dabei genutzte Medium*.[846] Allerdings wäre die dann logische Schlussfolgerung bedenklich, Online-Speicherdienste „nur" von Art. 10 GG schützen zu lassen, denn **Online-Datenspeicher** sind als informationstechnische Systeme anzusehen, da dort oft sensible persönliche Daten analog einer externen Festplatte abgelegt werden. Der Zugriff auf Online-Speicher ist folglich am höherwertigeren **„Computergrundrecht"** (Rn. 309 ff.) **zu messen**.[847] Infiltrieren Behörden heimlich das Endgerät und verschaffen sich auf diese Weise Zugang zu den dezentral gespeicherten Daten, sind daher die Regelungen zur Online-Durchsuchung zu beachten. Art. 10 GG greift hingegen, wenn das Speichern selbst Kommunikationscharakter hat, wie etwa bei einer gezielten Kommunikation über Filesharing oder Entwurfsordner,[848] wo die Beteiligten unter Verwendung der gemeinsamen Zugangsdaten auf den Entwurfsordner des E-Mail-Postfachs zugreifen und dort Nachrichten hinterlegen, ohne sie zu versenden.

---

841 BVerfG, NJW 2016, 3508 (3510) – Surfen im Internet als Telekommunikation.

842 BVerfG, NJW 2012, 1419 (1422); BVerfG, NVwZ-Beilage 2020, 55 (60 ff.) – Bestandsdatenauskunft II.

843 BVerfG, NJW 2010, 833 (845) – Vorratsdatenspeicherung; BVerfG, NVwZ-Beilage 2020, 55 (68): „Demgegenüber enthält eine Auskunft über den Anschlussinhaber einer dynamischen IP-Adresse in sich notwendig zugleich die Information, dass und von welchem Anschluss aus diese IP-Adresse zu einer bestimmten Zeit genutzt wurde. Da der Inhalt von Internetseiten elektronisch fixiert und länger wieder abrufbar ist, gibt die Individualisierung der IP-Adresse zugleich Auskunft über den Inhalt des Kontakts."

844 So offenbar BVerwG, NVwZ 2022, 1733 (1734, Rn. 21).

845 BVerfG, NJW 2016, 3508 (3510) – Surfen im Internet als Telekommunikation.

846 BVerfG, NJW 2016, 3508 (3510).

847 BVerfG, NJW 2016, 1781 (1794, Rn. 209 f.) – BKA-Gesetz.

848 *Zimmermann*, JA 2014, 321 (327).

360 Für den Fall, dass die staatliche Stelle bereits im Besitz eines Zugangsschlüssels zu den in der Cloud gespeicherten Daten ist (z. B. durch eine V-Person, die Kenntnis der Zugangsdaten hat), ist fraglich, ob der anschließende Zugriff der Behörde auf die Daten bereits nach der befugnisrechtlichen Generalklausel (§§ 8 Abs. 1 BVerfSchG, 2 Abs. 1 BNDG, 4 Abs. 1 MADG) zulässig ist.[849] Dagegen spricht, dass man so mit vergleichsweise niedrigschwelligen Erhebungsmaßnahmen (z. B. mithilfe einer OSINT-Recherche im Internet, wo gehackte E-Mail- oder Cloud-Konten geleakt werden oder mithilfe der einer V-Person überlassenen Zugangsdaten) an sensible Daten gelangt, die regulär sonst nur mithilfe einer Rechtsgrundlage für den Zugriff auf ein IT-System gewonnen werden könnten. Um zu vermeiden, dass die insoweit aufgestellten hohen tatbestandlichen Hürden umgangen werden, bestimmt beispielsweise § 8d Abs. 1 Satz 2 BVerfSchG, dass die Auskunftserteilung von Zugangscodes (z. B. Passwörter für E-Mail-Postfächer oder cloud computing, PIN, PUK usw.) dann nicht mehr auf eine niederschwellige Generalklausel wie § 8 Abs. 1 BVerfSchG gestützt werden kann, wenn sich das Auskunftsverlangen auf Daten bezieht, mittels derer ein *Zugriff auf Endgeräte oder auf Speichereinrichtungen* ermöglicht wird, d. h. ein Zugriff auf die Daten, die auf dem Gerät gespeichert sind und an die man sonst nur unter viel höheren Anforderungen gelangen könnte. Will man also mithilfe einer beim Provider abgefragten PIN oder PUK auf die Inhalte der Endgeräte oder Speichereinrichtungen zugreifen (z. B. auf das Mobiltelefon oder den Online-Speicher), ist dieses Auskunftsverlangen beim Provider nur zulässig, wenn die gesetzlichen Voraussetzungen auch für die Nutzung der auf den Geräten bzw. Systemen selbst gespeicherten Daten vorliegen.[850] Die Antwort, wann Behörden von den Daten Gebrauch machen dürfen, auf die sie mittels einer PIN, PUK oder anderer Sicherheitscodes Zugriff haben, ergibt sich also nicht aus § 8d BVerfSchG (oder gar aus der Generalklausel des § 8 Abs. 1 BVerfSchG), sondern vielmehr aus den bereichsspezifischen, auf die Schwere des jeweiligen Grundrechtseingriffs abgestimmten Rechtsgrundlagen (wie z. B. aus Art. 10 BayVSG bzgl. Online-Durchsuchung).[851] Diesen Grundsatz auf alle Zugangsschlüssel angewendet bedeutet, dass die Nutzung von – wie auch immer erlangten – Passwörtern für Cloud-Speicher oder E-Mail-Konten nur zulässig ist, wenn gleichzeitig die entsprechenden Voraussetzungen für den Zugriff auf informationstechnische Systeme bzw. für eine TKÜ nach dem G10 erfüllt sind. Andererseits – und das spricht für eine Verwendbarkeit solcher „Schlüssel zum Aufschließen von Datenspeichern" auch ohne die Beachtung der für den Zugriff regulär erforderlichen gesetzlichen Hürden – gibt es kein Verwertungsverbot für Informationen, die den Nachrichtendiensten unverlangt durch andere Behörden oder Privatpersonen (z. B. V-Personen) zugehen (Rn. 274). Wenn Zugangsschlüssel im Rahmen gesetzlich vorgesehener Datenerhebungsmethoden i. S. d. §§ 8 ff. BVerfSchG, 3 ff. G10 legal in den Datenbestand der Behörde gelangt sind, dürfen sie – so eine durchaus vertretbare Gegenauffassung – auch weiterverarbeitet (d. h. genutzt) werden, solange kein eindeutiges gesetzliches Verbot dem entgegensteht.

361 **f) Kein Vertrauensschutz bzgl. der Integrität der Kommunikationspartner.** Art. 10 GG schützt nur das Vertrauen des Einzelnen darin, dass eine Fernkommunikation, an der er beteiligt ist, nicht von Dritten zur Kenntnis genommen (abgehört) wird. Dagegen ist das Vertrauen der Kommunikationspartner untereinander nicht geschützt. Art. 10 GG bewahrt also nicht davor, dass einer der Kommunikationsteilnehmer „falsches Spiel spielt" und Inhalte oder Umstände der Kommunikation an Dritte weitergibt (z. B. heimlich die Mithörtaste des Telefons drückt oder unbefugt Mails an Dritte weiterleitet). Auch das Mitverfolgen von Internetaktivitäten stellt nur dann einen Eingriff in Art. 10 GG dar, wenn die staatliche Stelle eine Telekommunikationsbeziehung *von außen über-*

849 So *Löffelmann*, in: Dietrich/Eiffler, VI, § 5 Rn. 51.
850 Vgl. *Graulich*, in: Schenke/Graulich/Ruthig, § 10 BKAG, Rn. 15-17.
851 Vgl. BVerfG, NJW 2012, 1419 (1430, Rn. 184).

wacht, ohne selbst Kommunikationsadressat zu sein (d. h. von außen auf die Telekommunikation zugreift, z. B. durch Hacken eines E-Mail- oder WhatsApp-Accounts). Art. 10 GG schützt dagegen nicht davor, dass eine staatliche Stelle *selbst* eine Telekommunikationsbeziehung zu einem Grundrechtsträger aufnimmt.[852] Das bedeutet, dass die heimliche (z. B. unter Legende erfolgende, aber im Übrigen reguläre) Teilnahme einer Behörde an Kommunikationsforen im Internet und die dabei erlangten Informationen der anderen Kommunikationspartner keinen Eingriff in Art. 10 GG darstellt,[853] ebenso wenig wie das Weitertragen des Inhalts eines Telefongesprächs oder der Kopie eines Briefes durch den Empfänger an einen vom Sender nicht autorisierten Dritten, z. B. die Wiedergabe eines Telefongesprächs durch eine V-Person gegenüber der Verfassungsschutzbehörde.

g) Übersicht zu den relevanten Datenkategorien. Bezüglich der Intensität des Eingriffs in telekommunikationsrelevante Daten gilt folgende Übersicht: 362

Kategorie der Daten	Bestandsdaten	Verkehrsdaten	Inhaltsdaten
welches Grundrecht ist betroffen?	Art. 10 GG ist nicht betroffen, da die Daten keine Auskunft über konkrete Umstände oder Inhalte einer Kommunikation geben Unter Bestandsdaten fallen z. B. Telefonnummern, Adressen der Anschlussinhaber oder statische IP-Adressen. Betroffen ist hier „nur" das allgemeine Recht auf informationelle Selbstbestimmung	Art. 10 GG ist betroffen, da hierdurch Umstände einer Kommunikation offengelegt werden (z. B. wer mit wem wie lange telefoniert hat)	Art. 10 GG ist betroffen, da hierdurch die Inhalte einer Kommunikation offengelegt werden (z. B. der Text einer WhatsApp-Nachricht oder eines Briefes)
Eingriffsgrundlage für die Nachrichtendienste	§ 8d Abs. 1 BVerfSchG in Verbindung mit §§ 173 f. TKG und § 22 Abs. 3 Nr. 6 TTDSG	§ 8a Abs. 1 S. 1 Nr. 4 BVerfSchG (**bei TK-Diensten**) § 8a Abs. 1 Nr. 5 BVerfSchG in Verbindung mit § 24 Abs. 3 Nr. 5 TTDSG (**bei Telediensten**) § 8d Abs. 2 BVerfSchG (für **dynamische IP-Adressen**)	G10

h) Die Voraussetzungen für Überwachungsmaßnahmen nach dem G10. Das G10 unterscheidet „Beschränkungen in Einzelfällen" (**Individualkontrolle**), die alle Nachrichtendienste unter den Voraussetzungen des § 3 G10 gegen konkrete Zielpersonen durchführen können (s. § 1 Abs. 1 Nr. 1 G10) und die **strategische Kontrolle**,[854] die nach §§ 5 und 8 G 10 nur der BND durchführen darf (s. § 1 Abs. 1 Nr. 2 G10). Für beide Arten der Überwachung (mit Ausnahme des § 8 G10, der auf den Schutz von 363

852 BVerfG, NJW 2008, 822 (835) – Online-Durchsuchung.

853 BVerfG, NJW 2008, 822 (835, Rn. 293).

854 Die Strategische Fernmeldeaufklärung nach dem G10 unterscheidet sich von der Strategischen Ausland-Fernmeldeaufklärung (früher: Auslands-Auslands-Fernmeldeaufklärung oder „Routineaufklärung") nach §§ 19 ff. BNDG dadurch, dass erstere grenzüberschreitende Kommunikationsverkehre von und nach Deutschland betrifft (weshalb wegen der dann höheren Grundrechtssensibilität das strengere „G10-Regime" greift), wohingegen die §§ 19 ff. BNDG ausschließlich die (weniger schutzbedürftigen und deshalb bis 2016 gar nicht extra normierten, sondern auf die Aufgabenbeschreibung des § 1 Abs. 2 BNDG gestützten) Kommunikationsverkehre von Ausländern im Ausland regeln.

Leib oder Leben einer Person im Ausland, z. B. des Opfers einer Entführung und damit auf einen konkreten Rechtsgüterschutz abstellt[855]) gelten nachrichtendienstspezifische Straftatenkataloge bzw. Gefahrentatbestände als Anordnungsvoraussetzung. Für die Individualkontrolle nach § 3 G10 sind dies *staatsschutzrelevante Straftaten*, die entweder bereits aufgrund des Deliktstypus oder ansonsten aufgrund ihrer Tatmotivation („soweit diese sich gegen die freiheitliche demokratische Grundordnung, den Bestand oder die Sicherheit des Bundes oder eines Landes richten“, s. § 3 Abs. 1 Nr. 6b G10) einen Staatsschutzbezug aufweisen. Der Katalog für die strategische Kontrolle internationaler Telekommunikationsbeziehungen durch den BND nach § 5 Abs. 1 Satz 3 Nr. 1-8 G10 nennt demgegenüber Straftaten bzw. Gefahrenbereiche, die typische Aufklärungsinteressen eines Auslandsnachrichtendienstes markieren, sich aber z. T. mit denen der Inlandsdienste überschneiden (z. B. die Begehung internationaler terroristischer Anschläge mit unmittelbarem Bezug zu Deutschland). Sie weisen einen starken Bezug zu Bedrohungen durch die Organisierte Kriminalität auf.

364 Die Rechtmäßigkeit einer Individualüberwachungsmaßnahme (d. h. gegen konkret benannte Personen oder Anschlussinhaber) nach § 1 Abs. 1 Nr. 1 i. V. m. § 3 Abs. 1 G10 hat folgende Voraussetzungen:

365 (a) Zunächst müssen tatsächliche Anhaltspunkte (Rn. 66 ff.) für den Verdacht vorliegen, dass jemand eine G10-Katalogstraftat plant, begeht oder begangen hat (§ 3 Abs. 1 Satz 1 G10) oder dass jemand Mitglied ist in einer Vereinigung, die darauf gerichtet ist, Straftaten gegen die fdGO oder die Sicherheit des Bundes oder eines Landes zu begehen (§ 3 Abs. 1 Satz 2 G10). Eine G10-Maßnahme ist damit sowohl zulässig, wenn jemand eine **Katalogtat plant** (was schon vorbereitende Handlungen umfasst und noch nicht das Stadium des Versuchs i. S. d. § 22 StGB erreicht haben muss),[856] sie gerade **begeht** (d. h. mindestens das Versuchsstadium erreicht ist) oder die Tat vollendet hat (d. h. **begangen hat**), was letztlich eine TKÜ für Zwecke der Strafverfolgung bedeutet (die eigentlich nicht zu den Aufgaben der Nachrichtendienste zählt). In letztgenannter Konstellation ist allerdings – zwecks Abgrenzung zu den Strafverfolgungsbehörden – eine G10-Maßnahme nur zulässig, wenn auch nach der Vollendung der Tat weiterhin eine Gefahr für die in § 1 Abs. 1 Nr. 1 G10 genannten Rechtsgüter besteht,[857] also die verfassungsfeindlichen Aktivitäten, in deren Zusammenhang die G10-Katalogtat begangen wurde, fortgesetzt werden und weitere entsprechende Staatsschutzdelikte zu erwarten sind.

366 (b) Des Weiteren muss die Maßnahme erforderlich sein zur Abwehr von drohenden Gefahren für die fdGO oder den Bestand oder die Sicherheit des Bundes oder eines Landes (§ 1 Abs. 1 Nr. 1 G10).

367 (c) Schließlich muss die G10-Maßnahme „*ultima ratio*“ sein, d. h. die Erforschung des Sachverhalts müsste ohne die Telekommunikationsüberwachung aussichtslos bzw. wesentlich erschwert sein (§ 3 Abs. 2 Satz 1 G10).

368 Für strategische Beschränkungen des BND muss demgegenüber ein Bezug zu Vorgängen von außen- und sicherheitspolitischer Bedeutung vorliegen (s. die Bezugnahme auf § 1 Abs. 2 BNDG in § 1 Abs. 1 Nr. 2 G10). Sodann muss einer der Gefahrenbereiche des § 5 Abs. 1 Satz 3 G10 eröffnet sein und die Kenntnis der Telekommunikationsdaten erforderlich, um diese Gefahren rechtzeitig zu erkennen und ihnen zu begegnen.[858]

---

855 Im Jahr 2020 führte der BND einen Vorgang nach § 8 G 10 durch (BT-Drs. 20/4976, S. 9).
856 BT-Drs. V/1880, S. 9.
857 BT-Drs. V/1880, S. 9.
858 Ausführlich *Huber*, in: Schenke/Graulich/Ruthig, § 5 G10 Rn. 6 ff.; *Löffelmann*, in: Dietrich/Eiffler, VI, § 4 Rn. 129 ff.

i) Anordnung durch das BMI und Zustimmung durch die G10-Kommission. Die Überwachungsmaßnahme nach dem G10 kann nicht durch den Nachrichtendienst selbst angeordnet werden, sondern auf dessen Antrag durch das Bundesministerium des Innern (BMI), und zwar auch bei Maßnahmen (Anträgen) des MAD und BND (s. § 10 Abs. 1 G10). Die Anordnung auf Antrag einer LfV trifft demgegenüber das jeweilige Landesinnenministerium. Die Anordnung ist grundsätzlich auf drei Monate befristet. Vor dem Vollzug der Anordnung muss die sog. **G 10-Kommission** über die Zulässigkeit und Notwendigkeit der Beschränkungsmaßnahme entscheiden. Die G10-Kommission besteht nach § 15 Abs. 1 G10 aus einem Vorsitzenden, vier Beisitzern sowie fünf stellvertretenden Mitgliedern. Mindestens drei Mitglieder und drei stellvertretende Mitglieder müssen die Befähigung zum Richteramt besitzen. Sie ist ein unabhängiges, Weisungen nicht unterworfenes quasi richterliches Kontrollorgan „sui generis" (eigener Art) außerhalb der rechtsprechenden Gewalt und der Exekutive (s. auch Rn. 498).[859] Denn eine nachrichtendienstliche TKÜ wird (anders als eine polizeiliche oder strafprozessuale) nicht durch ein Gericht angeordnet, sondern mit der G10-Kommission von einem geheim tagenden Sondergremium (s. § 15 Abs. 2 G10). Grund hierfür ist, dass nach § 13 G10 der reguläre Rechtsweg gegen die Anordnung und den Vollzug von Beschränkungsmaßnahmen vor der Mitteilung an den Betroffenen nicht zulässig ist, was z. B. zur Folge hat, dass eine Klage gegen die G10-Maßnahme während des laufenden Vollzugs unzulässig wäre[860] (s. auch Art. 10 Abs. 2 Satz 2 GG).[861] Die G 10-Kommission dient damit als Ersatz für den fehlenden gerichtlichen Rechtsschutz. Sie wird zwar im operativen Bereich und damit im „Funktionsbereich der Exekutive" tätig, dient aber als quasi richterliche neutrale Instanz der „kompensatorischen Repräsentation" der Interessen des Betroffenen durch eine laufende und umfassende Rechtskontrolle.[862] 369

Bei „Gefahr im Verzug" – d. h. wenn ohne sofortigen Beginn der Überwachungsmaßnahme eine Aufklärungschance unwiederbringlich vertan würde, z. B. bei drohenden Terroranschlägen – kann eine Anordnung seitens des BMI auch ohne vorherige Zustimmung der G10-Kommission getroffen werden (§ 15a G10; sog. **Eilanordnung**). Allerdings muss die Eilanordnung des BMI innerhalb von drei Werktagen vom Vorsitzenden der G 10-Kommission, von seinem Stellvertreter oder einem anderen dazu bestimmten Mitglied bestätigt werden. Erteilt die G 10-Kommission nach Prüfung der Zulässigkeit und Notwendigkeit ihre Zustimmung zur Eilanordnung nicht, so sind die Beschränkungsmaßnahme vom BMI unverzüglich aufzuheben und die mit der Beschränkungsmaßnahme erhobenen Daten unverzüglich unter Aufsicht eines Beamten, der die Befähigung zum Richteramt hat, zu löschen (§ 15a Abs. 3 G10). 370

Beschränkungsmaßnahmen sind dem Betroffenen nach ihrer Einstellung mitzuteilen, wenn bzw. sobald ausgeschlossen werden kann, dass durch die Benachrichtigung der Zweck der Beschränkung gefährdet werden könnte (§ 12 G 10).[863] Zudem hat das BMI halbjährlich das Parlamentarische Kontrollgremium über die Durchführung des G10, d. h. über die angeordneten Maßnahmen, aber auch über die erfolgten Benachrichtigungen an Betroffene (s. § 12 G10) zu unterrichten (§ 14 G10).[864] 371

859 BVerfG, NVwZ 1994, 367.

860 *Löffelmann/Zöller*, B. Rn. 152. Vgl. auch VG Köln, Urt. v. 12.6.2012 – 22 K 1487/10, Rn. 22.

861 BVerfGE 143, 1 (13, Rn. 41).

862 BVerfG, NVwZ 2016, 1701 (1705, Rn. 54).

863 Mit „Einstellung der Maßnahme" ist nach zutreffender Auffassung nicht die Überwachung der konkret betroffenen Person, sondern der Abschluss des gesamten Fallkomplexes gemeint (*Löffelmann/Zöller*, B. Rn. 146).

864 Dazu *Roggan*, G10, 2. Online-Auflage 2018, § 14 Rn. 2.

IX. Die Übermittlung von Informationen durch und an die Nachrichtendienste

1. Einleitung

372 Der vielleicht kritischste und damit im besonderen Maße rechtfertigungsbedürftige Eingriff in Persönlichkeitsrechte ist das Übermitteln von personenbezogenen Daten (zum Begriff Rn. 308 f.).[865] Danach kann nämlich nur noch eingeschränkt kontrolliert werden, was mit den Daten auf Empfängerseite geschieht (z. B. ob und unter welchen Voraussetzungen sie zweckwidrig weiterverwendet werden). Als einer der eingriffsintensivsten Umgangsmöglichkeiten mit personenbezogenen Daten hat der Gesetzgeber der Übermittlung von Informationen *durch* und *an* die Nachrichtendienste daher einen eigenen Abschnitt im Gesetz gewidmet. Hierdurch soll dem Grundsatz der Normenklarheit und Bestimmtheit in besonderem Maße Rechnung getragen werden, denn gerade die Übermittlung durch einen Nachrichtendienst an eine andere Stelle stellt gegenüber der ursprünglichen Datenerhebung einen erneuten und besonders heiklen Grundrechtseingriff dar (Zweckänderung).[866] Eine Übermittlung erfolgt entweder
- **spontan** (d. h. von Amts wegen ohne Ersuchen), oder
- **auf Anfrage** (d. h. auf Ersuchen),

sowie entweder
- **obligatorisch** (d. h. gemäß einer bestehenden Pflicht zur Übermittlung), oder
- **fakultativ** (d. h. die übermittelnde Stelle hat ein Ermessen, ob und welche Daten sie übermittelt).

2. Anwendungsbereich der §§ 17 ff. BVerfSchG

373 Während der 2. Abschnitt des BVerfSchG ausschließlich die Befugnisse des *BfV* zur Aufgabenerledigung regelt, betrifft der 3. Abschnitt die Übermittlung von Informationen *in Angelegenheiten des Verfassungsschutzes* generell. Die §§ 17 ff. BVerfSchG regeln somit nicht nur die Informationsübermittlung von und an das BfV, sondern die *Übermittlung zwischen sämtlichen Behörden, die „Angelegenheiten des Verfassungsschutzes" wahrnehmen*. Dazu zählen neben BfV und LfV im weiteren Sinne auch die Polizeibehörden, Staatsanwaltschaften und sonstigen Behörden des Bundes und der Länder, die Aufgaben der inneren Sicherheit wahrnehmen und verfassungsschutzrelevante Informationen haben oder benötigen. Konsequenterweise regeln §§ 18, 20 Abs. 1 Satz 3, 21 Abs. 2 BVerfSchG daher auch Datenübermittlungen durch Staatsanwaltschaften und Polizei an MAD und BND; für Datenübermittlungen *durch* MAD und BND in Staatsschutz- bzw. Verfassungsschutzangelegenheiten gelten die §§ 17 ff. BVerfSchG weitgehend inhaltsgleich (vgl. §§ 10, 11 MADG; 10, 11 BNDG). Diese weitreichenden (über das BfV hinausgehenden) Regelungen sind von Art. 73 Abs. 1 Nr. 10 Buchst. b, c GG verfassungsrechtlich gedeckt. Denn der Bund hat die ausschließliche Gesetzgebungskompetenz über die Zusammenarbeit des Bundes und der Länder *in Angelegenheiten des Verfassungsschutzes*, was begrifflich über die Angelegenheiten des Verfassungsschutzverbundes und damit über den Datenaustausch zwischen BfV und LfV hinausgeht. Es ist daher verfassungsrechtlich nicht zu beanstanden, wenn z. B. in § 18 BVerfSchG auch Übermittlungspflichten von Landesbehörden begründet werden.

374 Der **Informationsaustausch zwischen BfV** und **LfV** einerseits sowie **MAD** andererseits regelt sich nicht nach den §§ 17 ff. BVerfSchG, sondern nach den weitreichenden Übermittlungsmöglichkeiten des **§ 3 Abs. 3 MADG**. Danach unterrichten MAD und die zivilen Verfassungsschutzbehörden einander über alle Angelegenheiten, deren Kenntnis für die Erfüllung ihrer jeweiligen Aufgaben erforderlich sind. Dies entspricht der umfas-

865 Vgl. die Definition in § 3 Abs. 4 Nr. 3 BDSG a. F. in der bis 2018 geltenden Fassung.
866 *Gärditz*, GSZ 2022, 161 (163) m. zahlr. Nachw. aus der Rspr.

senden Zusammenarbeitspflicht nach § 6 Abs. 2 BVerfSchG (dazu Rn. 375, 377). Ebenfalls nicht von §§ 17 ff. BVerfSchG geregelt werden Übermittlungen von G10-Unterlagen. Insoweit gilt die bereichsspezifische – strenge – Vorschrift des § 4 Abs. 4 G10, die jedoch nach ihrem Wortlaut nicht für die Übermittlung von G10-Erkenntnissen zwischen den Verfassungsschutzbehörden untereinander bzw. mit MAD und BND Anwendung findet (zwischen letzteren gilt lediglich der allgemeine datenschutzrechtliche Erforderlichkeitsgrundsatz).

3. Speziell: Informationsaustausch und Zusammenarbeit im Verfassungsschutzverbund

Der Informationsaustausch im Verfassungsschutzverbund (also **zwischen BfV und den** 375
LfV sowie zwischen den einzelnen **LfV untereinander**) erfolgt auch nicht nach den §§ 17 ff. BVerfSchG, sondern nach dem sehr viel weiteren § **6 Abs. 1 BVerfSchG**. Da BfV und LfV unmittelbar an der gleichen Aufgabe und oft auch an den gleichen Beobachtungsobjekten arbeiten, wäre es nicht sachgerecht, für den Informationsaustausch die allgemeinen – strengen – Übermittlungsvorschriften zwischen sonstigen Behörden anzuwenden. § 6 Abs. 1 BVerfSchG bestimmt, dass LfV und BfV sich unverzüglich alle für ihre Aufgaben *relevanten* Informationen, einschließlich der Erkenntnisse ihrer Auswertungen übermitteln (s. auch Rn. 377).
Die Zusammenarbeit zwischen BfV und LfV ist durch zwei Merkmale gekennzeichnet:
a) Pflicht zur Zusammenarbeit, insbesondere die Pflicht zur gegenseitigen Unterrichtung und zum Informations- und Meinungsaustausch;
b) Pflicht zur Herstellung des Benehmens bzw. Einvernehmens bei Tätigwerden im Zuständigkeitsbereich der jeweils anderen Behörde.

a) **Zusammenarbeitsverpflichtung.** Nach § 1 Abs. 2 BVerfSchG sind Bund und die 376
Länder verpflichtet, in Angelegenheiten des Verfassungsschutzes zusammenzuarbeiten. Die wichtigste Form der Zusammenarbeit ist natürlich der Informationsaustausch, wie er in § 6 Abs. 1 BVerfSchG konkretisiert wird. Allgemein bedeutet „Zusammenarbeit" im Verfassungsschutzverbund eine
- auf Dauer angelegte Form der Kooperation, die die
- laufende gegenseitige Unterrichtung und Auskunftserteilung,
- die wechselseitige Beratung sowie gegenseitige Unterstützung und Hilfeleistung umfasst,
- funktionelle und organisatorische Verbindungen, gemeinschaftliche Einrichtungen und gemeinsame Informationssysteme erlaubt, allerdings nur
- in den Grenzen der je eigenen Befugnisse.[867]

„Zusammenarbeit" geht über die reguläre Amtshilfe deutlich hinaus[868] und meint nicht nur die punktuelle Unterstützung einer anderen Behörde bei der Erledigung *ihrer* (also einer aus Sicht der unterstützenden Behörde: *fremden*) Aufgabe, sondern die Erledigung einer gemeinsamen Aufgabe[869] im Sinne einer gemeinsamen Mitverantwortung in einer unbestimmten Vielzahl von Fällen, und zwar auch ohne vorheriges Ersuchen[870] (s. den Katalog der identischen, für BfV und LfV gleichermaßen[871] geltenden Aufgaben in § 3 Abs. 1 BVerfSchG). Das Grundgesetz versteht den Verfassungsschutz (ungeachtet der Eigenständigkeit der Länder und ihrer Behörden) als Gesamtorganisation, deren Arbeitsteilung sich nur an qualitativen Maßstäben orientiert,[872] wobei es jedoch funktional um

867 BVerfG, NJW 2013, 1499, Rn. 97 – ATDG.
868 BVerwG, NJW 1984, 1636 (1638); *Droste*, S. 61. Zur Amtshilfe siehe Rn. 475 ff.
869 BVerwG, NJW 1984, 1636 (1638): durch Zusammenarbeit soll die rechtmäßige Wahrnehmung der Aufgaben des Empfängers ermöglicht und gewährleistet werden.
870 *Droste*, S. 62 m. w. N.
871 *Warg*, in: Dietrich/Eiffler, V, § 1 Rn. 10.
872 *Droste*, S. 61 m. w. N.

die Erledigung einer einheitlichen Aufgabe geht. Dies verlangt nicht nur ein arbeitsteiliges Vorgehen („im Gleichklang"), sondern – angesichts des identischen Aufgabenkatalogs (§ 3 Abs. 1 BVerfSchG) – auch die Vision der Erledigung eines gemeinsamen Zwecks aller Verfassungsschutzbehörden. Jede Verfassungsschutzbehörde erfüllt ihre Aufgaben folglich nicht nur für sich selbst, sondern zugleich auch zugunsten der anderen Verfassungsschutzbehörden (funktionale Aufgabenidentität).[873] Die in § 1 Abs. 2 und 3 sowie §§ 5 Abs. 3, 6 BVerfSchG niedergelegte Pflicht zur Zusammenarbeit meint somit das Bemühen, mit vereinten Anstrengungen den gemeinsamen gesetzlichen Auftrag zu erfüllen, ohne dabei einer gemeinsamen Führung unterstellt zu sein.

377 Ziel dieser engen Kooperation ist *einerseits* die Vermeidung von Machtzusammenballung („vertikale Gewaltenteilung"),[874] *andererseits* der Ausgleich der Nachteile, die infolge der föderativen Organisation des Verfassungsschutzes durch das Nebeneinander von Behörden mit weitgehend identischer Aufgabenstellung entstehen (Gefahr der Doppelarbeit und von Informationsverlusten).[875] Grundlegende Vorschriften zur Zusammenarbeit und wechselseitigen Unterrichtung im Verfassungsschutzverbund sind insbesondere

- **§ 1 Abs. 2 und 3 BVerfSchG** und entsprechende Vorschriften in den LVerfSchG: Bund und Länder arbeiten in Angelegenheiten des Verfassungsschutzes zusammen. Sie unterstützen und helfen sich gegenseitig (z. B. auch indem sie Einrichtungen, Geräte oder Personal zur Verfügung stellen, das bei der ersuchenden Verfassungsschutzbehörde nicht vorhanden ist).
- **§ 3 Abs. 1 und Abs. 3 MADG:**
  Wegen der im Wesentlichen gleichlautenden Aufgabenstellung (Rn. 187 ff.) arbeiten MAD und zivile Verfassungsschutzbehörden bei der Erfüllung ihrer Aufgaben zusammen, und zwar in gegenseitiger Unterstützung und Hilfestellung. In diesem Zusammenhang findet zwischen BfV und MAD – anders als mit dem BND – grundsätzlich ein vollumfänglicher gegenseitiger Informationsaustausch in Angelegenheiten ihrer gesetzlichen Aufgaben statt; dieser Grundsatz gilt auch zwischen MAD und den LfV. Zwar finden gemäß § 12 MADG für die Übermittlung von Informationen nach dem MAD-Gesetz (folglich auch für die Übermittlungen nach § 3 Abs. 3 MADG) die §§ 23-26 BVerfSchG entsprechende Anwendung. Daraus würde folgen, dass bei der Übermittlung von Informationen des BfV und der LfV an den MAD und umgekehrt (trotz ihrer weitgehenden Aufgabenidentität) die Übermittlungsverbote des § 23 BVerfSchG (dazu Rn. 469 ff.) greifen würden. Angesichts der gleich gelagerten Aufgaben und Geheimschutzvorkehrungen von BfV, LfV und MAD sowie der gesetzlich ermöglichten vollständigen Einbindung des MAD in den Informationsverbund der Verfassungsschutzbehörden[876] wäre dies aber ein dysfunktionales Ergebnis. Es dürften kaum Fallkonstellationen denkbar sein, in denen Geheimschutzbedenken o. ä. einer Übermittlung zwischen diesen Behörden entgegenstehen (der Informationsaustausch zwischen BfV und LfV ist in § 6 BVerfSchG geregelt, für den § 23 BVerfSchG keine Anwendung findet). Für Übermittlungen des MAD an den Verfassungsschutzverbund und umgekehrt nach § 3 Abs. 3 MADG kann § 23 BVerfSchG daher keine Anwendbarkeit beanspruchen.[877]
- **§ 5 Abs. 2–4 und § 6 BVerfSchG:**
  Nach § 6 Abs. 1 BVerfSchG sind LfV und BfV verpflichtet, sich unverzüglich die für ihre Aufgaben **relevanten Informationen**, einschließlich der Erkenntnisse ihrer

---

873 *Gusy*, in: Dietrich/Eiffler, IV, § 2 Rn. 30.
874 Dazu *Schröder*, JuS 2022, 122 ff.
875 *Roth*, in: Schenke/Graulich/Ruthig, § 1 BVerfSchG Rn. 1 m. w. N.
876 BT-Drs. 19/24785, S. 17.
877 *Siems*, in: Schenke/Graulich/Ruthig, § 12 MADG Rn. 1.

Auswertungen zu übermitteln. Gemeint sind damit nicht nur ausgewertete Erkenntnisse in Form von Analysen oder Lageberichten (sog. „finished intelligence"), sondern auch vage, unbewertete und ungesicherte Informationen.[878] Übermittelt werden alle „relevanten" Informationen – also nicht nur die Informationen, die die übermittelnde Behörde für die andere Behörde für „erforderlich" hält (was eine gewisse Vorauswahl und Gewichtung beinhalten würde) –, sondern alle Informationen, die für die jeweilige Empfängerbehörde bedeutsam sein können (z. B. auch Quellenmeldungen).[879] Welche Daten im wechselseitigen Informationsaustausch „relevant" sind (welche Relevanzkriterien also zu berücksichtigen sind), wird auf Grundlage regelmäßiger Abstimmungsgespräche im Behördenverbund geklärt (§ 5 Abs. 3 Nr. 3 BVerfSchG). Außerdem wertet das BfV unbeschadet der Auswertungsverpflichtungen der LfV zentral alle Erkenntnisse über Bestrebungen und Tätigkeiten im Sinne des § 3 Abs. 1 BVerfSchG aus. Es unterrichtet die LfV nach § 6 Abs. 1 BVerfSchG, insbesondere durch Querschnittsauswertungen in Form von Struktur- und Methodikberichten sowie regelmäßig durch bundesweite Lageberichte zu den wesentlichen Phänomenbereichen unter Berücksichtigung der entsprechenden Landeslageberichte (s. § 5 Abs. 2 BVerfSchG). Daraus folgt, dass die LfV die in ihrem Zuständigkeitsbereich regional anfallenden Bestrebungen bzw. Spionagesachverhalte zwar auswerten, ihre Erkenntnisse und Bewertungen jedoch umfassend dem BfV zur Verfügung stellen. Das BfV schließlich erstellt auf Grundlage dieser im Zuständigkeitsbereich der LfV angefallenen Einzelfälle eine zentrale deutschlandweite Lage- und Bedrohungsanalyse. Die Zusammenarbeit zwischen BfV und LfV gemäß§ 5 Abs. 2–4 und § 6 BVerfSchG wird untergesetzlich durch die „Richtlinie für die Zusammenarbeit des Bundesamtes für Verfassungsschutz und der Landesbehörden für Verfassungsschutz gemäß Beschluss der Innenministerkonferenz" (Zusammenarbeitsrichtlinie – ZAR) konkretisiert.[880]

Wenn eine übermittelnde Verfassungsschutzbehörde sich dies vorbehält, dürfen die übermittelten Daten nur mit ihrer Zustimmung an Stellen außerhalb der Behörden für Verfassungsschutz (z. B. Polizei, Ausländerbehörden, Staatsanwaltschaften, Gerichte, aber auch parlamentarische Kontrollgremien[881]) übermittelt werden (s. § 6 Abs. 1 Satz 2 BVerfSchG). Diese Regel ist Ausfluss der auch innerstaatlich geltenden „third party-rule" im nachrichtendienstlichen Informationsaustausch (Rn. 503).[882] 378

b) Insbesondere: Zusammenarbeit durch Führen gemeinsamer Dateien. § 6 Abs. 2 BVerfSchG konkretisiert die Zusammenarbeitsverpflichtung in Bezug auf den elektronischen Datenaustausch mithilfe gemeinsamer Dateien. Die Vorschrift ist damit die Rechtsgrundlage für Einrichtung und Betrieb der Verbunddatei NADIS WN. Eine Verbunddatei ist dadurch gekennzeichnet, dass jeder Verbundteilnehmer die in seiner Zuständigkeit gewonnenen Daten jeweils selbst unmittelbar in die Datei eingibt und die in der gemeinsamen Datei gespeicherten Daten zum unmittelbaren Abruf für sämtliche 379

878 *Droste*, S. 553.
879 Vgl. BT-Drs. 18/4654, S. 22.
880 BLKR, Rn. 164.
881 BT-Drs. 18/4654, S. 22 (Gesetzesbegründung): In Bezug auf parlamentarische Kontrollrechte kann die Freigabeentscheidung verfassungsrechtlich gebunden sein. Gleichwohl ist insoweit auch das Freigabeverfahren zur Berücksichtigung schutzwürdiger Belange durchzuführen, insbesondere zur umfassenden Prüfung von Bezügen zu Grundrechten Dritter oder zum Staatswohl.
882 Vgl. *Warg*, NVwZ 2014, 1263 (1265): Im Verhältnis der Bundesländer untereinander bzw. im Verhältnis zum Bund gebietet der im Föderalismusprinzip verankerte Grundsatz bundesfreundlichen bzw. landesfreundlichen Verhaltens, dass Daten, die von Behörden einer anderen bundesstaatlichen Gliederung stammen, nicht ohne Zustimmung des Informationserzeugers an Dritte übermittelt werden (Gebot der gegenseitigen Rücksichtnahme).

Verbundteilnehmer bereitgehalten werden.[883] Die in NADIS WN gespeicherten Daten sind damit als gemeinsamer Pool derjenigen Daten anzusehen, die grundsätzlich allen Verfassungsschutzbehörden gemäß § 6 Abs. 1 BVerfSchG zur Erfüllung ihrer Aufgaben zu übermitteln sind. NADIS WN ist dabei seit 2015 nicht mehr nur eine Hinweisdatei, sondern eine **Volltextdatei** für die Speicherung und Nutzung auch von Texten, Bildern und multimedialen Erfassungen für *alle* Phänomenbereiche des § 3 Abs. 1 BVerfSchG, d. h. auch für Phänomenbereiche, die vor 2015 hiervon ausgeschlossen waren (wie seinerzeit der nicht-gewaltorientierte Extremismus).[884] Auch in nicht-gewaltorientierten Beobachtungsbereichen ist eine umfassende strukturierte Speicherung vorhandener Erkenntnisse zu Ereignissen und Personen im Verbund erforderlich, insbesondere um länderübergreifende Strukturen und Personengeflechte analysieren zu können. Die Volltextspeicherung war früher nur in den behördeninternen Amtsdateien möglich, was blinde Flecken für länderübergreifende Zusammenhänge zur Folge haben konnte. Zulässig ist seit 2015 auch die Speicherung von sog. **Ursprungsdokumenten**, die eine bestimmte Erkenntnis oder Bewertung belegen. Liegt einer NADIS-Speicherung beispielsweise eine polizeiliche Meldung oder eine Rede in einer extremistischen Organisation zugrunde, ist es wichtig, auch diese „Originaldokumente" als Beleg für die Rechtmäßigkeit einer Speicherung (§ 10 Abs. 1 Nr. 1 BVerfSchG, s. Rn. 272) speichern zu können. Die **Voraussetzungen der Speicherung** personenbezogener Daten in NADIS WN ergeben sich nicht selbst aus § 6 BVerfSchG, sondern sind in §§ 10 und 11 BVerfSchG geregelt (§ 6 Abs. 2 Satz 4 BVerfSchG; näher Rn. 272, 275).

380 Wer unter welchen Voraussetzungen und in welcher Detailtiefe auf NADIS WN zugreifen kann (z. B. nur auf die Hinweisdaten, die zum Auffinden von Akten und der dazu notwendigen Identifizierung von Personen erforderlich sind, oder auch auf die Ursprungsdokumente), bestimmt § 6 Abs. 2 Sätze 7 ff. BVerfSchG.[885] Der lesende und schreibende Zugriff ist dabei grundsätzlich nur BfV und LfV möglich, doch wird **dem MAD** nach § 6 Abs. 2 Satz 2 BVerfSchG i. V. m. § 3 Abs. 3 Satz 2 MADG nunmehr auch die Möglichkeit des Vollzugriffs **auf NADIS WN** eingeräumt. Umgekehrt kann auch BfV und LfV die Teilnahme an den beim MAD geführten Dateien ermöglicht werden (§ 3 Abs. 3 Satz 2 MADG). Die Verantwortung für den Datensatz in NADIS WN liegt ausschließlich bei der speichernden Stelle. Während das BfV für die technischen und organisatorischen Maßnahmen des Datenschutzes bei NADIS WN zuständig ist (§ 6 Abs. 3 BVerfSchG), liegt die datenschutzrechtliche Verantwortung für die Richtigkeit und Aktualität der eingegebenen Daten also stets bei der eingebenden (d. h. speichernden) Verfassungsschutzbehörde; nur diese darf (und ggf. muss) die Daten verändern, die Verarbeitung einschränken oder die Daten löschen (§ 6 Abs. 2 Satz 5 BVerfSchG; dazu Rn. 279 ff.).

381 c) **Exkurs: Benehmensherstellung bzw. Herstellung des Einvernehmens im Verfassungsschutzverbund.** Ein wichtiger Grundsatz der Kooperation bei der Informationsbeschaffung (z. B. bei einer Observation) im Zuständigkeitsbereich einer anderen Verfassungsschutzbehörde ist die Herstellung des Benehmens bzw. Einvernehmens mit der anderen Verfassungsschutzbehörde, in deren Zuständigkeitsbereich die Information erhoben wird. So sehen die Verfassungsschutzgesetze vor, dass operative Maßnahmen des BfV in einem Land nur im *Benehmen* mit der jeweiligen Landesbehörde erfolgen dürfen (§ 5 Abs. 1 S. 1 BVerfSchG) und eine Landesbehörde in einem anderen Land nur im *Einvernehmen* mit der betroffenen „Gastland"-LfV tätig werden darf (z. B. Art. 2 Abs. 2 BayVSG, §§ 4 Abs. 2 VSG SH, 3 Abs. 2 VSG RP, 2 Abs. 2 VSG NRW).

883 *Roth*, in: Schenke/Graulich/Ruthig, § 6 BVerfSchG Rn. 19.
884 BT-Drs. 18/4654, S. 23.
885 Näher *Roth*, in: Schenke/Graulich/Ruthig, § 6 BVerfSchG Rn. 27 ff.

aa) Benehmen zwischen BfV und LfV (§ 5 Abs. 1 BVerfSchG). Das Beschaffen von Informationen in einem Bundesland durch das BfV ist nur **im Benehmen** mit dem jeweiligen „Gastland"-LfV zulässig.[886] Eine Benehmensherstellung liegt zwischen Zustimmung bzw. Einvernehmen einerseits und bloßer Anhörung andererseits. Sie geht über die bloße vorherige, inhaltlich aussagekräftige Unterrichtung mit der Gelegenheit zur Stellungnahme und auch über die Verpflichtung zur Berücksichtigung der Stellungnahme der LfV hinaus und beinhaltet die Pflicht, auf ein Einvernehmen hinzuarbeiten.[887] Im Rahmen einer Benehmensherstellung muss die anfragende Behörde (das BfV) die etwaig vorgebrachten sachlichen und rechtlichen Erwägungen der anderen Behörde (des LfV) sorgfältig prüfen. Dennoch kann sich das BfV aus sachlichen Gründen letztlich über die Bedenken der anderen Behörde hinwegsetzen; ein Veto-Recht steht den LfV also nicht zu.[888] 382

bb) Einvernehmen zwischen den LfV. Es ist einem Landesamt für Verfassungsschutz nicht verwehrt, auch in anderen Bundesländern tätig zu werden, wenn die verfassungsschutzrelevante Aktivität die Grenzen des eigenen Landes überschreitet[889] und dort Bestrebungen bzw. Tätigkeiten aufzuklären sind, die (auch) gegen ihr eigenes Bundesland gerichtet sind. So wäre z. B. die Aufklärung eines jihadistischen Moscheevereins, aus dem heraus Kämpfer für den Jihad rekrutiert werden und dessen Rekrutierungsaktivitäten sich in ein anderes Bundesland erstrecken, für alle betroffenen LfV möglich, d. h. nicht nur für die „Sitzland"-LfV. Beabsichtigt eine LfV in einem anderen Bundesland Informationen zu beschaffen, ist dies nach zahlreichen Landesverfassungsschutzgesetzen (z. B. §§ 2 Abs. 2 VSG NRW, 1 Abs. 3 SächsVSG, Art. 2 Abs. 2 BayVSG) allerdings nur im Einvernehmen mit dem betroffenen zuständigen LfV möglich.[890] Einvernehmen bedeutet (anders als „Benehmen") eine echte Zustimmung der anderen LfV. 383

cc) Benehmensherstellung zwischen BfV, LfV und MAD. Soweit es im Einzelfall zwingend erforderlich ist, kann zwischen dem MAD und einer zivilen Verfassungsschutzbehörde durch Benehmensherstellung vereinbart werden, dass letztere ihre Zuständigkeit auch auf Personen erstreckt, die dem Geschäftsbereich des Bundesverteidigungsministeriums angehören (§ 3 Abs. 2 MADG). Ziel ist (wie auch im umgekehrten Fall des § 2 Abs. 1 Nr. 2 MADG, wo unter bestimmten Voraussetzungen eine Annexzuständigkeit des MAD für verfassungsschutzrelevante „Komplizen" außerhalb des BMVg-Geschäftsbereichs geregelt ist) die Vermeidung von Doppelzuständigkeiten, gegenseitigen Behinderungen und Informationslücken.[891] 384

4. Begriffsklärung: was bedeutet „Übermittlung"?

Zentraler Anknüpfungspunkt für die tatbestandlichen Vorkehrungen in den §§ 6, 17 ff. BVerfSchG gegen eine unbegrenzte und ggf. missbräuchliche Weitergabe personenbezoge- 385

---

886 Dass das BfV selbst operativ in einem Bundesland tätig werden darf, setzt nach § 5 Abs. 1 BVerfSchG voraus, dass die extremistischen Bestrebungen bzw. Spionagetätigkeiten
1. sich ganz oder teilweise gegen den Bund richten,
2. darauf gerichtet sind, Gewalt anzuwenden, Gewaltanwendung vorzubereiten, zu unterstützen oder zu befürworten,
3. sich über den Bereich eines Landes hinaus erstrecken,
4. auswärtige Belange der Bundesrepublik Deutschland berühren oder
5. eine Landesbehörde das BfV um ein Tätigwerden ersucht hat.

887 *Roth*, in: Schenke/Graulich/Ruthig, § 5 BVerfSchG Rn. 15.

888 *Banzhaf*, S. 87, 171; *Roth*, in: Schenke/Graulich/Ruthig, § 5 BVerfSchG Rn. 15.

889 BVerfG, NJW 2005, 2912 (2914) – Junge Freiheit.

890 A.A. *Roth*, in: Schenke/Graulich/Ruthig, § 5 BVerfSchG Rn. 8: analog § 5 Abs. 1 Satz 1 BVerfSchG genügt die Benehmensherstellung, da die entsprechenden Regelungen der LVerfSchG bundesrechtskonform auszulegen seien.

891 *Siems*, in: Schenke/Graulich/Ruthig, § 3 MADG Rn. 8.

ner Daten (vgl. Rn. 372) ist der Begriff der „Übermittlung“. Nach der Definition in § 3 Abs. 2 Nr. 3 BDSG a. F. (die mangels abweichender Aussage des Gesetzgebers in § 46 Nr. 2 BDSG n. F. auch nach 2018 weiter herangezogen werden kann)[892] ist der Begriff der „Übermittlung“ weit zu verstehen und meint „das Bekanntgeben gespeicherter oder durch Datenverarbeitung gewonnener personenbezogener Daten an einen Dritten in der Weise, dass
a) die Daten an den Dritten weitergegeben werden, oder
b) der Dritte zur Einsicht oder zum Abruf bereitgehaltene Daten einsieht oder abruft.“
Damit ist jegliches Zur-Verfügung-Stellen personenbezogener Daten an einen Dritten, egal auf welchem Wege (d. h. mündlich, schriftlich oder elektronisch), vom Begriff der „Übermittlung“ umfasst.

5. Allgemeine Grundsätze für Datenübermittlungen

386 Für die Übermittlung von Daten gelten folgende allgemeine datenschutzrechtliche Prinzipien:
- der **Verhältnismäßigkeitsgrundsatz** in Gestalt des Prinzips der Datensparsamkeit und Datenvermeidung (Art. 5 Abs. 1c DSGVO und § 47 Nr. 5 BDSG, s. auch Rn. 216): nur diejenigen Daten dürfen angefordert bzw. übermittelt werden, die für die gesetzliche Aufgabenerledigung des Empfängers erforderlich sind (vgl. § 25 BVerfSchG).

387 – bei **Ersuchen um Datenübermittlung:**
Es dürfen nur die Daten übermittelt werden, *die bei der ersuchten Behörde bekannt sind* oder aus allgemein zugänglichen Quellen entnommen werden können (§ 17 Abs. 1 BVerfSchG). Ein Übermittlungsersuchen darf also für die ersuchte Behörde nicht zum Anlass genommen werden, (erstmals) eigene Ermittlungen durchzuführen; sog. Ermittlungsersuchen sind damit unzulässig. Sonst wäre die Bitte um Übermittlung als Amtshilfeersuchen zu werten, mit dem Ziel, die ersuchte Behörde erst um die Erhebung derjenigen Daten zu bitten, die die ersuchende Behörde entweder selbst erheben müsste oder ggf. gar nicht erheben dürfte. Ein solches Ersuchen wäre auch nach allgemeinen Amtshilferegeln unzulässig (siehe Rn. 484), denn die Amtshilfe dient nicht dazu, dass sich die ersuchende Behörde einer Aufgabe entledigt oder sich Daten beschafft, die sie mit eigenen „Bordmitteln“ nicht erlangen könnte. Zudem sind personenbezogene Daten „amtshilfefest“, d. h. eine Übermittlung personenbezogener Daten darf nicht auf die allgemeinen Amtshilferegeln der §§ 4 ff. VwVfG gestützt werden, sondern bedarf stets einer bereichsspezifischen normenklaren Rechtsgrundlage (siehe Rn. 216). § 17 Abs. 1 BVerfSchG bekräftigt lediglich diesen Grundsatz. Somit dürfen z. B. die besonderen Ermittlungsmethoden der Nachrichtendienste (Rn. 242 ff.) nicht zur gezielten Erlangung von „Zufallsfunden“ für polizeiliche Zwecke eingesetzt werden.[893] Informationen, die eine Verfassungsschutzbehörde in NADIS WN eingestellt hat, gelten jedoch allen Verfassungsschutzbehörden als „übermittelt“ i. S. d. § 17 Abs. 1 BVerfSchG (Rn. 379), weshalb die dort gespeicherten Daten unter Beachtung der „third party-rule“ (Rn. 378) weiter übermittelt werden können. Eine Einschränkung des Grundsatzes, wonach nur diejenigen Daten übermittelt werden dürfen, die bei der übermittelnden Behörde bekannt sind, ergibt sich aus§ 17 Abs. 2 BVerfSchG („Amtshilfe Grenze“, näher Rn. 397). Details zu § 17 Abs. 2 BVerfSchG regelt die „Dienstanweisung Amtshilfe Grenze“, ein Erlass des BMI.[894] Hier übermittelt die Bundespolizei Daten zu kontrollierten Personen, die zuvor vom Nachrichtendienst aufgrund eines entsprechenden Ersuchens als relevant

---

892 In diesem Sinne BT-Drs. 18/11325, S. 123.
893 BVerfG, NJW 2011, 2417 (2420) – Liechtenstein-CD.
894 *Bock*, in: Schenke/Graulich/Ruthig, § 17 BVerfSchG Rn. 15; *Arzt*, in: Schenke/Graulich/Ruthig, § 29 BPolG Rn. 17.

benannt wurden und zu denen bei der Wahrnehmung grenzpolizeilicher Aufgaben (d. h. anlässlich einer grenzpolizeilichen Kontrolle, die die Polizei auch ohne das Ersuchen des Nachrichtendienstes ohnehin durchgeführt hätte), Informationen anfallen. Zur Erfüllung des Ersuchens ist es der Bundespolizei erlaubt, eigene Beobachtungen anzustellen (z. B. auch Fragen zu Reiseziel und -zweck zu stellen) und diese Informationen (z. B. Personalien, Ort und Zeitpunkt des Grenzübertritts) den Diensten zu übermitteln.[895] Wichtig mit Blick auf die Einhaltung des Trennungsgebots (Rn. 6) ist, dass der Nachrichtendienst die Bundespolizei *nicht um polizeiliche Maßnahmen* zu einer Zielperson anlässlich von deren Grenzübertritt ersucht, d. h. das Ersuchen des Nachrichtendienstes nicht dazu führt, dass die Bundespolizei eine (Grenz)Kontrolle überhaupt erst durchführt. Vielmehr ist es so, dass der Nachrichtendienst lediglich am anfallenden Informationsaufkommen anlässlich einer (grenz)polizeilichen Maßnahme *partizipieren darf*. Ausgeschlossen ist damit eine polizeiliche Informationserhebung, die allein aufgrund eines nachrichtendienstlichen Ersuchens stattfindet.[896]

– Bei der Abfrage von Daten bei einer anderen Behörde gilt das sog. „**Doppeltürmodell**" des BVerfG: danach müssen Datenabfragemöglichkeiten der Sicherheitsbehörden nicht nur im jeweiligen Fachgesetz der die Daten vorhaltenden Stelle geregelt sein (z. B. Daten der Telekommunikations-Provider im TKG), sondern aus Gründen der Normenklarheit und Konsistenz gesetzlicher Vorschriften auch *spiegelbildlich* im jeweiligen „Fach"-Gesetz der Behörde, die die Daten abfragen möchte („Der Gesetzgeber muss nicht nur die Tür zur Übermittlung von Daten öffnen, sondern auch die Tür zu deren Abfrage").[897] Die gesetzliche Abfrage-/Abrufmöglichkeit einer Behörde muss also stets mit einer gesetzlichen Übermittlungsbefugnis der angefragten Behörde korrespondieren. Allerdings hat der Gesetzgeber das „Doppeltürmodell" (also das Vorhandensein gleichlaufender Übermittlungsregeln bei Abfragebehörde und Datenbesitzbehörde) bislang längst nicht an allen Stellen umgesetzt. In den (noch) nicht doppelt geregelten Übermittlungsfällen ist davon auszugehen, dass weiterhin das Vorhandensein nur einer – nämlich der sachnächsten – Übermittlungsregel genügt. Bei den Spontanübermittlungen (d. h. den Übermittlungspflichten von Amts wegen) findet das Prinzip der Doppeltür mangels Abfrage ohnehin keine Anwendung; eine besonders geregelte „Empfangsbefugnis", unverlangt zugegangene Daten auch entgegennehmen zu dürfen, ist nicht vorgesehen und auch nicht geboten.[898] Auch ist es nicht ausgeschlossen, dass beide „Flügeltüren" in einer Norm zusammengefasst sind, etwa bei den Regelungen über die Zusammenarbeit der Nachrichtendienste (§§ 6 Abs. 1 Satz 1, 18 Abs. 3a Satz 2 BVerfSchG, 3 Abs. 3 Satz 1, 14 Abs. 6 Satz 3 MADG; „singuläre Doppeltür"), da sie aus sich heraus den Zweck des gegenseitigen Informationsaustausches erkennen lassen.[899] 388

– das **Zweckbindungsprinzip** (vgl. § 19 Abs. 3 Satz 4, Abs. 4 Satz 5 BVerfSchG): der Empfänger darf die Daten nur für die Zwecke verwenden, zu denen sie übermittelt wurden. Eine Weiterverwendung für andere Zwecke ist nur zulässig, wenn eine entsprechend klare gesetzlichen Erlaubnis vorliegt, denn die Verwendung eines Datums für andere Zwecke stellt einen erneuten Grundrechtseingriff dar, insbesondere im Falle der Weitergabe von der Erhebungsbehörde an eine andere Stelle.[900] Die 389

895 *Droste*, S. 479, 481.
896 *Bock*, in: Schenke/Graulich/Ruthig, § 17 BVerfSchG Rn. 14.
897 BVerfG, NJW 2012, 1419 (1423).
898 *Siems*, in: Dietrich/Eiffler, VI, § 7 Rn. 15 f.
899 *Siems*, in: Dietrich/Eiffler, VI, § 7 Rn. 15.
900 *Müller/Schwabenbauer*, GSZ 2023, 1 (2).

Übermittlung von Daten an eine andere Behörde ist daher eine **Zweckänderung.**[901] Wenn nun Daten für andere, vom ursprünglichen Erhebungszweck abweichende Zwecke genutzt werden sollen, ist sicherzustellen, dass dem Eingriffsgewicht der ursprünglichen Datenerhebung (z. B. bei heimlicher Wohnraumüberwachung) auch bei der neuen Nutzung Rechnung getragen wird. Dies hat zur Folge, dass die Eingriffsschwellen für die Datenerhebung auch für die Weiterverwendung der Daten nach Übermittlung beachtet werden müssen. Voraussetzung für eine Zweckänderung ist demnach, dass die neue Nutzung der Daten dem Schutz von Rechtsgütern solchen Gewichts dient, die auch ihre Neuerhebung mit vergleichbar schwerwiegenden Mitteln verfassungsrechtlich rechtfertigen könnte.[902] Damit ist das Kriterium der **hypothetischen Datenneuerhebung** gemeint (s auch Rn. 418, 451 f.).[903] Die Zulässigkeit der Übermittlung beurteilt sich danach, ob die empfangende Stelle – statt an sie die Daten „einfach" zu übermitteln – auch eine eigene Befugnis gehabt hätte, die Daten unter vergleichbaren Voraussetzungen wie die Ursprungsbehörde zu erheben. Die neue Nutzung der Daten muss also dem Schutz von Rechtsgütern oder der Aufdeckung von Straftaten solchen Gewichts dienen, dass dies auch eine Neuerhebung durch die empfangende Stelle mit **vergleichbaren** Mitteln rechtfertigen könnte. Folglich setzt die Übermittlung einen Anlass voraus, der eine Ersterhebung auch durch die empfangende Stelle rechtfertigen würde.

- Schließlich besteht eine **Nachberichtspflicht** der übermittelnden Stelle gemäß § 26 BVerfSchG, wenn sich nach der Übermittlung herausstellt, dass die übermittelten Informationen unrichtig oder unvollständig sind und die Richtigkeit der Daten für die Beurteilung eines Sachverhalts von Bedeutung ist (siehe zur Berichtigungspflicht bereits Rn. 280).

390 Die Vorgaben der §§ 24-26 BVerfSchG (Minderjährigenschutz, Prüfpflichten des Empfängers, Nachberichtspflicht) gelten nicht nur für Übermittlungen nach den §§ 17 ff. BVerfSchG; sie greifen generell für Übermittlungen „nach den Vorschriften dieses Gesetzes", also auch für Übermittlungen gemäß § 6 BVerfSchG innerhalb des Verfassungsschutzverbundes.

6. Verhältnis der Übermittlungsvorschriften des BVerfSchG zu anderen Übermittlungsregeln

391 Zu klären ist das Verhältnis zwischen den Übermittlungsvorschriften des BVerfSchG (bzw. aufgrund entsprechender Verweisungen: des BNDG und MADG) zu den sonstigen Vorschriften, die eine Übermittlung personenbezogener Daten an die Nachrichtendienste bzw. durch die Nachrichtendienste vorsehen. Teilweise bestehen hier Widersprüche hinsichtlich der Voraussetzungen einer Übermittlung. So regelt etwa § 32 Abs. 1 StAG oder § 87 Abs. 1 AufenthG eine Übermittlungspflicht „öffentlicher Stellen" – somit auch von BfV, LfV, MAD oder BND – an die Einbürgerungsbehörden bzw. Ausländerbehörden, soweit bei ihnen Erkenntnisse vorliegen, die für die Aufgabenerfüllung der Einbürgerungs- bzw. Ausländerbehörden erforderlich sind. Diese Übermittlungspflicht kollidiert aber mit dem Wortlaut der §§ 19 Abs. 1 BVerfSchG, 11 MADG, 11 BNDG, die den Nachrichtendiensten hinsichtlich der Übermittlung von Erkenntnissen an innerstaatliche Behörden ein Ermessen einräumen. Auch § 9 Abs. 4–5 BKAG bestimmt eine Übermittlungspflicht öffentlicher Stellen an das BKA, wenn die Informationen nötig sind zur Abwehr einer Gefahr für den Bestand oder die Sicherheit des Bundes oder eines Landes oder Leib, Leben oder Freiheit einer Person oder einer Sache von bedeutendem Wert, deren Erhaltung im öffentlichen Interesse liegt. Diese unbedingte Übermittlungs-

901 BVerfG, NJW 2022, 1583 (1595, Rn. 226).
902 BVerfG, NJW 2022, 1583 (1598, Rn. 242).
903 BVerfG, NJW 2022, 1583 (1596, Rn. 231). SächsVerfGH, NVwZ 2005, 1310 (1315).

pflicht, die offenbar auch für die Nachrichtendienste gelten soll[904] (ein Vorrang der Übermittlungsregeln des BVerfSchG, BNDG und MADG und damit auch der Übermittlungssperre des § 23 BVerfSchG greift nach § 9 Abs. 4 Satz 2 BKAG nur bei fakultativen „Kann"-Übermittlungen außerhalb der Konstellationen des § 9 Abs. 5 BKAG) könnte im Einzelfall durchaus mit den Übermittlungssperren des § 23 BVerfSchG kollidieren, die für Datenübermittlungen von BfV, MAD und BND an die Polizei gelten (wobei freilich in den Fällen des § 9 Abs. 5 BKAG zumindest bei drohenden Gefahren für Leib und Leben operative Interessen der Nachrichtendienste regelmäßig zurückstehen müssen, näher zu § 23 BVerfSchG Rn. 469 ff.).

Umgekehrt ermöglicht bspw. § 25 Abs. 2 BKAG im Hinblick auf die Datenübermittlung des BKA an andere Stellen als Polizeibehörden (so etwa an BfV, MAD oder BND), dass das BKA Daten zurückhalten kann, wenn „Zwecke des Strafverfahrens" entgegenstehen. Zudem könnte das BKA nach § 28 Abs. 1 Nr. 1 BKAG überwiegende Datenschutzinteressen des Betroffenen geltend machen, die einer Übermittlung selbst an die Verfassungsschutzbehörden entgegenstehen. Demgegenüber spricht § 18 Abs. 1b BVerfSchG davon, dass Staatsanwaltschaften und Polizeibehörden das BfV oder das zuständige LfV über alle ihnen bekannt gewordene Informationen einschließlich personenbezogener Daten zu Bestrebungen und Tätigkeiten nach § 3 Abs. 1 BVerfSchG *unterrichten* (*kein Ermessen*), wenn tatsächliche Anhaltspunkte dafür bestehen, dass die Übermittlung für die Erfüllung der Aufgaben der Verfassungsschutzbehörde erforderlich ist. 392

Freilich könnte auch die Polizei im Falle einer Übermittlungspflicht nach § 18 Abs. 1b BVerfSchG operative Interessen i. S. d. § 23 BVerfSchG (dazu Rn. 469 ff.) heranführen, die eine Übermittlung an die Verfassungsschutzbehörden sperren könnte. Denn § 23 BVerfSchG gilt für alle Übermittlungsfälle des 3. Abschnitts des BVerfSchG, also auch für § 18 Abs. 1b BVerfSchG. 393

Eine ähnliche Problematik besteht im Rahmen des § 32 Abs. 2 Nr. 1-4 BPolG (§ 32 Abs. 2 Nr. 5 BPolG bezieht sich demgegenüber auf § 17 Abs. 2 BVerfSchG und ist daher bereichsspezifisch), wobei hier aber durch die Formulierung in § 32 Abs. 5 BPolG („Besondere Rechtsvorschriften über die Übermittlung personenbezogener Daten bleiben unberührt") die Auslegungsmöglichkeit offengehalten wird, dass § 18 Abs. 1b BVerfSchG weitergehende Übermittlungspflichten vorsehen kann und damit als vorrangig gelten könnte. 394

Zur Lösung der Problematik von sich widersprechenden Übermittlungsregeln in den jeweiligen Fachgesetzen ist gemäß dem methodischen Grundsatz „das spezielle Gesetz verdrängt das allgemeine" („lex specialis derogat legi generali") im Einzelfall herauszuarbeiten, welche Übermittlungsvorschrift den zu beurteilenden Übermittlungsfall am *sachnächsten* (d. h. am spezifischsten) regelt bzw. regeln wollte. Angesichts der Tatsache, dass §§ 17 ff. BVerfSchG die bereichsspezifischen Vorschriften für die Übermittlung von Informationen *in Angelegenheiten des Verfassungsschutzes* generell beinhalten, verbietet sich im Rahmen der Übermittlung verfassungsschutz- bzw. nachrichtendienstrelevanter Informationen von vornherein ein Rückgriff auf Vorschriften, die entweder 395

a) bereits vom Wortlaut her so allgemein gefasst sind, dass sie (anders als §§ 17 ff. BVerfSchG) nicht spezifisch und detailliert einzelne Übermittlungsfälle zwischen konkret bezeichneten Behörden regeln (wie etwa § 32 Abs. 1 StAG und § 87 Abs. 1 AufenthG) oder
b) nicht ausdrücklich von ihrem Normzweck her die Zusammenarbeit öffentlicher Stellen *in Angelegenheiten des Verfassungsschutzes* regeln sollen.[905]

---

904 In diesem Sinne *Gusy*, in: Dietrich/Eiffler, IV, § 2 Rn. 56.
905 Ähnlich *Bock*, in: Schenke/Graulich/Ruthig, Vorb. §§ 17 ff. BVerfSchG Rn. 3a.

Dies zugrunde gelegt, dürften etwa §§ 9 Abs. 5, 25 Abs. 2 BKAG oder § 32 Abs. 2 Nr. 1-4 BPolG so auszulegen sein, dass sie – da sie weder ausdrücklich, noch vom Regelungsziel her Übermittlungen in Angelegenheiten des Verfassungsschutzes regeln, sondern nur allgemein die Datenübermittlung an „öffentliche Stellen" – im Verhältnis zu den sachnäheren §§ 18 Abs. 1b, 20, 23 BVerfSchG zurücktreten. Ebenso tritt § 4 Abs. 3 BSIG (Übermittlungspflicht für Bundesbehörden an das BSI bei Cyberangriffen) bereits nach seinem Wortlaut gegenüber den sachnäheren §§ 19, 20 BVerfSchG zurück, d. h. die Nachrichtendienste trifft keine Übermittlungs*pflicht* gegenüber dem BSI.[906] Umgekehrt geht z. B. § 6 Abs. 2 Fluggastdatengesetz (FlugDaG), der die Datenübermittlung von Fluggastdaten an die Nachrichtendienste regelt, dem BVerfSchG vor, denn hier werden spezifisch nur dem FlugDaG unterfallende Daten geregelt, was gegenüber den – vielfältige Datenkategorien umfassenden – Übermittlungsvorschriften des BVerfSchG eine Spezialvorschrift darstellt. Auch § 5 Abs. 5–6 BSIG geht den Übermittlungsregeln des BVerfSchG vor, da dort sehr spezifische Daten (nämlich solche mit Bezug zu Schadprogrammen bzw. Protokoll- und Schnittstellendaten) angesprochen sind.

7. Einzelne Übermittlungsregeln des BVerfSchG

396 Im Folgenden werden die wichtigsten Übermittlungsvorschriften vorgestellt:

397 a) **Ersuchen an die Bundespolizei bzw. die Polizeibehörden der Schengen-Staaten (§ 17 Abs. 2 und § 17 Abs. 3 BVerfSchG). – aa) § 17 Abs. 2 BVerfSchG.** Nach § 17 Abs. 2 BVerfSchG dürfen BfV, LfV, MAD und BND die Bundespolizei um Übermittlung der bei der Wahrnehmung grenzpolizeilicher Aufgaben angefallenen Erkenntnisse zu einer bestimmten nachrichtendienstlich relevanten Zielperson ersuchen (sog. „Amtshilfe Grenze", s. auch Rn. 388). Zu diesem Zweck werden insbesondere die Personalien einer Person, das amtliche Kennzeichen des von ihr benutzten oder eingesetzten Kraftfahrzeugs und, soweit gesetzlich nichts anderes bestimmt ist, die Seriennummer des von ihr verwendeten Ausweisdokuments oder Sichtvermerks in der Grenzfahndungsdatei gespeichert (§ 31 Abs. 7 i. V. m. Abs. 1 BPolG), und zwar durch das Bundespolizeipräsidium (§ 1 Abs. 4 BPolZV). Die Befugnis der Bundespolizei, dem Ersuchen auch zu entsprechen, ergibt sich aus § 32 Abs. 2 Nr. 5 BPolG („Doppeltürmodell").[907] Dem ersuchenden Nachrichtendienst werden bei anfallenden Erkenntnissen (z. B. anlässlich einer Grenzkontrolle) mitgeteilt, wann, wo und unter welchen Umständen die Zielperson angetroffen wurde sowie sonstige Wahrnehmungen oder Feststellungen, die mit Blick auf die Aufgabenstellung des ersuchenden Nachrichtendienstes relevant erscheinen, z. B. mitgeführte Sachen, Äußerungen des Reisenden, Reiseziel und -zweck, Aufenthaltsdauer oder Mitreisende (vgl. § 31 Abs. 7 i. V. m. Abs. 1 BPolG).[908] Die Ausschreibung ist auf höchstens sechs Monate zu befristen; die Verlängerung der Laufzeit bedarf eines erneuten Ersuchens (§ 31 Abs. 7 Sätze 2-3 BPolG).

398 Einer Prüfung auf Seiten der Bundespolizei, ob das Ersuchen des Nachrichtendienstes für die bundespolizeiliche Aufgabenerledigung erforderlich ist (etwa zur Ausschreibung im Fahndungsbestand zwecks Ein- oder Ausreisereiseverweigerung oder zur sonstigen Gefahrenabwehr), bedarf es nicht. Insoweit handelt es sich um einen Fall von Amtshilfe, bei der die Rechtmäßigkeit der erbetenen Amtshandlung (insbesondere, ob die Kenntnis der Daten über die Zielperson beim ersuchenden Nachrichtendienst für dessen Aufgabenerfüllung erforderlich ist oder ob die Ausschreibungsvoraussetzungen nach § 17 Abs. 2 BVerfSchG i. V. m. der entsprechenden Dienstanweisung vorliegen) nicht zu überprüfen ist (s.§ 33 Abs. 1 Sätze 2-3 BPolG; ebenso § 7 Abs. 2 Satz 1 VwVfG, näher unten Rn. 485).

---

906 *Buchberger*, in: Schenke/Graulich/Ruthig, § 4 BSIG Rn. 4.
907 *Siems*, in: Dietrich/Eiffler, VI, § 7 Rn. 15 f.
908 *Droste*, S. 482.

Die materiell-rechtliche Zulässigkeit des Ersuchens richtet sich mangels Prüfungskompetenz der Bundespolizei allein nach § 17 Abs. 2 BVerfSchG i. V. m. der entsprechenden Dienstanweisung und in Übereinstimmung mit den Aufgaben des ersuchenden Nachrichtendienstes gemäß §§ 3 Abs. 1 BVerfSchG, 1 MADG, 1 Abs. 2 BNDG. 399

Polizeiliche Befugnisse übt der Nachrichtendienst in den Fällen des § 17 Abs. 2 BVerfSchG nicht aus. So veranlasst er nicht selbst eine Grenzkontrolle, vielmehr profitiert er nur davon, dass die Bundespolizei nach ihrer eigenen Veranlassung auf Grundlage des BPolG eine Kontrolle durchführt.[909] Dem nachrichtendienstlichen Erkenntnisbedarf wird folglich nur **bei Gelegenheit polizeilicher Aufgabenwahrnehmung** Rechnung getragen. Das befugnisrechtliche Trennungsgebot aus § 8 Abs. 3 BVerfSchG bleibt unberührt (s. auch Rn. 388).[910] 400

Von den Ersuchen nach § 17 Abs. 2 BVerfSchG unabhängig besteht natürlich die Möglichkeit, dass die Nachrichtendienste der Bundespolizei gemäß §§ 20 Abs. 1 BVerfSchG, 11 Abs. 2 MADG, 11 Abs. 3 BNDG (für die LfV gilt § 21 Abs. 1 BVerfSchG) *zur Verhinderung eines Staatsschutzdelikts* oder gemäß §§ 19 Abs. 1 BVerfSchG, 11 Abs. 1 MADG, 11 Abs. 1 BNDG *zur Verhinderung allgemeinkrimineller Delikte* bzw. *für sonstige Gefahrenabwehrzwecke* Erkenntnisse zu bestimmten Personen mitteilen und die Bundespolizei nach eigener polizeilicher Bewertung des Sachverhalts zu dem Ergebnis kommt, dass polizeiliche (Zwangs)Maßnahmen wie z. B. Einreiseverweigerung, Durchsuchung oder Festnahme erforderlich sind. Durch diese Informationsübermittlung wird das Trennungsgebot ebenfalls nicht verletzt, sofern es sich um eine bloße Erkenntnismitteilung handelt und nicht um ein Ersuchen bzw. die Aufforderung, die übermittelten nachrichtendienstlichen Informationen für polizeiliche Maßnahmen zu nutzen. 401

bb) § 17 Abs. 3 BVerfSchG. In § 17 Abs. 3 BVerfSchG besteht für BfV, BND und MAD seit 2007 die Möglichkeit der **Ausschreibung** von Personen und Gegenständen **zur verdeckten Kontrolle im Schengener Informationssystem** (SIS).[911] Damit ist die seinerzeit im Schengener Durchführungsübereinkommen (nunmehr Art. 36 Abs. 4 EU-Verordnung 2018/1862 vom 28.11.2018) vorgesehene Ausschreibungsmöglichkeit auch in innerstaatliches Recht umgesetzt worden. Eine solche schengenraumweite Ausschreibung wurde als erforderlich angesehen, weil seit dem Wegfall der Schengen-Binnengrenzen im März 1995 Grenzkontrollen mit der Möglichkeit der Teilhabe der Nachrichtendienste am Informationsaufkommen der Bundespolizei anlässlich eines Grenzübertritts (siehe § 17 Abs. 2 BVerfSchG i. V. m. § 31 Abs. 7 BPolG, s. Rn. 397 f.) nur noch bei den Grenzübertrittstellen an den Schengen-Außengrenzen stattfinden. Die so entstandene Lücke bei der Informationsgewinnung im Zusammenhang mit verfassungsfeindlichen bzw. sicherheitsgefährdenden Aktivitäten mit grenzüberschreitendem Bezug sollte mit einer im gesamten Schengenraum wirksamen Ausschreibung im SIS geschlossen werden. 402

Nach § 17 Abs. 3 BVerfSchG i. V. m. Art. 36 Abs. 4 der EU-Verordnung besteht die Möglichkeit, eine Person, ein Fahrzeug, Wasserfahrzeug, Luftfahrzeug oder einen Container im SIS – also schengenweit – zur verdeckten Registrierung auszuschreiben, wenn 403

a) die Ausschreibung für die Aufgabenerfüllung der ausschreibenden Behörde erforderlich ist, d. h. für Deutschland: wenn die betreffende Person im Fokus des nachrichtendienstlichen Erkenntnisinteresses gemäß §§ 3 Abs. 1 BVerfSchG, 1 MADG, 1 Abs. 2 BNDG steht,

909 *Arzt*, in: Schenke/Graulich/Ruthig, § 29 BPolG Rn. 18.
910 Kritisch *Arzt*, in: Schenke/Graulich/Ruthig, § 29 BPolG Rn. 27.
911 Siehe auch oben Rn. 48.

b) die Voraussetzungen des Artikel 36 Abs. 3 des Beschlusses 2007/533/JI des Rates vom 12.6.2007 über die Einrichtung, den Betrieb und die Nutzung des Schengener Informationssystems der zweiten Generation (SIS II) (entspricht Art. 36 Abs. 4 EU-Verordnung 2018/1862) gegeben sind. Danach ist eine Ausschreibung zur verdeckten Kontrolle erlaubt, wenn konkrete Anhaltspunkte dafür gegeben sind, dass die in Art. 37 Abs. 1 der Verordnung bezeichneten Informationen (insbesondere Ort und Umstände des Antreffens der ausgeschriebenen Person) zur Abwehr einer von dem Betroffenen ausgehenden erheblichen Gefährdung oder anderer erheblicher Gefahren für die innere oder äußere Sicherheit der Bundesrepublik Deutschland erforderlich sind. Dies ist z. B. der Fall, wenn eine mit einer islamistischen Gruppierung in engem Zusammenhang stehende, in Deutschland ansässige Person ins Ausland reist, um sich zu Zwecken des bewaffneten Jihads ausbilden zu lassen,[912]

und

c) tatsächliche Anhaltspunkte für einen grenzüberschreitenden Verkehr vorliegen.

404 § 17 Abs. 3 BVerfSchG begrenzt die Ausschreibungsdauer auf längstens 6 Monate, obwohl europarechtlich 12 Monate zulässig wären (Art. 53 Abs. 4 EU-VO 2018/1862). Art. 21 Abs. 2 EU-VO 2018/1862 geht davon aus, dass, wenn eine Person oder eine Sache im Zusammenhang mit einer terroristischen Straftat gesucht wird, eine Ausschreibung im SIS aus Gründen der Verhältnismäßigkeit gerechtfertigt ist.

405 Da mit der Ausschreibung zur verdeckten Registrierung die eingeschränkte Möglichkeit der Grenzfahndung kompensiert werden soll, die durch den Wegfall der Binnengrenzkontrollen entstanden war, ist die Ausschreibung nach § 17 Abs. 3 BVerfSchG nur bei *tatsächlichen Anhaltspunkten für grenzüberschreitende Verkehre mit Ausgangs- oder Zielpunkt in Deutschland* zulässig. Die Ausschreibung wird also nur im Hinblick auf die besonderen Gefahren internationaler extremistischer resp. terroristischer Bestrebungen und Tätigkeiten fremder Nachrichtendienste bei grenzüberschreitenden Sachverhalten eröffnet. Auch hier ist es nicht so (s. bereits Rn. 397), dass die Ausschreibung durch den deutschen Nachrichtendienst erst die polizeiliche Kontrolle veranlasst; vielmehr setzt eine aufgrund der Ausschreibung erfolgende Kontrollmitteilung an den Nachrichtendienst eine für polizeiliche Aufgaben zulässigerweise durchgeführte Kontrolle voraus. Somit wird dem nachrichtendienstlichen Erkenntnisbedarf lediglich **bei Gelegenheit polizeilicher Aufgabenwahrnehmung** Rechnung getragen, ohne dass polizeiliche Befugnisse für nachrichtendienstliche Aufgaben ausgeübt werden. Damit bleibt das befugnisrechtliche Trennungsgebot zwischen Polizei und Nachrichtendiensten (vgl. § 8 Abs. 3 BVerfSchG, s. o. Rn. 6) unberührt. Dies wird auch daran deutlich, dass nach § 17 Abs. 3 BVerfSchG nur eine Ausschreibung zur *verdeckten Registrierung* möglich ist; von der in Art. 36 Abs. 4 EU-Verordnung 2018/1862 gleichfalls vorgesehenen Möglichkeit einer *Ausschreibung zur gezielten Kontrolle* hat der Gesetzgeber *keinen Gebrauch* gemacht.

406 Die Ausschreibungen werden so umgesetzt, dass BfV, MAD und BND die Personalien der auszuschreibenden Personen an das BKA als nationale SIS-Schnittstelle übermitteln, von wo aus sie in das SIS eingespeist werden. Eine Überprüfung der Rechtmäßigkeit der Ausschreibung durch das BKA findet nicht statt (vgl. Rn. 397). Durch die Einspeisung im Datenbestand des SIS werden die Ausschreibungen automatisch in allen Schengenstaaten sichtbar. Kontrolliert dann beispielsweise ein französischer Polizist eine vom BfV ausgeschriebene Zielperson im Rahmen einer regulären Verkehrskontrolle, erfolgt eine Kontrollmitteilung an die ausschreibende Behörde (d. h. an das BfV) insbesondere zu Ort, Zeit und zum Grund der Kontrolle, zu Reiseziel bzw. -route, Begleitpersonen, Identitätspapieren und genutzten Fahrzeugen (Art. 37 Abs. 1 EU-Verordnung 2018/

912 Vgl. *Bock*, in: Schenke/Graulich/Ruthig, § 17 BVerfSchG Rn. 21.

1862). Dabei darf die Erhebung der Informationen den verdeckten Charakter der Kontrollmaßnahmen nicht gefährden und die ausgeschriebene Person darf nicht auf das Vorhandensein der Ausschreibung hingewiesen werden (Art. 36 Abs. 3 Satz 2 EU-Verordnung 2018/1862).

Zwar ist den LfV keine eigene Ausschreibungsmöglichkeit eingeräumt worden, doch dürfte es sachgerecht sein, dass im Zuständigkeitsbereich der LfV einschlägig bekannt gewordene Zielpersonen, bei denen die Voraussetzungen des § 17 Abs. 3 BVerfSchG vorliegen, durch das BfV zur verdeckten Registrierung ausgeschrieben werden, wenn vom jeweiligen Fachbereich des BfV – nach eigener fachlicher und rechtlicher Würdigung und somit in der Zuständigkeit des BfV – die Voraussetzungen für eine Ausschreibung im SIS bejaht werden. Das BfV müsste sich den Ausschreibungswunsch der LfV daher zu eigen machen und würde damit seiner koordinierenden Zentralstellenfunktion gemäß tätig werden (§ 5 Abs. 3–4 BVerfSchG). 407

b) Übermittlung von Informationen durch andere Behörden *an* die Nachrichtendienste. Zentrale Vorschrift für die Übermittlung von behördlichen Informationen an BfV und LfV ist § 18 Abs. 1, Abs. 1a und Abs. 1b BVerfSchG. Parallelvorschriften zugunsten des MAD finden sich in § 22 BVerfSchG (bezüglich der Übermittlungspflicht von Polizei, Staatsanwaltschaft und Zoll) bzw. § 10 Abs. 1 MADG (bezüglich sonstiger Bundesbehörden) und zugunsten des BND in § 10 Abs. 2 BNDG.[913] Insoweit besteht eine Übermittlungspflicht von Amts wegen, d. h. die genannten Behörden müssen BfV, LfV, MAD und BND Informationen übermitteln, auch ohne, dass letztere hierum ersucht haben. § 5 Abs. 5–6 BSIG schwächt diese Übermittlungspflicht für das BSI auf eine „Kann"-Bestimmung ab: Personenbezogene Daten mit Bezug zu einem Schadprogramm, aber auch personenbezogene Protokoll- und Schnittstellendaten dürfen nur bei erkennbaren geheimdienstlichen Aktivitäten bzw. gewaltorientierten Bestrebungen (dann an BfV bzw. MAD) oder an den BND bei Fällen eines ausländischen Angriffs auf bedeutsame IT-Systeme (Fälle des § 5 Abs. 1 Nr. 8 G10) übermittelt werden. 408

aa) Allgemeine Übermittlungspflicht für Behörden ohne Sicherheitsbehörden, § 18 Abs. 1 BVerfSchG. § 18 Abs. 1 BVerfSchG (entspricht § 10 Abs. 1 MADG) regelt die **Pflicht** zur Übermittlung der **Behörden des Bundes an** das **BfV oder** die territorial betroffene **LfV**, 409
- sofern der Bereich des § 3 Abs. 1 Nr. 2 BVerfSchG (geheimdienstliche Tätigkeiten) betroffen ist, oder
- in Fällen des § 3 Abs. 1 Nrn. 1, 3 und 4 BVerfSchG der Extremismus einen Gewaltbezug aufweist.

Ob die übermittlungspflichtige Behörde das BfV oder das regional betroffene LfV informiert, ist in das Ermessen der Behörde gestellt. Eine erhebliche Bedeutung des Falles sowie ein besonderes Gewicht der Informationen ebenso wie eine bereits begonnene Verfolgung als Straftat sprechen dafür, das BfV zu informieren.[914] Da sich BfV und LfV ohnehin wechselseitig über alle relevanten Informationen auszutauschen haben (§ 6 Abs. 1 BVerfSchG), dürfte es mit Blick auf die sachgerechte Weiterverarbeitung der Informationen relativ egal sein, ob die Bundes- oder eine Landesbehörde adressiert wird.

Übermittlungspflichten sonstiger Landesbehörden (außer Polizei, Staatsanwaltschaften und Ausländerbehörden, s. dazu § 18 Abs. 1a, Abs. 1b BVerfSchG und Rn. 414) an die 410

---

913 Indirekt bestätigt werden diese Übermittlungspflichten durch § 13 Abs. 1 Nr. 1 EGGVG, der (deklaratorisch) klarstellt, dass Staatsanwaltschaften (und durch BVerfSchG, MADG und BNDG nicht adressierte) Gerichte) personenbezogene Daten übermitteln dürfen, wenn eine besondere Rechtsvorschrift (dazu zählt z. B. § 18 BVerfSchG) dies vorsieht oder zwingend voraussetzt.

914 *Bock*, in: Schenke/Graulich/Ruthig, § 18 BVerfSchG Rn. 10.

Verfassungsschutzbehörden (z. B. von kommunalen Ordnungsämtern oder Einbürgerungsbehörden gegenüber dem LfV) hat der Bundesgesetzgeber nicht geregelt, sondern solche Übermittlungsfälle vielmehr den LVerfSchG überlassen (so z. B. in Art. 24 BayVSG).

411 Eine allgemeine behördliche Pflicht, Informationen an den BND zu übermitteln, besteht nicht. Nach § 10 Abs. 1 BNDG *dürfen* Behörden des Bundes und der bundesunmittelbaren juristischen Personen des öffentlichen Rechts dem BND die ihnen bekannt gewordenen personenbezogenen Daten übermitteln, wenn tatsächliche Anhaltspunkte dafür bestehen, dass die Übermittlung für seine Eigensicherung nach § 2 Abs. 1 Nr. 1 BNDG oder im Rahmen seiner Aufgaben nach § 1 Abs. 2 BNDG zur Sammlung von Informationen über die in § 5 Abs. 1 Satz 3 des Artikel 10-Gesetzes genannten Gefahrenbereiche erforderlich ist. Für Dienststellen der Bundeswehr besteht die Möglichkeit der Datenübermittlung für sämtliche Aufgabenbereiche des BND nach § 1 Abs. 2 BNDG (dazu Rn. 199 ff.), d. h. nicht nur zur Abwehr der in § 5 G10 genannten konkreten Gefahren. Dies ist vor allem sinnvoll für die Erstellung eines umfassenden Lagebilds der militärischen Bedrohung bei Auslandseinsätzen der Bundeswehr (Rn. 204). Warum der Gesetzgeber im Unterschied zu den anderen Nachrichtendiensten auf eine allgemeine Übermittlungspflicht zugunsten des BND verzichtet hat, bleibt unklar. Eine mögliche Erklärung könnte darin bestehen, dass die eher strategisch und auf das Ausland bezogenen Aufklärungsfelder des BND nicht in gleicher Weise vitale Sicherheitsinteressen des Staates zum Gegenstand haben wie die Aufgaben der Verfassungsschutzbehörden, die wegen ihres inlandsbezogenen Schutzauftrags deutlich stärker auf alle relevanten Informationen staatlicher Stellen angewiesen sind (vgl. Rn. 197). Lediglich BfV, LfV und MAD müssen (wie auch umgekehrt, s. Rn. 414) dem BND von sich aus die ihnen bekannt gewordenen Informationen einschließlich personenbezogener Daten übermitteln, wenn tatsächliche Anhaltspunkte dafür bestehen, dass die Übermittlung für die Erfüllung der gesetzlichen Aufgaben des BND erforderlich ist (§§ 20 Abs. 1 Satz 3, 21 Abs. 2 BVerfSchG, 11 Abs. 2 MADG). Eine wechselseitige umfassende Kooperationspflicht innerhalb der nationalen „Intelligence Community" dürfte – auch im internationalen Umfeld – selbstverständlich sein.

412 § 18 Abs. 1 bzw. Abs. 1a-1b BVerfSchG regelt nur eine Übermittlungspflicht von **Behörden**. „Behörden", und damit übermittlungspflichtig, ist nach der Legaldefinition in § 1 Abs. 4 VwVfG jede Stelle, die Aufgaben der öffentlichen Verwaltung wahrnimmt. Nicht hierzu zählen die Organe der Rechtspflege (d. h. Gerichte in ihrer rechtsprechenden Funktion, wohl aber die Gerichtsverwaltung, etwa in Angelegenheiten der Sicherheit im Gerichtsgebäude), da diese nach der Definition in § 2 Abs. 1 BDSG[915] nur unter die weitergehende Definition der „öffentlichen Stelle" zu subsumieren sind (der Begriff wird z. B. in § 19 Abs. 1 Satz 2 BVerfSchG verwendet, s. Rn. 434). **Parteien** sind weder Behörden noch „öffentliche Stellen", sondern „andere Stellen" im Sinne von § 19 Abs. 4 BVerfSchG.[916] Zu den „Behörden" im Sinne der §§ 18 Abs. 3 BVerfSchG, 10 Abs. 2 MADG, 10 Abs. 3 BNDG zählen somit die Gerichte dann, wenn sie im Rahmen der Justizverwaltung tätig werden, etwa bei der Erteilung von Auskünften aus Gerichtsakten.[917] Im Vorverfahren und nach rechtskräftigem Abschluss des Verfahrens entscheidet über die Auskunftserteilung allerdings die Staatsanwaltschaft (s. § 480 Abs. 1 StPO) und damit eine Verwaltungsbehörde i. S. d. § 18 Abs. 3 BVerfSchG.

---

915 § 2 Abs. 1 BDSG lautet: „Öffentliche Stellen des Bundes sind die Behörden, die Organe der Rechtspflege und andere öffentlich-rechtlich organisierte Einrichtungen des Bundes, der bundesunmittelbaren Körperschaften, der Anstalten und Stiftungen des öffentlichen Rechts sowie deren Vereinigungen ungeachtet ihrer Rechtsform."

916 *Bock*, in: Schenke/Graulich/Ruthig, § 19 BVerfSchG Rn. 15.

917 Näher BeckOK StPO/*Wittig*, 46. Ed. 1.1.2023, § 480 Rn. 1 ff.

Aber auch wenn die Auskunft aus Akten eines *laufenden* Gerichtsverfahrens erteilt wird, handelt der Richter nicht als Organ der Rechtspflege. Die Entscheidung über die Gewährung von Akteneinsicht ist keine rechtsprechende Tätigkeit, da es insoweit nicht um den Fortgang des Verfahrens bzw. den prozessualen und materiellrechtlichen Weg der Entscheidungsfindung geht. Die Entscheidungszuständigkeit des Gerichts besteht hier nur deshalb, weil es in diesem Verfahrensabschnitt regelmäßig die aktenführende Stelle ist. Deshalb müssen auch Gerichte die – *zulässigen* – Auskunftsersuchen des Nachrichtendienstes entsprechend bearbeiten. **413**

§ 18 Abs. 3 BVerfSchG ist **keine Rechtsgrundlage für Auskunftsersuchen an private Stellen**. Zwar darf der Nachrichtendienst gestützt auf die Generalklausel des §§ 8 Abs. 1 BVerfSchG, 4 Abs. 1 MADG, 2 Abs. 1 (Rn. 232 ff.) bei privaten Stellen (z. B. Firmen, Dienstleistungsunternehmen) anfragen und um Übermittlung der – *näher zu bezeichnenden* – Kunden- oder Geschäftsdaten auf freiwilliger Basis bitten. Eine Auskunfts- bzw. Übermittlungspflicht privater Stellen ist (mit Ausnahme des § 8a BVerfSchG) in den Nachrichtendienstgesetzen jedoch **nicht** vorgesehen. Da keine Kooperations- und insbesondere keine Datenübermittlungspflicht privater Stellen besteht, erfolgt eine Übermittlung personenbezogener Daten hier nur auf freiwilliger Grundlage. Dabei müssen die privaten Stellen § 24 Abs. 1 Nr. 1 BDSG beachten: Danach dürfen die für geschäftliche Zwecke erhobenen personenbezogenen Daten für andere als geschäftliche Zwecke (z. B. für Zwecke der öffentlichen Sicherheit) übermittelt werden, soweit dies „zur Abwehr von Gefahren für die staatliche und öffentliche Sicherheit oder zur Verfolgung von Straftaten“ erforderlich ist und sofern nicht die Interessen der betroffenen Person an dem Ausschluss der Verarbeitung überwiegen. Die Entscheidung über das Vorliegen dieser Voraussetzungen – insbesondere über die „Erforderlichkeit“ und das Überwiegen der öffentlichen Zwecke gegenüber den Interessen der Kunden, dass ihre Daten nicht an den Nachrichtendienst übermittelt werden – trifft die private Stelle in eigener Verantwortung. Hierbei hat sie die schutzwürdigen Belange ihrer Kunden gegenüber dem plausibel gemachten nachrichtendienstlichen Aufklärungsinteresse abzuwägen. **414**

Übermittlungspflichtig an BfV oder LfV nach § 18 Abs. 1 BVerfSchG ist – unter Beachtung operativer Erwägungen nach § 23 BVerfSchG – **auch der BND**. Dies wird dadurch deutlich, dass § 18 Abs. 1 Satz 2 BVerfSchG *weitere* Unterrichtungspflichten nach dem BND-Gesetz unberührt lässt, woraus im Umkehrschluss folgt, dass § 18 Abs. 1 Satz 1 BVerfSchG eine Unterrichtungspflicht auch für den BND darstellt. § 10 Abs. 1 BNDG, der dem Dienst eigentlich ein Ermessen einräumt, ob er Daten an andere inländische Behörden übermittelt (analog § 19 Abs. 1 BVerfSchG), gilt gegenüber dem BfV bzw. den LfV in den Fällen des § 18 Abs. 1 BVerfSchG nicht,[918] da es sich bei § 18 Abs. 1 BVerfSchG um die sachnähere und spezifischere Vorschrift in Bezug auf verfassungsschutzrelevante Daten handelt (zum „lex specialis“-Grundsatz Rn. 392 f.). Dieses Ergebnis deckt sich mit der Regelung in § 11 Abs. 3 BNDG i. V. m. § 20 BVerfSchG, die den BND gegenüber dem MAD explizit zu einer Übermittlung einschlägiger Informationen verpflichtet. Gleiches muss daher – *erst recht* – gegenüber den anderen Verfassungsschutzbehörden gelten. Für die Übermittlung von personenbezogenen Daten aus der strategischen Ausland-Fernmeldeaufklärung des BND an das BfV gelten jedoch die Vorgaben des § 29 BNDG als lex specialis. **415**

bb) Strengere Übermittlungspflicht der Sicherheitsbehörden, § 18 Abs. 1 a-1b BVerfSchG. § 18 Abs. 1a und Abs. 1b BVerfSchG **verschärfen** die Übermittlungspflicht für die **Staatsanwaltschaften** und **Polizeien von Bund und Ländern**, den **Zoll**, das **416**

---

918 So ausdrücklich die Vorläuferregelung in § 13 BVerfSchG, vgl. auch die Gesetzesbegründung (BT-Drs. 11/4306, S. 63).

BAMF sowie für die **Ausländerbehörden** der Länder: Diese Sicherheitsbehörden müssen von sich aus das BfV oder LfV (das BAMF nur das BfV, die Ausländerbehörden nur die LfV) über *alle* ihnen bekannt gewordenen Informationen einschließlich personenbezogener Daten über Bestrebungen und Tätigkeiten nach § 3 Abs. 1 BVerfSchG unterrichten (also nicht nur über gewaltorientierte, sondern auch über „legalistische" Bestrebungen), wenn tatsächliche Anhaltspunkte dafür bestehen, dass die Übermittlung für die Erfüllung der Aufgaben der Verfassungsschutzbehörde erforderlich ist. Insoweit besteht weder ein Entschließungsermessen hinsichtlich des „ob" der Unterrichtung, noch ein Auswahlermessen hinsichtlich des Umfangs der Übermittlung.[919]

417 Nach § 22 BVerfSchG gelten die Übermittlungspflichten nach § 18 Abs. 1b BVerfSchG für Polizei, Staatsanwaltschaften und Zollbehörden auch zugunsten des MAD. § 10 Abs. 2 BNDG demgegenüber statuiert eine entsprechende Übermittlungspflicht zugunsten des BND nur für die Fälle, in denen die Informationen für Zwecke der Eigensicherung des BND erforderlich sind, d. h. zum Schutz seiner Mitarbeiter, Einrichtungen, Gegenstände und Quellen gegen sicherheitsgefährdende oder geheimdienstliche Tätigkeiten.

418 Ein Verstoß gegen das „informationelle Trennungsprinzip" (näher Rn. 8)[920] bedeutet die verpflichtende Übermittlung von Polizeiinformationen an die Nachrichtendienste grundsätzlich nicht, denn die Datenübermittlung von der Polizei an den Verfassungsschutz stellt aus rechtsstaatlicher Sicht den unproblematischeren Übermittlungsschritt dar.[921] Mangels polizeilicher Anschlussbefugnisse auf Empfängerseite ist nämlich nicht zu befürchten, dass BfV oder LfV auf Grundlage von polizeilichen Informationen Zwangsmaßnahmen initiieren. Die Empfänger können also mit den übermittelten Daten weniger belastendes „machen" als in der umgekehrten Konstellation, wo die Polizei mithilfe von nachrichtendienstlichen Informationen (über die sie normalerweise nicht verfügten) mit Zwang verbundene (und damit deutlich eingriffsintensivere) Maßnahmen durchführen könnte.[922] Deshalb ist die Übermittlung von den Nachrichtendiensten an die Polizei im Licht des „informationellen Trennungsprinzips" der deutlich kritischere Schritt (s. auch die Ausführungen zu § 19 BVerfSchG in Rn. 434 ff.). Ob die Anforderungen des BVerfG an eine „hypothetische Datenneuerhebung" (Rn. 389, 451 f.) vor diesem Hintergrund auch für die Datenübermittlung durch Polizeibehörden an die Nachrichtendienste zu beachten sind, hat das BVerfG in der Entscheidung zum BayVSG zwar offengelassen,[923] ist im Ergebnis aber zu bejahen: Zwar sind die zu befürchtenden Grundrechtsbeschränkungen zu Lasten der Betroffenen bei einer Übermittlung von z. B. durch Hausdurchsuchung oder Beschlagnahme gewonnenen polizeilichen Daten mangels operativer Anschlussbefugnisse der Nachrichtendienste als vergleichsweise gering einzustufen.[924] Jedoch hat das BVerfG im Urteil zum BKA-Gesetz festgestellt, dass eine Regelung, die für praktisch alle Daten ohne konkretisierende Eingriffsschwelle die Übermittlung zur allgemeinen Unterstützung bei der Aufgabenwahrnehmung erlaubt (wie dies § 18 Abs. 1b BVerfSchG tut), unverhältnismäßig weit ist. Das Kriterium der hypothetischen Datenneuerhebung verlange zwar nicht, dass eine für die Datenerhebung geforderte konkretisierte Gefahrenlage immer auch die Voraussetzung für die Weiterübermittlung an andere Behörden sein muss. Verfassungsrechtlich geboten sei jedoch,

---

919 *Bergemann*, in: Bäcker/Denninger/Graulich, H Rn. 145.

920 BVerfG, NJW 2013, 1499 (1505) – ATD-Gesetz.

921 Kritisch jedoch *Bergemann*, in: Bäcker/Denninger/Graulich, H Rn. 146.

922 Zu dem Kriterium, dass an eine Übermittlung strengere Anforderungen zu stellen sind, wenn die empfangende Behörde über operative Anschlussbefugnisse verfügt, als wenn sie keine derartigen operativen Befugnisse hat, s. BVerfG, NJW 2022, 1583 (1596, Rn. 234).

923 BVerfG, NJW 2022, 1583 (1596 f., Rn. 234).

924 Vgl. BVerfG, NJW 2022, 1583 (1585, Rn. 154).

dass nur Daten übermittelt werden dürfen, die aus Sicht der Polizei (hier: des BKA) als konkrete Ermittlungsansätze für die Aufdeckung von Straftaten oder Gefahren für hochrangige Rechtsgüter zugleich konkrete Erkenntnisse zu einer Gefährdung hochrangiger Rechtsgüter erkennen lassen.[925] Dies zugrunde gelegt, dürfte § 18 Abs. 1b BVerfSchG (da eine mögliche Gefährdung hochrangiger Rechtsgüter hier gerade keine Tatbestandsvoraussetzung für die Übermittlung an BfV und LfV ist) verfassungsrechtlich nicht haltbar sein.

Zu beachten ist, dass § 18 Abs. 1b BVerfSchG *nicht die Datenübermittlung zwischen Behörden desselben Bundeslandes regelt* (siehe § 18 Abs. 1b Satz 2 und § 21 Abs. 1 Satz 2 BVerfSchG). Damit ist zwar die Übermittlung z. B. vom LKA Hamburg an das BfV oder vom LKA Hessen an das LfV Bremen von § 18 Abs. 1b BVerfSchG erfasst, nicht aber die Übermittlung z. B. vom LKA Hessen an das LfV Hessen und umgekehrt. Für Datenübermittlungen innerhalb desselben Bundeslandes gelten ausschließlich die entsprechenden landesrechtlichen Bestimmungen, insbesondere die Landesverfassungsschutzgesetze. Dass der *Bund überhaupt* die Kompetenz hat, eine Datenübermittlungspflicht von *Landesbehörden* vorzuschreiben (und zwar auch der Länder untereinander), folgt aus der in Art. 73 Abs. 1 Nr. 10 b, c GG niedergelegten umfassenden Gesetzgebungszuständigkeit des Bundes für die Zusammenarbeit des Bundes *und der Länder* in Angelegenheiten des Verfassungsschutzes.[926] Diese Regelung bezweckt gerade nicht nur die Übermittlung zwischen den jeweiligen Fachbehörden auf Landes- und Bundesebene, sondern vielmehr eine übergreifende Zusammenarbeit (d. h. einen Informationsaustausch) zwischen den Verfassungsschutzbehörden einerseits und den Staatsanwaltschaften und Polizeien andererseits.[927] Wichtiger Bestandteil der Zusammenarbeit ist der Informationsaustausch. Von dieser – *umfassenden* – Gesetzgebungskompetenz hat der Bund gemäß § 18 Abs. 1b Satz 2 BVerfSchG also nur einschränkend Gebrauch gemacht, wenn er die *landesinterne* Zusammenarbeit der Behörden in Angelegenheiten des Verfassungsschutzes nicht regelt. **419**

Ergänzend zu § 18 Abs. 1b BVerfSchG gilt für die Übermittlung an die Verfassungsschutzbehörden als normkonkretisierende Verwaltungsvorschrift Ziffer 205 Abs. 2 der Richtlinien für das Straf- und Bußgeldverfahren (RiStBV). Danach unterrichtet der Staatsanwalt das BfV bzw. LfV in geeigneter Weise über die Einleitung und den Fortgang von Verfahren sowie über die für eine Auswertung wesentlichen Entscheidungen (z. B. Anklageschriften, Urteile, Einstellungsverfügungen). Eine Unterrichtung soll insbesondere erfolgen in Verfahren wegen **420**
- Vorbereitung oder Aufnahme von Beziehungen zur Begehung einer schweren staatsgefährdenden Gewalttat (§§ 89a und 89b StGB) oder Terrorismusfinanzierung (§ 89c StGB),
- Landesverrats und Gefährdung der äußeren Sicherheit (§§ 94 bis 100a StGB),
- Straftaten nach den §§ 129a und 129b StGB und damit in einem möglichen Sachzusammenhang stehende Straftaten,
- Straftaten nach den §§ 17, 18 AWG und nach den §§ 19 bis 22a KrWaffKontrG mit Bezügen zu ausländischen Nachrichtendiensten, und
- Straftaten unter Anwendung von Gewalt, sofern tatsächliche Anhaltspunkte dafür bestehen, dass sie zur Durchsetzung verfassungsfeindlicher Ziele begangen wurden.

Entsprechende Übermittlungspflichten der Staatsanwaltschaft gelten nach Ziffer 206 RiStBV auch zugunsten von MAD und BND. Ergänzende untergesetzliche Regelungen für die Übermittlung von Informationen an die Nachrichtendienste finden sich auch

925 BVerfG, NJW 2016, 1781 (1805, Rn. 320 f.).
926 BVerfG, Beschl. v. 28.9.2022 – 1 BvR 2354/13, Rn. 98 ff.
927 BVerfG, Beschl. v. 28.9.2022 – 1 BvR 2354/13, Rn. 100.

in den Zusammenarbeitsrichtlinien (ZRL),[928] die – obwohl ihr Inhalt mittlerweile weitgehend in gesetzlichen Vorschriften aufgegangen ist – weiterhin fortgelten.[929] Hiernach obliegt der Staatsanwaltschaft die Unterrichtung der Verfassungsschutzbehörden, des BND bzw. des MAD nach den für diese geltenden Vorschriften, wenn die Polizei Ermittlungen im Auftrage der Staatsanwaltschaft nach § 161 StPO durchführt.

421 cc) **§ 18 Abs. 2 BVerfSchG.** Ergänzend zur Übermittlungspflicht nach § 18 Abs. 1 BVerfSchG bei Anhaltspunkten für geheimdienstliche Tätigkeiten oder gewaltorientierten Extremismus (Rn. 414) *darf* der **BND** nach § 18 Abs. 2 BVerfSchG dem BfV und den LfV auch sonstige Informationen übermitteln, wenn diese für die Aufgaben der Verfassungsschutzbehörden nach § 3 Abs. 1 BVerfSchG erforderlich sind. Es besteht für den BND dann jedoch **keine Übermittlungspflicht**; insoweit hat er ein Ermessen.

422 **dd) Ersuchen um Datenübermittlung, § 18 Abs. 3 BVerfSchG.** § 18 Abs. 3 BVerfSchG ist die generalklauselartige Rechtsgrundlage für **Ersuchen** von BfV und LfV an Staatsanwaltschaften, Polizeien und alle anderen Behörden, wenn dort (mutmaßlich) Informationen vorliegen, die für die Aufgabenerfüllung des Verfassungsschutzes erforderlich sind und wenn diese Informationen nicht aus allgemein zugänglichen Quellen, nur mit übermäßigem Aufwand oder nur durch eine den Betroffenen stärker belastende Maßnahme erhoben werden können. Entsprechende Parallelvorschriften für MAD und BND finden sich in § 10 Abs. 2 MADG und § 10 Abs. 3 BNDG.

423 Allerdings hat § 18 Abs. 3 BVerfSchG als Generalklausel nur Auffangcharakter, wenn kein Spezialgesetz vorhanden ist, in dem die Voraussetzungen und Inhalte einer Auskunftserteilung spezifischer geregelt sind (vgl. Rn. 391 f.). Das BVerfG hat im „Volkszählungsurteil" im Zuge der Ausformulierung des Rechts auf informationelle Selbstbestimmung die Notwendigkeit sog. **bereichsspezifischer Rechtsgrundlagen** für Informationsübermittlungen betont.[930] Die Generalklauseln der §§ 8 Abs. 1, 18 Abs. 3 BVerfSchG reichen dann nicht als Datenerhebungsgrundlage aus, wenn – insbesondere weil der Grundrechtseingriff wegen der Sensitivität der Daten erheblich ist – für das jeweilige Rechtsgebiet ein Spezialgesetz erforderlich ist, in dem die Anforderungen für die Abfrage personenbezogener Daten konkret (d. h. „bereichsspezifisch") geregelt sind. Spezialgesetze, die Auskünfte an die Nachrichtendienste ausdrücklich regeln (z. B. die Beauskunftung von Sozialdaten nach § 72 Sozialgesetzbuch X, von Daten aus dem Waffenregister nach § 13 Nr. 8 WaffRG oder von Fahrzeug- und Halterdaten beim Kraftfahrtbundesamt nach § 35 Abs. 1 StVG) sind daher vorrangig vor § 18 Abs. 3 BVerfSchG zu prüfen. Folglich muss zunächst ermittelt werden, ob in einem Spezialgesetz eine bereichsspezifische Abfragemöglichkeit existiert, bevor – sofern eine solche fehlt – hilfsweise auf § 18 Abs. 3 BVerfSchG zurückgegriffen werden kann. Ist nach der bereichsspezifischen Vorschrift die Datenübermittlung an den Nachrichtendienst nicht zulässig (entweder weil letzterer generell nicht zu den empfangsberechtigten Stellen zählt oder weil die Voraussetzungen der spezialgesetzlichen Rechtsgrundlage im Einzelfall nicht

---

928 Der Regelungsgehalt der „Richtlinien für die Zusammenarbeit der Verfassungsschutzbehörden, des Bundesnachrichtendienstes (BND), des Militärischen Abschirmdienstes (MAD), der Polizei und der Strafverfolgungsbehörden in Staatsschutzangelegenheiten" (Zusammenarbeitsrichtlinien – **ZRL** – in der Fassung vom 23.7.1973; abgedruckt bei *Droste*, S. 665 ff.) ist heute nur noch gering, da ihr Inhalt im Wesentlichen in den neueren gesetzlichen Zusammenarbeits- und Datenaustauschvorschriften aufgegangen ist, insbesondere im BVerfSchG, BNDG und MADG. Die ZRL dürfen nicht mit der neueren Zusammenarbeitsrichtlinie (**ZAR**; Richtlinie für die Zusammenarbeit des Bundesamtes für Verfassungsschutz und der Landesbehörden für Verfassungsschutz gemäß Beschluss der Innenministerkonferenz i. d. F. vom 7.12.2012 – früher: „Koordinierungsrichtlinie") verwechselt werden, die untergesetzlich die Zusammenarbeit von BfV und LfV regelt (vgl. BLKR, Rn. 164 ff., 449).

929 *Greßmann*, in: Dietrich/Eiffler, IV, § 3 Rn. 3.

930 BVerfGE 65, 1 (46).

vorliegen), ist ein Rückgriff auf § 18 Abs. 3 BVerfSchG **unzulässig**. Anderenfalls würde die Entscheidung des Gesetzgebers, die Datenerhebung von BfV, LfV, MAD oder BND insoweit gerade nicht zuzulassen, umgangen. Beispielhaft soll das Spannungsfeld zwischen Generalklausel und bereichsspezifischer Abfragemöglichkeit an folgenden Datenkategorien verdeutlicht werden:

(1) Beispiele, in denen die Generalklausel des § 18 Abs. 3 BVerfSchG greift

(a) **Abfrage zu Daten von Ausländern.** Das Ausländerzentralregistergesetz sieht in § 20 AZRG auf Ersuchen die Übermittlung der im AZR gespeicherten Auskünfte an BfV, LfV, MAD und BND vor (z. B. Tag der Einreise, Aufenthaltsstatus, Lichtbilder, s. § 3 AZRG). Bezüglich der Daten, die im AZR gespeichert sind, ist § 20 AZRG als abschließende Spezialregelung zu sehen, die für eine Anwendung der §§ 18 Abs. 3 BVerfSchG, 10 Abs. 2 MADG und 10 Abs. 3 BNDG keinen Raum mehr lässt. Oftmals sind jedoch die Daten des AZR nicht ausreichend, um den Werdegang und mögliche Gefahrenpotentiale des betroffenen Ausländers sachgerecht nachvollziehen zu können. Daher wird häufig die Ausländerakte benötigt, die bei der Ausländerbehörde geführt wird. Weil § 90 AufenthG als hierfür eigentlich bereichsspezifische Übermittlungsvorschrift die Übermittlung von Daten aus Ausländerakten an den Verfassungsschutz (anders als § 20 AZRG) nicht explizit regelt, greift hier **§ 18 Abs. 3 BVerfSchG** als **Auffangtatbestand**; seine Anwendbarkeit ist insoweit also nicht gesperrt. 424

(b) **Auskünfte aus Strafverfahren nach der StPO.** Auch der Datenaustausch zwischen Staatsanwaltschaften und Nachrichtediensten ist in der StPO nicht bereichsspezifisch geregelt. § 474 Abs. 2 Satz 2 StPO bestimmt sogar ausdrücklich, dass sich die Erteilung von Auskünften aus Strafverfahrensakten nach den sachnäheren Regeln des BNDG, MADG, der LVerfSchG und für das BfV nach § 18 BVerfSchG richtet. Für die Übermittlung aus einer strafrechtlichen Ermittlungsakte gilt für die Staatsanwaltschaft folglich die Übermittlungspflicht nach § 18 Abs. 1b BVerfSchG (dazu Rn. 416 ff.), für die Übermittlung auf Ersuchen wiederum § 18 Abs. 3 BVerfSchG. Gleiches gilt für Auskünfte aus dem Zentralen Staatsanwaltschaftlichen Verfahrensregister (ZStV): Nach § 492 Abs. 4 StPO gelten für Ersuchen der Nachrichtendienste um Übermittlung von Daten aus dem ZStV die jeweiligen Ermittlungsregeln der Dienstegesetze, für Ersuchen (Dateianfragen) von BfV und LfV namentlich § 18 Abs. 3 BVerfSchG. 425

(2) Bereichsspezifische (m. a. W. abschließende) Regelungen, die § 18 Abs. 3 BVerfSchG vorgehen

(a) **§ 72 SGB X.** Eine Abfrage von Sozialdaten ist nach § 72 Abs. 1 Satz 1 SGB X für die Nachrichtendienste ausdrücklich vorgesehen; für §§ 18 Abs. 3 BVerfSchG, 10 Abs. 2 MADG, 10 Abs. 3 BNDG bleibt insoweit kein Raum. Allerdings können bei den Sozialversicherungsträgern gemäß § 72 Abs. 1 Satz 2 SGB X nur Name und Vorname, früher geführte Namen, Geburtsdatum, Geburtsort, derzeitige und frühere Anschriften der betroffenen Person sowie Namen und Anschriften ihrer derzeitigen und früheren Arbeitgeber angefragt werden. Die Abfrage von weitergehenden Daten (wie sie mangels tatbestandlicher Eingrenzung durch § 18 Abs. 3 BVerfSchG möglich wären) erlaubt der § 72 SGB X nicht. Damit kann ein Anspruch auf verpflichtende Beauskunftung von weiteren als den in § 72 Abs. 1 Satz 2 SGB X genannten Daten nicht auf §§ 18 Abs. 3 BVerfSchG, 10 Abs. 2 MADG, 10 Abs. 3 BNDG gestützt werden. Jedoch dürfte eine *freiwillige* Beauskunftung zusätzlicher Daten durch den Sozialversicherungsträger (d. h. außerhalb einer verpflichtenden Anfrage nach § 72 SGB X) nach pflichtgemäßem Ermessen und gestützt auf § 68 Abs. 1 SGB X zur Gefahrenabwehr (z. B. bei Ermittlungen zu konkreten Terrorplanungen) zulässig sein, sofern die dort genannten Voraussetzungen vorliegen. 426

427 § 72 SGB X schreibt zwei Prüfungen vor:

- Prüfung der Rechtmäßigkeit des Ersuchens durch die *ersuchende Behörde*, und
- Schlüssigkeitsprüfung durch die *ersuchte Behörde*. Hierfür müssen in dem Übermittlungsersuchen Angaben enthalten sein, die eine Prüfung der Voraussetzungen für das Übermittlungsersuchen seitens des Sozialversicherungsträgers möglich machen. Wegen der Sensitivität der dem Ersuchen zugrunde liegenden nachrichtendienstlichen Erkenntnisbedarfe dürfen hier aber keine zu hohen Anforderungen gestellt werden. Zwar trägt nach § 67d Abs. 1 Satz 1 SGB X die ersuchte Stelle die Verantwortung für die Zulässigkeit der Datenübermittlung. Da aber sicherheitsrelevante Daten durch die Nachrichtendienste selten weitergabefähig sind, kann die Prüfung der Rechtmäßigkeit seitens der übermittelnden Stelle ohnehin nicht vollständig erfolgen bzw. ist sie sogar gänzlich von der Prüfung der Erforderlichkeit befreit.[931]

428 (b) **§ 34 Bundesmeldegesetz.** Nach § 34 Abs. 1 BMeldeG darf die Meldebehörde den Nachrichtendiensten aus dem Melderegister die zahlreichen dort genannten Daten übermitteln, wenn dies zur Erfüllung der Aufgaben der anfragenden Behörde erforderlich ist. Auch diese Norm regelt speziell eine Beauskunftung einer bestimmten Kategorie von (sensitiven) Daten und ist damit als abschließend gegenüber § 18 Abs. 3 BVerfSchG zu verstehen. Die ersuchte Meldebehörde prüft nach § 34 Abs. 4 BMeldeG selbst nicht die Rechtmäßigkeit des Ersuchens, dies erfolgt vielmehr bei der ersuchenden Behörde (BfV, LfV, MAD, BND). Den anfragenden Nachrichtendienst trifft aber eine Dokumentationspflicht hinsichtlich Namen und Anschrift der betroffenen Person.

429 (c) **§ 18 Abs. 3a BVerfSchG (Auskunft bei den Finanzbehörden).** § 18 Abs. 3a Satz 1 BVerfSchG begründet eine Auskunftspflicht der Finanzbehörden gegenüber dem BfV und den LfV bezüglich der Frage, ob eine Körperschaft, Personenvereinigung oder Vermögensmasse als gemeinnützig anerkannt ist. In dieser Auskunft liegt eine – durch Gesetz ausdrücklich zugelassene – Durchbrechung des Steuergeheimnisses im Sinne des § 30 Abs. 4 Nr. 2 Abgabenordnung (AO). Spiegelbildlich sind die Finanzbehörden nach § 18 Abs. 3a Satz 2 BVerfSchG auch zur Übermittlung der erbetenen Auskünfte verpflichtet („Doppeltürprinzip", Rn. 388): „Die Finanzbehörden haben der ersuchenden Behörde die Auskunft nach Satz 1 zu erteilen." § 51 Abs. 3 Satz 3 AO bekräftigt diesen gewollten Eingriff in das Steuergeheimnis und verpflichtet die Finanzbehörden, der jeweils zuständigen Verfassungsschutzbehörde die Tatsachen mitzuteilen, die den Verdacht von extremistischen Bestrebungen oder des Zuwiderhandelns gegen den Gedanken der Völkerverständigung begründen.

430 Jenseits der Frage, ob eine Vereinigung als gemeinnützig anerkannt ist, dürfen die Finanzbehörden den Nachrichtendiensten gestützt auf § 30 Abs. 4 Nr. 5 AO dem Steuergeheimnis unterfallende Erkenntnisse nur sehr eingeschränkt mitteilen, nämlich dann, wenn für die Offenbarung der Daten ein zwingendes öffentliches Interesse besteht. Ein zwingendes öffentliches Interesse nach dieser Vorschrift besteht u. a., wenn die Offenbarung erforderlich ist zur Abwehr erheblicher Nachteile für das Gemeinwohl, oder bei einer Gefahr für die öffentliche Sicherheit, die Verteidigung oder die nationale Sicherheit, zur Verhütung resp. Verfolgung von Verbrechen und vorsätzlichen schweren Vergehen gegen Leib und Leben oder gegen den Staat und seine Einrichtungen. Konkret bedeutet dies, dass die Nachrichtendienste, gestützt auf §§ 18 Abs. 3 BVerfSchG, 10 Abs. 2 MADG, 10 Abs. 3 BNDG i. V. m. 30 Abs. 4 Nr. 5 AO um Übermittlung von Daten der Finanzbehörden nur bei begangenen oder befürchteten schweren Staatsschutzdelikten (vor allem bei Terrorverdacht) ersuchen dürfen, nicht aber in Fällen des „einfachen Extremismus".

---

931 Vgl. BeckOK SozR/*Westphal*, 65. Ed. 1.6.2022, SGB X, § 72 Rn. 12.

c) **Übermittlungen durch die Nachrichtendienste an andere Stellen. – aa) Berichtspflicht gegenüber der Rechts- und Fachaufsicht.** Im Rahmen der „Frühwarnfunktion" der Nachrichtendienste (Rn. 19 ff.) ist es eine ihrer zentralen Aufgaben, die Regierung über ihre Erkenntnisse und die daraus abzuleitenden sicherheitspolitischen Herausforderungen zu unterrichten. Bis 2015 war dies ausdrücklich in § 16 Abs. 1 BVerfSchG a. F. geregelt. BfV, LfV, BND und MAD unterliegen der Rechts-, Fach- und Dienstaufsicht[932] (§§ 2 Abs. 1 Satz 2 BVerfSchG, 1 Abs. 1 BNDG) des jeweils zuständigen Fachministeriums (BMI, LMI, BKAmt, BMVg) und haben in diesem Rahmen vollumfänglich, d. h. ohne Beschränkungen in Bezug auf daten- oder geheimschutzrechtliche Erwägungen, zu berichten.[933] Die Übermittlungsverbote des § 23 BVerfSchG gelten hier nicht, da diese nur für die Übermittlungsvorschriften des 3. Abschnitts (§§ 17 ff. BVerfSchG) greifen, der § 16 Abs. 1 BVerfSchG a. F. sich aber im 2. Abschnitt befand.[934] Es ist nichts dafür ersichtlich, dass sich nach der Novellierung im Jahr 2015 an dieser aus der umfassenden Ressortverantwortung der jeweils obersten Behörde für seine nachgeordneten Behörden (Art. 65 Satz 2 GG) folgenden Rechtslage etwas ändern sollte (s. daher aktuell § 65 Abs. 1 BNDG, wonach der BND unmittelbar das Bundeskanzleramt und die Bundesministerien im Rahmen ihrer Zuständigkeiten unterrichtet). Zulässig und geboten ist sowohl eine Berichtspflicht auf Anforderung des Ministeriums, als auch „spontan" ohne Anforderung, wenn hierfür ein Anlass besteht. 431

bb) **Informationsaustausch zwischen BfV, MAD und BND.** Der Informationsaustausch zwischen BfV und MAD und umgekehrt regelt sich nach § 3 Abs. 3 MADG (Rn. 374, 377), vom BfV zum BND nach § 20 Abs. 1 Satz 3 BVerfSchG, vom BND zum BfV nach § 18 Abs. 1 BVerfSchG (Rn. 415), vom MAD zum BND nach § 11 Abs. 2 MADG i. V. m. § 20 BVerfSchG und vom BND zum MAD nach § 11 Abs. 3 BNDG i. V. m. § 20 BVerfSchG. In allen Fällen besteht eine umfassende Übermittlungspflicht der Nachrichtendienste untereinander von Amts wegen, wenn tatsächliche Anhaltspunkte dafür bestehen, dass die vorhandenen Informationen für die Aufgabenerledigung der jeweils anderen Behörde erforderlich sind. Für die Übermittlung von personenbezogenen Daten aus der strategischen Ausland-Fernmeldeaufklärung des BND gelten die Vorgaben des § 29 BNDG als lex specialis. Nach der letztgenannten Regelung darf der BND an BfV, LfV und MAD übermitteln 432

- die mit dem Zweck der Gefahrenfrüherkennung gekennzeichneten personenbezogenen Daten (also die zu operativen Anschlussmaßnahmen vorgesehenen Daten), wenn tatsächliche Anhaltspunkte dafür bestehen, dass dies zum Schutz besonders gewichtiger Rechtsgüter erforderlich ist, und
- die mit dem Zweck der politischen Unterrichtung oder mit dem Zweck der Gefahrenfrüherkennung gekennzeichneten personenbezogenen Daten zum Zweck der Unterrichtung der Bundesregierung oder einer Landesregierung, wenn tatsächliche Anhaltspunkte dafür bestehen, dass die Übermittlung zur Erfüllung der Aufgaben des BND oder derjenigen des Empfängers erforderlich ist.

cc) **Anwendung der Übermittlungsvorschriften auch auf sachbezogene Informationen.** Auch wenn der Wortlaut der § 19 ff. BVerfSchG stets davon spricht, dass *personenbezogene* Daten (dazu Rn. 308) unter den dort genannten Voraussetzungen übermittelt werden dürfen, ist es sachgerecht, die restriktiven Vorgaben dieser verfassungsschutzspe- 433

---

932 *Roth*, in: Schenke/Graulich/Ruthig, § 2 BVerfSchG Rn. 6.

933 Zur Notwendigkeit einer effektiven Aufsicht gerade bei heimlichen Überwachungsmaßnahmen s. BVerfG, NJW 2022, 1583 (1604, Rn. 290).

934 In der Neufassung des BVerfSchG durch Gesetz v. 17.11.2015 ist zwar die ausdrückliche Regelung der Berichtspflicht des BfV an das BMI entfallen, doch ergibt sich diese auch ohne ausdrückliche Regelung aus dem Ressortprinzip des Art. 65 Satz 2 GG (*Mallmann*, in: Schenke/Graulich/Ruthig, § 16 BVerfSchG Rn. 4; *Barczak*, in: Dietrich/Fahrner, § 16 Rn. 52).

zifischen Regeln (die für MAD und BND entsprechend gelten) grundsätzlich auch bei der Übermittlung von lediglich *sach- bzw. organisationsbezogenen* Daten anzuwenden. Denn zum einen lässt es sich für die übermittelnde Stelle im Vorhinein häufig nicht beurteilen, ob es sich bei den zu übermittelnden Informationen nicht doch um personenbezogene oder zumindest personenbeziehbare Daten handelt (nach § 46 Nr. 1 BDSG sind personenbezogene Daten auch solche Informationen, die sich auf eine *identifizierbare* natürliche Person beziehen, z. B. Steuer-ID, IP-Adressen, Kfz-Kennzeichen, Telefonnummern, näher Rn. 308). Zum anderen sind die Übergänge zwischen organisations- bzw. sachbezogenen und personenbezogenen Daten fließend, da oft nicht bekannt ist, welche zusätzlichen Erkenntnisse auf Seiten des Empfängers vorhanden sind, die verknüpft mit den übermittelten (zunächst nur sachbezogenen) Erkenntnissen beim Empfänger einen Personenbezug herstellen lassen. So wäre die Übermittlung z. B. einer IP-Adresse oder eines nick-names, die im Internet verwendet werden, zunächst keine „scharfe" personenbezogene Information; wenn jedoch der Empfänger etwa gezielt diese Daten angefragt hätte, wird er diese Informationen häufig auch einer bereits im Fokus befindlichen konkreten Person zuordnen können. Durch diese Verknüpfung wäre auf Empfängerseite ein Personenbezug hergestellt, was mit Blick auf das Risiko für die Persönlichkeitsrechte des Betroffenen letztlich zur gleichen Belastung führt als wenn direkt der Klarname mitübermittelt worden wäre.

434 **dd) Übermittlung an andere inländische Behörden nach § 19 Abs. 1 BVerfSchG.** Die Voraussetzungen für eine Übermittlung von Informationen durch BfV, BND und MAD **an inländische Behörden** (z. B. Polizei-, Ausländer-, Versammlungs- oder Meldebehörden) ergeben sich – mit Ausnahme der Übermittlungen innerhalb der „ND-Community" sowie an Strafverfolgungsbehörden in Staatsschutzangelegenheiten, die jeweils in weiterreichenden Spezialvorschriften geregelt sind[935] – aus **§ 19 Abs. 1 BVerfSchG** (i. V. m. §§ 11 Abs. 1 MADG, 11 Abs. 1 BNDG). Die Regelung wurde nach dem ATD-Urteil des BVerfG (2013) und dem darin begründeten „informationellen Trennungsprinzip" (Rn. 8) verschärft. Um polizeiliche und nachrichtendienstliche Informationsbestände grundsätzlich getrennt zu halten[936] und die Polizei nur in Ausnahmefällen mit nachrichtendienstlich gewonnenen Informationen zu versorgen, die für ein operatives vollzugspolizeiliches Tätigwerden genutzt werden können (z. B. für Hausdurchsuchungen, Festnahmen), differenziert § 19 Abs. 1 BVerfSchG zwischen der

- Übermittlung *von mit ND-Mitteln gewonnenen* Informationen an Polizeien und Staatsanwaltschaften (hierfür sind höhere Voraussetzungen zu beachten) und
- sonstigen Übermittlungen an inländische Behörden (insbesondere die Übermittlung von „offenen" Erkenntnissen an Polizei und Staatsanwaltschaften oder von mit ND-Mitteln gewonnenen und offenen Erkenntnisse an sonstige Behörden).

435 § 19 Abs. 1 BVerfSchG räumt dem übermittelnden Nachrichtendienst ein Entschließungsermessen ein, *ob überhaupt* Daten zu den näher bezeichneten Zwecken übermittelt werden sowie ein Auswahlermessen, *in welchem Umfang*. Wenn also das Ermessen in der Weise ausgeübt wird, dass z. B. das BfV sich entschließt, der Versammlungsbehörde

935 Insbesondere §§ 6 Abs. 1 BVerfSchG, 3 Abs. 3 MADG (Rn. 289 ff.), 20 Abs. 1 Satz 3 BVerfSchG (Rn. 338).

936 Nach Ansicht des BVerfG im ATD-Urteil dürfen Daten von den Nachrichtendiensten an Polizeibehörden nur ausnahmsweise aufgrund einer normenklaren Rechtsgrundlage ausgetauscht werden. Wegen des Ausnahmecharakters einer informationellen Zusammenarbeit dürften sich Rechtsgrundlagen für Datenübermittlungen zwischen den Nachrichtendiensten und der Polizei nicht mit vergleichbar niederschwelligen Voraussetzungen wie der „Erforderlichkeit" für die Aufgabenwahrnehmung oder der Wahrung der öffentlichen Sicherheit begnügen (BVerfG, NJW 2013, 1499 [1505, Rn. 126]). Daraus hat der Gesetzgeber den Schluss gezogen, dass § 19 Abs. 1 BVerfSchG a. F., der den Datenaustausch zwischen Verfassungsschutz und Polizei bereits dann zugelassen hatte, wenn die Informationen zur jeweiligen Aufgabenerledigung bzw. den Schutz der öffentlichen Sicherheit „erforderlich" ist, mit dem vom BVerfG angenommenen informationellen Trennungsprinzip nicht vereinbar war und damit gegen das R. i. S. verstieß.

Informationen über den extremistischen Hintergrund eines Versammlungsleiters mitzuteilen oder über das beabsichtigte Mitführen verbotener Gegenstände, besteht auch ein Ermessen dazu, sich auf die Übermittlung dieser Umstände zu beschränken oder aber weitere Hintergrunderkenntnisse ebenfalls mitzuteilen oder Originaldokumente beizufügen. Eine Pflicht zur vollumfänglichen Übermittlung auch z. B. der Quellenmeldungen oder von Belegmaterial für die jeweils übermittelte Erkenntnis besteht nicht.

Die Übermittlung nachrichtendienstlich erhobener Daten an eine Gefahrenabwehrbehörde hat nach der aktuellen Rechtsprechung des BVerfG (2022) dabei einem besonders gewichtigen Rechtsgut zu dienen, für das wenigstens eine hinreichend konkretisierte Gefahr bestehen muss. Anderenfalls könnten Gefahrenabwehrbehörden mithilfe von nachrichtendienstlich gewonnenen Informationen (die regelmäßig im Vorfeld polizeilich relevanter Gefahren gewonnen werden, d. h. häufig noch ohne dass ein Rechtsverstoß des Betroffenen vorliegt) intervenierend gegenüber den Bürgern tätig werden, was wegen der unterschiedlichen Aufgaben von Polizei und Nachrichtendiensten[937] nur bei besonders gravierenden Rechtsgutsbedrohungen zulässig sein soll. Zu den besonders gewichtigen Rechtsgütern, die eine Übermittlung nachrichtendienstlich erhobener Daten an Gefahrenabwehrbehörden rechtfertigen, zählen insbesondere Leib, Leben und Freiheit der Person, der Bestand oder die Sicherheit des Bundes oder eines Landes sowie Sachen von bedeutendem Wert, deren Erhaltung im öffentlichen Interesse geboten ist.[938] An der Übermittlung nachrichtendienstlich gewonnener Informationen muss daher ein herausragendes öffentliches Interesse bestehen.[939] § 19 Abs. 1 BVerfSchG genügt in seiner aktuellen Fassung diesen Anforderungen, die das BVerfG im Urteil zum BayVSG vom 26.4.2022 aufgestellt hat, nicht. (s. auch Rn. 451 f., 465) 436

(1) Übermittlung von nachrichtendienstlich gewonnenen Informationen an Gefahrenabwehrbehörden. Gemäß § 19 Abs. 1 *Satz 1* BVerfSchG dürfen *mithilfe von ND-Mitteln gezielt gewonnene Erkenntnisse*[940] grundsätzlich nur zur Verhinderung oder Aufklärung von (allgemeinkriminellen) Straftaten von *erheblicher* Bedeutung bzw. zur Abwehr *erheblicher* Gefahren *an die Polizei oder Staatsanwaltschaft* übermittelt werden. „Erhebliche Bedeutung" im Sinne des § 19 Abs. 1 Satz 1 Nr. 3 BVerfSchG haben alle Straftaten, die in § 138 StGB oder § 3 G 10 aufgezählt werden (so die Allg. VV zu § 21 Abs. 1 SÜG, die hier als Auslegungshilfe herangezogen werden kann). § 20 Abs. 2 Satz 2 HessVSG versteht unter Straftaten von erheblicher Bedeutung alle Verbrechen (d. h. alle Straftaten mit einer Mindestandrohung von einem Jahr Freiheitsstrafe) und schwerwiegende Vergehen, wenn die Straftat im Einzelfall mindestens dem Bereich der mittleren Kriminalität zuzurechnen ist, sie den Rechtsfrieden empfindlich stört und dazu geeignet ist, das Gefühl der Rechtssicherheit der Bevölkerung erheblich zu beeinträchtigten. Orientiert an Legaldefinitionen im Polizeirecht (hier: § 8 Abs. 3 PolG NRW) sind Straftaten von erheblicher Bedeutung *insbesondere* alle Verbrechen sowie die in § 138 StGB genannten Vergehen, sowie Vergehen nach § 129 StGB und gewerbs- oder bandenmäßig began- 437

---

937 BVerfG, NJW 2022, 1583 (1585, Rn. 154 ff.).

938 BVerfG, NJW 2022, 1583 (1598, Rn. 243).

939 BVerfG, NJW 2022, 1583 (1597, 1613, Rn. 236, 364).

940 Nach der Gesetzesbegründung ist die Regelung auf Erkenntnisse beschränkt, die mit nachrichtendienstlichen Mitteln *gezielt* gewonnen werden. Fallen beispielsweise bei einer Observation Zufallserkenntnisse außerhalb der Maßnahmerichtung an (z. B. zu anderen als den Zielpersonen), gebe es keinen Grund für Übermittlungsrestriktionen im Vergleich etwa mit außerdienstlichen Erkenntnissen des eingesetzten Beamten (BT-Drs. 18/4654, S. 33). Diese Einschränkung des § 19 Abs. 1 Satz 1 BVerfSchG auf solche Erkenntnisse, die mit dem nachrichtendienstlichen Mitteleinsatz bezweckt waren, ist fragwürdig, da es mit Blick auf das „informationelle Trennungsprinzip" allein auf die Rahmenbedingungen ankommen kann, unter denen die Erkenntnisse gewonnen wurden (hier: auf nachrichtendienstlich-konspirative Weise) und nicht auf die ggf. enge Zwecksetzung der Maßnahme. Kritisch auch *Siems*, in: Dietrich/Eiffler, VI, § 7 Rn. 64.

gene Vergehen nach den §§ 243, 244, 260, 261, 263 bis 264a, 265b, 266, 283, 283a, 291 oder 324 bis 330 StGB, § 52 Abs. 1 Satz 1 Nr. 2 Buchstabe c) oder d) WaffG, §§ 29 Abs. 3 Satz 2 Nr. 1 oder 29a Abs. 1 Nr. 2 BtMG und §§ 96 und 97 AufenthG.

438 Einen weiteren hilfreichen Anhaltspunkt für die Beschreibung der Straftaten von erheblicher Bedeutung liefert der Katalog der in § 100a Abs. 2 (i. V. m. §§ 100g Abs. 1 Satz 1 Nr. 1, 100i Abs. 1) StPO genannten Delikte. Wichtig ist, dass die Übermittlungshürden – und damit die Bedeutung der damit geschützten Rechtsgüter – konkret benannt werden: nach Ansicht des BVerfG genügt die pauschale Nennung von „Straftaten von erheblicher Bedeutung" den verfassungsrechtlichen Voraussetzungen für eine Datenübermittlung an Behörden mit exekutiven Folgebefugnissen nämlich nicht.[941] Die Übermittlung nachrichtendienstlich ersterhobener Daten an eine Gefahrenabwehr- oder Strafverfolgungsbehörde, die mit diesen (im Vorfeld konkreten „Handlungsunrechts" erhobenen Daten) operative Zwangsbefugnisse einleiten kann, muss vielmehr einem *besonders gewichtigen Rechtsgut* dienen.

439 Unter § 19 Abs. 1 BVerfSchG fällt insbesondere die Übermittlung von Informationen zu geplanten oder begangenen *allgemeinkriminellen* Straftaten. Die Übermittlung von Informationen zur Planung oder Begehung von *Staatsschutzdelikten* richtet sich nach der – insoweit vorrangig zu prüfenden – Vorschrift des § 20 BVerfSchG.

440 **(2) Übermittlung von nachrichtendienstlich gewonnenen Informationen an sonstige Behörden oder von offenen Informationen an Polizei und Staatsanwaltschaft.** Im Übrigen (wenn die Informationen also nicht mit ND-Mitteln gewonnen wurden oder aber mit ND-Mitteln gewonnen wurden, jedoch nicht an Polizei oder Staatsanwaltschaft, sondern an andere inländische Behörden übermittelt werden) dürfen die Nachrichtendienste nach § 19 Abs. 1 *Satz 2* BVerfSchG (i. V. m. §§ 11 Abs. 1 MADG, 11 Abs. 1 BNDG) Daten an inländische Behörden übermitteln, wenn eine der drei folgenden Voraussetzungen erfüllt ist:

- die Übermittlung ist zur eigenen Aufgabenerfüllung des übermittelnden Nachrichtendienstes erforderlich (z. B. um den Schutz der fdGO durch den Empfänger zu ermöglichen, etwa Sensibilisierungsgespräche mit Kommunen, um über dort agierende extremistische Führungspersonen zu informieren und deren Aktivitäten einzudämmen),
- der Empfänger benötigt die Daten selber zum Schutz der fdGO (z. B. bei Anfragen der Einbürgerungsbehörde zu Erkenntnissen des Verfassungsschutzes über terroristische Aktivitäten eines Einbürgerungsbewerbers).

  Es ist vertretbar anzunehmen, dass es zu den originären Aufgaben des Verfassungsschutzes (d. h. „zur Erfüllung eigener Aufgaben") zählt, seine Informationen nicht nur auszuwerten, sondern auch anderen Behörden mit nachgelagerten Exekutivaufgaben für deren Aufgabenerledigung zur Verfügung zu stellen („exekutiver Verfassungsschutz"). Vor diesem Hintergrund fallen unter § 19 Abs. 1 Satz 2, 1. und 2. Alt. BVerfSchG eine Vielzahl möglicher Erkenntnismitteilungen, die die Empfängerbehörde in die Lage versetzen, „sonstigen behördlichen Verfassungsschutz" (Rn. 23) zu betreiben. Unter eine dieser beiden Varianten subsumieren lässt sich z. B. die Erkenntnismitteilung an Versammlungsbehörden mit dem Ziel, eine extremistisch-gewalttätige Demonstration nach § 15 Abs. 1 VersG zu verbieten, oder an personalrechtlich verantwortliche Stellen der Bundeswehr, um disziplinarrechtlich gegen Extremisten vorgehen zu können.[942] Denn auch die Versammlungsbehörde hat als „Verfassungsschutzbehörde im materiellen Sinn" (s. Rn. 23) zumindest mittelbar die Aufgabe, die Verfassung durch ein Verbot extremistisch-gefahrträchtiger

941 BVerfG, NJW 2022, 1583 (1614, Rn. 374).
942 *Siems*, in: Schenke/Graulich/Ruthig, § 11 MADG Rn. 5.

Versammlungen zu schützen (für eine solch weitgefasste Zweckbestimmung des Verfassungsschutzes sprechen der Wortlaut von § 3 Abs. 1 VSG BaWü und § 1 VSG SH).

- Der Empfänger benötigt die Daten für andere erhebliche Zwecke der öffentlichen Sicherheit 441
  - z. B. Übermittlung von Erkenntnissen an die Ausländerbehörden im Rahmen ausländerrechtlicher Verfahren oder an die Waffenbehörde zur Prüfung von Rücknahme oder Widerruf des Waffenscheins,
  - z. B. Übermittlung von Erkenntnissen an die Bundesanstalt für Immobilienaufgaben über die extremistischen Hintergründe eines Kaufinteressenten einer Bundesliegenschaft mit dem Ziel, den Erwerb dieser Immobilie durch Extremisten zu verhindern.

(3) **Zusammenarbeit der Verfassungsschutzbehörden mit den Versammlungsbehörden.** Einen wichtigen Anwendungsfall des § 19 Abs. 1 BVerfSchG stellt die Übermittlung von Erkenntnissen zum extremistischen Hintergrund einer Versammlung bzw. zu deren befürchteten gewaltsamen Verlauf an die Versammlungsbehörden dar. Wenn die Nachrichtendienste ihre Informationen zur Beschränkung eines unerwünschten Demonstrationsgeschehens über das Scharnier des § 19 Abs. 1 BVerfSchG beisteuern möchten, darf dies jedoch nicht erfolgen, um die Kundgabe bestimmter Meinungen zu verhindern. Zielrichtung muss vielmehr sein, die durch den Gebrauch der Meinungsfreiheit bewirkte konkrete Gefahr von Rechtsgutsverletzungen abzuwehren (näher Rn. 326).[943] Die Verfassung erlaubt keinen staatlichen Zugriff auf die Gesinnung (Verbot der „Standpunktdiskriminierung"),[944] sondern ermächtigt erst dann zum Eingriff, wenn Meinungsäußerungen die rein geistige Sphäre des Für-Richtig-Haltens verlassen und entweder in Rechtsgutverletzungen oder erkennbare Gefährdungslagen umschlagen[945] (siehe daher die hohen Eingriffsvoraussetzungen in §§ 5, 13 und 15 VersG). Je eher Rechtsbruch und Gewalt drohen, desto größer das legitime öffentliche Interesse, die Verletzung demokratischer Spielregeln zu sanktionieren. Grenzlinie sind insbesondere Aufforderungen zu Gewalt und solche Äußerungen, die erkennbar auf rechtsgutgefährdende Handlungen hin angelegt sind.[946] Das bedeutet, dass bloße politische Ziele kein Anknüpfungspunkt für Sanktionen sein dürfen – und damit auch nicht für entsprechende Datenübermittlungen des Verfassungsschutzes. 442

Zentrale Vorschriften für das Einschreiten gegen eine Versammlung unter freiem Himmel sind § 15 Abs. 1 VersG (präventives Verbot) und § 15 Abs. 3 VersG (Auflösung einer bereits laufenden Versammlung). Für das Einschreiten gegen Versammlungen in geschlossenen Räumen gelten die §§ 5 (präventives Verbot) und 13 VersG (Auflösung) mit deutlich schärferen und konkreter formulierten Eingriffsschwellen. Zentrale Tatbestandsvoraussetzung i. R. d. § 15 VersG ist, ob die **öffentliche Sicherheit** oder Ordnung bei Durchführung der Versammlung **unmittelbar gefährdet** wäre. Die Tatbestandsmerkmale „Gefahr für die öffentliche Sicherheit oder Ordnung" sind wie im sonstigen Polizei- und Ordnungsrecht auszulegen. Regelmäßig ist die öffentliche Sicherheit dann gefährdet (mit der Folge, dass ein Versammlungsverbot bzw. eine Auflösung nach § 15 VersG in Betracht kommt – und damit eine Informationsübermittlung seitens der Verfassungsschutzbehörden besonders relevant erscheint), wenn auf der Versammlung Straftaten drohen (d. h. das Schutzgut der objektiven Rechtsordnung betroffen ist) oder Individualrechtsgüter, v. a. Leib und Leben beschädigt zu werden drohen (in diesen 443

943 Zur Eingriffsschwelle bei Versammlungen BVerfG, NJW 2018, 2858 (2862).
944 Maunz/Dürig/*Grabenwarter*, GG, 84. EL August 2018, Art. 5 I, II Rn. 126.
945 BVerfG, NJW 2010, 47 (51) – Wunsiedel.
946 BVerfG, NJW 2010, 47 (53) – Wunsiedel.

Fällen ist gleichzeitig meist auch die objektive Rechtsordnung betroffen wegen der Verletzung von Strafrechtsnormen).

444 Als Rechtsgrundlage für eine Übermittlung von Gefährdungserkenntnissen des BfV an die Versammlungsbehörde kann daher in erster Linie § 19 Abs. 1 Satz 2 BVerfSchG dienen („wenn der Empfänger die Daten [...] **für erhebliche Zwecke der öffentlichen Sicherheit** benötigt"; s. auch die entsprechenden Regeln der LVerfSchG). Insofern sind die Übermittlungsvoraussetzungen für den Verfassungsschutz weitgehend kongruent mit den Einschreitensschwellen der Versammlungsbehörde. Im Rahmen ihrer Auswertungstätigkeit haben BfV und LfV daher zu prüfen, ob die bei ihnen vorliegenden Erkenntnisse es nahelegen, dass von der (geplanten) Versammlung eine relevante Gefahr für die öffentliche Sicherheit ausgeht (insbesondere Körperverletzungsdelikte oder Staatsschutzstraftaten wie Volksverhetzung oder Verwenden von Kennzeichen verfassungswidriger Organisationen begangen werden, s. §§ 223 ff., 130, 86a StGB). Ist dies der Fall, sind die Übermittlungsvoraussetzungen des § 19 Abs. 1 Satz 2 BVerfSchG ohne weiteres erfüllt; das BfV kann dann (nicht: muss, s. Rn. 435) übermitteln, sofern keine überwiegenden operativen Sicherheitsbelange nach § 23 Nr. 2 BVerfSchG (dazu Rn. 469 ff.) entgegenstehen.

445 Zusätzlich kommen auch die weiteren Übermittlungsvarianten des § 19 Abs. 1 Satz 2 BVerfSchG in Betracht: „wenn dies zur Erfüllung seiner [des BfV] Aufgaben erforderlich ist" oder „der Empfänger die Daten zum Schutz der freiheitlichen demokratischen Grundordnung [...] benötigt". Vertretbar ist die Annahme, dass es zu den originären Aufgaben des Verfassungsschutzes zählt, die gewonnenen Daten nicht nur auszuwerten und politischen Entscheidungsträgern zur Verfügung zu stellen, sondern auch anderen Behörden mit nachgelagerten Exekutivaufgaben für deren Aufgabenerledigung, damit diese „exekutiven Verfassungsschutz" betreiben können. Dieses Verständnis von Verfassungsschutzaufgaben zugrunde gelegt, würde es durchaus der *eigenen Aufgabe von BfV und LfV dienen*, die Daten an die Versammlungsbehörde zu übermitteln. Ebenso hat auch die Versammlungsbehörde als „Verfassungsschutzbehörde im materiellen Sinne" zumindest mittelbar die Aufgabe, die Verfassung durch Beschränkungen extremistisch-gewalttätiger Versammlungen oder durch geeignete Auflagen (z. B. keine strafbaren Symbole zu zeigen) zu schützen. Insoweit *benötigt* die Versammlungsbehörde die Informationen auch ihrerseits zum Schutz der fdGO, wenn sie mit deren Hilfe für ein strafloses Versammlungsgeschehen sorgt.

446 Für eine entsprechend weitgefasste Zweckbestimmung des Verfassungsschutzes sprechen z. B. § 3 Abs. 1 VSG BaWü („Das Landesamt für Verfassungsschutz hat die Aufgabe, Gefahren für die freiheitliche demokratische Grundordnung, den Bestand und die Sicherheit der Bundesrepublik Deutschland und ihrer Länder frühzeitig zu erkennen und den zuständigen Stellen zu ermöglichen, diese Gefahren abzuwehren") oder § 1 VSG SH („Aufgabe des Verfassungsschutzes ist es, die Landesregierung und andere zuständige Stellen über Gefahren für die freiheitliche demokratische Grundordnung, den Bestand und die Sicherheit des Bundes und der Länder zu unterrichten. Dadurch soll diesen Stellen insbesondere ermöglicht werden, rechtzeitig die erforderlichen Maßnahmen zur Abwehr dieser Gefahren zu ergreifen").

447 Wichtig ist, dass eine Datenübermittlung nach § 19 Abs. 1 BVerfSchG (schon zur Vermeidung einer unverhältnismäßigen Übermaßdatenverarbeitung, s. Rn. 216) nur zulässig ist, wenn die einschlägigen Interventionsschwellen für die Versammlungsbehörde nach §§ 5, 13, 15 VersG augenscheinlich erreicht sein werden. Dabei stellt sich mit Blick auf die in § 15 VersG für ein Versammlungsverbot bzw. eine -auflösung subsidiär in Betracht kommende Tatbestandsvariante der „Gefahr für die öffentliche Ordnung" die Frage, ob und wann die „öffentliche Ordnung" aus Verhältnismäßigkeitsgründen über-

haupt eine Rolle für ein Versammlungsverbot spielen darf. Die Rspr. ist der Auffassung, dass eine bloße Gefährdung der öffentlichen Ordnung (d. h. die drohende Verletzung einer ungeschriebenen Regel, deren Befolgung nach den jeweils herrschenden sozialen und ethischen Anschauungen als unerlässliche Voraussetzung eines geordneten menschlichen Zusammenlebens angesehen wird)[947] im Allgemeinen nicht ausreicht, um eine Versammlung zu verbieten. Ein Verbot gestützt auf das Merkmal „Gefahr für die öffentliche Ordnung" ist allenfalls dann zulässig, wenn Gefahren nicht aus dem Inhalt von Äußerungen (also aus der durch die Versammlung kommunizierten politischen Botschaft) resultieren, sondern aus der *Art und Weise der Durchführung* der Versammlung.[948] Dazu ist die Feststellung erforderlich, dass von der konkreten Art der Durchführung der Versammlung Provokationen ausgehen, die z. B. das sittliche Empfinden der Bürger erheblich beeinträchtigen (z. B. einschüchternde Formationsmärsche mit Trommelwirbel oder Pyrotechnik, begleitet von lautstarken Parolen).

Davon unabhängig hat der Gesetzgeber in § 19 Abs. 1 BVerfSchG jedoch bewusst die Möglichkeit ausgeschlossen, dass der Verfassungsschutz daran mitwirkt, eine Versammlung allein zum Schutz der öffentlichen Ordnung zu verbieten oder aufzulösen. Der Gesetzwortlaut verlangt als Übermittlungsanlass ausdrücklich „Zwecke der öffentlichen Sicherheit". Die ungeschriebenen Wertvorstellungen, die sich vor allem in den Bereichen von Religion, Ethik, Sittlichkeit, Sexualität und äußerem Anstand wiederfinden, können kein Maßstab für den Verfassungsschutz sein, seine Erkenntnisse zum polizeilichen Einschreiten beizusteuern. Anders ausgedrückt: der Verfassungsschutz schützt Verfassungswerte, ist aber nicht berufen Sittlichkeit und Moral zu schützen. **448**

(4) **Mitwirkung der Verfassungsschutzbehörden im Vereinsverbotsverfahren.** Nach § 4 Abs. 1 Satz 1 VereinsG kann die Verbotsbehörde (BMI, LMI) für ihre Ermittlungen im Rahmen des Vereinsverbotsverfahrens „die Hilfe der für die Wahrung der öffentlichen Sicherheit oder Ordnung zuständigen Behörden und Dienststellen in Anspruch nehmen." Als Hilfsbehörden der Verbotsbehörde gelten – nach freilich bestrittener Auffassung – nicht nur die allgemeinen Polizei- und Ordnungsbehörden des Bundes und der Länder, sondern auch BKA, ZKA, die Zollfahndungsämter sowie das BfV und die LfV.[949] Unklar ist, ob die Inanspruchnahme einer Hilfsbehörde zu Ermittlungszwecken zugleich deren Befugnis und Verpflichtung beinhaltet, die vorhandenen bzw. ermittelten Informationen einschließlich personenbezogener Daten an die Verbotsbehörde für Zwecke des Verbotsverfahrens zu übermitteln. Teilweise wird dies bejaht,[950] teilweise wird das Vorhandensein bereichsspezifischer Übermittlungsvorschriften wie § 19 Abs. 1 Satz 2 BVerfSchG verlangt.[951] Steht man auf dem Standpunkt, dass weder § 4 VereinsG noch § 19 Abs. 1 Satz 2 BVerfSchG eine ausreichend normenklare Rechtsgrundlage für die Übermittlung auch personenbezogener Daten an die Verbotsbehörde (BMI, LMI) darstellen, könnte man zumindest im Verhältnis von BfV bzw. LfV gegenüber BMI bzw. LMI als Verbotsbehörde die Regeln über die Fachaufsicht heranziehen, wonach die nachgeordneten Behörden gemäß § 2 Abs. 1 Satz 2 BVerfSchG und den entsprechenden Parallelvorschriften der Rechts-, Fach- und Dienstaufsicht des Innenministeriums unter- **449**

947 BVerwG, NVwZ 2014, 883 (884).
948 BVerwG, NVwZ 2014, 883 (885).
949 *Roth*, in: Schenke/Graulich/Ruthig, § 4 VereinsG Rn. 6 m. w. N.; a. A. *Roggan*, KriPoZ 2018, 109 (110 ff.).
950 *Roth*, in: Schenke/Graulich/Ruthig, § 4 VereinsG Rn. 5.
951 OVG Bautzen, Urt. v. 12.11.2015 – 3 C 12/13, Rn. 37 zur Parallelvorschrift in § 12 SächsVSG: „Die Befugnis zur Übermittlung dieser Daten an die Verbotsbehörde durch das Landesamt für Verfassungsschutz Sachsen folgt aus § 12 Abs. 1 SächsVSG. Danach darf das Landesamt für Verfassungsschutz personenbezogene Daten an Behörden übermitteln, wenn der Empfänger die Daten – wie hier im Rahmen eines Ermittlungsverfahrens nach § 4 VereinsG – zum Schutz der freiheitlichen demokratischen Grundordnung oder sonst für Zwecke der öffentlichen Sicherheit benötigt".

stehen (Ressortprinzip nach Art. 65 Satz 2 GG), was ein umfassendes Informationsverschaffungsrecht der Fachaufsicht beinhaltet (s. Rn. 431). Letztlich ist also davon auszugehen, dass entweder § 4 VereinsG unmittelbar, § 19 Abs. 1 Satz 2 BVerfSchG (bzw. die Parallelvorschriften in den LVerfSchG) und die Regeln über die Fachaufsicht eine ausreichende Rechtsgrundlage für die Übermittlung auch personenbezogener Daten an die Verbotsbehörde darstellen.

450 Damit kann das Innenministerium als Verbotsbehörde vollumfänglich auf die Erkenntnisse aller Behörden, auch der Nachrichtendienste, zugreifen; es besteht insoweit ein volles (gesetzlich nicht eingeschränktes) Informationsverschaffungsrecht. Die im sonstigen sicherheitsbehördlichen Informationsaustausch geltenden datenschutzrechtlichen und sicherheitlichen Übermittlungsschranken gelten im Vereinsverbotsverfahren offenbar nicht. Dies dürfte darauf zurückzuführen sein, dass die datenschutzrechtlichen Vorgaben aus der Rspr. des BVerfG im VereinsG (das in seiner Ursprungsfassung aus dem Jahr 1964 stammt) noch nicht eingearbeitet sind. Damit stehen der Vereinsverbotsbehörde letztlich mehr (gesetzlich nicht eingeschränkte) Informations- und Erkenntnisquellen für die Durchführung und Begründung eines Vereinsverbots zur Verfügung als allen anderen „law enforcement agencies“.

451 (5) **Rechtspolitischer Ausblick: keine Umgehung hoher Verwendungshürden infolge Datenübermittlung.** Offensichtlich ist, dass § 19 Abs. 1 BVerfSchG in seiner aktuellen Fassung den hohen Anforderungen nicht gerecht wird, die das BVerfG seit dem Urteil zum BayVSG vom 26.4.2022 an die Übermittlung personenbezogener Daten an Gefahrenabwehr- und Strafverfolgungsbehörden stellt. Nach Ansicht des BVerfG gelten bei der Übermittlung nachrichtendienstlich ersterhobener personenbezogener Daten und daraus gewonnener Informationen an Gefahrenabwehr- und Strafverfolgungsbehörden besonders strenge Anforderungen, wenn die Empfängerbehörde über operative Anschlussbefugnisse verfügt.[952] Das meint zwar nicht schon jedwede Befugnis, Real- oder Verwaltungsakte erlassen zu dürfen (z. B. Erteilung einer Gaststättenerlaubnis). Erfasst ist allerdings die Übermittlung an solche Behörden, die Verwaltungsakte zwangsweise vollstrecken können und deren zwangsweiser Vollzug sich unmittelbar in der physischen Lebensrealität von Betroffenen niederschlägt (wie etwa bei einem Versammlungsverbot durch die Versammlungsbehörde, das befolgt und zwangsweise durchgesetzt werden kann, oder der Widerruf eines Waffenscheins durch die Waffenbehörde, die ohne weiteres bei Weigerung des Betroffenen physisch erzwungen werden kann).[953] Genau diese Wirkung exekutiver Folgeeingriffe sollen die Daten, die von Nachrichtendiensten häufig im Vorfeld einer konkreten Straftaten- oder Gefahrenlage erhoben wurden (d. h. zu einem Zeitpunkt, an welchen dem Betroffenen oft noch kein Vorwurf eines Handlungsunrechts gemacht werden kann) grundsätzlich nicht auslösen dürfen. Dabei kommt es nicht darauf an, ob die nachrichtendienstlichen Erkenntnisse „unmittelbar“ (d. h. ohne zeitlichen Verzug im Sofortvollzug ohne vorherige Anhörung und ohne Erlass eines Verwaltungsakts) mit Zwang durchgesetzt werden können (und damit vom Betroffenen regelmäßig auch kein Eilrechtsschutz erlangt werden kann).[954] Entscheidend sind vielmehr die negativen Zwangseinwirkungen, die mithilfe nachrichtendienstlich erhobener Daten beim Betroffenen ggf. zu einem späteren Zeitpunkt ausgelöst werden können. „Operative Anschlussbefugnisse“ haben somit nicht nur Vollzugspolizeibehörden (zumal in einigen Bundesländern alle Verwaltungsbehörden, die funktional zur Abwehr von Gefahren tätig werden, als „Polizeibehörden“ bezeichnet werden),[955] sondern vielmehr alle Behörden, die aufgrund nachrichtendienstlich erhobener Daten, die ihnen für

952 BVerfG, NJW 2022, 1583 (1596, Rn. 234).
953 A.A. *Gärditz*, GSZ 2022, 161 (166).
954 So aber *Unterreitmeier*, GSZ 2023, 34 (35) m. w. N.
955 *Unterreitmeier*, GSZ 2023, 34 (36).

„operative" Folgemaßnahmen (also zur Gefahrenabwehr) übermittelt wurden,[956] durch physisch wirkenden Zwang in die Freiheitsrechte von Betroffenen intervenierend einwirken können. Die Übermittlung an Behörden mit solchen exekutiven Anschlussbefugnissen muss einem besonders gewichtigen Rechtsgut dienen[957] – was die Begrenzung der Übermittlung auf die Verhinderung oder Verfolgung besonders schwerer Straftaten bedingt[958] – und es muss wenigstens eine konkretisierte Gefahr bzw. ein konkreter Tatverdacht bestehen.[959] Diesen Anforderungen wird § 19 Abs. 1 BVerfSchG nicht gerecht. Insbesondere die Übermittlungsvariante des § 19 Abs. 1 Satz 2, 3. Alt. BVerfSchG ist mit den vom BVerfG im Urteil vom 26.4.2022 aufgestellten Verhältnismäßigkeitsschwellen nicht vereinbar (s. auch Rn. 389, 418, 435). Neben der fehlenden Tatbestandsvoraussetzung, dass eine Datenübermittlung durch die Nachrichtendienste nur zur Verhinderung oder Verfolgung besonders schwerer Straftaten erfolgen darf, ist das dort genannte Kriterium des „Benötigens" zu weit: „Benötigt" werden Informationen unter Umständen schon weit im Vorfeld von Gefahren für die öffentliche Sicherheit, etwa um einer Behörde allgemein ein besseres Lagebild zu ermöglichen oder sie zur besseren Planung zu befähigen. Dies genügt den verfassungsrechtlichen Anforderungen aber nicht.[960]

Hintergrund für die strengen Anforderungen des BVerfG ist der Grundsatz der **„hypothetische Datenneuerhebung"** (Rn. 389; bereits jetzt normiert in §§ 18 Abs. 6, 9 Abs. 2 Satz 7 BVerfSchG, 161 Abs. 3 StPO): Polizei- und Strafverfolgungsbehörden sollen grundsätzlich nicht mithilfe von sehr früh im *Vorfeld* konkreter Gefahren gewonnenen Informationen polizeiliche oder strafprozessuale Zwangsmaßnahmen („operative Anschlussbefugnisse") durchführen. Zwangsmaßnahmen (z. B. Hausdurchsuchungen, Festnahmen) oder gar strafrechtliche Verurteilungen sollen grundsätzlich nur aufgrund eigener polizeilicher (und das heißt i. d. R. offen gewonnener) Daten erfolgen. Dies setzt aber nach den Polizeigesetzen bzw. der StPO in aller Regel mindestens eine konkrete Gefahr oder den hinreichenden Straftatenverdacht voraussetzt. Nach den Verfassungsschutzgesetzen genügen demgegenüber als Schwelle für die Datenerhebung (auch mit ND-Mitteln) regelmäßig bereits tatsächliche Anhaltspunkte für extremistische „Bestrebungen" (s. §§ 9 Abs. 1 i. V. m. 8 Abs. 2 BVerfSchG); beim BND existieren bei der Auslandsaufklärung grundsätzlich gar keine tatbestandlichen Hürden für die Datenerhebung. Um zu vermeiden, dass im Wege niedrigschwelliger Datenübermittlung durch die Nachrichtendienste an Polizei- und Strafverfolgungsbehörden die höheren polizeirechtlichen bzw. strafprozessualen Eingriffsschwellen umgangen werden (und damit ein „sicherheitsbehördlicher Ringtausch" von Informationen stattfindet), müssen spätestens zum Zeitpunkt der Übermittlung die hohen Voraussetzungen für die polizeiliche bzw. strafprozessuale Verwendung der ursprünglich für nachrichtendienstliche Zwecke erhobenen Daten vorliegen. Die Weitergabe von Daten, die Nachrichtendienste unter leichteren Anforderungen erhoben haben an Polizei- und Strafverfolgungsbehörden darf also nicht dazu führen, dass die für diese geltenden höheren Anforderungen unterlaufen werden.[961] Letztlich handelt es sich hierbei um eine Konkretisierung des Angemessenheitsgrundsatzes bei Zweckänderungen: Je tiefer der durch die Zweckänderung (hier: die Datenübermittlung) bewirkte Grundrechtseingriff ausfällt, desto höhere Eingriffshürden sind vorzusehen.[962] Da es bei § 19 BVerfSchG auch um die Übermittlung von Daten an Polizeibehörden geht, die gegen Betroffene mit physischem Zwang intervenie- 452

956 *Unterreitmeier*, GSZ 2023, 34 (36): es ist auf den Zweck abzustellen, zu dem die Daten dem Empfänger übermittelt werden.
957 BVerfG, NJW 2022, 1583 (1597, Rn. 236).
958 BVerfG, NJW 2022, 1583 (1598, Rn. 244).
959 BVerfG, NJW 2022, 1583 (1598 f., Rn. 245, 252).
960 BVerfG, NJW 2022, 1583 (1614, Rn. 368).
961 BVerfG, NJW 2022, 1583 (1599, Rn. 248).
962 *Schneider*, GSZ 2022, 1 (2).

rend eingreifen können, müssen die Gründe für diese Zweckänderung (i.e. Übermittlung) besonders gewichtig sein.[963] Deshalb stellen sogar die auf den ersten Blick recht hohen Übermittlungsschwellen in § 19 Abs. 1 Satz 1 BVerfSchG (Datenübermittlung zur Verhinderung oder sonstigen Verhütung von Straftaten von erheblicher Bedeutung) aus Sicht des BVerfG keine hinreichend gewichtigen Übermittlungsanlässe dar. Das zur Gefahrenabwehr zu schützende Rechtsgut muss vielmehr von *herausragendem* öffentlichem Interesse sein, was eine Begrenzung des Übermittlungsanlasses auf *besonders* schwere Straftaten zur Folge haben muss.[964] Eine Übermittlung an Strafverfolgungsbehörden kommt also nur zur Verfolgung besonders schwerer Straftaten, nicht aber schon von Straftaten von bloß erheblicher Bedeutung in Betracht.

453 **ee) Übermittlung zur Abwehr von Cyberbedrohungen.** Die Weitergabe von Erkenntnissen über Cyberbedrohungen an andere Behörden ist ebenfalls nach den §§ 19, 20 BVerfSchG zu beurteilen. § 4 Abs. 3 BSIG, der entgegen dem Ermessensspielraum des § 19 Abs. 1 BVerfSchG eine Übermittlungspflicht für Bundesbehörden an das BSI bei Cyberangriffen vorsieht, greift nach seinem Wortlaut nicht gegenüber den sachnäheren §§ 19, 20 BVerfSchG.[965] Da das BSI keine der in § 19 Abs. 1 Satz 1 BVerfSchG genannten Polizei- bzw. Strafverfolgungsbehörden ist, kommt eine Weitergabe von Erkenntnissen über Cyberbedrohungen regelmäßig nur dann in Betracht, wenn das BSI die Daten gemäß § 19 Abs. 1 *Satz 2*, 3. Alt. BVerfSchG für „erhebliche Zwecke der öffentlichen Sicherheit" benötigt. Zumindest im Falle großangelegter Schadenskampagnen im Cyber-Raum dürfte dies aber regelmäßig der Fall sein.[966] Sofern die Erkenntnisse aus Maßnahmen nach §§ 3, 5 G 10 gewonnen wurden (s. Rn. 363 f.), greifen allerdings die strengeren Übermittlungsregeln der §§ 4 Abs. 4, 7, 7a und 8 Abs. 5–6 G10; bei Erkenntnissen aus einer Wohnraumüberwachung § 9 Abs. 2 Satz 7 BVerfSchG i. V. m. § 4 Abs. 4 G10 als leges speciales (s. Rn. 391 ff.).

454 **ff) Übermittlung an ausländische Nachrichtendienste, § 19 Abs. 3 BVerfSchG.** Hauptanwendungsfall des § 19 Abs. 3 BVerfSchG ist die Übermittlung von Informationen an ausländische Nachrichtendienste. Für die Übermittlung von Daten aus der strategischen reinen *Ausland*-Fernmeldeaufklärung des BND (Telekommunikationsüberwachung von Ausländern im Ausland) gelten infolge der Vorgaben des BVerfG (Urteil vom 19.5.2020)[967] als vorrangige Spezialvorschrift die detaillierten Vorgaben des § 30 BNDG. Auch für Daten aus der strategischen Fernmeldeaufklärung des BND mit Bezügen nach Deutschland (§ 5 G10; s. Rn. 363) existiert mit § 7a G10 eine lex specialis. Im Übrigen (d. h. für sonstige Daten und Erkenntnisse, z. B. aufgrund menschlicher Quellen oder von OSINT-Recherchen) gelten entsprechend über §§ 11 Abs. 1 BNDG, 11 Abs. 1 MADG die Vorgaben des § 19 Abs. 3 BVerfSchG auch für BND und MAD; die LVerfSchG sehen ähnliche Regeln vor. Hiernach unterliegt die Übermittlung personenbezogener Daten (s. Rn. 308, 433) an ausländische Nachrichtendienste und andere ausländische Behörden strengen formellen und materiellen Voraussetzungen. Grund hierfür ist das hohe Risiko, das für die Persönlichkeitsrechte von Betroffenen dadurch entsteht, dass ihre Daten nunmehr außerhalb der in Deutschland geltenden rechtsstaatlichen Vorkehrungen verwendet werden, d. h. kaum mehr eine Kontrolle darüber besteht, ob die Daten tatsächlich nur für nachrichtendienstliche Zwecke verwendet werden oder mit ihrer Hilfe ggf. Maßnahmen gegen die Betroffenen oder ihnen nahestehende Personen eingeleitet werden, die mit rechtsstaatlichen Grundsätzen nicht vereinbar sind. So ist in formeller Hinsicht der Umstand der Übermittlung und der Inhalt aktenkundig

---

963 Vgl. *Schneider*, GSZ 2022, 307 f.
964 BVerfG, NJW 2022, 1583 (1614, Rn. 374).
965 *Buchberger*, in: Schenke/Graulich/Ruthig, § 4 BSIG Rn. 4.
966 *Brunst*, in: Dietrich/Eiffler, V, § 7 Rn. 83.
967 BVerfG, NJW 2020, 2235 ff. – Auslandsaufklärung des BND.

zu machen (§ 19 Abs. 3 Satz 3 BVerfSchG) sowie der Empfänger darauf hinzuweisen, dass die übermittelten Daten nur zu dem Zweck verwendet werden dürfen, zu dem sie ihm übermittelt wurden (§ 19 Abs. 3 Satz 4 BVerfSchG), d. h. grundsätzlich nicht für polizeiliche, für strafprozessuale Maßnahmen oder andere nicht-nachrichtendienstliche Zwecke verwendet werden, ohne dass die übermittelnde deutsche Behörde zugestimmt hat (third party-rule, näher Rn. 503).

Die materiellen Voraussetzungen für eine Datenübermittlung an ausländische Nachrichtendienste sind, dass die Übermittlung entweder 455
- zur Erfüllung der Aufgaben des deutschen Nachrichtendienstes oder
- zur Wahrung erheblicher Sicherheitsinteressen des Empfängers

erforderlich ist.
Die Übermittlung ist unzulässig, wenn auswärtige Belange der Bundesrepublik Deutschland oder überwiegende schutzwürdige Interessen des Betroffenen entgegenstehen (§ 19 Abs. 3 Satz 2 BVerfSchG).

Zur Erfüllung der eigenen Aufgaben werden BfV, MAD und BND eher selten Daten an ausländische Dienste übermitteln: denn dies würde voraussetzen, dass mit der Erkenntnismitteilung an den ausländischen Dienst die eigene – beim BfV: inländische – Aufgabenwahrnehmung (also die Aufklärung einer sich in Deutschland entfaltenden extremistischen Bestrebung) gefördert würde. Dies würde eine gemeinsame Interessen- und Aufklärungslage mit dem ausländischen Nachrichtendienst implizieren, was allenfalls der Fall sein könnte, wenn der deutsche Nachrichtendienst mit der Übermittlung die begründete Erwartung verbände, mithilfe des ausländischen Dienstes (insbesondere aufgrund der berechtigten Erwartung einer Rückübermittlung relevanter Erkenntnisse) eine inländische extremistische Bestrebung aufklären zu können. 456

Die Übermittlung **zur Wahrung erheblicher Sicherheitsinteressen** des ausländischen Staates erfolgt dann, wenn z. B. dem BfV Gewaltplanungen oder andere erhebliche Straftaten gegen den betreffenden Staat oder sonstige erhebliche Gefahrenlagen bekannt werden, etwa Cyberattacken gegen kritische Infrastrukturen oder militärische Bedrohungen. Maßgebend für die Auslegung des Begriffs der „Sicherheitsinteressen" ist das Verständnis von „öffentlicher Sicherheit" nach deutschem Recht. Ob der Begriff von ausländischen Staaten mit einem anderen Inhalt gefüllt wird, ist für die Beurteilung der Zulässigkeit der Übermittlung durch deutsche Behörden nicht von Bedeutung.[968] Dass die „Sicherheitsinteressen" des anderen Staates legitim sein müssen in dem Sinne, dass nur an solche Staaten Informationen z. B. über bevorstehende Gewaltakte (insbesondere Terroranschläge) übermittelt werden dürfen, mit denen die BR Deutschland freundschaftliche Beziehungen pflegt bzw. die ein Mindestmaß an Rechtsstaatlichkeit und Demokratie aufweisen, ist dem § 19 Abs. 3 BVerfSchG nicht zu entnehmen. Denn mit der Warnung z. B. vor Terroranschlägen gegen fremde Staaten, die von deutschem Boden aus (mit) vorbereitet werden bzw. über die deutsche Stellen Kenntnis erhalten, erfüllt Deutschland eine allgemeine gegenüber allen Staaten bestehende Pflicht, insbesondere aus dem völkerrechtlichen Interventionsverbot (Rn. 155, 168), für die es auf die innerstaatliche Verfasstheit des Empfängerstaates nicht ankommt. Andererseits könnte es umgekehrt aber auch eine unzulässige Einmischung in die – sich neu entwickelnden – inneren Angelegenheiten eines Staates darstellen, wenn das BfV oder der BND z. B. in einer Bürgerkriegssituation, in der sich die Bevölkerung gegen ein diktatorisches Regime zur Wehr setzt, gestützt auf § 19 Abs. 3 BVerfSchG einseitig zugunsten der (noch amtierenden) Regierung Partei ergreifen und Informationen etwa über Unterstützergruppen der Aufständischen in Deutschland übermitteln würde. 457

968 BT-Drs. 17/11296, S. 15.

458 Nicht um eine Übermittlung von personenbezogenen Daten i. S. d. § 19 Abs. 3 BVerfSchG handelt es sich, wenn BfV, MAD und BND einen ausländischen Nachrichtendienst lediglich um Auskunft über eine bestimmte namentlich benannte Person bittet. Dies ergibt sich indirekt aus § 8 Abs. 1 Sätze 2 und 3 BVerfSchG, wo die Ersuchen der Nachrichtendienste bei anderen Stellen geregelt sind, und zwar als ein Anwendungsfall der befugnisrechtlichen Generalklausel des § 8 Abs. 1 BVerfSchG (dazu Rn. 231 ff.). Danach darf ein Ersuchen um Übermittlung personenbezogener Daten nur diejenigen personenbezogenen Daten enthalten, die für die Erteilung der Auskunft seitens der angefragten Stelle unerlässlich sind. Aus diesem Grund darf das Auskunfts- oder Übermittlungsersuchen im Regelfall nur Namen und Anschrift des Betroffenen und keine sensiblen Daten enthalten, insbesondere aus welchem (für den Betroffenen nachteiligen) Grund das Ersuchen gestellt wird (z. B. konkrete Verdachtsmomente).[969] Um jedoch Fehlvorstellungen auf Seiten des angefragten ausländischen Dienstes entgegenzuwirken oder diesem eine sachgerechte Beantwortung im erforderlichen Umfang zu ermöglichen, musses zulässig sein, dem Ersuchen auch ein Mindestmaß an Hintergrundinformation zum Zweck der Ermittlung beizufügen.[970] Schutzwürdige Interessen des Betroffenen dürfen aber nur in unvermeidbarem Umfang beeinträchtigt werden (§ 8 Abs. 1 Satz 3 BVerfSchG). Ersuchen um Datenübermittlung (d. h. Anfragen bei anderen Behörden und privaten Stellen) werden deswegen nicht als eigenständige „Übermittlung“ (Rn. 385) i. S. d. §§ 17 ff. BVerfSchG gewertet, weil hierbei nicht Daten übermittelt werden mit dem Ziel der Erkenntnisweitergabe und -nutzung auf Seiten des Empfängers, sondern die Daten der interessierenden Person lediglich – als unvermeidbarer Nebeneffekt zum Informationsbegehren – beiläufig zur Kenntnis gebracht werden.[971] Ein solches Ersuchen des deutschen Nachrichtendienstes an ausländische Nachrichtendienste um Übermittlung personenbezogener Daten ist daher bereits nach der Auffangbefugnis des § 8 Abs. 1 BVerfSchG zulässig. Anders wäre der Fall zu beurteilen, bei dem wegen der bekannten Interessenlage des angefragten ausländischen Dienstes offensichtlich ist, dass bereits die Anfrage zu einer (ersichtlich im Fokus des ausländischen Dienstes stehenden) Person mit der Kundgabe seiner Personalien diesen oder seine Angehörigen der besonderen Gefahr einer persönlichkeitsgefährdenden Behandlung aussetzen würde. In diesem Fall scheint es geboten, die besonderen Abwägungskriterien des § 19 Abs. 3 BVerfSchG zur Anwendung zu bringen.

459 Problematisch ist die Übermittlung von personenbezogenen Daten an Staaten, die den Anforderungen eines freiheitlichen Rechtsstaats nicht genügen. Hier gilt in besonderem Maß der Grundsatz, dass jede Datenübermittlung an ausländische Dienste eine Einzelfallentscheidung darstellt, die einer sorgfältigen vorherigen Interessenabwägung im Sinne des § 19 Abs. 3 Satz 2 BVerfSchG bedarf.[972] Erlaubt ist eine Übermittlung der Daten ins Ausland nur, wenn auch durch den dortigen Umgang mit den übermittelten Daten nicht die Garantien des menschenrechtlichen Schutzes personenbezogener Daten unterlaufen werden.[973] Hinsichtlich der Besorgnis etwaiger Menschenrechtsverletzungen durch die Nutzung der Daten im Empfängerstaat muss gewährleistet erscheinen, dass sie dort weder zu politischer Verfolgung noch unmenschlicher oder erniedrigender Bestrafung oder Behandlung verwendet werden.[974]

460 Die Vorgaben des BVerfG im Urteil zum BayVSG vom 26.4.2022 verlangen eine Anpassung der Voraussetzungen des § 19 Abs. 3 BVerfSchG. Zugrunde zu legen ist die Auffas-

---

969 *Roth*, in: Schenke/Graulich/Ruthig, § 8 BVerfSchG Rn. 18 m. w. N.
970 *Droste*, S. 233.
971 Ähnlich *Droste*, S. 232.
972 Vgl. BT-Drs. 17/11296, S. 12.
973 BVerfG, NJW 2022, 1583 (1601, Rn. 266).
974 BVerfG, NJW 2022, 1583 (1601, Rn. 268).

sung des Gerichts, dass für die Übermittlung nachrichtendienstlicher Daten ins Ausland die gleichen verfassungsrechtlichen Anforderungen wie für die inländische Übermittlung nachrichtendienstlich ersterhobener Daten gelten müssen (dazu Rn. 451 f.). Die Übermittlung darf daher nur zum Schutz eines Guts von herausragendem öffentlichem Interesse erfolgen und sie muss als Übermittlungsschwelle einen hinreichend konkreten Übermittlungsanlass vorsehen.[975] Diesen Anforderungen wird § 19 Abs. 3 BVerfSchG in seiner aktuellen Fassung nicht gerecht, denn die Norm lässt tatsächliche Anhaltspunkte dafür genügen, dass die Übermittlung zur Wahrung erheblicher Sicherheitsinteressen des Empfängers *erforderlich* ist. Ein konkreter Ermittlungsanlass im polizeilichen oder im nachrichtendienstlichen Sinn ist damit nicht bezeichnet; die Bindung an eine „Erforderlichkeit" der Übermittlung wie in der aktuellen Fassung des § 19 Abs. 3 BVerfSchG reicht nicht aus.[976]

gg) Übermittlung an sonstige inländische nichtöffentliche Stellen, § 19 Abs. 4 BVerfSchG. § 19 Abs. 4 BVerfSchG stellt die **Übermittlung an private Stellen** (z. B. private Arbeitgeber, Kreditinstitute, Abgeordnete, politische Parteien) unter besonders strenge Anforderungen („… dürfen an andere Stellen nur übermittelt werden, wenn …"), da hier im Vergleich zu Behörden das Risiko einer Zweckentfremdung der Daten (z. B. einer Weitergabe an Unbefugte) besonders hoch ist. Weil es sich bei den Erkenntnissen der Nachrichtendienste in der Regel um besonders sensitive Informationen handelt, die im öffentlichen Interesse einem besonderen Geheimhaltungsbedürfnis unterliegen (und zu diesem Zweck häufig auch als Verschlusssache eingestuft sind), werden sie wesensmäßig nur im staatlichen Bereich ausgetauscht. Auch unterliegen private Stellen in aller Regel nicht den gleichen strengen Zweckbindungs- und Datenschutzaufsichtsregeln wie öffentliche Stellen. Eine Weitergabe von „exklusiven" nachrichtendienstlichen Erkenntnissen an private Stellen oder gar die Öffentlichkeit (siehe dazu als Spezialregelung § 16 BVerfSchG, Rn. 25 ff.) kann daher nur aus ganz übergeordneten öffentlichen Interessen in Betracht kommen. Ein solches Interesse wird z. B. gegeben sein, wenn ein Arbeitgeber im Bereich der kritischen Infrastruktur (insbesondere eine lebenswichtige Einrichtung i. S. d. Sicherheitsüberprüfungsfeststellungsverordnung, etwa ein Energieversorger) eine Person beschäftigt, die unter Terror- oder Spionageverdacht steht und die entsprechenden Erkenntnisse des Nachrichtendienstes dafür verwendet werden sollen, den Beschäftigten aus dieser sabotagegefährdeten Tätigkeit zu entfernen. 461

Die Übermittlung an private Stellen ist daher nur ausnahmsweise dann zulässig, wenn dies 462

- zum Schutz der fdGO, des Bestands des Bundes oder eines Landes oder zur Gewährleistung der Sicherheit von lebens- oder verteidigungswichtigen Einrichtungen i. S. d. § 1 Abs. 4 SÜG erforderlich ist **und** die
- vorherige Zustimmung des aufsichtsführenden Ministeriums eingeholt wurde.

Hauptanwendungsbereich des § 19 Abs. 4 BVerfSchG dürfte der vorbeugende Geheim- und Sabotageschutz sein. Denkbar ist auch eine Übermittlung, wenn z. B. eine Flugschule bei begründeten Verdachtsmomenten Auskünfte über einen möglichen extremistisch-terroristischen Hintergrund eines Flugschülers einholt oder Informationen im Rahmen von Sensibilisierungsgesprächen an Parlamentsabgeordnete weitergegeben werden.[977] § 19 Abs. 4 BVerfSchG regelt, wann die Behörde zum Zwecke der Gefahrenabwehr von *sich aus* Informationen preisgeben darf; ihre (hohen) Voraussetzungen gelten nicht als Maßstab für presserechtliche Auskunftsansprüche gegenüber privaten Presse- oder Rundfunkunternehmen (dazu Rn. 330).[978]

---

975 BVerfG, NJW 2022, 1583 (1615, Rn. 380).
976 BVerfG, NJW 2022, 1583 (1615, Rn. 380).
977 Vgl. BT-Drs. 19/19677, S. 4.
978 VGH Kassel, Beschl. v. 20.11.2019 – 8 B 1938/19, Rn. 23.

463 **hh) Pflicht zur Übermittlung an Polizei und Staatsanwaltschaften in Angelegenheiten des Staats- und Verfassungsschutzes, § 20 BVerfSchG.** Nach **§ 20 Abs. 1 BVerfSchG** (§§ 11 Abs. 2 MADG, 11 Abs. 3 BNDG) besteht eine Übermittlungs*pflicht* von BfV, MAD und BND gegenüber den Polizeibehörden und Staatsanwaltschaften,[979] wenn Staatsschutzdelikte begangen wurden oder die Gefahr ihrer Begehung besteht. Daneben können die Polizeibehörden ihrerseits die Nachrichtendienste um Informationen ersuchen, allerdings nur zur Verhinderung von Staatsschutzdelikten (§§ 20 Abs. 2 Satz 1 BVerfSchG, 11 Abs. 2 MADG, 11 Abs. 3 BNDG). Die gleichen Übermittlungspflichten wie für das BfV einschließlich der Anfragemöglichkeit der Polizeien bestehen auch **für die LfV** gemäß **§ 21 BVerfSchG.**[980] Die Regelung ist lex specialis im Verhältnis zu § 19 Abs. 1 BVerfSchG, denn es geht zum einen nur um Staatsschutzdelikte (anders als § 19 Abs. 1 BVerfSchG, der vom Wortlaut her alle Straftaten umfasst), zum anderen besteht im Unterschied zu § 19 Abs. 1 BVerfSchG eine Übermittlungspflicht. Insofern sind die Voraussetzungen des § 20 Abs. 1 BVerfSchG enger, weshalb diese Vorschrift vorrangig gegenüber § 19 Abs. 1 BVerfSchG zu prüfen ist. Dass bei Staatschutzdelikten (anders als bei Delikten der Allgemeinkriminalität) eine Übermittlungspflicht vorgesehen ist, kann damit begründet werden, dass es hier um Delikte auf dem ureigensten Feld der Nachrichtendienste geht; d. h. es besteht ein besonderes staatschutzspezifisches Interesse und eine entsprechende Verantwortung der Nachrichtendienste, diese Aktivitäten – da *strafwürdig* – zu verhindern bzw. durch strafrechtliche Intervention zu unterbinden oder zumindest an der Sanktion mitzuwirken. Insofern kann man von der konsequenten Fortsetzung des Verfassungsschutzes mit Mitteln der Gefahrenabwehr bzw. Strafverfolgung sprechen.

464 Die Übermittlung ist nach dem Wortlaut des § 20 Abs. 1 BVerfSchG zur Strafverfolgung *und* Straftatenverhinderung zulässig und geboten („Verhinderung oder Verfolgung"). Voraussetzung hierfür sind tatsächliche Anhaltspunkte, dass die Übermittlung zur Verhinderung oder Verfolgung von **Staatsschutzdelikten** erforderlich ist. Staatsschutzdelikte sind zunächst die in §§ 74a und 120 GVG genannten Straftaten, bei denen bereits vom Tat- bzw. Begehungsmodus her klar ist, dass ihrer Begehung eine staatsgefährdende bzw. verfassungsfeindliche Motivation zugrunde liegt (z. B. Landesverrat, Mitgliedschaft in einer terroristischen Vereinigung oder Vorbereitung einer schweren staatgefährdenden Gewalttat). Übermittlungspflichtig sind aber auch *sowie sonstige Straftaten*, bei denen aufgrund ihrer Zielsetzung, des Motivs des Täters oder dessen Verbindung zu einer Organisation tatsächliche Anhaltspunkte dafür vorliegen, dass sie gegen die in Art. 73 Abs. 1 Nr. 10 b oder c GG genannten Schutzgüter gerichtet sind. Nach der zweiten Variante sind also letztlich alle Hinweise auf (auch geringfügigere) Straftaten übermittlungspflichtig, wenn tatsächliche Anhaltspunkte für eine verfassungsfeindliche Motivation des Täters vorliegen (z. B. einfache Körperverletzung aus fremdenfeindlichen Motiven oder Sachbeschädigung einer Polizeistation mit linksextremistischem Hintergrund). Die Empfangsermächtigung auf Seiten der Staatsanwaltschaften und Polizeien (d. h. die der Übermittlungspflicht des Nachrichtendienstes korrespondierende Befugnis der empfangenden Strafverfolgungsbehörde, diese Daten auch entgegenzunehmen und weiter

979 Die Einschränkung in § 20 Abs. 1 Satz 1 BVerfSchG, wonach die Nachrichtendienste den Polizeibehörden Erkenntnisse nur „vorbehaltlich der staatsanwaltschaftlichen Sachleitungsbefugnis" übermitteln, spielt auf den Umstand an, dass nach §§ 152 Abs. 2, 160 StPO die *Staatsanwaltschaft* die „Herrin des Ermittlungsverfahrens" und damit leitend für die Aufklärung und Verfolgung von *begangenen Straftaten* zuständig ist. Sie kann auch entscheiden, wie und auf Grundlage welcher Daten das Ermittlungsverfahren bearbeitet wird. Die vorrangigen Übermittlungsadressaten zwecks Aufklärung von strafbaren Handlungen sind deshalb die Staatsanwaltschaften. Zur Verhinderung *bevorstehender Straftaten* (d. h. in Fällen polizeilich relevanter Gefahren) besteht diese Sachleitungsbefugnis der Staatsanwaltschaft nicht; insoweit sind die alleinigen Übermittlungsadressaten dann die Polizeibehörden.

980 *Bock*, in: Schenke/Graulich/Ruthig, § 21 BVerfSchG Rn. 5.

verarbeiten zu dürfen – sog. „Doppeltürmodell", s. Rn. 388) wird aus den Ermittlungsgeneralklauseln der § 161 Abs. 1 Satz 1 StPO und § 163 Abs. 1 Satz 2 StPO hergeleitet.[981]

Die weitreichenden Übermittlungspflichten des § 20 Abs. 1 BVerfSchG sind mit den Anforderungen des BVerfG in der neueren Rspr. zu den Übermittlungsvorschriften nicht vereinbar, da sie bzgl. Katalog und Wertigkeit der Straftaten, die mithilfe der nachrichtendienstlichen Informationen aufgeklärt oder verhindert werden sollen, nicht eingegrenzt sind (s. auch Rn. 451 f.). Nach den Vorgaben des Verfassungsgerichts ist eine Übermittlung von Daten, die eine Verfassungsschutzbehörde erhoben hat, nur zum Schutz eines herausragenden öffentlichen Interesses – d. h. für besonders hochwertige Schutzgüter – und damit nur zur Verfolgung *besonders schwerer* Straftaten zulässig.[982] Der Kanon der übermittlungspflichtigen Straftaten nach § 20 Abs. 1 BVerfSchG beschränkt sich in der aktuellen Fassung aber nicht auf besonders schwere Straftaten (z. B. Verbrechen oder gravierende Staatschutzdelikte), sondern erlaubt eine Übermittlung zur Verfolgung sämtlicher Staatsschutzdelikte. Jedoch können nicht alle der in §§ 74a und 120 GVG genannten und durch § 20 Abs. 1 Satz 2 BVerfSchG pauschal in Bezug genommenen Straftaten als besonders schwere Straftaten qualifiziert werden. Gleiches gilt für den offenen Übermittlungstatbestand, der beliebige sonstige Straftaten alleine aufgrund ihrer Zielsetzung oder des Motivs des Täters mit einbezieht,[983] wonach bereits die Übermittlung zur Verhinderung oder Verfolgung einer geringfügigen Sachbeschädigung aus politischen Motiven verpflichtend wäre. Abzuwarten bleibt, ob der Gesetzgeber bei der notwendigen Anpassung des § 20 BVerfSchG einen staatsschutzspezifischen Begriff der „besonders schweren Straftaten" formulieren wird, der sich maßgeblich am staatsschützenden Auftrag der Nachrichtendienste orientiert,[984] d. h. darauf abstellt, ob die Straftat im Licht der Schutzgüter des § 3 Abs. 1 BVerfSchG besonders relevant ist und damit ein besonderes verfassungsschutzspezifisches Bedürfnis besteht, die verfassungsschützende Tätigkeit mit strafrechtlichen Mitteln fortzusetzen, oder ob er sich z. B. an § 100b Abs. 2 StPO orientiert, der bereits einen Katalog besonders schwerer Straftaten definiert. **465**

Nach aktueller Fassung des § 20 Abs. 1 BVerfSchG muss die Übermittlung ferner zur Verhinderung oder Verfolgung von Staatsschutzdelikten ***erforderlich*** sein. Dies ist nur der Fall, wenn der Empfänger seine Aufgaben (hier: Straftaten zu verhindern bzw. aufzuklären) ohne die Übermittlung nur mit unverhältnismäßigen großen Schwierigkeiten bzw. nicht ordnungsgemäß erfüllen könnte.[985] Der übermittelnde Nachrichtendienst muss also prüfen, ob Polizei bzw. Staatsanwaltschaft die begangene oder bevorstehende Straftat ohne die in Rede stehenden Informationen tatsächlich nicht sachgerecht aufklären bzw. nicht verhindern könnte. Die tatsächlichen Anhaltspunkte (Erkenntnisse) müssen daher so konkret (bestimmt) sein, dass sie einen Anfangsverdacht hinsichtlich eines Staatsschutzdelikts begründen und die Polizei bzw. Staatsanwaltschaft in die Lage verset- **466**

---

981 Kritisch dazu *Zöller*, in: Dietrich u. a. (Hrsg.), Nachrichtendienste in vernetzter Sicherheitsarchitektur, 2020, S. 79 (92), wonach diese sehr allgemein gehaltenen Generalklauseln nicht dem vom BVerfG aufgestellten Prinzip der **hypothetischen Datenneuerhebung** entsprechen (dazu Rn. 418). Danach sei die Verwendung von Daten, die auf Grundlage anderer Gesetze als der StPO erhoben wurden (z. B. aufgrund der Nachrichtendienstgesetze), für Beweiszwecke im Strafverfahren nur dann zulässig, wenn sie zur Aufklärung einer Straftat diene, aufgrund derer eine Datenerhebungsmaßnahme auch nach der StPO hätte angeordnet werden dürfen. Dadurch solle verhindert werden, dass durch Rückgriff auf außerstrafprozessuale Eingriffsermächtigungen (z. B. die tatbestandlich an keine hohen Voraussetzungen geknüpfte nachrichtendienstliche Generalklausel des §§ 9 Abs. 1, 8 Abs. 2 BVerfSchG) die – ggf. strengeren – strafprozessualen Anordnungsvoraussetzungen für bestimmte Ermittlungshandlungen umgangen werden.

982 BVerfG, NJW 2022, 1583 (1599, Rn. 251).

983 BVerfG, Beschl. v. 28.9.2022 – 1 BvR 2354/13, Rn. 155.

984 Dazu Gärditz, GSZ 2022, 161 (168 f.); *Unterreitmeier*, GSZ 2023, 34 (39).

985 *Brandt*, Das Bundesamt für Verfassungsschutz und das strafprozessuale Ermittlungsverfahren, 2015, S. 127 f.

zen, eine entsprechende Ermittlungstätigkeit aufnehmen zu können. Den Nachrichtendiensten steht dabei ein – freilich bestrittener[986] – **Beurteilungsspielraum** zu, ob die Übermittlung tatsächlich zur Verhinderung oder Verfolgung eines Staatsschutzdelikts erforderlich ist.[987] Dies bedingt, dass die Nachrichtendienste eine eigene strafrechtliche Subsumtion vornehmen müssen, ob die vorliegenden Erkenntnisse einen Anfangsverdacht für ein Staatsschutzdelikt begründen und hinsichtlich des Verdichtungsgrads entweder – für Zwecke der Strafverfolgung – „zureichende tatsächliche Anhaltspunkte" für die Einleitung eines Ermittlungsverfahrens (s. § 152 Abs. 2 StPO) auf Seiten der Strafverfolgungsbehörden begründen, oder – für Zwecke der Straftatenverhinderung – eine entsprechende polizeirechtliche Gefahr eines drohenden Schadenseintritts gegeben ist. Damit beurteilen die Nachrichtendienste nicht nur, ob der Sachverhalt aus rechtlicher Sicht unter ein Staatsschutzdelikt zu subsumieren ist, sondern auch, wann die Schwelle zur Erforderlichkeit einer Übermittlung überschritten wird.[988] Freilich wäre es angesichts der Eingriffswirkung eines Ermittlungsverfahrens nicht hinnehmbar, wenn bereits diffuse Anhaltspunkte für mögliche Gefahren die „Erforderlichkeit" einer Übermittlung auslösen würden.[989] Im Falle der Übermittlung zur Straftatenaufklärung ist daher auf die Schwelle der „zureichenden tatsächlichen Anhaltspunkte" abzustellen, d. h. auf diejenige Schwelle, die nach § 152 Abs. 2 StPO auch für die Staatsanwaltschaft den Beginn von Ermittlungen markiert. Es wäre nicht sinnvoll, die „Erforderlichkeit" der Datenübermittlung an anderen Kriterien zu orientieren als an denjenigen, die die Staatsanwaltschaft auch tatsächlich zu (weiteren) Ermittlungen verpflichten. Denn unterhalb der Schwelle des § 152 Abs. 2 StPO könnte die Staatsanwaltschaft nicht tätig werden. Dann hat es aber keinen Sinn, die Nachrichtendienste zur Übermittlung von für ein Ermittlungsverfahren irrelevanten Informationen zu verpflichten, was nicht nur eine Übermaß-Datenverarbeitung bedeutete (Rn. 216, 386), sondern ungünstigsten falls auch dazu führen könnte, dass die Strafverfolgungsbehörden zu unzulässigen Vorfeld-Ermittlungen gedrängt werden könnten. Folglich sind die tatsächlichen Anhaltspunkte i. S. d. § 20 Abs. 1 BVerfSchG als *zureichende* tatsächliche Anhaltspunkte i. S. d. § 152 Abs. 2 StPO auszulegen.[990]

---

986 Dagegen BLKR, Rn. 519. So kann eingewandt werden, dass die Gründe für einen Beurteilungsspielraum nicht gegeben seien: Weder sei erkennbar, dass der Gesetzgeber im Text des § 20 Abs. 1 BVerfSchG eine Letztentscheidungsspielraum der Verfassungsschutzbehörden niedergelegt habe, denn kein Tatbestandsmerkmal gebe im Wortlaut eine alleinige Beurteilungshoheit der Verwaltung her. Noch seien die Tatbestandsmerkmale und Auslegungskriterien des § 20 Abs. 1 BVerfSchG so vage oder seine fallbezogene Anwendung so schwierig, dass die gerichtliche Kontrolle wegen der hohen Komplexität oder der besonderen Dynamik der geregelten Materie an ihre Funktionsgrenzen stoße. Anders als bei den anerkannten Fallgruppen eines Beurteilungsspielraums (z. B. dienstliche Beurteilungen oder Prüfungsentscheidungen, vgl. BVerfGE 84, 34 [50]) bedürften die Voraussetzungen des § 20 Abs. 1 BVerfSchG keiner Beurteilung von inneren Vorgängen, Motivationen oder höchstpersönlichen Wertungen (wie etwa die „Eignung" oder „Sozialkompetenz"), sondern sie seien vielmehr objektivierbar. Hinzu komme, dass ein Beurteilungsspielraum im Rahmen des § 20 BVerfSchG mit Blick auf operative Sicherheitsinteressen auch gar nicht erforderlich sei, da die Interessenlage des Verfassungsschutzes an anderer Stelle in § 23 Nr. 2 BVerfSchG ausreichend Berücksichtigung finde. Es sei nicht angezeigt, die Ausgleichsfunktion des § 23 BVerfSchG gleichsam in den Begriff der Erforderlichkeit i. S. d. § 20 BVerfSchG hineinzulesen.

987 BVerfG, Beschl. v. 28.9.2022 – 1 BvR 2354/13, Rn. 138; *Siems*, in: Dietrich/Eiffler, VI, § 7 Rn. 24; *Brandt*, Das Bundesamt für Verfassungsschutz und das strafprozessuale Ermittlungsverfahren, 2015, S. 130; missverständlich BLKR, Rn. 702: Den Verfassungsschutzbehörden stehe ein Entschließungsermessen bei der Beurteilung zu, ob die Übermittlung zur Verhinderung oder Verfolgung dieser Delikte erfolgt.

988 *Brandt*, Das Bundesamt für Verfassungsschutz und das strafprozessuale Ermittlungsverfahren, 2015, S. 306: Dies folge aus dem Trennungsgebot, damit die Strafverfolgungsbehörde nicht unzuständiger Weise Vorfelderkenntnisse erhalte; *Siems*, in: Dietrich/Eiffler, VI, § 7 Rn. 24.

989 BVerfG, Beschl. v. 28.9.2022 – 1 BvR 2354/13, Rn. 159.

990 BLKR, Rn. 525.

Hiergegen könnte eingewandt werden, dass es allein Sache der Staatsanwaltschaft sei zu beurteilen, ob die zu übermittelnden Erkenntnisse bereits die Schwelle der „zureichenden" tatsächlichen Anhaltspunkte i. S. d. § 152 Abs. 2 StPO überschritten haben oder nicht. Danach wären die Nachrichtendienste bereits bei allen „einfachen" tatsächlichen Anhaltspunkten i. S. d. § 20 Abs. 1 BVerfSchG verpflichtet zu übermitteln, d. h. selbst dann, wenn diese Erkenntnisse bei der adressierten Staatsanwaltschaft nicht automatisch auch bereits einen Anfangsverdacht i. S. d. § 152 Abs. 2 StPO begründen (z. B. nur sehr vage, nicht personenscharfe Verdachtsmomente für eine abstrakte Anschlagsgefahr). Es könnte eine „Erkenntnislücke" zwischen der Erkenntnislage bestehen, die nach § 20 Abs. 1 BVerfSchG eine Übermittlungspflicht auslöst und derjenigen, die nach § 152 Abs. 2 StPO die Staatsanwaltschaft für ein Ermittlungsverfahren benötigt, nämlich dann, wenn erst die Zusammenschau der übermittelten nachrichtendienstlichen Informationen und der bereits bei Polizei und Staatsanwaltschaft vorhandenen Erkenntnislage das Gesamtpuzzle ergäbe, das den Anfangsverdacht begründete. Diese Möglichkeit könnte dafür sprechen, dass die Nachrichtendienste möglichst früh auch noch nicht verdichtete bzw. erhärtete Verdachtssplitter übermitteln, die die Empfangsbehörde mit ihrer Erkenntnislage dann abgleichen könnte. Indes ist es den Nachrichtendiensten nicht zuzumuten, u. U. sensible Informationen in ein (früher oder später) offenes Verfahren einzuführen, ohne die Gewähr zu haben, dass die Dichte der übermittelten Erkenntnisse einigermaßen sicher für ein Ermittlungsverfahren reicht (was ggf. vorab mit dem zuständigen Staatsanwalt geklärt werden sollte). Eine Übermittlung vager und nur potentiell strafrechtlich relevanter Verdachtssplitter, die auf Seiten der Strafverfolgungsbehörden einstweilen nur zur Kenntnis genommen werden könnten, wäre zudem angesichts des informationellen Trennungsprinzips (Rn. 8) und des Ziels von § 20 Abs. 1 BVerfSchG, an der Sicherheit in Staatsschutzangelegenheiten mitzuwirken, wenig sinnvoll. **467**

Insbesondere in den Fällen des § 20 BVerfSchG (aber nicht nur bei diesen) können Übermittlungsverbote nach § 23 BVerfSchG greifen (z. B. aus Quellenschutzgründen, näher Rn. 469 ff.). Allerdings ist davon auszugehen, dass überwiegende Sicherheitsinteressen i. S. d. § 23 Nr. 2 BVerfSchG einer Übermittlung an Polizei bzw. Staatsanwaltschaft dann nicht mehr entgegenstehen, wenn es um die Verhinderung oder Aufklärung von schwersten Straftaten im Sinne des § 138 StGB geht, vor allem bei Kapitalverbrechen. Dies gilt unabhängig davon, ob es sich um die Verfolgung oder Verhinderung derartiger Straftaten handelt.[991] **468**

d) Übermittlungsverbote, § 23 BVerfSchG. Nach § 23 BVerfSchG (i. V. m. §§ 12 MADG, 18 BNDG) unterbleibt die Übermittlung nach den Vorschriften des 3. Abschnitts (§§ 17 ff. BVerfSchG), wenn **469**

1. für die übermittelnde Stelle erkennbar ist, dass unter Berücksichtigung der Art der Informationen und ihrer Erhebung die schutzwürdigen Interessen des Betroffenen das Allgemeininteresse an der Übermittlung überwiegen oder
2. überwiegende Sicherheitsinteressen dies erfordern oder
3. besondere gesetzliche Übermittlungsregelungen entgegenstehen; die Verpflichtung zur Wahrung gesetzlicher Geheimhaltungspflichten oder von Berufs- oder besonderen Amtsgeheimnissen, die nicht auf gesetzlichen Vorschriften beruhen, bleibt unberührt.

Damit werden zusätzlich zu den bereits in den einzelnen Übermittlungsregeln enthaltenen spezifischen Vorgaben bzw. Einschränkungen weitere bindende Übermittlungshemmnisse aufgestellt, die für sämtliche Übermittlungsvorschriften in den §§ 17 ff. BVerfSchG gleichermaßen gelten, d. h. insbesondere im Rahmen der §§ 18-20 BVerfSchG,

991 *Siems*, in: Dietrich/Eiffler, VI, § 7 Rn. 25.

nicht aber im Bereich der §§ 15, 16 BVerfSchG. Letztgenannte Vorschriften zählen nicht zum 3. Abschnitt des BVerfSchG und sehen ohnehin eigene spezifische Übermittlungsschranken vor (vgl. §§ 15 Abs. 2–4 und 16 Abs. 2 BVerfSchG), die eine Anwendung des § 23 BVerfSchG entbehrlich machen.

470 Die Übermittlungsverbote dienen überwiegenden Staatswohl- und Individualinteressen und sollen verstärkt zu einer umfassenden Interessenabwägung vor der Übermittlung von insbesondere personenbezogenen (s. Rn. 433) Informationen der Nachrichtendienste anhalten. §§ 23 Abs. 1 Nr. 2 HessVSG,[992] 15 Abs. 1 Nr. 2 RhPfVSG und Art. 27 Abs. 1 Nr. 2 BayVSG machen klar, dass unter überwiegenden Sicherheitsinteressen, wie sie § 23 Nr. 2 BVerfSchG als Übermittlungssperre vorsieht, insbesondere solche des Quellenschutzes und des Schutzes operativer Maßnahmen zu verstehen sind (z. B. wenn der Erfolg einer laufenden besonders sensiblen Operation durch die vorzeitige Einbindung von dem Legalitätsprinzip unterworfenen Strafverfolgungsbehörden gefährdet wäre).

471 Da die „third party-rule" vom BVerfG als überwiegender Staatswohlbelang anerkannt ist,[993] der die grundsätzlich umfassende Kooperationspflicht der Regierung gegenüber dem Parlament zulässigerweise beschränkt (näher Rn. 503), ist sie wertungsmäßig – *erst recht* – auch als „überwiegendes Sicherheitsinteresse" i. S. d. § 23 Nr. 2 BVerfSchG anzusehen, das einer Übermittlung an Polizeibehörden und Staatsanwaltschaften (natürlich auch gegenüber sonstigen Behörden) entgegengehalten werden kann.

472 Die Übermittlungsverbote des § 23 BVerfSchG sind restriktiv anzuwenden, zumindest wenn es um die Verhinderung oder Verfolgung von Straftaten von erheblicher Bedeutung geht. Auch wenn die Erkenntnisse mittels ND-Mitteln gewonnen wurden (z. B. mithilfe einer Observation oder VP-Einsatzes) und daher i. d. R. nicht auf Weiterleitung angelegt sind, sollten sie *jedenfalls bei gravierenden Straftaten* grundsätzlich übermittlungsfähig gemacht werden können, etwa durch Abstrahierung ohne Angabe der Informationsquelle. Unabhängig davon, ob es sich um eine fakultative Übermittlungsmöglichkeit handelt (siehe § 19 Abs. 1 Satz 1 Nr. 2-4 BVerfSchG) oder – im Bereich der Staatschutzdelikte – eine Übermittlungspflicht besteht (siehe § 20 Abs. 1 BVerfSchG), spricht bei Straftaten von erheblicher Bedeutung die Umsetzung der staatlichen Schutzpflicht zugunsten hochrangiger Rechtsgüter dafür, in der Regel kein Überwiegen der Sicherheitsinteressen nach § 23 Nr. 2 BVerfSchG anzunehmen. Denn während Leib und Leben von verdeckt eingesetzten Personen (VP und VM) grundsätzlich absolut zu schützen sind, können bloße operative Risiken für den Einsatzzweck (z. B. das Bekanntwerden einer Observation) keinen absoluten Ausschlussgrund bedeuten. Sie sind vielmehr mit dem Strafverfolgungsinteresse bzw. mit der Höhe des Schadens für das bedrohte Rechtsgut abzuwägen.[994] Nach einhelliger Meinung können Sicherheitsinteressen i. S. d. § 23 Nr. 2 BVerfSchG dann **einer Übermittlung an Polizei bzw. Staatsanwaltschaft nicht entgegenstehen**, wenn es um Erkenntnisse über die in **§ 138 StGB genannten Straftaten** geht, insbesondere bei Kapitalverbrechen.[995] Ob dies einen Automatismus in der Weise bedeutet, dass tatsächliche Anhaltspunkte über alle der in § 138 StGB genannten Delikte (auch zu den weniger gravierenden Tatbeständen, wie Geldfälschung – § 146 StGB – oder dem sehr weiten § 89a StGB, z. B. bei vermuteten Vorbereitungen zu einer Ausreise in ein Terrorcamp) unter allen Umständen übermittelt werden müssen, ist allerdings zu verneinen. Jenseits der Verhinderung oder Aufklärung von Verbrechen gegen Leib, Leben und Freiheit muss es vielmehr bei einer Einzelfallabwägung

---

992 VGH Kassel, Beschl. v. 20.11.2019 – 8 B 1938/19, Rn. 23.

993 BVerfG, NVwZ 2017, 137 ff. Rn. 158 ff. – NSA-Selektoren.

994 BT-Drs. 18/4654 S. 27.

995 *Siems*, in: Dietrich/Eiffler, VI, § 7 Rn. 25; *Greßmann*, in: Dietrich/Eiffler, IV, § 3 Rn. 17; BLKR, Rn. 702 m. w. N.; *Droste*, S. 544; *Bock*, in: Schenke/Graulich/Ruthig, § 20 BVerfSchG Rn. 6; *Rose-Stahl*, S. 106.

verbleiben. Nach einer Auffassung soll das Übermittlungsverbot gemäß § 23 Nr. 2 BVerfSchG auch dann grundsätzlich keine Anwendung finden, wenn die Übermittlung zur Verfolgung von besonders schweren Straftaten i. S. v. § 100c StPO erforderlich ist.[996] §§ 23 Abs. 2 HessVSG und 19 Abs. 2 BbgVSG[997] treffen die Interessenabwägung dergestalt, dass operative Sicherheitsinteressen nicht überwiegen, soweit die Übermittlung von Informationen erforderlich ist zur

- Abwehr einer gegenwärtigen Gefahr für den Bestand oder die Sicherheit des Bundes oder eines Landes oder für Leib, Leben oder Freiheit einer Person oder für solche Güter der Allgemeinheit, deren Bedrohung die Grundlagen oder den Bestand des Bundes oder eines Landes oder die Grundlagen der Existenz der Menschen berührt, oder
- zur Verfolgung einer besonders schweren Straftat im Sinne von § 100b Abs. 2 der Strafprozessordnung,

es sei denn, dass durch die Übermittlung eine unmittelbare Gefährdung von Leib oder Leben einer Person zu besorgen ist und diese Gefährdung nicht abgewendet werden kann.

e) Übersicht zu den wichtigsten Übermittlungsvorschriften

473

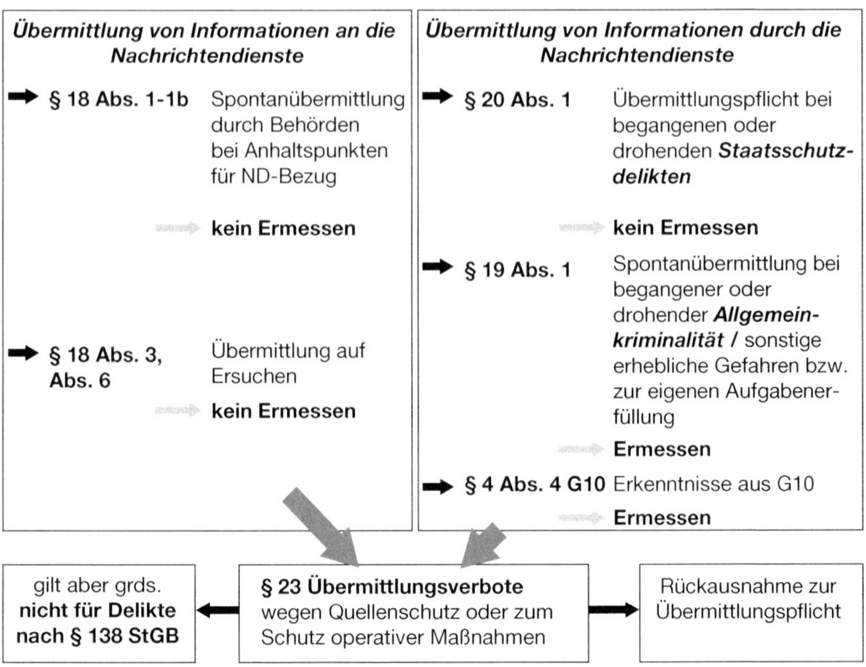

Abb. 9: Übermittlung von Informationen an und durch die Nachrichtendienste

996 BLKR, Rn. 706.

997 Abweichend justiert § 22 Abs. 2 ThürVSG die Abwägung in Richtung eines überwiegenden Strafverfolgungsinteresses: So greift die Übermittlungssperre nicht, soweit eine Übermittlungspflicht des Amtes für Verfassungsschutz nach § 12 Abs. 5 Satz 3 oder § 21 Abs. 2 an andere Sicherheitsbehörden besteht, und zwar bei Verbrechen sowie Vergehen, wenn die Tat auch im Einzelfall schwer wiegt und es sich nicht um Informationen des BfV oder anderer LfV handelt, die im Rahmen der Unterrichtungspflichten nach § 6 BVerfSchG dem Thüringer Amt für Verfassungsschutz übermittelt worden sind.

X. Übersicht zu den Befugnissen nach §§ 8 ff. BVerfSchG

474

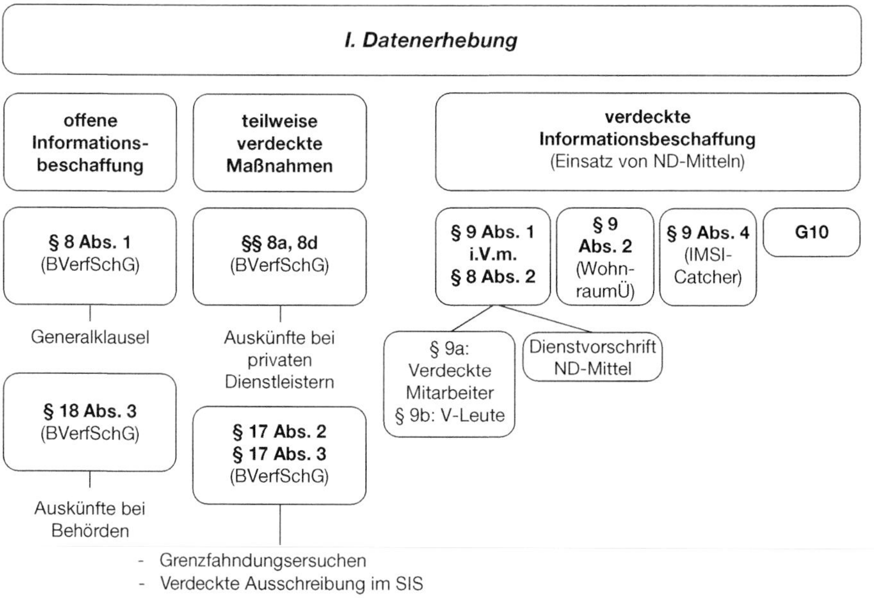

Abb. 7: Datenerhebung (Wiederholung von Seite 100)

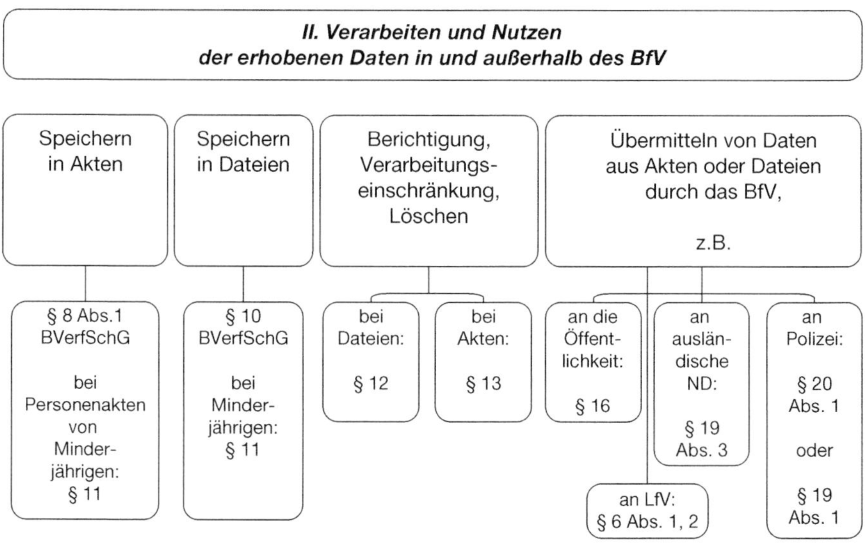

Abb. 8: Verarbeiten und Nutzen der erhobenen Daten (Wiederholung von Seite 100)

XI. Amtshilfe durch und für die Nachrichtendienste

Nach Art. 35 Abs. 1 GG i. V. m. §§ 4 ff. VwVfG leisten sich alle Behörden des Bundes und der Länder gegenseitig Rechts- und Amtshilfe (in Bezug auf die Unterstützung von parlamentarischen Untersuchungsausschüssen s. Art. 44 Abs. 3 GG). Der apodiktische Wortlaut macht deutlich, dass die Behörden – also auch die Nachrichtendienste – hierzu verpflichtet sind und insoweit kein (Entschließungs-)Ermessen haben. Die Amtshilfe ist ein bewährtes Instrument, eine andere Behörde dort zu unterstützen, wo sie eine ihr obliegende Amtshandlung durchführen dürfte oder gar müsste, dies aber aus tatsächlichen Gründen nicht selbst kann, insbesondere weil die zur Vornahme der Amtshandlung erforderlichen Dienstkräfte oder Einrichtungen fehlen (siehe § 5 Abs. 1 Nr. 2 VwVfG). Amtshilfe dient also dazu, anderen Behörden aus der Verlegenheit zu helfen, für eine Aufgabe zuständig zu sein, sie aber mangels eigener personeller oder sachlicher Möglichkeiten nicht selber adäquat erfüllen zu können. Dies ist zunächst einmal kein Manko, denn Art. 35 Abs. 1 GG ist gerade Ausdruck des Umstandes, dass die Verfassung *kein Autarkiegebot* für Behörden dahingehend aufstellt, für jeden Fall der Aufgabenerledigung mit eigener sachlicher und personeller Ausstattung vollumfänglich gerüstet sein zu müssen. Im Zweifel dürfen sie wegen der Komplementärfunktion der Amtshilfe auf fremde, ergänzende Hilfe zurückgreifen.[998] **475**

1. Charakter und Definition der Amtshilfe

Die Idee der Amtshilfe lässt sich auf die *Einheit der Staatsgewalt* zurückführen: die föderal, örtlich, sachlich und instanziell gegliederte Behördenzuständigkeit soll nicht dazu führen, dass dann, wenn eine Behörde ihre Aufgaben allein nicht oder nicht optimal ausführen kann, die Aufgabenerfüllung unterbleibt oder unzureichend erfolgt. Daher dient die Amtshilfe dazu, dass die Verwaltung – einheitlich betrachtet – idealiter doch zu optimaler Aufgabenerfüllung in die Lage versetzt wird.[999] Die ersuchende Behörde bleibt dabei verantwortlich und „Herrin des Verfahrens";[1000] sie trägt die Gesamtverantwortung für Recht- und Zweckmäßigkeit der zu verwirklichenden Maßnahme.[1001] **476**

Prägendes Kennzeichen der Amtshilfe ist nach der Legaldefinition in § 4 Abs. 1 VwVfG, dass sie auf Ersuchen erfolgt und nur „ergänzende Hilfe" ist. Dies bedeutet, dass die ersuchte Behörde nicht an die Stelle der ersuchenden Behörde tritt, sondern diese lediglich unterstützt.[1002] Amtshilfe erfolgt daher in der Regel einzelfallbezogen. Sie darf nicht die komplette Abwälzung einer Aufgabe an die ersuchte Behörde zur Folge haben. Amtshilfe liegt also nicht vor, wenn die Unterstützung über eine punktuelle Hilfeleistung hinaus geht und die ersuchte Behörde das Verfahren quasi übernimmt.[1003] Ebenso wäre es keine zulässige Amtshilfe – und auch eine Verletzung des Trennungsgebots (Rn. 6) –, wenn die besonderen Ermittlungsmethoden der Nachrichtendienste (§§ 8 Abs. 2, 9 BVerfSchG) gezielt eingesetzt würden, um verdeckt Erkenntnisse für polizeiliche Zwecke zu erheben,[1004] etwa durch das Ersuchen einer Staatsanwaltschaft, in einer bestimmten Gruppierung V-Personen zu werben oder auf bestimmte Zielpersonen „anzusetzen", um hierdurch Erkenntnisse über deren Straftaten zu erlangen. Gleiches gilt natürlich erst recht im umgekehrten Fall, wenn ein Nachrichtendienst die Polizei um Zwangsmaßnahmen ersuchen würde, zu denen er nicht befugt ist (s. § 8 Abs. 3 BVerfSchG). **477**

---

998 Stelkens/Bonk/Sachs/*Schmitz/Prell*, VwVfG, 10. Auflage 2023, § 5 Rn. 8.

999 *Hebeler*, JA 2019, 881 (882).

1000 BVerwG, NJW 2018, 716 (718) – Amtshilfe der Bundeswehr beim G8-Gipfel in Heiligendamm.

1001 BVerwG, Beschl. v. 2.9.2019 – 6 VR 2/19, Rn. 33 – Amtshilfeersuchen des AMRI-Untersuchungsausschusses im Land Berlin gegenüber dem BMI/BfV.

1002 *Hebeler*, JA 2019, 881 f.

1003 BVerfG, NVwZ 2011, 1254 f.

1004 BVerfG, NJW 2011, 2417 (2420) – Liechtenstein-CD.

2. Voraussetzungen der Amtshilfe

478 Für die Rechtmäßigkeit einer Amtshilfehandlung (das meint die Voraussetzungen der Amtshilfe betreffend) gilt folgendes:
a) Zunächst muss auf Seiten der ersuchenden Behörde ein Bedarf für die Amtshilfe nach § 5 Abs. 1 VwVfG entstanden sein, etwa weil der ersuchenden Behörde die erforderlichen Dienstkräfte oder Einrichtungen zur Vornahme der Amtshandlung fehlen (**Amtshilfegrund**; siehe § 5 Abs. 1 Nr. 2 VwVfG).

479 b) Sodann muss die Maßnahme in den **Befugniskreis** der ersuchten Behörde fallen. Nach § 5 Abs. 2 Nr. 1 VwVfG darf die ersuchte Behörde keine Hilfe leisten, wenn sie hierzu aus rechtlichen Gründen nicht in der Lage ist. Die ersuchte Behörde darf also nicht über den „Umweg" der Amtshilfe ihre gesetzlichen Befugnisse erweitern. Dies wäre der Fall, wenn sie keine rechtliche Befugnis zur Vornahme der erbetenen Amtshandlung hat, z. B. weil sie für die erbetene Maßnahme örtlich und sachlich unzuständig ist oder ihr schlicht die Eingriffsermächtigung für die erbetene Handlung fehlt[1005] (z. B. für polizeiliche Zwangsmaßnahmen; so etwa bei einem Ersuchen des BKA an das BfV um Festnahme eines Terroristen). Auch § 7 Abs. 1, 2. HS VwVfG macht deutlich, dass die ersuchte Behörde im Rahmen der Durchführung der Amtshilfe die für sie geltenden Rechtsvorschriften beachten muss. Die *ersuchte Behörde* ist für die Rechtmäßigkeit *der Durchführung der Amtshilfe* verantwortlich (siehe § 7 Abs. 2 S. 2 VwVfG; z. B. hinsichtlich der Verhältnismäßigkeit der erbetenen Handlung oder der Zulässigkeit und Funktionstüchtigkeit des eingesetzten technischen Geräts). Unterscheiden sich die rechtlichen Möglichkeiten für die ersuchende und die ersuchte Behörde, so muss die ersuchte Behörde prüfen, ob sie die Amtshilfe nach ihrem Recht überhaupt durchführen darf. Die um Amtshilfe gebetene Behörde darf folglich nur die Mittel einsetzen, die ihr nach ihrem eigenen Recht zustehen.[1006] Stellt sie fest, dass die erbetene Maßnahme das Maß des eigenen rechtlichen Dürfens überschreitet (etwa weil das befugnisrechtliche **Trennungsgebot** entgegensteht, s. § 8 Abs. 3 BVerfSchG), muss sie die erbetene Amtshilfe ablehnen.

480 Unzulässig mit Blick auf das Trennungsprinzip wäre etwa ein gemeinsamer Observationseinsatz von Polizei und Verfassungsschutz, wenn die Observationskräfte der Polizei der Verfassungsschutzbehörde unterstellt wären.[1007] In diesem Fall ständen zumindest potentiell polizeiliche Mittel für nachrichtendienstliche Aufgaben zur Verfügung. Ebenfalls unzulässig wäre, wenn eine Polizeibehörde von einem Nachrichtendienst im Wege der Amtshilfe um Durchführung einer heimlichen Brief- und Postüberwachung ersucht würde, obwohl sie hierfür weder nach der StPO noch nach dem Polizeigesetz eine Befugnis hat. Auch wäre es der Bundeswehr untersagt, im Rahmen einer Hilfeleistung für die Polizei militärische Kriegswaffen einzusetzen, wenn diese der Polizei generell nicht zur Verfügung stehen.[1008]

481 Fraglich ist, ob die ersuchte Behörde zur Amtshilfe „aus rechtlichen Gründen" auch dann nicht in der Lage ist (§ 5 Abs. 2 Nr. 1 VwVfG), wenn sie die erbetene Handlung zwar ihrer Art nach durchführen darf (z. B. Observationen), jedoch zur Erfüllung der **Aufgabe**, der die Amtshilfe dienen soll, keine Zuständigkeit hat. Dies wäre z. B. der Fall, wenn das BfV durch das LfV Bayern um Durchführung einer Observation im Bereich der Organisierten Kriminalität ersucht würde, obwohl das BfV keinen gesetzlichen Auftrag zur Beobachtung der OK hat; oder wenn ein Landeskriminalamt das BfV um Durchführung einer TKÜ-

1005 Stelkens/Bonk/Sachs/*Schmitz/Prell*, VwVfG, 10. Aufl. 2023, § 5 Rn. 15.
1006 Stelkens/Bonk/Sachs/*Schmitz/Prell*, VwVfG, 10. Aufl. 2023, § 7 Rn. 3.
1007 Zu weitgehend jedoch BeckOK StPO/*Krauß*, 46. Ed. 1.1.2023, RiStBV 205 Rn. 50, wonach mit Blick auf das organisatorische Trennungsprinzip und das Verbot einer personellen Verflechtung zwischen Verfassungsschutz- und Strafverfolgungsbehörden bereits ein gemeinsamer Observationseinsatz problematisch sein soll.
1008 BVerfG, NJW 2006, 751.

Maßnahme für Strafverfolgungszwecke ersuchen würde, obwohl das BfV nicht zur Strafverfolgung tätig werden darf. Zwar ist richtig, dass die ersuchte Behörde im Wege der Amtshilfe weder ihre Befugnisse, noch ihre Zuständigkeiten bzw. Aufgaben erweitern darf. Allerdings wäre dies bei den geschilderten Konstellationen auch nicht der Fall, sofern die ersuchte Behörde unter der alleinigen rechtlichen Verantwortung der ersuchenden Behörde und ohne eigene inhaltliche Entscheidungsbefugnis lediglich Verrichtungen als „Werkzeug" bzw. „verlängerter Arm" der ersuchenden Behörde ausführt, die sie – wäre sie selber zuständig – erlaubter maßen auch selber ausführen könnte. In den genannten Fällen erweitert die ersuchte Behörde weder ihren Aufgabenkatalog – denn sie führt ja *keine eigenen* Aufgaben aus, sondern erledigt lediglich Aufgaben für eine andere Behörde –, noch erweitert sie ihren Befugniskreis, denn die Befugnis zu Observation und TKÜ-Maßnahmen steht dem BfV ihrer Art nach zu.

Da die Auswertung von Erkenntnissen allgemein in den Aufgabenkreis der Verfassungsschutzbehörden fällt, stellt es somit keine Verletzung der Amtshilfevorschriften dar, wenn sie in **Vereinsverbotsverfahren** (obwohl deren Durchführung nicht in ihre Zuständigkeit fällt, s. § 3 Abs. 2 VereinsG) als Ermittlungsbehörde i. S. d. § 4 Abs. 1 VereinsG von der Verbotsbehörde (Innenministerium) mit der **Auswertung von Asservaten** beauftragt werden, die im Rahmen des Verbotsvollzugs polizeilich beschlagnahmt worden sind (s. dazu auch Rn. 449).[1009] **482**

Es ist also nicht erforderlich, dass die Gesamtmaßnahme, zu deren Erledigung die Amtshilfe dient, zum originären gesetzlichen Aufgabenkreis der ersuchten Behörde gehört. Ebenso wenig ist erforderlich, dass die ersuchte Behörde die Gesamtmaßnahme, für deren Umsetzung die Hilfe letztlich dient, ihrer Art nach auch selbst vornehmen könnte.[1010] Die beteiligten Behörden müssen somit keinen identischen Aufgabenkatalog und identische Zulässigkeitsvoraussetzungen für die Durchführung einer Maßnahme aufweisen (so müssen etwa Telefonüberwachungsmaßnahmen von Polizei und Verfassungsschutz nicht unter gleichen Voraussetzungen zulässig sein). Vielmehr reicht es aus, dass die ersuchte Behörde **grundsätzlich** befugt ist, die ersuchte Maßnahme **ihrer Art nach** durchzuführen (z. B. Observationen oder Telefonüberwachungsmaßnahmen durchzuführen).[1011] **483**

c) Schließlich ist zu prüfen, ob die **ersuchende Behörde die ersuchte Handlung selber rechtlich durchführen** kann, d. h. bei Vorhandensein eigener Dienstkräfte oder Einrichtungen die Amtshandlung auch komplett alleine vornehmen dürfte. Gemäß § 7 Abs. 1, 1. HS VwVfG richtet sich die *Zulässigkeit der Amtshilfe nach dem für die ersuchende Behörde geltenden Recht*. Sie darf nicht um Amtshilfe bitten, wenn sie zur Durchführung der erbetenen Handlung selber dem Grunde nach gar nicht befugt ist (siehe auch § 8 Abs. 3, 2. HS BVerfSchG in Bezug auf das befugnisrechtliche Trennungsgebot). Unzulässig wäre daher, wenn die ersuchende Behörde im Wege der Amtshilfe eine Maßnahme durchführen ließe, zu der sie entweder keine gesetzliche Zuständigkeit hat[1012] oder die **484**

1009 Antwort der Bundesregierung, BT-Drs. 19/352, S. 2. Siehe auch Ziff. 205 Abs. 5 RiStBV: Angehörige der Behörden für Verfassungsschutz können als Sachverständige oder Auskunftspersonen zu Vernehmungen und anderen Ermittlungshandlungen (z. B. Tatortbesichtigung, Durchsuchung oder Beschlagnahme) zugezogen werden. Ihre Zuziehung ist in den Akten zu vermerken.

1010 *Shirvani*, in: Mann/Sennekamp/Uechtritz, VwVfG, 1. Auflage 2014, § 7 Rn. 9; *Kopp/Ramsauer*, VwVfG, 10. Aufl. 2008, § 5 Rn. 17; § 7 Rn. 5. A.A. offenbar *Droste*, S. 565.

1011 *Krüger*, Zusammenarbeit Polizei/Verfassungsschutz, in: BfV (Hg.), Verfassungsschutz in der Demokratie, 1990, S. 162 f.; wohl auch BeckOK PolR Bayern/*Lindner*, 18. Ed. 1.3.2022, BayVSG Art. 5 Rn. 16. **A.A.** BLKR, Rn. 440 ff.: Wenn keine spezielle Rechtsgrundlage vorhanden und die ersuchte Handlung mit Eingriffen in Grundrechte verbunden ist (z. B. bei Observation), sei Amtshilfe des Verfassungsschutzes für die Polizei unzulässig. Strikt auch *Roggan*, KriPoZ 2018, 109 (113): „Amtshilfeunfähigkeit von Geheimdiensten in sicherheitsbehördlichen Verfahren".

1012 Amtshilfe dient nicht dazu, die sachlichen, örtlichen und funktionellen Zuständigkeitsvorschriften zu überwinden (*Shirvani*, in: Mann/Sennekamp/Uechtritz, VwVfG, 1. Auflage 2014, § 7 Rn. 9).

sie *ihrer Art nach* nicht durchführen darf, da sie dadurch ihre Kompetenzen erweitern würde (z. B. ein Ersuchen des BfV an das BKA um Durchführung einer Online-Durchsuchung zur Strafverfolgung: ein solches wäre doppelt unzulässig, da das BfV weder eine gesetzliche Befugnis zur Durchführung von Online-Durchsuchungen hat, noch die Kompetenz zur Strafverfolgung).[1013] So darf der Verfassungsschutz im Rahmen eines Grenzfahndungsersuchens nach § 17 Abs. 2 BVerfSchG (Verfahren nach der „Dienstanweisung Amtshilfe/Grenze", Rn. 397 ff.)[1014] nur darum ersuchen, am Informationsaufkommen der Bundespolizei beteiligt zu werden, er darf aber – mangels eigener polizeilicher Zwangsbefugnisse – kein Ersuchen an die Bundespolizei richten, eine Person gezielt festzunehmen oder zu kontrollieren.[1015]

3. Verantwortung für die Zulässigkeit der Gesamtmaßnahme

485 § 7 Abs. 2 S. 1 VwVfG bestimmt, dass die ersuchende Behörde die alleinige *Verantwortung für die Rechtmäßigkeit der Hauptmaßnahme* trägt, der die Amtshilfe dienen soll. Die *ersuchte Behörde* ist demgegenüber lediglich für die *Rechtmäßigkeit der Durchführung der Amtshilfe* verantwortlich (siehe § 7 Abs. 2 S. 2 VwVfG; Rn. 479). Daher hat die ersuchte Behörde nicht die Frage zu beurteilen, ob die ersuchende Behörde überhaupt die Zuständigkeit bzw. Befugnis zu der erbetenen Handlung hat. Sie kann also nicht gegen das Ersuchen einwenden, die Gesamtmaßnahme sei rechtlich unzulässig.[1016] Lediglich im Falle einer offensichtlichen Rechtswidrigkeit der Gesamtmaßnahme – wenn dem Gesamtvorhaben der Rechtsmangel also gleichsam „auf die Stirn geschrieben" ist – wäre die ersuchte Behörde berechtigt, die Amtshilfe zu verweigern, da sie nicht verpflichtet werden kann, sehenden Auges an einer rechtswidrigen Maßnahme durch Amtshilfe mitzuwirken.[1017] Grundsätzlich genügt es für die ersuchte Behörde aber, die Rechtmäßigkeit *der Durchführung* der Amtshilfe sicherzustellen. Hierfür trägt sie allerdings die volle und alleinige Verantwortung. Daraus folgt, dass die Erbringung der Amtshilfe aus Sicht der ersuchten Behörde grundsätzlich schon immer dann rechtmäßig ist, wenn mit der Maßnahme der eigene Befugniskreis nicht überschritten wird. Dennoch kann die Maßnahme in ihrer Gesamtheit rechtswidrig sein, wenn die ersuchte Behörde zwar mit der Hilfestellung ihre eigenen Befugnisse nicht überschreitet, die erbetete Handlung aber nach den für die ersuchende Behörde geltenden Rechtsvorschriften unzulässig ist. In diesen Fällen ist die Gesamtmaßnahme – *aus der Gesamtschau betrachtet* – rechtswidrig; die Amtshilfeleistung durch die ersuchte Behörde bleibt aber – wenn deren Durchführung rechtmäßig war – *isoliert betrachtet* gemäß § 7 Abs. 2 S. 2 VwVfG rechtmäßig.

1013 Vgl. den instruktiven Fall BVerwG, NVwZ-RR 2006, 622 (623 f.): Die Erhebung personenbezogener Daten in Russland durch den BND für Zwecke einer Sicherheitsüberprüfung des MAD wäre eine unzulässige Amtshilfe, da weder das MADG noch das BNDG für Zwecke der Sicherheitsüberprüfung die Beschaffung von personenbezogenen Daten im Ausland durch MAD oder BND vorsieht.

1014 Dazu *Droste*, S. 479.

1015 Diese Vorgabe (die letztlich aus dem Trennungsgebot resultiert), bedeutet aber keineswegs, dass das BfV der Bundespolizei nicht gemäß §§ 19, 20 ff. BVerfSchG Gefährdungserkenntnisse zu bestimmten Zielpersonen zur Verfügung stellen dürfte, auf deren Grundlage die Bundespolizei dann aus *eigener* Befugnis (d. h. ohne diesbezügliches Ersuchen des BfV) polizeiliche Maßnahmen einleiten könnte.

1016 Die ersuchte Behörde ist nicht befugt, die Amtshilfe zu verweigern, wenn sie Zweifel an der Rechtmäßigkeit der Maßnahme hegt, die dem Amtshilfebegehren der ersuchenden Behörde zugrunde liegt (BVerwG, NVwZ 2020, 151 [154]). Der ersuchten Behörde die Befugnis einzuräumen, das Gesamtvorhaben der ersuchenden Behörde einer rechtlichen Prüfung zu unterziehen, widerspräche nicht nur dem Wortlaut des Gesetzes, sondern auch dem Sinn und Zweck der amtshilferechtlichen Regelungen, wie sie insbesondere in § 5 Abs. 4 und § 7 Abs. 2 Satz VwVfG zum Ausdruck kommen (siehe VGH Mannheim, NVwZ-RR 1990, 337 [338]).

1017 BVerwG, NVwZ 2020, 151 (154); *Funke-Kaiser*, in: BeckOK VwVfG, § 5 Rn. 30; Stelkens/Bonk/Sachs/*Schmitz/Prell*, VwVfG, 10. Aufl. 2023, § 5 Rn. 17.

4. Amtshilfe und Zusammenarbeitsverpflichtung nach dem BVerfSchG

Amtshilfe ist von der in § 1 Abs. 2–3 sowie §§ 5, 6 BVerfSchG geregelten Pflicht zur Zusammenarbeit der Verfassungsschutzbehörden (s. o. Rn. 376 ff.) abzugrenzen. 486

- **Zusammenarbeit** im Sinne der §§ 1 Abs. 2–3, 5 BVerfSchG meint ein auf Dauer angelegtes, zielgerichtetes und arbeitsteiliges Zusammenwirken bei der Erfüllung **des gemeinsamen Beobachtungsauftrags nach § 3 Abs. 1 BVerfSchG.** In dieser gemeinsamen Aufgabenerfüllung leisten sich alle Verfassungsschutzbehörden gegenseitige Unterstützung und Hilfeleistung (§ 1 Abs. 3 BVerfSchG), etwa durch Ausleihen von Fachpersonal oder technischem Überwachungsgerät.
- Demgegenüber meint **Amtshilfe** i. S. d. Art. 35 Abs. 1 GG solche Hilfeleistungen, die der ersuchten Behörde im konkreten Fall *nicht als eigene Aufgaben obliegen,*[1018] sondern nur der ersuchenden Behörde. Die ersuchte Behörde wird hier nicht aus eigener Zuständigkeit tätig (weil sie die Aufgabe selber erfüllen müsste), sondern fungiert nur als der „verlängerte Arm" (als Werkzeug) der ersuchenden Behörde. Deshalb verbleibt die Verantwortung für die Rechtmäßigkeit der Maßnahme, die durch die Amtshilfe verwirklicht werden soll, bei der ersuchenden Behörde (§ 7 Abs. 1, 1. HS und § 7 Abs. 2 S. 1 VwVfG; Rn. 479). Damit die Verantwortlichkeiten klar erkennbar bleiben, muss die Steuerung und Entscheidung über die Mittel und den Umfang der von der ersuchten Behörde durchzuführenden Maßnahmen allein der ersuchenden Behörde obliegen; die ersuchte Behörde darf auf diese Entscheidungs- und Verantwortungsprozesse keinen Einfluss nehmen.

Für die Beurteilung, ob eine erbetene Unterstützungshandlung z. B. seitens des BfV als Erfüllung der Zusammenarbeitsverpflichtung nach § 1 Abs. 3 BVerfSchG oder als eine (engeren Voraussetzungen unterliegende) Amtshilfe im Sinne der §§ 4 ff. VwVfG zu werten ist, muss man darauf abstellen, ob die Unterstützungsleistung im Zusammenhang mit der eigenen gesetzlichen Aufgabenstellung erbracht wird (z. B. ob das BfV als Bundesamt gemäß der Zuständigkeitsverteilung nach § 5 Abs. 1 BVerfSchG auch eigeninitiativ in dem Bundesland hätte tätig werden können), oder ob der Aufgabenkreis des BfV nicht originär betroffen ist (z. B. weil die extremistische Gruppierung, auf die sich das Unterstützungsersuchen bezieht, nur rein regional agiert und kein länderübergreifender Bezug erkennbar ist oder weil das BfV bzgl. der Organisierten Kriminalität tätig werden soll, für die es keine eigene Zuständigkeit besitzt). Im erstgenannten Fall handelt es sich um die Erfüllung der Zusammenarbeitsverpflichtung nach § 1 Abs. 3 BVerfSchG, im zweiten Fall beurteilt sich die Zulässigkeit z. B. einer für ein LfV durchgeführten Observation nach den Amtshilfevorschriften. 487

Unterschiede zwischen beiden Kooperationsformen bestehen insbesondere darin, dass ein Amtshilfeersuchen unter den Voraussetzungen des § 5 Abs. 2–3 VwVfG abgelehnt werden kann (z. B. weil die ersuchte Behörde sich aus Kapazitätsgründen zur Hilfeleistung nicht in der Lage sieht oder rechtliche Bedenken hat, mit der erbetenen Handlung den eigenen Befugniskreis unzulässig zu erweitern). Zudem muss die ersuchende Be- 488

1018 Nach § 4 Abs. 2 Nr. 2 VwVfG liegt Amtshilfe nicht vor, wenn die Hilfeleistung in Handlungen besteht, die der ersuchten Behörde als eigene Aufgabe obliegen. Freilich kommt es hier darauf an, ob die Handlung der ersuchten Behörde im *konkreten Einzelfall* als eigene Aufgabe obliegt. Amtshilfe liegt somit auch dann vor, wenn die ersuchte Behörde zwar *abstrakt* die gleiche Aufgabenstellung zu erledigen hat wie die ersuchende Behörde, aber nicht in dem betreffenden Einzelfall tätig werden muss, auf den sich das Unterstützungsersuchen bezieht. So liegt Amtshilfe vor, wenn eine Polizeibehörde bei Demonstrationen, bei denen zu befürchten steht, sie könnten gewalttätig verlaufen, zur Gefahrenabwehr und Strafverfolgung die Unterstützung durch Polizeikräfte anderer Bundesländer anfordert. Zwar haben die angeforderten Beamten – generell betrachtet – ebenfalls die Aufgabe der Gefahrenabwehr und Strafverfolgung, aber eben nicht in dem konkreten Einzelfall, findet die Demonstration doch in einem anderen Bundesland statt.

hörde für die Kosten (Auslagen) der erbetenen Amtshilfehandlung aufkommen, wenn diese im Einzelfall 35 Euro übersteigen (§ 8 Abs. 1 Satz 2 VwVfG). Gegenüber einer Bitte, der Zusammenarbeitsverpflichtung nach § 1 Abs. 3 BVerfSchG nachzukommen, sieht das Gesetz hingegen weder einen Ablehnungsgrund vor[1019] (schließlich geht es um die arbeitsteilige Erfüllung einer gemeinsamen Aufgabe), noch besteht eine Pflicht, Auslagen der ersuchten Behörde zu erstatten.

XII. Die Kontrolle über die Nachrichtendienste

489 Auf Geheimhaltung angelegte (aber auch hierauf angewiesene) Nachrichtendienste bedürfen in einer offenen, freiheitlichen Gesellschaft der Kontrolle. Dies ist nicht erst seit Einfügung des Art. 45d GG im Jahr 2009, wonach der Bundestag ein Gremium zur Kontrolle der nachrichtendienstlichen Tätigkeit des Bundes bestellt, als verfassungsrechtliche Notwendigkeit und Gebot der Transparenz gegenüber der Öffentlichkeit anerkannt. Aus dem Grundsatz der Gewaltenteilung folgt das Recht zur Kontrolle der Regierung[1020] als ureigene Aufgabe des Parlaments.[1021] Das Gewaltenteilungsprinzip ist zugleich Grund und Grenze des Informationsanspruchs des Parlaments gegenüber der Regierung.[1022] Die Kontrollaufgabe findet sich im GG zwar nur punktuell und sachlich eingegrenzt normiert (z. B. Art. 13 Abs. 6 Satz 2, 45d GG), ist im gewaltenteilenden Staat aber notwendige Grundvoraussetzung, um das strukturelle Übergewicht der Regierung aufgrund des ihr zur Verfügung stehenden Behördenapparats und der daraus folgenden Wissensüberlegenheit (woraus sich eine Überlegenheit an Handlungsoptionen ergibt) bestmöglich auszutarieren. Aus dem freien Mandat der Abgeordneten (Art. 38 Abs. 1 Satz 2 GG) und dem Grundsatz der Gewaltenteilung (Art. 20 Abs. 2 Satz 2 GG) folgt daher ein Frage- und Informationsrecht des Parlaments, dem eine Antwortpflicht der Bundesregierung korrespondiert[1023] – wobei die Antwort wahrheitsgemäß und so vollständig wie möglich sein muss.[1024] Dabei ist die Regierung verpflichtet, zu Angelegenheiten der Nachrichtendienste nicht nur gegenüber dem speziell hierfür eingerichteten PKGr, sondern gegenüber der Gesamtheit des Parlaments Stellung zu nehmen: sie darf in ihrer Beantwortung also nicht pauschal auf die angeblich vorrangige Zuständigkeit des PKGr verweisen.[1025] Wenn im Gefüge der Gewaltenteilung in erster Linie die Regierung das Kontrollobjekt des Parlaments ist (und nur mittelbar die ihr nachgeordneten nachrichtendienstlichen Behörden),

490 Siehe § 1 Abs. 1 PKGrG: *das PKGr kontrolliert die Regierung, ob diese ihrer Steuerungs- und Kontrollaufgabe hinsichtlich der Tätigkeit der Nachrichtendienste nachkommt.*

491 dann muss die Regierung sich in jeder Hinsicht Kenntnis von den Vorgängen in den Nachrichtendiensten verschaffen können. Die umfassenden Berichtspflichten und Informationsverschaffungsrechte im Rahmen der Rechts-, Fach- und Dienstaufsicht (Rn. 431) dienen folglich auch dazu, der politischen Kontroll-Verantwortung des Ministers gegenüber dem Parlament nachkommen zu können.[1026]

1019 Ein Unterstützungsersuchen z. B. eines LfV gegenüber dem BfV könnte allenfalls dann abgelehnt werden, wenn es erkennbar rechtsmissbräuchlich wäre oder die eigene Aufgabenerfüllung des BfV ernsthaft in Gefahr brächte.

1020 Zwar unterliegt zunächst nur die Regierung der Kontrolle des Parlaments, doch erstreckt sich die Kontrolle auch auf sämtliche nachgeordnete Behörden und damit auch auf die Tätigkeit der Nachrichtendienste, s. *Wolff*, JZ 2010, 173 (175) m. w. N.

1021 *Wolff*, JZ 2010, 173 (174) m. w. N.

1022 BVerfG, NVwZ 2017, 1364 (1366, Rn. 91).

1023 BVerfG, NVwZ 2009, 1092 (1093) – Beantwortung Kleiner Anfragen.

1024 HbgVerfG, NVwZ-RR 2010, 425.

1025 BVerfG, NVwZ 2009, 1092 (1094); BVerfG, NVwZ 2017, 1364 (1370, Rn. 116).

1026 Ähnlich *Etscheid*, DÖV 2021, 297 (299).

1. Eigenaufsicht

Die naheliegendste und hinsichtlich kurzfristiger Korrekturmöglichkeiten sicherlich effektivste Steuerung und Kontrolle kann durch behördeninterne Selbstkontrolle bzw. mittels Weisungen durch Dienst- und Fachvorgesetzte erfolgen (s. § 3 Abs. 2–3 BBG). Eine solche interne Steuerung und Kontrolle der Recht- und Zweckmäßigkeit des Handelns findet z. B. statt durch Vorlagen an die Referats-, Abteilungs- oder Amtsleitung, die Schaffung und Einhaltung interner Dienstvorschriften, durch den behördeninternen Datenschutzbeauftragten (§§ 5 ff. BDSG) oder durch die Kontroll- und Beratungstätigkeit behördeninterner Controllingeinheiten (vgl. § 2 Abs. 4–5 ThürVSG: „Stabsstelle Controlling"). 492

2. Öffentliche Kontrolle durch Medien

Eine sachlogisch auf öffentliche Debatten (und ggf. Skandalisierung) angelegte Kontrolle nachrichtendienstlichen Handelns erfolgt durch die Medien. Hier ermöglicht Art. 5 Abs. 1 Satz 2 GG für Pressevertreter einen verfassungsunmittelbaren Anspruch auf Auskunft gegenüber den Nachrichtendiensten (näher Rn. 330). Die Beurteilung, in welchem Umfang diesem Auskunftsanspruch nachzukommen ist, erfordert eine einzelfallbezogene Abwägung zwischen dem Informationsinteresse der Öffentlichkeit und den gegenläufigen schutzwürdigen Interessen des Nachrichtendienstes bzw. den von der Auskunft betroffenen Persönlichkeitsrechten. Entscheidend ist nicht, ob die Behörde das Informationsbedürfnis der Öffentlichkeit für berechtigt hält, sondern ob dem Auskunftswunsch schutzwürdige Interessen von solchem Gewicht entgegenstehen, dass sie den presserechtlichen Auskunftsanspruch (teilweise) ausschließen.[1027] 493

3. Exekutive Kontrolle

Neben der Rechts-, Fach- und Dienstaufsicht (s. Rn. 431) des BMI über das BfV (s. § 2 Abs. 1 Satz 2 BVerfSchG), des BMVg über den MAD (sinngemäß abzuleiten aus § 1 MADG[1028]) und des BKAmts über den BND (s. § 1 Abs. 1 BNDG) wird eine externe Exekutivkontrolle für alle drei Nachrichtendienste des Bundes durch den „Beauftragten für die Nachrichtendienste" im Bundeskanzleramt gewährleistet. Gemäß Organisationserlasses des Bundeskanzlers vom 3.5.1989[1029] ist Aufgabe dieses Koordinators die Regelung von Grundsatzfragen der Zusammenarbeit der Dienste untereinander. Er hat deshalb u. a. das Recht, von den Ressorts und von den Nachrichtendiensten des Bundes Auskünfte über die Arbeitsmethodik, die Organisation, die Haushaltsplanung und Personalstrukturplanung zu verlangen oder für den Bereich der Zusammenarbeit der Dienste Maßnahmen vorzuschlagen. Auch darf er sich an Gesetzesvorhaben und an der Ausarbeitung von Vorschriften beteiligen, die einen der Nachrichtendienste des Bundes oder die drei Dienste oder ihre Zusammenarbeit mit anderen Stellen betreffen; zudem hat er das Recht zu unmittelbaren Besprechungen mit den Leitern der Dienste. 494

4. Parlamentarische Kontrolle

a) Die Kontrollorgane und der Umfang ihrer Kontrollrechte. Die parlamentarische Kontrolle (zum Hintergrund Rn. 489) wird in Form von mündlichen oder schriftlichen Fragen der Abgeordneten, **Kleinen** oder **Großen Anfragen** der (Oppositions-)Fraktionen an die Regierung, durch das PKGr (Rn. 496) oder mithilfe von **Untersuchungsausschüssen** (Art. 44 GG) wahrgenommen. Zudem beschäftigt sich der für die Innenpolitik zuständige **Innenausschuss** häufig mit Verfassungsschutzangelegenheiten. In Haushaltsangelegenheiten ist ein Unterausschuss von Mitgliedern des Haushaltsausschusses (das sog. **Vertrauensgremium**) für die Kontrolle der Wirtschaftspläne der 495

1027 BVerwG, NVwZ 2018, 902 (903); NVwZ 2016, 1020.

1028 Vgl. *Siems*, in: Schenke/Graulich/Ruthig, § 1 MADG Rn. 4.

1029 BGBl. 1989 I S. 901.

Nachrichtendienste zuständig. Nach § 10a Abs. 2 Bundeshaltsordnung (BHO) kann der Bundestag „aus zwingenden Gründen des Geheimschutzes" (die bei den Haushaltsplänen der Nachrichtendienste gegeben sind) die Bewilligung von Ausgaben, die nach geheim zuhaltenden Wirtschaftsplänen bewirtschaftet werden sollen, von der Billigung des Vertrauensgremium abhängig machen.

496 Eine kontinuierliche und strukturierte Kontrolle wird durch das **Parlamentarische Kontrollgremium** (PKGr) wahrgenommen, das seit 2009 mit Art. 45d GG eine Verankerung in der Verfassung erhalten hat. Das PKGr ist in Bezug auf thematische Breite, die professionelle Kontinuität und personelle Ausstattung sicherlich das bedeutsamste Instrument parlamentarischer Kontrolle. Es ist von der Bundesregierung über die **allgemeine Tätigkeit der Nachrichtendienste** (z. B. Arbeitsschwerpunkte, allgemeine Bedrohungen, organisatorische Veränderungen, Rechtsrahmen durch interne Dienstvorschriften) und über **Vorgänge von besonderer Bedeutung** (insbesondere wesentliche Änderungen im Lagebild der äußeren und inneren Sicherheit, behördeninterne Vorgänge mit erheblichen Auswirkungen auf die Aufgabenerfüllung, Einzelvorkommnisse, die Gegenstand politischer Diskussionen oder öffentlicher Berichterstattung sind; s. § 4 Abs. 1 Satz 2 PKGrG) fortlaufend und umfassend zu unterrichten und stellt in Bezug auf den gesetzlichen Kontrollrahmen (s. §§ 4, 5 PKGrG) das Gremium mit den breitesten und intensivsten Kontrollrechten dar. Über seinen Unterrichtungsanspruch hinaus kann das PKGr

- Einsicht in Akten und Dateien der Dienste nehmen (§ 5 Abs. 1 PKGrG),
- Mitarbeiter der Dienste anhören und befragen (§ 5 Abs. 2 PKGrG),
- Kontrollbesuche bei den Diensten vornehmen (§ 5 Abs. 1 Satz 2 PKGrG) und
- im Einzelfall Untersuchungsaufträge an einen Sachverständigen erteilen (hierzu bedarf es einer Mehrheit von zwei Dritteln der Mitglieder des PKGr gemäß § 7 PKGrG).

Auch wenn der Gesetzgeber dem PKGr keinen offiziellen Vorrang in der parlamentarischen Kontrollwelt einräumt, hat es kraft seiner thematisch nicht eingegrenzten Kontrollzuständigkeit für alle nachrichtendienstlichen Angelegenheiten und wegen seiner Unterfütterung mit einem eigenen Verwaltungsapparat (§ 12 PKGrG) den besten Gesamtüberblick und nimmt *als Generalist* in der Breite der Kontrollinstanzen eine gewisse Zentralfunktion wahr.[1030] Die Mitglieder des PKGr – zurzeit 13, unterstützt durch den Ständigen Bevollmächtigten und dessen Mitarbeiter (§ 5a PKGrG) – wählt der Bundestag aus seinen eigenen Reihen (§ 2 Abs. 1 PKGrG). Es tritt mindestens einmal im Vierteljahr zusammen (§ 3 Abs. 1 PKGrG), nach der Geschäftsordnung sogar mindestens einmal im Monat (§ 3 Abs. 1 GeschO PKGr), und bestimmt auch die Mitglieder der G10-Kommission (§ 15 Abs. 1 Satz 4 G 10; näher Rn. 369). Die Sitzungen des PKGr sind geheim (§ 10 Abs. 1 PKGrG) und seine Mitglieder zur Geheimhaltung verpflichtet. Nur in Ausnahmefällen kann sich das PKGr zur Bewertung aktueller Vorgänge an die Öffentlichkeit wenden (§ 10 Abs. 2 PKGrG). Die Mitarbeiter der Nachrichtendienste können sich in dienstlichen Angelegenheiten (jedoch nicht in eigenen Belangen) an das PKGr wenden (§ 8 PKGrG – „Whistleblower"-Regelung).

497 Das Kontrollrecht des PKGr besteht auch für Anordnungen bzw. Angelegenheiten nach dem G10 und § 8a BVerfSchG, und zwar neben dem Kontrollrecht der G10-Kommission (dies folgt im Umkehrschluss aus § 1 Abs. 2 PKGrG). Die doppelte Kontrollzuständigkeit von PKGr und G10-Kommission für Überwachungsmaßnahmen, die in Art. 10 GG eingreifen, ist auch sachgerecht, denn die Kompetenzen des PKGr auf der einen und die der G 10-Kommission auf der anderen Seite sind unterschiedlicher Natur:[1031] Wäh-

---

1030 *Ader*, in: Dietrich/Fahrner, § 19 Rn. 158.
1031 *Huber*, in: Schenke/Graulich/Ruthig, § 1 PKGr Rn. 10.

rend dem PKGr die allgemeine Rechts- und Zweckmäßigkeitskontrolle über nachrichtendienstliche Angelegenheiten auch und gerade jenseits von Einzelfällen obliegt, hat die G 10-Kommission speziell über die Zulässigkeit und Notwendigkeit von Individualbeschränkungsmaßnahmen nach § 3 G 10 (Rn. 363) bzw. von strategischen Beschränkungsmaßnahmen nach den §§ 5 und 8 G 10, über den konkreten Einsatz von IMSI-Catchern nach §§ 9 Abs. 4 BVerfSchG, 5 MADG, 5 BNDG sowie über einzelne Auskunftsersuchen nach §§ 8a Abs. 1–2 BVerfSchG, § 3 BNDG und § 4a MADG zu befinden.

Auch wenn die Mitglieder durch das PKGr bestimmt werden (§ 15 Abs. 1 Satz 4 G10) ist die **G 10-Kommission** (näher Rn. 369) im Hinblick auf ihre personelle Zusammensetzung[1032] und Funktion keine originär parlamentarische Kontrolleinrichtung.[1033] Sie stellt vielmehr ein quasi-richterliches Organ dar und wird „im Funktionsbereich der Exekutive", mithin im „operativen" Bereich tätig.[1034] Sie hat die Aufgabe, über die Zulässigkeit und Notwendigkeit jeder angeordneten Beschränkungsmaßnahme nach dem G10 und Maßnahmen nach § 8a Abs. 1–2 BVerfSchG zu befinden (siehe zu letzterem § 8b Abs. 2 BVerfSchG; die Norm erstreckt die notwendige Beteiligung der G10-Kommission nicht nur auf die fachlich einschlägigen Verkehrsdatenauskünfte bei Telekommunikations- und Teledienstbetreibern, sondern auch auf Anfragen zu Flugdaten bei Computerreservierungssystemen bzw. Globalen Distributionssystemen sowie in Fällen der Kontostammdatenauskunft, die den Schutzbereich des Art. 10 GG gar nicht betreffen). Darüber hinaus hat sie zu entscheiden, ob die Benachrichtigung gegenüber einem von einer Beschränkungsmaßnahme nach dem G 10 oder nach §§ 8a oder 9 Abs. 4 BVerfSchG Betroffenen vorübergehend oder endgültig unterbleiben kann.[1035] 498

b) Grenzen parlamentarischer Kontrolle. Obwohl das Parlament (s. Rn. 489) durch andere Verfassungsorgane nicht in gleicher Weise kontrolliert wird, wie es die Regierung kontrolliert,[1036] fordert das Grundgesetz gleichwohl eine gegenseitige Hemmung und Mäßigung der Machtausübung aller Staatsgewalten.[1037] Die konkrete Ordnung der Verteilung und des Ausgleichs staatlicher Macht darf nicht durch einen aus dem Demokratieprinzip fälschlich abgeleiteten Gewaltenmonismus in Form eines allumfassenden Parlamentsvorbehalts unterlaufen werden.[1038] Damit muss auch parlamentarische Kontrolle Grenzen unterliegen, was eine Limitierung des Informationsverschaffungsrechts des Parlaments nach sich ziehen muss.[1039] Nach Ansicht des BVerfG[1040] erstreckt sich der parlamentarische Informationsanspruch **nicht auf Gegenstände**, 499

- die keinen Bezug zum Verantwortungsbereich der Regierung und ihrer nachgeordneten Behörden haben. Hinsichtlich der Tätigkeit und Erkenntnisse der Nachrichtendienste ist der Verantwortungsbereich der Bundesregierung berührt, wenn die Anfragen deren Tätigkeiten betreffen oder sie sich auf den Kenntnisstand der Bundesregierung zu Aktivitäten anderer Geheimdienste beziehen;

1032 Bei den Mitgliedern der G10-Kommission kann, muss es sich aber nicht um Abgeordnete des Bundestages handeln.

1033 BVerfG, NVwZ 2016, 1701 (1704): sie übt keine parlamentarische Kontrollfunktion aus.

1034 BVerfG, NVwZ 2016, 1701 (1705).

1035 Zu alldem *Huber*, in: Schenke/Graulich/Ruthig, § 1 PKGr Rn. 10.

1036 BVerfG, NVwZ 2013, 1468 (1471, Rn. 101) – Ramelow: eine demokratische „Kontrolle" des Parlaments erfolgt vor allem durch die Wähler, die im Akt der Wahl die Konsequenz aus ihrer Beurteilung der Tätigkeit von regierender Mehrheit und Opposition ziehen.

1037 BVerfG, NJW 1997, 383 = BVerfGE 95, 1 (15).

1038 BVerfG, NJW 1979, 359.

1039 *Warg*, NVwZ 2014, 1263 (1264 f.).

1040 BVerfG, NVwZ 2009, 1353 (1355 ff., Rn. 119 ff.) – BND-Untersuchungsausschuss; BVerfG, NVwZ 2017, 1364 (1365 ff., Rn. 89 ff.) – Auskunftspflicht zum Einsatz von V-Leuten im Zusammenhang mit dem Oktoberfestattentat.

- die den Kernbereich exekutiver Eigenverantwortung betreffen;
- bei denen überwiegende **Staatswohlbelange** (Gefährdung des Wohls des Bundes oder eines Landes) entgegenstehen, z. B. der Schutz einer Quelle vor Enttarnung, eine unbedingt geheim zu haltende ND-Methodik oder die Zusammenarbeit mit ausländischen Partnerdiensten[1041] oder
- die zu einer Verletzung von **Grundrechten der Betroffenen** führen (z. B. bei unzumutbarem Eingriff ins Recht auf informationelle Selbstbestimmung oder in den Kernbereich persönlicher Lebensgestaltung bei zu befürchtender Nennung intimer personenbezogener Daten in Sitzungen eines Untersuchungsausschusses). Auf Informationen, deren Weitergabe wegen ihres streng persönlichen Charakters für den Betroffenen unzumutbar ist, erstreckt sich das Erkenntnisinteresse des Parlaments nicht.[1042] Da allerdings die Parlamente und ihre Gremien genauso wie die Regierung nach Art. 1 Abs. 3 GG einer umfassenden Grundrechtsbindung unterliegen, kann grundsätzlich davon ausgegangen werden, dass das Parlament überwiegende Persönlichkeitsinteressen in gleicher Weise zu schützen bereit ist wie die Regierung bzw. die Nachrichtendienste. Daher werden sich – jenseits von Daten von V-Personen oder verdeckt eingesetzten Mitarbeitern der Nachrichtendienste, die zusätzlich mit Staatswohlerwägungen angereichert sind (Rn. 505) – kaum Fallkonstellationen finden, bei denen sich das Informationsverweigerungsrecht gegen das parlamentarische Kontrollinteresse wird durchsetzen können.[1043] Zumindest bei Dokumenten oder Sitzungen, die als Verschlusssache eingestuft und damit der Kenntnisnahme der Öffentlichkeit legaler Weise entzogen sind (s. § 4 Geheimschutzordnung des Bundestages), wird der nötige Grundrechtsschutz meist gewahrt werden können. Lediglich Informationen über den Kernbereich privater Lebensgestaltung oder Sachverhalte, die die Person bei Bekanntwerden in der Öffentlichkeit erwartbarerweise massiv in ihrer Lebensführung beeinträchtigen würden (etwa die Klarnamen von verdeckt arbeitenden Mitarbeitern der Nachrichtendienste), können insoweit dem Parlament vorenthalten werden.
- Schließlich besteht keine Pflicht zur Bereitstellung von Beweismitteln (z. B. Akten), wenn sich das Auskunftsersuchen oder das Ersuchen um Aktenvorlage als rechtsmissbräuchlich erweist. So können etwa Beweisanträge zurückgewiesen werden, wenn sie offensichtlich nur der Verzögerung dienen.[1044]

500 Will die Regierung eine Antwort bzw. die Mitwirkung verweigern, bedarf es bei jedem Ersuchen einer einzelfallbezogenen Begründung, aus welchen – das parlamentarische Kontrollrecht überwiegenden – konkreten (Geheimschutz-)Erwägungen die Beantwortung einer Anfrage nicht erfolgen kann. Ggf. ist in Erwägung zu ziehen, Informationen nach der Geheimschutzordnung des Parlaments einzustufen und an der dortigen Geheimschutzstelle zur Einsichtnahme durch die Parlamentarier zur Verfügung zu stellen. Eine pauschale, vom Inhalt des konkreten Schriftstücks losgelöste Begründung – etwa die pauschale Berufung auf das überwiegende „Staatswohl" – reicht für eine Auskunfts- oder Aktenverweigerung nicht aus.[1045]

501 Da die Schranken parlamentarischer Kontrolle **verfassungsrechtlich begründet** sind, müssen sie für alle parlamentarischen Kontrollinstanzen gelten, also für Untersuchungsausschüsse genauso wie für das PKGr, das Vertrauensgremium und sonstige parlamentarische Anfragen. Es gibt – auch angesichts der für alle Kontrollgremien gleichermaßen geltenden Geheimschutzregeln – keinen Grund, z. B. das PKGr gegenüber einem Unter-

---

1041 BVerfG, NVwZ 2017, 137 ff., Rn. 158 ff.

1042 So zu Untersuchungsausschüssen BVerfG, NJW 1984, 2271 (2276) und NJW 1988, 890 (893).

1043 *Unger*, in: von Mangoldt/Klein/Starck, GG, 7. Aufl. 2018, Art. 45d Rn. 31.

1044 BVerfGE 105, 197 (225); BVerfG, NVwZ 2009, 1353 (1358).

1045 BVerfG, NVwZ 2009, 1353 (1358) – BND-Untersuchungsausschuss.

suchungsausschuss hinsichtlich der Intensität der Berichterstattung zu bevorzugen oder zu benachteiligen.[1046] Daher ist es konsequent, dass auch § 6 PKGrG – mit Blick auf die dort normierten Schranken nur deklaratorisch – anerkennt, dass es Fälle gibt, in denen eine Unterrichtung des PKGr unterbleiben kann, insbesondere wenn dies zu einer Gefährdung der Aufgabenerfüllung der Nachrichtendienste führen kann (ähnlich § 18 Abs. 1 PUAG: „*[...] vorbehaltlich* ***verfassungsrechtlicher Grenzen*** *verpflichtet, dem Untersuchungsausschuss sächliche Beweismittel [...] vorzulegen*").

aa) **Kernbereich exekutiver Eigenverantwortung.** Der Kernbereich exekutiver Eigen- 502
verantwortung als Ausfluss der Gewaltenteilung gewährt der Regierung einen grundsätzlich nicht ausforschbaren Initiativ-, Beratungs- und Handlungsbereich,[1047] in den das Parlament nicht durch Auskunftsrechte eindringen und so das Regierungshandeln durch politischen Druck vorprägen oder beeinflussen soll (dieses Risiko bestände bei Kenntnisnahme von Regierungsberatungen, da die Regierung von der Unterstützung der Mehrheit des Parlaments abhängig ist). Das Parlament hat daher keinen Informationsanspruch, wenn die Information quasi zu seinem Mitregieren führen würde und damit zu einer unzulässigen Vermischung des Regierungshandelns zwischen Regierung und Parlament. Deshalb ist die Willensbildung der Regierung (z. B. Erörterungen im Kabinett, aber auch die Vorbereitung von Kabinetts- und Ressortentscheidungen, bei der ggf. auch die Nachrichtendienste eingebunden werden)[1048] dem Informationsanspruch des Parlaments und seiner Ausschüsse und Gremien (d. h. auch dem PKGr oder Untersuchungsausschüssen) entzogen, solange eine Entscheidung noch nicht getroffen ist. Die Kontrollkompetenz des Parlaments erstreckt sich also grundsätzlich nur auf bereits abgeschlossene Vorgänge. Sie umfasst nicht die Befugnis, in laufende Verhandlungen und Entscheidungsvorbereitungen einzugreifen. Diejenigen Beratungs- und Entscheidungsabläufe, die der Willensbildung der Regierung vorgelagert sind (z. B. vorbereitende Entscheidungsvorlagen der nachgeordneten Behörden oder von Sachverständigen), sind einer parlamentarischen Kontrolle allerdings nur in einem geringeren Maße entzogen. Besonders hohes Gewicht kommt dem parlamentarischen Informationsinteresse zu, wenn es um die Aufdeckung möglicher Rechtsverstöße und vergleichbarer Missstände innerhalb der Regierung geht.[1049] Besteht ein begründetes Informationsinteresse z. B. des PKGr gerade am Zustandekommen einer bestimmten zwischen der Regierung und nachgeordneten Nachrichtendiensten abgesprochenen (angeblich rechtswidrigen) Behördenpraxis, kann dieses Begehren auf Vorlage z. B. der relevanten Besprechungsprotokolle nicht mit Verweis auf den Kernbereich exekutiver Eigenverantwortung zurückgewiesen werden.

bb) **Staatswohl.** Als weitere Grenze der Kooperationspflicht fungiert das „Staatswohl". 503
Die Frage, was dem Wohl des Staates abträglich ist, kann nicht abstrakt und abschließend, sondern nur anhand des konkreten Einzelfalls und unter Abwägung der betroffenen Rechtsgüter beantwortet werden. Nachteile für das Wohl des Staates setzen Beeinträchtigungen wesentlicher staatlicher Interessen von einigem Gewicht voraus,[1050] wozu neben der Beeinträchtigung oder Gefährdung der *äußeren und inneren Sicherheit*[1051] angesichts

1046 In diesem Sinne *Hirsch*, Die Kontrolle der Nachrichtendienste, 1996, S. 281, wonach für die Informationsübermittlung an das PKGr die gleichen Maßstäbe gelten müssten wie im Hinblick auf einen Untersuchungsausschuss.

1047 BVerfG, NVwZ 2009, 1353 (1356, Rn. 123 ff.).

1048 Dieser Informationsverweigerungsgrund kann daher für Nachrichtendienste relevant werden bei Unterlagen, die der Vorbereitung von Kabinetts- oder Ressortentscheidungen dienen, etwa einer Entscheidungsvorlage für den Minister für Verhandlungen mit parlamentarischen Gremien. Bei internen Protokollen, Sprechzetteln und Vermerken von nachgeordneten Behörden greift der Tatbestand aber nur, wenn die dort aufbereiteten Themen *unmittelbar* der Vorbereitung einer Regierungsentscheidung dienen sollen.

1049 BVerfG, NVwZ 2009, 1353 (1356, Rn. 127).

1050 BVerwG, NVwZ 2011, 880 (882); *Posser*, in: ders./Wolff, BeckOK VwGO, Stand: 1.1.2021, § 99 Rn. 23.

1051 BVerwG, Beschl. v. 7.8.2013 – 20 F 9.12, Rn. 11.

der staatlichen Schutzpflicht auch hochrangige Grundrechte zählen können. Da zum Staatswohl auch die Funktionsfähigkeit der Sicherheitsbehörden zählt, ist das Staatswohl z. B. gefährdet, wenn durch das Bekanntwerden von Verschlusssachen ausländischer Partnerbehörden eine deutsche Behörde aus der nachrichtendienstlichen Zusammenarbeit ausgeschlossen würde (z. B. wegen Verstoßes gegen die **third party-rule**)[1052] In diesem Sinne stellt § 6 Abs. 1 PKGrG deklaratorisch klar, dass sich die Kooperationsverpflichtung der Bundesregierung nur auf Informationen und Gegenstände erstreckt, die auch der Verfügungsberechtigung der Nachrichtendienste des Bundes unterliegen. Zwar fehlt in § 6 Abs. 1, Abs. 2 PKGrG ein allgemeiner Staatswohlvorbehalt, doch sind die dort – quasi deklaratorisch – aufgezählten Schutzgüter die maßgeblichen Bestandteile eines weitergefassten verfassungsrechtlich begründeten Staatswohlbegriffs. Informationen ausländischer Nachrichtendienste fallen explizit nicht in die Verfügungsbefugnis der Regierung,[1053] weshalb der Schutz der vertrauensvollen Zusammenarbeit mit ausländischen Diensten einen insoweit überwiegenden **Staatswohlbelang** darstellt. Genau genommen umschreibt § 6 Abs. 1 PKGrG also die **third party-rule**[1054], wonach Informationen anderer (insbesondere ausländischer) Nachrichtendienste nur nach Maßgabe von deren vorherigem Einverständnis an dritte Stellen (z. B. Polizei, Parlament) weitergeben werden dürfen.[1055] Diese Grundregel der vertrauensvollen nachrichtendienstlichen Zusammenarbeit gilt als allgemein anerkannte Verhaltensregel der internationalen Kooperation im Sicherheits- und Nachrichtendienstbereich.[1056] Sie gilt auch für den Informationsaustausch im innerstaatlichen Bereich, und zwar außerhalb der nachrichtendienstlichen Kooperationen beim Informationsaustausch z. B. mit Polizeibehörden (s. § 6 Abs. 1 Satz 2 BVerfSchG).[1057] Die third party-rule ist jedoch nicht als ein absolutes Verbot der Weitergabe von Informationen zu verstehen, sondern nur als ein Verbot mit Zustimmungsvorbehalt. Auf Verlangen des Parlaments muss sich die Regierung zumindest um die Freigabe der Information durch den betreffenden Ursprungs-Nachrichtendienst bemühen (§ 6 Abs. 1 Satz 3 PKGrG) und darlegen, ob und dass im jeweiligen Einzelfall keine Zustimmung des herausgebenden Staates vorliegt bzw. diese nicht zu erreichen war. Freilich besteht keine Pflicht der Partnerdienste, überhaupt auf Freigabeersuchen zu antworten.[1058]

1052 BVerfG, NVwZ 2017, 137 (146 f.) – NSA-Selektoren.

1053 Gesetzesbegründung zu § 2b Abs. 1 PKGrG a. F. (BT-Drs. 14/539 vom 16.3.1999, S. 7). In der Vorläuferregelung des § 2 Abs. 2 PKKG wurde der Schutz der Partnerdienste unter „zwingende Gründe des Nachrichtenzugangs" subsumiert (BT-Drs. 12/1643, S. 5).

1054 Zur Zulässigkeit der Vorlageverweigerung von Details der Kooperation zwischen BND und NSA (sog. „Selektorenliste"), weil eine Freigabe seitens des ausländischen Nachrichtendienstes nicht vorlag, siehe BVerfG, NVwZ 2017, 1354 ff., Rn. 158 ff.: Ob die „third party rule", wonach ausgetauschte Informationen ohne Zustimmung des Informationsgebers nicht an Dritte weitergegeben oder für andere Zwecke verwendet werden dürfen, auch gegenüber Kontrollorganen des Parlaments und selbst gegenüber Aufsichtsbehörden gilt, bedürfe keiner abschließenden Bewertung. Denn jedenfalls im vorliegenden Zusammenhang sei der bekundete Wille der herausgebenden Stelle maßgeblich. Die herausgebende Stelle bestimmt nämlich, wen sie als „Dritten" ansehen will und damit von dem Recht der Kenntnisnahme eigener Informationen ausschließen will. Vgl. andererseits BVerfG, NJW 2020, 2235 (2265, Rn. 292 ff.): die Kontrolle der Auslands-Auslands-Fernmeldeaufklärung darf nicht unter Berufung auf die „third party-rule" behindert werden.

1055 Die BReg. beschreibt die Auswirkungen wie folgt: „Das Bekanntwerden von Informationen, die nach den Regeln der „Third Party Rule" erlangt wurden, würde als Störung der wechselseitigen Vertrauensgrundlage gewertet werden und hätte eine schwere Beeinträchtigung der Teilhabe deutscher Nachrichtendienste am internationalen Erkenntnisaustausch zwischen Nachrichtendiensten zur Folge" (BT-Drs. 20/4497, S. 3). Näher *Ader*, in: Dietrich/Fahrner, § 19 Rn. 133.

1056 Ausführlich BT-Drs. 20/5706, S. 2.

1057 BVerwG, Beschl. v. 2.9.2019 – 6 VR 2/19, Rn. 49 (Amtshilfeersuchen des AMRI-UA Berlin gegenüber BMI/BfV): „Insoweit erscheint es nicht ausgeschlossen, dass die Zusammenarbeit der Antragsgegnerin mit diesen Behörden beeinträchtigt und hierdurch das Staatswohl gefährdet werden kann, sollte eine Offenlegung derartiger Dokumente ohne vorherige Freigabe erfolgen."

1058 BT-Drs. 20/5706, S. 3.

Allerdings ist das Staatswohl im parlamentarischen Regierungssystem nicht allein der Bundesregierung anvertraut, sondern (wie auch die Beachtung von Persönlichkeitsrechten gem. Art. 1 Abs. 3 GG, s. Rn. 499) dem Bundestag und der Bundesregierung *gemeinsam* („zur gesamten Hand").[1059] Eine Berufung auf das Staatswohl kommt gegenüber dem Parlament in der Regel dann nicht in Betracht, wenn beidseits wirksame Vorkehrungen gegen das Bekanntwerden von Dienstgeheimnissen getroffen wurden.[1060] Je strikter die Vorkehrungen nach der Geheimschutzordnung des Parlaments sind (z.B. Kenntnisnahme eines Vorgangs nur durch einige wenige Personen, deren Einsicht protokolliert wird; keine Möglichkeit zur Anfertigung von Kopien oder Notizen), desto eher wird die Regierung das Staatswohl auch vom Parlament als gut gewahrt ansehen können. Umgekehrt ist die Regierung nicht verpflichtet, Dienstgeheimnisse dem Parlament vorzulegen, wenn dort nicht der von der Regierung für notwendig gehaltenen Geheimschutz gewährleistet ist.[1061] **504**

Nach § 6 Abs. 2 PKGrG (der wie auch § 6 Abs. 1 PKGrG lediglich deklaratorisch die bestehenden verfassungsrechtlichen Grenzen der Kooperationspflicht wiedergibt[1062]) darf die Unterrichtung zudem unterbleiben, wenn dies aus „zwingenden Gründen des Nachrichtenzugangs" oder aus Gründen des Schutzes von Persönlichkeitsrechten Dritter erforderlich ist. Hierdurch soll insbesondere dem Bedürfnis nach **Quellenschutz** Rechnung getragen werden.[1063] Auch wenn das BVerfG[1064] anerkennt, dass es unter bestimmten Umständen möglich ist, einem Untersuchungsausschuss (das gleiche muss für das PKGr gelten) unter Berufung auf das Wohl des Bundes oder eines Landes Unterlagen selbst dann vorzuenthalten, wenn die erforderlichen Geheimschutzvorschriften des Parlaments formal beachtet werden (und auch kein konkreter Nachweis einer potentiell „undichten Stelle" geführt werden kann), dürfte sich daraus kein generelles Vorlagerweigerungsrecht z.B. von Quellenmeldungen ableiten lassen. „Zwingende Gründe des Nachrichtenzugangs" liegen vielmehr nur vor, wenn einzelne Aktenstücke des Gesamtvorgangs Rückschlüsse auf die *Identität einer Quelle* zulassen *und* zu befürchten ist, dass der Umstand einer Identifizierbarkeit durch Dritte die Quelle bzw. potentielle künftige Quellen gefährden oder von einer (weiteren) Zusammenarbeit mit den Nachrichtendiensten abhalten würde. Insbesondere die Einzelheiten über Treffen, Zeitpunkte und Teilnehmer eines Szenetreffs der Quelle sind in Anbetracht des Risikos der Identifizierung und möglicher Übergriffe auf die Quelle besonders schützenswert.[1065] So ist bei Fragen, die möglicherweise noch aktive V-Leute betreffen oder die sich auf aktuelle beziehungsweise noch nicht weit zurückliegende Ereignisse beziehen, regelmäßig von der Gefahr einer Enttarnung der V-Leute und damit zugleich von einer Gefährdung ihrer Grundrechte oder der Grundrechte ihnen nahestehender Personen auszugehen.[1066] Da bei Erkenntnissen zur Identität von V-Personen ein legitimes und gut begründetes Interesse besteht, den Kreis der Geheimnisträger auf das notwendige Minimum zu beschränken, können besonders geheimhaltungsbedürftige Informationen aus dem Bereich des Quellenschutzes dem Parlament daher auch dann vorenthalten werden, wenn beiderseits Vorkehrungen gegen ihr Bekanntwerden getroffen **505**

1059 BVerfG, NVwZ 2017, 1354 (1356, Rn. 96).

1060 BVerfG, Urt. v. 14.12.2022 – 2 BvE 8/21, Rn. 65; BVerfG, NVwZ 2017, 1354 (1357, Rn. 130).

1061 BVerfG, NVwZ 2017, 1354 (1357, Rn. 98).

1062 I.d.S. *Unger*, in: von Mangoldt/Klein/Starck, GG, 7. Aufl. 2018, Art. 45d Rn. 29.

1063 *Klein*, in: Maunz/Dürig, GG, 87. EL, Art. 45d Rn. 48a.

1064 BVerfG, NVwZ 2009, 1353 (1357) – BND-Untersuchungsausschuss. Nach *Wolff*, JZ 2010, 173 (179) kann es Informationen geben, die in ihrer gesamten Breite zu geheim für das Parlament auch in Form des Untersuchungsausschusses sind. In diese Richtung auch *Wiefelspütz*, Das Untersuchungsausschussgesetz, 2003, S. 219. A.A. *Hermes*, in: Dreier, Grundgesetz-Kommentar, 3. Aufl. 2015, Art. 45d Rn. 54.

1065 OVG Lüneburg, NVwZ-RR 2013, 556 (557).

1066 BVerfG, NVwZ 2017, 1364 (1370, Rn. 122).

worden sind,[1067] d.h. Akten beispielsweise nur unter Aufsicht und entsprechender Protokollierung einzusehen sind. In diesem Fall überwiegen das Staatswohl und Persönlichkeitsinteressen der V-Person das parlamentarische Aufklärungsinteresse. Entsprechendes gilt für die Weigerung der Regierung, einen V-Mann-Führer als Zeugen für einen Untersuchungsausschuss zu benennen, wenn dies durch die V-Person als Bruch der ihr gegebenen Vertraulichkeitszusage aufgefasst und in der Folge die Zusammenarbeit mit dem Verfassungsschutz aufgekündigt würde.[1068]

506 Grundsätzlich wäre das Staatswohl betroffen, wenn die Funktionsfähigkeit der Sicherheitsbehörden dadurch gefährdet wird, dass die **verdeckte Informationsbeschaffung** durch das Wegbrechen geheimer Informationsquellen **beeinträchtigt** würde.[1069] Somit können laufende nachrichtendienstliche Operationen oder detaillierte Schilderungen operativer bzw. taktischer Verfahrensabläufe, ebenso wie der Wissenstand der Spionageabwehr über detektierte Anwerbungs- und Infiltrationsversuche ausländischer Geheimdienste[1070] als überwiegende Staatswohlbelange angesehen werden.

5. Kontrolle durch unabhängige öffentliche Stellen

507 Eine weitere Rechts- und Zweckmäßigkeitskontrolle (d.h. eine Art externer Rechts- und Fachaufsicht) findet durch organisatorisch von Parlament und Exekutive unabhängige Kontrollinstanzen statt, die einen thematisch (sektoral) eingegrenzten Kontrollauftrag haben. Dies sind

- der Bundesbeauftragte für Datenschutz und Informationsfreiheit (BfDI; z.B. nach §§ 14 Abs. 3, 15 Abs. 4, 28 BVerfSchG, 63 BNDG, 13a MADG) und die entsprechenden Landesbeauftragten im Hinblick auf die Einhaltung der datenschutzrechtlichen Bestimmungen bei der Verarbeitung personenbezogener Daten (näher Rn. 223 ff.),
- der Bundesrechnungshof (BRH), welcher gemäß § 10a BHO und § 19 BRHG die Rechtmäßigkeit und Wirtschaftlichkeit der Ausgaben der Nachrichtendienste kontrolliert.[1071]

Auch wenn die Kontrolle des BfDI sektoral auf Fragen des Umgangs mit personenbezogenen Daten begrenzt ist, kann er – da letztlich alle Fragen des Ob und Wie der Aufgabenwahrnehmung der Nachrichtendienste mit der Verarbeitung personenbezogener Daten zusammenhängen – durch die „Hintertür“ der Kontrolle datenschutzrechtlicher Fragestellungen umfassend überprüfen, ob, in welchem Umfang und mit welchen Mitteln personenbezogene Daten erhoben und weiterverarbeitet werden (s. § 28 Abs. 2 BVerfSchG). Die Kontrollmöglichkeit ist also nicht beschränkt auf die Fragen des technisch-organisatorischen Datenschutzes, z.B. auf die Einhaltung der technischen Standards zur sicheren Vorhaltung von Daten. Eine extensive Wahrnehmung der Kontrollrechte des BfDI gäbe diesem somit die Funktion einer „Super-Fachaufsicht“, die mit dem Hebel des Personenbezugs, den nahezu alle Informationen aufweisen, die bei den Nachrichtendiensten verarbeitet werden, eine umfassende Kontrolle bzw. Steuerung der Aufgabenwahrnehmung vornehmen könnte. Faktisch besitzt der BfDI damit – vom PKGr und der Fachaufsicht einmal abgesehen – die breiteste Zuständigkeits- und Aufgabenspanne aller Kontrollorgane.[1072] Ähnliches gilt für den BRH bzgl. der Verwendung der Haushaltsmittel: Da die Kontrolle, ob die den Nachrichtendiensten zugewiesenen Haushaltsmittel wirtschaftlich und sparsam verwendet werden, zwangsläufig bedingt,

1067 BVerfG, NVwZ 2017, 1364 (1371, Rn. 125).

1068 BVerfG, NVwZ 2021, 628 (632, Rn. 105 ff.).

1069 *Warg*, NVwZ 2014, 1263 (1267). Die Bundesregierung spricht dann davon, dass die Informationen so sensibel seien, „dass selbst ein geringfügiges Risiko des Bekanntwerdens unter keinen Umständen hingenommen werden“ könne (z.B. BT-Drs. 19/32187, S. 4 f.).

1070 BT-Drs. 19/12489, S. 14.

1071 *Cremer*, in: Isensee/Kirchhof, HStR XII, 3. Aufl. 2014, § 278 Rn. 18.

1072 *Sosna*, GSZ 2022, 245 (248).

dass man sich mit der Art und Weise der Aufgabenerledigung auseinandersetzt, kann auch hier indirekt (vom Gesetzgeber offenbar so gewollt) umfassend kontrolliert werden, ob die jeweilige nachrichtendienstliche Maßnahme überhaupt vom gesetzlichen Auftrag erfasst ist und mit welchen Mitteln und mit welchem Ressourcenansatz (und damit mit welcher Priorisierung) die Nachrichtendienste ihre gesetzlichen Aufgaben erfüllen.

Eine weitere von Parlament und Regierung unabhängige Kontrollinstanz stellt der **Unabhängige Kontrollrat** (UKR) dar. Dessen Einrichtung ist unmittelbare Folge des BVerfG-Urteils aus 2020 zur Ausland-Ausland-Fernmeldeüberwachung des BND (dies meint die Überwachung des Telekommunikationsverkehrs von im Ausland befindlichen Ausländern). Dort hatte das BVerfG verlangt, dass die Verarbeitung der vom BND insoweit erhobenen Daten einer unabhängigen gerichtsähnlichen Vorabkontrolle zu unterwerfen ist.[1073] Aufgabe des UKR ist somit die Überprüfung der technischen Aufklärung des BND, d. h. der Rechtmäßigkeit von Maßnahmen der strategischen Ausland-Fernmeldeaufklärung (§ 23 Abs. 4 Satz 1 BNDG; zum Begriff Rn. 363) sowie von Eingriffen in informationstechnische Systeme von Ausländern im Ausland (§ 37 Abs. 4 BNDG) jeweils *vor deren Vollzug*.[1074] Die Stellung und weitreichenden Befugnisse des UKR (dem nach den Vorgaben des BVerfG die „third party-rule" nicht entgegengehalten werden darf)[1075] sind detailliert in §§ 41 ff. BNDG geregelt. Er setzt sich zusammen aus einer „gerichtsähnlichen" Kontrolle durch sechs hochrangige Richter (die für die Überprüfung der Rechtmäßigkeit der in § 43 BNDG genannten Anordnungen zuständig ist) und einem „administrativem Kontrollorgan", das im Nachgang der Anordnungen eigeninitiativ strukturiert und stichprobenmäßig den gesamten Prozess der technischen Aufklärung von Ausländern im Ausland auf seine Rechtmäßigkeit überprüft.[1076] Es ist dem Präsidenten der gerichtsähnlichen Kontrolle unterstellt und unterstützt das „gerichtsähnliche Kontrollorgan" bei der Durchführung seiner Kontrollbefugnisse.[1077] Der UKR mit seinen beiden Kontrollkörpern ist auf Rechtskontrolle beschränkt, weshalb er nicht die Zweckmäßigkeit (d. h. die nachrichtendienstliche Sinnhaftigkeit und politische Opportunität) einer Maßnahme überprüft.[1078] Damit kann er bei einer Strategischen Ausland-Fernmeldeaufklärung zwar überprüfen, ob sich die Zielrichtung der Maßnahme im Rahmen des Auftragsprofils der Bundesregierung (APB) bewegt (§§ 19 Abs. 3 i. V. m. 23 Abs. 4 BNDG), nicht aber den zugrunde liegenden Inhalt des APB als solchen fachlich in Frage stellen, etwa mit dem Argument, die dort genannten Themen seien nicht von außen- und sicherheitspolitischer Bedeutung für die Bundesrepublik Deutschland (dazu Rn. 199 ff.). Da das BVerfG im Urteil vom 26.4.2022 eine unabhängige (gerichtsähnliche) Vorabkontrolle auch für eine ganze Reihe weiterer besonders eingriffsintensiver heimlicher Überwachungsmaßnahmen der Nachrichtendienste gefordert hat (neben Wohnraumüberwachung und Online-Durchsuchung auch für langfristige Observationen sowie für VP- und VE-Einsatz, s. Rn. 251, 255, 314),[1079] bietet es sich an, dem UKR künftig die Vorabkontrolle aller dieser Maßnahmen zu übertragen. 508

1073 BVerfG, NJW 2020, 2235 (2261, Rn. 257).

1074 Ausführlich *Hoch/Schmidt-Räntsch/Brunst*, NVwZ 2023, 712 ff.

1075 BVerfG, NJW 2020, 2235 (2265, Rn. 295): es ist zu gewährleisten, dass sich die Kontrolltätigkeit ungehindert von der „Third Party Rule" sowohl auf den Umgang des BND mit von ausländischen Diensten stammenden Informationen erstreckt, als auch auf die Zusammenarbeit des BND mit anderen Nachrichtendiensten.

1076 BT-Drs. 19/26103, S. 110 f.

1077 BVerfG, NJW 2020, 2235 (2261, Rn. 257).

1078 Näher *Ader*, in: Dietrich/Fahrner, § 19 Rn. 151.

1079 BVerfG, NJW 2022, 1583 (1594, Rn. 217 ff.).

6. Gerichtliche Kontrolle

509 **a) Allgemeines.** Wegen Art. 19 Abs. 4 GG, der gegen alle hoheitlichen Maßnahmen effektiven gerichtlichen Rechtsschutz garantiert, hat jeder, der geltend machen kann, durch eine nachrichtendienstliche Maßnahme (z. B. Observation, Speicherung in Akten) in seinen Rechten verletzt worden zu sein (vgl. § 42 Abs. 2 VwGO), die Möglichkeit, die Maßnahme auf ihre Rechtmäßigkeit überprüfen zu lassen. Der Rechtsweg zu den Verwaltungsgerichten ist nach § 40 Abs. 1 VwGO eröffnet, da es sich bei der Streitigkeit zwischen Betroffenem und der Behörde um eine öffentlich-rechtliche Streitigkeit nichtverfassungsrechtlicher Art handelt. Rechtsschutz gegen die Beobachtung bzw. einen Eingriff in ihr Recht auf informationelle Selbstbestimmung können Betroffene allerdings nur suchen, wenn sie von ihrer Beobachtung Kenntnis erlangen. Eine Benachrichtigung über die erfolgte nachrichtendienstliche Beobachtung ist wegen der grundsätzlich verdeckten Arbeitsweise jedoch in der Regel nicht vorgesehen (eine Benachrichtigung der Betroffenen findet nur ausnahmsweise statt, s. Rn. 343).[1080] Aus dem Umkehrschluss der Vorschriften, die bei bestimmten Maßnahmen eine (nachträgliche) Benachrichtigung des Betroffenen vorsehen (s. etwa §§ 8b Abs. 7 BVerfSchG i. V. § 12 G10; 8d Abs. 4; 9 Abs. 3 Nr. 1; 19 Abs. 4 Satz 7 BVerfSchG; 12 G10) folgt nämlich, dass eine generelle Benachrichtigungspflicht zum Umstand des „Ob“ und des „Wie“ einer nachrichtendienstlichen Beobachtung nicht besteht.

510 **b) Typische Klagekonstellationen gegen nachrichtendienstliche Maßnahmen.** Folgende Ansprüche werden typischerweise gegen nachrichtendienstliches Handeln gerichtlich verfolgt:

- Jeder Betroffene kann vor den Verwaltungsgerichten auf Auskunft über die zu ihm gespeicherten personenbezogenen Daten (§§ 15 BVerfSchG, 9 MADG, 9 BNDG) klagen, wenn ihm die Behörde die begehrte Information nicht erteilt (zum verfassungsrechtlichen Hintergrund des Anspruchs Rn. 214, 318 ff.). Es handelt sich hierbei um eine sog. *Verpflichtungsklage* nach § 42 Abs. 1 VwGO, da die vorherige Entscheidung von BfV, MAD und BND, die begehrte Auskunft nicht oder nur eingeschränkt zu erteilen, einen Verwaltungsakt i. S. d. § 35 S. 1 VwVfG darstellt.[1081]
  - Für die gerichtliche Geltendmachung des Einsichtsbegehrens auf der Grundlage des Archivrechts ist ebenfalls die Verpflichtungsklage statthafte Klageart, während die Leistungsklage (Rn. 512) zu erheben ist, wenn sich der Kläger auf den verfassungsunmittelbaren Auskunftsanspruch der Presse (Art. 5 Abs. 1 Satz 2 GG, Rn. 493), auf die Wissenschaftsfreiheit (Art. 5 Abs. 3 GG) oder auf Art. 10 EMRK beruft.[1082]

511 – Begehrt ein Betroffener die **Löschung** der über ihn gespeicherten Daten, ist hierfür ebenfalls eine *Verpflichtungsklage* zu erheben.[1083] Denn der Löschung bzw. der Verweigerung der Löschung geht in der Regel die behördliche Prüfung und Entscheidung voraus, ob die rechtlichen Voraussetzungen hierfür (nach §§ 12 Abs. 2, 13 Abs. 3 BVerfSchG, 4 Abs. 1 G10) vorliegen. Dieser Entscheidungsprozess ist als Regelung i. S. d. § 35 VwVfG anzusehen, und zwar unabhängig davon, ob es sich bei der Löschung um eine gebundene oder eine Ermessensentscheidung handelt. Auch wenn der Löschungs*akt* selber einen Realakt ohne Regelungscharakter darstellen mag, ist die vom Kläger begehrte *Entscheidung über die Löschung* ein Verwaltungsakt. Daher greift als statthafte Klageart insoweit nicht die allgemeine Leistungsklage (Rn. 512), sondern die Verpflichtungsklage.

1080 *Lindner/Unterreitmeier*, DVBl. 2019, 819 (827).

1081 BVerwG, NVwZ-RR 2021, 665; OVG Münster, Urt. v. 31.7.2019 – 16 A 1009/14.

1082 BVerwG, Urt. v. 30.1.2019 – 6 A 1/17, Rn. 22; BVerwG, NVwZ 2020, 305.

1083 BVerwG, NJW 2011, 405 (406) – Geltend machen eines Anspruchs auf Löschung aus der Datei „Gewalttäter Sport“).

- Will ein Beobachtungsobjekt die **Einstellung** bzw. das Unterlassen **der Beobachtung** erreichen oder die (weitere) Durchführung einer bestimmten Beobachtungsmaßnahme (z. B. einer Observation) verhindern, ist hierfür die *Allgemeine Leistungsklage* nach § 43 Abs. 2 VwGO die richtige (statthafte) Klageart.[1084] Gleiches gilt für die Klage auf Entfernen eines Namens aus dem VSB (Beseitigung einer Internetveröffentlichung) bzw. auf Unterlassen der Erwähnung einer bestimmten Gruppierung als extremistisch im VSB.[1085] 512
- Zudem besteht hilfsweise (siehe § 43 Abs. 2 VwGO) insbesondere nach Beendigung einer Maßnahme die Möglichkeit einer sog. *Feststellungsklage*, wenn sich der Betroffene gegen eine Maßnahme wehrt, die keinen Verwaltungsakt darstellt. Mit der Feststellungsklage kann die **Feststellung der Rechtswidrigkeit einer Beobachtung** durch den Nachrichtendienst bzw. die Rechtswidrigkeit einer bestimmten beendeten Maßnahme (z. B. einer Observation[1086] oder einer Datenübermittlung durch das BfV)[1087] festgestellt werden. Auch die Beschränkungsanordnung[1088] und Durchführung einer G10-Maßnahme stellt „nur" einen Realakt und keinen Verwaltungsakt (VA) dar, da es sowohl an der für die Wirksamkeit eines VA erforderlichen Bekanntgabe gegenüber dem Betroffenen fehlt (§ 43 Abs. 1 VwVfG), als auch an der Außenwirkung nach § 35 Satz 1 VwVfG. Will der Betroffene also die Rechtswidrigkeit einer G10-Maßnahme feststellen lassen (was gemäß § 13 G10 nur nach Abschluss der Maßnahme möglich ist), ist folglich die Feststellungsklage und nicht die Fortsetzungsfeststellungsklage (als fortgesetzte Anfechtungsklage, s. § 113 Abs. 1 Satz 4 VwGO) zu erheben.[1089] 513
  - Demgegenüber stellt die Verpflichtungsanordnung gegenüber dem Provider (= Verpflichtung eines Telekommunikationsunternehmens nach § 2 Abs. 1 Satz 3 G10, an der Durchführung einer Maßnahme der Fernmeldeüberwachung mitzuwirken) einen Verwaltungsakt nach § 35 Satz 1 VwVfG dar.[1090] Will sich der TK-Provider gegen die Verpflichtungsanordnung wehren, muss er also Anfechtungsklage erheben.

c) **Pflicht der Nachrichtendienste zur Vorlage von Akten in verwaltungsgerichtlichen Verfahren.** Zu klären ist, inwieweit die Nachrichtendienste verpflichtet sind, im Rahmen von verwaltungsgerichtlichen Verfahren ihre oft geheimhaltungsbedürftigen Unterlagen dem Gericht und ggf. der klagenden Gegenpartei (und damit potentiell der Öffentlichkeit) zur Verfügung zu stellen. 514

1084 Etwa VG Köln, Urt. v. 13.10.2022 – 13 K 4222/18, Rn. 20 ff. – Klage der IBD auf Unterlassung der Beobachtung durch das BfV.

1085 VG München, Urt. v. 27.9.2022 – M 30 K 18.1188, Rn. 34 ff.; VG Düsseldorf, Urt. v. 18.5.2022 – 20 K 4760/20, Rn. 20.

1086 OVG Lüneburg, NVwZ-RR 2019, 465 (466).

1087 S. als Beispiel BVerwG, NJW 2005, 2330 f: Weitergabe von Erkenntnissen über Scientology-Mitgliedschaft durch das Bay. Innenministerium als (damals) unzuständiger Behörde an die Beschäftigungsbehörde des Betroffenen (zuständig wäre allein das LfV Bayern gewesen).

1088 So offenbar BVerwG, GSZ 2018, 203 (204, Rn. 16). Nach BVerwG, NJW 2008, 2136 (2136) (allerdings zu § 5 G10) ist die G10-Anordnung nur eine innerdienstliche Weisung; anders ggf. die Individualbeschränkung gem. § 3 Abs. 1 G 10 (diese sei ggf. ein Verwaltungsakt), da sie auch ohne Unterrichtung des Betroffenen eine unmittelbare Rechtswirkung nach außen entfalte. Die vom BVerwG angedeutete Unterscheidung zwischen Beschränkungen nach § 3 und § 5 G10 überzeugt jedoch nicht; daher sieht das VG Berlin (Urt. v. 25.9.2012 – 1 K 225.11) auch bei Anordnungen nach § 3 G10 zu Recht einen bloßen Realakt. So auch VG Karlsruhe (Urt. v. 26.8.2015 – 4 K 2108/11) für die Anordnung des Einsatzes eines Polizeibeamten als Verdecktem Ermittler, weil der Einsatzanordnung aufgrund der Innerdienstlichkeit kein Verwaltungsaktcharakter i. S. d. § 35 VwVfG zukomme.

1089 So auch *Ogorek*, JZ 2023, 60 (64 f.).

1090 BVerwG, GSZ 2018, 203 (204).

515 **aa) Grundsätzliche Pflicht zur Aktenvorlage und das Recht auf Akteneinsicht.** Zunächst gilt der Grundsatz, dass Behörden im Rahmen verwaltungsgerichtlicher Verfahren gemäß § 99 Abs. 1 Satz 1 VwGO zur Vorlage von Urkunden oder Akten, zur Übermittlung elektronischer Dokumente und zu Auskünften verpflichtet sind. Diese Vorschrift verpflichtet (nach entsprechender Aufforderung des Gerichts gemäß § 86 Abs. 3 VwGO) auch die Nachrichtendienste zur grundsätzlich vollständigen Aktenvorlage und dient dem Ziel eines jeden gerichtlichen Verfahrens, nämlich den Sachverhalt umfassend aufzuklären und den *Prozessbeteiligten Gelegenheit zu geben, von allen Vorgängen Kenntnis* zu nehmen und ihr Vorbringen im Prozess darauf einzustellen. Sie bezweckt damit einen effektiven und umfassenden Rechtsschutz im Sinne des Art. 19 Abs. 4 GG.

516 Nach § 100 Abs. 1 VwGO können die Beteiligten die Gerichtsakten und die dem Gericht vorgelegten Akten einsehen. Ebenso wie § 99 VwGO dient auch das **Recht auf Akteneinsicht** einer funktionierenden Verwaltungsrechtsprechung und ist wesentlicher *Teil eines fairen Verfahrens.*[1091] Das Akteneinsichtsrecht soll den Beteiligten zugleich auch die effektive Mitwirkung bei der Wahrheitsfindung des Gerichts ermöglichen. Folglich erstreckt sich der Umfang der Akteneinsicht – wie auch der Vorlagepflicht nach § 99 Abs. 1 VwGO – grundsätzlich auf die gesamten, dem Gericht im Zusammenhang mit dem Rechtsstreit vorgelegten oder vom Gericht selbst geführten Akten, einschließlich aller beigezogenen Unterlagen.[1092] Da der Gesetzgeber davon ausging, dass geheime bzw. höchstpersönliche Unterlagen schon nach § 99 Abs. 1 Satz 2 VwGO aufgrund behördlicher Sperrerklärung nicht zu den gerichtlichen Akten gelangen (dazu Rn. 517), sieht § 100 VwGO dem Wortlaut nach bei geheimhaltungsbedürftigen Unterlagen keine Ausnahme von dem Recht auf Akteneinsicht vor. Allerdings ist nicht auszuschließen, dass Behörden geheimhaltungsbedürftige Umstände aus Versehen zu den Gerichtsakten gereicht haben, obwohl sie die Vorlage gemäß § 99 Abs. 1 Satz 2 VwGO aus Gründen des Staatswohls oder überwiegender Persönlichkeitsinteressen hätten verweigern können oder müssen. Fraglich ist, ob in solchen Fällen die Akteneinsicht durch die Betroffenen und damit deren Kenntnis noch verhindert werden kann. Vertretbar ist die Ansicht, dass der „Sperrcharakter" des § 99 Abs. 1 Satz 2 VwGO auch im Rahmen der durch das Gericht zu gewährenden Akteneinsicht anzuwenden ist, da individuelle oder gemeinwohlbezogene besonders sensible Daten stets und von allen staatlichen Stellen geheim zu halten sind. Danach dürfte das Gericht in eigener Verantwortung und unter Berücksichtigung der auch ihm obliegenden Geheimhaltungspflicht nur solche Akten oder Aktenauszüge den Prozessbeteiligten zur Verfügung stellen, deren Bekanntgabe keine Verletzung höherwertiger Individualinteressen oder Gemeinwohlbelange nach sich zieht. Gegen eine solche automatische Pflicht des Gerichts spricht jedoch, dass keine ausdrückliche gesetzliche Grundlage besteht, wonach das Gericht die Einsicht in einmal von der Behörde (u. U. irrtümlicherweise) zur Gerichtsakte gereichten Unterlagen verweigern dürfte.[1093] Am sachgerechtesten ist die Auffassung, dass die Behörde die Vorlage „nachträglich" gemäß § 99 Abs. 1 Satz 2 VwGO verweigern (sperren) und auf diese Weise vom Gericht die Herausgabe der eingereichten Unterlagen verlangen kann. Die Behörde ist verpflichtet, auf die Wiederherstellung des rechtmäßigen Zustandes hinzuwirken; es besteht daher ein Rückforderungsrecht.[1094] Sind folglich die Akten, in denen sich geheimhaltungsbedürftige Unterlagen befinden, bereits (irrtümlich) bei Gericht eingegangen, muss das Gericht bei

1091 BVerfG, NJW 1983, 1043.

1092 Vgl. BVerfGE 62, 343.

1093 BeckOK StPO/*Gerhold*, Stand: 1.10.2022, § 96 Rn. 16: Eine erst nach Herausgabe der Akten abgegebene Sperrerklärung ist unwirksam.

1094 OVG Frankfurt/O., NVwZ 2003, 884 (885).

einer nachträglichen Sperrerklärung die bereits überlassenen **Akten an die Behörde zurückgeben**; sofern das Gericht bereits Kenntnis von den Akten erlangt hatte, besteht ein **Verwertungsverbot.**[1095] Bis zu einer formellen Sperrerklärung der Aufsichtsbehörde muss das Gericht folglich zum Schutz der betroffenen schutzwürdigen Vorgänge die Akteneinsicht nach § 100 Abs. 1 VwGO ablehnen.[1096]

bb) Möglichkeit der Sperrerklärung. Nach § 99 Abs. 1 Satz 2 VwGO sind Behörden gegenüber dem Gericht dann nicht vorlagepflichtig (was dazu führt, dass insoweit für die Betroffenen auch keine Möglichkeit zur Akteneinsicht besteht), wenn die Unterlagen 517

a) zum Schutz des Wohls des Bundes oder eines Landes (überwiegende Staatswohlbelange, s. dazu Rn. 503 ff.),
b) gemäß ausdrücklicher gesetzlicher Anordnung oder
c) ihrem Wesen nach

geheim gehalten werden müssen. Über diese Ausnahmen entscheidet nach entsprechender Vorlage die zuständige oberste Aufsichtsbehörde (für die Verfassungsschutzbehörden die Innenministerien bzw. Innensenatoren, für den BND das BKAmt und für den MAD das BMVg) im Wege einer **Sperrerklärung** (§ 99 Abs. 1 Satz 2 VwGO; im Strafprozess erfolgt diese nach im Wesentlichen gleichen Kriterien gemäß § 96 StPO). Dabei ist zu beachten, dass Akten der Nachrichtendienste nicht generell („ihrem Wesen nach") geheimhaltungsbedürftig sind, vielmehr müssen auch diese Behörden im jeweiligen Einzelfall die durch Herausgabe der Akten entstehenden Nachteile für das Wohl des Bundes oder eines Landes konkret darlegen.[1097] Allerdings genügt es für die Glaubhaftmachung, wenn die zuständige Behörde ihre Wertung der Umstände, die die Geheimhaltungsbedürftigkeit begründet, so einleuchtend darlegt, dass das Gericht diese Wertung unter Berücksichtigung rechtsstaatlicher Belange noch als triftig anerkennen kann.[1098] Kann die Behörde, z. B. aus Gründen überwiegenden Informantenschutzes, die konkreten Gründe ihrer Weigerung nicht offenbaren, so muss sie angeben, aus welchen Gründen ihr dies nicht möglich ist; denn ohne die wenigstens grobe Kenntnis dieser Gründe lassen sich die Interessen, die für oder gegen die Geheimhaltungsbedürftigkeit behördlichen Wissens sprechen, nicht hinreichend sicher beurteilen.[1099]

Die oberste Aufsichtsbehörde – der die Akte in Fällen einer beabsichtigten Sperrerklärung mit einer diesbezüglichen Stellungnahme vorzulegen ist – hat im Rahmen ihrer Ermessensprüfung die Gründe, die für eine Geheimhaltung sprechen, mit dem Interesse des betroffenen Klägers an einer dem Grundsatz effektiven Rechtsschutzes gerecht werdenden Prozessführung abzuwägen. Ein Weigerungsrecht ist nur dann anzunehmen, wenn es zum Schutz wichtiger verfassungsrechtlicher Gemeinschaftsgüter oder Rechtsgüter Einzelner erforderlich ist und die Vorlage bzw. Bekanntgabe im konkreten Fall nicht zur Ermöglichung effektiven Rechtsschutzes und einer funktionierenden Rechtsprechung geboten ist. Die oberste Aufsichtsbehörde hat stets zu prüfen und abzuwägen, ob nicht zumindest eine *teilweise Vorlage* der Unterlagen in Betracht zu ziehen ist. 518

1095 *Posser*, in BeckOK VwGO, Stand: 1.1.2021, § 99 Rn. 30: die Behörde muss eine fehlerhafte oder unterlassene Entscheidung nach § 99 Abs. 1 S. 2 VwGO korrigieren bzw. nachholen können; OVG Frankfurt/O., NVwZ 2003, 884 (885): Rückgabepflicht des Gerichts von Amts wegen, um der Behörde die Abgabe einer Erklärung nach § 99 Abs. 1 Satz 2 VwGO zu ermöglichen – A.A. u. a. *Rudisile*, in: Schoch/Schneider, VwGO, 42. EL Februar 2022, § 99 Rn. 30. MüKo StPO/*Hauschild*, § 96 Rn. 22 differenziert danach, ob die Sperrerklärung vor Verwertung des Beweismittels in der Hauptverhandlung eingeht oder danach.

1096 Dies ist strittig. Wie hier OVG Frankfurt/O., NVwZ 2003, 884 (885); *Kopp/Schenke*, VwGO, § 100 Rn. 3a; a. A. VGH München, NVwZ-RR 2001, 544.

1097 BeckOK StPO/*Gerhold*, Stand: 1.10.2022, § 96 Rn. 9.

1098 BVerwG, NVwZ 1994, 72.

1099 BVerwG, NVwZ 1994, 72 (73).

519 Die in § 99 Abs. 1 Satz 2 VwGO genannten Ausnahmetatbestände stellen unbestimmte Rechtsbegriffe dar, die der vollen Nachprüfung in tatsächlicher und rechtlicher Hinsicht durch das in § 99 Abs. 2 VwGO bezeichnete Gericht unterliegen. Der **„Nachteil für das Wohl des Bundes oder eines Landes“** (Staatswohl, Rn. 503 ff.) kann u. a. darin bestehen, dass bei Offenbarung des Inhalts der zurückgehaltenen Unterlagen den Sicherheitsbehörden die Erfüllung ihrer Aufgaben einschließlich ihrer Zusammenarbeit mit anderen Behörden erschwert oder Leben oder Gesundheit oder Freiheit von Personen gefährdet würden.[1100] Die notwendige Geheimhaltung der Informationen, die die Sicherheitsbehörden gewonnen haben, der **Schutz ihrer Informationsquellen, ihrer Arbeitsweise und ihrer Vertraulichkeitszusagen an Informanten** können die oberste Aufsichtsbehörde folglich im Rahmen ihrer Ermessensentscheidung nach § 99 Abs. 1 S. 2, 1. Alt. VwGO zur Verweigerung der Aktenvorlage berechtigen.[1101] Handelt es sich um Informationen, die deutschen Sicherheitsbehörden aufgrund internationaler Zusammenarbeit von ausländischen Sicherheitsbehörden zur Verfügung gestellt worden sind und liegt eine Freigabe zur Verwendung im gerichtlichen Verfahren nicht vor („third party-rule“, Rn. 503), kann ein Nachteil für das Staatswohl gegeben sein, wenn die Bekanntgabe des Akteninhalts an Dritte unter Missachtung einer zugesagten oder vorausgesetzten Vertraulichkeit die künftige Erfüllung der Aufgaben der Sicherheitsbehörden einschließlich deren Zusammenarbeit mit anderen Behörden, zumal mit Nachrichtendiensten anderer Staaten, erschweren würde.[1102]

520 Die **„ihrem Wesen nach“ geheim zu haltende Vorgänge** i. S. d. § 99 Abs. 1 S. 2, 3. Alt. VwGO betreffen vor allem Umstände, die unter den Schutz der Persönlichkeits- und Intimsphäre fallen.[1103] Der überwiegende **Schutz personenbezogener Daten** ist etwa im Fall von Personen begründet, die einer Behörde Informationen zur Erfüllung ihrer Aufgaben geben, etwa bei menschlichen **Quellen**, mit denen sich eine Zusammenarbeit ergeben hat, die auch nachrichtendienstliche Merkmale erfüllt („Nachrichtendienstliche Verbindungen“).[1104] Bei (vermutlich) verstorbenen nachrichtendienstlichen Verbindungen rechtfertigt das postmortale Persönlichkeitsrecht zwar nicht per se eine Sperrerklärung nach § 99 Abs. 1 Satz 2, 3. Alt. VwGO, doch ist die Einhaltung von Vertraulichkeitszusagen unverzichtbare Voraussetzung für die Anwerbung und Führung von Informanten. Die Identität verstorbener Quellen vermag daher eine Sperrung aus Staatswohlerwägungen zu begründen, da bereits der subjektive Eindruck, die Vertraulichkeit sei nicht gesichert, aktive Quellen von einer weiteren Zusammenarbeit abhalten und die Gewinnung weiterer Quellen erschweren kann.[1105] Auch wenn der (mutmaßliche) Tod eines Informanten länger als etwa 30 Jahre zurückliegt, bedarf die Offenlegung seiner Identität einer vorherigen strukturierten Einzelfallprüfung und Abwägung mit dem öffentlichen Interesse, z. B. an der Aufarbeitung der Rolle einer V-Person in der beobachteten Szene bzw. seine Beteiligung an Verbrechen.[1106]

521 Auch aus dem Schutz der Grundrechte – insbesondere von Leib und Leben – von Angehörigen (vermutlich) verstorbener Informanten können sich gemäß § 99 Abs. 1

1100 BVerwG, Beschl. v. 4.12.2017 – 20 F 10.17, Rn. 6: im Falle des Informantenschutzes tritt neben das grundrechtlich abgesicherte Interesse des Betroffenen, seine persönlichen Daten geheim zu halten, das öffentliche Interesse, die Wahrnehmung der öffentlichen Aufgaben sicherzustellen; BVerwG, NVwZ 2011, 880 (882); NVwZ 2005, 334; OVG Lüneburg, NVwZ-RR 2005, 819.

1101 OVG Lüneburg, NVwZ-RR 2005, 819; BVerwG, NJW 2000, 1175.

1102 BVerfG, NVwZ 2017, 137 (144, 147 f.): Vorlage der NSA-Selektorenlisten an den NSA-Untersuchungsausschuss; BVerwG, DVBl. 2015, 901 ff.: Anerkennung der „third party-rule“ als Staatswohlbelang.

1103 VGH München, BayVBl. 1978, 870; OVG Lüneburg, ZD 2017, 445: z. B. grundrechtlich geschützte personenbezogene Daten Dritter (etwa Schutz von Informanten) oder Betriebs- und Geschäftsgeheimnisse.

1104 BVerwG, NVwZ 2019, 406 (407).

1105 BVerwG, NVwZ 2019, 406 (408).

1106 BVerwG, NVwZ 2021, 1381 (1385); NVwZ 2020, 78 (79).

S. 2, 3. Alt. VwGO Weigerungsgründe ergeben, wenn eine Gefährdung nicht nur theoretisch möglich ist.[1107] Ebenso kann zum Schutz überwiegender **Persönlichkeitsrechte von Mitarbeitern der Nachrichtendienste** eine Sperrerklärung zulässig sein. Personenbezogene Angaben wie Name, Funktionsbezeichnungen, Telefonnummer und Angaben zu Telekommunikationsverbindungen werden vom Schutzbereich des R.i.S erfasst und sind grundsätzlich geheimhaltungsbedürftig nach § 99 Abs. 1 S. 2, 3. Alt. VwGO.[1108]

522 cc) **In Camera-Verfahren.** Auch wenn Behörden über die Sperrerklärung die Möglichkeit haben, geheimhaltungsbedürfte Informationen aus dem Verfahren „herauszuhalten", schließt die Rechtsschutzgarantie des Bürgers den Umstand ein, dass diejenigen Verwaltungsvorgänge, welche die maßgeblichen Sachverhalte und behördlichen Erwägungen dokumentieren, dem Gericht „irgendwie" zur Verfügung stehen müssen – selbst wenn sie als Verschlusssache eingestuft sind. Dies gilt zumindest dann, wenn sie für die Beurteilung der Rechtmäßigkeit der behördlichen Entscheidung und der geltend gemachten Rechtsverletzung von Bedeutung sein können.[1109] Dies hat zur Einrichtung des sog. in camera-Verfahrens in § 99 Abs. 2 VwGO geführt.

523 Wenn sich die Behörde auf ein Vorlageverweigerungsrecht gemäß § 99 Abs. 1 Satz 2 VwGO stützt (Rn. 519 f.) und Unterlagen, aus denen sich z. B. die behauptete Mitgliedschaft des Klägers in einer terroristischen Organisation ergeben soll (und der deshalb z. B. keinen Aufenthaltstitel bekommt), kann einer der Verfahrensbeteiligten bei dem zuständigen OVG (bei Nachrichtendiensten des Bundes: beim BVerwG) einen Antrag auf Durchführung des ***in camera*-Verfahrens** gemäß § 99 Abs. 2 Satz 1 VwGO stellen. In diesem stellt der speziell hierfür eingerichtete und zur Geheimhaltung verpflichtete Fachsenat des OVG bzw. des BVerwG fest, ob die Weigerung, die Unterlagen vorzulegen, rechtmäßig war, d. h. ob die Vorlageverweigerungsgründe des § 99 Abs. 1 Satz 2 VwGO tatsächlich vorliegen (oder zumindest glaubhaft gemacht sind) und die zuständige oberste Aufsichtsbehörde von ihrem Ermessen fehlerfreien Gebrauch gemacht hat.[1110] Ist dies der Fall, muss das Hauptsachverfahren (z. B. die Klage auf Auskunft nach § 15 BVerfSchG oder auf Einbürgerung) ohne die gesperrten Beweismittel fortgesetzt werden.[1111]

524 Das OVG prüft im Rahmen des in camera-Verfahrens nicht nach, ob die zurückgehaltenen Unterlagen den behaupteten Umstand (z. B. die Mitgliedschaft in der terroristischen Organisation) tatsächlich beweisen können. Mithilfe des Verfahrens kann also *nicht* die *Richtigkeit* und *Rechtmäßigkeit* der in den geheimhaltungsbedürftigen Akten enthaltenen Informationen und Bewertungen überprüft werden, etwa hinsichtlich der Einstufung einer Organisation als Beobachtungsobjekt oder der Rechtmäßigkeit einer personenbezogenen Speicherung.[1112] Das OVG stellt im Verfahren nach § 99 Abs. 2 VwGO lediglich fest, ob die *Verweigerung der Aktenvorlage* bzw. die Auskunftsverweigerung vor dem Hintergrund der Verweigerungsgründe des § 99 Abs. 1 Satz 2 VwGO rechtmäßig war. Ob und inwieweit mit den geheimhaltungsbedürftigen Unterlagen etwas bewiesen werden kann (z. B. die Unterstützung einer terroristischen Vereinigung durch den Kläger, der einen Aufenthaltstitel einklagt, oder die verfassungsfeindliche Ausrichtung eines Vereins), beurteilt der „in camera"-Fachsenat gerade nicht. Mit einem *in camera*-Verfahren kann somit nichts für das Hauptsachverfahren (d. h. das eigentliche Klageverfahren z. B. auf Löschung von Daten, Rn. 510 ff.) bewiesen werden, insbesondere kann die Beweis-

1107 BVerwG, NVwZ 2020, 78 (79).
1108 BVerwG, NVwZ 2020, 971, Rn. 8.
1109 BVerfG, NJW 2000, 1175 ff.
1110 Siehe als Beispiel BVerwG, Beschl. v. 4.12.2017 – 20 F 10.17.
1111 *Löffelmann/Zöller*, F. Rn. 102.
1112 OVG Lüneburg, NVwZ-RR 2005, 819.

last nicht zugunsten der Behörde beeinflusst oder gar umgekehrt werden. Von daher scheint es sinnvoll, nur solche Erkenntnisse in ein verwaltungsgerichtliches Streitverfahren einzubringen, die letztlich auch gerichtsverwertbar bewiesen werden können (z. B. durch aussagekräftige Behördenzeugnisse[1113] oder das Angebot sachkundiger „Zeugen vom Hörensagen"). Ein Verfahren nach § 99 Abs. 2 VwGO ist für den Beweis der Richtigkeit und Einschlägigkeit der Erkenntnisse des Nachrichtendienstes jedenfalls kein taugliches Mittel.

1113 Zum Beweiswert eines Behördenzeugnisses des BfV s. BVerwG, Beschl. v. 10.7.2019 – 1 B 45/19.

Stichwortverzeichnis

Die Ziffern verweisen auf die Randnummern.